# MEMORIA
# DEL
# COMUNISMO

Federico Jiménez Losantos

# MEMORIA
# DEL
# COMUNISMO

DE LENIN A PODEMOS

la esfera de los libros

Primera edición: enero de 2018
Trigesimoquinta edición: diciembre de 2020

© Federico Jiménez Losantos, 2018
© La Esfera de los Libros, S.L., 2018
Avenida de San Luis, 25
28033 Madrid
Tel.: 91 296 02 00
*www.esferalibros.com*

Imágenes de interior: *Libertad Digital*, Agencia EFE, Getty Images
ISBN: 978-84-9164-178-0
Depósito legal: M. 27.947-2017
Fotocomposición: J. A. Diseño Editorial, S.L.
Impresión: Anzos
Encuadernación: Méndez
Impreso en España-*Printed in Spain*

# ÍNDICE

Cuenta Anne Appelbaum en su libro sobre el Gulag que de las fosas comunes en los campos de concentración a orillas del Círculo Polar Ártico se desprenden a veces, dentro de bloques de hielo, montones de cadáveres apilados un día y olvidados bajo la nieve años atrás. Los imagino flotando en el silencio del mar helado, roto de vez en cuando por la fractura de los icebergs, hasta que un día se funden y los pobres muertos van dejando caer sus huesos en la tiniebla del fondo del mar, más clemente que sus verdugos. No es imposible que algún día, ante los ojos asombrados de los turistas que hayan ido a la Vorkutá como hoy van al Kremlin a ver la momia de Lenin, empiecen a aparecer, con la última mirada atónita del fusilado, uno, otro y otro cadáver, conservados en el hielo de la minúscula memoria de cada uno de ellos, que en nombre de la Memoria Histórica con mayúsculas, la del crimen impune y el triunfo del mal, tantos historiadores tratan de borrar. A la memoria de cualquiera de ellos va dedicada esta modesta memoria mía.

# PRÓLOGO

*Era el mejor de los tiempos, era el peor de los tiempos,*
*la edad de la sabiduría y también de la locura; la época de la creencia*
*y de la incredulidad; la era de la luz y de las tinieblas;*
*la primavera de la desesperanza y el invierno de la desesperación.*
*Todo lo poseíamos, pero no teníamos nada;*
*caminábamos derechos al cielo*
*y nos perdíamos por el camino opuesto.*
*En una palabra, aquella época era tan parecida a la actual...*

CHARLES DICKENS, *Historia de dos ciudades*

El comunismo ha sido para dos generaciones de católicos españoles, como la mía, una *teología de sustitución*. Cuando yo nací se me explicó que tenía tres motivos sagrados de agradecimiento: a Dios, por haber creado el Mundo y todas las cosas, visibles e invisibles; a mis padres, por haberme creado a mí y cuidarme de todo mal; y a España, mi país, que me daba una lengua para comunicarme con los demás niños y en el que los españoles mayores se sacrificaban para que todos, todos los niños pudiéramos estudiar, hacernos hombres de provecho y ayudar a los demás niños, también españoles, a estudiar, si valían, o a trabajar honradamente, sacar adelante a su familia y ser felices.

Yo debía, pues, cumplir los Mandamientos, sobre todo el de obedecer a mis padres y estudiar mucho para ser un buen hijo, un buen cristiano y un buen español, que un día, cuando fuera mayor, ayudaría a otros niños como me habían ayudado a mí. Yo pertenecía a un Todo, que era Dios, y me debía a unos Todos, que eran los demás, mis semejantes niños, a los que, aunque no fuera fácil, tenía que amar como a mí mismo.

Esos principios de caridad cristiana, elevada a justicia social, fueron manteniéndose a lo largo de mi infancia y se reforzaron en mi adolescencia. Pero un día, tenía dieciséis años y mi padre había muerto unos meses antes, perdí la fe.

Psicoanalíticamente, parece un proceso de libro: tras perder físicamente la figura paterna se desvanece la figura de Dios Padre. Pero no se desvanece el imperativo moral, el superyó, el sentido de lo que está bien y está mal, la obligación de buscar el bien, perdido el Todo, en el Todos.

Ahí entra el Partido, que es anterior y posterior al comunismo, del mismo modo en que la Iglesia es para el niño el lugar de la fe antes de que esta se manifieste y sigue siéndolo, como lugar de culto, desde el bautismo al entierro, mucho después de que la fe y el niño que la tenía desaparezcan.

Si a uno le han inculcado, como una segunda naturaleza, el principio del deber como un hecho moral, sin el que la vida se convierte en algo sin sentido, y si en la adolescencia, como fue mi caso y el de muchos, pierde la fe, la manera de encontrar sentido a esa vida a borbotones que nos posee en la primera juventud es buscar otra fe, otra religión, otra trascendencia. Esa búsqueda a tientas se hace imperativa si uno está educado en la idea de que la vida individual debe trascender y justificarse en relación con el otro: nuestros padres y nuestros semejantes, el prójimo o próximo, los que caen más cerca y no vemos, los invisibles y marginados, los pobres en general. Y esos *demás* —caídos, pobres, abandonados— son consuelo de la conciencia y alivio de la mala conciencia de no estar cumpliendo tu deber, ayer como cristiano y hoy, ya sin fe, como ciudadano de España y del Mundo.

Las pérdidas de mi padre y de la fe encontraron sustitución cumplida, más que satisfactoria, en los profesores del Instituto en que, gracias a la beca, estudié el excelente bachillerato de entonces durante siete años. Sobre todo, los mentores y amigos del Colegio San Pablo que, en los tres años de bachiller superior y curso Preuniversitario, fue mi hogar y ateneo, teatro y biblioteca, sala de música y timba de póker, remedio de mis ausencias y farmacia para las infinitas e imprecisas dolencias adolescentes. Fue, en fin, la puerta a la vida adulta, en la que, allá al fondo, se veían brillar dos cosas relativamente prohibidas y, por ello, irresistibles: el Sexo y la Política.

Durante el franquismo solo había dos organizaciones políticas: el Movimiento, que sería inmóvil mientras Franco viviera, y los partidos políticos, que, con la Iglesia de por medio, eran solo uno: el comunista, y al que por ser el único se llamaba, en susurros pero en mayúsculas, El Partido. Pero El Partido no era solo una organización, sino, sobre todo, un entorno, un lugar de iniciación al gran tabú de la posguerra, que era la política. Por efecto inmediato de esa prohibición, cuyo ingrediente básico era el temor a la vuelta de la política, que la generación de nuestros padres vivía como el posible retorno a los años de la República y la Guerra Civil, la política era la oposición al régimen franquista, que era apolítico —y por eso tenía tanto apoyo popular— y antipolítico —y por eso tenía tan poco apoyo juvenil—. Al morir mi padre y perder la fe, mis figuras paternas de sustitución fueron mis educadores, en el mejor sentido de la palabra, José Antonio Labordeta y José Sanchís Sinisterra, ambos cercanos al PC, aunque no militantes. Así se produjo en mí la sustitución o traslación del catolicismo al comunismo.

Ya he contado en otros libros (*La ciudad que fue* y el prólogo al libro de memorias de Labordeta *Tierra sin mar*) algunas de las muchas cosas de aquel Teruel sorprendentemente moderno, festivo y surrealista, en el que con la ferocidad propia de la quinceañería buscábamos la liberación individual a través de una anárquica, pero intensa, exploración intelectual. Y a finales de los sesenta aquel huérfano reciente que era yo tropezó un día en la televisión del Colegio con las imágenes del Mayo del 68 en París, que la TVE franquista, supongo que como vacuna, emitía en detalle y a diario.

Suele subestimarse el carácter rebañiego de la adolescencia, el papel de la moda en sus tendencias —musicales o políticas, siempre de oídas— y la fuerza de las imágenes como elemento identificador del animalito social. Tal vez da un poco de vergüenza reconocerse tan banal en esos años tan poseídos de sí mismos que todos debemos pasar y que en los felices sesenta, que tenían en grado superlativo lo que Ortega dijo del primer franquismo, «una salud casi indecente», nos condujo velozmente por *lo que se llevaba*. Y desde Mayo del 68 lo que se llevaba era la revolución, el compromiso político, sin excluir la violencia. Y eso nos abocaba al comunismo.

## PREHISTORIA DE UNA DETERMINACIÓN

Aunque la historia reescrita por los chequistas vocacionales de estos últimos años presenta la época franquista como un período de oscurantismo intelectual y prédicas guerracivilistas en todos los ámbitos de la educa-

ción, lo cierto es que a mí, becario rural e interno hasta los catorce años
en el único colegio de Teruel, el del Frente de Juventudes, nunca me ha-
blaron en serio del comunismo, ni mal ni bien. Podían y debían haberlo
hecho, al menos para dar a los jóvenes un motivo para llevarles la contraria, pero no fue así. En los años sesenta, el gran logro que proclamaba
el régimen de Franco en sus XXV años de Paz era ganar y haber dejado atrás la Guerra Civil, la división entre españoles —«debida a los partidos políticos»— la pobreza y la ignorancia que explicaban la violencia
en nuestra reciente historia.

Evidentemente, eso era falso: se mantenía y cultivaba, al menos, una
división entre españoles: los que estaban, o lo fingían, con el régimen y
los «desafectos». Sin embargo, la prosperidad general que la liberaliza-
ción de la Economía desde el Plan de Desarrollo de 1959 supuso en las
condiciones de vida fue extraordinaria; y hubo otros dos planes esenciales. El primero, la mejora en la Administración —y la lucha contra la
corrupción— con la creación de una meritocracia real sustanciada en
los Altos Cuerpos de la Administración del Estado. Mediante duras oposiciones nacionales y el trámite de jurar los Principios del Movimiento,
permitía ingresar a los más capacitados en todos los tramos de la Administración.

Y como la meritocracia real empieza por ser democrática, se produjo en paralelo a esa mejora de la Administración algo que cambió la vida
a los niños nacidos en los años cincuenta y sesenta: las becas del Patronato de Igualdad de Oportunidades (PIO) que no hacían distinción de
sexo ni se limitaban a las familias con antecedentes políticos «nacionales»
y no «rojos». Era lógico, dentro del desarrollo del franquismo como su-
peración de la Guerra Civil.

Mi familia, como millones en España, venía de los dos bandos: el de
mi padre, el «nacional»; el de mi madre, el «republicano». Mi padre era
alcalde de mi pueblo —de Falange, claro— en los años más duros del
maquis, que en las sierras de Teruel y Cuenca duró hasta 1948. Y mi madre se había hecho maestra cuando la guerra desbarató a su familia. En
julio del 36 estaba a punto de hacer el Examen de Estado para cursar lo
que hoy es Económicas (entonces Hacienda) cuando estalló la guerra y
su padre, mi abuelo Emeterio, maestro y republicano, huyó de Calahorra
denunciado por un fraile y pasó la guerra en Zaragoza, como *topo* en ca-

sa de un primo que era ferroviario de UGT, bellísima persona y sin significación política.

Al terminar la guerra, quebrantada su salud, mi abuelo murió. Para ganarse la vida, mi madre hizo entonces el cursillo de cinco meses que, para cubrir las bajas de los maestros muertos o exiliados, había convocado el Régimen. Sacó el título de Magisterio, que no le cogía de nuevas, y su primer destino fue un pueblo de Teruel, Las Fábricas de Villarluengo, una zona del Bajo Aragón donde todavía los maquis perpetraban atrocidades. Cuando, al segundo año, le tocó en concurso Orihuela del Tremedal, veía con muy buenos ojos a los que los combatían. Y del encuentro entre un zapatero inteligente, pero que tuvo que dejar la escuela a los once años para trabajar haciendo zapatos y botas para la nieve, y la brillante matemática vocacional que tuvo que dejar la universidad en el 36, nació mi familia.

Mi infancia, en virtud —porque virtud había en ambos lados, típicos de la España más baqueteada por la guerra— de ese doble antecedente de frustración familiar, estuvo marcada por una obligación que mi padre y mi madre sentían como sagrada: sus hijos tenían que alcanzar, o al menos intentarlo, lo que la pobreza y los azares de la guerra les habían impedido alcanzar a ellos. Desde siempre recuerdo a mi madre contándome su vocación de matemática («es lo más bonito que hay, como la música») y hablando de mi abuelo Emeterio, muy listo, como según mi madre también era mi otro abuelo Jorge, al que llegó a conocer, pero murió antes de nacer yo. Mi trabajo, mi obligación era estudiar. Y lo mismo decía —imponía más, porque hablaba menos— mi padre, que era, según concedía mi madre, «una inteligencia natural, aunque sin estudios», curtida en las guerras de la vida.

De la Guerra Civil, pese a haberla ganado, él no hablaba nunca. En parte, porque mi madre la había perdido; en parte, porque le recordaba a su hermano pequeño, Julio, un militar muerto muy joven en la batalla del Ebro y cuyo retrato —él quedó en una de tantas fosas comunes, en Gandesa— tenía mi abuela sobre la estufa. O tal vez recordaba las trincheras de la batalla de Lérida, en la que escapó de milagro con un tiro en la oreja. O cuando logró escapar de los maquis, otro milagro, el día en que asaltaron nuestra casa para matarlo, como hacían con los alcaldes de la zona. Precisamente mis padres se conocieron al día siguiente de que mataran a su primo Eustaquio, alcalde de Santa Eulalia, tirándolo en un camión ardiendo por un barranco. Mi abuela había pasado la guerra en los sótanos del seminario de Teruel, el último y heroico refugio de los nacionales, con su hijo pequeño, Ignacio, que era seminarista y ayudante del obispo, el Padre Polanco, que al caer el seminario fue apresado por los rojos y luego asesinado en la frontera de Francia, cuando, con la guerra ya perdida, decidieron fusilar a los rehenes.

Entre tanto dolor, que salía suelto, a retazos, los niños íbamos componiendo, sin hacer preguntas, el rompecabezas de la familia, porque, nos decían, «de la guerra, es mejor no hablar». En mi casa el final de la guerra no quedó sellado por la victoria de los nacionales, sino porque la parte nacional y la republicana vieran a sus hijos estudiando una carrera. Algo que, antes de Franco, solo hacían los ricos o los que, sin serlo, tenían algún tipo de acceso especial a la educación, como mi madre.

Por eso el anuncio de un sistema de becas para las zonas rurales a través del Patronato de Igualdad de Oportunidades (PIO), cuyo lema era «Que ninguna inteligencia se pierda por falta de medios», cayó en mi casa como el maná del Antiguo Testamento, alivio del hambre de los israelitas en el desierto. Era la prueba de que tanto sacrificio podía tener recompensa. No teníamos duda de merecerla, pese a que nunca en la historia de España centenares de miles de niños de las zonas más apartadas y pobres habían tenido acceso, por mérito pero gratis, a la mejor educación. Para mí, que era el mayor, eso suponía más responsabilidad, porque debía ganar la beca, dar ejemplo a mis dos hermanos —todos estudiamos con ella—, hacer felices a nuestros padres y evitar el *tablón,* como llamaba mi madre al duro trabajo en las serrerías de mi pueblo. Eso se traducía en un profundo sentido del deber, interiorizado hasta la médula. Pero que no viví ni me hicieron vivir de forma angustiosa, sino como la oportunidad de devolver el amor de mis buenos padres. Creo que durante toda mi vida esa ha sido mi preocupación fundamental: no *quedar mal,* por ellos, no defraudar nunca sus esperanzas.

Ese *superyó* que tanto me obligaba ante los demás —y me convertía en candidato perfecto a militante comunista— no llevaba consigo, sin embargo, rencor social alguno. Nunca se nos dijo que nuestras becas eran fruto de la generosidad del régimen, sino de la *justicia social* que, por fin, el régimen de Franco llevaba a cabo. Nunca fuimos ni nos hicieron sentir «parientes pobres», obligados a agradecer la oportunidad que se nos daba. La habían ganado nuestros padres y abuelos trabajando y pasando calamidades. En realidad, los becarios, los más pobres, mirábamos por encima del hombro a los menos pobres, nacidos en Teruel. Éramos los más listos de cada pueblo y para conservar la beca debíamos sacar más de siete de media, de notable para arriba, así que superábamos a la mayoría de los chicos de la capital. No había lucha de clases, porque, con la beca, traíamos ganada la victoria.

Esa sensación de superioridad que teníamos los becarios del Colegio San Pablo por ser más listos, más leídos, más modernos, más libres y más de todo (excepto más ricos, pero eso no importaba mucho), nos acercaba inevitablemente a la izquierda, cuya diferencia esencial con la derecha es sentirse moralmente superior y que la derecha lo acepte. Sin darnos cuenta, asumíamos una conciencia de casta elegida, de minoría capaz de entender mejor que nadie lo que pasaba en un mundo que no entendía lo que pasaba. Y lo que pasaba, y no solo en París, era el Mayo del 68, una movilización juvenil como no se veía en Europa desde mediados del siglo XIX.

Los jóvenes se sienten inmortales. Por eso en ellos es irresistible la fascinación por una violencia que —creen— no puede alcanzarlos; y siempre más por las imágenes que por la violencia en sí. Pero aquel Mayo del 68, con el sonido de la televisión apagado, era, sobre todo, imágenes: botes de humo, carreras, un joven con la ceja rota atendido por una chica, los CRS como enormes escarabajos cargando contra greñudos en fuga. Lo que veíamos en París era inconcebible en España, pero los adoquines contra la policía los tiraban jóvenes como nosotros, eran los universitarios que seríamos un año después. No sabíamos qué pasaba, pero nos gustaba muchísimo verlo.

Sucede que la juventud es un arte de imitaciones y sabe tan poco que debe ocultarlo simulando estar en el secreto de todo. Era inevitable en esos años que un adolescente de cultura católica se sintiera atraído por esa forma de saberlo todo, de salvarlo todo y a todos y, de paso, salvarse a sí mismo, que es la revolución, mucho más si es música sin letra. La fe perdida en el más allá se reencontraba en la Política del más acá. Y como el franquismo ya no se llevaba ni entre los franquistas, se puso de moda lo contrario: la música del enemigo, la simpatía por el diablo, los Rolling, el comunismo, el Partido.

## DE LA RELIGIÓN DEL TODO A LA SECTA DEL TODOS

En el último siglo cinco generaciones de comunistas han vivido la experiencia del Partido y muchos han querido explicarla a los demás y explicársela ellos mismos. Sin embargo, sus reflexiones han caído en un vacío cuidadosamente ocupado por los comunistas. Y es que la vieja frase de Lassalle, repetida por Lenin, «el partido se fortalece depurándose», no solo rige hacia dentro, sino hacia fuera.

El caso de Podemos, último avatar de la secta leninista, ilustra esta forma de actuar perfectamente: a los disidentes de dentro se los depura y margina. A los críticos de fuera se les injuria en Internet y en las mismas Cortes, con la complacencia de unos políticos necios que solo ven abusos en la libertad de expresión (de *haters* o dirigentes) en lo que es una deliberada, tradicional, probada y eficaz política de *exterminio moral* de los enemigos que, para un verdadero leninista, son, sencillamente, *todos*.

Boris Souvarine, hombre clave en el gran éxito del bolchevismo, que ha sido y es la conquista de París como centro de la propaganda comunista, fundador del PCF y que conoció personalmente a Lenin antes de convertirse en uno de los grandes anticomunistas de la historia, expresó así su propia experiencia:

> Los bolcheviques han heredado esta concepción (la del terrorismo del «hombre nuevo» que teorizaron Netchaev, Bakunin y Chernichevski, retrató Dostoievski en *Los demonios* y asumió Lenin), adaptándola a sus necesidades y a su época. Para ellos, el mundo se divide en dos: el partido y los demás. Ser expulsado del partido equivale a ser arrojado del planeta. Para permanecer en su seno están dispuestos a todas las bajezas, de acuerdo con su moral amoral; dispuestos a envilecerse, a darse golpes de pecho en público con reservas mentales, a delatarse mutuamente, a jurar obediencia y sumisión *perinde ac cadaver*, sin perjuicio de reanudar sus maquinaciones tan pronto como les sea posible.

El «hombre nuevo» del comunismo está tomado, evidentemente, del «hombre nuevo» del cristianismo. Por eso tantos cristianos y judíos, cuya conciencia de culpa proviene de un airado Jehová o del Pecado Original —que es el origen de clase, burgués o pequeñoburgués, de sus militantes—, se sienten teológicamente en casa al avistar el paraíso social, el comunismo. Hay que sacrificarse, hacer penitencia para merecerlo. Pero el Partido tiene una ventaja sobre el Evangelio: obliga a hacer penitencia a los demás. Este aspecto, a la vez expiatorio y coercitivo, masoquista y sádico, otorga un aura especial al militante: la de los inquisidores y los monjes guerreros, que pueden ser también procesados por herejes o caer víctimas de los infieles, pero cuya salvación personal está asegurada por la lucha para la eternidad.

El comunismo es un monoteísmo y no admite otro dios que él mismo. Stalin lo explica hablando con Bernard Shaw de su personaje histórico favorito, Iván el Terrible:

> Uno de sus errores fue infravalorar a una de las cinco grandes familias feudales. Si hubiera aniquilado a esas cinco familias no se habrían producido los años turbulentos. Pero Iván el Terrible podía ejecutar a alguien y perder luego mucho tiempo arrepintiéndose y rezando. En este sentido, Dios le supuso un estorbo. Tenía que haber actuado con más decisión todavía.[*]

Por eso, en la hagiografía que le encargó a Eisenstein y por la que le otorgó el Premio Stalin, es decir, la medalla de sí mismo, Iván siempre está preocupado en exceso por una conciencia que no se distingue de la locura y que dificulta el ejercicio implacable de la razón de Estado. El problema de la moral individual, sempiterno estorbo del Uno para el Todos (el Partido), lo resuelve en su brutal estilo Lenin en el discurso de 1919 a las Juventudes Comunistas: «*No creemos en la moralidad eterna y denunciamos lo ilusorio de los cuentos de hadas sobre la moralidad*» (Volkogónov, 1996).

O sea, que la moralidad era lo que él, Lenin, luego Stalin y así hasta Gorbachov, decidieran en el Kremlin. Por eso, la rebelión de los obreros de Kronstadt en favor del poder de los soviets, ensalzada por Lenin y Trotski, fue tres años después masacrada por Trotski y Lenin, por el delito de pedir lo mismo a quienes ya solo debían obediencia.

---

[*] Charla con Bernard Shaw.

## LA IGNORANCIA POLÍTICA EN
## EL TARDOFRANQUISMO

Pero ¿qué sabíamos sobre el comunismo, tras el parisino Mayo del 68, los que estábamos a punto de entrar en la universidad? Nada. El franquismo había dejado de criticarlo como en la posguerra, aunque no de perseguirlo, y no se molestaba en poner al día los datos del Gulag o promocionar los libros de los disidentes del PCE. Y el antifranquismo, que era el Partido, disimulaba. El gran problema de imagen, siempre la imagen, fue la entrada de los tanques en Praga en 1968 para imponer el orden soviético al «socialismo con rostro humano» de Dubcek. Y también vimos por televisión a jóvenes de nuestra edad, más heroicos que los franceses, plantando cara a los tanques.

Ante ese dilema de los ignorantes, pero no ciegos, jóvenes antifranquistas, sobre todo estudiantes, el PCE esgrimía su estrategia desde mitad de los sesenta: la «reconciliación nacional» o «pacto por la libertad» de todas las fuerzas que, dentro o fuera del régimen, querían pasar de la dictadura franquista a la democracia mediante la amnistía general y la cancelación de todas las deudas simbólicas por la Guerra Civil. Asumía, ojo, que solo en una democracia «a la europea» (en ello insistía siempre el Partido) podría darse una evolución pacífica hacia el socialismo, siempre dentro de las libertades democráticas. La clave era la libertad, la democracia. Luego, ya se vería. De entrada, socialismo no.

¿Y qué era la política, sino otro nombre de la libertad, para aquel chico de Teruel que, con dieciséis o diecisiete años, oía a Little Stevie Wonder y Aretha Franklin, a los Beatles y a los Bravos, al Serrat en catalán, a Paco Ibáñez y a Hilario Camacho, que vino al San Pablo porque estaba en la misma casa de discos que grabó el primero de Labordeta? ¿Qué otra cosa podía ser para el actor que representaba a Lorca, Cervantes y Mrozek? ¿Qué creía descubrir en Bertolt Brecht y Miguel Hernández, en Kafka, Proust o Joyce cuando llegaban al Instituto, con los *Manuscritos filosóficos* de Marx, en los libros de bolsillo de Alianza Editorial, que costaban cincuenta pesetas? Y cuando Labordeta y Sanchís me dejaban las novedades del *Boom* hispanoamericano: Rulfo, Cortázar, Vargas Llosa, García Márquez, Borges, Carlos Fuentes, Sábato y Donoso, ¿qué veía yo, más que la libertad de escribir maravillosamente en español? La política, aun a tientas, se resumía en esa palabra: libertad. Había que salir de la dictadura y tener más libertad, sí.

Pero el problema para ese mismo chico que, recién cumplidos los dieciocho, entró en la Universidad de Zaragoza, era que los que habían invadido Checoslovaquia eran los tanques del Pacto de Varsovia. Las imágenes de París condenaban a la burguesía capitalista —*Bourgeois, vous n'avez rien compris!*—, pero los tanques de Praga condenaban aún más la dictadura comunista. Así que entre el horrible capitalismo y el siniestro comunismo, elegimos… el antifranquismo.

En el PCE que yo conocí desde 1970 ese papel de incomunicación que necesita la secta para no cuestionarse su existencia lo cumplía, precisamente, el franquismo. Al estar prohibido el PCE, nada se debatía o discutía: se susurraba o sobreentendía, aunque no se entendiera. Era más importante estar en el secreto que desentrañarlo, siempre por *motivos de seguridad*. La ilegalidad era garantía de opacidad para los que formábamos el verdadero Partido, que no era solo el núcleo, la organización interna, jerarquizada según las estrictas normas de la clandestinidad y de la que nada sabíamos, sino todo el grupo social mucho más amplio llamado de «gente maja». O sea, que no denunciaba y colaboraba en las campañas que el partido emprendía, con cautela, cuando era preciso.

Esa «gente maja», clave real de la fuerza del PCE cuando llegó la Transición, a la vez escudo y arma del Partido, podía componerla un falangista honrado que podía esconder a un militante amigo, un «cura rojo» (término poco usado, porque evocaba la Guerra Civil) que prestaba la sacristía para la siembra y cosecha de vocaciones políticas, o el profesor y el alumno demócratas, individualistas, pero «majos». O sea, útiles.

El Partido solo me podía pillar por los libros y, en efecto, por ellos me cazó. La que iba a ser mi despertador ese curso, Elena Iraola, repetidora, aunque listísima, me vio el primer día de clase en el fondo del aula leyendo, mientras se repartían los horarios, el libro de Arnold Hauser *Historia social de la literatura y el arte*, prólogo habitual al de Lukács *Historia y conciencia de clase*. Era la jefa del Partido en la facultad y la llamaban *La Pasionaria*. Me vio enfrascado en el tercer tomo de Guadarrama, prueba de que no ojeaba, y me caló. A la semana siguiente era elegido delegado en el Comité de curso, fórmula del PCE ese año. Meses después, ya amigos, le pregunté por el Partido:

—*Tú no estás hecho para el Partido.*

—*¿Por qué no?*

—*Eres demasiado individualista, no aceptarías la disciplina. Eres un liberal pequeñoburgués o un anarquista, muy majo, pero no un militante.*

—*O sea, que el problema del Partido son los individuos.*

—*El individualismo, que no es lo mismo.*

—*Vaya si lo es. No puede haber individualismo sin individuos como no puede haber comunismo sin comunistas.*

—*¿Ves? Eso es lo que no entiendes ni entenderás nunca. Para ti, el comunismo es una idea. Para el militante, el comunismo es el Partido.*

—*Pues, entonces, estoy mejor fuera.*

—*Eso pienso yo. Pero eres un tío majo. Si te conviertes, me avisas.*

—*Lo dudo.*

—*Y yo.*

En vísperas de los exámenes finales de primero, estaba leyendo en la puerta de la Facultad un cartel que anunciaba un expediente contra dieciséis dirigentes o representantes estudiantiles, los comités de curso, y alguien detrás de mí, pero en diagonal, mirándonos, va y dice, señalándome:

—*A este chico le va a caer uno.*

Solo acerté a contestar, señalándolo a él, sin atacar por si era chivato:

—*¡Será hijoputa!*

Así conocí a Javier Rubio, luego gran amigo y que tanta importancia tuvo en mi decantación ideológica, pero que entonces era de los *anarcos* y, por tanto, enemigo acérrimo del Partido, al que se creía que pertenecía yo. Por suerte, la Policía tenía mejor información y no me cayó el expediente. Pero hasta que salió la lista, no dejé de darle vueltas en mi atropellada cabeza a una cosa: ¿cómo se lo explicaría a mi familia? ¿Qué dirían mi madre y mi abuela, que completaban la beca, escasa para mis necesidades librescas, pensando siempre en que hiciera una carrera y las hiciera sentirse orgullosas?

Lo que me sorprende ahora es que ni por un momento pensé en dejar la política. La represión en ciernes solo me provocaba un encono todavía mayor contra la dictadura, que podía meterme en la cárcel, ese era el juego, pero no tenía derecho a privarme de una carrera por unas ideas de las que ni siquiera estaba seguro. Sí de mis lealtades.

Cuando se ha visto detener ante tus narices a una chica con la que has salido la noche anterior, o sabes que acaban de meter en la cárcel a aquella Pasionaria que te convenció para meterte en el comité de curso de primero de carrera, o te enteras de que a tu compañero de clase Ángel lo ha detenido la Social y lo ha interrogado —léase torturado— dos semanas, dejas de hacerte preguntas. Necesitas aferrarte a una respuesta. Y solía ser esta: «El Partido es lo único que hay frente al franquismo». Y era verdad.

La vuelta al marxismo se produjo tras un paréntesis de tres años, los tres primeros en Barcelona. El primero fue un año de somatizaciones kavafianas, apenas compensadas por la poesía coreana. En realidad, era el entierro de la época feliz de Teruel, prolongada en Zaragoza con Labordeta y el Partido. En la primavera, me curé. Encontré a la chica que buscaba, aunque tardé unos meses en que ella me encontrara a mí. Y llegaron amigos de Teruel, entre ellos César Hernández, y con Gonzalo Tena nos mudamos a la calle Hospital, junto a las Ramblas.

Allí vivía el pintor José Manuel Broto, gran amigo de Javier Rubio, mi antiguo rival político en Zaragoza y con el que pronto me amisté. Y así, de buenas a primeras, con amigos de Teruel, Zaragoza y gente suelta de todas partes, que eso era aquella Barcelona de los setenta, formamos una especie de comuna interesada en la pintura, la semiótica y el psicoanálisis, que nunca había dejado de leer y que volví a estudiar cuando llegó a Barcelona Oscar Masotta, el introductor de Lacan en el mundo hispánico. De ahí salió el grupo de pintura Trama (Broto, Grau, Rubio, Tena y yo, mero teórico), la Biblioteca Freudiana de Barcelona y la *Revista de Literatura*, antes *Qwert Poiuy* y más tarde *Diwan*.

Abducidos por *Tel Quel* y *Peinture*, nos peleábamos ferozmente con los que defendían el Arte Conceptual en los debates del Instituto Alemán, territorio extranjero y sin censura. Allí conocí a las *patums* del PSUC, el cineasta Portabella y el músico Carlos Santos. Él, luego gran amigo, nos bautizó como *Los cosmos*, porque «éramos como cosmonautas, venidos de otro mundo». Y en el Alemán conocí un día al inolvidable Alberto Cardín. De aquellos encuentros salieron los años maravillosos que he evocado en *La ciudad que fue*. En lo que no había vuelto a pensar era en el comunismo.

## DE LA MILI A LA GUARDIA ROJA

En realidad, mi conversión al comunismo y mi posterior evolución al anticomunismo se produjeron en solo dos años, 1974 y 1975, y ambas fueron fruto de dos casualidades. En 1974, con la carrera terminada, me preparaba para cumplir el Servicio militar. Era un año que intelectualmente daba por perdido, pero en el que solo tenía una preocupación: que, ya de uniforme, hubiera una situación de violencia y nos ordenasen disparar contra los antifranquistas, es decir, contra nosotros mismos. Entonces, por un afortunado vaivén burocrático, me libré de la mili. Y mi superyó me convenció de que ese año en blanco debería convertirlo en rojo: emplearlo en hacer política al servicio de España, viendo la mejor forma de servir al pueblo, que era, sin duda, combatir sin uniforme a la dictadura.

Al mismo tiempo, encontré un trabajo estupendo, gracias al amigo de un amigo, ambos del partido: dar clase los fines de semana a un grupo de remeros olímpicos en Bañolas, que sostenía económicamente un cubano exiliado llamado Pedro Abréu, que se había hecho multimillonario gracias a un excepcional talento inversor y tenía muchas propiedades en minas y ferrocarriles de los USA y Canadá. Era un tipo extraordinario: además de preocuparse porque sus remeros estudiaran una carrera o, al menos, tuvieran un bachillerato decente y una salida al margen del deporte, nos invitaba a comer una vez por semana —Ángel, Jordi, Teresa, María y yo; luego se unieron Alberto Cardín y Alex Sáez— y como le caíamos muy bien y le gustaba hablar de psicoanálisis y de política, nos abrió una cuenta en dos librerías de Barcelona para comprar cuantos libros quisiéramos.

En aquella época, yo vivía de noche, horario que me abonaba a las Ramblas, pero vedaba el acceso a las bibliotecas, que ni queriendo hubieran dado abasto al aluvión de clásicos marxistas publicados en España desde 1974 hasta 1979, un fenómeno editorial comparable al de los años treinta, el de la bolchevización de la República, que aún nadie ha estudiado como merece. Pero la cuenta abierta de Abréu no solo me permitió hacerme con una bibliografía muy completa de psicoanálisis en francés, sino comprar o encargar todo lo traducido al español o en francés del marxismo, con preferencia por la rama más o menos estructuralista y con guiños al psicoanálisis que representaba Louis Althusser.

Con el tiempo por delante que yo mismo me di para cumplir con la patria, y con el sueldo que por ir a Bañolas los fines de semana a dar clase a sus remeros nos pagaba nuestro benefactor, leí todo Marx, salvo parte de su infinita correspondencia: desde los *Manuscritos* llamados humanistas del 44-47 a *El capital*, pasando por *La ideología alemana*, los *Grundisse* y la abundante prosa política, desde *El 18 Brumario* a *La lucha de clases en Francia*, la *Crítica* de Feuerbach, sus pobres escritos sobre España, el *Manifiesto*, la *Crítica del programa de Gotha* y no sé cuántas quisicosas que, aprovechando el tirón editorial, salían en folletos brevísimos, con títulos distintos y el mismo texto. De Engels, además de *El origen de la familia, la propiedad privada y el Estado*, devoré *Del socialismo utópico al socialismo científico*, *Dialéctica de la naturaleza*, el *Anti-Dühring*, y otros que, atribuidos a Marx, ahora sabemos que eran de Engels, en especial el *Curso de economía política* donde está ya todo *El capital*.

Tan en serio me tomé mi formación marxista que, junto a un curso de doctorado sobre Hegel, extraordinario, que impartía Valls, falsifiqué un carné de estudiante de Económicas de la Autónoma para apuntarme a un seminario sobre *El capital*, pronto abandonado por el docente y los discentes, pero que me sirvió para leer un libro no más farragoso que otros de Marx y perfectamente inteligible, aunque falso de principio a fin.

La verdad es que, a pesar de su mala fama, la economía política era mucho más fácil de entender que el *Sèméiotiké* de Kristeva, la epistemología de Bachelard, los avistamientos freudianos de Lyotard —cuya edición en español de *Discurso, Figura* publiqué pocos años después—, los esquizoanálisis de Deleuze o Guattari y no digamos la jerga de Lacan o de Derrida —su *De la gramatología* es un cuentecito al lado de *Glas*—. Yo descansaba del *Pour Marx* de Althusser leyendo a Baran y Sweezy e incluso al trotskista Mandel. Luego volvía a la escuela althusseriana, del francés Balibar a los españoles Albiac, Crespo y Ramoneda, sin olvidar a Poulantzas y Marta Harnecker.

Por supuesto —vía París-librería Maspero— conseguí y leí las *Obras Escogidas* de Lenin en la editorial Progreso de Moscú, los cuatro tomitos de Mao, los *Principios del leninismo* de Stalin, *Mi vida* de Trotski, *El profeta desarmado*, de Deutscher, la antología de Gramsci que publicó Solé Tura y sus soberbias *Cartas desde la cárcel*. En fin, estudié.

## LA VIDA SORPRENDIDA DE UN MILITANTE ANTIFRANQUISTA

Un acontecimiento precipitó nuestra salida de la teoría en favor del denostado «compromiso» político: el asesinato de Carrero en diciembre de 1973 que no se vivió como «liberación», dígase ahora lo que se diga, sino como una especie de provocación o ajuste de cuentas dentro del franquismo, que abría la temible posibilidad de una «noche de cuchillos largos» contra la oposición registrada en los archivos policiales, que era la de siempre: el Partido y los pequeños grupos de ultraizquierda, escisiones del PCE hijas del 68. Durante esas navidades, tras el miedo real que pasamos los que teníamos algún antecedente político, todos tuvimos la sensación de que las cosas, es decir, la salida o no de la dictadura, dejaban de plantearse en el terreno teórico y se imponía la fea realidad. Y a comienzos del 74, tras el magnicidio, el responsable de la seguridad de Carrero e insólito sucesor, Arias Navarro, anunció el 12 de febrero algo que se conoció como «espíritu» y terminó en fantasma, pero que prometía un cambio a fondo: la «legalización de asociaciones políticas», o sea, los partidos, en la jerga del régimen. Sorpresa total. Y el antifranquismo, pendiente del «hecho biológico» —como dio en llamarse a la muerte de Franco, que en el funeral de Carrero había mostrado claramente su senilidad— se puso a conjugar a toda prisa, sin reflexionar más, el paradójico verbo reflexivo «organizarse».

¿Y de qué podía aprovechar para esa reflexión la ingesta masiva de bibliografía marxista? O lo que es lo mismo: ¿en qué organización podíamos aplicarla? No recuerdo bien si ya llevaba el uniforme de recluta del que yo me había librado, pero sí que fue en la cocina de la casa-comuna de Hospital 72, por la noche, bajo una luz macilenta y junto a una radio enorme, negrísima, donde Javier Rubio y yo nos planteamos la cuestión. Y él, siempre más reflexivo, se había tomado la molestia de repasar todas las alternativas:

—*Mira, Federo, los únicos con los que podemos hablar son los de Bandera Roja.*

—*¿Mejor que el PSUC?*

—*Son una escisión y casi lo mismo, pero en ilustrado. Solé Tura y Borja tienen la ventaja, además, de que no son nacionalistas. Y Lluís Crespo, como althusseriano, sí ha leído a Freud y hasta puede que a Lacan. Por lo menos, no nos echarán los perros.*

*—¿Crespo, el del libro sobre Althusser; con Ramoneda?*

*—Ese. Tengo un contacto y podríamos hablar con él y entrar como grupo, en el sector de intelectuales, para mantener cierta autonomía y no dispersarnos en células.*

*—Hombre, si ellos aceptan, estaría bien. Lo malo es lo de tu mili en Zaragoza.*

*—Bueno, claro, todo esto lo tendrías que llevar tú, pero ya nos coordinaríamos.*

*—Pues, nada, si lo ves claro, adelante. Habla con él. Lo importante es organizarse.*

Pero entonces sucedió algo no previsto, prueba de la desinformación absoluta que, fruto de la clandestinidad, imperaba dentro y fuera de los partidos ilegales. Tras largas conversaciones con Crespo, estábamos a punto de entrar en Bandera Roja cuando supimos (por la prensa) que sus fundadores, Solé Tura y Borja, la abandonaban y se volvían al partido con un tercio escogido de los militantes. Javier y yo nos encontramos, pues, en una disyuntiva dramática y ridícula: tras llegar a la meditadísima conclusión de que los únicos comunistas ilustrados con los que podíamos hacer política contra la dictadura eran los de Bandera Roja, ¡resultaba que sus creadores se volvían al PCE-PSUC!

¿Qué hacíamos? Habíamos ya embarcado a los pintores de Trama y a amigos de Javier, como José Miguel Alcrudo, de las librerías Pórtico de Zaragoza, y su entonces mujer, Marián, en el proyecto de constituir dentro de BR una organización autónoma que nos permitiera seguir nuestra investigación estética y psicoanalítica al modo de *Tel Quel*, con un antifranquismo marxista de lo más chic, pasado por Pekín y París, nada de Moscú, y, de pronto, zas, todo se nos venía a pique en Barcelona.

Lo normal habría sido congelar la idea, reconocer nuestra inexperiencia y haber esperado una temporada antes de tomar partido. Pero eso estaba en contra de nuestro carácter y del espíritu de la época, que empezaba a vivir de improvisaciones. También influyeron, creo, dos factores personales. Uno era que yo me había echado una novia de Bandera Roja y era bastante desairado que a las cinco de la mañana me dejara para ir a tirar panfletos a las fábricas o al Metro, que abrían a las seis. Una vez la detuvieron, por suerte solamente unas horas, pero me parecía fatal que, estando Romeo de acuerdo en lo teórico, Julieta afrontara sola los peligros prácticos —muy reales— de la clandestinidad.

Para Javier, el factor personal era doble: había convencido a Broto para que colaborase con sus diseños en la creación de la editorial de Crespo llamada Avance; y a su otro amigo de adolescencia, Alcrudo, de la «justeza teórica de nuestra posición», que es como se llamaba en la jerga de entonces a la toma de partido. Además de un detalle no menor: suspender la entrada en BR podría entenderse como una cautela de Javier por estar haciendo la mili y expuesto a represalias más serias. Así que no permitió que nadie dudase de su entrega. Y a ambos nos delató, o nos retrató, nuestra condición intelectual, de marxistas de librería: si las ideas —nos decíamos— eran las correctas, lo sucedido en BR es que sus fundadores habían traicionado esas ideas. Razón de más para defenderlas.

Y así nos metimos en la Organización Comunista de España (Bandera Roja), en la que yo —que me había adjudicado un año sabático-militar— pasé a hacerme cargo del sector de Intelectuales y Profesionales. Debíamos de ser diez o doce, aunque de mucho lustre y futuro. Sin embargo, yo me pasaba el día de reunión en reunión. Cuatro o cinco diarias, aún hoy no sé para qué. Pero es que las reuniones venían precedidas de una cita de seguridad, y a veces dos, como cuando fui a conocer al camarada Hortalá, gran jefe de la Organización, un tío grandísimo y afable, con bigotón estaliniano y miopía tristona, que me cayó estupendamente, porque le pregunté por el psicoanálisis y sabía lo que era.

Hortalá estaba encantado con el proyecto de la Editorial Avance —respetaba a Crespo y apreciaba que no se hubiera ido al PSUC con Solé Tura— y añadió que la OCE (ya no Bandera Roja), dentro de su expansión en toda España, estaba creando una cierta infraestructura en Zaragoza y debíamos echar una mano a los *liberados* (profesionales) que al riesgo de la clandestinidad sumaban la dificultad de una ciudad desconocida. Y del encuentro con ellos guardo el recuerdo más indeleble de aquellos días de militancia.

Era a finales de agosto. Una de esas abrasadoras jornadas zaragozanas en las que deserta hasta la humedad del Ebro y el Huerva y el termómetro sobrepasa cómodamente los cuarenta grados. Cuarenta y dos a las cuatro de la tarde, cuando yo, que llegaba de Barcelona, y Javier, que salía de las oficinas del cuartel, cogimos un taxi —dos, por seguridad— al barrio de Torrero, donde tenían el piso franco los *liberados* de Hortalá. Él era muy alto, desmañado y de nuez prominente. Ella, pequeñita, joven y bastante guapa. El piso no podía ser más humilde. Los pocos libros estaban en la clásica librería hecha con cajas de fruta. Él trabajaba por horas en el mercado y en una fábrica para ir haciendo contactos. Ella estaba a cargo de la *vietnamita*, rústica imprenta y copiadora que consta de una plancha tamaño folio, un lienzo de seda —roja— y papel mecanografiado al vacío. Podía llegar a las cien copias si la seda y la tinta eran buenas. Con ese calor, imposible.

Hablamos de mil quisicosas organizativas y Javier les dio los teléfonos de contacto, aunque debíamos hacerlo primero nosotros. Luego hablamos sobre política, de partido y nacional. La impresión era triste, en lo organizativo y en lo intelectual. Ellos repetían las consignas del partido y tampoco habíamos ido allí para matizarlas. ¿Cómo hacerlo con dos personas seguramente juntas pero tan solas, jugándose la cárcel en un barrio de las afueras de Zaragoza y en un atardecer de agosto con cuarenta grados de calor? Esa era la fuerza del comunismo en la dictadura: el sacrificio de sus militantes, pero, a cambio, ¡cuántas vidas rotas, enfeudadas a un ideal trágico! ¡Cuánta desolación! Al dejarnos el taxi en la Plaza de Paraíso, la radio precisaba: cuarenta y cuatro grados. Por dentro, Javier rapado y yo con el pelo muy largo, nos habíamos quedado helados.

Hasta entonces, los peligros de la vida clandestina los había vivido en el entorno del partido: la de Vicente Cazcarra que me contaba Labordeta; la de Gloria que viví yo cuando estaba sentada a mi lado en La Teja y el policía exhibió su placa y se la llevó; la de Ángel, que me dejó un libro de estructuralismo recién traído de París y lo detuvieron al día siguiente, diecisiete días en comisaría porque estábamos en Estado de Excepción; la de Elena, mi madrina política, a la que fuimos a ver Chiqui y yo a Barcelona, pero la detuvieron y le echaron cuatro años. Pero eso estaba, por así decirlo, descontado en el partido. En cambio, los dos *liberados* de Zaragoza me recordaban, no sé por qué, *La madre* de Gorki, un sentimentalismo abocado al terror, tan infligido como padecido. Era la intemperie comunista, sin red, sin abogados, pese a que en la OCE nos dijeran que contábamos con los mismos del PSUC, sin la seguridad de que, en la comisaría o en la cárcel, alguien desde fuera se ocuparía de ti.

Solo desde una fe berroqueña en el marxismo, desde un fanatismo típicamente religioso, podía afrontarse, en el piso pobre de un barrio pobre de cualquier ciudad a la que el partido te enviase *perinde ac cadaver*, tan desangelada soledad; y en un ambiente social, el de la España de los primeros años setenta, que rechazaba abrumadoramente el comunismo. Porque no sabían lo que les convenía, queríamos creer. O porque no les convenía lo mismo que a nosotros, debimos pensar.

Los pocos meses en Bandera Roja fueron físicamente agotadores y políticamente decepcionantes. Di un curso de marxismo a un grupo de obreros en Can Serra, aunque según el manual *Conceptos básicos de materialismo histórico*, de Marta Harnecker, que sin duda alejó a aquellos jóvenes proletarios del marxismo-leninismo tanto como nos acercó a la pulmonía el sitio en que lo daba: un bajo parroquial, porque todo en el comunismo barcelonés lindaba con las sacristías. Pero la proletaria más lista y guapa del grupo limitaba su conciencia de clase a volverse cuanto antes a Asturias, harta de la fábrica. Lástima.

En 1974 llegó la flebitis de Franco y aunque reasumió por sorpresa el poder que había delegado en el príncipe, estaba claro que la situación iba a decantarse en un sentido autoritario o democrático. Así que un día decidimos, tras hablar con Crespo, que era absurdo tanto esfuerzo sin resultado. Y que, si queríamos, ante todo, la libertad y la democracia, debíamos volver al Partido, que haría más que los grupúsculos para traerla. Crespo lo aceptó, pero me encargó que negociara con Jordi Borja una cierta autonomía. Y lo intenté durante tres horas en el Bar Moka de las Ramblas, aunque habría preferido pasar la tarde en un mal dentista. Lo que no querían era que entráramos como lo habían hecho ellos, en grupo y negociando cargos. Y ponían a un *bandera blanca* para cerrar la entrada a los *bandera roja*. Sueltos, cabían todos, claro que sí. Creían, como nosotros, que era el momento de la unidad antifranquista, para ir legalmente a las elecciones y ser como el PCI, pero sin facciones. Mejor entrar individualmente y en una agrupación que conociéramos, como el Instituto Alemán. No querían una absorción, sino una disolución. Fin.

## DE LA LECTURA DEL *GULAG* AL VIAJE A LA CHINA DE MAO

En 1974, Franco casi se muere; en 1975 murió. Y en esos dos años se publicaron en España los dos primeros tomos del *Archipiélago Gulag*, de Soljenitsin. Como era, se decía, contra la URSS, todos los maoístas *à la mode* de París, los trotskistas y los anarquistas nos abalanzamos sobre él. Pero no era sobre Stalin, ni sobre la URSS, sino sobre el comunismo. Tras leer el primer tomo, las *chinoiseries* de *Tel Quel*, el *De la Chine de Macciochi* o *Des chinoises* de Kristeva, me parecieron una intolerable superchería.

He conservado durante muchos años aquellos dos tomos en edición de bolsillo —benéfica idea porque así pudimos comprarlos los estudiantes y otros grupos de riesgo— de Plaza & Janés, en su colección El Arca de Papel. En algún momento, desapareció prestado el I, el fundamental, pero puedo señalar el punto exacto en el que toda idea comunista se me hizo execrable. En la edición última, ampliada y revisada por el propio autor, editada por Tusquets en 1998 a partir de la traducción de Fayard y Seuil, estos dos capítulos: «La infancia de la ley» (pp. 354-443) y «La madurez de la ley» (pp. 444-509). En especial, el primero, que demuestra cómo la idea de que Stalin pervirtió el leninismo, no puede ocultar el hecho esencial: que todo, desde el principio, está en Lenin. Todo. O, dicho de otro modo, que el problema del comunismo es, simplemente, el comunismo.

## EL PARTIDO DE LOS INOCENTES Y LA AGENDA DEL BIEN

Entrado el siglo XXI, el gran enigma del comunismo es su supervivencia. ¿Por qué tanta gente se hace comunista y por qué, después de cien años de la creación por Lenin de un tipo de régimen carcelario, ruinoso y genocida, el comunismo sigue siendo una ideología respetable o respetada, que domina los campos mediático y educativo, esenciales para asegurar su continuidad? A mi juicio, la respuesta está en uno de los pocos libros realmente importantes sobre la naturaleza del comunismo, el de Stephen Koch *El fin de la inocencia: Willi Münzenberg y la seducción de los intelectuales* (Anagrama, 1997).

Si Lenin creó el Imperio del Terror comunista, copiado en todo el mundo durante un siglo, Münzenberg creó el Imperio de la Mentira sobre el comunismo, que se mantiene intacto, perpetuamente renovado, hasta hoy. Y tratando de explicar mi propia experiencia, tan parecida a la de la mayoría de los jóvenes de izquierdas de tantos países, topo siempre con el mismo fenómeno: el deseo de reemplazar una fe religiosa por otra política, y, a través de lo que aquel genio de la propaganda («el otro nervio de la guerra», decía Napoleón) llamaba sus «clubes de inocentes», la gran tentación: mantenerse dentro de la Agenda del Bien. Como dice Koch:

> Él [Münzenberg] fue el organizador invisible de esa modalidad política, indispensable en una política de oposición al sistema, que podríamos llamar la Política del Bien. La misma frase «clubes de inocentes», demuestra cómo los temas políticos manipulados por Münzenberg llegaron a servir a muchos como un sustituto de la fe religiosa. Ofrecía a todos, sin excepción, un papel en la búsqueda de la justicia. Al definir la culpabilidad, proponía inocencia a sus seguidores. Y millones lo aceptaron.

Lo genial y diabólico de Münzenberg es haber llevado a un asombroso nivel de eficacia el viejísimo principio de toda subversión: crear un enemigo imaginario como paso previo a ofrecerse como solución real para derrotarlo. Pero su obra ha perdurado más que la de Lenin, y se conserva como a un insecto prehistórico en una gota de ámbar porque en sus «clubes de inocentes» como dice Koch…

> proporcionó a dos generaciones de izquierdistas lo que podríamos denominar el foro del Bien. Acaso más que nadie en su tiempo, desarrolló lo que podría considerarse la principal ilusión moral del siglo XX: la noción de que, en esta época, el principal escenario de la vida moral, el verdadero reino del bien y del mal, era la política.

Münzenberg siempre defendió —y lo demostró con hechos— que el éxito del comunismo no podía basarse en su verdad ni en una realidad que pudiera justificar sus teorías, sino en su aceptación por los que no creían en esa verdad, pero estaban dispuestos a compartir la lucha contra una misma mentira: y esa es la que había que crear. De la más duradera, el «antifascismo» de la URSS, llamado en España «antifranquismo», sigue viviendo el comunismo, pasado y presente.

No importa que Lenin fuera un agente del Imperio Alemán, matara de hambre a los suyos y exterminara a todos los partidos políticos, sindicatos, intelectuales, obreros y campesinos que no encajaban en sus planes tiránicos. No importa que Stalin siempre se entendiera con Hitler, desde mucho antes del pacto germano-soviético por el que se repartieron Polonia, ni que unos y otros se entregasen a sus respectivos agentes o disidentes para exterminarlos. Y no importa ni importó nunca la verdad —que se supo desde el principio y desde el principio se rechazó— sobre la naturaleza genocida del comunismo en Rusia.

Ese es el genio de Münzenberg: haber creado la mentira más duradera de la historia, basándose siempre en lo mismo: la denigración del adversario, la justificación de su exterminio e incluso la justificación del error al hacerlo. ¿Y cómo? Consiguiendo que los que mentían o creían defender la Verdad que favorecía a la URSS se sintieran en el lado del Bien, moralmente superiores a los que dudaban, cuya duda los situaba automáticamente del lado del Mal. La lista de los que sirvieron a esa estrategia es casi interminable y coincide, no por casualidad, con los nombres más prestigiosos de la intelectualidad del siglo XX: Gorki, Malraux, Grosz, Piscator, Gide, Dos Passos, Hemingway, Dashiell Hammet, Lillian Hellman, Dorothy Parker, Bertolt Brecht...

El último gran fasto intelectual comunista de los «clubes de inocentes» de Münzenberg fue el II Congreso Internacional de Escritores para la Defensa de la Cultura en Valencia, en 1937 (el I fue en París en 1935). Sus anfitriones —Otto Katz, la mano derecha de Münzenberg, su pupilo Álvarez del Vayo, Constancia de la Mora y otros publicistas de Moscú— lograron que los grandes escritores presentes agotaran el champán mientras ellos disimulaban o, previa calumnia, justificaban el asesinato de comunistas españoles en Valencia como José Robles, el de los dirigentes del POUM en Barcelona o el de Andreu Nin en Madrid, despellejado vivo en el chalé de Hidalgo de Cisneros y De la Mora. Era el mismo año 1937 de *Traum und Terror* de Karl Schlögel, benévolamente traducido como *Terror y utopía* (Schlögel, 2014) y el de los atroces segundos Procesos de Moscú. Habría que actualizar la *Traumdeutung* o *Interpretación de los sueños* de Freud para explicar esas traducciones que siempre suavizan el terror comunista.

Lo interesante, sin embargo, porque es la clave de la resurrección actual del comunismo más cerril, es averiguar por qué tantísima gente ilustrísima e inteligentísima fue engañadísima durante tantísimo tiempo por los montajes de la Komintern en los quince años en que Münzenberg dirigió su propaganda; algo que sigue marcando el modo de actuar de la izquierda hasta el día de hoy.

Yo no creo en el pérfido engaño o la involuntariedad de los «clubes de inocentes», que eran el cuerpo de ejército más fuerte de la dictadura soviética. Creo que en la Falla Antifascista de Valencia estaban casi todos al cabo de la calle de lo que pasaba en Moscú, y que los que no querían estarlo era porque sabían lo que para sus carreras suponía estar con el comunismo o contra él. Sin embargo, eso no explica el camino que llevó a esos mismos escritores al principio de sus carreras a unirse al comunismo, cuando no era una captación de intelectuales ya consagrados por los servicios de propaganda soviéticos.

La clave esté en ese *Foro*, *Agenda* o *Política del Bien*, que Koch ve con toda claridad en la estrategia de Münzenberg y cuyo infalible gatillo es la previa definición del Mal, al que ninguna persona educada en unos principios morales o religiosos sólidos puede ser indiferente. Pensando en mi propio caso, tan común que puede generalizarse, la pérdida de la fe es sustituida por la voluntad de creer, esa teología de sustitución de la que hablo al comienzo de este prólogo. Pero ¿es tan inocente como parece esa voluntad de creer?

Al principio puede parecerlo; pero, aunque de una manera compleja y que necesita explicación, no lo es. Y, por supuesto, deja de serlo en el mismo momento en que se producen las primeras dudas sobre la autenticidad en la búsqueda del Bien, del comunismo. ¿Por qué suele perderse la fe en Dios a las primeras de cambio, cuando por el sufrimiento de un niño violado y asesinado o cualquier otra crueldad inexplicable con la que tropezamos en nuestra vida dudamos de la existencia de un Ser Superior que no sea Superiormente Cruel, y por qué, sin embargo, cuando la nueva fe, el comunismo, muestra mucha más crueldad que la metafísica se aceptan explicaciones totalmente absurdas?

Koch señala los procesos de Moscú del 37 como el momento en que los comunistas, en el banquillo, en la URSS o en cualquier país del mundo, desechan su «idealismo» y aceptan conscientemente que todo lo que

Vyshinski —o Stalin— dicen es mentira, pero que deben respaldarlo. Es decir, que, desde 1937, defender la Mentira es la forma comunista de defender la Verdad. Pero tampoco eso sería todo cierto. Es el triunfo de la Mentira de 1937 sobre la verdad de 1917.

Dice Koch en el capítulo clave, «El fin de la inocencia», que da título al libro:

> El vínculo invisible entre las grandes purgas de 1936-1938 y el Frente Popular ofrece una idea de la íntima conexión existente entre inocencia y terror característica de gran parte del pensamiento revolucionario y utópico (...). Pero hubo una diferencia entre el Terror soviético anterior a 1936 y el posterior. La Cheka de Dzerzhinski y el GPU mataron y destrozaron las vidas de gente básicamente perteneciente a las clases proscritas. Asesinaban a los «enemigos del pueblo», los perdedores en la guerra de clases, los miserables cuya culpa de clase, se suponía, no merecía la menor piedad. Merecían la expropiación; se merecían el aniquilamiento de sus ideas, de su forma de vida, de su cultura. Si la revolución consideraba conveniente la muerte, merecían morir.

Esta fue la justificación de Lenin y Trotski para el terror rojo. Pero los primeros procesos de Moscú no fueron contra el zar y su familia (asesinados en secreto), ni contra los aristócratas (algunos de los cuales, como Lenin, eran bolcheviques), ni contra los liberales del KDT (aunque dos diputados, tras ser declarados «enemigos del pueblo», fueron apaleados y luego asesinados en el hospital), sino contra los socialistas revolucionarios, el partido más votado en la Constituyente: más del 50 por ciento del voto, en su aplastante mayoría, campesino.

Después llegó el turno de los socialistas revolucionarios de izquierdas, el partido de la terrorista Spiridónova, el único que había participado en todo el proceso golpista de Lenin y Trotski, pero que, tras la paz de Brest-Litovsk (menos grave que el asalto al Palacio de Invierno contra el legítimo Gobierno Provisional y la disolución de la aún más legítima Asamblea Constituyente), abandonó el gobierno. Y entre los *eseristas* mayoritarios de Chérnov y los minoritarios de Spiridónova, los bolcheviques ya habían atacado sin piedad a los mencheviques del Partido Socialdemócrata (POSDR) de Plejánov y Mártov y a los anarquistas

seguidores de Kropotkin, que murió de hambre y frío casi ante los ojos
de Ángel Pestaña, de la CNT, que le llevó dos kilos de manteca y fue informado por su mujer de que el día anterior habían vendido el gabán
que lo tapaba en su lecho, donde falleció una semana después. También
acabaron con los sindicatos y los soviets; y finalmente, masacraron a los
obreros de Kronstadt.

¿Quiénes fueron, pues, esos «perdedores de la guerra de clases», esos
«miserables culpables de su origen social»? Los pocos proletarios, liquidados por Lenin, los muchos campesinos, masacrados por Stalin, y todos
los partidos y organizaciones de izquierdas, sin más excepción que los
nuevos bolcheviques. Los viejos eran en 1917 unos 1.000 «liberados» y
100.000 militantes. En 1937, más de 5 millones. Lo que hizo Stalin fue
terminar la obra empezada por Lenin: no dejar a nadie que pudiera dis-
cutirle nada al partido, o sea, a él, ni en nombre del pasado ni del proletariado. Silencio de muerte. El que reinaba en toda la URSS. Como dijo Lenin al prohibir las facciones, el partido «no era un club de debates».

Y ese es el origen de la política de depuración del partido por Stalin: la prohibición de facciones o cualquier disidencia en el partido al llegar Lenin al poder. Desde entonces, la «actividad fraccional» se ha considerado en todos los partidos comunistas uno de los tres delitos
imperdonables en un militante. Los otros dos son «desviacionismo burgués» —derechista o ultraizquierdista— y «colaboración con el enemigo» que, por serlo todos, podía ser cualquiera. Lo que diferencia a Stalin
de Lenin es que tuvo más poder para la misma política.

Pero volvamos al enigma de la Mentira. ¿Desde cuándo los dirigentes y militantes comunistas la asumieron gustosos? En mi opinión, siempre. El culto inconfesado a la fuerza, y a la mentira como secreta manifestación interior de esa fuerza exterior que no se confiesa, pero se
disfruta, está también en la raíz de la asunción de la ideología comunista,
que de fe religiosa se convierte en voluntad de creer y que desemboca
en simple voluntad de poder.

Alain Besançon, en su prólogo al libro de Andréi Amalrik *L'Union
Sovietique, survivra-t-elle en 1984?* (Amalrik, 1970), explica cómo la ideología comunista, esa Agenda del Bien en la que Koch detecta el «gancho»
del comunismo en los intelectuales y en toda persona con un exacerba-
do afán de perfección moral, explica el empecinamiento de tantos lite-

ratos franceses en apoyar a la URSS, que no se basa en no querer ver lo que pasa en el Gulag, sino dentro de sí mismos:

> La función de la ideología, en tal caso, consistiría en impedir que llegue a la conciencia no la realidad exterior, sino la interior. La ideología mantiene inconsciente lo que la conciencia no puede tolerar, en particular un deseo homicida (...). Al pensar en sus cincuenta años de prosovietismo, me pregunto si la *intelligentsia* francesa no ha hecho de Rusia un símbolo, el lugar proyectivo de esos deseos reprimidos. Y si, por consiguiente, no estará fascinada, pese a sus protestas, por este régimen no ya a pesar de los crímenes cometidos por él sino a causa de ellos.

Si los intelectuales franceses y no solo franceses, aunque siempre según ese molde, mintieron sobre la URRS y el Gulag, no fue porque desconocieran, sino porque secretamente *compartían*, la ferocidad de sus verdugos; y porque profesionalmente les interesaba. Por eso mintieron casi todos y casi hasta el final. Por eso siguen mintiendo muchos todavía hoy: porque el comunismo sigue siendo un buen negocio. El de Lenin ha decaído, el de Münzenberg es más sólido que nunca. La superioridad moral de la izquierda se traduce en superioridad laboral. La primera es subjetiva, la segunda, objetivísima.

La fuerza del comunista no es de la misma naturaleza que la del mártir cristiano, al menos en el siglo XXI, pero tiene la misma o superior intensidad. Del mismo modo que unos disfrutan en el Bien, otros lo hacen con el Mal. El comunismo, inequívocamente definido por Lenin como una empresa malvada que traerá alguna vez el Bien al mundo, es una religión satánica, seguramente más actualizada que la del Evangelio.

El neocomunismo del siglo XXI nace o renace, precisamente, por la violencia y disfruta de una extraordinaria prosperidad gracias a la mentira. Cuando los fukuyamos proclamaron «el fin de la historia», entendida como el fin de la Guerra Fría, la demostración de que la economía de mercado, tan frágil y tan fuerte, es más eficaz para salir de la pobreza que la planificada y que la «guerra de clases» a nivel internacional se había saldado finalmente con la derrota del proyecto leninista, toda la izquierda se rebeló contra su esquela, y parte de ella, muy violentamente.

Un nuevo tipo de violencia urbana y cosmopolita, más cercana a la de las barricadas del siglo XIX que a la que se supone correspondería al final del XX y comienzos del XXI, estalló de forma aparentemente espontánea con dos herramientas muy poderosas: Internet y las redes sociales, que daban forma a una propaganda masiva y barata, apoyada a su vez en la televisión, que había sido pieza esencial, aunque involuntaria, en el derrumbe del Este ante las imágenes de prósperos colorines del Oeste.

Desde Seattle, el precariado universitario encabezó una subversión, que como en el 68 francés o californiano, tenía más de estética que de ética, y que pastaba por parcelas de género, raza, minoría o clase en la inmensa pradera de las subvenciones del Estado del Bienestar, oenegé entre las oenegés y madre de todos los despilfarros. Los estudiantes no se rebelaban contra los profesores, sino con ellos y contra el aburrimiento de aprender y enseñar, curso tras curso (Pardo, 2016). Y los rescataba del tedio la prestigiosísima Revolución. Eran de nuevo ingenieros de almas, impartiendo por la tele másters en Indignación. De hecho, indignarse se convirtió en la primera industria editorial y mediática.

El cambio era superficialmente enorme. La sustancia, la misma: no a la propiedad privada, sí al comunismo. El clásico pacifismo anti-OTAN, siempre teledirigido por la primera potencia militar terrestre del mundo, la URSS, y la subversión civil antinuclear o ecologista, pero con propósitos militares, había sido relevado por un nuevo fenómeno de agitación y violencia que, como ha sucedido siempre desde mediados del siglo XIX, nunca protagonizaban y jamás respaldaban los trabajadores manuales, supuestamente explotados por ese capitalismo global que ha mejorado extraordinariamente el nivel de vida de los más pobres en los países más pobres. Los «indignados» que acaparaban los arranques de los telediarios eran inquilinos de las infinitas instituciones antaño educativas o formativas, que hoy «formatean» el espíritu hasta dejarlo, literalmente, sin conocimiento.

La violencia extrema era un medio de llamar la atención y un fin en sí misma. Su existencia era una suerte de arquitectura efímera cuya combustión no podía pasar de un minuto en el informativo de televisión, con ráfagas de cinco segundos. Luego vendrían las tertulias y debates donde los caudillos antisistema del mediodía daban sentido a las imágenes en el *prime time* de la noche. Para volver por la mañana con otra actuación y por la noche con su explicación. Parodiando a Gertrude Stein, la indignación era la indignación, era la indignación, era la indignación.

Pero con la violencia como gancho publicitario, la «publicidad por el hecho» del terrorismo anarquista, la violencia antiglobalización devolvía al discurso político la mentira del leninismo en los mantras de Münzenberg y la Komintern. Como si no hubiera caído el Muro o hubiera caído por casualidad, de nuevo el mayor enemigo del ser humano era la propiedad; y la libertad era un embeleco burgués para explotados descerebrados. La Globalización, el Nuevo Orden Mundial y el Capitalismo Salvaje eran los blancos de los indignados de cátedra, como si alguna vez hubiera considerado la izquierda civilizado al capitalismo o como si durante el «siglo soviético» (Lewin, 2017) la economía de mercado y la democracia liberal no hubieran demostrado ser infinitamente mejores que el peor salvajismo contemporáneo, el socialismo real de Lenin.

Antes de morir, Babette Gross, viuda de Münzenberg y hermana de Margarete Buber-Neumann, uno de los grandes testigos de cargo contra el comunismo y su gemelo especular nazi, recordaba a Koch los «mantras» comunistas que su marido, su mano derecha Otto Katz y su más brillante empleado, el joven Arthur Koestler, diseminaron por el mundo:

> Cincuenta años después, sentada a mi lado en Múnich mientras tomábamos el té, la voz de Babette Gross se crispó repitiendo una letanía:
>
> Tú no apoyas a Stalin. No te declaras comunista. No proclamas tu amor al régimen. No pides a la gente que apoye a los soviéticos. Jamás. Bajo ninguna circunstancia.
>
> Tú te declaras un idealista independiente. No entiendes demasiado de política, pero piensas que los pobres lo tienen mal. Crees en las mentes abiertas. Te alarma y atemoriza lo que está sucediendo aquí, en tu propio país. Te atemoriza el racismo, la opresión de los trabajadores. Opinas que los rusos están intentando un gran experimento humano y esperas que tengan éxito. Crees en la paz. Deseas que haya entendimiento internacional. Detestas al fascismo. Piensas que el sistema capitalista es corrupto.
>
> Lo dices y repites una y otra vez. Y no dices nada, nada más.
>
> Y terminó, cansada: «Sí, sí. Dices todo eso». (Koch, 1997).

Todas y cada una de las frases de Gross, típicas del «agit-prop» de la Komintern en los años treinta y cuarenta del siglo pasado, las oímos de nuevo cada día, cien años después de la creación por Lenin del primer Estado comunista del mundo, espejo de todos los demás. Es el nuevo y viejísimo «agit-prop» del siglo XXI, el de los neocomunistas de Podemos, el de los gurús antiglobalización de los USA, del exlingüista Chomsky al precineasta Michael Moore, pasando por los relamidos universitarios posderridianos y posfoucaultianos, los Piketty o los fasciocomunistas como Laclau, herederos de la propaganda antiliberal que compartían rojos y negros, pardos y azules en la primera mitad del XX.

El comunista no es, no ha sido nunca, inocente de lo que los comunistas han hecho en cualquier otro lugar del mundo. A la espera del poder material, disfrutando solo —y no es poco— del poder intelectual que procura la certeza en su superioridad moral, el militante del ideal comunista tiene ante las víctimas del comunismo real una disociación cognitiva: las ve y no las ve, lo sabe todo, pero nada sabe, disfruta cuanto ignora. La diferencia esencial del líder y el militante es que el primero experimenta el placer directamente asociado al discurso; y el segundo, un goce silencioso, secreto e incluso inconsciente.

Cuando Pablo Iglesias Turrión amenaza en un mitin con su voz formateada a los capitalistas, liberales, socialtraidores, banqueros, poderosos del mundo, hijos de millonarios y empresarios de éxito, con la expropiación, el encarcelamiento o la aniquilación, siente y transmite el placer de atemorizar a sus enemigos, adelanto del que sentiría liquidándolos. Ahora bien, no todo el mundo vota al que dice atrocidades que disfruta oyendo. Comparte la amenaza criminal, pero no desea que el crimen se convierta en realidad. Por eso, y es la clave de que Podemos tenga más del doble de los votos que tuvo el PCE con cualquier líder, es fundamental que Iglesias y su cuadrilla de *reservoir dogs* puedan, noche tras noche, en las cadenas de televisión puestas a su servicio por el gobierno del PP para quebrar al PSOE, asegurar a los votantes que, a través del mal, están haciendo el Bien. Y que activan un deseo, no un asesinato.

La diferencia de Pablo Iglesias con Carrillo, Anguita, Llamazares o Alberto Garzón, su «pitufo gruñón», está en que combina, porque le dejan, el mitin diurno y la confidencia nocturna, el gritito mitinero y ese susurrar suyo, ridículamente impostado, entre confesor y Landrú, que, pagado por Chávez, aprendió en los cursos de telegenia de María Casado. Pero susurrando noche tras noche a las ovejitas sin luces va consiguiendo vender en la teletienda de las ideas que su violencia no es violencia, que su ferocidad es sensibilidad, que sus amigos etarras no matan, que Caracas no es Madrid, que él no quiere una dictadura comunista, solo que los niños pobres no tengan que buscar su comida entre la basura de los hoteles de cinco estrellas.

Naturalmente, el espectador de la tertulia política nocturna sabe que Iglesias miente, pero ¿quién no lo hace? Cuanto más feroz sea la mentira, es mayor como manifestación de poder. Lo inconveniente activa el afán transgresor del ciudadano formal. En la penumbra del sofá y la televisión, cualquiera puede ponerse en la piel de los protagonistas de *Portero de noche* o de *Belle de Jour*, la novela de Joseph Kessel que Buñuel popularizó con Catherine Deneuve: esposa burguesa y formal de día, adicta a inconfesables placeres cuando nadie la ve. Lo que se dice una virtuosa de la Mentira. O una de aquellas «damas del Kremlin», *soviet-escorts* de Gorki o Romain Rolland.

La tarea del comunista del siglo XXI es acceder al cuarto trasero de la conciencia buenista, donde se alberga ese impulso homicida inconfesado o inconsciente del que habla Besançon; facilitar al teleciudadano la contraseña para acceder al Big Data del poder imaginario sobre la vida, la propiedad y la libertad de los otros. Algo que solo el comunismo ha hecho realidad y volvería a hacerlo, porque desear es conseguir y lo que se quiere, se puede. Mientras eso llega, a votar y esperar el Juicio Final, el Día de la Venganza, saboreándolo a oscuras, como el niño debilucho que sueña cada noche con ser Supermán.

El éxito de Podemos se basa justamente en eso: en haber ido más allá de lo que nadie, empezando por el PCE que hizo la Transición y que aceptó la democracia durante cuatro décadas, hubiera ido nunca. Solo la ETA se acercó en ferocidad a sus propuestas, y no todas y no siempre. Recordemos algunas: sacar a Franco de la tumba, rechazar la ayuda de Amancio Ortega para los niños enfermos de cáncer, negar una calle a Miguel Ángel Blanco, asaltar una capilla, reírse de las víctimas del terrorismo y del Holocausto, burlarse de los jóvenes asesinados en Venezuela, defender las cárceles de Cuba, proclamar en una televisión pagada por Irán que la guillotina es el origen de la democracia, felicitar el 1 de enero de 2017 como aniversario de los cien años del régimen de los cien millones de muertos, y brindar por el Che, Chávez, Lenin y Stalin, que siempre serán mejor que Franco y sus hijos del PP y Ciudadanos. No hay norma cívica en que no se cisquen, ley que no vulneren ni delincuente que no defiendan, del terrorista *Alfon* al maltratador Bódalo. Pero sus delitos son en nombre de la justicia; sus robos, de la honradez; sus mentiras, de la Verdad.

## EL PELIGRO POPULISTA EN GENERAL Y EL COMUNISTA EN PARTICULAR

Creo que el éxito del populismo, de izquierdas o de derechas, en estos últimos años, una de cuyas manifestaciones es precisamente Podemos, nace del lento, insensible e implacable deslizamiento de la política al videojuego, del voto convertido en expresión de hastío y no en respaldo a una alternativa de gobierno, porque se entiende que no hay alternativa... y se apoyan las más radicales. Se vota a candidatos que en el siglo pasado no se hubieran atrevido a presentarse a las elecciones y se votan cosas que nunca se hubieran sometido a votación.

El fenómeno populista no es nuevo, sino tan viejo como la democracia, que Aristóteles entendía como demagogia. Lo que sorprende es su magnitud. Un candidato como Trump o un referéndum como el del Brexit en las dos democracias liberales más asentadas del planeta eran impensables hace diez años. Los procesos electorales, en el pasapuré de la televisión y las redes sociales, se parecen más a las votaciones para echar a concursantes de Gran Hermano que a un debate sobre modelos de sociedad y modos de gobernar.

El populismo tiene muchas caras, pero en mi opinión hay tres modelos esenciales. El primero es el del rechazo particularista, no siempre injustificado, a las formas que reviste la cada vez más libre circulación de mercancías y la cada vez más frecuente circulación de personas, a menudo ilegal y siempre profundamente perturbadora de los equilibrios sociales. La crisis de los refugiados, atizada por la demagogia buenista de

Merkel, fue su última manifestación. Pero el aculturamiento hostil de las minorías islámicas en los países europeos, empezando por Francia, Alemania e Inglaterra, es, sin duda, la amenaza más grave, porque está íntimamente ligada al terrorismo islamista. En mi opinión, fenómenos como el de Marine le Pen y Melenchon en Francia han mostrado que la derecha y la izquierda se oponen radicalmente en este asunto. Y el milagro de que los franceses no hayan tenido que elegir entre un partido semifascista y un movimiento neocomunista, gracias al centrista Macron, no va a disipar el problema de fondo, que es separar el grano de la paja y ver que el multiculturalismo no supone solo un fracaso, sino la muerte de la libertad.

El segundo fenómeno populista va íntimamente ligado al anterior, y es la rebelión contra los medios de comunicación y de formación de la opinión pública, que, en aras de lo políticamente correcto, siempre muy escorado a la izquierda, ha despreciado y desprecia a enormes grupos de población que se sienten expulsados del sistema y manipulados por unos medios que están en manos de los políticos y unos políticos que están en manos de esos medios.

En el rechazo a la libre circulación de mercancías se unen la extrema derecha y la extrema izquierda, mientras sus beneficios los acepta una amplia mayoría. En el rechazo a la inmigración incontrolada, sobre todo islámica, el centro y la derecha forman una mayoría nítida frente a una extrema izquierda en alza y una socialdemocracia en vías de extinción. Pero si hay algo con lo que solo la izquierda se siente satisfecha es con los medios de comunicación. La crisis de los periódicos de papel y la mutación acelerada de las formas de recibir noticias y expresar opiniones a través de Internet, los móviles y las redes sociales han colocado a la sociedad moderna en la misma situación en que veía a Rusia un liberal desesperado en vísperas de 1917: dividida entre paralíticos y epilépticos.

Lo que más despista del fenómeno populista es que la gente no confiese lo que realmente va a votar. Es decir, que, sin aparente necesidad, porque nadie le presiona o amenaza, mienta. Arcadi Espada llamaba la atención sobre los estudios al respecto de Seth Stephens-Davidowitz, colaborador del *New York Times*, que durante cinco años ha investigado en Google las preguntas más habituales del consumidor de la primera fuente de datos del mundo. El resultado es el libro *Everybody Lies* (*Todos mienten*), que el autor resume así para la revista *Vox*: «La gente es mucho más fea y malvada de lo que piensa la gente» y «esta fealdad oculta puede predecir muchos comportamientos, especialmente en el ámbito político».

La gran paradoja del mundo actual es que nunca ha habido más libertad política ni más prosperidad económica que ahora. Y, sin embargo, siguiendo a los medios *mainstream* o de masas, nunca se ha instalado tanta sensación de ilegitimidad en los regímenes que son o aspiran a ser Estados de Derecho, con el poder político sometido a la ley. Diríase que la primera obligación de un periodista o intelectual de nuestro tiempo es dudar de lo que está a la vista, empezando por la libertad y la prosperidad. A partir de ahí, se elige la forma de negarlas, generalmente aludiendo a un poder económico oculto que manipula a la gente haciéndole creer que es libre cuando es esclava. Y la solución es siempre el socialismo. En el fondo, se vuelve al viejo análisis de Marx en *El capital*: el fetichismo de la mercancía y la gran engañifa del dinero, que oculta la esencia de las cosas. A partir de ahí, el comunismo puede resucitar, porque se ha vuelto a su origen.

Este es, a mi juicio, el populismo realmente grave: el que nace de la deslegitimación de la libertad, la propiedad privada y la igualdad ante la ley, los tres principios del liberalismo contra los que se alzó el comunismo, cuya primera y terrorífica manifestación fue el Estado Soviético creado por Lenin. Lo malo no es que haya comunistas. Es que, en lo fundamental, la mayoría de los medios de comunicación, y con ellos la mayoría de los partidos políticos, defienden tres ideas difusas pero omnipresentes: la primera es que se puede atacar siempre la propiedad privada y eso es bueno; la segunda, que se puede legislar para un grupo y no para todos y que esa desigualdad ante la ley también es buena; y la tercera, que se puede coartar la libertad de cualquier persona para lograr las dos anteriores, que su propiedad no sea suya y la ley no la defienda; y que eso es buenísimo.

Este mensaje continuo, machacón, apabullante, hijo de la enseñanza socialdemócrata y de la corrección político-mediática, aboca fatalmente a las democracias, de una u otra forma, antes o después, al populismo comunista, del mismo modo que la falta de ideas actuales y de principios morales llevó al zarismo y a todos los partidos democráticos rusos al pie del cadalso leninista. Porque Trump durará lo que dure, la derecha francesa tardará algún tiempo en absorber a Le Pen asumiendo su rechazo militante al islamismo, los italianos dejarán de elegir entre un payaso y un anciano empresario de circo; ese voto y esos candidatos populistas tienen fecha de caducidad. El comunismo, no. Y en España, el populismo de izquierdas, el de Podemos y el PSOE, estratégicamente unido al populismo separatista, puede llevarnos a una catástrofe monumental. Nada podría el separatismo catalán o vasco sin el populismo comunista. Con él, lo puede casi todo. La clave de que lo consiga o no está en la legitimidad que se conceda al comunismo y la que el comunismo conceda al separatismo.

¿Cuál es la diferencia intelectual que da al comunismo esa legitimidad superior a la del fascismo, el nazismo o cualquier tipo de populismo actual? Su universalidad. El hecho de que no se basa en una conciencia particular, de tipo nacional o religioso, sino en *la* conciencia, en general. Aun proclamándose de clase (no de la clase proletaria, a la que el comunismo niega toda capacidad de pensar por sí misma porque solo busca mejorar su situación material y no la salvación de la humanidad) el militante comunista se siente universalmente bueno. En el terreno de las ideas, ventajas materiales aparte, un mussoliniano podía sentirse moralmente satisfecho, pero solo como italiano. Un nazi alemán, convencido por Hitler de ser una raza superior que debía dominar el mundo, podía sentirse Amo del Universo, pero solo si el triunfo respaldaba su idea. En cambio, el comunista no necesita triunfar ni le afecta el fracaso porque es la conciencia universal, el consignatario del Bien total, absoluto, intemporal. Por el mero hecho de ser comunista, uno puede pasar de sentirse un buen italiano o un buen alemán a saberse una buena persona. En realidad, una persona sin las taras de otros, cuya liberación exige tanta violencia. Como su alienación les impide ver la luz hay que pensar en liquidarlos, por su bien y el de la humanidad.

Y en un mundo que empieza a descubrir, aunque sea invocando a San Google, hasta qué punto la mentira se halla instalada en lo más profundo del ser humano, como la primera y última versión del Mal, ¿cómo se lucha contra el comunismo, que se basa en la mentira sobre el terror que busca imponer? En mi opinión, solo recordando su realidad criminal, es decir, sus víctimas. Y eso significa combatir el mayor empeño en borrar su memoria, que es el de convertir el comunismo en la historia del comunismo. Como si el sufrimiento humano, el sacrificio de más de cien millones de personas, asesinadas con la excusa de una idea siniestra por los sumos sacerdotes carniceros del Kremlin, pudiera reducirse a un relato y a una estadística consensuada de sus crímenes. Pero eso exactamente es lo que está sucediendo hoy. En realidad, desde hace tres décadas, cuando la realidad comunista buscó ocultarse en la universidad.

La clave es la negación de la progenitura del comunismo, su carácter de modelo dictatorial absoluto sobre el que se forjaron el fascismo y el nazismo. Para ello es preciso negar algo en lo que comunistas y anticomunistas rusos estuvieron siempre de acuerdo. Berdiaev, en sus *Memorias del exilio*, escribía:

> El surgimiento en Occidente del fascismo fue posible gracias al comunismo ruso, que no habría existido sin Lenin (...). Toda la historia occidental entre las dos guerras fue determinada por el miedo al comunismo.

Y Bujarin, cuando todavía era, en palabras de Lenin, el «niño bonito» del partido, lo confirmaba en el XII Congreso del Partido Comunista (bolchevique) en 1923:

> Característico de los métodos de la lucha fascista es que los fascistas, más que los de cualquier otro partido, han hecho suya y ponen en práctica la experiencia de la revolución rusa. Si lo vemos desde el punto de vista formal, es decir, desde el punto de vista de la técnica de sus procedimientos políticos, hay una perfecta aplicación de la táctica bolchevique y específicamente del bolchevismo ruso: en el sentido de una rápida concentración de fuerzas y una acción enérgica por parte de una organización sólida y compacta; y en el sentido de un sistema preciso de empleo de las propias fuerzas, de «comités logísticos», movilización, etc; sin dudar en la despiadada aniquilación del adversario cuando es necesario y lo determinen las circunstancias.

Pues bien, esta evidencia histórica: que el bolchevismo llega al poder en 1917, el fascismo en 1924 y el nazismo en 1934, y que los tres fenómenos políticos provocaron la mayor pérdida de vidas humanas de la historia, no solo en el frente sino en la retaguardia, con millones de víctimas inocentes, se niega de forma deliberada, cruel, indiferente a la memoria de esas víctimas.

Yo creo, en cambio, que la única forma intelectualmente respetable de acercarse al comunismo es a través de sus víctimas. Hay decenas, cientos de miles de libros sobre Rusia antes, durante y después del 1917. Tras el centenario de octubre de 1917 serán millones. Los historiadores, sin excepción, no dejan de decir que faltan muchos archivos por escrutar, muchos datos por conocer, muchos detalles por estudiar. Y no dejan de publicarse informes que, como en el grupo «Memorial» obedecen al principio moral de no dejar que caigan en el olvido tantos millones de víctimas a las que durante su vida y aún después de muertas se les ha borrado hasta la existencia. Pero no es el caso de la mayoría de los historiadores de la parte del mundo que no ha padecido el comunismo, a los que el *Archipiélago Gulag* de Soljenitsin les parece una referencia «poco profesional».

Sin embargo, la naturaleza del comunismo está grabada en la vida y la muerte de cada una de sus víctimas. El comunismo asesinó a millones de personas por considerarlas mera masa refractaria, reaccionaria o eliminable. Lo que no logró fue que cada persona no muriera sola, que cada una de esas vidas segadas por orden de Lenin, y tras él Trotski, Stalin, Mao, Ho Chi-Minh, Ceaucescu, Honecker, Andropov, Pol Pot, el Che, los Kim o los Castro, no tuviera su dolor particular, su terror intransferible, su propio pasado hecho cenizas.

En este libro pretendo rescatar, a partir de mi experiencia, lo que más me ha costado encontrar y, por tanto, entender: el rastro de tantos testigos de la barbarie comunista cuyas denuncias y memoria han sido borrados por la apisonadora intelectual comunista, no la de Moscú, sino la de los cómplices del comunismo que lo han servido y lo sirven hasta el día de hoy. Quiero, en la modesta medida de mi capacidad, pero con la seguridad de hacer lo debido, rendir tributo a los que cayeron pensando y a los que, por pensar, cayeron. No he querido escribir un libro de historia, aunque naturalmente me refiera a ella, sino una memoria, la mía pero no solo mía, sobre el comunismo, que no es ni será nunca historia pasada, sino sombra presente y amenaza permanente contra nuestra libertad.

## LA MUSA DEL ESCARMIENTO

Cuando saliendo del embrujo comunista me dediqué a estudiar a los escritores y políticos de izquierdas, pero no comunistas, de la Guerra Civil, centré mi esfuerzo —a la postre, inútil— en rescatar a aquellas figuras capaces de transmitir la idea nacional española a las generaciones que estrenábamos la democracia. Un régimen, que como quedó claro desde el principio, aunque la mayoría no quería verlo, estaba amenazado por una izquierda enfeudada al nacionalismo y cuyo modelo era el partido comunista del que tuve carné, el PSUC. Me remito a *Lo que queda de España* (1979) y a su entorno, *La ciudad que fue* (2007). Pero al terminar la antología de Discursos de Azaña (1983) con el último que pronunció en tierra española y con él su vida pública, el llamado «Paz, Piedad, perdón», me quedé con las ganas de glosar una de sus imágenes, la «musa del escarmiento», inspiradora de sus últimas obras. Es esta:

> Es obligación moral, sobre todo de los que padecen la guerra, cuando se acabe como nosotros queremos que se acabe, sacar de la lección y de la musa del escarmiento el mayor bien posible, y cuando la antorcha pase a otras manos, a otros hombres, a otras generaciones, que les hierva la sangre iracunda y otra vez el genio español vuelva a enfurecerse con la intolerancia y con el odio y con el apetito de destrucción, que piensen en los muertos y que escuchen su lección: la de esos hombres que han caído magníficamente por un ideal grandioso y que ahora, abrigados en la tierra materna, ya no tienen odio, ya no tienen rencor, y nos envían, con los destellos de su luz, tranquila y remota como la de una estrella, el mensaje de la patria eterna que dice a todos sus hijos: paz, piedad, perdón. *

---

* Manuel Azaña, *Antología. 2 Discursos*, antologado, prologado y anotado por Federico Jiménez Losantos, Alianza, 1985.

La musa de mi escarmiento comunista, la que está detrás de todo lo que he escrito sobre la peor lacra política que ha padecido la humanidad, la encontré en 1976, en Pekín. En el primer ensayo que sobre el comunismo publiqué tras la caída del Muro y la implosión de la URSS, *La dictadura silenciosa*, la evocaba así:

> Si vuelvo los ojos del recuerdo años atrás, me veo en una tarde lluviosa y sombría del mes de abril de 1976, visitando un campo de concentración —granja de reeducación, decían ellos— en las afueras de Pekín. Ha muerto Franco, tengo un pasaporte recién estrenado y he salido de España, a mis veinticuatro años, por primera vez. En ese tiempo todavía estoy en el partido, con mayúscula, aunque el marxismo ha dejado de parecerme el mejor sustituto del Evangelio. La noche antes de partir hacia la Meca de la Gran Revolución Cultural Proletaria, he visto en televisión a Soljenitsin, recién expulsado de la URSS, y cuyo *Archipiélago Gulag* ha sido pieza importante en la liquidación de mi ideología izquierdista. Me irrita la ridiculización que, en la prensa del día siguiente, que leo y comento en el avión durante el larguísimo viaje, se hace del disidente ruso, pero pienso que solo viendo lo que es el socialismo realmente, las convicciones teóricas se convertirán en decisiones políticas.
>
> Ahora estoy ahí, en esa tarde helada de Pekín, y tengo ante mí a una muchacha más o menos de mi edad, que para agasajar a los «jóvenes progresistas occidentales», intenta recordar algunas coplas de la defensa de Madrid durante la Guerra Civil. Es una belleza con rasgos europeos y chinos, acaso mestiza de chino y francesa, hija de alguno de los internacionalistas de Chu-En-Lai que estuvieron en París, allá por los años treinta, y que, probablemente, pasó por España durante la guerra y aprendió las coplas que ahora nos canta su hija, prisionera política.
>
> Al despedirnos del barracón, ha caído la noche, y los presos, sonrientes, nos dan la mano. Al tomar la de la muchacha veo en sus ojos claros algo que no había visto hasta entonces en ningún libro: la vida en peligro, la vida que se escapa de las manos de una persona que tal vez en otra circunstancia hubiera podido vivir conmigo, pero que ahora se queda allí, prisionera por pensar o decir algo que no está permitido, mientras que yo vuelvo a la vida normal, llena de las curiosidades e incertidumbres que a

ella, que es como yo, que en ese momento en que me mira está pensando lo mismo que yo, le están absolutamente prohibidas.

No sé lo que duró aquella mirada, pero creo que he sido fiel al propósito que entonces me hice: no ayudar nunca y combatir siempre a aquellos que privan a una persona del derecho más elemental: el de poder decir *no* sin sufrir por ello.

Desde entonces, dos tercios de mi vida, he procurado honrar aquella promesa. Y si ahora publico esta *Memoria del comunismo* es por la misma razón: porque el comunismo no ha desaparecido y porque está logrando borrar su memoria, que debería ser la de sus víctimas.

# 1

# CIEN MILLONES DE MUERTOS

El 30 de octubre de 1997, en vísperas del 80 aniversario de la revolución leninista, el periódico más importante de Rusia, *Izvestia*, publicó un informe sobre los asesinatos políticos cometidos por los regímenes comunistas en todo el mundo desde 1917 hasta 1987. Tras reunir y cotejar los datos recogidos durante muchos años por investigadores como el sueco Per Ahlmark o el demógrafo estadounidense y gran estudioso del terror político Rudolph Rummel, el diario moscovita cifró en más de cien millones de personas las asesinadas bajo el comunismo, por lo general después de haber sido torturadas por la policía política y encerradas en campos de concentración. De los 170 millones de personas asesinadas por motivos políticos en el siglo XX, dos terceras partes, unos 110 millones, lo fueron en países comunistas.

Ese día de octubre, cientos de miles de rusos pudieron leer por primera vez en su vida que la Unión Soviética, Estado bajo el que nacieron y se criaron, y que fue el primero, el más poderoso y el modelo de una veintena larga de regímenes comunistas en tres continentes, mató, sin contar las víctimas de la guerra civil ni las de la Segunda Guerra Mundial, a 62 millones de personas. Más que todos los habitantes de Francia, Italia o Gran Bretaña en la actualidad; más que todos los españoles, portugueses y holandeses juntos; más que si asesinaran a todos los hombres y mujeres, ancianos y niños, transeúntes y turistas del Estado de California y el de Nuevo México. Solo Stalin mandó matar a 42 millones y medio de personas,

el doble que Hitler y Mussolini. Según *Izvestia*, el segundo puesto en esta
liga del crimen al por mayor lo ostenta otro líder comunista, Mao Zedong,
que mató a 21 millones, casi cuatro veces más que el estrecho aliado de la
URSS y luego rival Chang Kai Chek. Detrás de Hitler, en quinto lugar,
figura Vladimir Ilich Ulianov, más conocido por Lenin, el fundador del Estado Soviético, de la Cheka y del Gulag. El sexto es el comunista cambo-
yano Pol Pot, que mató a más de dos millones de camboyanos de una población que no llegaba a los ocho millones. Tito mató a un millón en la
antigua Yugoslavia. Mengistu mató a 725.000 en Etiopía. Ceaucescu mató
a 435.000 en Rumanía. Samora Machel mató a casi 200.000 en Mozambique. Otros regímenes comunistas, como el coreano de los Kim o el cubano de los Castro, aún no han dejado de matar.

Pocas semanas después se publicó en Francia *El libro negro del comunismo*, obra de Stéphane Courtois, Nicolas Werth, Jean Louis Panné, An-
drzej Paczkowski, Karel Bartosek y Jean-Louis Margolin, que, tras varios
años de trabajo reuniendo datos sobre las víctimas de los regímenes comunistas, establecieron su propio balance de una tragedia lamentablemente alejada de las normas clásicas. Baste decir que el número de las
víctimas supera con mucho al del público.

Su saldo global no es muy distinto del de *Izvestia*: más de cien millones de personas asesinadas. Varía la clasificación geográfica: 65 millones
de muertos en China, 20 millones en la URSS, dos millones en Corea,
otros dos en Camboya, un millón setecientos mil en África, un millón y
medio en Afganistán, un millón en Vietnam, un millón en los países de
la Europa del Este y un número indeterminado de miles y miles y más
miles de víctimas del movimiento comunista internacional desde 1917
hasta nuestros días. Las diferencias esenciales entre el balance de *Izvestia*
y el de los investigadores franceses se refieren al genocidio en China,
donde la inmensidad del territorio, la magnitud de la población y, muy
especialmente, la pervivencia del régimen comunista autor de la masacre
hace especialmente difícil la evaluación. También difieren en cuanto al
número de asesinatos en los países de la Europa del Este, aunque existe
una coincidencia casi total al referirse a las razones políticas esgrimidas
por los asesinos y a los mecanismos utilizados en la monstruosa empresa.

Al aparecer el libro, nadie discutió la cantidad: los más de cien millones de muertos. Sin embargo, en lo que puede considerarse un home-

naje de continuidad a las polémicas de los años treinta, muchos intelectuales franceses, incluyendo algunos de los autores del *Libro negro*, se enzarzaron de inmediato en un tortuoso debate sobre lo que podríamos llamar calidad política del asesinato. Nadie ponía públicamente en duda que los regímenes comunistas hubieran asesinado más que los fascistas, ni que Stalin mató mucho más que Hitler y Mussolini juntos. La diferencia estriba en la valoración de los distintos regímenes que produjeron los campos de concentración de Auschwitz o de la Vorkutá; en particular, resulta controvertido el asesinato de judíos en la Alemania de Hitler o en la URSS de Stalin. No importa que fueran solo una pequeña parte de las víctimas, ni que, en ambos casos, su muerte se debiera únicamente al hecho de ser judíos: lo esencial es que muchos se niegan a comparar a los verdugos; Stalin nunca será tan malo como Hitler. Para unos, el asesinato de millones de personas inocentes por razones políticas iguala moralmente a los regímenes. Para otros, hay que discernir los motivos del crimen: el cometido en nombre del socialismo resulta menos atroz que el cometido en nombre del nacionalsocialismo.

La discusión parecería estúpida e inmoral a las víctimas, pero, por desgracia, ya no pueden opinar. Tal vez un niño judío asesinado por Stalin y un niño judío asesinado por Hitler censurarían la discriminación de sus cenizas, pero ¿lo harían sus padres si no murieron junto a ellos? La cuestión no atañe a los muertos, sino a los vivos. Para muchos, la perversidad criminal del régimen de Hitler es literalmente incomparable y que asesinara a seis millones de judíos constituye el dato esencial para su condena. En opinión de otros, lo terrible del Holocausto no se circunscribe al asesinato de millones de judíos, sino a que se asesinara a millones de personas por el único hecho de haber nacido en familias judías, es decir, que para los nazis la condición de judío borrase la calidad de persona.

Es natural una mayor sensibilización ante el Holocausto entre los judíos. Sin embargo, considerarlo un episodio más de la terrible saga de persecuciones sufridas por su pueblo puede nublar una perspectiva más amplia y probablemente más necesaria: verlo como expresión del crimen político, del terror de masas, que durante el siglo XX ha alcanzado una extensión y una ferocidad sin precedentes en la Historia. La clave de esa diferencia no radicaría en dirimir sutilezas sobre los mecanismos del crimen, sino, sobre todo, en impedir que unos muertos sean utilizados para justificar otros, aunque unas víctimas y otras nunca se hubieran hecho la guerra, ni siquiera conocido. Por desgracia, como lo muestra esta polémica, la política llega hasta los huesos enterrados y no falta nunca alguien dispuesto a «explicar» el lento asesinato de una anciana en el Gulag contraponiéndole el asesinato de un anciano en Auschwitz. Es sorprendente que lo que no importaba a los verdugos ni podía consolar a las víctimas preocupe tanto a los jurisperitos de ultratumba.

Cuando se utilizan los asesinatos de Hitler para justificar o «equilibrar» los del comunismo, lo que en última instancia se busca es proteger las ideas comunistas de la comparación con las ideas nazis. Nunca sucede al revés: nadie utiliza los asesinatos de Lenin o Stalin para justificar el Holocausto. Sin embargo, en la opinión pública occidental los medios académicos y de comunicación se esmeran en «explicar» las razones de las masacres comunistas como algo ajeno a la ideología de los comunistas, de modo que nadie se vea en la obligación de rechazar o combatir la ideología marxista-leninista como se hace con la ideología nazi, precisamente por estar indisolublemente unida a su fruto siniestro: los campos de exterminio.

Con el Gulag no sucede lo mismo que con Treblinka. Han pasado más años y hay más testimonios de las masacres comunistas desde 1917 que de las masacres nazis. ¿Qué sucede para que unos muertos sean exhibidos como prueba de la inhumanidad de unas ideas mientras otros muertos, muchos más, son ocultados precisamente en nombre de la bondad de las ideas que los llevaron a la tumba? Algo pasa o sigue pasando en nuestra época, y muy grave para que se establezca esa discriminación moral en la condena del asesinato político. Ese algo que tiene que ver esencialmente con la posibilidad de archivarlo, pero también, y esto es lo peor, con la probabilidad de repetirlo.

Desde 1945 el descrédito de la ideología nazi y la impopularidad de los políticos que pretendan actualizarla es seguramente el mejor homenaje que puede hacerse a quienes perdieron la vida bajo la bota hitleriana. Esas víctimas son evocadas incesantemente en periódicos, libros, películas y series de televisión. Nadie ha podido olvidar a los seis millones de judíos asesinados por Hitler e incluso algunos dudosos personajes que anduvieron junto a ellos, como el Schindler de la película de Steven Spielberg, se benefician de la compasión y el horror que suscita la evocación de su martirio. Ni siquiera los historiadores de la escuela «revisionista» que discuten el número exacto de víctimas de las cámaras de gas han podido imponer la duda sistemática sobre la culpabilidad moral del hitlerismo. Han utilizado las libertades democráticas para expresar de palabra o por escrito, por radio y televisión, su exculpación o matización del nazismo. Y pese a ciertas minorías censoras, los defensores de las libertades, empezando por la libertad de opinión, permiten y defienden que los simpatizantes de Hitler puedan manifestarse como tales. Aunque no sin polémica, *Mein Kampf* está traducido incluso al yiddish y puede comprarse en las librerías de Jerusalén.

Esto no supone indiferencia hacia las víctimas del nazismo, sino todo lo contrario: es el costoso tributo que la razón rinde a la esperanza; es la seguridad en su razón moral que asiste a los enemigos del totalitarismo. No estamos solo ante un debate de ideas, sino poniendo en práctica el significado de vivir en libertad. La biblia del nazismo puede comprarse en Jerusalén porque los efectos de su doctrina también están a la vista y son continuamente recordados a todo el mundo, pero, sobre todo, porque a nadie puede hurtársele la responsabilidad de sus ideas políticas. Y al margen de cualquier sofistería académica, el sufrimiento de los judíos masacrados, fueran cinco, seis o siete millones, sigue siendo el elemento ético y político esencial para juzgar el régimen de Hitler. Así es y así debe ser. Así debería ser siempre.

Pero los millones de rusos asesinados por los comunistas no tienen el mismo trato póstumo que los millones de judíos asesinados por los nazis. Casi la mitad de las víctimas de la URSS, en torno a 27 millones, pasó por las innumerables prisiones del Gulag y murió en los campos helados de la Vorkutá, el Volgolag o el osario inmenso del Canal del Báltico. Los poetas progresistas hicieron infinitos versos a propósito de esta obra... todos en homenaje a su verdugo Stalin. Si la historia la escriben los vencedores, no cabe duda de que los cien millones de víctimas del comunismo siguen formando parte del ejército innumerable de los vencidos. Y sus verdugos —Lenin, Stalin, Mao, Pol Pot, Ho Chi Minh, los Kim, Samora Machel, Mengistu, Ceaucescu, Tito, los Castro— disfrutan del crédito de los caudillos y de los profetas, precisamente porque las ideas en cuyo nombre mataron o matan siguen siendo respetadas y hasta veneradas.

Sus víctimas, en cambio, no tienen nombre, ni número, ni lugar, ni tiempo. Su recuerdo yace enterrado en un sudario invisible y común. Es como si el igualitarismo que los persiguió en vida continuara su tarea más allá de la muerte, hasta alcanzar el objetivo último: socializar la nada. Porque en la nada se vierte su pobre soledad, su abandono postrero, su desaparición en la memoria de los vivos, la negación misma de su aniquilación.

Se dice que una de las razones esenciales de la diferencia de trato a unos muertos y otros es la falta de testimonios gráficos. No tenemos ni la milésima parte de fotografías, películas, documentales y testimonios judiciales de los cien millones de muertos por los comunistas que de los 20 millones asesinados por Hitler, en especial los seis millones de judíos del Holocausto. Eso es cierto. Para el juicio de Núremberg se reunió una copiosa documentación y se contó con los cuidadosos y prolijos testimonios de las masacres nazis para respaldar la condena de los vencidos en 1945. Stalin, el mayor asesino comunista hasta entonces, estaba entre los vencedores y, precisamente por eso y antes de que estallara la Guerra Fría, se pasó de puntillas por el hecho, igualmente documentado, de que fueron los campos de trabajo y exterminio soviéticos los que sirvieron de guía a los nazis para establecer posteriormente los suyos.

Pero esa explicación no es suficiente. Desde 1946, podía haberse recordado oficialmente esa terrible escuela germano-soviética de la eliminación masiva de seres humanos por el simple hecho de haber nacido. Hay muchos testimonios anteriores a la Segunda Guerra Mundial sobre las masacres de Lenin y Stalin. Hay innumerables denuncias de antiguos comunistas sobre el Gulag antes, durante y después de la Guerra Civil española. Hay constancia escrita de los crímenes bolcheviques en el momento mismo en que se produjeron. Desde el Informe Secreto de Kruschev al XX Congreso del PCUS incluso existe el reconocimiento oficial de los asesinatos cometidos bajo el régimen soviético. Llegó a planearse un gran monumento para honrar la memoria de sus millones de víctimas anónimas, aunque la caída de Kruschev relegó al olvido el proyecto. Sin embargo, en casi todo el mundo, ni política ni periodísticamente se ha tratado a unas y otras víctimas por igual. Es quizás el peor escándalo moral, pero también el mayor enigma intelectual del siglo XX. ¿Por qué ese silencio? ¿Por qué desde 1917? ¿Por qué hasta hoy?

## EL BÚNKER INTACTO DE STALIN

Los lectores de *Izvestia* supieron también a finales de octubre de 1997 que el geólogo Valery Murachov había confesado su incapacidad para penetrar en el gigantesco búnker secreto de Stalin, construido por miles de prisioneros políticos en 1941 y proyectado para alojar en caso de guerra al Estado Mayor del Ejército Rojo y al cogollito del régimen comunista, lo que podríamos llamar la aristocracia de la dictadura del proletariado. El trabajo fue vigilado personalmente por Lavrenti Beria hasta su conclusión. No quedaron testigos.

Ese ejército de futuros cadáveres, escogido entre los prisioneros menos exhaustos del campo de concentración de Volgolag, no horadó la tierra para crear una pirámide más. Los investigadores la llaman «la Ciudad Secreta de Stalin», por su envergadura gigantesca y por su inaccesibilidad. Situada a doscientos cincuenta kilómetros al N. E. de Moscú, apenas treinta kilómetros más arriba de Yaroslav y al borde de las aguas del Volga, un largo muro de hormigón armado protege en forma de laberinto la estructura de lo que Murachov define como «un sarcófago herméticamente sellado». No hay entradas a lo que la gente de Yaroslav ha dado en llamar la «Colina Roja». Tampoco salidas. Según el diputado por ese distrito Vladimir Stolarov, solamente se ha encontrado una salida, al borde mismo del Volga, pero impracticable. Se sabe que un cable telefónico unía esta ciudad subterránea con otro búnker de Stalin en la ciudad de Samara, también junto al Volga. Se cree que mecanismos hidráulicos y una planta de energía autónoma hacían descender el agua y garantizaban la luz eléctrica, pero nada ha podido establecerse con seguridad. Lo único que ha cedido es un muro de ladrillo, apenas un arañazo en la pétrea estructura. Se espera conseguir un material explosivo lo suficientemente poderoso como para abrir brecha en los pasadizos volados al ser terminada la obra. Pero no se sabe dónde, ni cuándo.

Esta investigación atascada frente a la Ciudad Secreta de Stalin es una metáfora adecuada de nuestros conocimientos sobre el Imperio Soviético, sus vastas zonas de sombra, su niebla informativa. Lo más triste es que incluso después de abierto el inmenso sarcófago estalinista, la historia de quienes perdieron su vida construyéndolo seguirá siendo un secreto por el que nadie se interesará. Apenas una abstracción de orden compasivo, como el breve recuerdo que al pie de la Muralla China o de las Pirámi-des de Egipto dedicamos, si lo dedicamos, a los esclavos que las constru-yeron.

Hay una diferencia importante, o debería haberla, y es que los sacri-ficados de Yaroslav lo fueron en nombre de la liberación del ser humano, del fin de la explotación del hombre por el hombre, de una humanidad más igualitaria y más justa. Y mientras la razón sobrevive, sus víctimas desaparecen de la memoria como antes lo hicieron de la vida. Tal vez se encuentre en la Ciudad Secreta un inmenso cementerio. Tal vez solo un laberinto vacío, un dédalo de altos pasillos con paredes de mármol, como los de la Cheka en la antigua Plaza Dzerzhinski, en los que el polvo de medio siglo amortigüe el eco de las voces y los pasos. La noticia de su apertura, si se produce, durará poco. Alguna asociación de exprisioneros del Gulag, algunos vecinos de la comarca, algunos investigadores y cu-riosos se movilizarán en torno al sarcófago recién abierto. Las autorida-des lo volverán a cerrar para que no se pierdan los secretos de altísimo valor histórico y militar allí enterrados. De lo más valioso, que son el nombre y el número de las víctimas, no sabremos nada o casi nada. Así es la historia o la arqueología de esta interminable fosa de muerte y de-solación que se ha dado en llamar Socialismo Real.

Sin embargo, por estos hechos ineluctables y ante estos enigmas in-sondables podría creerse que la tragedia mayor del siglo XX es un hecho que pertenece definitivamente al pasado o que se sitúa en el exterior de nuestro sistema de valores, de nuestra visión del mundo, de nuestras ideas generales acerca de la existencia. Podemos tener la tentación de identi-ficar la decadencia de la idea comunista con la putrefacción de la idea fascista o por lo menos de la nazi. Si esto último puede ser más aparente que real, cosa discutible, en el caso del comunismo no es ni real ni apa-rente. La raíz del comunismo y, por tanto, el árbol umbrío de sus trágicas consecuencias permanece en el interior del pensamiento occidental ca-si tan viva como antes de hundirse la URSS, o después de la muerte de Stalin, o cuando Lenin tomó el poder en Rusia. Las nociones básicas que llevaron al establecimiento del régimen bolchevique siguen funcionando en buena parte de la humanidad, dentro y fuera de sus instituciones re-presentativas, políticas o intelectuales. No hemos sido capaces, en general, de afrontar la experiencia soviética en toda su magnitud; y la izquierda, en particular, se niega incluso a intentarlo. Pretende que, con una condena de lo que no sería sino una desviación absurda de un camino razonablemente trazado, puede seguir transitándolo. Pero es difícil admitir que una hecatombe como la de los cien millones de personas asesinadas por el comunismo pueda ser tratada como un mero accidente que vale más olvidar pronto que tarde.

El problema ya sería tremendo si se limitara al tratamiento que ciertos partidos políticos o determinadas instituciones dan a ese crimen infinito. Pero lo que lo convierte en trágico es que se halla dentro de nosotros. Si no se encuentra la entrada al búnker secreto de Stalin es tal vez porque no la encontramos en nuestras conciencias.

A diario nos tropezamos con esa inquietante posibilidad. Todos los días hay en los medios de comunicación noticias que no solo por lo que dicen, sino por lo que no dicen o por lo que no se permiten decir, nos recuerdan ese blindaje interior de nuestro pensamiento y nuestra sensibilidad hacia una realidad demasiado incómoda, demasiado nuestra como para reconocerla. Decimos que sí, pero diariamente demostramos que no. En *Cuatro cuartetos*, escribe T. S. Eliot: «Tuvimos la experiencia, pero perdimos el significado».

## EL AUTÉNTICO «TEMA DE LARA» Y EL DOCTOR ZHIVAGO

Vale la pena recordar ese verso si reparamos en la noticia sobre la antigua URSS que seguramente ocupó más espacio en los grandes medios informativos occidentales durante el gélido otoño de 1997: la publicación en *Moskovski Komsomolets* de una carta de Olga Ivinskaya a Kruschev en 1961, recordando sus actividades al servicio del KGB, para que le fuera perdonada la pena a trabajos forzados que cumplía en un campo del Gulag. Entre sus trabajos estaba la vigilancia y control de Boris Pasternak, del que fue editora y amante. Nada que no hicieran miles de agentes soviéticos que trabajaban en torno a los escritores y artistas de la Unión Soviética. Nada que ella misma no sugiriese en sus memorias *Prisionera del tiempo. Años con Boris Pasternak*. Ahora que Olga Ivinskaya está muerta, ¿por qué tanto interés?

Porque, según se nos recuerda, ella fue el modelo para el personaje de Lara en *Doctor Zhivago*. Descubrir ahora que espiaba a su amante es como si se estrenara una segunda parte de la película de David Lean en la que Julie Christie traicionase a Omar Sharif. Bajo ese prisma de ficción resulta interesantísima la carta que escribe la prisionera al secretario general del PCUS:

> A mí me encargaron desde nuestras altas esferas tratar de evitar los encuentros personales de Boris Leonidovich con extranjeros y apartarle de ellos. Eso es lo que hice en la medida de lo posible, aunque no siempre pude hacerlo, ya que muchas de esas entrevistas tenían lugar en la dacha de Peredelkino, donde yo no solía ir.

Como la película se rodó pocos años después de la publicación en Italia de la novela de Pasternak, tiene interés esta cita:

> Existe gente que puede decir cómo yo traté de impedir o retrasar la publicación de la novela en el extranjero; que puede recordar cómo le convencí para que no saliera de Rusia cuando se le obligó a renunciar al Premio Nobel en 1958. Yo me dirigí al Comité Central para pedir ayuda y traté de hacer todo lo posible para que el escándalo quedara en Rusia.

Muchos ya no saben de qué escándalo se trata. Pasternak renunció al Premio Nobel, que le fue concedido al año siguiente de la publicación de su célebre novela de amor en la revolución soviética. Lo hizo después de haberlo aceptado y solo por presiones y amenazas de las autoridades de Moscú. El Nobel le hubiera permitido vivir con cierta comodidad sus últimos años; sin embargo, tuvo que doblegarse precisamente ante quienes habían denunciado apenas dos años antes las atrocidades del estalinismo. Y es que, pasado el eco del Informe Secreto de Kruschev al XX Congreso del PCUS, que causó conmoción en todo el mundo, la estructura política siguió prácticamente igual en la URSS, aunque decreciera mucho la población del Gulag. Los creyentes en la fe del marxismo-leninismo pronto vieron que no había motivo serio de alarma y, mucho menos, de apostasía.

Si después de muerto, enterrado y denunciado Stalin, el KGB seguía espiando a los escritores rusos hasta en la cama, es evidente que la dictadura no había cambiado sustancialmente desde que Pilniak, Mandelshtam, Babel, Meyerhold y tantos otros fueran asesinados por la policía política o desde que Gorki tuviera como huéspedes habituales en su propia casa, hasta su muerte, a Yagoda y sus agentes de la NKVD. El «deshielo» no era más que un episodio en la lucha por el poder de las camarillas del partido. Nada que liberase definitivamente la vida intelectual y política. Nada que pudiera alterar el clima de terror creado desde 1917.

Por otra parte, el 10 de marzo de 1960, fecha de la carta, Pasternak ya había muerto. A nadie perjudicaba Olga Ivinskaya cuando escribía desde el Gulag:

> (…) quiero dejar claro que la novela la escribió Pasternak; él mismo recibió los honorarios, él mismo eligió cómo recibirlos. No debe pensarse que es un corderito inocente. Esto es evidente, como lo es mi propia causa penal.

La hija de Olga, Irina Yemelyanova, recordó que su madre había pasado ocho años prisionera y que tal vez trabajó para el KGB para no poner en peligro la vida de ambas. Sin embargo, tanto la prensa rusa como, sobre todo, la occidental, subrayaron la disputa por los manuscritos de Pasternak entre los herederos de cada uno de los amantes, Boris y Olga. Nadie se preocupó por el hecho esencial: la existencia de un sistema político capaz de infligir tales horrores a sus súbditos. Nadie quiso recordar que ese régimen comunista que perseguía y degradaba tan ferozmente a sus escritores era al mismo tiempo proclamado, sigue siéndolo aún, como el gran defensor de la cultura y la verdadera libertad por intelectuales de todo el mundo.

Evidentemente, *tuvimos la experiencia, pero perdimos el significado.*

# 2

# EL SOCIALISMO FRANCÉS Y EL ORIGEN DE LA CEGUERA VOLUNTARIA ANTE LA URSS

Hay razones de sobra para pensar que el búnker secreto de Stalin sigue intacto en buena parte de la clase política, especialmente en la que se llama socialista y democrática. A raíz de la publicación de *El libro negro del comunismo*, un diputado de la oposición preguntó en la Asamblea Nacional Francesa al presidente del Gobierno, Lionel Jospin, acerca del asunto de la obra y de su relación con la presencia de comunistas en su gabinete. La pregunta podría pasar por una típica añagaza partidista si no fuera por dos detalles de cierta importancia. El primero es que el PCF ha sido desde los años veinte el más poderoso y más duro de los partidos europeos fieles a la URSS. El segundo, que el socialista Jospin se refirió en su obligada respuesta parlamentaria al «estalinismo», sin nombrar una sola vez la palabra «comunismo».

Además, enarboló como argumento básico de la legitimidad de un gobierno con participación comunista que el PCF había participado en la resistencia contra los nazis, por lo que sus credenciales democráticas eran incuestionables. Naturalmente, Jospin no quiso recordar algo que sin duda conoce: durante la vigencia del pacto germano-soviético los comunistas franceses no movieron un dedo contra el nazismo ocupante y el régimen de Vichy, y no lo hicieron hasta que Hitler atacó a la Unión Soviética y Stalin se lo ordenó. Tampoco se refirió al hecho más cercano al origen de la pregunta, que es la defensa del régimen soviético hecha por el PCF y su negativa a reconocer durante muchos años la mera existencia de campos de concentración, hasta el punto de acabar en los tribunales buscando injuriar y calumniar a intelectuales como David Rousset, víctima de los nazis, por denunciar también los campos de exterminio soviéticos.

Pero lo grave es que Jospin no mencionó el término «comunismo» y le adjudicó a Stalin en exclusiva las fechorías de los otros seis secretarios generales del PCUS, desde Lenin hasta Gorbachov, que no dejaron de utilizar la Cheka —rebautizada GPU, NKVD o KGB— como instrumento esencial de gobierno. Salvo Gorbachov hacia el final de su mandato, todos utilizaron el terror para dominar a la población, ninguno dejó de mandar a la gente, al paredón, a la cárcel, al campo de concentración, al exilio en los casos afortunados. Ninguno dejó de utilizar el sufrimiento físico y moral, la tortura policial o psiquiátrica, el chantaje emocional y familiar, las privaciones de comida, empleo o leña para el invierno, el infinito arsenal de atropellos y mezquindades de que dispone un Estado totalitario contra el individuo. ¿No sabía Jospin que Lenin fue el creador de la Cheka? ¿No sabía que Kruschev, después del Informe Secreto al XX Congreso, mantuvo el poder y los métodos de la Cheka? ¿Desconocía los miles y miles de asesinatos en la época de Breznev?

Incluso admitiendo que sobre Chernenko supiera pocas cosas y que sobre Gorbachov suspendiera el juicio de lo que hizo por lo que dejó de hacer, ¿no sabía Jospin nada sobre Andropov, el padrino político de Gorbachov, el hombre que dirigió personalmente durante dos décadas el KGB y una de cuyas primeras aportaciones a la civilización europea fue la masacre de los demócratas húngaros en 1956? ¿Era solo estalinista Andropov? Y, sobre todo: ¿era estalinista Lenin? ¿Acaso la Unión Soviética ha sido para los socialistas franceses, desde Blum a Jospin, solo un régimen de poder personal, una dictadura más entre las muchas que han afligido al mundo en este siglo?

Por supuesto que no. Jospin había leído, probablemente con más atención que el diputado que con impertinencia tan pertinente le preguntaba sobre la naturaleza política de sus aliados, *Le Livre Noir du Communisme*. Y le habían sorprendido muy pocas cosas en él, porque durante las épocas en que los socialistas no pactan con los comunistas algún Frente Popular o alguna Unión de la Izquierda, su motivo de debate esencial con ellos ha sido siempre el terror sistemático y el crimen de Estado como fórmulas políticas típicamente comunistas y éticamente inadmisibles para una izquierda democrática... hasta que la coyuntura electoral o política impone silencio.

En realidad, los socialistas franceses saben mejor que nadie hasta qué punto los asesinatos masivos de opositores políticos son el elemento distintivo de la URSS desde su origen porque fueron también los primeros que practicaron la mentira sistemática sobre la realidad soviética. Lo asombroso es que sigan practicándola, que sean inmunes a la información creciente y detallada sobre el Gulag, mientras se sienten concernidos y de alguna forma interpelados por genocidios comunistas como los de China y Camboya, que poco tienen que ver con la política francesa actual.

¿Por qué actuó así Jospin? ¿Y por qué no fue el suyo un caso aislado, sino perfectamente representativo de la actitud de la socialdemocracia, de los «demócratas de izquierda» en casi todo el mundo? ¿Qué invisibles cadenas atan a quienes dicen adorar la libertad en todos los tiempos, pero solo encienden sus velitas en el lado izquierdo de la Iglesia? ¿Hasta qué punto es sincera su condena formal del Gulag? ¿Hasta qué punto es creíble su rechazo en un asunto de tal envergadura moral y política cuando se es incapaz de pronunciar siquiera el nombre del sistema que se dice condenar? ¿Se imagina alguien una condena de Hitler sin aludir al nazismo? ¿Se imagina cualquiera la consideración del régimen hitleriano como una dictadura personal, dejando al margen la ideología nacional-socialista? ¿Por qué entonces la izquierda no comunista se empeña en no asumir unos hechos de los que no es directamente responsable? ¿Por qué condena un crimen y oculta el nombre del criminal? ¿Por qué la palabra «comunismo» sigue siendo tabú?

La cuestión de fondo puede parecer paradójica: ¿era estalinista Lenin? No. Ni en la más enrevesada de las teologías el Padre puede ser engendrado por el Hijo, salvo para los socialistas occidentales hasta hoy. Según ellos, el «estalinismo» sería una desviación de la doctrina de Lenin, creador del régimen soviético. En su auxilio suelen citarse las reticencias del «Testamento» acerca de Stalin, pero no que las extiende a Trotski, Kámenev, Zinóviev y Bujarin, diciendo que, en realidad, ninguno se acerca a su genio. También hay otra carta considerando una «afrenta personal inolvidable» que Stalin le hubiera faltado al respeto a su esposa Nadezna

Krupskáia en una conversación por teléfono, ¡cuando Lenin, Stalin y los demás llevaban millones de muertos a sus espaldas!

Por otra parte, nadie, ni siquiera el altivo Trotski o la atribulada Krupskáia, discutió la sucesión de Lenin por Stalin como el más cualificado de los representantes del régimen creado por Ilich en los cinco años en que detentó un poder absoluto y creó un régimen de terror sin parangón en la historia de la humanidad: el comunista.

Los socialistas franceses saben mejor que nadie hasta qué punto los asesinatos masivos de opositores políticos son el elemento distintivo de la URSS desde 1917, porque fueron ellos los creadores del mito soviético, los primeros encubridores de sus crímenes, los primeros en crear y difundir la mentira sistemática sobre la realidad soviética. En 1984, Christian Jelen publicó *L'Aveuglement* (Flammarion), que al año siguiente se tradujo al español como *La ceguera voluntaria* (Planeta, 1985). Y pese a su importancia, incluso *El libro negro del comunismo* guarda silencio sobre él. Pero silenciada o desconocida hoy, la obra de Jelen es una vuelta a las fuentes de la época con un resultado apabullante, estremecedor.

## KRITCHEVSKI, EL PRIMER CENSURADO EN NOMBRE DE LA URSS

Desde el mismo día del golpe de Estado de Lenin en octubre contra la república nacida de la Revolución de Febrero, prácticamente toda Europa —con Francia, su centro intelectual entonces, a la cabeza— tuvo abundante información de las primeras masacres bolcheviques y pudo fundamentar una opinión sobre el régimen naciente. De hecho, todos los países tuvieron más información que los rusos, porque a los tres días del golpe, Lenin y Trotski prohibieron toda la prensa no bolchevique, y aunque tardaron casi un año en lograrlo del todo, los testimonios de la época coinciden en que, fuera de Petrogrado, Moscú y otras ciudades del inmenso imperio, pocos supieron lo que pasaba.

Francia, sí. En realidad, en 1917 todos los países con prensa libre o semilibre en Europa y América tenían a sus mejores corresponsales dando cuenta de la encarnizada guerra que desde 1914 asolaba a toda Europa y llegó a arrastrar a los Estados Unidos. Rusia era, casi por sí sola, el frente oriental de esa guerra que inmovilizaba la mitad de la fuerza militar de Alemania y Austria; y de la suerte del ejército ruso dependía lo que ambas, arrastradas a las trincheras por la ambición de Inglaterra, Rusia y Francia, hicieran en el frente occidental. Posiblemente, ganar la guerra.

Así que los periódicos con medios para hacerlo, que a su vez saqueaban todos los demás, enviaron a San Petersburgo, rebautizado Petrogrado, a sus mejores corresponsales para informar sobre la Revolución de Febrero de 1917, que verosímilmente iba a acarrear cambios en una guerra atascada en la inmensa carnicería de las trincheras y que, más que una noticia, fue una conmoción mundial. La caída del zar y la proclamación de la república en el inmenso Imperio Ruso era el fin de una dinastía secular, suceso en sí grandioso y atractivamente exótico para la prensa. Pero el caos político que le siguió mostró algo más: que las consecuencias de la guerra se habían vuelto imprevisibles. De pronto, todo era posible.

El diario *L'Humanité*, órgano del Partido Socialista Francés (SFIO, Section Française de la International Ouvriére) tenía en Petrogrado a un mirlo blanco informativo: Boris Kritchevski, un socialista ruso que llegó a Francia huyendo de la Ojraná (policía política del zar) y fue acogido por Jaurès, el carismático líder socialista. En octubre, el diario lo envía a Rusia y lo anuncia así:

> Nuestro camarada Boris Kritchevski, que desde hace varios años trataba con reconocida competencia en *L'Humanité* los temas de política exterior, nos enviará regularmente desde Petrogrado artículos sobre los acontecimientos rusos (…). Con toda seguridad, nuestros lectores seguirán estos estudios de un escritor precavido y clarividente. Encontrarán en ellos una fuente valiosa de documentación sobre las fases tormentosas que atraviesa la joven revolución rusa.

Nótese que la revolución rusa se considera un proceso en marcha, con posibilidades de retroceso e incluso liquidación por el zarismo caído, y que el caos informativo es total. De modo que lo importante para los socialistas, que lo vivían con expectación, era aportar información fiable y un criterio político socialista para valorarla y actuar en consecuencia.

Kritchevski cumple esas expectativas a la perfección. Para empezar, sabe ruso, lengua que los periodistas en general y, por supuesto, los pri-

meros propagandistas franceses del bolchevismo, como el capitán Sadoul,
ignoran por completo, así que repiten lo que Lenin o Trotski les quieren
contar. También conoce de primera mano a todos los grupos y dirigentes políticos de izquierda, incluidos los exiliados como Lenin, y puede
ver y valorar lo que sucede en Petrogrado y en otras ciudades conflicti-
vas, que para los periodistas no rusos son apenas nombres exóticos cuya
relevancia ignoran.

Ese conocimiento de Lenin y los bolcheviques le lleva a escribir en
su primer artículo, de 25 de octubre, solo trece días antes (calendario ruso) del golpe de Estado, una primera crónica, que es el retrato de la más
peligrosa incertidumbre: que la debacle militar permita una invasión alemana o que la anarquía se imponga y la recién nacida democracia rusa
perezca a manos de los que quieren tomar violentamente el poder. Kritchevski conoce bien a Lenin, lo ha leído y teme que, tras la anarquía, los
bolcheviques logren implantar su dictadura:

> Los leninistas se parecen demasiado a los hidalgüelos de Prusia. Estos ado-
> ran el absolutismo del rey, con tal de que haga su santa voluntad. Aquellos
> abogan por la dictadura del proletariado, con tal de que la encabece Lenin.

A partir de esa crónica y de las que, según permitía el correo, fue en-
viando a Francia, Kritchevski hace una descripción minuciosa de todos
los sucesos revolucionarios y por qué los bolcheviques hacen lo que hacen. *L'Humanité* los va publicando por partes, ya que son análisis densos
y no cabía asegurar su continuidad por lo dificultoso de las comunicaciones. El octavo de la serie, fechado el 11 de noviembre, se publica en
cuatro entregas y resume magistralmente lo que, entre el humo y la propaganda, está pasando en Rusia. Sus títulos son: «El golpe de Estado militar de los bolcheviques» (05-12-1917); «Por qué motivos los jefes maximalistas han podido preparar el golpe de fuerza» (06-12-1917); «La toma
del Palacio de Invierno» (07-12-1917) y «Las resistencias organizadas
contra el golpe de Estado» (08-12-1917). La descripción es detallada, pero el análisis es tan implacable que, a partir del noveno artículo, *L'Humanité*
deja de publicarlos, por la presión de la facción más radical del SFIO, que
medio año después provoca la escisión del Congreso de Tours y da origen al PCF. Kritchevski publicará la colección completa de sus artículos,

los nueve publicados y los diez censurados, en 1919 con el título *Hacia la catástrofe rusa* (editorial Alcan). Es, aún hoy, la mejor descripción de cómo se implantó la dictadura comunista.

Desde el principio, explica Kritchevski, las armas leninistas son el terror y la mentira, «la violencia brutal de las bayonetas y un régimen de arbitrariedades terroristas que van más lejos que todos los ejemplos análogos de la historia». Y tras compararlo con los peores emperadores romanos y el sociópata Iván el Terrible, habla de la otra cara del terror, la mentira:

> Lenin acumula mentira tras mentira. En cuanto a la opinión socialista, que está muy indignada, no la tiene en cuenta. Puede cometer, basándose en esas mentiras, los crímenes más repulsivos contra la libertad civil.

Y citando al *Izvestia* de 8 de diciembre, resume así la doble moral del Golpe de Octubre:

> Todo el poder en la Asamblea Constituyente puede tener un sentido progresista si los representantes de la clase avanzada cuentan con la mayoría, y puede tener el sentido más reaccionario si dicha asamblea actúa contra la clase avanzada.

Conviene insistir en que la importancia de la dictadura bolchevique no estriba en su condición rusa, sino en ser la primera de las dictaduras comunistas que, durante cien años, ha padecido un tercio de la humanidad. Todas copian el modelo leninista. Resume Jelen:

> Los primeros años de todos los países que se han hecho comunistas están resumidos en estas líneas, las técnicas de toma del poder no han sufrido modificaciones fundamentales desde 1917.

La primera mentira sobre la revolución comunista, que cien años y cien millones de muertos después siguen repitiendo politicastros comunistas como el podemita Sánchez Mato, que saludó el primer día laborable de 2017 con un encendido elogio a la revolución bolchevique, pero también muchos manuales de historia impregnados de odio a la libertad o esclavos de esa corrección política que manda condenar el franquismo y exculpar el Gulag, es que, según el guion del historiador propagandista E. H. Carr, fue un «alzamiento del proletariado», «las masas» o «los soviets» contra el zarismo.

Falso de toda falsedad. En octubre de 1917, en Rusia ya no había zarismo, sino una república democrática con el socialista Kérenski como jefe del Gobierno. Lo que Lenin derriba no es una tiranía, sino una democracia. Tampoco hay rebelión de masas, solo el caos y el descontento por la guerra, manipulado por los bolcheviques para derribar un régimen que cuenta seis meses de vida y que tiene convocadas para diciembre elecciones a la Asamblea Constituyente. Es un golpe de fuerza de un «comité militar» dirigido por Trotski (Lenin se oculta) que dice actuar en nombre del soviet de Petrogrado y toma sin apenas violencia los puestos estratégicos de la ciudad, porque no se anuncia como una toma del poder y ni las masas ni nadie, salvo los golpistas, creen que sea la revolución. En realidad, se presenta como un simple cambio de guardia.

Ese grupo militar es el que asalta el Palacio de Invierno, sede del gobierno legítimo, aprovechando la noche y la desprotección del edificio, guardado por algunos cadetes y un batallón de ciclistas del llamado «Batallón femenino de la Muerte», que acuden voluntariamente a defender la única institución que realmente representa al pueblo. Los *iunkers* (cadetes) y las mujeres del batallón mantuvieron a raya varias horas a los golpistas bolcheviques, que entraron en el Palacio, pero, al encontrarse con fuego de verdad, se echaron atrás.

Los defensores del gobierno legítimo solo se rindieron a los golpistas cuando Kérenski, jefe del Gobierno que había huido para buscar refuerzos, no volvió y los propios parlamentarios instaron a rendirse a *iunkers* y mujeres del batallón para que no hubiera más muertos. Lenin dijo después que tomar el poder fue «tan fácil como levantar una pluma». Trotski añadió que «estaban dormidos y ni se dieron cuenta de que el poder cambiaba de manos». Y Joffe describe así el asalto: «El batallón de mujeres salió ileso. Se rindieron llorando y exclamando: "No volveremos a hacerlo"».

La verdad, como siempre que se trata del bolchevismo, es totalmente distinta a su relato. Richard Pipes en el capítulo «El Golpe de Octubre» (pp. 475-545), uno de los mejores, si no el mejor, de su monumental *La revolución rusa*, reconstruye minuciosamente, con los testimonios de los supervivientes, la realidad de la famosa «toma del Palacio de Invierno», anunciada por Lenin un día antes de realizada, y que nunca tomaron los bolcheviques, sino que rindieron los ministros.

Pipes relata cómo desde el día anterior el Comité Militar Revolucionario había dado al gobierno la orden de rendirse o serían bombardeados por el crucero *Aurora* y la artillería de la fortaleza de Pedro y Pablo. Y la rendición del gobierno, que no del Palacio, puede reconstruirse por el relato, nada favorable para él, del ministro de Justicia P. N. Maliantovich:

> La puerta se abrió de improviso (...). Por ella se precipitó un *iunker*. Saludó en posición de firmes y, con muestras de excitación en la cara, pero resuelto, preguntó:
>
> —¿Cuál es la orden del Gobierno Provisional? ¿Mantener la defensa hasta el último hombre? Estamos listos, si el Gobierno Provisional así lo ordena.
>
> —¡No hace falta! ¡Sería inútil, eso está claro! ¡Ningún derramamiento de sangre! ¡Rendirse! —gritamos todos a una, sin ningún acuerdo previo, solo nos mirábamos unos a otros para leer en los ojos de todos los mismos sentimientos y la misma resolución.
>
> Kishkin (del Partido Kadete, que sustituía a Kérenski tras su marcha) dio un paso adelante:
>
> —Si están aquí quiere decir que ya han tomado el Palacio.
>
> —Sí, han tomado todas las entradas. Todo el mundo se ha rendido. Solo este sector está todavía bajo protección. ¿Cuál es la orden del Gobierno Provisional?
>
> —Diga que no queremos un baño de sangre. Que cedemos ante la fuerza. Que nos rendimos —dijo Kishkin (...)
>
> Y allí, junto a la puerta, el miedo crecía sin tregua y la angustia nos embargaba: ¿No correría sangre, no sería demasiado tarde ya para impedirlo? (...). Y gritamos ansiosamente:
>
> —¡Deprisa! ¡Vaya y dígales! ¡No queremos sangre! ¡Nos rendimos!
>
> El *iunker* salió. Toda la escena se desarrolló en apenas un minuto. [*]

Kritchevski no tenía a mano al ministro para conseguir declaraciones exclusivas, ya que los golpistas detuvieron al gobierno y abusaron de las ci-

---

[*] Pipes, 2017

clistas, primer caso de la siniestra costumbre de violaciones masivas del Ejército Rojo que culminó en los millones de alemanas violadas en 1945, con la pública complacencia del gobierno soviético y el silencio del feminismo progresista. No obstante, su descripción del asedio y asalto a la sede del gobierno es, sencillamente, el relato de alguien que estaba allí:

> A las siete y media, el «comité militar» que había rodeado el Palacio de Invierno con sus fuerzas de Tierra y Mar, incluyendo el crucero *Aurora* y algunos torpederos emboscados en el río Neva, transmitió a los ministros un ultimátum obligándoles a rendirse en un plazo de diez minutos so pena de ser bombardeados.
>
> Los ministros, para oponerse a los asaltantes armados con cañones, no disponían más que de unos centenares de cadetes y de un batallón de mujeres, con cierto número de ametralladoras. ¡No importa! Decidieron resistir hasta el final, morir si era necesario bajo las ruinas del palacio.
>
> Podían esperar que su actitud despertara la indignación del pueblo y, tal vez, de una parte de las tropas. Esta esperanza no se materializó...[*]

En rigor, no hubo reacción popular porque Petrogrado estaba en tal estado de desinformada abulia, tan aburrida de Kérenski y tan de vuelta a sus asuntos particulares que ni siquiera se interesó por lo que creían otra lucha entre facciones revolucionarias. Tan poco seria parecía la después cinematográficamente magnificada toma del Palacio de Invierno que esa noche siguieron abiertos los restaurantes y al día siguiente abrió la Bolsa, a la baja por los confusos rumores que circulaban, pero con toda normalidad.

## LO QUE SÍ TOMARON LOS BOLCHEVIQUES: LA BODEGA

Probablemente, Kritchevski perdió su puesto de trabajo cuando, como testigo presencial, contó a los lectores de *L'Humanité* que lo único que realmente tomaron las masas fue la bodega de Palacio. Para bebérsela:

---

[*] Ibíd.

Las bodegas del Palacio de Invierno fueron saqueadas sistemáticamente. El ejemplo de quienes forman la clase dominante de la capital llevó a la borrachera a amplias capas populares, incluyendo a mujeres y niños.

Frente a los borrachos, en cierto modo sinceros, vimos a mercachifles, soldados y civiles, que, tras beber con moderación, se llevaron las botellas más caras, vinos generosos y champañas refinados para revenderlas a buen precio. Los «sinceros» se emborrachan como cubas; a veces se ahogan literalmente en el vino cuyos toneles desfondados inundan la bodega o en el agua que les echan los bomberos.

En todo momento y lugar ha habido motines provocados por el hambre. En Rusia, bajo Kérenski, hubo motines provocados por la carencia de calzado y de ropa, Hubo, sobre todo, pogromos agrarios que saquearon las propiedades agrícolas (...) sin salvaguardar las máquinas ni el ganado de raza, las ricas bibliotecas y los valiosos cuadros de grandes artistas; pogromos que a veces se convertían en combates sangrientos por el botín…

Pero antes de la dictadura bolchevique no se habían visto nunca «pogromos del vino», «motines de borrachera» ni la embestida de los soldados «revolucionarios» y del populacho hacia el alcohol; embestida loca con tiros de fusil y de ametralladora en la propia capital roja.

Antónov-Ovséienko, técnicamente el cabecilla del asalto al Palacio y, años después, primer embajador de Stalin en la Guerra Civil española, ratifica en sus *Memorias* el testimonio de Kritchevski:

El regimiento Preobrazhenski, encargado de montar guardia ante las bodegas del Palacio de Invierno, se emborrachó en su totalidad y fue declarado fuera de servicio. El regimiento Pavlovski, nuestro apoyo revolucionario, tampoco resistió a la tentación. Se envió a grupos de hombres de distintos regimientos: también ellos se emborracharon. Los comités (soviets) tampoco resistían. Al atardecer, aquello era una verdadera bacanal.

Lo que no dice Ovséienko, y rescata Gabriel Albiac de las memorias de Trotski, es que, tras mucho tiempo, el que se hizo cargo de la vinosa escombrera de Palacio fue un regimiento de anarquistas vegetarianos. Si no los cita Ovséienko es porque, para entonces, a esos vegetarianos los habían fusilado los caníbales bolcheviques.

## LOS SIETE EPISODIOS DEL GOLPE BOLCHEVIQUE

Kritchevski, antes de ser víctima de la flamante censura comunista a cargo de la facción radical del socialismo francés, pudo explicar con toda claridad a los lectores socialistas de *L'Humanité* la liquidación de la democracia rusa por Lenin en siete episodios:

1.  Tras utilizar a los soviets para crear un doble poder que cortocircuita al del gobierno, Lenin proclama que los soviets, con mayoría menchevique y eserista, ya no representan al proletariado.

2.  Mediante toda clase de trampas asamblearias y aprovechando el caos en las fábricas, Trotski logra que los soldados de la guarnición de Petrogrado, a los que proclama guardianes de la revolución, no sean enviados al frente y les añade los *hooligans*, jóvenes delincuentes que, por arte de magia bolchevique, se convierten en la Guardia Roja del proletariado, hasta conseguir el control de soviets importantes. Otra vez proclama Lenin: «¡Todo el poder para los soviets!». Porque ya eran suyos.

3.  El comité militar del soviet, cumpliendo la resolución secreta del Partido Bolchevique, toma los centros neurálgicos de Petrogrado y, finalmente, el Palacio de Invierno, apresando a los ministros del Gobierno Provisional.

4.  El 25 de octubre, al día siguiente del golpe comunista (por eso se elige la fecha del 24) empezaba el Congreso de los Soviets de toda Rusia, ante el que Lenin presenta, como hecho consumado y para ser aprobado, la liquidación del gobierno de Kérenski, que estaba compuesto por ocho socialistas y cuatro demócratas constitucionales. La mayoría del soviet rechaza el golpe y condena a los bolcheviques. Así que de nuevo los soviets dejan de representar al «proletariado revolucionario».

5.  La Asamblea Constituyente, como los soviets, había sido utilizada por Lenin según conviniera a su partido: necesaria contra Kérenski, innecesaria tras derribar y apresar a su gobierno. Sin embargo, los bolcheviques, que eran los únicos que tenían claro su *¿Qué hacer?* con el poder —quedárselo— no tenían apoyo del campo, más del 80 por ciento de los trabajadores rusos. Los socialistas revolucionarios (SR) controlaban el campesinado y Lenin dependía de la facción izquierdista de los SR para organizar una minoría lo suficientemente amplia para proseguir su

estrategia de toma del poder. Por eso tuvo que aceptar la convocatoria electoral a la Asamblea Constituyente.

6.    El resultado de las elecciones fue todavía peor de lo que temía Lenin. Fue la primera y última vez, hasta la caída de la URSS, en que los rusos pudieron celebrar elecciones relativamente libres —la inmensidad del Imperio, el caos de la guerra, el aislamiento de vastísimas regiones y la dificultad del censo limitaban las garantías, pero todos los testigos afirman que se votó con toda la libertad posible y que la presencia de interventores de todos los partidos garantizó un resultado esencialmente fidedigno—. Pero el resultado fue que el 75 por ciento de la Asamblea era hostil a los bolcheviques, que obtuvieron el 25 por ciento de los votos; los socialistas revolucionarios, el 58; los mencheviques el 4 y los kadetes (demócratas constitucionales) el 13 por ciento. Es importante reseñar que el campo votó masivamente a los SR y en las grandes ciudades los kadetes, como señala Pipes (2017), obtuvieron un gran apoyo, además de ser los únicos que tenían suficientes periódicos para contrarrestar la poderosa propaganda bolchevique, financiada totalmente por los alemanes.

Y 7.    En enero de 1918 Lenin disolvió la Asamblea Constituyente el mismo día en que se reunió. La Asamblea ya no era representativa del pueblo, reo del delito imperdonable de no haber votado a los bolcheviques.

Lenin desarrolló así su plan para la conquista del poder, anunciado en las *Tesis de abril* y detallado en *El Estado y la Revolución*, que escribió tras fallar el golpe de julio: convertir la lucha de clases en guerra civil, firmar la paz con sus padrinos alemanes y liquidar a los demás partidos. La eliminación ya había empezado el 9 de diciembre, el mismo mes en que nació la Cheka. Los bolcheviques denunciaron que el partido KDT, esencialmente urbano y de clase media, acaudillaba nada menos que una sublevación cosaca en el Cáucaso y los Urales. Antes, el 10 de noviembre,[*] solo tres días después del triunfo del Golpe, Lenin prohibió todos los diarios de oposición, por «inducir a la subversión al deformar los hechos con ánimo calumnioso».

Buena parte de Rusia ni siquiera conocía aún «los hechos», pero utilizando la jerga que tras él han usado y usan todavía hoy todos los parti-

---

[*]  Calendario ruso.

dos y dictaduras comunistas que siguen el modelo soviético, Lenin proclamó: «La libertad de prensa es el biombo liberal que oculta la libertad real de la clase poderosa de envenenar impunemente los cerebros». Esa es la doctrina en materia de libertad de opinión que rige en la izquierda, por activa (comunista) o pasiva (socialista), desde 1917. La única libertad real y tolerable es la de los medios comunistas. El resto es *veneno liberal*.

Todo, aunque ya no firme Kritchevski, lo cuenta *L'Humanité* y lo denuncia editorialmente como ataques a las libertades. Cuando en enero Lenin liquida la Asamblea Constituyente, *L'Humanité* se lamenta: «La grandeza del objetivo no justifica la dictadura más brutal». ¿Pero realmente tenía grandeza ese «objetivo»? ¿Y guiaba del mismo modo a las grandes organizaciones sindicales y políticas, nacidas de las revoluciones de 1848? En realidad, desde finales de 1917 y comienzos de 1918 tiene lugar la división, ya nunca restañada, del socialismo democrático o socialdemocracia y el totalitario o comunista. Pero también entonces nace la costumbre del socialismo democrático de tapar los crímenes comunistas.

## EL DRAMÁTICO LLAMAMIENTO DE LOS SOCIALISTAS RUSOS

Durante menos de un año, de diciembre de 1917 a marzo de 1918, tiene lugar en Francia, en el seno del socialismo francés, el debate quizás más importante de la izquierda en toda su historia. El francés era entonces el idioma internacional, el de la diplomacia y la cultura, y París, desde la Exposición Universal, la referencia ideológica básica en todo el mundo. Tras 1918, al disiparse el humo de las trincheras de la Primera Guerra Mundial, el debate sobre la democracia y el liberalismo tendrá en Londres un foro de tanta entidad como París, pero marcado ya por la revolución soviética y sus dos hijos especulares: el fascismo italiano, en el poder desde 1924, y el nazismo, una década después. Ambos son la respuesta igualmente antiliberal y antidemocrática al triunfo del comunismo en el terreno de la propaganda y las ideas. Y ese triunfo lo consigue en París.

Todo empieza por el llamamiento desesperado de los socialistas rusos a sus correligionarios franceses, que muchos conocen desde el exilio. De nuevo la lengua compartida y una estrecha convivencia son el pasaporte que les conduce a la aduana de la legitimidad. Conviene adelantar que, después de Rusia, España, aunque neutral en la guerra, es tal vez el país más receptivo a lo que pasa en París. Lo más florido de su intelectualidad, identificada con la causa de los aliados, visita las trincheras en 1917 y 1918. La Generación del 98 y la del 14 están allí y están con Francia. Por la primera, Unamuno, Maeztu, Azorín y los Machado; por la segunda, Azaña, Marañón, Pérez de Ayala y Madariaga, con Ortega al fondo. Todos hacen un turismo político-militar bastante superficial —de allí saca Azaña su largo estudio sobre el Ejército francés, modelo para su reforma del español en 1932 como ministro de la Guerra—. Todos deambulan por París entre las conferencias de Bergson y los *bouquinistes* del Sena, pasando por las redacciones de París. El periodismo político vive su apogeo en esos treinta años: de 1914 a 1944. El crisol de todos los debates es Francia.

Y dentro de Francia, *L'Humanité*. El 14 de diciembre de 1917 publica un llamamiento de los socialistas revolucionarios contra el régimen bolchevique, «régimen de violencia, de terror, capaz de hacer odioso el propio nombre de socialismo [...]. Este poder dictatorial que únicamente se basa en las bayonetas ha aniquilado todas las libertades». Han pasado solo dos meses y medio desde el Golpe de Lenin y faltan tres semanas para que disuelva por la fuerza la Asamblea Constituyente, nacida de las urnas mediante sufragio universal —también femenino— por esas mismas fechas. Sin embargo, para los que conocen a los bolcheviques, empezando por sus compañeros del POSDR (Partido Obrero Socialdemócrata Ruso), llamados mencheviques o minoritarios —aunque no lo eran—, el proceso está en marcha desde el fallido golpe leninista de julio y, sobre todo, del exitoso de octubre. Y es su figura más importante, Yuli Mártov, quien envía desde Petrogrado el 22 de diciembre una carta a los socialistas franceses, que lo conocen de sus años en París, en la que hace el último gran análisis de los marxistas «ortodoxos» rusos sobre los «heterodoxos» leninistas y este llamamiento a los socialistas europeos en un tono trágico, melancólico, agónicamente eslavo:

Cualquier tipo de acuerdo con Lenin se ha hecho imposible por el carácter utópico de su movimiento, el cual intenta introducir el colectivismo en una Rusia atrasada desde el punto de vista económico, contra la mayoría del pueblo, por la fuerza de un ejército de soldados hartos de la guerra y dispuestos a apoyar a cualquier partido que les prometa la paz inmediata. Por lo tanto, el nuevo gobierno se ve obligado a poner en práctica el terror contra la mayoría del pueblo, que es hostil a una dictadura militar. De ahí provienen persecuciones arbitrarias y violentas contra la oposición, incluida la socialista, así como la supresión de la libertad de prensa y de reunión.

La política exterior de Lenin, inspirada por el deseo de llegar a la paz inmediata, que se ha prometido a los soldados, adquiere un cariz contrario a las concepciones internacionalistas de la paz democrática.

Lenin y Trotski se niegan a reconocer la soberanía de la (Asamblea) Constituyente, cuya mayoría está compuesta por socialistas no maximalistas, para formar una mayoría leninista. Varios miembros de la Constituyente han sido arrestados, así como toda la minoría burguesa.

Estos son los motivos por los cuales la minoría marxista de la clase obrera se ve obligada a mantenerse apartada de esa presunta dictadura proletaria y a luchar contra ese régimen de terror, que desembocará fatalmente en la guerra civil.*

Mártov, el marxista ruso más influyente después de Plejánov, había sido camarada de Lenin desde la fundación del POSDR, en el relativamente cómodo exilio donde casi siempre vivió Lenin: diecisiete años de los cuarenta y siete que tenía en 1917. No congeniaban, porque Lenin nunca tuvo realmente amigos y porque Mártov, como Plejánov, veía en Lenin más a un terrorista de Naródnaya Volia como su hermano Alekséi, ahorcado por intentar matar al zar, antes que a un marxista. Pero también fantasearon a veces con la posibilidad de «dar un salto» hacia el socialismo por las peculiaridades rusas (solo un 2 por ciento de los trabajadores era proletario). Lo que no podían admitir moralmente era que el camino al socialismo fuera el que desde la ruptura con los mencheviques marcó Lenin: convertir la lucha de clases en guerra civil.

No solo los mencheviques denuncian a Lenin. Lozowski, amigo y colaborador de Trotski en París, es el primer disidente del leninismo —no del socialismo— al contar en *L'Humanité* por qué deja el Comité Central:

---

* Salvo nota en contrario, todas las citas en Jelen, 1985.

No me es posible callar en nombre de la disciplina del partido, cuando siento con toda el alma que la táctica del Comité Central de los bolcheviques provoca el aislamiento de la vanguardia del proletariado y la guerra civil en las filas de la clase obrera.

No puedo callarme, en nombre de la disciplina del partido, frente a la supresión de la prensa que tiene otras ideas, frente a las pesquisas, los arrestos arbitrarios y las persecuciones que provocan un descontento subterráneo en la población, e inducen a las masas obreras a identificar el régimen de la bayoneta y el sable con la dictadura del proletariado, pregonada durante decenas de años por los socialistas.

En marzo, los bolcheviques, previamente financiados por Alemania, a cuya causa sirvieron provocando la deserción en el ejército y la destrucción de las instituciones rusas de las que dependía —no tuvieron papel relevante contra el zarismo, pero sí contra el Gobierno Provisional y la Constituyente— firman en Brest-Litovsk un tratado que es una capitulación en toda regla. No solo reconocen la independencia de Ucrania, Polonia, los Estados Bálticos y otros territorios que suponen casi un tercio de la población del imperio, sino más de un tercio de la producción agraria e industrial. Lenin entrega al káiser un millón de kilómetros cuadrados de la Rusia europea, la más rica. Además, se compromete a pagar cuantiosas indemnizaciones y contrae otros compromisos secretos con sus antiguos benefactores.

Las cuantiosas ayudas a Lenin para derrocar a Kérenski debían permitir a Alemania liquidar el frente oriental y concentrar sus tropas en el occidental, donde hubieran sido superiores. Parte del Estado Mayor alemán estaba en contra de esa política porque acabaría alentando una revolución comunista en Alemania, como sucedió. Y no podían saber que USA iba a entrar en guerra con un millón de soldados, cambiando el equilibrio de fuerzas del frente occidental.

Tampoco Lenin contaba con que, dentro de la guerra civil que, como denunciaban los socialistas, desató contra su pueblo después del Golpe de Octubre, los ingleses desembarcaran en el norte de Rusia (Múrmansk) para fijar al ejército alemán, atorado en Ucrania. Ni que Japón, que ya había derrotado a Rusia una década antes, se paseara en Siberia como por su casa.

La incertidumbre bélica y la política a seguir con los bolcheviques se movieron en una gran confusión. Solo Churchill defendía una intervención militar directa para destruir al régimen bolchevique antes de asentarse. Por eso la visita de Kérenski a Francia en 1918 se convirtió en un gran acontecimiento.

## LA MASONERÍA, EL KERENSKISMO Y EL SECTARISMO DE IZQUIERDA

El presidente del gobierno legítimo de Rusia y de la República que él mismo proclamó, tuvo en Francia un recibimiento de jefe de Estado. Es chocante el poco caso que se les hacía a los sufridos socialistas rusos y la forma de recibir al gran responsable, por su inacción, del Golpe de Octubre. En el libro sobre Lenin de Volkogónov, historiador oficial del Ejército Rojo e hijo de padres represaliados en el Gulag, que fue el primero en tener acceso a los archivos secretos del Politburó al llegar Gorbachov, se señala que Kérenski era el jefe de una de las facciones más importantes de la masonería rusa. No desarrolla, sin embargo, este aspecto tan importante o más que su obsesión con el general Kornílov, al que atribuyó sin motivo alguno (Pipes, 2017) una conspiración para acabar con él tras su fracaso como «gran motivador militar» frente a los alemanes. Su inmensa ambición hasta julio desembocó, tras proclamar la república, en apatía antes, durante y después del Golpe de Octubre.

No hay forma tampoco de disimular la terrible responsabilidad de Kérenski por no denunciar en la prensa, tras el fallido golpe de julio (ensayo general del de octubre), la financiación de Lenin por Alemania mediante un personaje enigmático, genial y tenebroso: Parvus, que diseñó personalmente con Lenin, cuando este aún estaba en Suiza, la operación del mal llamado tren blindado (no lo estaba, su blindaje era la protección alemana) y la entrega de 40 millones de marcos oro, una fortuna en la época, para financiar la pequeña estructura de revolucionarios profesionales (un millar) y, para compensarlo, un enorme aparato de propaganda, que les daba una enorme capacidad de agitación en sus llamadas a la deserción y el sabotaje, el verdadero plan alemán. La cuantía de esa financiación está perfectamente documentada en los archivos del Estado Mayor alemán (Dmitri Volkogónov, 1996, Richard Pipes, 2017, Antonio Escohotado, 2016).

Kérenski lo sabía perfectamente, tenía todas las pruebas en la mano en julio, cuando fracasó el alocado primer golpe de Lenin, que no quería la mayoría dirigente bolchevique por precipitado, pero a la que, como siempre, doblegó su jefe. Había prensa *kadete*, socialista y socialrevolucionaria que estaba segura de la financiación del *partido alemán* y quería las pruebas. Kérenski, tras perder un mes, suministró algunas y guardó otras. La razón, fuera de alguna improbable resolución masónica, era su ambición de poder, el afán de representar en exclusiva al Gobierno Provisional. Tras unos meses como ídolo del ejército, al que arengaba con ímpetu demiúrgico, como un Rasputín o un nuevo zar, los milagros militares no llegaban. Pese al esfuerzo de los generales, los alemanes avanzaban y el enorme aparato de propaganda pagado por Alemania, el caballo de Troya leninista, supo convertir el miedo y el cansancio del frente en cadena de deserciones.

El prestigio militar del civil Kérenski se desmoronó, y él empezó a creer, sin motivo, que el general Lavr Kornílov quería sustituirlo. Por una serie de malentendidos que se explican por el autismo del poder más que por decisión masónica, lo destituyó cuando Kornílov se ofrecía (Pipes, 2017) para hacer lo que él creía que rechazaba. El oficial que hacía de correo entre ambos se pegó un tiro y Lenin pudo desmentir cómodamente desde sus periódicos la parte que Kérenski quiso revelar sobre el oro alemán que los financiaba. Cuando fue a buscar ayuda para el gobierno sitiado en el Palacio de Invierno, los soldados, indignados por la destitución de Kornílov, le dieron la espalda. Nada aprendió. Siguió, sonámbulo de sí mismo, culpando a los demás de lo que él y solo él había hecho, o, más precisamente, no hecho. No hubo ocasión de errar que no aprovechara, ambición que no lo perdiera, pusilanimidad en la que no cayera ni cobardía en la que no se ahogara.

Pero, como decíamos, en los primeros meses de 1918 Kérenski reaparece en Londres y París, donde es recibido con honores de jefe de Estado legítimo, y lo era porque, tras proclamar la República antes de las elecciones a la Asamblea Constituyente, era la primera autoridad legítima de Rusia. Sin embargo, la denuncia que hace Kérenski del golpe leninista y el terror desatado contra la oposición produce un fenómeno que va a durar hasta hoy y que tuvo una trágica versión española de 1934 a 1939: es el empeño de los socialistas y burgueses de izquierdas en negar la evidencia de la ilegalidad y brutalidad del régimen comunista. No por parte de los bolcheviques, que cultivaron el secreto en lo que publicitariamente no les convenía, con la única excepción del terror, que es en sí mismo publicidad; eso hubiera sido muy natural. Lo pasmoso es que los socialistas franceses tratan de enmendarles la plana a los socialistas rusos recurriendo a toda clase de excusas que, sin poder desmentir unos hechos que desconocen, ponen en duda las consecuencias que extraen quienes los han padecido. El socialista Marcel Sembat dice en *L'Humanité* del 28 de junio tras el discurso en Londres:

> Al igual que la mayoría de los socialistas que llegan de allá, Kérenski denuncia el reino de los bolcheviques y considera que es peor que la tiranía del más cruel de los zares. ¡Qué terribles relatos nos hacen las gentes que llegan de allá! Una mujer, socialista revolucionaria, me contó que, en Sarátov, donde la Duma municipal elegida con plena regularidad era socialista, las tropas de los bolcheviques abrieron fuego nada más llegar, sin explicación alguna. «Rusia —afirmaba Kérenski en Londres anteayer— se rebela contra este régimen sanguinario, y los campesinos se hallan ahora muy lejos de los bolcheviques».

Y llega la enmienda *socialista* francesa a la denuncia *socialista* rusa:

> ¿Es ello cierto? ¿Acaso no se equivoca Kérenski? ¿Acaso no toma sus propios deseos y los informes de sus amigos por realidades?

Las realidades, no precisamente deseadas por Kérenski y sus amigos, entre los que se supone que están los socialistas franceses, son que, para ese mes de junio, Lenin ha derrocado por la fuerza en octubre al legítimo poder ejecutivo, el Gobierno Provisional, asaltando el Palacio de Invierno y apresando a todos los ministros como rehenes, dos de los cuales han sido fusilados sin juicio; ha disuelto en enero el Poder Legislativo —la Asamblea Constituyente recién elegida—, en su primera sesión, porque tres cuartas partes eran contrarias a los bolcheviques; ha prohibido toda la prensa no bolchevique; ha disuelto los tribunales de Justicia; ha prohibido la propiedad privada, salvo para apropiarse los suyos de pisos y bienes ajenos; ha creado la Cheka en diciembre para apresar y matar opositores; ha puesto fuera de la ley, o sea, a los pies de su Cheka, a kadetes, anarquistas, socialistas revolucionarios, mencheviques y cualquier otro partido opositor. ¡Y duda Sembat de lo que dicen Kérenski y los suyos! ¡Pero si lo ha publicado el propio periódico en que escribe! ¡Si Lenin ha proclamado el *terror rojo* y presume de ser implacable, de convertir la lucha de clases en guerra civil! ¿Qué enfermedad moral impide al socialista francés reconocer los crímenes de lesa libertad de los que se ufanan los propios bolcheviques?

## ¡AH, EL PRESTIGIO DE LA IDEA SOCIALISTA!

La respuesta la da, involuntariamente, el mismísimo Kérenski, en el banquete de honor que le ofrecen los dirigentes socialistas de la SFIO. Ante los Cachin, Longuet, Blum, Renaudet, Albert Thomas e incluso Sembat, dice:

> No estoy aquí para convenceros, sino para deciros que todos los socialistas, desde Plejánov hasta el internacionalista Mártov, consideran que este régimen —que bajo el nombre de socialista sigue los peores métodos del zarismo— es el peor peligro para el socialismo, porque la burguesía explota el ejemplo que brinda y lo utiliza para desacreditar nuestro ideal.

Esto es lo que va a salvar al comunismo, desde 1917 hasta hoy: que la izquierda pequeñoburguesa —hay que ver el banquete a Kérenski— no está preocupada por los crímenes del comunismo, de los que son víctimas los propios socialistas, sino por «el prestigio de su ideal», puesto en solfa por «la burguesía», es decir, por los partidos liberales y conservadores con los que ha formado gobierno durante la guerra, y por los sindicatos, que están radicalmente en contra de la prohibición de la libertad de huelga en Rusia. No importa el derrocamiento de un gobierno legítimo presidido por un socialista, la prohibición de todas las libertades, las masacres, los robos y el *terror rojo*, sino el deterioro del «ideal». ¿Y de qué «ideal» habla Kérenski: del que ha entregado el poder a los bolcheviques o del que sufre su tiranía?

El sectarismo izquierdista y masónico de Kérenski no está halagando solo los oídos de los socialistas franceses que lo acogen, sino marcando la pauta que seguirá el socialismo francés y, con él, la izquierda internacional con respecto al régimen bolchevique y el camuflaje de sus atrocidades. Dice que destruye el «ideal socialista», pero, por cuidar ese «ideal», lo salva. Dice que desprestigia el socialismo, pero no puede admitir que la burguesía lo diga. En resumen: la izquierda puede decir lo que sea, la derecha, jamás. ¡Robespierre vive! Solo un año después, en su nombre se absolverá a Lenin. Pero ni la izquierda dejará de proclamarse única defensora de los derechos humanos ni dejará de olvidarlos cuando su vulneración pueda perjudicarla.

Sin embargo, en Rusia los socialistas no reciben banquetes, sino tiros en la nuca en la Lubianka. Y el 18 de agosto publican en *L'Humanité* un «Llamamiento de los socialistas rusos a los socialistas del mundo entero»:

> Una parte considerable de nuestros compañeros de Europa Occidental y de América recibe con gran desconfianza las acusaciones que imputamos a los bolcheviques. Muchos de ellos aprueban incluso las fechorías bolcheviques y otorgan su apoyo moral a un régimen fundamentado en arbitrariedades y opresiones ilimitadas, contra las cuales se sublevan las masas obreras y campesinas.
>
> La vanguardia proletaria rusa se deja oír a través de los delegados de las fábricas: «Nuestra vida es un infierno. Nuestros hijos mueren de hambre. Y los hambrientos reciben plomo en vez de pan y los que se quejan en voz alta son declarados enemigos del pueblo. Persiguen nuestras organizaciones. Está prohibido hacer huelga. Ya no existe justicia más o menos regular y ya no existe el derecho. Nos gobiernan personas que reinan como autócratas, que no tienen ni fe, ni ley, ni honra; que tienen únicamente una sed tremenda de poder y que, para conservarlo, nos han traicionado y nos han vendido».
>
> Y, sin embargo, todas estas acusaciones, todas estas protestas contra los horrores del régimen bolchevique son consideradas a menudo como puras invenciones en la prensa socialista del extranjero, y las expresiones más claras de indignación de nuestras masas populares son tachadas de «contrarrevolucionarias».

Por lo tanto, como creemos que es nuestro deber llamar seriamente la atención de nuestros camaradas de Occidente sobre este profundo error, les proponemos nombren una comisión internacional de la que formen parte representantes de todos los partidos socialistas.

El compromiso y la responsabilidad moral eran evidentes. Y al dejar exclusivamente en manos de los socialistas la condena o no del régimen bolchevique se aseguraba que el juicio moral quedaría sujeto al criterio político, sin daño para el «ideal» socialista. Así que la Liga de Derechos del Hombre, copada por la izquierda, convocó un debate que iba a marcar la política de esos «socialistas del mundo entero» hacia el régimen de Lenin.

## UN DEBATE EXTRAORDINARIO Y DE TRÁGICO FINAL

La Liga de los Derechos Humanos contaba entre sus patronos el 28 de noviembre de 1917, cuando se abre la «Investigación sobre la situación en Rusia», con la mitad de lo mejor de la intelectualidad francesa. La otra mitad era todavía católica o conservadora, raras veces liberal y tan brillante como la izquierda, pero la tradición sectaria del socialismo, pese a la reciente experiencia de los gobiernos nacionales de la guerra, vetó su presencia en el debate que más interesaba a todo el mundo. Allí están Anatole France, Paul Langevin, el economista Charles Gide, Lucien Lévy-Bruhl (tan ligado a Jean Jaurès) Séverine (pupila de Jules Vallès) y Alphonse Aulard, historiador canónico de la revolución. También los dirigentes de las tres corrientes que al final de la guerra se perfilan en el socialismo francés: los moderados como el exministro de Armamento Thomas, los centristas como Marcel Cachin o Louis Oscar Frossard, y los radicales como Fernand Loriot y un personaje que, aunque conocido dentro del partido, al que pertenece desde la muerte de su hermano en la guerra, aparece por primera vez ante la opinión pública: el jovencísimo Boris Souvarine, que será clave en la escisión del Partido Socialista en el Congreso de Tours, en la creación del Partido Comunista y, dentro del debate de la Liga, en el triunfo paradójico del leninismo, que es moralmente condenado pero políticamente apoyado en lo fundamental: no respaldar la petición de los socialistas rusos para que Francia apoye militarmente al gobierno legítimo y expulse a los usurpadores bolcheviques.

La delegación rusa la componen personajes de primera fila, prueba de la importancia que dan al debate: Sujomlin, exdiputado de la Duma; Delevski y Nesselrod, de la Liga Republicana; Rakinitov, del Comité Central del Soviet de los Campesinos; Savinkov, exministro de la Guerra con Kérenski; Avkséntiev, también ministro de Kérenski (Interior) y primer presidente del Congreso Panruso de los Soviets, del partido eserista (SR: social-revolucionario), que ganó las elecciones a la Constituyente un año antes; y, en fin, Ossip Minor y Marc Slonim, exdiputados de la Asamblea, único poder democrático ruso que los socialistas reconocían como legítimo.

La representación francesa era dispar: mayoritariamente la formaban franceses con experiencia en Rusia: Joseph Fernand Grenard, excónsul en Moscú, Charles Dumas, exministro del gobierno de Guesde, diplomático en Rusia; Lerat, exprofesor de los Institutos Smolny y Czeny; y Eugene Petit, en Rusia de 1916 a 1918 y hombre de confianza del exministro y líder moderado Albert Thomas. Pero junto o frente a ellos estaban Alphonse Aulard, el historiador de la Revolución Francesa devoto de Robespierre; y Souvarine, hijo de un joyero judío de Kiev que llegó a París huyendo de los pogromos.

El primer testimonio es el de los franceses que han vivido en Rusia o han pasado allí los últimos y caóticos años; después, cuentan sus vivencias los socialistas rusos de diversos partidos y, finalmente, debaten con ellos los partidarios del terror rojo de Lenin, defensores académicos del Terror de Robespierre. La guillotina llegó en ayuda de la Lubianka.

Christian Jelen, que halló la copia privada de la versión estenográfica de todas las sesiones de la Liga, cuyo original, desaparecido en un incendio, se creía perdido, resume así su impresión como lector en 1984:

Es imposible no sobrecogerse de estupor al leer sus declaraciones (...) Pero si estos testimonios quedaron pronto sepultados bajo el polvo de las bibliotecas se debió a la angustia y voluntad de huida ante la insoportable idea de que el socialismo pudiera propagar la muerte.

O aún peor: simplemente, de serlo.

El testimonio de Charles Dumas (en Rusia, de diciembre de 1917 a marzo de 1918, aunque ya había acompañado a Petrogrado, como experto en temas rusos, a Cachin y Moutet, jefes de la SFIO, tras la Revolución de Febrero de 1917) tiene dos aspectos significativos. Uno es el de la solvencia: sabe ruso, conoce el país y a diferencia de Jacques Sadoul (cuyas memorias tituladas *Cartas desde la revolución bolchevique* se han reeditado en español en 2016 [Turner], para compensar el desagradable sesgo anticomunista de las víctimas del Gulag) no depende de lo que le digan en francés Lenin o Trotski o le traduzcan de *Izvestia*. El otro es el exorcismo sectario antes de dar un testimonio que acaso pueda afear «el bello ideal» socialista:

> No se puede sospechar que sienta antipatía a priori ante los bolcheviques. Estos empezaron siendo una fracción que se autoproclamaba marxista dentro de la II Internacional. Yo mismo soy marxista. He tenido muchos amigos personales entre los líderes del bolchevismo y durante largo tiempo he mantenido relaciones cordiales con el propio Lenin. Es decir, que si he acabado por pronunciarme contra el bolchevismo ha sido tras haberlo visto funcionar durante largo tiempo.

Y describe cómo Lenin ha prohibido todas las libertades en Rusia:

> En primer lugar, se ha establecido una censura severa. Las dificultades económicas permitieron atacar a los periódicos contrarios y más tarde se impidió la difusión de los distintos órganos: un decreto prohíbe lisa y llanamente suscribirse a periódicos que pertenecen a ciertos partidos (algunas veces pesan sobre esos periódicos elevados gravámenes: tres rublos por cada ejemplar). En casi todos los casos, el reparto está reglamentado y se sanciona con multas la más mínima infracción. Hoy en día ya no existen más que diarios bolcheviques. Se ha hecho obligatorio suscribirse a *Izvestia*.
> Ya no existe la libertad de reunión.
> La libertad de expresión y de opinión ha sido suprimida. Un decreto establece que quien hable en contra del gobierno bolchevique deberá comparecer ante un tribunal revolucionario. Esta situación se ha visto agravada por la dictadura del Comité para la Lucha Contra la Contrarrevolución (Cheka), que puede proceder a ejecuciones sumarias.

Gracias a Lenin ya no existen las engañosas libertades burguesas de expresión, reunión y asociación, pero ¿y el poder obrero? ¿Y los soviets?

Todos los soviets no bolcheviques han sido disueltos, y las elecciones suelen celebrarse del modo siguiente: en el colegio electoral se invita a los votantes del partido contrario a dirigirse a un lado, donde se hallan varios guardias rojos armados. A las elecciones concurren a menudo algunos ciudadanos que no pertenecen a la masa de electores. Ya no se elige al presidente del Soviet de Moscú, sino que se le nombra en virtud de una simple decisión del poder central. Se comprende que los esfuerzos de los soviets no bolcheviques sean anulados por semejantes procedimientos y que cualquier tipo de oposición sea inexistente en la práctica.

El 12 de diciembre de 1918, los *eseristas* envían a la Liga una carta que muestra cómo la represión bolchevique se centraba ya en ellos, los más representativos dentro del campesinado y, por tanto, el partido a aniquilar:

Se disuelven los soviets cada vez que los electores obreros y campesinos hacen valer sus derechos contra los diputados bolcheviques y se fusila a los electores recalcitrantes. Por un decreto del mes de junio de 1918 se expulsa del Comité Central de los Soviets y de todos los soviets locales a la oposición socialista. Los electores, que ya no podrán enviar a los soviets a los socialistas, tampoco pueden ahora designar diputados independientes, que no pertenecen a ningún partido. La dictadura absoluta del Partido Bolchevique está definitivamente establecida.

Grenard, cónsul general de Francia en Moscú entre 1917 y 1918, no es un «turista revolucionario» como Sadoul, que en sus cartas a Henri Barbusse, acaso el más popular escritor francés con Romain Rolland tras su novela antibelicista *Le feu*, (Barbusse, *Le Feu. Journal d'une escouade*) llega a decir que «el 80 por ciento de los rusos es bolchevique; y el 20 por ciento también, en secreto» (Sadoul, *Cartas desde la revolución bolchevique*, 2016). No se pregunta por qué insisten en llevarse ese secreto a la cárcel o la tumba. A Grenard no se lo ha contado Trotski ni se lo han traducido de *Izvestia*. Ha visto cómo «burgueses» y «socialtraidores» están siendo masacrados por «los jenízaros» del Ejército Rojo (Dumas) y se pregunta ante los ilustres miembros de la Liga:

> ¿Subsisten libertades en el régimen bolchevique? Ya no existe ninguna libertad. Se han suprimido las libertades de asociación, reunión y opinión, la prensa no gubernamental y todas las libertades electorales. Desde el 6 de junio de 1918 se ha implantado un régimen de terror. Una comisión extraordinaria, la Cheka, reprime a los contrarrevolucionarios. Se llevan a cabo ejecuciones masivas. Antes había ejecuciones arbitrarias con simulacro de proceso; ahora, ni siquiera existe ese simulacro.

Como todos los testigos, Grenard hace la genuflexión sectaria: los crímenes no lo serían tanto si no afectaran a los socialistas, ¡pero lo hacen!

> ¿Acaso se ejerce esa opresión únicamente contra los burgueses? No. Se ejerce contra todos los partidos no bolcheviques. El Partido Socialista Revolucionario (SR: eserista) es uno de los más afectados.

Y Patouillet, director del Instituto Francés de Petrogrado, lo corrobora:

> Los bolcheviques llevan a cabo una política de exterminio de los partidos de izquierda.

Los socialistas rusos, conscientes —ellos mismos han bebido en esa fuente— del prestigio de la guillotina en la izquierda internacional, tratan de evitar que en Lenin se vea otro Robespierre y no otro Napoleón. Es Delevski, representante de la Liga Republicana Rusa, el que lo explica:

> Los bolcheviques han acaparado el poder mediante un golpe de Estado bonapartista. Se trata de una exigua minoría que domina a un gran pueblo y un gran país, fundamentándose en una Guardia Roja mercenaria y en una soldadesca desanimada. Su práctica es el antídoto de la democracia; su política, la de los tiranos de la antigua Grecia y del cesarismo antiguo y actual. Es la negación de la soberanía del pueblo, ya que suprime la Cons-

tituyente, los derechos políticos elementales y las libertades conquistadas por la revolución democrática. Han derrocado con la violencia al Gobierno Provisional que representaba a todos los partidos y todas las corrientes democráticas, socialistas y no socialistas. Han suprimido la libertad de prensa, el derecho de reunión y asociación; han derogado las garantías judiciales; llevan a cabo matanzas masivas, incluso sin procesamiento y sin condena formal. Han desorganizado completamente la vida social y política del pueblo ruso con sus procedimientos de anarquía y tiranía. Sin embargo, la democracia es la conquista primordial de la época moderna y esta conquista está ahora amenazada no solo en Rusia, sino en todos los países civilizados libres.

Y apela, con ática elocuencia, a la Liga de los Derechos del Hombre:

Si se reconoce que una minoría puede usurpar el poder supremo por la fuerza, con el pretexto de que aspira a la libertad del pueblo, ¿podremos condenar el bonapartismo, el zarismo, la autocracia, que también pretenden ser formas de gobierno que actúan por el bien del pueblo, pero situándose por encima de él?

En realidad, esta apelación de Delevski encierra el gran dilema que el bolchevismo reinstala en la socialdemocracia europea y americana. Hasta la guerra, el movimiento socialista y sindical había evolucionado hacia la negociación de empresa y la presencia parlamentaria, olvidando el modelo insurreccional y apocalíptico de la Comuna de París, que pereció entre llamadas al terror y la guillotina (Furet, 1978) y a la que, según Marx, le faltó justamente eso: más terror; pequeño defecto que está reparando Lenin. Pero la propaganda comunista, e incluso la socialista, esgrimen, tras la caída del Muro, el argumento de que todas las conquistas de la socialdemocracia se han producido gracias al régimen bolchevique y a los gigantes y enanitos soviéticos que procreó.

Sucedió exactamente al revés: la evolución de la socialdemocracia en los países más avanzados —Alemania, Francia, Gran Bretaña— permitió, mediante su integración parlamentaria y su presencia social en todas las instituciones de la democracia liberal, desde la prensa a la educación, además del ámbito tradicional del sindicato, grandes avances en las condiciones de trabajo de la naciente sociedad industrial: derechos sociales, jornadas más breves, limitación del trabajo infantil, dignificación del trabajo femenino, mutualidades y seguros de enfermedad y retiro, y más importante acaso: la conciencia de que las masas campesinas que llegaban a las grandes ciudades debían beneficiarse del aumento del nivel de vida que su esfuerzo propiciaba.

Desde Bismarck a Lloyd George, en todos los países, cuanto más democrática es la acción de la socialdemocracia y más leal su participación en las tareas del Estado, mejores resultados obtiene. La socialdemocracia ha tomado conciencia de que, en el medio siglo que separa la Comuna de París del Golpe de Lenin, el capitalismo ha demostrado la falsedad de las teorías de Marx sobre la caída de la tasa de ganancia, el empobrecimiento creciente de la clase obrera y el fantasmagórico fetichismo de la mercancía, víctima del capital, que forman el cuerpo básico de *El capital* (Marx, 1867) y que ya estaban prefiguradas en los *Grundrisse* (Marx, 1857-1858) el *Curso de economía política* e incluso los *Manuscritos económico-filosóficos* de 1844.

Esa enmienda de la realidad a la teoría la acepta el propio Friedrich Engels al final de su vida, marxistas como su albacea Eduard Bernstein y, sobre todo, Karl Kautski, que llega a afirmar que si el capitalismo demuestra que con él aumenta el bienestar de la clase obrera, que es su razón de actuar, la socialdemocracia debería defender el capitalismo. El odio que le profesa Lenin en *La revolución proletaria y el renegado Kautski* tiene la razón de ser más profunda: Lenin no trabajó jamás, salvo unos meses como abogado de los que constan dos casos, los dos defendiendo su propiedad. Hasta llegar al poder, vivió del dinero de la familia, del robado por el Partido y del oro alemán. Kautski y la socialdemocracia alemana vienen del mundo del trabajo real, quieren mejorar la condición de los pobres, no solo hacer pobres a los ricos, y atienden a los datos de la realidad, no a utopías sangrientas.

Con Lenin, el socialismo contrae de nuevo el virus *pobrista* cuya monumental historia, *Los enemigos del comercio*, trilogía que completa a finales de 2016 Antonio Escohotado, puede avistarse en la larga entrevista —hora y media— que le hice para Libertad Digital. El socialismo abandona la referencia obrera y, poblado de maestros, funcionarios y revolucionarios profesionales, rinde culto a una dinastía de vagos soció-

patas que, con Marx como referente, produce, en cien años cien millones
de muertos: Lenin, Trotski, Stalin, Mao, Pol Pot, el Che, Fidel Castro, Abimael Guzmán…

En la apasionante y trágica *Investigación sobre la situación en Rusia* en la
Liga de Derechos Humanos esa marcha atrás del socialismo como partícipe y no verdugo de la legalidad democrática y parlamentaria se advierte con toda nitidez. Lo mismo que Delevski, Avkséntiev barrunta por los
rumores en la sala que entre los «hermanos socialistas» Lenin tiene más
amigos que ellos y apela al recuerdo de Jean Jaurès, líder indiscutible del
socialismo francés, asesinado tres días antes del comienzo de la guerra:

> El principal rasgo del bolchevismo es la dictadura que ejerce. Todo partido
> dictatorial no puede ser sino antidemocrático y terrorista. El mayor socialista
> del mundo, nuestro maestro Jean Jaurès, ha demostrado que el socia-
> lismo se basa en la democracia y el idealismo. El deber supremo del
> socialismo consiste en el respeto a la persona humana. El bolchevismo va
> en contra de todo esto. Por tanto, compromete los intereses del socialismo.

Pero, por desgracia, si una parte del socialismo ha evolucionado hacia posiciones liberales, que eso es lo que significa «el respeto a la persona humana», otra parte no renuncia al terrorismo jacobino, del que se
proclamaron herederos Marx y Louis Auguste Blanqui (Escohotado,
2017) y que tuvo en la Comuna de París su último baño de sangre, ajena y propia. Por eso Alphonse Aulard, historiador de la Revolución Francesa y defensor del Terror de 1793, desprecia la agonía de los socialistas
rusos de 1918:

> La Revolución Francesa también fue llevada a cabo por una minoría dic-
> tatorial. No ha consistido en las hazañas de vuestra Duma en Versalles,
> sino que se ha desarrollado bajo la forma de los soviets. Los comités mu-
> nicipales de 1789 y luego los comités revolucionarios, en ambos países
> emplearon procedimientos que convirtieron en bandidos a los franceses
> a los ojos de Europa y del mundo entero. Vencimos de este modo. Todas
> las revoluciones son obra de una minoría (…). Cuando me dicen que una
> minoría está aterrorizando Rusia lo que yo comprendo es lo siguiente:
> Rusia está en revolución.

Evidentemente, lo que comprende Aulard es que Lenin está haciendo lo que a él más le gusta de la Revolución Francesa, que es que una minoría «en nombre del pueblo» se atribuya el derecho de matar a cualquiera. Por eso manipula groseramente la realidad de aquella revolución; los comités municipales de 1789 impulsaron la Convención y la declaración en ella de los Derechos del Hombre y del Ciudadano. Nada que ver con los soviets, que además ya le han explicado los socialistas rusos que han sido liquidados. Aulard podría comparar y admirar el cabildeo del Club de los Cordeleros con el de Lenin y Dzerzhinski para que la Cheka perpetre en una proporción cien veces mayor las hazañas de Robespierre y otros asesinos de masas como Fouché, el «Carnicero de Lyon», cuya técnica de atar a los condenados a muerte al borde de la fosa común para ametrallarlos copiaron los leninistas. Cuando Aulard dice «vencimos de ese modo» solo puede referirse a Napoleón, el hijo de la Revolución Francesa, desde cuyo sangriento pedestal acometió una política de guerra imperialista que asoló Europa, incluidas Rusia y España. Y también Francia: cuatro millones de muertos en las batallas que culminaron en la derrota de la Grande Armée.

Pero con el mismo desprecio por la vida humana y la libertad ajena de Robespierre y de Lenin, Aulard no vacila en insultar a los socialistas rusos:

> No sé lo que sucede, pero me asombra que durante nuestra Revolución Francesa tuviéramos que combatir, como vosotros, una intervención armada y que, como vosotros, tuviéramos emigrantes. Me pregunto entonces si estas circunstancias no otorgaron a nuestra revolución el carácter violento que revistió. Si, por aquel entonces, la reacción no hubiera intervenido de la forma que conocéis, tal vez no hubiéramos derramado tanta sangre. La Revolución Francesa lo destruyó todo porque algunos quisieron impedir su desarrollo.

He aquí de nuevo la falsificación de la historia francesa: resulta que el jacobino Danton —nunca existieron los «girondinos» (Ramírez, 2015)— quiso «impedir el desarrollo» de la revolución, de la que era uno de los caudillos. Y, como a tantos revolucionarios de 1789, hubo que guillotinarlo, previa abolición de los Derechos del Hombre y del Ciudadano, o sea, de lo que la revolución tenía de universal, no de tiranía minoritaria. Tal vez si los campesinos de la Vendée no se hubieran opuesto al gobierno de París habrían sido tratados como ciudadanos, sin tener que matar a 300.000. Aunque gracias a eso pudo presumir así ante la Asamblea su matarife: «Hombres mujeres y niños vendeanos han sido exterminados; no tengo que reprocharme la menor debilidad» (Escohotado, 2014). Aulard presume de la parte criminal de la revolución. Por eso se une al *partido francés* de Lenin, el PCF, pocos meses después.

Pero Avkséntiev se indigna por la comparación y responde a Aulard: «Su paralelo entre la Revolución Francesa y la nuestra no me parece exacto. Permítame decirle que no somos los emigrados de Coblenza. Hemos sido expulsados [...]. En cuanto al paralelo que establece usted sobre las minorías activas, permítame recordarle que los bolcheviques no se basan en la élite del pueblo. Por el contrario, intentan destruir todo lo intelectual. Tenga cuidado, señor profesor, porque matan a los profesores».

Casi puede oírse el runrún en la sala, cuando el socialista ruso añade: «Y además existe una enorme diferencia entre sus jacobinos y nuestros bolcheviques». ¿Cuál es? «El terrorismo es su único rasgo común».

Ese terrorismo cotidiano, ejercido por un partido que se identifica en exclusiva —desde el principio, su proyecto es excluir a todos los demás— con el gobierno y el Estado exige un cultivo sistemático y minucioso del odio, hasta convertir a los compatriotas en animales hediondos a exterminar. Lenin, Trotski, Kámenev, Zinóviev, Bujarin, Stalin y los primeros jefes de la Cheka —el polaco Dzerzhinski y el letón Latzis— se adelantan casi veinte años a los nazis que, en *Jud Süß* (*El judío suizo*) comparan a los judíos con ratas que salen de las cloacas y, por higiene social, hay que exterminar.

La comparación favorita de la cúpula bolchevique es con los insectos, especialmente los mosquitos y piojos; guardan recuerdo, sin duda experimentado, de sífilis, gonorrea, ladillas y garrapatas, pero prefieren cultivar la comparación de los enemigos de clase (todos los que se opongan a la línea oficial del partido, incluso dentro de él) con gusanos, arañas, alacranes, vampiros, sanguijuelas y, por supuesto, ratas, que por su condición de inquilino de las cloacas y vehículo de la peste gozan de desprestigio inmemorial. La cadena trófica no existe para los bolcheviques, que se proclaman depredadores universales, con Lenin como Jehová caníbal. Lobos, hienas, chacales y tigres compiten en demérito con los buitres. Y los más cultos incluyen en la metáfora a bacilos, virus, gérmenes y microbios.

Todos esos bichejos, transmisores de molestias o enfermedades letales comparten una misma condición: son enemigos de clase, incluso sin saberlo, porque los niños de un comerciante que aún andan a gatas no son conscientes de ser, en realidad, tigres dispuestos a devorar al proletariado, que no tiene más remedio, con los comunistas al frente, que exterminarlos. La deshumanización de las víctimas es siempre el primer paso para su atraco, encarcelamiento, vejación pública, violación, tortura y asesinato.

El precedente en Rusia y en toda la Europa cristiana —en el mundo islámico, los no creyentes pueden elegir entre conversión y decapitación— son los pogromos contra los judíos, que siguen siempre el mismo guion: propaganda previa contra un grupo social (usureros, crucificaron a Cristo), invención de un caso escandaloso (crucifixión de niños, envenenamiento de las aguas, violación de mujeres, conjura para esconder la moneda), primeros actos de violencia popular y aparentemente anónima, defensa de esa violencia en la propaganda, respaldo indirecto a la «indignación popular» por las autoridades, saqueo de barrios y casas, violaciones, asesinatos, expulsión de las ciudades, clima de terror amparado por el poder durante un tiempo y, saciado el afán de venganza popular por la aparición de una plaga o problema similar, intervención de las autoridades para restablecer el orden, cuyos «excesos» se justifican por la perfidia del grupo perseguido. (Sobre la naturaleza del terror de masas, la obra insoslayable es *Masa y poder*, de Elías Canetti, ideada en 1925 y publicada en 1960).

Pero hay una diferencia entre los bolcheviques y todos los gobiernos o partidos que, antes que ellos y a lo largo de los siglos, han perseguido, acosado y saqueado a un grupo social —judíos, negros, asiáticos, cristianos, musulmanes, herejes, brujas o vampiros— y es que ellos, como cualquier secta fanática, no se limitan a la estigmatización de una minoría, sino de la mayoría de la población. En rigor, de toda la población, salvo ellos. Y, por la lógica de toda política sectaria, al final, se persiguen y matan entre sí. Pero, en realidad, están aplicando la doctrina leninista, desde el *¿Qué hacer?* de 1905 a *El Estado y la revolución* de 1917, que se resume en la frase de Lassalle repetida luego mil veces: «El partido se fortalece depurándose».

Ya en vida de Lenin, y todo lo que pasa después en todos los regímenes comunistas desde 1917 calca su discurso y su política, el Partido Bolchevique no quiere solo perseguir, expulsar o exterminar a una minoría capitalista, industrial o comercial, ni siquiera a la mayoría campesina, sino a toda una sociedad, manchada por lamparones para los que no hay detergente: la religión, la propiedad, la ley. Para construir la URSS había que destruir Rusia, que para Lenin representaba el pasado más execrable.

Y hay que reconocer que pese a la formidable densidad de su cultura popular, maravillosamente descrita por Orlando Figes en *El baile de Natacha* (Figes, 2017) y mucho más difícil de desterrar que la ilustrada y europeizante que se impone tras Iván el Terrible con el impulso de los grandes zares —Pedro el Grande, Nicolás I, Catalina, Alejandro II— lo cierto es que una berza teórica de la tradición filosófica europea, el marxismo, recalentada en la olla del terrorismo anarquista de Bakunin, Netchaev y Kropotkin, logró «poner el mundo cabeza abajo», hazaña de la que se jactaba Trotski, como si ponerlo en pie de civilización hubiera sido tarea sencilla. Para destruir esa «civilización impura», cuyo paralelismo actual sería el de los regímenes terroristas islámicos como el ISIS, Lenin tomó como base a Moscú, capital del «asiatismo» ruso, a la que se trasladó desde Petrogrado, cuna de la revolución, pero también de la ilustración y el europeísmo. Luego, cada vez que llega la guerra, los bolcheviques invocan a *Rus*, la Sagrada Madre Rusia, a la que, pasado el peligro, vuelven a triturar.

## EL POGROMO ANTICAPITALISTA DEL JUDÍO TROTSKI

A propósito del terror y aunque aún falta la confesión de Steinberg, fiscal general durante el primer año de la revolución leninista, el periodista y experto en Rusia Charles Dumas aporta a la comisión de la Liga uno de esos testimonios aparentemente menores que, sin embargo, describen

---

Para la inserción del leninismo en la historia rusa, el mejor estudio que he leído, incorporando la más reciente bibliografía rusa, es el de María Ferretti: *Pensare il Gulag: la Russia, la modernitá, la rivoluzione bolscevisca*, que traduce al italiano y amplía su comunicación al Congreso Internacional de Historia sobre el Gulag en Moscú, 2011. *(N. del A.).*

a la perfección el problema mayor. Se trata de la técnica del pogromo contra los enemigos de la revolución desarrollada por Lev Davidovich Bronstein (Leví hijo de David, más judío imposible) cuyo *nom de guerre* es Trotski:

> Lo que caracteriza la actitud de los bolcheviques es un espíritu de venganza rastrera hacia sus adversarios de clase. La expropiación de los burgueses es decretada oficialmente. Pero ¡en qué condiciones! Trotski solicita que las viviendas burguesas sean marcadas con unas hojas amarillas para que el pueblo las distinga de las demás. Ello recuerda las célebres cruces blancas de la Noche de San Bartolomé.

Dumas está evocando una de las páginas más sangrientas de las guerras de religión en Francia, la matanza de hugonotes o protestantes por el bando católico. No puede sospechar que, veinte años después, el color amarillo les sería impuesto a los judíos en forma de estrella, primero para discriminarlos y luego para llevarlos al exterminio en los campos de concentración nazis. Y continúa:

> El afán de saqueo se refleja en la mayoría de los textos oficiales. No solo se legitima, sino que se organiza. El 28 de julio de 1918 Lenin manifestó: «Así venceremos el hambre». Los abusos no son solo odiosos, sino sangrientos. Uno tiene la impresión de que Rusia está sometida al dominio de una pandilla de malhechores.
>
> El Ejército Rojo no es democrático ni nacional. Es un ejército de jenízaros (hijos de cristianos esclavizados que fueron la fuerza de choque más brutal del ejército otomano) reclutados por el acicate de una paga elevada y otras ventajas. Son los primeros y a veces los únicos que reciben víveres. Los miembros de sus familias pueden expropiar a los burgueses de sus pisos e instalarse en ellos. Esta expropiación no constituye una expropiación de clase, sino un mero cambio del lugar de las clases.

Avkséntiev, a quien hemos visto antes invocar a Jaurès, añade:

> El bolchevismo fundamenta su poder en el egoísmo individual y el egoísmo de grupos. Por este mismo motivo tiene como fatal consecuencia la

desorganización del país y, como resultado de ella, el empobrecimiento del pueblo. El bolchevismo ha destruido el tejido del Estado. Ha deshecho una unidad que anteriormente existía. Lejos de haber instituido una ley democrática, al desarrollar en cada detentador del poder el deseo de dictadura, ha destruido al máximo el sentido de la ley.

## LIBERTAD, IGUALDAD, PROPIEDAD: LOS FANTASMAS DEL SOCIALISMO

El debate en la Liga de los Derechos del Hombre no solo es la mejor guía de denuncia de las atrocidades leninistas desde sus inicios, sino de cómo nace el afán de ocultarlas que caracteriza a la izquierda hasta hoy. Porque lo importante, un siglo después de 1917, no es saber cómo pudo imponerse y triunfar en Rusia un Estado comunista —aunque vale la pena, porque en el huevo de su implantación está el buitre que vino después—, sino cómo es posible que, pese a las monstruosas matanzas, sin parangón en la historia de la humanidad, y pese al empobrecimiento, la hambruna y la miseria que produjo y produce en la inmensa mayoría de la población —no en los miembros del partido—, el comunismo siga siendo hoy un referente legítimo, en realidad el referente último, aunque a menudo oculto, de lo *políticamente correcto* en los medios de comunicación, las aulas y todas las formas clásicas y modernas de formación de la opinión pública desde 1917.

Antes hemos visto cómo Robespierre, gracias a historiadores devotos del Terror de 1793 como Aulard, se convertía en abnegado *post mortem* del terror de Lenin, aunque los socialistas rusos y una parte, cada vez más pequeña, de los franceses lo condenen. Pero hay algo que los socialistas no logran superar: su condena de la ley, la propiedad, el dinero y el comercio, que tradicionalmente han considerado como formas de dominación y explotación de la burguesía y el capitalismo, pese a que su práctica sindical y parlamentaria ha desmentido sus teorías.

Si acudimos a los orígenes y desarrollo de la Revolución Francesa (*El antiguo Régimen y la Revolución*, Tocqueville, 1856) vemos cómo el lema «libertad, igualdad, propiedad», que es la raíz de la Declaración de Derechos del Hombre y del Ciudadano va siendo sustituido por el de «libertad, igualdad, fraternidad», siendo ese último y nebuloso concepto el cauce para imponer el terror colectivista de 1792, que destruye la legalidad, roba la propiedad y convierte la libertad en algo interpretable por el poder, con la guillotina como argumento infalible.

Robespierre no llegó a leer la famosísima Tesis XI de Marx sobre Feuerbach: «Hasta ahora los filósofos han interpretado el mundo; se trata de transformarlo». Es una estupidez que no significa nada, salvo que Marx se considera superior a todos los filósofos desde Sócrates, pero que ha servido durante siglo y medio al movimiento comunista mundial para oponer e imponer la fuerza sobre cualquier argumento racional. Eso no le hizo falta a Robespierre. Su método de *transformación* de tanta fatigosa *interpretación* se llamó guillotina. En el de Lenin, Gulag. Y navegando entre el Terror de 1792 y el terror rojo de 1917 vemos ahogarse a los socialistas. Hasta hoy.

Porque el problema del socialismo es, en última instancia, el concepto mismo de socialismo. No es posible defender la propiedad privada, aunque sea para heredarla, sin un régimen legal que la proteja. Y no existe libertad si no protege la propiedad. Por eso en la Liga el debate sobre el dinero, el comercio y la propiedad, que como denuncian los rusos han destruido por completo los bolcheviques, no suscita discusión. Por eso no se piden datos sobre la liquidación leninista de la legalidad. Por eso no hay preguntas sobre la abolición del dinero. Por eso, sobre la ruina del comercio, se limita a constatar los problemas de abastecimiento, no que proviene de prohibir la compra y venta de propiedades legalmente protegidas.

Hay una anécdota que vale por la mejor de las historias sobre el efecto del comunismo en la vida cotidiana de los trabajadores y del país. La cuenta Petit, ingeniero que vive en Rusia de septiembre de 1916 a abril de 1918 y la cita Jelen en *La ceguera voluntaria*:

> Cuando viajé por el norte de Rusia hablé con algunos habitantes de la región cercana al lago Onega. La población de esta zona vive de la pesca.
> —¿Pueden venderme pescado? —pregunté.
> —No, no tenemos.
> —¿No se pesca por aquí?
> —Ahora ya no se pesca, porque cada vez que volvíamos con pescado los guardias rojos nos lo quitaban.

Por este mismo motivo —añade Petit—, el campesino trabaja exclusivamente para satisfacer sus necesidades personales. La consecuencia de ello es que el hambre se extiende por todas partes.

Pero ¿cómo condenar el fin de la propiedad, la legalidad y el dinero sin condenar el socialismo? Es verdad que el efecto inmediato, comprobado en Rusia, es una espantosa tiranía y el empobrecimiento, excepción hecha de los comunistas, de la población, que acaba, literalmente, *muerta de hambre*. Pero si el socialismo, que busca abolir el dinero (herramienta de opresión), la propiedad (garantía de desigualdad porque no todos producen y ahorran lo mismo) y la legalidad (herramienta de las clases poseedoras) se muestra como la ruina para los que menos tienen a costa de que los revolucionarios se queden con todo, sin otra ley que su capricho ni otros argumentos que la cárcel y el asesinato, ¿qué queda del socialismo?

Obviamente, queda la valiosa, muchas veces heroica, lucha de los que trabajan para conseguir mejoras laborales e incorporarse plenamente a las instituciones políticas de su país, sin discriminación por apellidos o renta. Y una parte de los socialistas franceses de 1918 lo ven con honradez y claridad infinitamente mayores que los socialistas futuros, cayados del comunismo y callados ante la ruina y las masacres, que ocultaron los hechos del, con razón, llamado *socialismo real*.

No es el único socialismo posible, como desde la Comuna a la Primera Guerra Mundial y de la Segunda Guerra Mundial a la caída del Muro y la implosión de la URSS se demuestra en los países libres o semilibres, nunca comunistas. Pero el soviético es el más excitante para los que, sin experiencia de trabajo físico —intelectuales y profesores, funcionarios y turistas—, ven en ese mundo igualitario el cumplimiento de una fantasía, y vuelven a su país evitando cuidadosamente comprobar que la realidad de su paraíso es un infierno.

La fórmula política más exitosa tras la guerra, que sigue hoy gozando de una absurda popularidad, es la *nacionalización*. De origen socialista, busca abolir la propiedad privada y controlar el comercio y los precios mediante el control de las materias primas, a las que se atribuye un valor ilimitado, escamoteado a las naciones por los mercaderes, y los comunistas rusos son los primeros en implantarla. Tras ellos, los fascistas italianos de Mussolini, exdirector del diario socialista *Avanti!* y admirador del golpe de Estado de Lenin, aunque su socialismo, a diferencia del de la Komintern, se proclama nacionalista. Y tras Mussolini, la Falange Española de José Antonio Primo de Rivera, que marcó la política económica del franquismo hasta 1959, y tuvo en la nacionalización de la banca, tan intervenida como ahora, el balsámico eslogan para anunciar y aplazar la «revolución pendiente».

Pero la Falange fue solo uno de los muchos movimientos europeos de signo fascista, el más importante de los cuales llega al poder una década después de la marcha de los camisas negras sobre Roma: el Partido Obrero Nacional-Socialista Alemán de Adolf Hitler, cuyo elemento diferencial con respecto al fascismo italiano era el proyecto de exterminio de los judíos y otras «razas inferiores», así como discapacitados físicos. Siempre hubo en la izquierda, sobre todo francesa, y en la derecha católica un factor antisemita, que amalgama «el capital sin patria» y la muerte de Jesús. Émile Zola, héroe moral del caso Dreyfus, lo muestra en una extraordinaria y poco conocida novela escrita en 1891, *El dinero* (Debate, 2001), una fábula sobre el antisemitismo que fue real: la estafa piramidal de la Banca de Jerusalén, que para arrebatar el crédito a los judíos acabó arruinando a decenas de miles de cristianos.

El factor antisemita en los fascismos esgrime a menudo una razón anticomunista, que parte de un hecho objetivo: la cúpula dirigente de los bolcheviques estaba compuesta mayoritaria, casi absolutamente, por judíos. En el grupo que toma el poder, solo hay un ruso, Stalin, sin padres o abuelos judíos. El abuelo judío Ulianov se hizo ortodoxo, pero Lenin siempre tuvo por los judíos una admiración comparable a su desprecio por los rusos.

Sin embargo, salvo en el caso nazi, el elemento antisemita era muy difuso en la doctrina económica socialista, artillada por el judío Marx. Los judíos, perseguidos en tantos países, vieron siempre con simpatía el «internacionalismo proletario», aunque proletarios judíos bolcheviques nunca hubo. Eran los intelectuales, profesores, periodistas e hijos de gente acomodada que fueron esenciales en la creación de la I y la II Internacional, antes incluso de que la oleada de pogromos en Polonia y Rusia activara el sionismo de Herzl que llevó a la creación del Estado de Israel, cuya razón de ser era la libertad y la supervivencia, pero cuyo símbolo fue el archisocialista de los kibutz.

En general, lo que identifica a los fascismos es que nacen como reacción al triunfo bolchevique, pero imitan su negación del liberalismo, su burla de las urnas, su economía planificada, sus nacionalizaciones y su desprecio a la libertad de mercado. Al final, su forma de combatir al comunismo fue parecérsele.

## TIENDAS VACÍAS Y CÁRCELES LLENAS

En los informes a la Liga sobre la economía rusa hay una curiosa diferencia: los franceses dan muchos detalles sobre la falta de alimentos y productos concretos. Los socialistas rusos dan una interpretación global, a menudo moral. Otro conocedor de Rusia, Patouillet, describe así la ruina del comercio, similar a la de la industria, víctima de las nacionalizaciones:

> Ya no existen comercios privados. El Estado es ahora el único comprador y el único vendedor. Pero no por ello la vida es más fácil. Al contrario: las tiendas oficiales están casi siempre vacías. Para abastecerse, es indispensable recurrir al mercado negro, extraordinariamente activo. Han fracasado todos los intentos para limitar el aumento de los precios mediante tasas. Los productos tasados desaparecen del mercado y se venden bajo mano. La principal consecuencia de estas medidas ha sido el desarrollo del espíritu de especulación en todas las clases sociales. Algunos especuladores fueron fusilados, pero esos fusilamientos no impidieron la proliferación de acaparadores, mercachifles y campesinos dispuestos a comerciar con sus productos.

Como estamos entre socialistas, no se dice que el campesino comercia *con lo que es suyo*, no del Estado bolchevique. El mercado negro es una respuesta a ciegas de la propiedad cuando la ley impide el comercio. Lo que sí se ve desde el principio es la corrupción del propio Estado, cuyo abuso legal se convierte en real, contante y sonante, para sus comisarios. Esa corrupción, intrínseca al bolchevismo desde la misma noche de la toma del Palacio de Invierno, cuya cima militar fue el saqueo de sus bodegas, nace de una autoridad sin barreras y desemboca en una corrupción ilimitada. El ingeniero Petit añade a lo dicho por Patouillet sobre tiendas y mercados:

> Entre otros rasgos nefastos del régimen de los soviets destaca un grado de corrupción que sobrepasa todo cuanto se vio durante el zarismo. Al día siguiente de la nacionalización de los bancos por los bolcheviques, hubo individuos que se dirigieron a aquellos cuyo dinero había sido incautado y les propusieron facilitarles la suma que necesitasen a cambio de una gratificación del 10 por ciento de la totalidad de su saldo.
>
> En cuanto a los soviets de las fábricas, las exigencias extravagantes que formulan no son sino un medio para incrementar el precio de las concesiones. Añado que los bolcheviques promueven la sobreexcitación de todos los antagonismos sociales, para llevar al paroxismo el odio entre las clases sociales. Alimentan la idea del obrero según la cual el patrono y el ingeniero son sus enemigos. Ello provoca la ruina de las fábricas, la anarquía, la imposibilidad de conseguir cualquier artículo necesario para la vida diaria, el desánimo, la desmoralización y, por fin, la indolencia.

La nacionalización de la industria en Rusia nace de esa corrupción en las relaciones laborales que es producto de la falta de legalidad que proteja a la propiedad. Sigue un proceso similar al de todos los grandes cambios del régimen: fracaso absoluto en una gestión provisional de tipo mixto —poder soviético con asistencia empresarial— que obliga a acelerar el plan previsto, que de todas formas era la expropiación total, es decir, la apropiación de todo por parte del Partido-Gobierno-Estado bolchevique.

Patouillet describe el proceso de nacionalización de la industria:

> Primera etapa: el gobierno decide no confiscar las fábricas brutalmente, sino permitir a los empleados y obreros colaborar en la dirección y controlar la producción (...). Los obreros de una fábrica se organizan en un soviet que delega un comité obrero para vigilar a la antigua dirección y al antiguo personal, a los que solo se reconocen competencias técnicas (...). Este sistema hubiera podido funcionar porque no implicaba la total perturbación del mecanismo existente. Por desgracia, los comités de control cayeron en manos de agitadores y líderes que intentaban hacerse con las propias empresas y eliminar a los propietarios.

Segunda etapa: vejaciones y persecuciones con la finalidad de obligar a los propietarios a abandonar las empresas. Una vez conseguido este propósito, la productividad disminuyó en enormes proporciones. Tanto soviets como comités de control han sido incapaces de asumir el control de las fábricas por falta de personal técnico. Se han dirigido al Estado para que les ayude a mantener el funcionamiento de las instalaciones. Se doblaron y hasta triplicaron los sueldos y se redujo la jornada laboral. Apenas se producía, pero los gastos se iban incrementando más allá de todas las previsiones, mientras escaseaban los ingresos.

Tercera etapa: el Estado bolchevique, alarmado ante la situación, pensó tomar las riendas de las empresas por cuenta propia. Así se llevó a cabo la nacionalización de la industria, provocada por la idea de poner fin a la gestión demasiado costosa de los soviets de las fábricas. El resultado no fue menos desastroso. El Estado se vio desbordado por esta tarea pesada y ruinosa.

Los historiadores, incluido Jelen, y prácticamente todos los testigos de la época, atribuyen a la mala conciencia de los socialistas franceses por participar en el gobierno y votar todos los créditos de guerra su cobardía e incapacidad para condenar los crímenes de Lenin, que desde Zimmerwald se presentaba como abanderado de la paz; pero eso explicaría su comportamiento entonces, no durante setenta años, hasta la caída del Muro y el fin de la URSS. En mi opinión, lo que pasa es que los socialistas ven en los comunistas algo que ya no pensaban ver porque la realidad lo hacía indeseable: la vieja utopía de acabar con el dinero y la propiedad. Es curioso que en el debate no haya una sola explicación —al menos, reseñada por Jelen— sobre el deliberado proceso de inflación que promueve el gobierno de Lenin para acabar con el dinero mediante la impresión masiva de billetes, convertidos en «papel pintado» (Pipes, 2017). El proceso sigue el mismo patrón: incapaces de controlar el valor de la divisa, los bolcheviques deciden crear billones de rublos que en pocos meses han perdido todo su valor. Sin embargo, el intento de pagar a los campesinos con «papel pintado» provoca una cólera mayor que si les quitaran el grano y las reses, porque añaden al robo la burla y el escarnio.

Tampoco hay referencias sobre la destrucción de la legalidad que se produce desde los comienzos de la revolución. Sin embargo, cuando la

Liga hace públicas sus conclusiones sobre la «Investigación de la situación en Rusia», en abril de 1919, Raoul Labry, agregado de Letras en el Instituto Francés de San Petersburgo, está ya ultimando un resumen de las leyes y decretos publicados por el régimen leninista. Saldrá en forma de libro con el título *Una legislación comunista* unos meses después (editorial Payot, 1920) y Jelen reproduce el índice como anexo en *La ceguera voluntaria*.

Pero hay dos decretos en los que, a diferencia de lo que ocurre con los bolcheviques en lo económico o lo militar, no hay improvisación: el de la «Composición y procedimiento del tribunal provisional revolucionario» y, sobre todo, el «Decreto sobre la supresión de los tribunales de primera instancia, de las audiencias territoriales, del Senado, de los tribunales militares y marítimos, de los tribunales de comercio». Eso es lo que derrumba por completo el Estado: cerrar todos los juzgados, despedir a todos los jueces, privar del amparo de la ley a todos los rusos. Eso fue la revolución.

## SOUVARINE, UN SAINT JUST PARA LENIN

Tras los testimonios implacables de los socialistas rusos y pese a la defensa del terror rojo moscovita con el terror rojo parisino (Aulard tendrá pronto como escolta en la defensa del crimen a otro historiador de la Revolución Francesa, Albert Mathiez, que compite con él en elogios a la Cheka) las conclusiones de la *Investigación sobre la situación actual en Rusia* parecían claramente encaminadas a una condena rotunda del régimen bolchevique y al respaldo, a petición de los rusos, de la intervención militar de la Entente para restaurar el régimen democrático derribado por Lenin.

Es en ese momento cuando nace «como del rayo» una figura política que va ser esencial en la historia del comunismo francés: Boris Souvarine. Apenas tiene veintitrés años y se parece en muchos aspectos a Saint Just, el «Ángel del Terror» de Robespierre, al que su corta edad le impidió tomar en un primer momento el acta de diputado (lo hizo a los veinticinco), pero cuya tarea militar —ejemplo de la de Trotski en fusilar a los soldados propios para obligarles a combatir— y febril elocuencia parlamentaria lo convirtió en el fiscal político del Terror dirigido por Robespierre.

Saint Just es autor de frases que han repetido los partidarios del terror durante los siglos XIX y XX, como «no se puede reinar inocentemente» y «un rey o es un impostor o un traidor», para guillotinar a Luis XVI. Y fue también, el que, junto al discapacitado Georges Couthon y tras el asesinato de Marat, más vehementemente defendió el exterminio físico de los que, como Danton, habían capitaneado la Convención (revolución democrática similar a la de Febrero en Rusia) cuyo mejor fruto, obra de Sièyes, es la «Declaración de los Derechos del Hombre y el Ciudadano», pero que se negaban a seguir a Robespierre en su sangriento designio comunista.

El aristócrata Louis Antoine de Saint Just, siendo adolescente, robó las joyas de la familia y huyó de casa cuando la joven que pretendía se casó con otro. Como era menor, tras ser detenido, su madre lo metió en un correccional; solo seis meses, pero de allí salió convertido en pornopoeta blasfemo (*Organt*, veinte cantos) y en revolucionario radical, que, como todo psicópata en época de revolución, solo deja de matar cuando lo matan.

Aunque como militar, dentro de la ferocidad, tuvo éxitos notables, fue su exhibicionismo cruel («¡No más compasión, no más debilidad con los culpables!») al mandar a la guillotina a Danton y Hébert, figuras mucho más importantes en la revolución que Robespierre, Marat, Couthon o él mismo, lo que le ha granjeado eterna fama entre los verdugos vocacionales.

Su carrera política revolucionaria, como la de Souvarine, solo duró cinco años. Pero mientras Saint Just fue ejecutado con Robespierre y Couthon, Souvarine abandonó voluntariamente en 1924 el PCF que él había creado en 1919. Y tras cinco años como «Arcángel de Moscú», se convirtió en el más minucioso historiador sobre y contra el comunismo. Publicó en 1935 la primera biografía de Stalin, obra originalísima y monumental que denunciaba todos sus crímenes. Durante cincuenta años, combatió de forma insobornable y tenaz, casi en solitario, lo que él tanto había contribuido a crear en cinco.

Tuvo además Souvarine especial relación con el comunismo español, porque su hermana Jeanne se casó con Joaquín Maurín, líder del POUM y diputado en Cortes tras haber sido también el niño mimado de Moscú, y ofició de padre de su hijo Mario cuando Maurín se salvó de ser asesinado por los esbirros de Stalin, como Nin en 1937, solo porque el estallido de la guerra le cogió en Galicia y allí fue detenido y encarcelado por los franquistas. Diez años pasó en la cárcel y al salir se fue a Estados Unidos. Aunque Maurín no renunció al comunismo tan pronto como su cuñado, mantuvieron su relación gracias a Jeanne, que contribuyó mucho a la gran biografía publicada en 1980 por Jean Luis Panné: *Boris Souvarine. Le premier desenchanté du communisme* (editorial Robert Laffont). Gracias a esta obra y a la de Jelen, nueve años anterior, podemos seguir la fulgurante aparición del Cometa Souvarine en la Liga de los Derechos del Hombre, así como su papel en la ruptura del Partido Socialista (SFIO) por orden directa de Lenin y en la creación del Partido Comunista Francés, del que será líder.

Boris Lifschitz tomó su nombre de guerra «Souvarine» de uno de los personajes de *Germinal*, la novela de Émile Zola que más rebautismos rojos ha producido, no en balde fue lectura iniciática para muchos revolucionarios a principios del siglo XX, reemplazada luego por *La madre*, de Gorki. *Germinal* fue un apodo, luego nombre legal, muy común en el comunismo libertario español. El más conocido fue Germinal Esgleas, compañero de vida de Federica Montseny, hija de su amigo y compañero de presidio Joan, que fundó *La Revista Blanca*, la más interesante de las de la CNT/FAI.

En 1915, Leon Lifschitz, su hermano mayor, muere en el frente. Desde entonces, Boris vuelca su talento y férrea voluntad en combatir a los que considera culpables de la guerra. Pero el socialismo francés, como sus homólogos de la II Internacional, participaba en el gobierno y votaba los créditos de guerra para hacer frente al eterno enemigo alemán, que en la guerra franco-prusiana de 1870-71 había vencido de forma aplastante al Imperio Francés de Napoleón III y a la III República que nació tras la derrota de Sedan y la abdicación del emperador. La victoria de Bismarck alumbró el Imperio, que con Prusia a la cabeza, se convirtió en la potencia indiscutible del centro de Europa, capaz de competir no solo con Francia sino, a medio plazo, con el mismísimo Imperio Británico. Y fueron el recelo de Londres, los celos de París y el celo expansionista de Nicolás II de Rusia para repartirse con los británicos el moribundo Imperio Otomano, y no una agresión alemana, los que, manipulando la reacción de Austria tras el asesinato de su príncipe heredero en Serbia, desataron la guerra.

El adolescente rabioso que era Boris tras la muerte de su hermano no halló en Francia ni en país alguno un partido socialista que mantuviera las clásicas teorías pacifistas de la II Internacional, que duraron hasta que su condición de partidos nacionales les llevó a compartir el esfuerzo bélico. Pero un pequeño grupo disidente de la línea oficial de la socialdemocracia se reunió en Zimmerwald, Suiza, en 1916. Y allí conoció Souvarine a un exiliado ruso, cabeza de la escisión bolchevique del POSDR (Partido Obrero Socialdemócrata de Rusia), que vivía en Suiza tras el fracaso de la revolución de 1905 y que se hacía llamar Lenin.

En realidad, Lenin conoce en Zimmerwald y luego en Khiel, donde vuelven a reunirse los disidentes pacifistas de diversos países europeos, a dos socialistas franceses que, solo dos años después, definen las dos posiciones que propiciarán la destrucción de la SFIO y el origen de la sección francesa de la III Internacional, creada por Lenin ya en el poder para destruir a la II Internacional y llevar la guerra de clases a todos los países capitalistas europeos, que era casi como decir de todo el mundo.

Los dos franceses son el sindicalista Alphonse Merrheim (CGT) y el joven Souvarine. Y desde el principio, Lenin, que, como Marx, tenía un poder magnético de persuasión, basado en una confianza absoluta en sí mismo y en su férrea voluntad, capta al joven Souvarine, único intelectual, eslavo y judío de los franceses, que encajaba a la perfección con la idea del «revolucionario profesional» de los bolcheviques y luego de la III Internacional. En cambio, choca con Merrheim, en los términos que este relata detalladamente dos años después:

> Durante ocho horas consecutivas, Lenin y yo discutimos cara a cara sobre nuestra actitud en la conferencia de Zimmerwald. Él decía: «A la vuelta de Zimmerwald, en Francia, debéis declarar la guerra de masas contra la guerra». Y yo le respondía: «No he venido aquí para crear una III Internacional. He venido para lanzar y hacer oír el grito de una conciencia angustiada al proletariado de todos los países, para que se levante, internacionalmente, en una acción común contra la guerra. En cuanto a la guerra de las masas, ¡ah, camarada Lenin! —le decía yo— no sé siquiera si voy a poder volver a Francia a contar lo que ha pasado en Zimmerwald; eso está muy lejos de poder asumir el compromiso de decir al proletariado francés: ¡levantaos contra la guerra!». (Panné, 1993).

Lo sorprendente en los pacifistas franceses es la ceguera voluntaria que ya mostraban ante Lenin antes de que este llegara a ser alguien. Todos los testigos de la época coinciden en que, internacionalmente, Lenin nació en Zimmerwald. Y dos años antes de lo que Merrheim se niega a apoyar —la creación de una III Internacional comunista contra la II, socialdemócrata, para provocar la guerra civil en todos los países que empezaban a cavar las primeras trincheras— Lenin y Zinóviev, los únicos bolcheviques que vivían entonces en Suiza, lanzan *Le Social-Démocrate*, que el 1 de noviembre de 1914 hace este llamamiento:

> El proletariado denuncia este engaño (la guerra nacional) proclamando el principio (*mot d'ordre*) de la transformación de la guerra imperialista en guerra civil. Este principio está marcado, precisamente, por las resoluciones de Stuttgart y de Bâle, que preveían, no la guerra en general, sino la guerra actual y no hablaban de «defender a la patria» sino de «apresurar el crack del capitalismo», de utilizar al efecto la crisis suscitada por la guerra, de seguir el ejemplo de la Comuna. La Comuna fue una transformación de la guerra de los pueblos en guerra civil.

Lenin insiste en que los socialistas deben alzar «la bandera de la guerra civil», siguiendo el texto de Marx *Las enseñanzas de la Comuna*, en el que dice que a los revolucionarios de París en 1871 les faltó el terror de Robespierre y Saint Just en 1792. Pero, aunque marxistas de origen, los socialistas de toda Europa participaban ya en las instituciones democráticas y eran primera o segunda fuerza en los parlamentos de los grandes países. ¿Qué hacían los enemigos de la sucia guerra de las trincheras reuniéndose con los que propugnaban la guerra más salvaje de todas, la guerra civil? En el fondo, lo que fascina de Lenin a jóvenes socialistas como Souvarine es que representa las dos claves sagradas de su historia: el terror de Estado jacobino y el terrorismo como expresión de la lucha de clases, que, en Marx y en Bakunin, debe conducir a la destrucción del capitalismo, la democracia parlamentaria, la propiedad individual y su símbolo: el dinero.

Para Merrheim, jefe del Sindicato de Trabajadores del Metal, lo que defiende el insignificante grupo bolchevique y su obstinado líder es volver a los primeros tiempos de la lucha obrera, cuando buscar la mejora de las condiciones de trabajo y de vida de los trabajadores de la naciente industria acarreaba la lucha casi suicida contra la legalidad y la fuerza del Estado.

Pero en el casi medio siglo que va de la masacre de la Comuna a la Primera Guerra Mundial los partidos y sindicatos socialdemócratas han conseguido en Alemania, Gran Bretaña, Francia y todos los países avanzados enormes mejoras en todos los ámbitos de la vida laboral y ciudadana del proletario.

¿Por qué, entonces, desde Marx a Lenin, los comunistas desprecian esa realidad tangible de que la negociación produce beneficios a empresarios y proletarios, y que asegura un clima de paz civil que favorece las reformas? Seguramente, porque —hay que insistir en ello— ninguno de ellos trabajó jamás. Son intelectuales que, en nombre de un proletariado que solo ven como abstracción, no como gente real, se proclaman sacerdotes o ayatolás de una verdad revelada: nada menos que el sentido de la historia, es decir, el secreto de Dios. Marx y Lenin se ven como Prometeo arrebatando la luz a los dioses, que es la Luz de la Ciencia, para entregarla a los simples mortales, que arrastran ciegos su existencia sin comprender el Gran Secreto: que el dinero, al que Marx llama *Monsieur Le Capital*, no es el medio más fácil de llegar a las cosas sabiendo el precio para comprarlas, sino un astuto velo que oculta la realidad de la cosa misma. ¿Y qué realidad? Mientras haya capitalismo no la podremos conocer, ni la vida será vida. Mejor matar o morir.

Para un líder sindical como Merrheim, curtido en la vida cotidiana del que trabaja por un salario, vive en una casa, tiene una familia, aspira a un seguro de paro, accidente y jubilación, esta teoría de la depauperación creciente del proletariado es una superstición de señoritos intelectuales. Lo que se ha probado en Europa y Estados Unidos desde que Marx y Engels escriben el *Manifiesto comunista*, en 1847, y que ya se veía cuando Marx publica el libro I de *El capital*, cuyos otros dos tomos terminará Engels, es lo contrario: los empresarios, gracias a la continua invención tecnológica, que nace de una inversión permanente, no dejan de aumentar su capital; y los trabajadores, gracias a esos beneficios, mejoran su nivel de vida tanto en la negociación de empresa como en las instalaciones que la prosperidad permite en las grandes ciudades, desde la luz de gas y luego eléctrica, a la salubridad pública, los nuevos hospitales, los subsidios, los seguros y la red asistencial privada que, a ejemplo de Prusia, asume también el Estado.

Pero es una sociedad de transacciones, negociaciones, acuerdos, discordias, pactos, insatisfacciones parciales y satisfacciones limitadas; una realidad desconocida, inimaginable hasta entonces por la humanidad. Y ese mundo nuevo, caótico, imprevisible, donde enriquecerse es tan fácil como arruinarse, donde todo es más próspero pero más inseguro, alimenta la nostalgia de una sociedad donde las ciudades sean jardines, los caballos reconquisten las calles tomadas por los automóviles, donde todo esté seguro y el ser humano sea bueno sin esfuerzo, *donde no haya tuyo ni mío*, la Edad de Oro sin oro, o sea sin dinero, donde cada uno viva como quiera, donde quiera y trabaje en lo que se le antoje, si se le antoja. Esa utopía, que, como todas, es una ensoñación ante una realidad difícil de entender o vivir, es lo que retorna con el leninismo. El socialismo utópico que se vende como científico, el crecepelo social del Dr. Ulianov, que promete el paraíso a los millones de jóvenes que salen de las trincheras como cadáveres morales. Por eso Souvarine se hace leninista: porque es joven, odia al mundo en que ha muerto su hermano y quiere destruir una sociedad que impide la paz, la igualdad y la salvación social. Es decir, lo de siempre: la felicidad eterna.

## EL MUÑECO SOUVARINE DEL VENTRÍLOCUO TARATUTA

En Zimmerwald se produce el *flechazo* entre Lenin y Souvarine, pero con una diferencia: el joven, que acaba de cumplir veinte años, es pura pasión, aunque servida por la razón; el hombre, camino de los cincuenta, no tiene otro sentimiento que el de favorecer su proyecto político y personal. Sabe ser amable y considerado con los que necesita, gesto más de agradecer sabiendo la ferocidad con que ataca a los que le molestan o se le oponen. Todos los que lo tratan en el exilio y en el poder coinciden en la eficacia de ese tono paternal que Lenin utiliza con los suyos mientras son suyos, precisamente porque contrasta con la dureza de su mirada y con una risa explosiva, animal, descontrolada, bien para reírse de alguien, bien para divertirse con la mentira, su gran placer, que ha podido colar a cualquiera.

Pero que Souvarine lo llame, hasta por escrito, *el nuevo Robespierre*, y que Lenin vea en él a un nuevo Saint Just, capaz de serle fiel hasta la muerte, no impide al bolchevique asegurarse de que lo que dice el francés es exactamente lo que él quiere que diga. De eso se encarga un comisario político personal, prueba de la importancia que para Lenin tiene Souvarine y lo que logra que pase en la *Investigación sobre la situación en Rusia* de la Liga de Derechos del Hombre. El comisario, que se hace llamar Víctor Kemperer, tiene un apellido menos eufónico: Taratuta. Le acompaña sin ocultarse («un ruso bien conocido», dirá un periodista) a todas las sesiones de la Liga. Y es pasmoso comprobar en los libros de Jelen y Panné cómo las frases de Souvarine en París son prácticamente idénticas a las que un mes después pronunciará Lenin en Moscú al fundar esa III Internacional ya dibujada en Zimmerwald y cuyo hombre en Francia será, naturalmente, Souvarine.

Al inaugurar el Congreso de la Komintern, el 2 de marzo de 1918, Lenin dice que la democracia burguesa es «nada más que la dictadura burguesa disfrazada». El disfraz era excelente, porque, para desenmascararlo, Lenin tuvo que tomar a tiros la sede del Gobierno Provisional y disolver la Asamblea Constituyente recién votada por los rusos, tan confundidos por el disfraz, que solo un 25 por ciento votó a los bolcheviques.

Souvarine ha dicho un mes antes: «Los burgueses afirman que su poder no es una dictadura; pronuncian las palabras democracia y sufragio universal. Se trata de saber qué ocultan esas palabras».

Y Lenin lo explica: «Las libertades son inaccesibles al proletario y los elementos semiproletarios por culpa de la escasez material, mientras la burguesía tiene todas las posibilidades para sacar partido de sus recursos materiales, de su prensa y de su organización para mentir y engañar».

Si Lenin no hubiera dicho —y demostrado— que «la mentira es un arma revolucionaria» esta afirmación sorprendería viniendo del líder de un partido que, gracias al oro alemán, ha tenido en 1917 más medios de propaganda que ningún otro, pese a lo cual, ante la negativa a votarle de una mayoría obtusa, ha impuesto su dictadura al resto. Pero ya Souvarine ha adelantado: «La clase que ostenta las fuentes de riqueza (capitales, tierras, industrias, transportes) ostenta al mismo tiempo los medios de presión, de corrupción; los medios para formar la opinión de modo artificial, los medios de mantener los prejuicios, propagar el engaño, practicar la mentira».

Y Lenin ha remachado: «Los obreros saben que esta libertad no es más que un engaño mientras que las mejores imprentas y los mayores almacenes de papel están en manos de capitalistas y mientras la fuerza del capital gobierne la prensa».

Y Souvarine ha rematado: «Solo ella, gracias a sus capitales, puede poseer las rotativas y linotipias que permiten difundir los textos». Es el gran engaño de un régimen bajo el cual la minoría pudiente tiene el privilegio de la instrucción y disfruta sola de la libertad de imprimir y hablar en público.

Nos adentramos aquí en el reino de la maldad, de la mentira grosera que exige una enorme violencia para ser aceptada. En el régimen que ha derrocado Lenin todos podían reunirse, hablar en público e imprimir su prensa. Y ejercían esas tres libertades con profusión, los bolcheviques más que nadie. Desde *Iskra*, Lenin ha fundado diversos periódicos y revistas. Antes del Golpe de Octubre, los bolcheviques tenían, entre otros medios, dos diarios, *Izvestia* y *Pravda*, que tiraban más de 200.000 ejemplares (Pipes, 2017). Souvarine en su aún breve existencia ha escrito en diversos periódicos, sorteando la censura y la crítica de la abundantísima prensa socialista que considera una traición hacer propaganda para que deserten los soldados. Y una forma segura de *evitar la mentira* es prohibir toda la prensa menos la bolchevique, como hace Lenin a los tres días de tomar el Palacio de Invierno y antes de las elecciones a la Asamblea Constituyente.

Pero resulta que la gran superchería es la de la democracia y su herramienta básica, el sufragio universal, en que andan chapoteando extraviados desde hace dos siglos no solo los liberales sino los socialistas. Crítica de Lenin: «Del mismo modo que en ningún país existe la democracia abstracta y pura, sino una dictadura abstracta, no se trata de crear una dictadura abstracta, sino la dictadura de la clase oprimida —el proletariado— sobre sus opresores y explotadores: la burguesía».

Y antecrítica de Souvarine: «El derecho a las libertades públicas, a la instrucción, a todos los derechos para quienes tienen dinero, y el derecho al trabajo inferior y a la miseria para los desposeídos: eso es lo que se ha dado en llamar "democracia burguesa". Por lo tanto, la verdadera democracia no existe en la sociedad actual. Tan solo existe la plutocracia. La burguesía, dueña del poder, detenta un poder dictatorial, ya que no tiene más contrapeso que la revolución (…). El dinero confiere la dictadura a la burguesía; únicamente la fuerza le puede conferir la dictadura al proletariado».

Souvarine, siguiendo al pie de la letra el guion de Lenin, expone así ante la Liga de los Derechos del Hombre la doctrina comunista que rige hasta hoy y que niega absolutamente esos derechos. Sin embargo, nadie le contesta. Lenin ha acertado confiando al joven la defensa de su dictadura. La *Investigación* se saldará con una condena del régimen dictatorial de Lenin pero también con el veto a una intervención militar para derrocarlo. Es decir, exactamente lo que Lenin esperaba lograr con el joven Souvarine.

Pero el argumentario falaz de Lenin-Souvarine contra la democracia como dictadura de la burguesía, ante la que solo cabe otra dictadura, la del proletariado y, en su nombre, la del Partido Comunista, no es una solución de emergencia sino que anticipa la propaganda de todos los partidos comunistas hasta la fecha. Y la postura del socialismo francés abandonando a los socialistas rusos que pedían la intervención de las democracias para recuperar el régimen derrocado por Lenin, anticipa la política de toda la izquierda y casi toda la derecha de respetar las fronteras de la URSS y después, de todos los países cuyos regímenes son un calco del bolchevique.

Cuando Souvarine, tras cinco años de luna de miel leninista, se convierta en el más acerbo crítico de una guerra fría que solo respeta Occidente, mientras los países y partidos comunistas siguen subvirtiendo las democracias en todo el mundo, lamentará ese debut como muñeco político, imitando a la perfección el discurso de su ventrílocuo Lenin. Pero antes había cumplido dos misiones: romper el Partido Socialista y crear el Partido Comunista, es decir, la franquicia francesa del régimen de Moscú.

## EL AÑO I DE LENIN QUE DIBUJA TODO EL SIGLO XX

En su prólogo a *L'aveuglement* (Jelen), embrión de sus dos obras mayores, *El conocimiento inútil* y *Cómo terminan las democracias*, Jean François Revel describe su experiencia al leer las actas del *Informe sobre la situación en Rusia* de la Liga de Derechos del Hombre, documento esencial para comprender la vida y supervivencia hasta la actualidad, o tomando el término de Oliverio Girondo, de la *masvida* del comunismo:

> He leído las actas estenográficas íntegras (…). Para mí, esta lectura ha rasgado un velo histórico, ya que permite darse cuenta de que en 1918 se podía saber, y de hecho se sabía: los más altos responsables políticos e intelectuales del socialismo de la época ya lo sabían absolutamente todo sobre el despotismo soviético, porque el sistema en su totalidad fue establecido desde el primer año de su existencia.
>
> A quienes deseen analizar el camino recorrido por Francia durante los veinte años siguientes a través de los medios de izquierda no comunista, una anécdota les bastará: en 1937, La Liga de Derechos Humanos, cuya imparcialidad hemos comprobado al principio del régimen bolchevique, envió a la Unión Soviética a uno de sus miembros, un abogado, para examinar si los procesos de Moscú se desarrollaban respetando las reglas judiciales democráticas o los derechos humanos. De regreso a Francia, el abogado Raymond Rosenmark entregó su informe, en el que declaró no haber observado algo que fuese anormal.
>
> ¿Qué ocurrió en 1918 y 1919? (…). La izquierda inauguró brillantemente la tradición de censura que no deja de florecer hasta nuestros días (…), a favor de la URSS al principio, y luego de China, Cuba, Vietnam, Camboya, Angola, Guinea o Nicaragua, así como de diversos países denominados «socialistas» del Tercer Mundo
>
> (…).
>
> Las atrocidades que reveló la Liga de Derechos Humanos empezaron a ser objeto de un laminado cínico que las escamoteó, o de interpretaciones cínicas que las justificaban.

Tras citar a los defensores del Terror jacobino —que ya hemos visto— Revel se refiere a un hecho esencial en la gran mentira para justificar el terror rojo, en todo tiempo y lugar, desde negar la intervención militar

de las democracias para reponer la democracia militarmente derrocada en
Rusia hasta el «bloqueo» que justificaría los infinitos crímenes de la dictadura castrista. El «cerco» es el elemento clave inventado en Francia y que
cuenta con la ayuda impagable de Estados Unidos y Gran Bretaña:

> El cerco, real o mítico, del enemigo exterior legitima las proscripciones
> contra los enemigos interiores, es decir, contra todo el mundo excepto
> los bolcheviques. La responsabilidad de los crímenes del comunismo recae
> sobre sus adversarios, reales si es posible e imaginarios si es necesario. Los
> primeros fracasos de una larga y crónica serie, y sobre todo su persistencia,
> hallan su explicación en las «circunstancias excepcionales», la «herencia»,
> el bloqueo de las potencias capitalistas; mientras que, por el contrario, el
> presidente norteamericano Wilson y el primer ministro Lloyd George
> hacían declaraciones llenas de simpatía y ofertas de ayuda económica al
> nuevo régimen.

La contagiosa estupidez de Woodrow Wilson proviene de una idea,
minuciosamente equivocada, sobre el tratado de Brest-Litovsk entre Lenin
y su gran financiador, vía Parvus: el Imperio Alemán (Escohotado, 2016).

Todavía hoy sorprende que la evidente colaboración de los bolcheviques con Alemania, tras derrocar a Kérenski y proclamar la «paz sin
anexiones» que permitía a Alemania liberar las tropas del frente oriental
y volcarlas en el occidental, es decir, en Francia, fuera asumida de forma
tan ingenua por los socialistas franceses, que salvo casos patológicos, no
querían ver desfilar a las tropas del káiser por los Campos Elíseos, como
en 1871.

Pero, embarcados ya en la nave de la trola sobre el régimen de Lenin,
la mayoría de los socialistas de la SFIO (Sección Francesa de la Internacional Obrera), que había votado los créditos de guerra y participado en
el gobierno con figuras como Jules Guesde (de notable influencia en el
socialismo español) y Albert Thomas, no vieron cómo los cambios, vol-
teretas e improvisaciones de Trotski, encargado por Lenin de negociar la
paz con Alemania, obedecían exclusivamente al afán bolchevique de
mantenerse en el poder.

La derrota de Francia, al cabo un país capitalista, no provocaba en
Lenin más que la íntima esperanza de un baño de sangre como el de la

Comuna, pero infinitamente mayor: el que él estaba perpetrando en Rusia. Sin embargo, socialistas franceses, demócratas americanos y laboristas de Gran Bretaña (la gran urdidora de la guerra) se tragaban todas las formas de traición comunista a los millones de soldados que estaban muriendo en las trincheras y que contaban con el ejército ruso para vencer a Alemania.

Los cambios de posición soviética partían de una base errónea: creer en su propia propaganda y suponer que Alemania, que ocupaba ya enormes extensiones del Imperio Ruso, también se la creería. Primero, propusieron la «paz sin anexiones ni indemnizaciones». Pero los alemanes ya habían tomado Polonia y los Países Bálticos, y entrado en Ucrania, el granero de todas las Rusias. Así que dijeron que, por supuesto, querían las dos cosas. Trotski (o sea, Lenin) finge entonces un ataque de patriotismo, insólito en el partido que, con dinero enemigo, promovía la deserción del ejército:

> Si hay una verdadera dictadura de la democracia revolucionaria, si se propone una paz honrosa y si esta paz es rechazada, os digo en nombre de nuestro partido y de las masas proletarias que lo siguen, que los obreros armados de Petrogrado y de Rusia entera defenderán el país de la revolución contra los ejércitos imperialistas con un heroísmo que jamás se ha dado en la historia de Rusia.

La rimbombante declaración entusiasma a los franceses, que creen reencontrarse con las guerras de la Convención, anteriores a Robespierre. Olvidan un pequeño detalle: en 1789 Francia era el país más poblado y rico del mundo. Podía levantar un gigantesco ejército popular que, con oficiales capaces, plantara batalla a los ejércitos profesionales ingleses o austríacos. Los «obreros armados de Petrogrado» eran una banda de desertores que los bolcheviques habían salvado del frente para usarlos contra las instituciones democráticas. Las «masas proletarias» no llegaban al 2 por ciento de la población rusa cuando el Golpe de Octubre y, tras el desastre económico leninista, no alcanzarían el 1 por ciento, fuerza militarmente inútil ante un ejército tan curtido como el alemán, que llevaba tres años haciendo retroceder a los rusos, en buena parte gracias a la tarea de desmoralización de su criatura bolchevique.

La respuesta del káiser a la bravuconada de Trotski fue seguir avanzando. Hubo entonces un curioso debate dentro de los bolcheviques sobre si había que mantener lo dicho por Trotski o rendirse. Y Lenin, que al parecer era el único que sabía que todo lo dicho era mentira —lo había explicado minuciosamente en *La enfermedad infantil del izquierdismo*— se impuso, como siempre, con el argumento de que volver a la guerra podía devolverlos a ellos al papel del ejército del zar y luego de Kérenski. O sea, a la nada derrotada.

Se impuso, pues, una paz deshonrosa, con grandes anexiones y cuantiosas indemnizaciones. El régimen bolchevique renunció a toda la parte occidental, la más rica del Imperio Ruso: Polonia, Finlandia, Estonia, Letonia, Lituania, Ucrania, Besarabia, Moldavia, Georgia y otras zonas del Imperio que se convirtieron en repúblicas independientes. Por supuesto, Lenin no tenía intención de honrar ese ni ningún otro tratado, por las razones que explica en *La enfermedad infantil*... Pero lo que era una finta diplomática, una hecatombe territorial y una deuda impagable, se convirtió, a los ojos de Wilson, en un modelo de probidad y buena fe. Más aún: de espíritu democrático. En su comunicado del 8 de enero de 1918 al Congreso, con un millón de soldados norteamericanos en Europa o camino de ella para evitar el colapso del frente occidental y la caída de Francia, tras consignar sus 14 puntos para la paz, dice Wilson:

> Los responsables rusos han insistido, muy cabalmente y dentro del espíritu de la democracia moderna, en que la conferencia que han celebrado con los hombres de Estado alemanes y austríacos debería ser abierta y no a puerta cerrada, y que el mundo entero debería asistir si lo deseaba (...). Los rusos no quieren renunciar ni en principio ni de hecho a la concepción que les parece justa, humana, honorable. Y lo han declarado con una franqueza, una amplitud de miras, una magnanimidad y una simpatía universal que deben provocar la admiración de todos los amigos del género humano.

Lo de hacer públicas las conversaciones para presumir de pacifistas, mientras se realizan otras de verdad y rigurosamente secretas, será una constante de la diplomacia soviética desde ese primer año de Lenin hasta que, ochenta años después, se hunda el siniestro régimen fundado por él.

Que los comunistas repitan siempre una jugada que les favorece es normal. Que los países democráticos caigan siempre en esa trampa es inconcebible. Pero sucede. Y la estrategia de no intervenir en la naciente URSS en 1918 se mantendrá a través de todas las guerras, desde la Segunda Mundial a las muchas regionales que van desencadenando prácticamente siempre los comunistas. La doctrina de Kennan del *Containment*, permanente búsqueda de un acuerdo de paz con un enemigo que jamás renuncia a la subversión y la guerra, está dibujada en ese primer año de leninismo en que sucede todo. La Guerra Fría, que fue una catástrofe para un tercio de la humanidad, víctima de la expansión comunista en cuatro continentes, obedece a esa ideología que, con estupidez universalmente contagiosa, proclama Wilson.

## LA CRISIS DEL SOCIALISMO EN FRANCIA Y LA OFICINA DE MOSCÚ

Si Francia fue clave en la construcción del mito soviético, también debía serlo en la creación de la Komintern, la III Internacional comunista ya diseñada en Zimmerwald y que Lenin pone en marcha, persuadido —uno de sus muchos errores— de que su régimen solo podría sobrevivir si se producía una ola de revoluciones comunistas en los grandes países europeos industrializados. Aún no se había producido la marea de turismo intelectual revolucionario que encontró su Meca en el Kremlin. Pero Lenin, para destruir el Partido Socialista y forjar su propio partido en Francia, contaba con Souvarine, el mismo hombre que tan eficazmente le había servido para frenar y desacreditar a los pobres socialistas rusos, que tras las sesiones de la Liga de Derechos Humanos y su fallida petición de ayuda militar y política siguieron denunciando, incansablemente solos, todas las atrocidades del régimen comunista.

Conviene recordarlos, por piedad y porque esa actividad de los rusos en el exilio fue la gran víctima del éxito propagandístico del comunismo, auspiciado en realidad por el socialismo francés. Pese a todo, en 1919, un grupo de diputados de la Asamblea Constituyente disuelta por Lenin en enero de 1918, se instala en el 179 Rue de la Pompe y comienza a publicar las informaciones que, pese al terror, llegan desde Rusia.

Se publica también el Informe Wrangler, jefe del Ejército Blanco, que recoge y documenta atrocidades del Ejército Rojo. Algunos países le dan crédito, pero ya hemos visto la simpatía por los bolcheviques que exhibe Wilson. No es extraño, pues, que cualquier cosa que venga de las derechas, democráticas o no, se archive en la inmensa papelera del sectarismo de izquierdas. Más difícil es desechar lo que denuncian esos diputados socialistas, democráticamente elegidos por los rusos, acerca del terror rojo desatado por Lenin y del que son tan víctimas como los demás.

Aún hoy estremece su informe *Les prisons soviètiques*, 40 páginas de gran formato publicadas en 1921 a partir de los informes de socialistas encarcelados. Ahí están los crímenes de la Cheka, la crueldad de los dictadores soviéticos que tiene como escaparate la represión de los obreros de Kronstadt, que se alzaron contra el zarismo y contra el bolchevismo pidiendo las mismas cosas: democracia y libertad. Trotski los masacra mientras se inaugura el I Congreso de la III Internacional. Tres líneas les dedica en sus prolijas *Memorias* el que, con notoria impropiedad, llama Isaac Deustcher «El profeta desarmado». Eso sería cuando se quedó sin armas. Cuando las tuvo, además de crear al Ejército Rojo para hacerle la guerra no solo ni principalmente al Ejército Blanco sino al pueblo ruso, demostró estar a la altura de Lenin y Stalin como asesino de masas. Más altivo y con mejor prosa, pero no menos criminal. Su prestigio póstumo es rigurosamente inmerecido.

Pero ya no está Kritchevski en *L'Humanité*, es más: ya no está *L'Humanité* para dar cuenta de las atrocidades que denuncian los ayer «hermanos socialistas rusos» y hoy «parientes pobres» de la nueva SFIO. Solo las huelgas de hambre en las cárceles, que se suceden desde que la Cheka empezó su siniestra tarea de asesinar y encarcelar a decenas, luego centenares de miles de rusos, especialmente socialistas, serán capaces de conmover ligeramente a los que, un par de años antes, aún exigían derechos humanos al régimen soviético.

Esas huelgas de hambre están protagonizadas, sobre todo, por presos políticos socialistas y social-revolucionarios, las dos fuerzas organizadas más poderosas y, por eso mismo, por su visibilidad, las más fáciles de atrapar y aniquilar. Son acciones cada vez más desesperadas, reclamando unas mínimas condiciones de higiene y subsistencia y culminan en la de 1.100 presos en Butirki, el 20 de abril de 1920, que piden ver el acta de acusación, para saber de qué se les culpa, y disponen de algo más higiénico que un cubo de madera para sus necesidades. Los carceleros instalan ametralladoras en los pasillos, por si consiguen romper las puertas. Tras un acuerdo que los carceleros, leninistas puros, no cumplen, estalla una nueva huelga. Los presos son sacados de sus celdas y arrastrados con la cabeza golpeando los escalones.

En realidad, lo que está ya en marcha es el proceso de eliminación física de los grupos o clases sociales que se supone pueden oponerse al régimen comunista. La Cheka detiene y mata sin juicio. La hambruna, cuya base es la inflación provocada por Lenin para destruir el valor del dinero (Pipes, 2017; Escohotado, 2016) provocará cinco millones de muertos. Y mientras tanto, los socialistas franceses entran en un delirio bolchevique.

## EL SOCIALISMO, ENTRE LA LIBERTAD Y EL COMUNISMO

Los socialistas rusos llaman de nuevo en vano a la puerta de sus hermanos de París:

> Rusia se ha convertido en una inmensa prisión. La ferocidad del gobierno es ilimitada. Con el único fin de mantener el poder, reprime despiadadamente cualquier manifestación de ideas libres, cualquier testimonio de solidaridad hacia los que se mueren de hambre. Este poder oligárquico considera peligrosa toda expresión de independencia, y la suprime. Encarcela a millares de hombres y los hace languidecer durante meses y años en condiciones espantosas.

En 1920, solo tres años después de llegar al poder, la Cheka de Lenin y Dzerzhinski exhibe ya el estilo sádico y siniestro que denunciará décadas después el *zek* (preso político) Alexandr Soljenitsin en *Un día en la vida de Iván Denísovich* y *Archipiélago Gulag*, el mayor homenaje a los millones de víctimas del comunismo, que mueren a tiros, de hambre o de frío mientras la buena conciencia blindada de la izquierda mira a otro sitio, no sea que el sórdido presente les estropee la vista alucinada de un futuro brillantísimo.

Y todo lo hace Lenin. Trotski crea el ejército, el polaco Dzerzhinski y el letón Latzis organizan la Cheka, pero el impulso criminal, inagotable en sus reservas de odio, es siempre de Lenin. El lema «un buen comunista es un buen *chequista*» se convierte en la prueba de fidelidad al nuevo régimen. El empeño criminógeno contra la socialdemocracia que exhibe en forma de verbos y adjetivos en *La revolución proletaria y el renegado Kautski* no sustituye como en cualquier escritor, incluso político, al asesinato. Como todo sociópata, lo anuncia, lo disfruta y guarda como trofeos algo que haya pertenecido a sus víctimas. Desde antes de 1905, primer intento de toma del poder, Lenin muestra en las cartas y órdenes a su partido una auténtica obsesión por la toma de rehenes. Esa costumbre de secuestrar y encarcelar a familiares, incluso niños, de los que se oponen o podrían oponerse a su afán de poder absoluto es una de las características del régimen soviético.

Pocos casos lo ejemplifican como la persecución de Viktor Chérnov, líder del Partido Socialista-Revolucionario, vencedor en las elecciones de diciembre de 1917 a la Asamblea Constituyente, y elegido presidente del primer y último parlamento democrático de Rusia. En la votación, venció a la candidata de los bolcheviques, la jefa de la escisión de izquierda de los eseristas, Maria Spiridónova, antigua terrorista y marioneta de Lenin un par de años hasta que se rebeló contra la represión de socialistas y eseristas y fue condenada a encierro psiquiátrico. Inauguró el tipo de represión que duraría hasta el final de la URSS, con Andrópov y su pupilo Gorbachov.

Lenin, que despreciaba pero conocía bien los países democráticos —había pasado diecisiete de sus cuarenta y siete años en el exilio cuando en 1917 tomó el poder—, sabía que Chérnov tenía ante cualquier democracia la legitimidad que a él le faltaba. Había ganado las elecciones y era el presidente del Parlamento que él mismo ordenó disolver por la fuerza en la primera y última sesión. Pero Chérnov se enfrentó a Zhelezniakov, jefe del destacamento que venía a cerrar la Asamblea, mantuvo la sesión abierta cuando los bolcheviques dejaron sus escaños para dar paso a sus matones de uniforme. Y antes de obedecer a los marinos borrachos que interrumpían la sesión con gritos y amenazas, hizo votar la *Ley sobre la propiedad de la tierra*, punto clave del programa electoral de su partido, que copiaron en el suyo los bolcheviques pero a los que nadie creyó. Con razón, como pudo padecer el campesinado.

Chérnov resistió hasta las cuatro de la mañana a la soldadesca beoda. Se había convertido en una especie de costumbre bolchevique derrocar las instituciones democráticas en estado de ebriedad: primero, el Palacio de Invierno, sede del Gobierno Provisional de Kérenski, del que fue ministro Chérnov. Luego, el Palacio de Táuride, sede de la Constituyente.

Pero aquel gallardo gesto de resistencia por parte del hombre que teorizó por primera vez la mezcla de marxismo y terrorismo *narodniki* para llegar al poder en Rusia, que fue realmente la fórmula de Lenin, resultaba insoportable para los bolcheviques, que trataron a toda costa de detenerlo. Al no conseguirlo, secuestraron a su esposa y dos hijas «para arrancarles los nombres de aquellos en cuyas casas podía estar», según denunciaron sus correligionarios. En aquella sesión parlamentaria, y antes de dejar sus asientos para dar paso a sus soldados, habló en nombre de los bolcheviques contra Chérnov y la democracia burguesa un joven y brillante orador: Bujarin. Cuando años después, paseando con Malraux por París le dijo: «Vuelvo a Rusia para que Él me asesine», refiriéndose a Stalin (André Malraux, *Antimemorias*), Bujarin recordaría aquel debut político ridiculizando la democracia y los derechos humanos que defendía Chérnov.

Y como a la familia de Chérnov le pasó a la de Mártov, el creador del Partido Socialdemócrata (POSDR) al que había pertenecido Lenin y con el que se enfrentó al crear la escisión bolchevique, minoritaria ante los mencheviques de Mártov, pero que aprovechó la ausencia del Bund judío para proclamarse mayoritaria. Desde su propio nombre, el bolchevismo fue una continua mentira que, a base de insistencia, llegó a parecer verdad. El jefe menchevique logró huir a Alemania, donde murió, pero Lenin mandó secuestrar a su hermana, a sus dos hermanos, a su prima y a un joven sobrino.

Yuli Mártov siempre vio en Lenin lo que era: un sociópata que podía destruir el sentido moral de la revolución. Y Lenin desarrolló con Mártov la ambivalencia típica del asesino en serie ante la policía: exhibir su poder y buscar el castigo. Desde que en 1922 sufrió el primer derrame cerebral, y meses después el segundo, el esqueleto literalmente postrado en silla de ruedas y con ojos alucinados en que se había convertido Lenin preguntaba continuamente por Mártov, al que iba a entregarle no se sabe qué informes. No, desde luego, los relativos a la suerte de su familia, que como todas las de los opositores pasados, presentes o futuros al régimen comunista, pasó las de Abel ante el Caín bolchevique, con la Cheka como quijada asesina. En su delirio de moribundo, Lenin volvía a su infancia política: la creación de su propio partido a costa de la unidad de los socialdemócratas, que hasta el final buscó siempre Mártov.

## LA ESCISIÓN DEL SOCIALISMO FRANCÉS

«La escisión de la SFIO puede ser considerada, en gran parte, como obra de Boris Souvarine», dice Jean-Louis Panné en su documentadísima biografía (Panné, 1993). Pero si Souvarine fue el actor, Lenin era el autor. Prueba de la importancia que tenía para el jefe bolchevique la destrucción del socialismo francés es que las famosas 21 condiciones que debían asumir los partidos que quisieran formar parte de la III Internacional tuvieron tres versiones, endureciéndolas y ampliándolas cada vez más: primero fueron 9; después, 18 y finalmente, 21. Y esos cambios obedecían a una sola razón: que una parte del socialismo francés, reunificado desde 1905, las rechazara.

El mérito de Souvarine fue lograr desde la cárcel (donde estaba tras la detención del delegado de Moscú con una bolsa de diamantes para financiar la creación del partido comunista) que se aprobara la adhesión a la Komintern sin llegar a votarlas. Así evitó que la primera organización de masas de la izquierda, la CGT, respaldara al sector socialdemócrata y antibolchevique, cuyas grandes figuras eran Léon Blum y Albert Thomas.

Lo que hizo Souvarine con Paul Louis y Amedée Dunois, hombre clave porque dirigió el diario del partido *L'Humanité* durante el proceso de escisión, fue cambiar la fórmula leninista «subordinación de los sindicatos al partido», por la «cooperación de los sindicatos y del partido».

Sin embargo, esta fórmula, que ocultaba a los afiliados de la CGT el verdadero concepto del papel de los sindicatos que tenían los bolcheviques y que aceptó el jefe sindical Daniel Renoult, fue considerada como un triunfo a medias por los leninistas; y por parte de los moderados, como la consumación de una traición a la historia del partido y a las libertades democráticas. Lo más relevante de la crisis y destrucción de la SFIO por orden de Lenin es cómo Blum y Thomas defendieron, por escrito y en el congreso de Tours, la incompatibilidad absoluta entre el socialismo democrático y el comunismo.

La división socialista estaba ya en germen en Zimmerwald y Kiethel, entre la mayoría partidaria de defender Francia de Alemania y la ínfima minoría pacifista, que fue engrosando sus filas a medida que se producía el enorme lío propagandístico del tratado soviético-alemán de Brest-Litovsk, el colapso alemán, el final de la guerra, pocos meses después, y la desvergonzada negación por Lenin de ese tratado de paz que entregaba a Francia al káiser. Muy similar, por cierto al pacto Stalin-Hitler que, veinte años después del de Brest-Litovsk, permitió a los nazis concentrar en el frente occidental toda su fuerza militar y conquistar Francia en un mes.

Ese pacto entre los dos totalitarismos europeos, que hizo del partido creado en 1920 por Souvarine un fiel colaborador de la ocupación nazi durante casi dos años, también fue luego negado por Stalin, ¡como si nunca se hubiera repartido Polonia con Hitler! Y los comunistas franceses («del Este», decía De Gaulle, que sin embargo los incluyó en su gobierno), pasaron de aplaudir la guerra «de los trabajadores alemanes y franceses contra la burguesía imperialista franco-británica» a fusilar y depurar a miles de «colaboracionistas» de Vichy, como si, hasta que Hitler decidió invadir la URSS, ellos hubieran hecho otra cosa que «colaborar». ¡Así se reescribe la historia!

Y sin embargo, la deriva totalitaria y servilmente pro-soviética de la izquierda francesa no tenía por qué haberse producido. En realidad, dos de las tres figuras más prominentes de la SFIO, Thomas y Blum, formaban con Guesde hasta 1917 una dirección sólidamente encuadrada en la línea democratizadora de la II Internacional, representada por Kautski en Alemania o Lloyd George en el laborismo británico. Todo se reducía a ver la realidad del régimen de Lenin como era y no como una parte de los socialistas quiso verlo: un remedio para la mala conciencia de formar parte de los gobiernos de la Primera Guerra Mundial y la resurrección para los acomodados reformistas sindicales de la utopía pobrista de Lenin, que creyeron temporal.

El primero en dar la alarma sobre ese peligro de vuelta a los tiempos de la Comuna, pero con la ingenuidad utópica sustituida por una suerte de crueldad científica, fue Albert Thomas con su artículo «Democracia o bolchevismo», publicado en *L'Humanité* el 9 de noviembre de 1918:

> Nuestros compañeros no quieren creer las informaciones de los diarios sobre los asuntos de Rusia. Reconozco que su desconfianza está, en parte, justificada. Nunca se insistirá bastante en el daño que han causado los propagandistas pertinaces. Sin embargo, ¿acaso nuestros compañeros dudan de los testimonios precisos y abrumadores de los socialistas? ¿Acaso pretenden negar que existía una Constituyente y que fue disuelta, que había socialistas en la oposición y fueron asesinados? ¿Acaso las confesiones no abundan en los periódicos bolcheviques? ¿Acaso en uno de ellos no hemos podido leer que hay que destruir a la burguesía físicamente?
>
> Entonces, como socialista, me hago la siguiente pregunta: ¿son admisibles estos hechos? ¿Nos declararemos, contrariamente a nuestras tradiciones, resueltos partidarios de la crueldad? Como socialista, no puedo aceptar métodos semejantes, incluso cuando recuerdo a Robespierre y Danton.

Y sobre el peligro de una solución bolchevique en Francia, añade:

> ¿Quién se atrevería a pretender que, en el estado de incertidumbre en que se encuentra nuestra producción, en el estado de desorganización en que se encuentra el propio capitalismo, una revolución tendría alguna posibilidad de éxito rápido? Me asustan los terribles problemas que plantea la reconstrucción del país.
>
> Estoy convencido de que no se logrará una Francia grande y poderosa sin recurrir conscientemente a las soluciones que la ideología socialista ha formulado o inspirado. Antes de hablar de revolución a cada instante, estoy seguro de que hay que iniciar inmediatamente las reformas más profundas.

Pero la atracción del bolchevismo como solución mágica para todos los males, los presentes de la guerra y los del futuro de una Francia por reconstruir se está haciendo tan evidente que, solo seis días después del artículo de Thomas, Léon Blum insiste en *L'Humanité*:

> Lo que distingue y caracteriza a los bolcheviques es la convicción mística de que las ideas abstractas, los dogmas, los artículos de los programas pueden ser realizados de inmediato por la vía puramente autoritaria, sin ninguna transición, sin tener en cuenta las coyunturas concretas en que se basa la experiencia. Un fanatismo intransigente en la realización de un programa abstracto, una especie de negación soberbia de todos los datos de hecho, una obstinación implacable en proseguir su tarea a pesar de las circunstancias que deberían hacer esa tarea casi imposible y, por una consecuencia necesaria, el empleo de los medios para alcanzar a cualquier precio ese éxito: estos son, a mi parecer, los rasgos que marcarán esencialmente a los socialistas bolcheviques rusos.

El mismo Léon Blum, en el Congreso de Tours que certifica la derrota del socialismo reformista y el triunfo del totalitario, dirá el 27 de diciembre de 1920, fecha del entierro, por escisión mortal, de la SFIO:

> Nosotros os decimos que vuestra dictadura ya no es una dictadura temporal (…). Es un sistema de gobierno estable. En vuestro pensamiento, es un sistema de gobierno creado de una vez por todas. Ello es tan cierto que vosotros concebís el terrorismo no como el recurso de última hora, no como una media extrema de salud pública, sino como un medio de gobierno.

Blum ha descrito perfectamente el sistema soviético hasta su final, con un saldo de más de cien millones de muertos en cien años de *socialismo real*.

Sin embargo, nada puede la racionalidad, ni siquiera la apelación a un sectarismo razonable, contra los ditirambos enloquecidos de los recién ungidos por la secta leninista: Frossard, Cachin y, naturalmente, Souvarine.

En su viaje a Moscú para preparar la escisión del socialismo francés y la creación de un partido de obediencia leninista, los problemas se llaman Cachin y Frossard, dos veteranos de la SFIO, cuya experiencia compensaba la impetuosa ingenuidad de Souvarine. Ellos serían capaces de observar a fondo el nuevo régimen y podrían aconsejar a los militantes si apoyaban o no el modelo de Partido Bolchevique. El viaje demostraba de nuevo el valor de Francia para Lenin como núcleo propagandístico de la III Internacional, que debía actuar como un pulpo cuya cabeza era Moscú, o sea, él.

El tono de Frossard y Cachin a la vuelta de Moscú oculta su primera impresión, que como contó años más tarde Frossard en sus *Memorias* era pesimista, dada la desorganización general que observó. Pero Cachin, un profesional de la supervivencia política profesional que había militado en la extrema derecha, el centroderecha y, ahora, el socialismo, y que era mucho más escéptico que Frossard antes de pisar Rusia entró en un estado de convulsión ideológica cercano a la epilepsia al llegar a Moscú. Hasta el punto de que cuando se reunieron con los dirigentes bolcheviques y mientras Lenin callaba con sorna, Bujarin le acusó a él, a Cachin, de ser culpable de la política imperialista de «sus burgueses»... se echó a llorar.

Pero al volver a Francia no solo están poseídos por la Luz del Este, sino que quieren electrificar el mundo con la energía comunista. Frossard:

> Lo que los socialistas de todos los países habían deseado, preparado, esperado en vano, los socialistas rusos, animados por una voluntad implacable, lo han realizado. En el antiguo imperio ondea ahora la bandera roja de la Internacional. ¡Basta de explotación del hombre por el hombre! ¡El capitalismo por fin subyugado, destruido, expropiado! ¡La soberanía del trabajo afirmada, proclamada, ha encontrado su forma concreta en las instituciones soviéticas! El aparato del Estado, hasta ahora instrumento coercitivo en manos de la clase enemiga, se ha convertido en las valientes manos de campesinos, obreros y soldados, en el instrumento decisivo de la transformación social. La conquista del poder político, la sociedad colectivista o comunista, utopía del ayer, son la realidad hoy. El ideal que ya no esperábamos alcanzar, la Rusia revolucionaria lo estaba esculpiendo día a día, ante nuestros ojos, en su propia carne. (En *L'Humanité*, agosto de 1920, y *De Jaurès a Lènine*, cit. Jelen).

Cachin, del temor al éxtasis, sigue llorando en Tours ante Bujarin:

Hemos asistido a un espectáculo que nos emocionó hasta lo más profundo de nuestras fibras íntimas de socialistas veteranos: el espectáculo de un gran país, el mayor de Europa, que se ha deshecho de toda la burguesía, de todo el capitalismo, y está dirigido únicamente por representantes de la clase obrera y de la clase campesina. Este hecho, camaradas, el primero de la historia mundial, os pido a todos que hagáis el esfuerzo de entenderlo y considerar todas sus consecuencias. La revolución social está en Moscú y es una inmensa realidad.

La verdad de esa realidad —inédita en la historia por su magnitud, no por sus métodos ni sus fines— es bien distinta. En 1920 no hay un solo obrero o campesino en el poder soviético. Todos pertenecen al modelo de «revolucionario profesional» que Lenin copia de la novela *¿Qué hacer?* de Nicolái Chernichevski y del *Catecismo Revolucionario* de Bakunin y Netchaev. Ni uno solo de los dirigentes bolcheviques ha trabajado en una fábrica o arado el campo. Lo que han hecho, como un año antes han denunciado en París los socialistas rusos, es derrocar a un gobierno legítimo, disolver por la fuerza la Asamblea Constituyente votada democráticamente, prohibir la prensa no bolchevique, ilegalizar a los demás partidos políticos, prohibir el derecho de huelga a los obreros, prohibir a los campesinos que vendan sus productos en el mercado, estafarlos pagando con un dinero devaluado por los bolcheviques en un 200.000 por ciento y al que el pueblo llama «papel pintado», y, por supuesto, encarcelar, secuestrar y asesinar sin juicio, a través de la Cheka, a todos los que se les oponen, en especial los partidos de izquierda.

Nada se parece menos a lo que elogian Frossard y Cachin que Rusia bajo la bota de Lenin. Pero si atendemos a los argumentos para explicar su entusiasmo, las razones son oscuras, siniestras, reveladoras. Ambos dicen que los socialistas veteranos *ya no esperaban ver* lo que se ve en Rusia: la burguesía destruida, el capitalismo expropiado, el dinero sin valor. ¿Era eso, entonces, lo que se escondía tras el *socialismo humanista* de Jaurès: la nostalgia de Robespierre y la Comuna, la masacre de todos los enemigos, la policía política sembrando el terror, con la violencia como única ley?

De golpe, intuyendo el mar de sangre tras la bandera roja, despierta el vampiro socialista, enterrado en 1872, que entretenía su rencor soñando con la masacre de los ricos y, por supuesto, de los que se opusieran a ella. «Ya no pensábamos verlo», dicen. Luego lo que esperaban ver no era a los trabajadores mejor pagados, más libres, más seguros y más sanos, sino a los creadores de esas grandes fábricas modernas de las que presumían como franceses, convertidos en carne de pica, con sus cabezas «á la lanterne».

Lo que a estos veteranos de la SFIO y a su nueva base social (los jóvenes campesinos recién llegados de las trincheras que no saben quién es Marx), les gusta del bolchevismo es que hace todo lo que ellos sabían que ni podían ni debían hacer: matar sin escrúpulo alguno, implantar a sangre y fuego un poder, sin límite en el tiempo, para eterno disfrute de su partido.

Fue una especie de psicosis colectiva, como aquella Cruzada de los niños, que reclutó en toda Francia a miles de muchachos que iban a recuperar Jerusalén y terminaron muertos en el mar o como carne de prostíbulo, lo que se apoderó de un partido socialista que llevaba medio siglo siendo parte esencial de la sociedad y del poder político e institucional de Francia. De pronto, el curtido negociador sindical se redescubría a sí mismo como un ludita de los que destruían las máquinas y quemaban las fábricas en los comienzos de la revolución industrial. Los burócratas de la CGT y la SFIO se veían a sí mismos recuperando una revolucionaria juventud perdida que, en rigor, jamás tuvieron. El bolchevismo no ofrecía ningún futuro pero sí la vuelta a un pasado imaginario que redimía una vida tirando a gris.

En el debate del socialismo francés, se comprueba que la fuerza del comunismo es alucinatoria. Pero no hay droga más poderosa que la fe, lo que el viejo Catecismo católico definía así: «Fe es creer lo que no se ve». No veían, pero alucinaban. No a lo Lennon sino a lo Manson. La deriva totalitaria de la SFIO prefigura la de toda la socialdemocracia, partidos y sindicatos, hasta después de la Segunda Guerra Mundial. Incluso después, los partidos socialistas tienen periódicas recaídas en la fascinación leninista, y son a la vez sistema y antisistema, rojos y millonarios, colgados del prestigio irracional que el comunismo tiene desde aquel 1920 en muchos partidos y sindicatos socialdemócratas. En la Enseñanza y los medios de comunicación, el letal prestigio comunista sigue vigente.

## DE LOS OBREROS A LOS PROFESORES DE LENINISMO

Tomando como referencia las obras de Annie Kriegel —indiscutible historiadora de referencia sobre el comunismo francés— y de Branko Lazitch —su maestro y gran indagador de la III Internacional— Jelen intenta resumir el intensísimo debate entre el invierno de 1917 y el otoño de 1919 que decidirá el discurso de la izquierda francesa y, por la enorme influencia de París en los medios intelectuales la época, de toda la izquierda europea, y en especial de la española, siempre pendiente de la última moda de París.

Lo que vemos es cómo las organizaciones de la II Internacional, cuyos cuadros provenían del proletariado y defendían ante todo la mejora en las condiciones de vida de los trabajadores y reformas pacíficas pero duraderas se ven sustituidas, gracias al excipiente leninista, por unos cuadros que no son proletarios, conocedores de las fábricas y el trabajo asalariado, sino funcionarios que provienen sobre todo de la Enseñanza y periodistas que entienden su función como una forma de salvación de la humanidad.

Hemos visto el comienzo de esa batalla ideológica que empiezan los reformistas Thomas y Blum el mismo año 1917 porque ven venir el peligro de una radicalización del partido inspirada en el modelo bolchevique. Pero a lo largo de 1918, esa radicalización se produce de forma arrolladora. Las bases obreras se ven desbordadas por campesinos recién licenciados del ejército, sin ninguna formación política, pero con ganas de destruir lo que casi los ha destruido a ellos, algo que identifican como «el capitalismo».

Aún hoy, impresiona ver cómo los trabajadores de la siderurgia, la «aristocracia obrera» para el gandul Lenin, son arrollados por profesores que asumen el terror rojo como si matar a la gente fuera la primera lección de la asignatura de Historia. Los dos polos del debate los representan, real y simbólicamente, el obrero Adrien Pressemane y el maestro François Mayoux, con el excipiente volcánico de Souvarine.

En 1920, con el socialismo decantándose hacia la extrema izquierda, hay dos congresos de la SFIO: el de Estrasburgo en febrero y el de Tours en diciembre, del que sale muerto el Partido Socialista y nace el Comunista. En Estrasburgo, dice Pressemane:

Pido al Congreso que refrene todo entusiasmo sin reflexión previa, que podría acarrear las consecuencias más desastrosas para el porvenir de la clase obrera y para el socialismo. Sin duda, algunos amigos de la sala (señala al sector más izquierdista) pronuncian discursos ardientes o utilizan fórmulas que conocemos bien desde hace tiempo. Yo también me siento cautivado cuando las oigo, como todos vosotros. Interpretan mis sentimientos. Deseamos tanto que se convierta en realidad lo que expresan, el sueño que os cuentan, que dejándonos embaucar por las frases sentimos la tentación de aplaudir. Pero, ciudadanos, cuando se ha alejado el eco de la voz; cuando, personalmente, intento reflexionar para mis adentros; cuando, al abrir los ojos, veo las cosas a mi alrededor tal como son y no como deseo que sean, debo reconocer que la prudencia me aconseja reflexionar sin pasión.

¿Qué queréis, ciudadanos, después de todo? ¿Cuáles son vuestros deseos inmediatos? Decidlo: es el tema de todo el debate. Queréis la revolución. La queréis sin demora. Y ello debido a que la III Internacional ha basado su doctrina en la revolución universal. Ambas os atraen porque Moscú ha logrado una revolución. Esperáis que con el gesto que se os ha aconsejado se acerque la toma del poder en las condiciones que anheláis. Pues, ciudadanos, mi pensamiento profundo y sincero, mi idea de militante obrero que conoce a la clase obrera o que cree conocerla, porque pertenece a ella, porque vive dentro de ella, en las cooperativas y los sindicatos, me lleva a deciros que no es oportuno intentar el golpe violento que deseáis.

Bartel, delegado de los mineros, respalda a Pressemane. Pero, menos acomplejado o tacticista que su compañero, preocupado ante todo por no romper el partido, antes que por defender sus ideas, sin escudarse en el tiempo y la oportunidad para rechazar la insurrección que quiere Moscú, ataca directamente al sector leninista:

Permitidme establecer un paralelismo entre nuestro sistema de nacionalizaciones y otro sistema que nos presentan como algo maravilloso y que viene de otro lugar. Si me refiero a lo que *L'Humanité* ha publicado, en el sistema de nacionalizaciones aplicado por los soviets rusos, encuentro los mismos principios que queremos aplicar en nuestro país, pero con una diferencia fundamental: desde el punto de vista de la dirección y la administración, otorgamos el predominio a los trabajadores productores y consumidores, mientras que en el sistema soviético el gobierno es el amo.

La respuesta del grupo radical es: «¡Allí se ha hecho la revolución!». Pero el prestigio fetichista del verbo, las palabras-milagro con que los leninistas fascinan a los jóvenes socialistas sin experiencia laboral, dejan paso rápidamente al verdadero propósito de los comunistas, cuyo partido ya existe dentro de la SFIO pero que espera a lograr una mayoría para proclamarse como tal. La revolución no comienza con el exterminio de la burguesía, sino con el de la socialdemocracia.

El Lenin de *La revolución proletaria y el renegado Kautski* suena en la voz de Souvarine cuando ataca a lo peor del «bando burgués», los socialistas. Como no ha llegado al poder Mussolini, no se les puede llamar «socialfascistas». De momento, «socialtraidores» y «socialchauvinistas»:

Falsos socialistas para quienes el peligro proviene siempre de la izquierda y atacan a los revolucionarios. Esos «socialistas» elegidos asisten a las fiestas de la burguesía explotadora y homicida; son los diputados «socialistas» que banquetean con los ministros capitalistas; singulares «socialistas» que simpatizan con la II Internacional, la Internacional prostituida y corrupta, mercenaria de la contrarrevolución mundial.

Es escalofriante ver a un joven que no sabe qué es una fábrica y que representa a esa privilegiada casta bolchevique que se ha apropiado de las mejores viviendas, coches y víveres de Rusia mientras la hambruna está produciendo un millón de muertos al año, insultando a trabajadores que han pasado toda su vida defendiendo a sus compañeros de fábrica. Pero eso, que es la esencia del sectarismo leninista, lo explica mejor el maestro de escuela Mayoux hablando en el Congreso de Orleans del sindicato CGT:

Si existe en este país un número de sindicalistas verdaderamente reformistas, colaboradores de clase, partidarios de la reconciliación aparente con la sociedad burguesa, y existe al mismo tiempo un núcleo de partidarios de la reconstrucción total del edificio social, es decir, de la revolución, será necesario que las dos tendencias en liza se enfrenten cada vez más abierta y violentamente, hasta que una de ellas haya suprimido por completo a la otra. De lo contrario, se separarán y se enfrentarán a tiros, como ocurre en Alemania.

Lo que realmente ocurre en Alemania es que, obedeciendo a Lenin, los comunistas han intentado una insurrección en Baviera y han fracasado. Pero culpan —y disparan— a los socialistas de ese fracaso por no secundarlo. La lección que saca el maestro de escuela es que hay que matar socialistas:

> Nos sirven de lección los acontecimientos de Rusia, Alemania y Hungría. Quiérase o no, en la lucha que habrá que sostener contra la burguesía que hoy detenta el poder, nos veremos estrictamente obligados a derrocar, con todos los medios a nuestro alcance, y recurriendo a la matanza que permite la guerra moderna, a los camaradas bien o mal intencionados que intenten impedirnos derrocar a esa burguesía. No hay duda alguna de que las cosas ocurrirán de ese modo. ¿Por qué deseáis impedir que lo sucedido en los demás países suceda mañana en Francia?

Podrían responder que porque tienen intención de asesinarlos, como en Rusia. Pero sucede como con la intervención de Souvarine ante la Liga de Derechos Humanos: los socialdemócratas se callan ante los comunistas. La victoria psicológica de los totalitarios precede a la victoria real. Aún no se ha consumado la escisión de Tours, que en realidad es la liquidación de la SFIO y la CGT en favor del partido de Lenin, pero el leninismo ya ha triunfado.

Si cualquier político de derechas hubiera amenazado de muerte a otro de izquierdas de la forma grosera en que lo hace Mayoux a Pressemane y a «los camaradas bien o mal intencionados», proclamándose con derecho a «la matanza que permite la guerra moderna» contra sus enemigos políticos, todos los delegados del congreso del partido o el sindicato habrían saltado como un resorte y tras condenar al amenazante como enemigo de la clase obrera, habrían exhibido el *humanismo socialista* de Jaurès, lo sagrado de la vida, el pacifismo y demás fórmulas de la socialdemocracia anterior a la Primera Guerra Mundial y a la revolución bolchevique. Pero esta última destroza, con el prestigio del Apocalipsis, la buena nueva evangélica de Paz y Amor. El socialismo democrático asume su inferioridad moral ante el violento, y el terror rojo se convierte en principio de legitimidad dentro de la izquierda. No porque lo digan los comunistas, sino porque lo aceptan los socialistas.

Este hecho, mucho más que simbólico, explica la cobertura que los partidos socialistas han dado a la violencia comunista en el llamado Tercer Mundo prácticamente hasta la actualidad, como veremos en el caso del Che Guevara y la interminable dictadura de los hermanos Castro. No solo por el exotismo de la revolución, sino porque la violencia contra la propiedad, las clases sociales y las personas que Jaurés, Kautski y todos los líderes de la II Internacional veían inadmisible para imponer el socialismo, se legitima por la destrucción de la propiedad y las libertades democráticas o «burguesas» que perpetra el golpismo leninista y defienden los partidos-secta de Moscú.

Esta es una cuestión clave en la definición política del siglo XX: el socialismo democrático reconoce en pie de igualdad, si no de inferioridad, al socialismo dictatorial, a un partido, el Comunista, que «no es como los otros» porque no reconoce la legitimidad del Parlamento y la democracia, aunque los utilice al modo leninista o hitleriano para alcanzar el poder; y que, además, desprecia siempre y combate casi siempre a los *socialtraidores*. Y lo peor: la derecha democrática, que ya concedía una cierta superioridad moral a la izquierda democrática, acaba también concediéndosela a la totalitaria. No de otro modo se explican rendiciones como la de Yalta, abandonos como el de los disidentes rusos o complicidades como la de Cuba, que empezaron siendo comunistas y socialistas y han terminado por ser casi universales.

## EL DELIRIO DE LA REVOLUCIÓN MUNDIAL EXPRÉS

Cuando se habla del carácter visionario de Lenin, se recuerda su acierto en la posibilidad de tomar el poder en octubre de 1917, en la que nadie dentro de los bolcheviques creía y solo impuso la voluntad magnética de su líder. Se olvida, en cambio, que el Golpe de Octubre y su supervivencia se basaron en dos factores exteriores: la intervención financiera alemana a su favor y la no intervención militar de la Entente aliada en su contra. Sin la primera, Lenin nunca hubiera llegado a Petrogrado ni hubiera tenido un poderosísimo aparato de propaganda para desestabilizar el ejército y al pusilánime gobierno de Kérenski. Sin la renuncia de británicos y franceses a intervenir o a apoyar de verdad, no simbólicamente, al Ejército Blanco, jamás se hubiera podido mantener el régimen bolchevique en el poder, que se basaba en una ilimitada e inhumana capacidad policial de terror interno, no en una posibilidad real de resistencia militar contra un enemigo externo.

Y se olvida también que desde el mismo Golpe de Octubre, Lenin y Trotski dicen dentro y fuera de Rusia que la única posibilidad de sobrevivir del régimen comunista es la revolución mundial o, por lo menos, europea. Para ello son necesarias dos cosas: que el capitalismo esté en trance de muerte y que las masas obreras de todos los países se lancen a derrocar a sus gobiernos para implantar regímenes a imagen y semejanza del de Moscú.

La bancarrota inmediata y total del capitalismo se anuncia, con el estilo inconfundible de Lenin, en el *Manifiesto y resolución de la III Internacional*, publicado en París en 1919 y que imita sin éxito el «un fantasma recorre Europa...» del *Manifiesto comunista* de Marx y Engels:

Ha nacido una nueva época. Época de disgregación del capitalismo, de su hundimiento interior. Época de la revolución comunista del proletariado. El sistema capitalista se derrumba. La humanidad, cuya cultura ha sido totalmente devastada, corre peligro de destrucción. Ya no hay más que una fuerza capaz de salvarla y esa fuerza es el proletariado. El antiguo «orden» capitalista ya no existe, ya no puede existir. El resultado final del modo capitalista de producción es el caos, y este caos solo puede ser vencido por la gran clase productora, la clase obrera...

En realidad, aunque la prosa sea pedregosa, ayuna del gran estilo mesiánico de Marx en sus escritos políticos, el manifiesto fundacional de la Komintern contiene todos los errores del libro I de *El capital*, empezando por la «tasa decreciente de ganancia del capitalismo» que Marx toma de Ricardo y que no prevé lo que Engels ve al final de su vida: la capacidad de inversión tecnológica y de invención humana hacen ilimitado el progreso y, por tanto, el desarrollo empresarial. Es lo que ya veía disgustado Marx cuando se instala en Inglaterra («la clase obrera más aburguesada del mundo») y setenta años después indignaba a Lenin en el «economicismo», es decir, en la tendencia natural de los trabajadores —condición desconocida para Marx y Lenin— a negociar con los patronos, siempre a partir de los necesarios beneficios de la empresa, mayores salarios y mejoras en las condiciones laborales.

Sin embargo, poseído por la Luz del Este y lector de Marx, el francés Alfred Rosmer ratifica la negación apocalíptica que una realidad algo más evangélica ha permitido rectificar en los últimos cincuenta años, e insiste en otro dogma de *El capital*: la *pauperización creciente de la clase obrera*:

> Si el Estado burgués fuese capaz de salir del atolladero en que está sumido, si pudiese reparar todas las ruinas de la guerra y reencontrar su equilibrio, sería únicamente al precio de una explotación más intensiva del trabajo: los trabajadores se verían reducidos a una nueva esclavitud.

Esa nueva esclavitud es la que acaban de instaurar los bolcheviques en Rusia, privando a los obreros de todo derecho laboral, empezando por el de propiedad (que es un derecho de raíz laboral) y el de huelga, que emana de la propiedad de su fuerza de trabajo por el obrero, además de los tres derechos cívicos fundamentales: expresión, reunión y asociación. Se trata de una prohibición cuyo quebranto, voluntario o no, se castiga de un modo infinitamente más salvaje que en ninguna época de Rusia: robo, violación, cárcel para los acusados y sus familias, tortura y muerte. Pero esa terrible realidad, denunciada con todo detalle por los «hermanos socialistas» rusos, no puede competir con las trompetas del Apocalipsis, leído como Génesis. Así recibe el Año Nuevo de 1920 Pierre Monatte en *La vie ouvrière*, que es el órgano del sector radical de la SFIO antes de tomar *L'Humanité*:

> La quiebra financiera y la quiebra industrial están a nuestras puertas (…). La jornada de ocho horas y la semana inglesa concedidas por la burguesía para calmar las exigencias y los descontentos, van a sufrir duros ataques. Los salarios, que no pueden ser reajustados, ni acompasarse con el coste de la

vida, que no deja de aumentar, van a provocar profundos movimientos de descontento. Incluso la pequeña burguesía habrá de enfrentarse a la dureza de una vida miserable (…). La incapacidad del régimen burgués para reorganizar la producción le acarreará su condena definitiva: la quiebra.

## LA NATURALEZA SECTARIA DE LOS PARTIDOS COMUNISTAS

Podría parecer que la ventaja de las predicciones económicas es que se cumplen o no se cumplen. Pero la quintaesencia del comunismo es no reconocer la realidad jamás. Si falla una profecía, se hace otra; si un error queda clamorosamente al descubierto, se descubre una explicación sobre las mismas bases: una oscura conspiración de los arteros enemigos de la revolución y una nueva resolución, definitiva, de los revolucionarios para desbaratarla. En los setenta y cinco años de régimen soviético no hay uno solo en el que los partidos comunistas, siguiendo las consignas de Moscú, no anuncien la definitiva bancarrota del capitalismo y la definitiva victoria del comunismo. Todo es sucesiva y continuamente definitivo, todo anuncia con absoluta seguridad lo que se incumple sistemáticamente, año tras año.

El mecanismo de negación de la realidad se basa en la naturaleza de los partidos comunistas creados por Lenin a imagen y semejanza no del suyo, sino del que él hubiera creado sin los «tontos» (definición suya) que le rodean. Por eso el Partido Comunista Francés, fundado por Lenin a través de Souvarine, a su vez muñeco del ventrílocuo Víctor Taratuta (Kemperer), con guion del Kremlin, que tras ascender a Taratuta y echar a Souvarine nombrará a Eugene Fried, como verdadero jefe del PCF hasta el final de la Segunda Guerra Mundial (Kriegel y Courtois, 1980) tiene una extraordinaria importancia, porque será el modelo de Partido Comunista fuera de la URSS, y su funcionamiento interno va a ser, sin excepción, el de todos los demás, como veremos al recordar la historia del comunismo soviético en España.

¿Cuál es la naturaleza del PCF? En lo esencial, la típica de una secta, basada en una verdad revelada y una virtud que solo tienen sus miembros, cuyo mecanismo de conservación y propagación es una censura absoluta de la información exterior y un control férreo de la comunicación interior. Si los partidos comunistas, con el francés a la cabeza, se niegan a reconocer los datos terribles sobre la represión en la URSS hasta 1956, fecha del Informe Kruschev sobre los crímenes de Stalin contra los comunistas (y solo contra ellos) y tras la breve etapa kruscheviana vuelven al estalinismo con Leonid Breznev y a negar las desviaciones pequeñoburguesas o revisionistas es porque en la organización, férreamente jerarquizada, funciona una fórmula: el partido, incluso cuando se equivoca, siempre tiene razón; porque por encima de las pequeñas contingencias y errores nacidos de la realidad cambiante, siempre se mantiene fiel a su misión histórica: implantar el socialismo en el mundo. La verdad es lo que el partido acepta como tal. Lo que digan los demás no importa: serán calumnias de la burguesía o de una izquierda vendida a la burguesía, que trata de apartar al proletariado de su misión histórica. Pero el partido lo descubre y lo lanza implacable, «a las basuras de la historia».

En su libro *Los comunistas franceses* (1968, ampliado en 1970), Annie Kriegel describe por qué el PCF, incluso inserto dentro del sistema político francés, nunca es «un partido como los demás». No es solo porque durante toda su existencia es la más fiel sucursal de Moscú, sino porque cuando con Waldeck-Rochet y siguiendo siempre la pauta del Kremlin, se plantea su propia desestalinización, nunca reconoce en los demás partidos una legitimidad revolucionaria que se reserva en exclusiva. Puede llegar a compartir con otros grupos de izquierda la construcción del socialismo, no que esos grupos le disputen su papel histórico esencial.

A comienzos de los años setenta, nace el *eurocomunismo* —ya anunciado por el kruscheviano Waldeck-Rochet, proclamado por el PCI, asumido por el PCE porque le daba más capacidad de pacto tras la muerte de Franco, y aceptado a regañadientes por el brezneviano Marchais— que acepta que se pueda construir el socialismo sin liquidar las libertades democráticas, justo lo que han hecho todos los partidos comunistas al llegar al poder. La graciosa concesión tiene un problema: que no explica cómo. Pero aun así no acepta que otro partido ocupe o comparta su lugar como legitimador del proceso. Por eso, ni cambia del todo por dentro ni acaba de disolverse por fuera: sigue siendo la secta creada en 1920 por Lenin y Souvarine.

Kriegel define al PCF como «un partido que no es como los demás», frente a los que sostienen que es «una socialdemocracia de un nuevo tipo» (Denis Berger y Jean Paul Thiraud) o que su naturaleza cambió con la creación del Frente Popular en 1936 (Georges Lavau). En realidad, el Frente Popular en Francia, como en España, fue una de las incontables ocasiones en que los comunistas embarcaron a los socialistas en un plan que favorecía única y exclusivamente los intereses de la URSS. Pero la prueba de que el PCF, como los demás partidos comunistas, nunca fue un Partido Socialdemócrata ni otra cosa que la oficina de intereses de Moscú se resume en estas líneas:

Ningún Partido Socialdemócrata ha aprobado el pacto germano-soviético en 1939, ha recogido el análisis estratégico de Jdanov en 1947, ha proclamado en 1949 que jamás haría la guerra a la Unión Soviética, ha celebrado solemnemente el 70 aniversario de Stalin en 1950, se ha puesto de luto por la muerte de Stalin en 1953, ha aplaudido la intervención soviética en Budapest en 1956, y se ha resignado a la «normalización» checa en 1970. Conjunto de cuestiones que no son en absoluto simbólicas y que no solamente han ido definiendo una política exterior sino que han dirigido la actividad del PCF en el interior de la constelación política propiamente francesa. (Kriegel, 1968, 1970).

Naturalmente, en ese libro cuya primera redacción termina justo en el momento de la gran convulsión de la izquierda, francesa y europea, de Mayo de 1968 y es ampliado en 1970 y publicado en España en 1978 (la traducción española la presenta como «miembro dirigente de las Juventudes Comunistas de la región Rhône-Los Alpes en 1943-1944, es decir, cuando el PCF deja de defender el pacto con los nazis y los combate por orden de Stalin), Kriegel no habla del apoyo de toda la izquierda, estalinista o no, al avance del comunismo en todo el mundo, a la implantación de dictaduras como la URSS en China, Vietnam, Cuba y todos los países aliados de la URSS que se convierten automáticamente en regímenes *progresistas*, a los que pronto se sumarán las colonias portuguesas —Angola, Mozambique— que el socialista Soares entrega en 1974 a los comunistas.

El gran empeño teórico de la izquierda francesa a finales de los sesenta es el de salvar a Marx del marxismo-leninismo y su realización en la URSS. Por eso Kriegel elogia a Giorgio Amendola, comunista italiano que «al menos ha sido capaz de formular públicamente la doctrina capital: ¿se necesita todavía un partido de tipo bolchevique para llegar al socialismo, en una situación y un país que nada tiene que ver con la situación y el país del bolchevismo?». Aunque prefiere la reflexión de Ivan Svitak, uno de los teóricos de la Primavera de Praga:

> La ideología basada en la teoría de que el partido dirige a la clase obrera y al pueblo y les inculca sus propias ideas, no tiene nada que ver con Marx, pero sí mucho que ver con la incesante liquidación de las ideas críticas y de la hipnotizante monotonía de los creyentes en el culto a Stalin. Si ellos son marxistas, nosotros no lo somos; si nosotros somos marxistas, ellos no lo son.

Lo tristemente cierto es que los soviéticos cuyos tanques toman Praga se sienten tan marxistas como los que tratan en vano de impedirlo. Y que mientras en París se discute si Stalin ha pervertido a Lenin o Lenin ha desfigurado a Marx, todos siguen defendiendo la tiranía que proclama el *Manifiesto comunista* de 1847 ¡un siglo y cuarto después! Todavía son sagrados el materialismo histórico y el materialismo dialéctico, claves para descifrar el secreto de la liberación de las masas, pese a que esas masas, ignorantes de lo que les conviene, a ellas y a la humanidad, se empeñan en conservar lo que niega el marxismo: la propiedad y la libertad.

Sin embargo, ese empeño en refugiarse en lo académico para buscar el consuelo a un inapelable y evidente fracaso histórico prueba la fuerza de la secta comunista. También la honestidad intelectual de los que, para salvar como sea a Marx, ídolo de su juventud, investigan a fondo la URSS. Y acaban encontrándose con Souvarine, con los disidentes que, tras contribuir a la creación del PCF y de algo más importante: el mito de la URSS, llevan combatiéndolo, en heroica soledad, durante toda su vida.

Este es otro de los enigmas del comunismo: que hayan sido antiguos comunistas, conocedores por dentro de la realidad de los partidos y del movimiento comunista internacional los que más se han esforzado en denunciar la crueldad liberticida del «socialismo real», o sea, la URSS, mientras las izquierdas y derechas de las democracias occidentales se abonaban a la «ceguera voluntaria» de distinguir cualitativamente el crimen organizado del totalitarismo nazi del crimen organizado, cuantitativamente mucho mayor, del totalitarismo comunista. Hay una frase célebre referida a la «lucha final» del estribillo de «La Internacional» que le dijo el novelista Ignazio Silone a Palmiro Togliatti, líder histórico del PCI: «La verdadera lucha final será entre comunistas y excomunistas». Tal vez porque cada vez hay menos excomunistas, hoy está más vigente que nunca el temor a ser tachado —en la Enseñanza o los medios de comunicación— de «anticomunista visceral». Porque hay que ser no solo racionalmente sino visceralmente antinazi, pero el absoluto rechazo al régimen que creó Auschwitz debe siempre distinguirse del relativo rechazo al régimen que creó el Gulag. Si no, eres políticamente incorrecto, marginal, reaccionario y fasciopopulista.

Sin embargo, Francia es el país con más y mejores estudiosos del comunismo, que partiendo casi siempre de su experiencia en el PCF u otros grupúsculos comunistas nacidos en Mayo del 68 han ido desarrollando un trabajo de investigación sobre la naturaleza del sistema comunista, desde su creación por Lenin. El grupo de Castoriadis «Socialisme ou Barbarie», en ocasiones de la mano de Soljenitsin, cuya importancia en la historia de la lucha contra el comunismo nunca será demasiado valorada, va al encuentro de esa historia real de la izquierda francesa tras la revolución bolchevique, esos años en los que el Socialismo, con mayúscula, se rindió a la Barbarie, también con mayúscula. A esos comunistas o excomunistas que defienden la libertad les debemos el rescate de los conmovedores testimonios de los socialistas rusos que, tras la Segunda Guerra Mundial han quedado enterrados por el oportunismo gaullista y el *containment* de Occidente ante la URSS, que es la actualización del apaciguamiento franco-británico ante Hitler en 1938.

Por supuesto, entre los excomunistas y aún-comunistas que estudian y combaten encarnizadamente el sistema soviético (casi todos de izquierda) encontramos una amplísima y a veces conmovedora variedad: desde los que tratan de salvar a Lenin de Stalin, hasta los que tratan de salvar a Marx de Lenin, equilibrio realmente circense en el que destaca Jacques Baynal, autor, con dos eminente sovietólogos, Alexandre Skirda y Charles Urjewitz, de la mejor antología de testimonios de aquellos socialistas rusos que en vano pidieron la ayuda de sus hermanos franceses:

*La terreur sous Lenin* (en España *El terror bajo Lenin*, col. Acracia, editorial Tusquets, 1978).

Por mantener un cierto hilo narrativo y evitar la fatal dispersión en una bibliografía interminable, seguiremos, como a Jelen para estudiar la invención del mito soviético, esa antología de Baynal para adentrarnos en la verdadera entraña de la fiera, el terror rojo, obra personal y predilecta de Lenin, y desde una doble perspectiva: su teorización por el primer fiscal del bolchevismo y la oración fúnebre del abogado de todas sus víctimas.

## MENTIRA Y TERROR

Isaac Z. Steinberg fue el primer comisario del pueblo de Justicia tras el golpe de Estado de Lenin contra el Gobierno Provisional de la República y permaneció en ese puesto durante la disolución de la Asamblea Constituyente en enero de 1918 y hasta la firma del tratado con Alemania de Brest-Litovsk, que supuso la salida del gobierno del partido *eserista*. Pertenecía al sector más izquierdista de ese Partido Social-Revolucionario, cuyo líder era Maria Spiridónova y que fue el aliado perfecto de los muy minoritarios bolcheviques para dos tareas fundamentales: dar apariencia de pluralismo a la decisión unilateral de Lenin de derrocar por la fuerza los poderes legítimos (Gobierno Provisional y Constituyente) y neutralizar en parte la oposición del partido más votado en las elecciones de diciembre, el Socialista Revolucionario, absolutamente mayoritario en el campesinado.

La actitud de Steinberg, Spiridónova y los eseristas de izquierdas, acaso los primeros *tontos útiles* de la historia del comunismo, la define a la perfección el poema del pastor protestante Martin Niemoller, que en una de sus mentiras más exitosas los comunistas suelen atribuir a Bertolt Brecht:

> *Cuando los nazis vinieron a buscar a los comunistas, yo guardé silencio,*
> *    porque yo no era comunista.*
> *    Cuando encarcelaron a los socialdemócratas,*
> *    guardé silencio*

*porque no era socialdemócrata.*
*Cuando vinieron a por los sindicalistas,*
*no protesté*
*porque yo no era sindicalista.*
*Cuando vinieron a por los judíos,*
*no pronuncié palabra,*
*porque yo no era judío.*
*Cuando finalmente vinieron a por mí,*
*no había nadie que pudiera protestar.*

Cuando los bolcheviques tomaron el Palacio de Invierno y apresaron al Gobierno Provisional, los social-revolucionarios o eseristas de izquierdas no protestaron, porque no pertenecían al Gobierno Provisional. Cuando ilegalizaron al Partido Constitucional-Demócrata (Kadete), no protestaron porque no eran liberales de derechas. Cuando prohibieron la libertad de prensa, no protestaron porque sus periódicos, con los bolcheviques, podían circular. Cuando prohibieron la huelga, no protestaron porque ellos no eran obreros capaces de alzarse contra la revolución. Cuando Lenin creó la Cheka, la aceptaron porque a ellos no iba a perseguirlos. Cuando Lenin empezó a encarcelar mencheviques, ellos callaron porque no eran mencheviques. Cuando empezaron a perseguir social-revolucionarios de derechas, ellos lo aceptaron porque eran de izquierdas. Y cuando, al fin, vinieron a por los eseristas de izquierdas por denunciar el tratado de Brest-Litovsk, no había gobierno, asamblea, prensa, sindicatos, mencheviques, kadetes, ni siquiera social-revolucionarios de derechas que los defendieran.

El testimonio de Steinberg *Recuerdos de un comisario del pueblo, 1917-1918*, publicado en París en 1930, es fiel reflejo de esa ingenuidad criminal, de esa colaboración con los que, fatalmente, serían sus verdugos. María Spiridónova, fue, como hemos visto, la candidata-marioneta de Lenin para presidir la Asamblea Constituyente, siendo derrotada por su gran rival en el partido Chérnov. Tras colaborar en la construcción del terror leninista se enfrentó a él cuando ya no quedaban aliados posibles y corrió peor suerte que Steinberg. Detenida en 1918 por el asesinato del embajador alemán, la legendaria terrorista —había pasado diez años en Siberia tras asesinar al responsable de la policía zarista en Tambov— fue enviada a un psiquiátrico (la primera de las víctimas del bolchevismo en recibir esa condena) y Lenin la liberó en 1921 a cambio de no reanudar sus actividades políticas. Ella cumplió; pero Lenin, no: volvió a ser encarcelada y ya nunca recuperó la libertad: pasó catorce años en diversas cárceles y campos de concentración, entre ellos los de Kaluga, Samarkanda, Taskent, Ufá y Oriol, donde fue fusilada junto a su marido en 1941.

Steinberg tuvo más suerte y dejó un testimonio de extraordinario valor: como descripción magistral del terror leninista desde sus comienzos y como prueba de la complicidad de casi toda la izquierda en ese terror, que, como veremos, Steinberg es capaz de condenar y defender a la vez.

Esta es su descripción —sutil, precisa, lenta, magistral— del terror:

> El terror no es un acto único, aislado, accidental, aunque susceptible de repetición, de furor gubernamental. El terror es un sistema de violencia que viene de arriba, que se manifiesta o está a punto de manifestarse. El terror es un plan legal de intimidación masiva, de presión, de destrucción, dirigido por el poder. Es el inventario preciso, elaborado y cuidadosamente ponderado de penas, castigos y amenazas por medio de los que el gobierno intimida, de los que usa y abusa con el fin de obligar al pueblo a seguir su voluntad.

El terror primigenio, el que Koestler llamará más tarde *reptiliano*, es sencillo: «El terror es el miedo animal que paraliza la voluntad, obliga al fuerte a palidecer y a someterse servilmente a quien tiene el fusil». Mucho más complejo es el terror en su aspecto menos animal: el psicológico:

> El terror no es solo la aplicación de la violencia, sino también su amenaza latente. Esta amenaza constituye la atmósfera, el elemento mismo del terror. En este ambiente, la vida es todavía más penosa que cuando el terror se manifiesta de un modo concreto. Si en un momento dado, no hay terror, su retorno sigue siendo una posibilidad, y acostumbrarse a su existencia sigue subsistiendo tanto en los que aterrorizan como en los aterrorizados (…). Es imposible distinguir terror físico de terror psicológico, pues cada uno de sus actos se reclama a la vez del uno y del otro.
> El terror son las formas desdeñosas, humillantes y dolorosas de los interrogatorios de los sospechosos; son las cárceles atiborradas donde se

mata de hambre hasta el agotamiento y que solo se abren de tarde en tarde en muy espaciadas e hipócritas amnistías; también es el azar que decide en materia de sentencias, que pueden variar según los cambios de humor del poder, o las vacilaciones de los funcionarios, cuyo precio es la muerte.

Pero sobre el aspecto psicológico del terror leninista, pavorosamente original y sin precedentes en la historia de Rusia, aunque tuvo imitadores concienzudos en el nacionalsocialismo alemán y sus regímenes satélites del Este de Europa o en los países islámicos aliados del III Reich, destacó desde el principio, con Steinberg de comisario del pueblo para la Justicia, un terror físico abrumador, que suele atribuirse a un «asiatismo» ruso de origen tártaro, mongol o calmuco (lo era uno de los abuelos de Lenin) pero que supera la crueldad atávica del asesinato tribal con un diseño basado en la lectura de Marx que pretende el exterminio de clases sociales enteras.

En la época tardía de la expansión comunista —años setenta— hubo líderes como el peruano Abimael Guzmán que quisieron conectar con ese rasgo típico del leninismo reinventando una crueldad asiática en homenaje a los incas y al maoísmo, o como Pol Pot, que exterminó a dos millones y medio de camboyanos, un tercio de la población, tomando como índice del delito de clase burgués el llevar gafas, un instrumento para leer y alejarse del campesinado, el único pueblo puro que realmente tenía derecho a vivir.

Pero la eutanasia de masas o eugenesia de clase nace con el terror rojo leninista. Fue, desde el principio, la base de su régimen.

El terror es el asesinato, el baño de sangre, la pena capital —dice Steinberg—, pero esta no es lo que más sorprende a nuestros contemporáneos. La pena de muerte no es otra cosa que una estrella en la sombría constelación terrorista que se extiende sobre toda la tierra revolucionaria, no es más que la cúpula del edificio terrorista que cubre la vida del pueblo. Las formas del terror son vagas e innumerables, como lo son las expresiones de yugo y opresión.

Y repasa los ámbitos en que fue aplicándose. Los derechos laborales:

El terror se manifestó ya en la disolución de las organizaciones legales de los trabajadores (soviets, sindicatos, congresos, unidades de combatientes voluntarios) donde se expresaba la voluntad libre, activa y poderosa de los trabajadores y sin la cual estos no son de nuevo otra cosa que polvo humano.

Solo tres días después del Golpe de Octubre, Lenin prohibió las tres libertades básicas: las de expresión, reunión y asociación. La descripción de este crimen de lesa ciudadanía contiene soberbios pasajes de Steinberg:

> El terror se manifestó en la supresión de la libertad de expresión en todo el país, y esto durante el período más responsable de su vida, en una época de profunda transformación social. Ni en la prensa, ni en las reuniones populares, ni en los sindicatos u otras organizaciones puede pronunciarse una sola palabra que discrepe de los puntos de vista del partido situado en el poder. Si semejante palabra llegase a expresarse, su fin sería el de diluirse en las sanciones y la inacción forzosa.
>
> Junto a la palabra impotente del orador reina el sombrío silencio humillado del oyente. El terror consiste en impedir mediante las cadenas de la censura al pensamiento humano su expresión más elemental, en permitir que el poder central decida de antemano si un libro, un periódico o una revista son o no publicables; el propio pensamiento se hace silenciosamente hostil o servil. La naturaleza humana tiende siempre, naturalmente, a decir «no puedo callarme», pero en el país del terror, todo conspira contra esa expresión natural del pensamiento.

Steinberg se refiere —y sus lectores rusos de entonces lo sabían— a la frase de Tolstoi contra la represión del ministro Stolypin, empeñado, decía, en «modernizar a los rusos a golpes en la cabeza». Pero el terror leninista creó un modelo que en *La vida de los otros* (guion y dirección de Florian Henckel von Donnersmarck, 2006), Oscar a la mejor película extranjera, sobrecogió al mundo al describir el sistema policial de Alemania del Este, donde la Stasi tuvo hasta cinco millones de chivatos sobre diecisiete millones de habitantes. Noventa años antes, Steinberg adelantó el guion:

El terror es la red sutil de la vigilancia política con la que el gobierno envuelve los poros, tejidos y células de la sociedad revolucionaria; es la policía política que vigila cada gesto del ciudadano o da la impresión de hacerlo. Son también los procedimientos maquiavélicos de la provocación y la investigación, gracias a las cuales las intenciones secretas de los ciudadanos deben revelarse ante el poder; son los procedimientos más sutiles de la tortura psíquica y demás torturas que, tan pronto se revelan impúdicamente como son o se disimulan con la máscara de la «revolución» o del «socialismo».

En realidad, casi la mitad de la población adulta alemana que, de una u otra forma, colaboraba con la Stasi espiando a colegas, familiares, amigos e incluso amantes quería ponerse a salvo en uno de los dos lados del terror:

El terror hace nacer dos campos: los terroristas y los aterrorizados. Para los primeros, terror es audacia, insolencia de la naturaleza elemental que siglos de historia habrían velado; en los otros, solo es desgracia, humillación, miedo (...). La existencia de esos dos campos crea un nuevo orden, en el cual, como en todos los sistemas fundados sobre la violencia, pero bajo una forma mucho más aguda, se hallan los elementos psicológicos de un régimen injusto y opresor. Por una parte, existe la embriaguez del poder, la impudicia y la impunidad, la opresión del hombre ejercida por odio y bajeza, un espíritu mezquino de revancha y una suspicacia sectaria, que lleva a un desprecio creciente hacia el subordinado; en una palabra, se trata de la tiranía.

Por otra, la asfixia, la timidez, el terror al castigo, la hostilidad impotente, el odio silencioso, el servilismo, la duplicidad infatigable respecto a las autoridades; en una palabra, la esclavitud. Resultan de todo ello dos nuevas clases, separadas por un abismo social y psicológico: la clase de los comisarios soviéticos y de sus esbirros, y la clase de los «súbditos» soviéticos.

Al final del libro hablaremos más en detalle del fenómeno, pero cuando la última reencarnación leninista en España, Pablo Iglesias, repite periódicamente «que nos teman» y que «deben temernos»; cuando en su programa de televisión *La tuerka*, financiado por el régimen antisemita y feminicida de los ayatolás iraníes en Hispan TV # proclama que la guillotina es «el verdadero origen de la democracia»; cuando en una *herriko taberna* asegura que «la izquierda abertzale», eufemismo de la banda terrorista ETA, han sido los únicos (hasta él, claro) que vieron el «candado» del régimen constitucional y de la democracia española; cuando apoya, con su partido, al terrorista *Alfon*, condenado por llevar a la manifestación «Rodea el Congreso» una olla con explosivos y cinco kilos de metralla para atentar contra la policía; cuando en el Parlamento exhibe, con todos los diputados podemitas, una camiseta de apoyo al «sindicalista» Bódalo, condenado por repetidos actos de violencia, los últimos apalear a un concejal socialista y sacar por la ventana de una heladería a una mujer embarazada que se negaba a secundar su huelga, ¿qué hace sino dividir a la sociedad española en los dos bandos que describe Steinberg: los que deben sentirse aterrorizados y los que deben aterrorizar, los *alfon y bódalos* de Podemos con él a la cabeza? El Terror gana sus primeras batallas, las decisivas, infundiendo el miedo. Primero, difuso; después, preciso, si el imitador de Lenin llega al poder.

## EL ASALTO A LA PROPIEDAD, CLAVE DEL TERROR ROJO

El último aspecto del terror que describe Steinberg es fundamental, porque se trata del asalto a la propiedad privada, base teórica de todos los partidos socialistas, incluido el bolchevique. Como buen socialista, lo mezcla con diversos delitos comunes, formas de robo ajenas al gobierno:

> El terror son los desplazamientos de poblaciones, las requisas, las confiscaciones; las contribuciones más arbitrarias dictadas por normas desconocidas que deberían aplicarse, en principio, a los parásitos y a los que disponen de más posibilidades, pero que de hecho se abaten sobre los hambrientos y los extenuados.
>
> El terror es el «¡al paredón!» que amenaza por el impuesto sobre la renta, el impuesto natural, el impuesto extraordinario, todos impagados; por deserción del ejército o rehuir la movilización; por no entregar provisión de grano o caballos; por pillaje en las calles; por traición al Estado; por

especulación, estafa o concusión; por pequeñas especulaciones, conspiraciones contrarrevolucionarias calificadas como «muy peligrosas» o por las más superficiales injurias a «su majestad» en período de transición.

El terror es el «¡al paredón!» convertido en lo cotidiano, es la represión de la gente sin defensa, la transformación del hombre en cosa, es la apertura de todas las esclusas y la rotura de todos los diques que contienen la bestialidad de los hombres.

¿Y cómo es posible que este Steinberg sutil, inteligente, piadoso con los más débiles, al que repugna el abuso de poder y la indefensión material y moral de las víctimas del terror, todos excepto los verdugos, haya sido el primer juez, la cabeza de una legalidad sin ley, de un régimen de violencia contra las instituciones democráticas y legítimas del pueblo ruso? Por una sola razón: porque también él es socialista y se cree con derecho moral a todo.

¿Cómo puede burlarse del delito de «traición al Estado» si respalda el Golpe de Estado contra el gobierno y la Asamblea Constituyente? Porque también él es revolucionario.

¿Cómo puede burlarse de las «especulaciones y estafas», cuando su régimen ha provocado la mayor inflación que ningún país haya padecido jamás, agotando el papel para tirar millones y millones de billetes que al final se han convertido en *papel pintado*, no valen nada y han destruido el valor del dinero y, con él, el precio de las cosas, sometidas a la violencia del que pueda robarlas? ¿No ve Steinberg que a los campesinos les paga el gobierno ese grano, esos caballos que no entregan con dinero que nada vale y por eso los esconden, y por eso los matan? Pues porque él es socialista y está contra la propiedad.

¿Cómo no ve lo injusto de que los bolcheviques, y también los eseristas de izquierdas como él, se apropien de todas las casas de «los burgueses», desde que Lenin ha proclamado el fin de la propiedad? Porque es socialista.

Y por eso mismo no es capaz de ver el origen de la tragedia que tiene a la vista: que desde el Golpe de Octubre, *a todos los rusos les han robado todo*. Y ese es el sentido último de la revolución comunista: el robo mediante el terror.

## EL TERROR DE LOS SOCIALISTAS ES SOLO VIOLENCIA

Sucede que entre los socialistas y los propios comunistas hay gente de acrisolada honradez, estricta austeridad y franciscana bondad en la vida cotidiana. Es la clase de personas —yo mismo la he conocido— a la que confías tus hijos sin vacilar, seguro de que los cuidarán como propios. ¿Y cómo es posible que esas buenas personas, más frecuentes siempre en la clandestinidad que en el poder, en la cárcel ajena que en el ministerio propio, pero intrínsecamente buenas, sean arrastradas al robo, cuando no robarían nunca, y al asesinato, cuando no son capaces de matar a una mosca?

Para convertir al mejor ser humano en el peor, basta una fe. Y desde el siglo XIX, esa fe, esa moderna religión caníbal, se llama socialismo. En su nombre, como en el de tantas religiones, la oveja se vuelve lobo y el lobo es masacrado por las ovejas. Por egoísmo, por uno mismo, el ser humano es capaz de hacer muchas cosas malas. Por los demás, es capaz de hacerlas todas. Para salvar su conciencia, salvando de paso a los demás, no vacila en perpetrar atrocidades que, sin coartada política, le repugnarían.

Steinberg es una de esas buenas personas, inteligentes y generosas, que poseídas de la fe en el socialismo, que ha de traer un mundo mejor para todos y para siempre, suspende su acerado juicio contra el abuso de poder… siempre que el que abuse sea él.

¿Por qué? Porque es socialista.

De ahí que tras esa descripción del terror como instrumento de dominación de unos para la abyección de todos, proceda a justificarlo mediante el mecanismo más sencillo del mundo: cambiarlo de nombre. El terror, en manos de Steinberg, se llama violencia. Y ya no es terror; o sí, pero por una buena causa, que no es, claro, la bolchevique, sino la eserista. Mucho antes de que Orwell, inspirándose en el régimen de Lenin, escribiera *1984,* donde la Guerra es Paz y la Mentira, Verdad, así habla el primer comisario de Justicia, el camarada Pepito Grillo del Gran Hermano:

> Una duda crece permanente entre nosotros… Si el terror es, en realidad, tan funesto, si corrompe el sentido mismo del socialismo, ¿cómo puede tolerarse el uso de la violencia en general? (…). ¿Es que la violencia re-

volucionaria que expande el furor sobre las clases y partidos hostiles a la revolución, alcanzando incluso a sectores que se declaran neutros, es que esa violencia, decimos, no lleva en sí los mismos embriones de odio e intolerancia que florecen más tarde en forma de frutos venenosos en la locura del terror? (…). ¿No será el terror una forma aguda y concentrada de la violencia, derivando de uno y de otra las mismas consecuencias? (…). ¡Ahora bien, nosotros defendemos el uso de la violencia revolucionaria!

Y de inmediato, henchido de buena conciencia socialista, Steinberg explica esa contradicción que, para el profano, no tiene explicación:

> No intentaremos explicar la diferencia existente en lo esencial de esas dos nociones, ni tampoco explicar por qué, desde el punto de vista interno del socialismo, la violencia revolucionaria estaría permitida, justificada y sería concebible, mientras que el terror revolucionario sería intolerable, injustificable y condenable.
> ¡Porque no hay diferencia alguna entre ellas!

Y aquí se quiebra la lógica y se impone la logomaquia sectaria:

> La sangre de un hombre es igual de roja tanto si se derrama gota a gota en nombre de la violencia que si lo hace a borbotones en nombre del terror. No hay diferencia alguna de principio entre ellas, a no ser cuantitativa, y sería abyecta hipocresía el negarlo. Por consiguiente, ¿por qué toleramos la violencia?

Vayamos con la abyecta hipocresía: Steinberg no tolera la violencia sino que la ejerce. Y entre una gota de sangre y borbotones de ella, hay la misma diferencia que entre pincharse un dedo o ser degollado. ¿Le parece poca diferencia? Para las víctimas, de las que, embarcado en la apología del socialismo, se olvida el hasta ahora compasivo Steinberg, hay mucha. No es lo mismo que te quiten la décima parte del grano y que te roben todo el grano; no es lo mismo que te roben todo el grano y te quiten la casa; no es lo mismo que te roben el grano y la casa, y, además, te apaleen y violen a las mujeres de tu familia; no es lo mismo que te roben, apaleen y violen y que luego te metan en la cárcel; en fin, no es lo mismo, que tras haber robado, apaleado, violado y encarcelado a una familia, encima, la fusilen. Pero hay una justificación para hacer eso y mucho más: el socialismo:

> La toleramos a falta de otro medio para emancipar al hombre. Esta es nuestra respuesta a esta dolorosa pregunta. La historia no nos ha provisto de mejores medios. Los otros, los pacíficos, llevaban siempre a un refuerzo de la injusticia mundial. Hay que mantener con el mal secular de la violencia un combate de igual a igual. Esta es la triste lección de la historia pasada y presente. La ausencia de otra salida para la humanidad no constituye una justificación de la violencia, pero funda su inevitabilidad en relación con nuestra conciencia moral.

Quiere decir que, tras decidir que la historia no ha mostrado caminos pacíficos, cambios institucionales, para mejorar la vida cotidiana, moral y material, de las personas, algo que niega la propia evolución de la humanidad, el socialista se proclama moralmente libre para hacer el mal:

> Es con esta conciencia con lo que el socialismo quiere limpiar de arriba abajo el edificio del viejo mundo. De lo contrario, la negativa a oponer la violencia a la ley de bronce de este mundo de explotación y de opresión revertiría de hecho en una ayuda, y en su refuerzo y perpetuación. El cambio radical del viejo mundo, su sustitución por una vida nueva que conserve los mismos males, que conserve los viejos principios: he aquí el problema que sitúa al socialismo ante una elección crucial: la violencia antigua o la violencia revolucionaria en el momento de la lucha decisiva.

¿Y quién decide qué es lo *viejo* aniquilable y lo *nuevo* admirable? El socialista revolucionario. ¿Quién decreta que ha llegado el momento de «la lucha decisiva»? El mismo. ¿Y qué es esa «ley de bronce» de la opresión?

Esto merece explicarse, porque estamos ante la piedra angular del socialismo «científico», la teoría de David Ricardo, copiada por Marx, según la cual el salario natural del obrero es el del esclavo, el de su simple supervivencia, sin poder subir, porque habría plétora de mano de obra, ni bajar, porque perecería. Las «leyes de hierro» de esta doctrina económica, radicalmente contraria a la antigua y liberal de la Escuela de Salamanca o a *La riqueza de las naciones* de Adam Smith, fueron rebautizadas por el socialista Ferdinand Lassalle como la *ley de bronce de los salarios*. La misma, pero que suena mejor. Medio siglo después, Steinberg la hace suya.

Sin embargo, nunca se insistirá lo bastante en ello, en 1917 lo que había demostrado la II Internacional era justamente lo contrario: los empresarios negociaban, a partir de sus beneficios, una mejora continua de los salarios y en las condiciones de vida de los obreros. Esa política, que en la Prusia de Bismarck, con la alianza tácita entre la aristocracia *junker* y el proletariado naciente, fue asumida por el Estado, dio origen al «Estado de Bienestar» socialdemócrata, que se extendió por Europa hasta la Primera Guerra Mundial, pero cuya evolución hacia la integración plena del socialismo en las instituciones democráticas abortó la revolución comunista en Rusia.

Naturalmente, tras asegurarnos Steinberg que no tiene más remedio que zambullirse en la violencia —aunque claro que tenía, solo que el remedio no le gustaba—, nos preguntamos, se pregunta el comisario de Justicia, hasta cuándo durará esa cosecha de cadáveres que si la apilan los leninistas es terror y si la amontonan los socialistas revolucionarios es violencia. La respuesta no es tranquilizante:

En la época de la revolución existe una antinomia imborrable entre el espíritu del socialismo y la realidad de la violencia. Esta solo podrá desaparecer cuando las últimas llamas del brasero revolucionario comiencen a extinguirse.

Aquí cabe recuperar el título de la novela sobre el Golpe de Octubre: *¿Cuándo amanecerá, tovarich?* ¿Cuándo decidirás que el brasero debe apagarse, *tovarich*, o sea, camarada comisario del pueblo de Justicia? ¿Cuándo decidiréis dejar de matar? ¿Cuándo habréis fusilado lo bastante? ¿Dejaréis alguna vez de robar y matar, de matar para robar y de robar para matar?

Al parecer, cuando deje alguien de oponerse. Porque además de no ser terror, la violencia de los socialistas revolucionarios tampoco es nunca agresión, cómo va a agredir gente tan pacífica, sino legítima defensa:

La violencia debe ser breve, limitada, responsable. No responde sino a la extrema necesidad de la revolución, puede ser solo defensiva. Es incluso defensiva cuando, vista desde el exterior, parece ir ofensivamente sobre las posiciones de clase del enemigo, pues el mundo de la violencia burguesa no es otra cosa que un sistema de agresión continua a los oprimidos. La violencia de estos no sube al asalto de las posiciones burguesas para apoderarse de ellas e instalarse en las mismas, sino que tiende a destruirla defendiéndose (…). Por ese carácter defensivo es por lo que la violencia se distingue del terror.

Es de temer que los rusos que padecían el Terror bolchevique y la violencia socialista-revolucionaria, no las supieran distinguir con claridad. A unos y otros los echaban de sus casas, robaban sus ahorros, ocupaban sus fábricas, quemaban sus fincas, les pegaban, las violaban, los encarcelaban, los juzgaban, los condenaban y, de forma «breve y limitada», los fusilaban. ¿Y en qué podían confiar los supervivientes, los que yacían en las cárceles como rehenes asesinables ante cualquier contratiempo, real o fingido, de la sacrosanta revolución? En una cosa: la bondad natural del proletariado, que solo pueden acreditar los socialistas revolucionarios, no los bolcheviques:

Para justificar el terror, sus partidarios se refieren a menudo a la voluntad de los trabajadores. «Si no hubiese el llamamiento a la serenidad de las organizaciones soviéticas», decía uno de ellos (Karl Radek, *El terror rojo*), «si las masas obreras no hubieran tenido la certeza de que el poder obrero sabría responder a ese golpe, entonces se habría dado una matanza general de la burguesía». «En la situación de sumisión», decía otro de sus partidarios (Trotski, *Terrorismo y comunismo*), «es difícil enseñar a las masas buenos modales. Cuando se cansan, actúan con palos, piedras, o utilizando el fuego o la horca. Por esta razón es por la que el poder revolucionario no traduce en la práctica sus malas tendencias, sino la de los propios trabajadores, cuya palabra es ley para la revolución».

Esto de que el poder no tiene «malas tendencias», sino que obedece a las del pueblo molesta muchísimo al comisario del pueblo para Justicia:

Nosotros no podemos aceptar que la responsabilidad sea tan fácilmente cargada sobre otros hombros, puesto que, para empezar, todo deseo o acción de los trabajadores no es ley revolucionaria (…). Pues el socialismo no eleva sobre su escudo una nueva nobleza de sangre negra en contraposición a la antigua de sangre azul (…). En el esclavo oprimido duerme a menudo el que espera su hora. El socialismo debe reconocerlo si no aspira solo a la emancipación del proletariado, sino también a la del género humano.

Uno de los defensores del terror rojo en 1918 al afirmar que los trabajadores deben llevar a cabo ellos mismos el Terror, aseguraba que «cinco rehenes tomados de la burguesía, condenados públicamente por un pleno del soviet local y fusilados en presencia de miles de trabajadores que aprobaran ese acto, hacen más por el Terror de masas que la ejecución de 500 personas por decisión de la Cheka, sin la participación de masas obreras. (Karl Radek, *art. cit.*).

Lo que realmente habían hecho los bolcheviques, con la colaboración de los socialistas revolucionarios como Steinberg, no era dejar al arbitrio de las masas esa justicia a la que no se podían pedir «buenas maneras». Lo que hicieron fue asaltar a tiros al gobierno legítimo, vaciar las bodegas, apresar a los ministros y masacrar a los *junkers* o violar a las mujeres del batallón femenino que se habían rendido con la garantía de respetar su vida.

El propio Trotski, seguramente el ser más fríamente malvado de todas las Rusias después de Lenin, se refiere en sus *Memorias* al asalto del Palacio de Invierno como «el golpe militar». ¿Dónde estaban las masas? Según Trotski, «se durmieron sin darse cuenta de que el poder había cambiado». ¡Lo habían cambiado y no se habían enterado! Reconozcamos que estar representado por los comunistas ahorra muchísimos esfuerzos. La dictadura del proletariado, en sus manos, es un brebaje indoloro, dulcísimo. Pero Steinberg defiende el honor del obrero de esa atribuida violencia:

Afortunadamente, todos esos proyectos y cálculos canibalescos emanan de personas extrañas al mundo del trabajo. El trabajador es moralmente más limpio y posee en mayor grado el sentimiento de justicia que los demás.

Como si la tarea histórica atribuida a su clase se expresase de modo instintivo en su naturaleza (...). He ahí por qué en Rusia se llamaba «desgraciados» a todos aquellos que estaban privados de libertad. Por ello, el pueblo se puso a considerar como «desgraciados» a todos sus enemigos vencidos por la revolución, no nos es dado observar, durante esos años, represión popular de contrarrevolucionarios, presión sistemática. ¡Qué grandeza de alma reinaba en los tribunales del primer período de la Revolución de Octubre, el período de la verdadera Comuna!

A Steinberg solo le falta decir: ¡como que estaba yo allí! ¿Y en qué ley se basaban para juzgar y condenar esos tribunales compuestos solo por golpistas que habían derrocado el gobierno y el parlamento legítimos? Obviamente, en la superioridad moral del socialista sobre los demás seres:

¿Cuál es, desde el punto de vista socialista, el valor moral del Terror? ¿Es que el Terror está permitido en tanto que medio de realización del socialismo?

Puede responderse de dos maneras. Entre ellas reside la diferencia profunda y fundamental entre la corriente revolucionaria-populista y la corriente marxista-bolchevique. Esta predica abierta y simplemente que para alcanzar un fin elevado todos los medios son buenos. (Por el hecho mismo de estar al servicio del socialismo, el medio se hace inmediatamente aceptable y necesario. Por el mero hecho de servir al socialismo, el medio se convierte en movimiento religioso, como ya lo han aplicado los jesuitas; en la historia política, los jacobinos franceses lo aplicaron con las mismas sombrías consecuencias).

Si Steinberg no explica a cuántos guillotinaron los jesuitas es porque está a punto de entrar en éxtasis describiéndose a sí mismo en galimatías:

Pero existe otra concepción según la cual todos los medios no son utilizables, incluso para alcanzar el más elevado de los fines; pues, de hecho, aquel al que en realidad llegaríamos podría resultar aún más alejado del objetivo inicial que este lo estaba antes de habernos equivocado por el camino que conducía a aquel fin. El vicio está ahí: en los caminos y medios para alcanzar el fin. ¿Cuántos ideales han perecido en el desarrollo de la humanidad?

Recordemos los ideales de la Revolución Francesa, que desaparecieron por mucho tiempo, que han llevado lenta pero irremisiblemente al olvido, al desprecio y a la destrucción las ideas de libertad política, de igualdad civil, de soberanía popular, de derechos del hombre. ¿Sabéis qué provocó la muerte de la Revolución Francesa? ¡Contemplad la terrible sombra de la «santa» guillotina!

¿Y dónde, cabe preguntarse, estaba la soberanía popular cuando los social-revolucionarios de izquierda cerraban la Asamblea Constituyente? ¿Qué derechos del hombre asistían a los que él juzgaba? ¿Era más amigo de la libertad el paredón bolchevique que la guillotina de Robespierre?

Lo único que consuela ante esta exhibición de buena conciencia por parte de quien debería tenerla a pan y agua de por vida es cómo cambia el estilo argumental de la descripción del Terror a su justificación. En la primera, vemos a un talento sutil. En la segunda, a un brumoso miserable.

## LA DENUNCIA DE MÁRTOV CONTRA LOS CRÍMENES DE OCTUBRE

Steinberg dimite en mayo de 1918 de su cargo de comisario del pueblo de Justicia, no por repugnancia hacia el Terror, sino por orden del partido tras la firma del tratado de Brest-Litovsk. Y casi al mismo tiempo escribe (lo publica en noviembre) el folleto titulado *¡Abajo la pena de muerte!* Yuli Mártov (Julius O. Tsederbaum), el marxista ruso más relevante después de Plejánov, líder revolucionario que empezó en el Bund judío y acabó siendo el líder del ala menchevique del POSDR. Antes, fundó en 1895 la Unión de la Lucha por la Emancipación de la Clase Obrera, con la asistencia del joven Lenin, que tuvo siempre un temor supersticioso a aquel hombre grandón y feotón, que recuerda al adiposo y zangolotino Pierre de la novela de Tolstoi *Guerra y paz*. Con él fundó *Iskra* y el POSDR y contra él se dirigió la escisión bolchevique que rompió el POSDR.

Tal vez porque lo conocía mejor que nadie, Lenin no podía engañar a Mártov, que antes de cumplirse un año del Golpe de Octubre, desmiente esos «días felices de la Comuna» que evoca Steinberg y describe lo que pasó:

> Desde el primer día que subieron al poder y a pesar de que habían abolido la pena de muerte, empezaron a matar.
>
> A matar a los prisioneros de la guerra civil, como hacen todos los salvajes.
>
> A matar a los enemigos que, después de una batalla, se habían rendido ante la promesa de que la vida les sería respetada. Eso es lo que ocurrió en Moscú en ocasión de las jornadas de octubre, cuando el bolchevique Smidovitch firmó la promesa de respetar a los *junkers* que se rindieran, para luego dejar que los masacraran. Otro tanto ocurrió en Moghilev, donde Kyrilenko no protegió al general Dukhonin, que fue destrozado ante él por asesinos, cuyos crímenes quedaron impunes. Otro tanto ocurrió en Kiev y Rostov, en las numerosas ciudades ocupadas por las tropas bolcheviques. Esto se dio también en Sebastopol, en Sinferopol, en Yalta, en Eupatoria, en Teodosia, donde una banda de bellacos masacró a supuestos contrarrevolucionarios, sin investigación ni juicio, llegando a matar tanto a mujeres como a niños.

¡Qué lejos queda la ensoñación lírica de Steinberg sobre octubre!

> Después de semejantes matanzas organizadas o toleradas por los bolcheviques, el propio poder se encargó de la liquidación de sus enemigos. Sobre el papel, la pena de muerte estaba abolida, pero en cada ciudad, en cada distrito, comisiones extraordinarias (checas) y otros comités revolucionarios militares ordenaron el fusilamiento de centenares y centenares de personas. Todos los motivos eran buenos: contrarrevolución, conspiración, pillaje.

¡Y qué tomadura de pelo la bondad innata del proletario juzgador!

> Ningún tribunal establecía la culpabilidad real de los ejecutados, nadie podía saber si el condenado era reo de actividades subversivas, de malversaciones o de actos de pillaje. ¿No se trataba más bien de una venganza personal? ¡Por desgracia ello ocurrió muchas veces! ¡Cuántos inocentes

fueron asesinados por estas razones en Rusia! ¡Con la aprobación silenciosa del Soviet de los Comisarios del Pueblo!

La vida humana ya no valía nada. Menos aún los papeles del verdugo que decide destruirla. Menos todavía que la ración suplementaria de pan por la que un mercenario está dispuesto a enviar a un hombre al otro mundo por orden de un indeseable con galones.

Este baño de sangre se hizo evidentemente en nombre del socialismo, en nombre de una doctrina que había proclamado la fraternidad de los hombres como finalidad suprema de la humanidad.

¡Es en tu nombre, proletario ruso, en el que se lleva a cabo esta sangrienta traición!

Ya en la comisión de la Liga de Derechos Humanos de París «Sobre la situación en Rusia», todos los socialistas insistían en la condición de mercenarios y delincuentes comunes de los miembros de la Cheka y la Guardia Roja, agavillados por los bolcheviques porque garantizaban una crueldad sin escrúpulo ideológico alguno. Nadie quiso hacerles caso.

Y tras denunciar el primero de los dos Juicios de Moscú, que, como todos los crímenes comunistas no inventó Stalin sino Trotski y Lenin: (el del capitán Schastny y el modelo de todos los demás: el de los socialistas revolucionarios), Mártov apostrofa personalmente a los bolcheviques:

En 1910, en el Congreso Internacional Socialista de Copenhague, se decidió luchar en todos los países contra la bárbara pena de muerte.

Esta decisión, camaradas, fue firmada por todos los dirigentes actuales del Partido Bolchevique: Lenin, Zinóviev, Trotski, Kámenev, Radek, Rakovsky, Lunatchartsky. Yo los vi allí, en Copenhague, levantar la mano en favor de esa resolución y declarar la guerra a la pena de muerte.

Luego los vi, acto seguido, en Petrogrado, en julio del año pasado, protestar contra su aplicación, en tiempo de guerra, a los traidores.

Y ahora los veo aplicando la pena de muerte a troche y moche, contra burgueses y obreros, contra campesinos y oficiales. Observo que exigen de sus subordinados que no cuenten las víctimas sino que condenen a muerte al mayor número posible de adversarios del poder bolchevique.

Constato cómo crean clandestinamente, a escondidas, un tribunal especial para pronunciar sentencias capitales, una verdadera máquina de matar.

Entonces digo a esos jueces bolcheviques: ¡Sois mentirosos y perjuros con premeditación!

Habéis engañado a la Internacional Obrera (…). Engañáis a los obreros rusos (…). Engañáis a los desgraciados letones y a los soldados rojos cuando los enviáis a asesinar a hombres maniatados, ocultándoles los acuerdos de la Internacional Obrera, en nombre de la cual gobernáis.

Vosotros, Rakovsky y Radek, habéis engañado a los trabajadores occidentales al afirmar que ibais a Rusia a luchar por el socialismo.

De hecho, habéis venido a nosotros para cultivar nuestra antigua barbarie, propia de los zares, para incensar el viejo altar ruso de la muerte, para empujar, hasta un extremo todavía desconocido, incluso en nuestro salvaje país, el desprecio por la vida ajena, para organizar, en fin, la obra panrusa de la verdugocracia.

¡Y tú, Lunatchartsky, a quien gustaba dirigirse a los trabajadores y describirles en frases altisonantes la magnificencia de los ideales socialistas (…), tú que mirabas al cielo y cantabas la fraternidad de los hombres en el orden socialista, tú, que estigmatizabas la hipocresía de la religión cristiana (…) y que predicabas la nueva religión del socialismo proletario, tú eres tres veces perjuro, tres veces fariseo, y ello porque, después de volver de la embriaguez de tus banalidades, participas con Lenin y Trotski en la organización del asesinato, con juicio o sin él!

Nosotros, socialdemócratas, estamos contra todo terror, desde arriba como desde abajo (…). ¡Vergüenza al partido que convierte al verdugo en militante socialista!

¡Que todos los hijos de la clase obrera, ignorantes, ciegos descarriados o vendidos, constaten que la familia proletaria jamás les perdonará su colaboración con el verdugo!

¡Que cuantos aún no han perdido la conciencia socialista se apresuren a separarse de los Medvedev, Stutchka, Krylenko y Trotski, de los Dzerzhinski y Sverdlov, todos aquellos que se ocupan del exterminio del hombre en masa o *al detall*!

¡Hay que manifestarse! ¡En nombre del honor de la clase obrera, en nombre del honor del socialismo y de la revolución, en nombre del miramiento que se debe al país natal (…) en nombre de los principios de humanidad, en nombre del odio hacia las potencias autocráticas, en nombre del amor por la memoria de los combatientes torturados por la libertad! (…) ¡Abajo la pena de muerte! ¡Llevemos ante los tribunales del pueblo a los verdugos asesinos!

Cuando Mártov escribe esto, Lenin lleva medio año en el poder, asistido aún por el comisario del pueblo de Justicia Steinberg. Cuando lo publica, en agosto de 1918, solo lleva once meses al frente de la mayor empresa de exterminio conocida en ningún país europeo. Pero ese tono de viejo profeta de Israel, indignadamente elegíaco, se va extinguiendo en el exilio, con los revolucionarios de febrero, e incluso de octubre. Porque en la Internacional Socialista va triunfando la mentira acerca del terror rojo.

Kautski y algunos de los dirigentes importantes de la II Internacional siguen honrando su compromiso con los hermanos rusos. De hecho, Kautski prologa y presenta todos los testimonios del terror bolchevique que los socialistas consiguen sacar de Rusia, y lo condena sin paliativos. Pero la otra alma del socialismo, la que sueña con Robespierre y Blanqui, la que entronca con el terrorismo del Marx de la *Gaceta Renana*, la que sigue el *Catecismo Revolucionario* de Bakunin y Netchaev o el *¿Qué hacer?* de Chernichevski, vuelve, de la mano de Vladimir Illich Ulianov, Lenin, a incensar el terrorismo populista de Narodnia Volia, por el que ahorcaron a Alexander Ulianov, su hermano.

Eso, en Rusia. Pero confirmando que el problema no es ruso sino socialista, buena parte de la II Internacional se hace bolchevique, reniega de la socialdemocracia, pacifista o no, se identifica con el terror leninista y se convierte en el más feroz enemigo de sus víctimas, a las que no basta con el exterminio físico, sino que es necesario su exterminio moral. El llamamiento de Mártov, publicado en Moscú cuando en París la Liga de Derechos del Hombre va a empezar a debatir «La situación en Rusia», nos parece de otra época. Y sin embargo, es rigurosamente contemporáneo del terror rojo, de la posibilidad de combatirlo desde dentro y desde fuera. No pertenece a otro siglo sino a otra moral, a otra izquierda, a otra humanidad. Aquellos partidos socialistas reunidos en Copenhague que evoca Mártov van cayendo poco a poco, empezando por Francia, en el sectarismo de una izquierda que, hasta hoy, no ha dejado de justificar, entender, matizar y no condenar sin grandes contorsiones exculpatorias a los verdugos soviéticos, olvidando a sus víctimas. Y, poco después, escupiendo sobre sus tumbas.

# 3

# LENIN

Vladimir Ilich Ulianov nació en 1870 en Simbirsk, apacible ciudad provinciana a orillas del Volga, en el seno de una familia acomodada. El padre, profesor de Física y Matemáticas, fue director general de Escuelas, con rango de consejero de Estado (equivalente civil al generalato militar) y título de nobleza hereditario, que pasó a Vladimir, tercero de seis hijos, en 1886.

Lenin, alias tomado del río Lena, creador del Partido Bolchevique y del primer Estado totalitario de la historia, cuando murió con solo cincuenta y cuatro años se había convertido en el mayor asesino de masas de la Historia. Políticamente, había nacido mucho antes y no ha acabado de morir. En realidad, Vladimir se convirtió y disolvió en Lenin al publicar su libro *¿Qué hacer?* en 1902. Puede decirse que Vladimir fue la primera víctima de Lenin.

De sus cuatro abuelos solo uno era ruso. Los otros eran, respectivamente, mongol (de etnia calmuca), judío y alemán. Su abuelo paterno era un judío convertido a la religión ortodoxa. Su madre era de ascendencia alemana y pasó toda su vida pendiente de Volodia (afectivo de Vladimir). El ambiente familiar era culto, acogedor, educado y humanista: lecturas, música y teatro. Vladimir, excelente alumno de Primaria y Secundaria, se licenció en derecho en 1892. Fue siempre el niño mimado de la casa, rodeado de mujeres, que lo tenían por un genio y lo mantuvieron económicamente toda su vida. Nunca trabajó.

## LOS ORÍGENES POLÍTICOS DE LENIN

Hay un equívoco esencial acerca de la ideología de Lenin: se supone que es un estricto seguidor de Marx y, por tanto, contrario a Bakunin, gran rival de Marx en la I Internacional y padre del anarquismo, que, según se repite enfáticamente, es radicalmente opuesto a las ideas de Marx y Engels. La verdad es bien distinta. El comunismo libertario de Bakunin tiene muy pocas diferencias con el «socialismo científico» de Marx y Engels. Ambos son enemigos de la propiedad privada, del libre comercio, del pluralismo político, del sistema representativo a través del Parlamento, de la legalidad y de las reformas sociales a través de cambios legales, ambos desprecian la lucha pacífica por el poder y se burlan de la alternancia democrática mediante el voto.

Es verdad que Bakunin tiene una personalidad más atrabiliaria y simpática que Marx, que las críticas a su gran enemigo en la dirección del movimiento revolucionario mundial tras el fracaso de las revoluciones de 1848 son brillantes y su retrato psicológico de Marx es letalmente exacto. A cambio, frente a las ridículas pretensiones *científicas* de Marx, la defensa que hace Bakunin de los ladrones como los verdaderos revolucionarios rusos convierte predicciones marxistas demostradamente falsas, como la caída de la tasa de ganancia del capital o el empobrecimiento creciente de la clase obrera, en principios dignos de Arquímedes. ¿Cómo la apropiación privada de la propiedad supondría el fin de la propiedad privada? Solo el aristócrata Bakunin lo sabía, pero ¡ay del que no compartiera su intuición!

Ambos comparten carencias teóricas esenciales, sustituidas por una retórica entre milenarista y apocalíptica. Marx, que decía que la lucha de clases era «el motor de la historia», solo dedicó página y media al final del tomo I de *El capital*, que es lo último que escribió, a definir el concepto de clase social, sin definir nada. Y llevaba treinta años con la lucha de clases. Bakunin, más preciso, estableció seis categorías de enemigos o aliados en la revolución, un manual de exterminio más revelador de su psicología que de la sociología como tal. Pero en ambos casos, su éxito nace, justamente, de la inconcreción. Tanto el marxismo como el bakuninismo, y luego el leninismo, son «guías para la acción». Dividen el mundo en dos grupos, el de los explotadores y el de los explotados, y defienden el derecho de estos a exterminar a aquellos. Pero es Bakunin el que, con Netchaev, desarrolla en 1868 la fórmula del partido comunista capaz de implantar la dictadura del proletariado que predicaban Marx y Engels en su *Manifiesto* de 1847.

El *Catecismo Revolucionario* de Bakunin y Netchaev es el modelo oculto —por el desprestigio de Netchaev y Chernichevski— que toma Lenin para crear su partido. Lo hace cuando Plejánov y otros dos fundadores del marxismo ruso, Axelrod y Vera Zasulich, se niegan a entregar al grupo de *Iskra*, el de Lenin y Mártov, el control del Partido Socialdemócrata (POSDR). Lenin sabía que sus ideas eran impopulares dentro y fuera del movimiento obrero, y pasó varios años parasitando el POSDR, incluso tras provocar la división en mencheviques y bolcheviques e, indirectamente, *unionistas* de Trotski. Pero Lenin solo pescaba militantes estrictamente obedientes a él dentro del partido más importante de todos, el POSDR. Cuando vio que el parasitismo estaba agotado y tuvo dinero, creó *su* partido, el Bolchevique.

En rigor, como decimos en un capítulo anterior, el leninismo supone un salto atrás de medio siglo, que solo se explica por la crisis posterior a la Primera Guerra Mundial de la socialdemocracia europea. Y rompe con un socialismo de origen marxista que había evolucionado con indudable éxito, sobre todo en Alemania, gracias a Bernstein, cabeza del revisionismo de las doctrinas de Marx que se habían comprobado erróneas, y de Kautski, verbalmente más radical pero también opuesto a la vuelta a los tiempos del terrorismo revolucionario que es lo que, de hecho, suponía el leninismo.

El joven Vladimir, tras enterrar a su padre en 1886, vio, al año siguiente, a punto de terminar la secundaria en Sibirsk, donde tuvo al padre de su paisano y futuro rival Kérenski como mentor, cómo era condenado a la horca su hermano Alexandr, por participar en un frustrado atentado contra el zar y negarse a pedir el indulto, concedido a todos los que lo hicieron. En adelante, todos vivieron de las rentas de sus fincas y de la pensión de viudedad concedida por el zar a la madre. Como único hombre en la familia, Vladimir quedó exento del servicio militar y, pese al ostracismo social de los Ulianov tras el ahorcamiento de su hermano, el joven Vladimir pudo entrar en la universidad, donde fue acogido de inmediato, como hermano del mártir Alexandr, en los círculos populistas revolucionarios. Su entrada en política estuvo, pues, doblemente marcada por el terrorismo: en lo personal y en las ideas del Partido Voluntad del Pueblo.

## LOS PADRES POLÍTICOS DE LENIN 1 / EL TERRORISMO RUSO

En 1862 se publican en Rusia dos libros: *Padres e hijos*, de Turguéniev, y *¿Qué hacer?*, de Chernichevski, y un panfleto, *Joven Rusia*, de Piotr Zajnevski. Vladimir Nabokov, el famoso autor de *Lolita* y *Ada o el ardor* en inglés, y de *Desesperación, Invitado a una decapitación* o *Barra siniestra* en ruso, cuyo padre fue asesinado defendiendo a un político del Partido KDT, Miliukov, y cuyo hermano murió en un campo de concentración nazi, dice que *Padres e hijos* es la mejor novela de Turguéniev. Es un juicio a considerar, porque Nabokov no lo estimaba demasiado. En su *Curso de literatura rusa*, lo sitúa como el cuarto de los prosistas de su tiempo, después de Tolstoi, Gogol y Chejov, si bien por delante de Dostoievski. Y todos ellos por detrás de Lermontov y Pushkin.

Ese manual para clases universitarias de Nabokov es feroz, pero más de fiar que otro libro de conferencias, *La literatura rusa*, del príncipe Piotr Kropotkin, soberbio personaje que no era perito en ajedrez, traducción y mariposas, como Nabokov, pero sí en glaciares y masas continentales, y que logró fama universal como teórico anarquista y también como geólogo. Kropotkin era, como Herzen —el amigo personal de Bakunin que, desde el exilio, más se opuso a la deriva terrorista rusa—, una persona de integridad conmovedora. Murió en la miseria bajo el yugo de Lenin, maldiciendo a los bolcheviques, tras haber dedicado toda su vida a una causa que nunca quiso liberticida… y que no podía ser otra cosa. Pero Turguéniev, Kropotkin o los Nabokov ilustran la tragedia del inmenso Imperio Ruso, que, como la otra víctima de la Primera Guerra Mundial, el Imperio Austrohúngaro, había sido capaz de albergar una increíble creatividad cultural. La Rusia que destruyó Lenin llevaba un siglo construyendo uno de los paisajes culturales más hermosos de la civilización mundial.

Fruto de esa pasmosa creatividad artística, la década en que tiene lugar el desarrollo teórico y práctico del terrorismo ruso se enmarca entre dos grandes novelas. En la de Turguéniev, *Padres e hijos* (1862), aparece en la literatura el *nihilista*, Bazárov, personaje melancólico y trágico que anuncia el terrorista futuro. La de Dostoievski, *Los demonios* (1872) es la disección de ese terrorista, ya concretado en la figura de Netchaev y en el asesinato de Ivánov, un joven revolucionario que quiere dejar el terrorismo. Una es el adelanto de un tipo humano; otra, el análisis de su primer crimen. Una es la adivinación literaria; otra, la crónica psicológica de una realidad. Nunca un país pudo leer tan de cerca el nacimiento de un monstruo. Nunca fue menos eficaz la literatura para conjurar el apogeo de su monstruosidad.

Uno de los lugares comunes más socorridos sobre la Rusia del XIX, tan habituales como los que aún rigen sobre la Guerra Civil española, es el de que el terrorismo nace ante el inmovilismo y la incapacidad de reformas modernizadoras del zarismo. Nada más falso y basta asomarse al calendario para comprobarlo.

El comienzo del terrorismo moderno, que alcanzará su cénit con el terrorismo de Estado leninista, se inaugura con el manifiesto citado de la *Joven Rusia* de Piotr Zajnevski, en 1862. Solo dos años antes, el «zar liberador» Alejandro II había acometido la mayor reforma conocida del Estado y la estructura social rusa, liberando a los siervos, creando un sistema de jueces profesionales, no dependientes de poderes locales, y estimulando el cambio en la propiedad y gestión de la tierra mediante la creación de *zemtsvos* para reemplazar la ancestral *obschina*, forma de propiedad de origen tártaro que repartía periódicamente y por sorteo las parcelas. Naturalmente, cuando la única seguridad jurídica es la del azar, la improductividad es absoluta. Por eso el inmenso imperio, pese a tener zonas extraordinariamente fértiles, no pasaba de una economía de subsistencia, con los campesinos atados a la comuna y sin poder comprar, vender o cambiar de vida.

La gran diferencia entre Rusia y el resto de Europa no era la parte de Asia que incluían sus dominios, mayormente vacía y casi inhabitable, sino la falta de propiedad de la tierra y las dificultades del comercio asociadas a la servidumbre, en algunos aspectos cercana a la esclavitud, que es siempre menos productiva que el trabajo asalariado libre. Además, estaba sujeta a la picaresca burocrática que inmortalizó Nikolai Gogol en *Las almas muertas*, retrato de unos traficantes de siervos inexistentes que falsificando censos del campo conseguían ventajas fiscales para los terratenientes en la ciudad. La novela, para algunos la mejor de todas las rusas, es un monumento al humor negro y también el epitafio del comunismo arcaico de la *obschina*, ligada al inmovilismo del sistema de servidumbre y totalmente ineficaz.

Pues bien, cuando se pone pacíficamente en marcha esa revolución sin precedentes en Rusia, algo que solo el zar, figura sagrada para los campesinos, podía llevar a cabo sin violencia, la *intelligentsia* de San Petersburgo y Moscú se lanza al terrorismo. La no muy amplia clase media, casi en su totalidad urbana, acogió con alborozo las reformas. Sin embargo, dos sectores se alzaron contra ella: los que veían peligrar la armonía social y moral del Antiguo Régimen y los que veían que la creación de una gran clase media de campesinos propietarios impediría para siempre el paso del comunitarismo arcaico de la *obschina* al moderno de un Estado comunista.

Estos últimos, cuya gran figura es Alexandr Herzen, no querían, como aristócratas o burgueses ilustrados que eran, mantener el sistema de producción de la *obschina* o *mir*, un seguro de pobreza y de atraso cultural, sino incorporar la tecnología moderna a la explotación agraria y fabril, pero evitando las durísimas condiciones que revistió la primera industrialización en Inglaterra, Estados Unidos y otros países como Francia o Alemania. Nunca atendieron al bienestar presente y real de los campesinos, que preferían irse a las ciudades antes que seguir atados a una tierra cuyas condiciones de vida reales desconocían los socialistas ricos como Herzen, Bakunin o Kropotkin.

Tanto a los socialistas «utópicos» como a los que se pretendían «científicos», a Marx y a Bakunin, como antes a Fourier, Saint Simon y Owen, les guiaba la idea de una sociedad ideal (sin *topos*, sin lugar real en el mundo, como en la *Utopía* de Tomás Moro, deuda de la Edad de Oro, «sin tuyo ni mío»), libre de explotación y sufrimientos. Pero cuando se enfrentaban a la mejora de las condiciones de vida de campesinos o proletarios siempre tropezaban con lo mismo: los trabajadores no querían quitarle la propiedad al dueño de la tierra o la fábrica, sino ampliar la suya, cobrar más, trabajar en mejores condiciones, asegurar a sus familias contra el paro, la enfermedad, los accidentes, la vejez o el desvalimiento. Tradicionalmente, la Iglesia había encauzado, a través de la caridad, esa asistencia de la comunidad a los más pobres o abandonados, respaldando de paso la legitimidad del poder, pero los trabajadores querían ser dueños de su bienestar, garantizar su seguridad por sí mismos. Y eso, como se demostró en la segunda mitad del XIX, era posible con el vertiginoso aumento de la productividad y los beneficios que la nueva tecnología industrial trajo a las sociedades occidentales.

El comunismo marxista o bakuninista, especialmente el primero, era totalmente contrario a la acción sindical que buscara la mejora material de los trabajadores y no aspirase a acabar con la propiedad privada de los medios de producción. Entendían, y era verdad, que eso fortalecía a los propietarios y legitimaba el capitalismo. Sin embargo, en el campo, sobre todo comunal como el ruso, donde había un ancestral deseo de propiedad, era más fácil decirlo que en la fábrica, que producía y podía repartir más. De ahí que los socialistas y comunistas rusos prometieran a los campesinos «la tierra para el que la trabaja», es decir, la propiedad que a sus espaldas querían liquidar. La contradicción entre aspirantes a propietarios y expropiadores de todo en nombre de todos pero administrado solo por ellos, estaba llamada a acabar como acabó con Lenin y Stalin: en masacres salvajes y hambrunas provocadas, única forma de someter a los campesinos y romper su relación con la tierra.

Pero el terrorismo iba más allá. Era una guerra contra el tiempo, la modernidad y la libertad individual, que incluye la propiedad. En su libro sobre el terrorismo ruso, *Etica del terrore*, Vittorio Strada lo define así:

> El terrorismo, como forma de destruir vidas humanas a medio camino entre el crimen común y la carnicería bélica, cumple un papel histórico de gran relieve en la lucha interna de una comunidad culturalmente homogénea o en el conflicto de civilizaciones rivales, pero, en ambos casos, su objetivo es destruir las bases del mundo moderno, democrático, liberal y cristiano, en nombre de una comunidad total de tipo religioso o pseudoreligioso, una utopía armada inspirada en un Dios o en un ídolo. (Strada, 2008).

Todo el terrorismo ruso se basa en la negación de lo que la libertad de propiedad y comercio, el capitalismo, el Estado de Derecho podían traer al gigantesco imperio, a los más de cien millones de almas que lo poblaban. No querían derribar el zarismo, sino convertirse ellos en *zares rojos*, con un poder absoluto y una sola diferencia: sin religión o moral que lo limitaran.

Precisamente porque la gran mayoría de la gente no quiere perder su propiedad, ni carecer de seguridad legal, ni renunciar a su libertad, hay que imponerle la felicidad futura mediante el terror y la violencia presentes. Por su bien, claro. Y los que acometan esa tarea, totalmente impopular pero en nombre del pueblo, deben actuar con crueldad absoluta, carecer del menor sentimiento de compasión, afecto o solidaridad humana, ser, tal y como se definía —y presumía— Ernesto Che Guevara, «una fría máquina de matar».

Para ello, el terrorismo ha necesitado siempre reducir la vida política a dos bandos incomunicados, impermeables y condenados a exterminarse. La «Joven Rusia» o «Jacobinos rusos» lo dice así: «La sociedad está dividida actualmente en dos partes, cuyos intereses son diametralmente opuestos y están en una relación de recíproca hostilidad: el pueblo, partido oprimido por todos y por todos ofendido, y el "partido imperial", puñado de personas satisfechas y felices» a cuya cabeza está el zar. A esta discordia, a este antagonismo de los partidos, que no puede cesar mientras exista el actual orden económico en el que unos pocos poseedores del capital disponen de la suerte de todos los demás, se añade una intolerable opresión social que mata las mejores facultades del hombre contemporáneo».

Acababa de abolirse la ancestral servidumbre de la gleba, se había puesto en marcha la creación de una justicia independiente, los *zemtsvos* abrían un camino para la administración autónoma y redistribución de la tierra, la censura previa de prensa había desaparecido, todo en Rusia, en fin, estaba en marcha. Pues no: las reformas eran un desastre. Privaban a los amos del «trabajo gratuito» de los siervos y a estos les ponía un «alto precio» para comprar sus tierras. Algo que era imposible antes, y que podía haberse renegociado en la cuantía y pago de los préstamos, les parecía «insoportable».

¿Por qué? Por algo que parece dicho por Bazárov en *Padres e hijos*:

[En el] sistema contemporáneo, todo es falso, todo es absurdo, desde la religión que obliga a creer en lo inexistente, en el sueño de una imaginación excitada, en Dios, en la familia, célula de la sociedad, un sistema ninguno de cuyos fundamentos resiste ni una crítica superficial, desde la legalización del robo organizado que es el comercio a declarar racionales las condiciones del trabajador permanentemente extenuado en una tarea cuyos frutos no van nunca a él sino al capitalista.

¿La mujer?:

Privada de todos los derechos políticos, al mismo nivel de los animales.

¿Cómo cambiar tal situación? Está claro en ese *Manifiesto de la Joven Rusia*:

> La vía de salida de esta terrible situación opresiva, que arruina al hombre contemporáneo y contra la que luchando consume sus mejores fuerzas es una sola: la revolución, una revolución sangrienta e inexorable, una revolución que debe cambiar radicalmente, sin excepción, todas las bases de la sociedad contemporánea y destruir a todos los que sostienen el ordenamiento actual.
>
> Nosotros no la tememos, aunque sepamos que correrá un río de sangre, y hasta que perecerán muchas víctimas inocentes; prevemos todo esto y sin embargo saludamos su llegada y estamos dispuestos a sacrificar personalmente nuestras cabezas para que venga y cuanto antes, ¡la tanto tiempo esperada!

La raíz de este terrorismo, como de inmediato le reprochará Herzen, no es rusa sino europea, pero mucho más radical:

> Hemos estudiado la historia de Occidente y no ha sido en vano: seremos más coherentes no solo que los míseros revolucionarios del 48 sino que los grandes terroristas del 92, no nos asustaremos si vemos que para abatir el orden actual es necesario verter tres veces más sangre que la que vertieron los jacobinos en los años noventa.

Los estudiantes, no los trabajadores, son los llamados a la acción:

> Recordad, jóvenes, que de vuestras filas deben salir los jefes del pueblo, que vosotros debéis poneros a la cabeza del movimiento, que sois la esperanza del partido revolucionario que, roja bandera al viento y al grito de «¡Viva la República social y democrática rusa!» asaltará el Palacio de Invierno y destruirá a los que lo habitan. Puede pasar que todo acabe con el exterminio de la Casa Imperial, es decir, de un centenar de personas, pero puede suceder, y es lo más verosímil, que todo el partido imperial se levante como un solo hombre en defensa del Soberano, porque estará en juego la existencia, o casi, de ese partido.
>
> Llenos de fe en nosotros, en nuestras fuerzas, en el consenso del pueblo, en el glorioso porvenir de Rusia, a la que corresponde actuar en primer lugar para la gran causa del socialismo, lanzaremos un solo grito: «¡A

las hachas!», y entonces… entonces a matar al partido imperial sin piedad, como ellos no tienen piedad ahora de nosotros, a matarlo en las plazas, si esta abyecta canalla se atreve a salir, a matarlo en las casas, en los estrechos callejones de la ciudad, en las anchas calles de las capitales, en los campos y en los pueblos. Recordad que, ahora, el que no esté con nosotros está contra nosotros, que el contrario es nuestro enemigo, y los enemigos serán exterminados por cualquier medio.

Herzen, teórico de ese socialismo parcialmente liberal del que hemos hablado, basado en la propiedad comunal rusa y mejorado con los avances de la ciencia moderna, fue acusado por medios cercanos al zar de estar detrás del *Manifiesto*, que, por coincidir con el estreno literario del nihilismo en *Padres e hijos* la publicación, desde la cárcel, del *¿Qué hacer?* de Chernichevski, tuvo un enorme eco en las capas ilustradas, incluidas las inflamables del estudiantado, a cuya disposición criminal apelaba con terrorífica claridad.

Herzen, el Turguéniev de la teoría, desde su revista *Kolokol* en Londres, le quitó importancia a las amenazas del *Manifiesto*: «Entrad en polémica con ellos, dadles una respuesta, pero no los mandéis a la cárcel, no pidáis "¡ayuda!". No ha sido vertida por ellos ni siquiera una gota de sangre y, de serlo, será la suya, la sangre de unos muchachos fanáticos».

Pero luego los ataca: lo que defienden «no es, de hecho ruso; es una variación sobre el tema del socialismo occidental, la metafísica de la Revolución Francesa». Esa falta de arraigo teórico ruso supone despreciar a la gente: «Hablar con imágenes de fuera, apelar con órdenes de fuera significa no comprender ni la causa ni al pueblo, significa no amar la una ni el otro. ¿Hay siquiera una sombra de posibilidad de que el pueblo ruso se rebele en nombre del socialismo de Blanqui?».

Anticipando el auge futuro del terrorismo entre los jóvenes, Herzen fue atacado por «haber perdido la fe en el cambio violento» y respondió:

No es la fe en él, sino el amor por él, lo que hemos perdido… el cambio violento puede ser inevitable, quizás lo será entre nosotros, se trata de un medio desesperado, de una última ratio de los pueblos, como también de los soberanos, y hay que estar prevenidos, pero anunciarlo a voces antes de empezar a trabajar, sin haber hecho un solo esfuerzo, sin haber agotado todos los medios, aferrándose a estos con predilección, parece una expresión de inmadurez juvenil, tan nociva como la improvisación y el servirse de ello para sembrar el pánico.

Herzen, como otros revolucionarios rusos eslavófilos, era un ludita de la historia, añoraba una utopía regresiva, deshacer las reformas de Pedro el Grande, que tenían en San Petersburgo el símbolo de la europeización. Herzen descarta la Revolución Francesa y su voluntad de crear un mundo nuevo. Su análisis es impecable: *«El terror de los noventa no puede repetirse, porque tenía la pureza de la ignorancia, la fe absoluta en la justicia y el éxito que los terrores sucesivos no pueden tener». «Nada más lejos de nosotros que el Terror francés». «La Francia revolucionaria quería renunciar al modo de vida tradicional, robustecido por los siglos y bendecido por una Iglesia poderosa». «Anunciaba unos derechos nuevos, nunca vistos: los derechos del hombre, y sobre esa base aspiraba a instaurar una unión social racional». «Nosotros no tenemos nuevos dogmas ni nuevos catecismos que proclamar». «El cambio debe comenzar por un retorno consciente al modo de vida del pueblo, a los principios reconocidos por el sentido popular y las costumbres seculares». «Repudiando las formas extrañas al pueblo, impuestas hace siglo y medio, continuaremos el desarrollo interrumpido y desviado, introduciendo la nueva fuerza del pensamiento y la ciencia».*

La verdad es que resulta difícil imaginar qué nuevo pensamiento o ciencia que no fueran europeos podían insertarse en el desarrollo de Rusia. Pero lo significativo es que el cosmopolita Herzen, en su famosa *Kolokol*, editada en el exilio, pero tan prestigiosa en Rusia que la leían el zar y la zarina, se vuelva hacia el pasado cuando solo ha pasado un año desde la liberación de los siervos y las demás medidas reformistas de Alejandro II.

El terrorismo como paradójica y creciente rebelión de los jóvenes cultivados (los Bazárov de Turguéniev) contra la modernización de Rusia se confirmó cuando Karakozov, miembro de la asociación «Cuatro de Abril», trató de asesinar al zar, fracasando por la intervención de un transeúnte, Ossip Kommisarov, que desvió el tiro. Herzen condenó el atentado y fue de nuevo criticado por ello. Nikolai Serno-Solov, uno de los fundadores de Tierra y Libertad (Zemlya i Volya), escribió: «No, señor fundador del socialismo ruso; la joven generación no le perdonará este juicio sobre Karakozov».

El círculo de Karakozov estaba dirigido por Nikolai Isutin, creador del tipo de célula terrorista que Dostoievski retrata en *Los demonios* tras el asesinato del estudiante Ivanov por Netchaev, también amigo de Isutin. Pero es este el que adelanta lo que, de inmediato, concretará Netchaev. «De él [Isutin] venían las órdenes de matar, envenenar y robar. Él era el que, ante cualquier dilema moral, decía "el fin justifica los medios"». De él es también la definición del «demonio» del «Infierno» que Netchaev copiará en el *Catecismo del Revolucionario*, escrito con el *gran tapado* del Terror ruso, Mijail Bakunin, el teórico del comunismo llamado «libertario» y rival de Marx por el control de la I Internacional.

Desconocemos si Dostoievski al escribir *Los demonios*, conocía esta definición del miembro del «Infierno» por Isutin. Es transparente:

> El miembro del Infierno debe vivir con nombre falso y renunciar a los lazos familiares; no debe casarse; debe dejar los amigos de antes y, en general, vivir con un único fin, un amor y una dedicación infinitos a la patria y su bien, dispuesto a sacrificar la propia vida, sin pensárselo, y sacrificar la de los que, con su influencia, frenan o impiden la acción.

Isutin aportó además el modelo de partido al terrorismo comunista ruso, porque conviene no olvidar que Zajnievski, Isutin, Netchaev, Tachev, Bakunin, Chérnov (jefe de los socialistas revolucionarios), Mártov (de los mencheviques), anarquistas y leninistas *eran todos comunistas*. El partido de Isutin, llamado La Organización, estaba realmente dominado por un grupo de treinta personas autodenominado «Infierno», cuya función era la de controlar a los demás sin ser advertidos. Para ello se fingían borrachos y disolutos, de modo que los vigilados no sospecharan de los vigilantes. Y el fin del «Infierno» era, simplemente, matar al que se «desviase del camino».

# EL *CATECISMO REVOLUCIONARIO* DE NETCHAEV Y BAKUNIN

El terrorismo ruso es hijo del Terror de la Revolución Francesa, de *La conspiración de los iguales* de Babeuf y —con Auguste Blanqui siempre de

por medio— de las dos corrientes comunistas que tras las revoluciones de 1848 inaugura Weitling y encabezan durante treinta años Marx y
Bakunin. En todos esos antecedentes y en todas las etapas y figuras del
terrorismo ruso, de Zajnievski a Lenin, encontramos la misma vocación
de sustituir la religión y destruir la moral cristiana que impregna la sociedad europea. La fuerza que desde 1793 tiene el Terror francés es su
vocación de formar una Iglesia que declare abolidas las leyes morales que
emanan de la fe. No se trata solo de abolir la religión, sino de sustituir la
creencia en Dios por la creencia en la Historia; no solo el Más Allá por
el más acá, por lo tangible del mundo, sino de invertir no solo anular, los
valores morales que casi dos mil años de cristianismo habían labrado en
las costumbres sociales. Es indudable que eran la verdadera argamasa de
la sociedad que querían destruir, pero también que eran indistinguibles
de la civilización como tal.

Esos valores habían ido consolidando a lo largo de los siglos una serie
de instituciones que no eran simplemente políticas, sujetas al arbitrio del
poderoso de turno, sino que se consideraban naturales y defendían el derecho a la vida, la libertad y la propiedad, así como la familia, núcleo en
el que se transmitían, de padres a hijos, unos valores que el cristianismo
había sintetizado en los Diez Mandamientos. Al margen de los puramente religiosos y morales, referentes a la fe, el sexo y la familia, los más importantes políticamente eran el quinto, «no matarás», y el séptimo, «no
hurtarás». El séptimo prohibía el comunismo, que es apropiarse de lo ajeno. El quinto prohibía matar al dueño de lo que se robaba. El décimo remachaba, refiriéndose a la mujer, el marido o los hijos: «No codiciarás los
bienes ajenos». Pero esto siempre fue objeto de discusión. Para los teólogos españoles del XVI, como veremos en el Epílogo, codiciar los bienes
ajenos o simplemente hurtar a través de la inflación que provoca la alteración de la moneda era un delito gravísimo, que acarreaba la pérdida de
legitimidad en el poder e incluso del derecho a la vida. Lo que no cabía
era confundir el magnicidio —que por abuso de poder u otras razones,
sin excluir la locura, se ha dado siempre— con el asesinato de toda persona que, al margen de su buena o mala conducta, represente la ley o la
moral (juez, sacerdote), ni al que se resista a que le roben lo que es *suyo*.

Para ello, el terrorismo parte de la negación de la moral cristiana —o
de lo que se considera *naturalmente moral* en toda sociedad: no matar, no

robar— y crea una moral que justifique la destrucción de la propiedad y la herramienta para lograrlo: la violencia y su máxima expresión: el asesinato.

Naturalmente, eso supone atribuirse la autoridad para hacer lo que precisamente niega la moral: matar, robar, violar, escarnecer y calumniar. El *asesinato civil* de la calumnia, un delito moral que ha existido siempre, evoluciona, como el terrorismo desde Robespierre, de lo particular a lo general, de lo individual a lo colectivo o de clase. La gran diferencia con el escarnecimiento a una persona, con razón o sin ella, por venganza u otra razón, o sin razón alguna, a veces por error, es que no se juzgan conductas individuales sino la pertenencia a un grupo social que, por razones teóricas, debe ser combatido o eliminado: la burguesía, el campesinado, los intelectuales, los jueces, la Iglesia, cualquier grupo racial o cultural opuesto al comunismo. Lenin llevará este principio hasta sus últimas y criminales consecuencias, pero, como en todo, no hace sino coronar la tarea de medio siglo de Terror.

El problema ético que se plantea a los propios comunistas es cómo distinguir la vulneración de las normas morales para lograr un fin político del posible disfrute en el acto de robar, calumniar, pervertir o asesinar. ¿Cómo distinguir al delincuente político que se considera fuera de la ley, no de la moral y que lleva una vida ejemplar, del delincuente común, que usa la política para satisfacer sus impulsos antisociales, y a cuenta del socialismo?

Los comunistas que, poseídos de autosuficiencia, son los sacerdotes de una religión que absuelve de antemano cualquier cosa que hagan, no pueden, sin embargo, eludir un problema que no tiene que ver con su conciencia sino con la de los demás: ¿cómo explican los revolucionarios a la sociedad la diferencia entre el terrorista que se sacrifica por el bien y el que disfruta haciendo el mal, si ambos hacen y dicen lo mismo, si se justifican con los mismos argumentos?

Este es el meollo del Caso Netchaev, que alteró durante medio siglo la política rusa y afectó a toda la izquierda europea. Cuatro elementos lo definen: el juicio a su célula —él huyó— por el asesinato del joven Ivanov; la publicación, dentro del seguimiento periodístico del juicio, del *Catecismo Revolucionario*; la novela de Dostoievski *Los demonios*, que parte de ese crimen para escudriñar la conciencia del terrorista; y la propia personalidad del asesino Netchaev, que fascinó a unos —Lenin, Nietzsche— y demostró a otros —Dostoievski— el abismo de inhumanidad a que abocaba la sustitución de una moral universal, cristiana, por la total amoralidad revolucionaria.

En su revista *Justicia Popular*, publicada en Suiza con el apoyo de Bakunin, Netchaev saluda el atentado fallido de Karakozov contra el zar:

> ¡Sí, ha sido el prólogo! ¡Hagamos, amigos, que pronto le siga el drama!
>
> Tenemos un solo plan negativo, el de la destrucción despiadada. Renunciamos abiertamente a la elaboración de las futuras condiciones de vida, en cuanto incompatible con nuestra actividad; y creemos estéril todo trabajo mental exclusivamente teórico. Entendemos la obra de destrucción como una tarea tan enorme y difícil que necesita todas nuestras fuerzas y no cabe engañarse con el sueño de conservar la fuerza y capacidad de construir (…). Concentrando nuestras fuerzas en la destrucción, no tendremos dudas ni desilusiones, perseguimos de modo constante, uniforme, frío, nuestro único objetivo vital.

Rechazar la elaboración teórica de la futura sociedad y limitarse a la destrucción de la existente era demasiado para los intelectuales de entonces, que buscaban al menos la certeza moral de destruir todo a cambio de algo. Netchaev (y por eso les fascinaba: porque apelaba a su más inconfesable instinto asesino, el del mal por el mal) no les permitía siquiera esa alegría:

> Apreciamos el pensamiento solo en cuanto pueda servir a la causa de la destrucción radical, total y universal. Pero en ninguno de los libros existentes hay una idea semejante. El que estudia la causa revolucionaria en los libros será siempre un gandul revolucionario (…). Hemos perdido toda fe en la palabra. La palabra solo tiene significado para nosotros cuando tras ella se siente y sigue inmediatamente la acción. Pero no todo lo que se llama acción es acción…

No lo era el modesto y cauto trabajo (ilegal, peligroso) en organizaciones secretas, incapaces de operaciones prácticas: «Solo la serie de acciones que destruyen inequívocamente algo».

Netchaev, supuestamente evadido de la cárcel de Pedro y Pablo, fascinó a Bakunin como una especie de heredero de la nueva generación de revolucionarios rusos, los que despreciaban a su amigo y protector Herzen. La relación fue tan íntima y la colaboración tan estrecha que fundaron la «Unión Revolucionaria Mundial» y Netchaev volvió a Rusia comisionado por Bakunin y como representante suyo. En San Petersburgo agavilló a algunos estudiantes y creó la asociación secreta «Justicia Popular», que, siguiendo el modelo de Isutin, formaban células de cinco miembros, las cuales controlaba un «Comité», un «Infierno», en este caso poblado solo por Netchaev. Pero uno de los cinco de la célula, el estudiante Ivanov, no vio clara la naturaleza del Comité y anunció que pensaba dejar la asociación. Entonces, Netchaev, implicando a los miembros de la célula, lo asesinó.

Cuando se conoció el crimen, fueron capturados todos los asesinos presenciales salvo Netchaev, que había huido de nuevo a Suiza. Y durante el juicio se publicó, al hallarse entre los documentos de «Justicia Popular», el *Catecismo Revolucionario* que habían redactado Bakunin y Netchaev. La autoría de este texto que lleva a sus últimas consecuencias las ideas de Isutin, sigue siendo objeto de controversia, porque para los bakuninistas es importante negar la autoría siquiera parcial de su líder en un texto tan cruel. Y no solo para los anarquistas, también para los liberales y biempensantes en general, hay que salvar «algo y aun algos» de los dioses de la izquierda. Enseguida veremos que estamos ante otra típica operación de blanqueo de los líderes comunistas: Stalin era malo, pero Lenin bueno; Lenin también era malo pero Marx, excelente; Fidel es discutible y el Che indiscutible, y el libertario Bakunin, opuesto al comunismo autoritario de Marx, no puede haber sido partícipe del más salvaje manual terrorista que se haya escrito.

Vayamos a ese *Catecismo* que parece escrito por el marqués de Sade:

El revolucionario es un hombre perdido. No tiene intereses personales, ni asuntos privados, ni sentimientos, ni propiedad, ni siquiera nombre. Todo en él está absorbido por un único interés exclusivo, por un único pensamiento, por una única pasión: la revolución.

En lo profundo de su ser, no solo de palabra sino de hecho, ha roto todos los lazos con el orden establecido, con todo el mundo civil, con todas las leyes, las conveniencias, las convenciones sociales y la moralidad de este mundo. El revolucionario es su enemigo implacable y si continúa viviendo en él es para asegurarse mejor de destruirlo (…) moral es para él todo lo que favorece el triunfo de la revolución… desprecia y odia la moral de la sociedad actual. Despiadado con el enemigo… duro consigo mismo, y con todos los sentimientos tiernos y enervantes, como los de parentesco, de amistad, de amor, de gratitud y hasta de honor.

Naturalmente, eso supone la manipulación y el engaño de todos. Y aquí sí cabe la explotación «capitalista» de los demás, pero con permiso:

Todo compañero debe tener bajo control algún revolucionario de segundo o tercer grado, es decir, no totalmente iniciado. Debe considerarlo como una parte del capital general puesto a su disposición. Debe gastar con parsimonia esta parte del capital, buscando extraer el mayor provecho posible. Él mismo se considera como un capital destinado a perderse por el triunfo de la causa revolucionaria, pero un capital del que él solo, sin el acuerdo de los demás compañeros totalmente iniciados, no puede disponer.

La función del revolucionario es matar. Pero siguiendo un orden:

Toda esta inmunda sociedad debe dividirse en varias categorías. La primera comprende los que son improrrogablemente condenados a muerte. La Sociedad debe hacer un elenco de estos condenados, disponiéndolos según su relativa nocividad para el proceso revolucionario, «doctrinarios», «conspiradores», «parlanchines ociosos»…

Las mujeres deben ser divididas también en grupos: «Fútiles, insensatas e insensibles», pero utilizables para la causa; «apasionadas, devotas y capaces», «que aún no alcanzan una verdadera conciencia revolucionaria», también manejables; y «completamente iniciadas y totalmente de acuerdo con nuestro programa», «nuestro tesoro más precioso, de cuya ayuda no podemos prescindir».

El punto en que la perfecta descripción del psicópata, que carece de cualquier sentimiento hacia el otro, se convierte en elogio y búsqueda del sociópata perfecto, el que no siente nada ante el sufrimiento de todos los demás, es cuando dice que esa sociedad secreta revolucionaria «hará cualquier esfuerzo y usará cualquier medio para favorecer el desarrollo y la difusión de los daños y de las catástrofes que deben hacer perder finalmente la paciencia al pueblo y arrastrarlo a la insurrección general».

Esta búsqueda deliberada del Mal en nombre del Bien es lo que más escandalizó en su momento y hoy sorprende no solo por su crudeza sino por anticipar el terror de Estado bajo Lenin en dos aspectos esenciales: la deliberada provocación de la hambruna para someter a la población, sobre todo campesina, y la eliminación del valor del dinero con la impresión masiva de billetes y la consiguiente inflación, que, prohibido el comercio y limitado el trueque, provocaron el fatal desabastecimiento de alimentos.

Entre los netchaevianos encarcelados tras el asesinato de Ivanov, figuraba Tachev, que a diferencia de Netchaev, que escribió poco, publicó una vastísima obra y, tras salir de la cárcel, colaboró en el periódico de Auguste Blanqui *Ni Dieu ni Maître*. Un artículo se titula «El terrorismo como único medio de renacimiento moral y social en Rusia». ¡El «único medio»! ¡A eso había quedado reducido el socialismo pacifista de Herzen!

Aunque aparentemente desacreditado, Netchaev decía a lo bruto lo que otros revolucionarios deseaban por lo fino o en secreto. Fue siempre una inspiración para Lenin. Él buscó, como nadie antes, el mal del pueblo, aunque no para movilizarlo sino para paralizarlo. Él hizo realidad lo que el catecismo predicaba sobre los Romanov: «¿Quién de la familia imperial debe ser aniquilado? La ektenia entera» (toda la familia, por la que se rezaba en la misa). «¡De una sencillez genial!», decía Lenin. Y puesto a matar Romanov, mató a todos los adultos, a los niños, al servicio y hasta al perro.

El historiador Bronch-Bruevich, amigo y viejo camarada de Lenin, dice:

Hasta entonces no habíamos estudiado a Netchaev, cuyos escritos fueron objeto de frecuentes reflexiones por Lenin; y cuando los términos «Netchaev» y «netchaevismo» sonaban casi como injurias incluso entre los exiliados, porque desprestigiaban la lucha armada y la dictadura del proletariado, cuando a Netchaev le llamaban «el blanquista ruso», Lenin decía que había sido un truco muy hábil de la reacción desacreditarlo con *Los demonios* de Dostoievski, «libro repugnante aunque genial», y que se olvidara que este titán de la revolución tenía tal fuerza de voluntad que consiguió que la guardia de la cárcel de Pedro y Pablo se le sometiera.

## LA PERSONALIDAD DE NETCHAEV Y LA TÁCTICA DE BAKUNIN

Cuando alguien ocupa un lugar tan importante en la historia como Lenin es esencial conocer o, al menos, investigar las raíces intelectuales y biográficas de su actuación. No las establecidas después de su muerte o las que el líder proclamó en vida, sino las que actuaron en su interior, los modelos en que vació su propio molde. Los grandes revolucionarios son una mezcla de sentimientos e ideas que alguien, una especie de catalizador, convierte en una forma determinada de ver las cosas, las personas y la acción política.

El terrorismo no fue solo lo que, al morir su hermano en la horca, determinó el futuro de Lenin. Más importante es preguntarse qué ambiente era aquel en que el joven Alexandr, tan distinto de Vladimir por su valor físico y su entereza moral, se hizo terrorista. Y en qué medida, aparte de su adopción juvenil por los correligionarios de su hermano, el Lenin que nace en 1902, pasados los treinta años, estuvo marcado por el terrorismo ruso. Si alguien se convierte en el mayor terrorista de Estado de la Historia, parece esencial saber qué idea tenía del terror y el terrorismo, y de dónde la toma. Y eso nos lleva mucho más allá de Marx y Engels: a Netchaev y Bakunin.

En mi opinión, y aunque por conveniencia política lo ocultara en ambos casos, lo que atraía a Lenin de Netchaev era lo mucho que sus personalidades tenían en común. Y lo que tomó de Bakunin es el modelo de su verdadera obra política, un partido que era él mismo. También Lenin sabía ser «políticamente correcto», artero cuando le convenía, y los autores del *Catecismo Revolucionario* eran dos *malditos* para la socialdemocracia rusa, base que Lenin había elegido para fundar su partido y llegar al poder.

Pero la descripción de Netchaev que Strada toma de su correligionario Kapacinsky se parece mucho a la que de Lenin hicieron sus más próximos:

> La primera impresión que produce Netchaev es desagradable, pero de forma que provoca un picante interés; está morbosamente lleno de amor propio, que aflora en los primeros encuentros, aunque trate de controlarse (…) en las discusiones busca humillar al adversario, recurriendo a cualquier estratagema, posee una rica dialéctica y sabe tocar las cuerdas más sensibles de la juventud: la justicia, la honradez, la entrega, etc. No soporta a las personas a su mismo nivel, y con las más fuertes mantiene un severo silencio y busca lanzar sobre ellas la sombra de la sospecha. Es muy firme en sus convicciones, pero por un amor propio al que está dispuesto a sacrificar cualquier cosa. El rasgo más importante de su carácter es, pues, el despotismo y el amor propio. (Vittorio Strada, 2008).

## EL ODIO, MOTOR DE LENIN

La biografía más famosa —y empalagosa— de Lenin es la de Gorki, un obituario lleno de anécdotas personales que escribió y reescribió tras la muerte del hombre al que había atacado durísimamente por su crueldad tras el Golpe de Octubre de 1917. Pero cuando el bolchevismo se asentó en el poder, Gorki se convirtió en fiel turiferario de Lenin y devoto siervo de Stalin. Y como lo que valía era su fama y su relación con Lenin, lo recordaba, como quien dice, en zapatillas. Sin embargo, más de una vez, quizás no siempre sin intención, al recordar al ídolo en la cercanía, solía revelar lo que decía combatir. Lenin, decía:

> … era áspero con la gente, ridiculizaba sin piedad, a veces se burlaba mordazmente, todo esto es cierto (…) con frecuencia adoptaba una postura extraña y un tanto cómica: reclinaba la cabeza hacia atrás, sobre los hombros, y se metía los dedos bajo las axilas, por las sisas del chaleco. En esta postura había algo de una simpatía y gracia asombrosas, algo de gallito triunfante, y todo él, en esos momentos irradiaba alegría, gran criatura de este condenado mundo, hombre maravilloso, que hubo de sacrificarse a la enemistad y el odio para realizar una empresa de amor.

Por supuesto, sucedía exactamente lo contrario. Todos los que lo trataron al llegar al poder, y muchos que lo hicieron antes, destacan el *odio*, un odio salvaje, sin matices, como rasgo principal de su carácter. Y lo confirma esta frase suya, la más repetida de esta biografía oficiosa de Gorki:

> No puedo escuchar música con frecuencia, me altera los nervios y me entran ganas de decir cariñosos disparates y de acariciar a la gente que, viviendo en un sucio infierno, es capaz de crear tal belleza. Y hoy no se puede acariciar a nadie, porque te pegan un mordisco, y hay que golpear las cabezas, golpear sin compasión, aunque en el ideal nos opongamos a toda violencia. ¡Hum, hum, es una carga tremendamente pesada!

Ese «hum, hum», era el latiguillo de Lenin. Pero donde Gorki, resbalando en almíbar, casi se descalabra es hablando del odio:

> No he encontrado, no conozco a nadie que sintiera con la profundidad y la fuerza de Lenin el odio, la repugnancia y el desprecio hacia la desdicha, el dolor y padecimiento humanos (…) un rasgo sumamente importante para mí de Lenin es precisamente esa hostilidad irreconciliable, inextinguible, hacia las desdichas humanas, su fe ardiente en que la desdicha no es la base inmutable de la realidad, sino una abominación que los hombres deben y pueden barrer de su lado.

Siete millones de víctimas en solo cinco años disfrutando del poder, atestiguan lo contrario. Lo anunció el propio Gorki en noviembre de 1917:

> A Lenin, la vida en toda su complejidad le es desconocida, no conoce a las masas, no ha vivido entre ellas pero ha descubierto en los libros cómo hacerlas bailar como caballitos de feria (…). Para Lenin la clase obrera es como el hierro para un forjador, ¿será posible, dadas las circunstancias actuales, fundar un Estado socialista a partir de ese metal? Evidentemente, no. Pero, ¿por qué no ensayarlo? ¿Qué arriesgaba Lenin si la experiencia fracasaba? (Volkogónov, 1996).

Y en su periódico *Vida Nueva*, publicado de noviembre de 1917 a julio de 1918, cuando Lenin decidió cerrarlo, Gorki concretaba aún más:

Lenin y sus compañeros de armas creen que pueden cometer cualquier crimen, como la masacre de Petrogrado, la devastación de Moscú, la abolición de la libertad de palabra, las detenciones insensatas, en suma, todos los actos abominables que en su momento cometieron Pleve y Stolipin. El jefe presente conduce al proletariado en esa misma dirección, y hay que entender que Lenin no es un mago omnipotente, sino un prestidigitador de sangre fría que no respeta ni el honor ni la vida de los proletarios. (Ibíd.).

Lenin, que era un acendrado rencoroso, no olvidó nunca esto. Así que años después Gorki vertía cataratas de almíbar sobre Lenin y sobre sí mismo:

Este hombre calvo, tartajoso y fuerte, frotándose la frente socrática con una mano, y con la otra zarandeando la mía, con un cariñoso brillo en sus ojos, asombrosamente vivaces, empezó a hablar inmediatamente de los defectos de *La madre* (…). «Es un libro muy oportuno». Fue su único elogio, pero sumamente valioso para mí. (Gorki, 1988).

Privilegiado entre los indultados, Gorki recibió mucho mejor trato que el que Lenin dispensó a la *intelligentsia* rusa, sobre la que le dice: «El que no está con nosotros está contra nosotros (…), y si rompemos demasiados platos, la culpa será de ellos». (Ibíd.).

Aunque, tal vez pensando en Gorki, ya domado, en 1922 Lenin sintetizó:

Las fuerzas intelectuales de los obreros y campesinos crecen y se refuerzan en la lucha contra la burguesía y sus cómplices, los intelectuales, los lacayos de la burguesía que se creen el cerebro de la nación. En realidad, no son su cerebro, son su mierda. (Fernández Aguado, 2017).

Esto quiere decir que, dado que acabó con el proletariado —de dos millones y medio al llegar al poder, quedaba apenas medio cuando murió —(comenzó el exterminio de los campesinos matando de hambre a cinco millones, que Stalin aumentó a cuarenta)—, las fuerzas intelectuales de las que habla se reducían a una: él mismo, Lenin. De hecho, una vez en el poder, Lenin persiguió a los intelectuales no sumisos como no lo hizo nunca ningún zar. Aparte de los asesinados por sus vinculaciones políticas a otros partidos, desterró a los más notables —ciento cuarenta de golpe— y permitió, o sea, forzó la huida de muchos otros bajo la fundada creencia de que, o se iban, o los mataba. El proceso a los socialistas revolucionarios, *eseristas*, demostró de forma inequívoca que el Terror, aliado con la mentira, no permitiría comprensión alguna para los que, en democracia y refiriéndose a Jorge Semprún, llamaba Pasionaria «cabezas de chorlito». Los «chorlitos» en la URSS no cantaron nunca más.

Lenin, como todo el grupo dirigente bolchevique (salvo Trotski, apuesto y esbelto, y Stalin, que ponía tacones altos a su 1,63) era un hombre bajo, menos de 1,60, totalmente calvo, ancho pero cargado de espaldas; vestía, cuando actuaba políticamente, de obrero con gorra y abrigo caído, y llamaba poco la atención hasta que hablaba y, sobre todo, miraba. Cuando se le conocía de oídas o por escrito, decepcionaba. Tatiana Aleksinski, más tarde secretaria y colaboradora de Krupskáia y Lenin, lo describe así:

Conocí a Lenin en el verano de 1906 (…). Qué inmensa fue mi desilusión al verlo en una reunión en los suburbios de Petersburgo. No solo fue su apariencia lo que me provocó una impresión desagradable: era calvo, tenía una barba rojiza, pómulos mongoles y una expresión antipática. Fue también su comportamiento durante la manifestación que siguió a la reunión. Cuando alguien, al ver que la caballería cargaba contra la multitud, gritó: «¡Los cosacos!», Lenin fue el primero en huir. Al saltar por encima de una barrera perdió el bombín y se le vio entonces el cráneo desnudo, sudoroso y reluciente bajo el sol. Se cayó, se levantó y siguió corriendo (…). Tuve una sensación extraña. Entendía que uno tenía que hacer lo posible por salvar la vida, y aun así… (Pipes, 2017).

Kuprín hace este retrato literario en una de sus *Instantáneas*:

Es bajo, de espaldas anchas y delgado. Su aspecto no produce rechazo, ni parece típicamente militante, ni de pensamientos profundos. Tiene pómulos altos y ojos rasgados… Su frente es amplia y abombada, aunque no tan exagerada como aparece en las fotografías en escorzo… tiene indicios de pelo en las sienes, y todavía su barba y su bigote revelan que en su juventud fue un llamativo pelirrojo. Tiene manos grandes y feas… pero no podía dejar de mirarle a los ojos… son sesgados; además tiene una tendencia a restregárselos, sin duda un hábito para ocultar su miopía, y esto y las rápidas miradas bajo las cejas le dan una impresión ocasionalmente aviesa, incluso artera. Pero lo que más me sorprendió fue su color…. En el verano pasado, en el zoo de París, observando los ojos de un lémur me dije asombrado: ¡finalmente he descubierto los ojos de Lenin! (Volkogónov, 1998).

Ariadna Tirkova, una escritora que lo trató a menudo, resumió así esa mirada: «Lenin era malo. Y tenía los ojos malignos de los lobos» (Ibíd.).

Lenin era, por así decirlo, un miedoso intuitivo y científico. Jamás arriesgó deliberadamente su vida. Nunca fue al frente, huyó ante el peligro, tampoco arrostró la represión a solas —culpó a otro camarada de un texto que había escrito él, y así cumplió en Siberia la mitad de la pena— y no apreciaba el valor físico en los demás, ni en su hermano ni en Trotski. Tampoco lo despreciaba. Como buen sociópata, le era indiferente que los demás vivieran o murieran, salvo en relación a La Causa, o sea, a él mismo. Era la misma cobardía física de Robespierre, un *huidor* al lado de Danton. No sabemos si, también como Azaña, se paralizaba y acentuaba su ya legendaria palidez. Era un virtuoso tal del disfraz que escapaba antes de ser visto. Es evidente que la tarea primera de un subversivo es que no lo cojan, pero es que Lenin se creía el único capaz de guiar a las masas a su destino, que era el de seguirle hasta colocarlo en el poder.

Pipes, que después de Volkogónov —el primero en acceder a los archivos secretos del PCUS— es el que quizás da una visión más profunda de la psicología de Lenin, acierta, siguiendo a su biografiado Piotr Struve (Pipes, *Struve, Liberal on the Left, 1870-1905*, Harvard University Press, 1970 y *Struve, Liberal on the Right, 1905-1944*. Harvard University Press, 1980) al ver en el odio el motor de su personalidad. Pero yerra al atribuirlo al rencor por la muerte de su hermano, o cuando, como tantos contemporáneos, describe el leninismo como un marxismo sumergido en el populismo de *Narodnaia Volia* (Voluntad del pueblo), grupo de Alexandr Ulianov. Ese *odio*, lo primero que advertían algunos de los visitantes de Lenin en el Kremlin lo describe así su viejo compañero Struve:

> (Su) principal *Einstellung* (fijación) —para usar el nuevo y popular término psicológico— era el odio. Lenin adoptó la doctrina de Marx sobre todo porque respondía a esa *Einstellung* primordial de su mente. La doctrina de la lucha de clases, implacable y generalizada, con el objetivo final de la destrucción y el exterminio del enemigo, demostró ser afín a su actitud emocional respecto a la realidad circundante. Lenin odiaba no solo la autocracia vigente (el zar) y la burocracia, no solo la ilegalidad y la actitud arbitraria de la policía, sino también a sus antípodas, los «liberales» y a la «burguesía». Había en ese odio algo repulsivo y terrible; aunque, arraigado en emociones y repulsiones concretas —debería decir incluso animales—, era, al mismo tiempo, abstracto y frío, como todo el ser de Lenin. (Pipes, 2017).

Pero esa descripción no es la de un típico lector socialdemócrata de Marx, sino la del sociópata admirador de Netchaev y/o Bakunin en el *Catecismo Revolucionario*. En su último artículo antes de morir, en 1918, Plejánov, el «padre del marxismo ruso», escribió: «Las tácticas de los bolcheviques son las tácticas de Bakunin, y en muchos casos, pura y simplemente las de Netchaev» (Volkogónov, 1998).

El propio Lenin confesaba a sus íntimos, léase cercanos, que Chernichevski le había influido más que Marx y que cualquier otro. Lógico, se dirá, porque aún no se había traducido a Marx y el *¿Qué hacer?* es de 1862, como el citado manifiesto fundador del terrorismo, *La Joven Rusia*, de Zemianski. Pero es que, además, Rajmétov, el héroe de Chernichevski —que es el de Lenin, que elige para su primer libro *firmado* el mismo título—, es el viejo «hombre nuevo» (Marx, Bakunin, Lenin), con «voluntad de acero» (Stalin) que deja atrás el nihilismo romántico de Bazárov en *Padres e hijos* de Turguéniev, rompe con familia y amigos, aspira a un partido-comuna y *ya es* el revolucionario frío y despiadado de Isutin y Netchaev. No es, por tanto, el populismo de los años ochenta del XIX, el del joven Alexandr Ulianov, el de Narodnaia Volya, que desembocará en el de los socialistas revolucionarios o eseristas de Chérnov, sino el terrorismo de los primeros sesenta, antes de fundarse Tierra y Libertad, precedente de Narodnaia Volia, el que modela a Ulianov hasta convertirlo en Lenin. De ahí viene esa personalidad fría, que es la del psicópata netchaeviano, capaz de conseguir que el motor del odio se convierta en el método del terror para alcanzar un poder absoluto. Y ese odio abocado al asesinato de masas es justamente lo que, preso Netchaev, predica Bakunin desde las barricadas de la Comuna.

Es ese un Bakunin que nadie quiere recordar: los anarquistas porque es demasiado marxista y los marxistas porque Marx no sería *tan* distinto de Bakunin. Pero lo cierto es que su obra demuestra que compartía con Marx todos sus dogmas económicos, desde el empobrecimiento creciente del proletario a la caída de la tasa de ganancia del capital, amén de la miseria programada por el ciego egoísmo del capitalista, que vivía de rentas y no inventaba más que nuevas formas de esclavismo para la naciente y muriente clase obrera.

Es decir, lo contrario de lo que realmente suponía la revolución industrial, los avances tecnológicos que multiplicaron la productividad y la apertura de nuevos mercados —no precisamente por el imperialismo esclavista— que ampliaron los beneficios y la posibilidad de repartirlos de forma inédita. Pero si, como demuestra el medio siglo entre la Comuna de París y la Primera Guerra Mundial, era posible no solo que los trabajadores convivieran con el capitalismo, sino que prosperaran con él, ¿para qué la revolución? ¿Qué hacer con la dictadura del proletariado? ¿Qué función hubieran tenido los «revolucionarios profesionales» del comunismo?

## LOS PADRES POLÍTICOS DE LENIN 2 / MARX

Pero que, como veremos, Bakunin anunciase las medidas clave del primer año de Lenin en el poder, que dibujan ya el modelo de régimen totalitario dominado por el Terror de Estado, no significa, como dice Volkogónov en *El verdadero Lenin*, que la «dictadura ilimitada» fue «el pecado original del marxismo en su versión leninista, aunque para ser justos ello no quiere decir que Marx fuera muy partidario de la dictadura».

De lo que jamás fue partidario Marx, ni dejó el menor rastro en su obra es del sufragio universal, la separación de poderes y los derechos inalienables del individuo: la vida, la libertad, la propiedad y la igualdad ante la ley.

Uno de los libros que mejor estudia el leninismo como vástago de Marx es el de Mauricio Rojas *Lenin y el totalitarismo*. Su autor, hoy respetado académico liberal, lo escribe como escarmiento de una juventud, a finales de los sesenta y comienzos de los setenta del siglo pasado, que en Chile fue pródiga en comunistas, terroristas urbanos o guerrilleros rurales, aplastados por el golpe de Pinochet contra Allende, por cierto, gran admirador de Stalin y el Che.

Rojas escribe para cumplir con su deber moral de antiguo comunista, que se libró por el forzoso exilio de un final acaso trágico, y resume así la supuesta desviación estalinista del auténtico marxismo-leninismo:

> Circunstancias adversas habían llevado a la perversión del impulso revolucionario, hasta convertirlo en un monstruoso Estado en manos de una nueva clase privilegiada. No era el ideal de Marx y Lenin el que había fracasado, sino su aplicación bajo circunstancias extraordinariamente adversas que habían forzado su corrupción. Por ello, el sueño revolucionario seguía vigente y nada había en él que lo ensombreciese. (*Lenin y el totalitarismo*, Sepha, 2012).

Esta es la razón de que el comunismo siga siendo una ideología a la que rinden tributo los medios educativos, periodísticos y, en consecuencia, políticos: en todos los países donde se ha aplicado el comunismo el saldo ha sido y es crimen y miseria, pero… porque no se ha aplicado el comunismo. La clave es el «pero», que evita la condena. Nadie explica por qué hay que insistir en aplicar una receta que fracasa siempre; y es que la razón es inconfesable: ¡se vive tan bien en el lado del Bien! Además, junto a la indiscutible superioridad moral, la izquierda garantiza una mayor seguridad laboral. El problema es que esa «buena conciencia» choque con una conciencia recta:

> Solo con el paso del tiempo fui entendiendo la profunda relación que existía entre ideales tan deslumbrantes y una realidad tan penosa. La dificultad fundamental estribaba en comprender cómo del idealismo podía surgir tanta maldad. Lo más fácil era atribuirlo a causas exteriores, accidentes de la historia o a la perversidad de ciertos líderes, y quedarse así con los ideales impolutos. Pero esto fue lo que terminé poniendo en

cuestión y ello implicó, además, un serio cuestionamiento personal que me obligó a entender que también en ese joven idealista y romántico que yo había sido estaba la semilla del mal (…).

Esto fue lo que entendí un día, pero lo entendí no como un problema de otros o de una categoría especial de seres singularmente malos, sino como un problema mío y de los seres humanos en general. Vi ese potencial de hacer el mal que todos llevamos dentro y vi cómo puede desarrollarse y transformar a los hombres en seres absolutamente inmorales y despiadados respecto al aquí y al ahora con el pretexto de un más allá y un mañana gloriosos.

Y vi en mí al criminal político perfecto del que nos habla Camus en *El hombre rebelde*, aquel que mata sin el menor remordimiento y sin límites, ya que cree hacerlo en nombre de la razón y del bien. Y vi que yo no era esencialmente distinto de los grandes verdugos del idealismo desbocado, de los Lenin, Mao o Pol Pot. Y me asusté de mí mismo y me fui a refugiar en el pedestre liberalismo que nos invita a la libertad pero no a la liberación, que defiende los derechos del individuo contra la coacción de los colectivos, que no nos ofrece el paraíso en la tierra sino una tierra un poco mejor, que no nos libera de nuestra responsabilidad moral sino que nos la impone, cada día y en cada elección que hacemos. (Rojas, 2012).

Cualquier antiguo «rojo» puede reconocerse en estos párrafos. Pero igual que Dostoievski escribió *Los demonios* porque en su juventud «seguramente no habría sido Netchaev, pero sí podría haber sido un netchaeviano», Rojas reflexiona sobre la raíz intelectual de ese extravío moral, sobre cómo «los revolucionarios rusos y en particular Lenin terminaron creando una maquinaria de explotación y opresión nunca vista en la historia de la humanidad. El resultado no fue casual: estaba inscrito en la esencia misma del sueño redentor».

Y como en el cuento de Monterroso, al despertar, Marx seguía allí.

## EL COMUNISMO EN MARX

Esta es la idea básica, de raíz hegeliana, que alumbra el comunismo en Marx:

Tanto para engendrar en masa esta conciencia comunista como para llevar adelante la cosa misma, es necesaria una transformación masiva del hombre —*eine massenhaft Veänderung der Menschen nötig ist*—, que solo podrá conseguirse mediante un movimiento práctico, mediante una *revolución*, y que, por consiguiente, la revolución no solo es necesaria porque la clase *dominante* no puede ser derrocada de otro modo, sino también porque únicamente por medio de una revolución logrará la clase que derriba salir del cieno en que está hundida y volverse capaz de fundar la sociedad sobre nuevas bases. (*La ideología alemana*, Karl Marx, 1932).

La manía de las negritas y los subrayados es, como dice irreverente Paul Johnson en *Intelectuales*, la prueba de que Marx era un victoriano típico, porque también la reina Victoria tenía la manía de subrayar continuamente hasta un tercio de las palabras que escribía, aunque ni ella en sus cartas ni Marx en sus escritos pudieran darles un sentido distinto al habitual. Por cierto, ese rasgo de trascendentalismo semántico lo vemos también en Ortega y Gasset y sus discípulos. Subraya que algo queda… ¿pero qué?

¿Y para qué hace falta esa revolución que cambiará al hombre? Para cumplir lo que Hegel anuncia como posibilidad vagamente bismarckiana: una sociedad en la que el *yo* se diluiría, acabando con la angustia del ser humano, asustado y desamparado en un mundo incierto. Sin embargo, en su proverbial complejidad, Hegel es también un defensor de la Propiedad y del Derecho, las dos bichas del marxismo, aunque sea en clave bismarckiana, algo así como el intervencionismo estatal matizado por el derecho natural. En su última obra, *Principios de la filosofía del derecho* (1821), Hegel dice:

Además de los crímenes que el poder público debe impedir o someter a trato judicial, el libre arbitrio permite actos jurídicos y un empleo de la propiedad privada (…) que (…) pueden ocasionar daños a terceros. En esto reside el fundamento de la presión administrativa.

Pero su preocupación por la seguridad, garantizada por la ley, no le impide valorar las fuentes de toda prosperidad: el comercio y la propiedad:

El significado histórico del comercio como gran medio de cultura le viene de introducir con la industria una búsqueda arriesgada de ganancia, que sustituye la atadura a una gleba por placeres y deseos que saltan sobre las fronteras impuestas por el agua y la lejanía, relacionando países remotos (…) la constitución política en su más alta expresión es la constitución de la propiedad privada.

En la dialéctica Sociedad-Estado, Hegel quiere que «el egoísmo aparejado a la sociedad burguesa se equilibre con funcionarios fieles a su sentido del deber», algo nada preciso jurídicamente, pero que a Marx le parece «una idolatría de la autoridad». Su tesis es que Hegel explicó cómo la propiedad privada funda el Derecho, y este se reconoce en el Estado, pero no cómo este se ha convertido en un medio de opresión. Tampoco lo hará Marx. Del inmenso baúl de sutilezas de Hegel, Marx desdeña lo que quiere y toma lo que le da la gana. Los dos conceptos llamados a fundamentar el leninismo son el «individuo total» (*totalen Individuen*) y el «ser especie» (*Gattungwesen*). Ambos remiten al «hombre nuevo» del «mundo nuevo» que todos los comunistas han anunciado y, cada vez que han podido, han impuesto a sangre y fuego. Pero el éxito de Marx, Bakunin, Lenin e hijos radica en el treno apocalíptico, en el anuncio de un inminente «fin de la opresión» que *científicamente* adivina el materialismo histórico.

Lo que, a mi juicio, une realmente a Marx y a Lenin es su condición de geniales propagandistas. Lo esencial del marxismo no es una doctrina económica que ya era clamorosamente falsa cuando la enunciaron, porque ni la clase obrera era cada vez más pobre, ni los ricos cada vez eran menos, ni el capital era una garantía de mortandad y ruina, sino todo lo contrario: a más capital, más inversión y mejores condiciones de vida para el empleado. Lo que consolaba mucho a aquellos que, bien por la pena que les producía el desvalimiento de muchos frente a la opulencia engreída de algunos, bien por el resentimiento contra los que inventaban cosas, trabajaban mucho y sabían ahorrar, era que todo acabaría pronto en una gigantesca explosión.

El problema del comunismo es que, en general, los hombres reales no quieren morir ni convertirse en hombres ideales sino vivir mejor. Si los ricos u odiosos sufren, estupendo, pero lo que les mueve a la acción es mejorar su vida y la de sus familias. Los proletarios a los que decían salvar Marx, Bakunin o Lenin no querían ser salvados, sino tener su propia casa, mejores sueldos y condiciones de trabajo, seguros laborales, de vida o accidente, en resumen: ser propietarios. Para empezar, de sí mismos, para emplearse donde podían o más les convenía o crear su propia empresa, que es el medio para alcanzar un fin: ganarse la vida, crear una familia y tener su libertad y sus propiedades, pocas o muchas, aseguradas por las leyes y protegidas por la policía. La resurrección está bien, muy bien, con su premio a los buenos y su castigo a los malos, pero en otra vida. En esta, nos basta con ir mejorando.

Podría decirse que el marxismo es un género literario, entre sádico y justiciero, hijo del sermón moral y la profecía apocalíptica, que grupos de cierto nivel intelectual prefieren o dicen preferir al novelón romántico y pobrista, inaugurado en español por *María o la hija de un jornalero*, de Wenceslao Ayguals de Izco. Pero los niños, las mujeres y los desvalidos en general siempre han preferido reparar la injusticia contra Cenicienta que ahorcar a su Príncipe, sin el que nos quedaríamos sin el zapatito de cristal, las carrozas que son calabazas y los relojes fatídicos. La venganza de un atropello que dura décadas y, a veces, generaciones, es siempre paladeada con gusto, pero el final preferido no es un horizonte de horcas sobre un castillo en llamas, salvo que sea el del Doctor Frankenstein, sino el triunfo del amor y la belleza que, a través de interminables vericuetos, alimenta los culebrones televisivos, hijos no reconocidos de esos disparates narrativos del XIX cuya máxima expresión es *Los miserables*.

El problema de los comunistas que apelan al deseo de venganza de la clase obrera es que lo que quieren los obreros es mejorar su situación social, y, si no es posible, que lo hagan sus hijos o sus nietos. El «hombre nuevo» de hoy es el de los buenos propósitos de Año Nuevo: dejar de fumar y beber tanto, hacer ejercicio, ahorrar y alcanzar un modesto cielo en la tierra: encontrar el amor, hacer fortuna, conseguir el aprecio de todos, tener hijos sanos y vivir muchos años con salud, o sea, ser felices, comer perdices y... fin.

Marx, en cambio, en un borrador de *La sagrada familia* tiene esta visión alternativa del cielo en la tierra, que hubiera complacido a Netchaev, a Blanqui y, naturalmente, a Lenin:

Los reflejos de ciudades en llamas se ven en los cielos… y las armonías celestes consisten en las melodías de «La Marsellesa» y «La Carmañola» con el acompañamiento de tronar de cañones, mientras la guillotina marca el compás y las masas enardecidas gritan *Ça ira, ça ira!…* y las inhibiciones penden de los postes de alumbrado.

El éxito de Marx fue asegurar *científicamente* el triunfo del odio. No fue el primero: le precedían los profetas del Antiguo Testamento, el Nuevo y el Apocalipsis de San Juan, junto a los sermones antisemitas de Lutero. El antisemitismo como forma clásica del anticapitalismo, que ha retoñado con enorme fuerza en todo el mundo en el siglo XXI, camuflado de odio al Estado de Israel y casi siempre desde la izquierda, es uno de los tabúes del comunismo y, sin embargo, es clave en la ocultación de sus crímenes.

En el pórtico a *El libro negro del comunismo*, Stephan Courtois describe los dos mecanismos que los comunistas vienen explotando desde el final de la Segunda Guerra Mundial: el nazismo sería el único totalitarismo real del siglo XX y el «antifascismo», del que ellos serían los mejores —en el fondo, únicos— representantes es el único y verdadero antinazismo, o sea, antifascismo, o sea, antifranquismo, o sea, lo que sea menos comparar las víctimas de las tiranías del siglo XX, porque la más criminal y duradera es la inaugurada por Lenin. El Holocausto, que, como Katyn, la URSS negó al principio, se ha convertido en el detente-bala de la investigación sobre los crímenes del comunismo. Hasta el punto de que los principales autores de *El libro negro del comunismo* tuvieron que arrepentirse públicamente (ver *La gran mascarada* de Revel) por comparar las víctimas de Auschwitz y del Gulag. ¡Atreverse a poner al mismo nivel los lamentables errores en la búsqueda del Bien, con las víctimas del único, *ú-ni-co* Mal! De modo que Hitler sigue siendo el mejor aliado de Stalin, sus sucesores y predecesores; y el antisemitismo nazi, la salvaguarda del redomado antisemita Karl Marx.

Marx fue durante toda su vida incapaz de ganarse un sueldo (como Lenin), siempre necesitado de dinero (como Lenin), sableando a familiares y amigos (como Lenin) pero a diferencia de Lenin, que controló siempre las cuentas del partido y tuvo en su madre, su suegra y su esposa las tres garantes de la solvencia doméstica, Marx llegó a dejar que tres de sus hijos murieran de hambre y privaciones antes que trabajar o amoldarse al dinero que su familia, la de Jenny y la de Engels le iban dando. El abuelo de Marx era rabino y su padre se convirtió al cristianismo para no perder oportunidades de ascenso social (como el de Lenin) pero, acosado por sus prestamistas (judíos), Marx desarrolló un antisemitismo disfrazado de anticapitalismo y una tozuda incomprensión, obtusa hasta la necedad, del dinero como una mercancía más, y, como tal, sujeto a intereses. Es que Marx no quería —no podía, manirroto— pagar sus deudas.

Sus críticas a la usura —que nunca ve como lo que es: el interés del capital, sino una especie de sórdida avaricia semita— ocupan muchas páginas de *El capital*, pero su origen es anterior: dos artículos del *Deutsch-Französische Jahrbürcher* en 1844 titulados «La cuestión judía», matizando, aunque la respalde en lo esencial, la tesis de Bruno Bauer y la izquierda hegeliana, profundamente antisemita, que pretendía que todos los judíos fueran obligados a abandonar su religión:

> Tomemos en consideración al judío real, no al judío del Sabbat, sino al judío cotidiano. Cuál es el fundamento profano del judaísmo: la necesidad práctica, su propio interés. ¿Cuál es el culto mundano del judaísmo? El regateo. ¿Cuál es su dios mundano? El dinero (…), el dinero es el dios celoso de Israel, junto al cual no puede existir ningún otro dios. El dinero rebaja a todos los dioses de la humanidad y los convierte en mercancías. El dinero es el valor autosuficiente de todas las cosas. Por eso le ha quitado al mundo entero, tanto al mundo humano como a la naturaleza el valor que les corresponde como propio. El dinero es la esencia alienada del trabajo y la existencia del hombre: esa esencia lo domina y él la idolatra. El dios de los judíos se ha secularizado y se ha convertido en el dios del mundo (…). Al emanciparse del regateo y del dinero y, en consecuencia, del judaísmo real y práctico, nuestra época se emanciparía a sí misma.

La inmensa balumba de papeles que lleva a *El capital* (terminado por Engels) tras el *Curso de economía política* (redactado por Engels) y pasando por los *Grundisse* (escudriñados por Engels) están anunciados ahí: «El dinero es la esencia alienada del trabajo y la existencia del hombre». Una de las cosas que más sorprende en Marx es precisamente que nunca evoluciona en su teorización de las cosas. Isaiah Berlin y otros cientificistas deducen que jamás tomó la economía como una ciencia. Por supuesto. Lo que quiere Marx es vender el Apocalipsis tras empeñar el Deuteronomio. ¿El pagaré?: «Inmoral». ¿La competencia?: «Un monopolio disfrazado».

## EL ALMACÉN DE NECEDADES DE KARL MARX

Tal vez su éxito provenga de la forma supersticiosa, irracional y arbitraria en que explica la naturaleza del dinero, del capitalismo y de la mercancía: como un hechizo o encantamiento que él, Merlín Anti-Merlín, y tras él todos los comunistas, disiparán con su varita mágica. O a varazos.

El dinero, dice el joven Marx, «es un mediador extraño, en lugar de ser el hombre mismo mediador para el hombre, como debería ser, y su esclavitud llega con ello al colmo». No se nos explica cómo el hombre mediaría ante el hombre para hacerse con algo. Pero es que ese algo, si se trata de una mercancía, está también embrujado. Así lo dice *El capital*:

> A primera vista, cualquier mercancía parece una cosa trivial, de comprensión inmediata. Pero su análisis muestra que es un objeto endemoniado, rico en sutilezas metafísicas y maliciosas insinuaciones teológicas (…). Se modifica la forma de la madera, por ejemplo, cuando de ella se hace una mesa. No obstante, la mesa sigue siendo madera, una cosa ordinaria, sensible. Pero no bien entra en escena como mercancía se transmuta en una cosa sensorialmente suprasensible. No solo se mantiene tiesa apoyando sus patas en el suelo, sino que se pone de cabeza frente a las demás mercancías, y de su testa de palo brotan quimeras mucho más caprichosas que si, por libre determinación, se lanzara a bailar.

Marx, que leía *El Quijote* en español, debió de beber mucho, como solía, se durmió y soñó con *Clavileño*, el caballo de madera al que los nobles innobles atan a Don Quijote, y luego le vendan los ojos y le hacen pasar frío o calor, haciéndole creer que surca los cielos a lomos de un encantamiento. Esa madera animista y bailona no es fruto de la frugalidad ni la Ley Seca, pero sigue la idea mágico-diabólica del Capital que Marx convierte en humana: *Monsieur Le Capital*, ser maligno que «impone la transformación de los productos en dinero» y «preside un mundo embrujado y cabeza abajo».

Marx tenía predilección por la voltereta semántica, por el juego de contradicciones que solo tienen un sentido: que presuma el que las hace. A Mao, que un día le confesó a Stalin que él tampoco había leído *El capital*, y también a Lenin, que lo había leído, y a todos los marxistas, sean del género althusseriano o del sendero luminoso peruano, les ha encantado siempre la Tesis XI sobre Feuerbach: *«Hasta ahora, los filósofos, se han limitado a explicar el mundo: se trata de transformarlo».* ¿Y qué significa? Evidentemente, nada. Para transformar algo, ¿no habrá que saber primero qué es, tratar de explicárselo uno mismo y luego a los demás? ¡Bah, bagatelas idealistas!

¿Qué significa la frase «no es la conciencia lo que determina el ser social, sino el ser social lo que determina la conciencia»? Filosofía de la infancia de la filosofía: ¿qué fue primero: el huevo o la gallina? O el cuento de la buena pipa: «El ser social determina la conciencia, determinada por el ser social, determinado por la conciencia, determinada por el ser social, determinado por la conciencia…». Hasta que el niño va y dice: «¡Tú me estás tomando el pelo!».

En realidad, si no fuera por lo farragoso del estilo y por lo que cuesta leerlo, nadie presumiría de leer a Marx. En los *Manuscritos del 48*, asegura:

> Este comunismo, como completo naturalismo=humanismo, como completo humanismo=naturalismo; es la verdadera solución del conflicto entre el hombre y la naturaleza, entre el hombre y el hombre, la solución definitiva del litigio entre existencia y esencia, entre objetivación y autoafirmación, entre libertad y necesidad, entre individuo y género. Es el enigma resuelto de la historia, y sabe que es la solución.

Y he aquí la versión marxista del milagro «los ciegos ven, los cojos andan»:

> La supresión de la propiedad privada es la emancipación plena de todos los sentidos y cualidades humanas. El ojo se ha hecho un ojo humano,

su objeto se ha hecho social, humano. Necesidad y goce han perdido así su naturaleza egoísta al convertirse la utilidad en utilidad humana (…). El traficante de minerales solo ve su valor comercial, no su belleza o su naturaleza peculiar de mineral, no tiene sentido mineralógico.

¡Ya barruntábamos que al ojo de Velázquez le faltaba algo! ¡Era humano, no *humano*! De serlo, no habría pintado *Las meninas* sino Las meninas. En su *ceguera*, no ceguera, apetecía la *propiedad*, sin saber que era la ruina:

> Tanto más ahorras, tanto mayor se hace tu tesoro, al que ni polillas ni herrumbre devoran, tu capital. Cuanto menos eres, cuanto menos exteriorizas tu vida, tanto más tienes, tanto mayor es tu vida enajenada y tanto más almacenas de tu esencia extrañada (…). Y no solo debes privarte en tus sentidos inmediatos, como comer, etcétera; también la participación en intereses generales (compasión, confianza, etcétera), todo esto debes ahorrártelo, si quieres ser económico y no quieres morir de ilusiones.
>
> Cuanto más produce el trabajador, tanto menos debe consumir; cuantos más valores crea, tanto más indigno es él; cuanto más elaborado su producto, tanto más deforme; cuanto más civilizado su objeto, tanto más bárbaro será él.

No es que sea original la evidente trola de que el capital siempre tiende a concentrarse y el salario del obrero a disminuir. Buena parte de ese aserto que los hechos han desmentido siempre (las empresas que ganan más pueden pagar más, y las que ganan menos, para sobrevivir, pagan menos) lo toma de Ricardo, pero en él es obsesión: «Al abolirse el comprar y el vender, desaparecerá la miseria aparejada al salario». Claro que algunos se empeñan en tener mejores salarios para seguir comprando, pero es que «la clase media baja no es revolucionaria sino conservadora».

De hecho, el proletariado, enfangado en el *tener* a costa del *ser*, nunca sobrepasa el nivel de conciencia sindical para convertirlo en político y revolucionario. Por eso hacen falta revolucionarios profesionales (un partido comunista), ya que los trabajadores, siempre trabajando, no saben lo que les conviene, que es la Revolución. Son tan brutos, están tan enajenados que no ven que «solo una falsa apariencia distingue el trabajo

asalariado del servil. Como no hay contrato ni compraventas entre amo
y esclavo se diría que este entrega todo su esfuerzo por nada, cuando a
fin de trabajar el esclavo debe vivir». En rigor, nada cambia de sus tesis
de los años cuarenta a *Valor, precio y beneficio*, de 1865, donde insiste: «La
tendencia general de la industria moderna no es elevar, sino hundir el
salario medio hasta su límite mínimo». He aquí la piedra angular de la
superchería marxista.

## LA MENTIRA COMO ARMA INTELECTUAL

Hoy puede pensarse que, tras cien años de experiencia comunista, es fácil ver que el capitalismo proporciona más bienestar a mucha más gente
que el socialismo, pero que eso era difícil de saber en tiempos de Marx.
No es cierto. Además de la injuria feroz y la calumnia sistemática al adversario político, uno de los aspectos en que Lenin puede identificarse
plenamente con Marx es en el uso deliberado de la mentira como arma propagandística. Y no solo tergiversando los datos, sino atribuyendo
frases entrecomilladas a personas que han dicho justo lo contrario. Dos
ejemplos clamorosos son los referidos al teórico liberal Adam Smith, y al
primer ministro Gladstone.

Marx atribuye al autor de *La riqueza de las naciones* esta frase, con cita de página: «El salario normal es el más bajo compatible con la simple
humanidad; es decir: una existencia propia de bestias». Pero Adam Smith
dice lo contrario: «El salario del trabajo no está en ningún punto de este
país regulado por la tasa más baja conciliable con la humanidad común».

Marx debía justificar la mentira de que los trabajadores cobran apenas lo justo para no morir de hambre; si no, ¿en qué quedaba su teoría
sobre la pauperización de la clase obrera? Pero los hechos demostraban
lo contrario, y los políticos liberales y defensores del capitalismo en Inglaterra podían presumir de la mejora del nivel de vida del proletariado
industrial, así que era preciso hacerles decir lo que no decían.

Nada menos que en el discurso inaugural de la I Internacional, Marx
asegura que en un reciente discurso parlamentario Gladstone ha dicho
que «este embriagador aumento de riqueza y de poder (...) se limita enteramente a las clases acomodadas». Y lo que Gladstone dijo, publicaron

los periódicos y consta en las actas es: «Contemplaría casi con aprensión y pena este embriagador aumento de riqueza y poder si creyera que se restringe a las clases acomodadas». Y añadió: «La condición media del obrero inglés, es una felicidad saberlo, ha mejorado en los últimos veinte años a un grado que sabemos extraordinario y que podemos calificar como sin paralelo en la historia de cualquier país y cualquier época».

Por supuesto, los enemigos de Marx, con Bakunin a la cabeza, no dejaron pasar la ocasión de llamarlo mentiroso, pero él sugirió que Gladstone trataba arteramente de disimular su atrocidad. ¿Cómo no iba a adorar al embustero Marx el mentiroso Lenin, que siempre sostuvo que «la mentira puede ser —y es— una herramienta revolucionaria»?

Como toda la historia del comunismo es la de su blanqueo, los que al final aceptan que Lenin fue un asesino de masas y un sujeto sin escrúpulos tratan de salvar a Marx, a menudo contra Bakunin, diciendo que nunca defendió el terror ni la violencia, cuando en realidad nunca hizo otra cosa. En el *Manifiesto comunista*, que es de 1847, dice que hay que «derribar por la fuerza todas las situaciones existentes»; en 1848 añade que «el terrorismo revolucionario acelera el parto del Hombre Nuevo». Y un año después, tras gastarse media herencia de su esposa la baronesa Westphalen en *La Nueva Gaceta del Rhin*, esperando en vano el triunfo de la revolución, saca un último número, todo en tinta roja, con este editorial:

El propio canibalismo de la contrarrevolución convencerá a las naciones de que solo el terror revolucionario puede abreviar, simplificar y concentrar los criminales trances agónicos de la vieja sociedad, y los sangrientos espasmos unidos al nacimiento de la nueva. ¿Está claro, señores? No tenemos compasión ni la pedimos. Cuando nos llegue la vez no habrá excusas que valgan para el terror revolucionario.

Así retaba al gobierno prusiano: «Somos despiadados y no les pedimos piedad a ustedes. Cuando nos llegue el turno no disfrazaremos nuestro terrorismo». Y el «Plan de Acción» distribuido poco después en Alemania: «Lejos de oponernos a los así llamados excesos, esos ejemplos de venganza popular contra individuos y edificios públicos odiados que implican recuerdos odiosos, no solo debemos perdonarlos, sino ayudarlos».

Esto no ha cambiado nada desde hace dos siglos: el intelectual radical siempre acaba disculpando lo que Marx llama «excesos» y los comunistas de hoy, sobre todo universitarios, «errores». Por ejemplo: cualquier persona de uniforme o de ideología contraria puede ser asesinada, cualquier iglesia quemada o cualquier sepultura profanada, porque al pobrecito asesino, incendiario o profanador, le despiertan «recuerdos odiosos» y hay que conjurar ese trauma, acaso infantil. Los sentimientos de amor o respeto que tengan los no revolucionarios por sí mismos o sus cosas quedan amortizados en favor de la revolución, siempre justificada. Nunca falta el progresista que llama «excesos» a la violación, a la tortura, al crimen más despiadado o al robo más abyecto. Lenin tuvo ocasión de demostrar hasta qué punto esas ideas —en su caso, las de Marx y Bakunin— tienen consecuencias.

A la buena conciencia del revolucionario profesional de las ideas la persona le es indiferente. Lo que hizo Marx fue acogerse con una mueca de desdén al exilio londinense, «cuya prolongada prosperidad desmoraliza al obrero» y donde vivirá tres décadas sin dejar de maldecirlo: «La aspiración última de Inglaterra —el país más burgués de todos— parecería ser instaurar una aristocracia burguesa flanqueada por un proletariado burgués».

Naturalmente, alguien incapaz de buscar un empleo para que sus hijos no muriesen de hambre, encuentra feísimo el deseo de mejora social. No pagaba sus deudas, así que el pagaré le parecía «inmoral». Veía a su alrededor cómo la libre competencia abarataba las mercancías. Falso, era un «monopolio disfrazado», otro embrujo de Monsieur Le Capital. ¿Por qué? Porque nada en la maldita propiedad privada es lo que parece. Todos y todo mienten… menos Marx.

En realidad, Marx representa a maravilla, como antes Rousseau, el tipo de sacerdote ateo nacido entre el XVIII y el XIX: el intelectual, una especie de clérigo del saber laico, pero sagrado, que cuaja y prospera en la ideología comunista, donde se perdona toda contradicción o incoherencia personal mientras sirva a la Causa común, más común cuanto más Causa. ¿Y qué Causa merece más la mayúscula que la felicidad de la humanidad?

Schumpeter definió la de intelectual como «la profesión del no profesional, especializado en alimentar y organizar el resentimiento». Y Escohotado dice que «la profesión de fe intelectual fluctúa entre el inclinado a tomar el mundo como una especie de museo y el aspirante a comisario popular». En pleno auge del comisariado intelectual izquierdista, cabría sintetizar: el bedelato universitario —antes profesorado— del Panteón de la Revolución sueña que se despierta chequista y es feliz.

Lo malo es ser la parte de humanidad que cae cerca del intelectual, porque suele pasarlo fatal. Marx vivió derrochando lo que no tenía y explotando a los demás, pero nunca se le pasó por la cabeza evitar el sufrimiento a los suyos. Un informe enviado en 1850 a Westmoreland, embajador en Berlín, redactado por un agente prusiano que espiaba a los exiliados y reproducido en la biografía clásica de Robert Payne, describe así la casa y las costumbres de Marx:

Lleva la vida de un intelectual bohemio. Lavarse, acicalarse y cambiarse la ropa blanca son cosas que hace raramente, y a menudo está borracho. Si bien pasa días enteros sin hacer nada, es capaz de trabajar día y noche, incansablemente, sin cejar, cuando tiene mucho trabajo que hacer. No tiene hora fija para acostarse o levantarse. A menudo se queda despierto toda la noche y a mediodía se echa enteramente vestido en el sofá, y duerme hasta la noche, sin que le moleste toda esa gente que entra y sale de las habitaciones (solo había dos). No hay un solo mueble limpio y entero. Todo está roto, basto y desgarrado. Hay media pulgada de polvo encima de todo, el mayor desorden en todas partes. En medio (del cuarto de estar) hay una gran mesa antigua cubierta con hule y encima manuscritos, libros y periódicos, junto con juguetes de los niños, trapos y jirones del costurero de la esposa, varias tazas con los bordes desportillados, cuchillos, tenedores, lámparas, un tintero, vasos, pipas holandesas de arcilla, tabaco cenizas... el dueño de un negocio de compraventa se avergonzaría de poner en venta semejante colección de cachivaches. Cuando se entra en la habitación de Marx el humo y el olor a tabaco hace llorar los ojos... Todo está sucio y cubierto de polvo, de modo que sentarse se convierte en un asunto arriesgado. Hay una silla con tres patas. Es la que le ofrecen a uno, pero no han limpiado lo que los niños han cocinado, y si uno se sienta, arriesga un par de pantalones.

Casi todos los hijos de Marx murieron de niños o se suicidaron de mayores. A ninguna de sus hijas les dio estudios, porque, como su esposa, «nacida baronesa Von Westphalen», estaban destinadas al matrimonio, así que aprendían a tocar el piano y a pintar acuarelas, ni siquiera a administrar una casa. Sin embargo, Marx tenía sobre su entorno femenino un poder absoluto, magnético, muy similar al de Lenin con su familia. Marx no tuvo una suegra que lo controlara, pero sí unos yernos a los que despreciaba. Al marido de Jenny, Charles Longuet, porque era «el último de los proudhonistas»; al de Laura, Paul Lafargue, autor de *El derecho a la pereza*, por ser «el último de los bakuninistas» y, sobre todo, tener sangre negra, de origen cubano: le llamaba «el negrillo» o «el gorila». Edward Aveling, publicista de izquierdas y egoísta oceánico, se casó con la menor, Eleanor, inteligente y devota de su padre, pero que sufrió mucho al no poder estudiar y, por la mala vida que le dio su marido, acabó suicidándose. Laura también se suicidó con Lafargue. Todas las mujeres que rodeaban a Marx lo adoraron y pagaron por ello. A la criada, Helen Demuth, «Lenchen», la dejó embarazada e hizo que Engels asumiera la paternidad. A Freddy, el niño despierto y parecido a Marx, nunca lo reconoció ni le dirigió una sola palabra. En esa época, 1850, la esposa de Marx, Jenny, contaba así su aperreada vida a su amiga Louise Wiedemayer:

> Mi esposo casi se vio aplastado por las mezquinas preocupaciones de la vida burguesa (…) al marcharse de Colonia incluso pidió prestados 300 táleros para pagar los sueldos pendientes de los redactores (de la *Nueva Gaceta del Rhin*).
>
> Yo vine a Frankfurt para malvender mi plata, lo último que poseíamos, y al poco nació nuestro cuarto hijo (…). Decidí alimentarlo personalmente, a pesar de los constantes dolores en los pechos y la espalda, pero el pobre angelito debió de ingerir todas mis preocupaciones y callados lamentos por lo que nació completamente enfermizo. Sumido entre la muerte y la más mísera vida, mamó con tal fuerza que mis pechos se agrietaron y sangraron, de modo que en más de una ocasión la sangre corría a su trémula boquita (…). Cierto día entró en nuestra casa la patrona exigiendo cinco libras que debíamos y como no pudimos pagárselas entraron dos alguaciles que se hicieron cargo de todos mis pequeños bienes: camas, ropa, vestidos, todo, incluso la cuna de mi agonizante bebé, con las niñas llorando porque se llevaron también sus juguetes, tirada sobre

el desnudo suelo con hijos temblando de frío a mi alrededor. Por último nos ayudó un amigo (…). Pero no vaya a creer que esos mezquinos contratiempos me hayan doblegado. Soy una de las personas elegidas, felices, pues el soporte de mi vida, mi querido esposo, sigue a mi lado. Lo que hace sangrar mi corazón es que él, sin perjuicio de haber ayudado a tantos, se encuentre tan desamparado.

Era la época del embarazo de Lenchen y tras la muerte del niño, Jenny Marx, nacida Westphalen, se fue apagando lentamente, siempre en la llama de ese hombre «sin corazón», «lleno de odio y amargura», como lo describían todos, excepto *su* Engels.

## LA SOMATIZACIÓN DE LOS FRACASOS

Otra de las cosas que Lenin compartió con Marx fue la somatización de sus fracasos. Ambos tenían estallidos de ira cuando alguien les llevaba la contraria o las cosas no salían como deseaban. A Lenin, al que le gustaba nadar, cazar, pescar, pasear y dormir, que pasó sus muchos años de exilio en perpetuas vacaciones, sus problemas psicológicos se manifestaban en ataques nerviosos que lo postraban en cama días enteros y le hacían buscar el reposo de los balnearios europeos que, con dinero materno o del partido, frecuentó, a menudo en compañía de su familia. Muriese o no de sífilis, adoptar la NEP contra los principios colectivistas y verse en la silla de ruedas, totalmente incapacitado, amargó de forma terrible sus dos últimos años, abocándolo al suicidio. Pero ni su familia ni su partido le dejaron suicidarse: para entonces ya vivían de él.

Marx nunca pensó en suicidarse, pero, a diferencia de Engels, no soportaba el campo, llevaba una dieta insana, bebía mucho, padecía del hígado, habitaba una densa nube de humo que apenas dejaba ver dentro de su despacho y padeció una forunculosis grave durante toda su vida adulta. Ya mayor, le diagnosticaron «deficiencia hídrica en zona ano-genital», pero los granos le salían en todo el cuerpo, le dolían al sentarse —vivía sentado— y le humillaban ante el espejo. En una carta a Engels cuenta cómo se revienta un grano enorme en la nariz y al ver el pus y la sangre salpicando el cristal, brama: «La burguesía pagará muy caro mis forúnculos». Si «el ser social determina la conciencia», la conciencia histérica politiza hasta las pústulas.

Debemos terminar refiriéndonos al testamento ideológico de Marx, ya que Lenin hizo de su invocación el mantra de toda su vida política. Su biografía intelectual, que como la de Freud se desarrolla con diferentes nombres pero sigue siempre al esquema intuitivo del principio, la describió él mismo así:

> El principio que ha guiado mis estudios puede resumirse como sigue: con independencia de su voluntad, los hombres entran inevitablemente en relaciones de producción adaptadas a algún estadio en el desarrollo de sus fuerzas productivas materiales. El conjunto de esas relaciones constituye la estructura económica de la sociedad, el fundamento real, del que brota una superestructura legal y política (...). No es la conciencia de los hombres lo que determina su existencia, sino su existencia social lo que determina su conciencia. En cierto estadio de su desarrollo, las fuerzas productivas materiales de la sociedad entran en conflicto con las relaciones de producción existentes, o, por expresarlo en términos jurídicos, con las relaciones de propiedad. Comienza entonces una era de revolución social.

El problema teórico, no digamos ya, como pretende el marxismo, *científico*, es qué significa ese «cierto estadio», tan rigurosamente incierto. Pues no significa absolutamente nada, salvo que Marx solo tomaba en serio sus teorías cuando le convenía. Nada lo demuestra mejor que su carta a Vera Zasulich, una de las tres terroristas más famosas de Rusia, compañera de Plejánov, el «padre del marxismo ruso», y que le pregunta si a partir de las formas comunales de propiedad arcaicas de Rusia —el *mir*, la *obschina*— no sería posible «saltarse» el período de revolución burguesa, acumulación capitalista y otros requisitos *científicos* para alcanzar esa madurez de las condiciones sociales que llevan al proletariado a liquidar a la burguesía y desaparecer en el paraíso comunista.

Marx, que se muestra «encantado» por el éxito de la traducción de *El capital* en Rusia, no solo acepta que el terrorismo es la forma adecuada para la revolución en Rusia, sino que, como habían defendido Herzen, Ogarev y otros amigos pacifistas de Bakunin, a los que él había ridiculizado, era posible que lo arcaico se convierta en lo más moderno gracias a la «coexistencia» de la tecnología del Oeste europeo y la tradición del Este. Tan del Este, que el origen de la *obschina* rusa es tártara o mongol, o sea, el mismo *modo de producción oriental* que Marx consideraba pre-capitalista.

## EL COMUNISMO DE MARX O LA IMPROVISACIÓN ADOLESCENTE

Una de las razones por las que cuando Lenin crea el primer Estado comunista de la historia, nada menos que en el país más extenso y poblado del mundo, lo que hace es presidir una inmensa carnicería e inaugurar el más inmenso cementerio de inocentes conocido hasta entonces, es que nadie sabe qué es el comunismo. De hecho, su diferenciación con el socialismo sí está clara: los socialistas aceptan y hasta defienden la vía democrática y parlamentaria para llegar al poder y aplicar su política sin perseguir a los derrotados; en cambio, los comunistas son violentamente antidemócratas.

Pero aparte de burlarse siempre de la «democracia burguesa» y las «libertades meramente formales», ¿hay un modelo de sociedad comunista? En absoluto. Nunca lo hubo, o hubo lo que a cada cual se le ocurría que podía haber. En 1844, Marx, que era enemigo de la división del trabajo, decía:

En la sociedad comunista podré dedicarme hoy a esto y mañana a aquello, cazar por la mañana, pescar después de comer, criar ganado al atardecer y hacer crítica literaria a la hora de la cena, sin necesidad de convertirme en cazador, pescador, pastor o crítico.

Podría pensarse que esta es simplemente la ensoñación adolescente de un vago, que supone que la naturaleza multiplicará sus dones para que él pueda disfrutarlos al minuto; o la del rey de Francia Luis XVI, que jugaba a los pastorcillos en el *hameau* de Versalles, dejando al servicio la aburrida tarea de mantener el ganado en su aprisco, la caza abundante en el bosque y los peces en el agua fresca y transparente del río. Salvo, claro, que todas las especies, convertidas al comunismo, se agolparan para participar un ratito en la jornada del rey Karl.

Pero la real criatura que decía ser ya tenía veintiséis años y sentaba cátedra de opinión política con su típica violencia. El comunismo corrió la misma suerte que la definición de clase social que, pese a sostener que la lucha de clases era el motor de la historia, Marx, nunca llegó a definir. Antes de morir, bajo el epígrafe «Las clases sociales», escribió tan solo esta frase:

> ¿Qué constituye una clase? A primera vista, la identidad de ingresos y fuentes de ingreso. Sin embargo, desde esta perspectiva médicos y funcionarios, por ejemplo, constituirían también dos clases, porque pertenecen a grupos sociales distintos, y cada uno de esos grupos recibe su ingreso de una y misma fuente. Lo mismo sería cierto de la infinita fragmentación en interés y rango provocada por la división del trabajo social, que escinde tanto a trabajadores como a capitalistas y terratenientes, estos últimos por ejemplo en vinateros, granjeros, propietarios de bosques, dueños de minas o pesquerías.

Y se murió.

## ÚLTIMOS DESVARÍOS DE MARX

En realidad, a Marx le producían erisipela los trabajadores. A los autónomos, que en una sociedad casi de servicios como Londres eran un tercio de los empleados, los borró de la clase elegida, el proletariado. Los campesinos —como pensaban también Lenin y los comunistas rusos— eran para él una antigualla reaccionaria llamada a desaparecer con la industrialización. El ahorro, actividad para él desconocida, a la que calificaba de «veleidad subjetiva», le parecía «concitar las más violentas, mezquinas y aborrecibles pasiones del corazón humano, que son las furias del interés privado», decidió guardarlo, como el dinero, el interés, el crédito, los pagarés, las hipotecas y demás invenciones diabólicas, en el baúl de los trastos viejos. En el comunismo, la actividad económica sería planificada. La abolición de la propiedad supondría tal mejora en el talento humano que, como dijo Lenin, la economía «podría llevarla una cocinera». Marx, que gracias a Engels tuvo cocinera y una chica de servicio, habría añadido tal vez al Ministerio del Tesoro un pinche de cocina, nada más.

Su último texto político, la *Crítica del programa de Gotha*, base de la socialdemocracia alemana hasta la Primera Guerra Mundial, lo escribió Marx contra Ferdinand Lassalle, al que despreciaba por ser judío y tener sangre negra. El original fue escondido por Engels, ya que Lassalle había pactado con Bismarck nada menos que la creación de lo que hoy llamamos Estado de Bienestar. La unificación en la AIT (Primera Internacional) era deseada por todos los trabajadores sindicados, que veían en la plena participación en las instituciones grandes ventajas materiales y cívicas. Ni Marx dejó de criticar ese aburguesamiento proletario ni Engels dejó que se supiera. Pero había en *La Crítica* un disparate sobre el comunismo que tuvo enorme éxito: «Cuando corran a chorro lleno los manantiales de riqueza colectiva, la sociedad podrá grabar en su bandera: ¡De cada cual según sus capacidades a cada cual según sus necesidades!».

¿Y eso, cómo? ¿Cuándo? ¿Por qué? Si los bienes son limitados y por eso hay que repartirlos, ¿qué cuento de la lechera es este que imagina un aumento ilimitado de la riqueza, hasta el punto de que el Estado, o sea, el Todo al que ya pertenecen todos, *sin tuyo ni mío*, dará a cada uno lo que necesite, sea lo que sea? Supongamos que quiere oro, que siempre llamó mucho la atención. ¿Habrá para todos? Tal vez, ya que no habrá dinero, ni bienes. También es posible que el amor a la belleza que se desarrollaría libremente en el comunismo llevase a algunos a preferir diamantes a trozos de cristal para adornarse el cuello, las orejas o el traje, viejo atavismo de la especie vedado solo por lo caro que costaba. ¿Qué inmensa burocracia no hará falta para atender tantas necesidades sibaríticas? Se dirá que Marx, tan científico, solo proponía algo *utópico*. Pues no. Medio siglo después, Lenin halló un *topos* y el ensueño comunista llegó a medio mundo. Balance de la improvisación leninista a partir de Marx: más de cien millones de muertos.

¿Y nadie pensaba, entre los comunistas, que la Edad de Oro podía acabar en Era de la Muerte? Por desgracia, lo único que está claro en Marx es su vocación de enterrador. Así llega el fin del mundo, según *El capital*:

> Paralelamente a la constante disminución del número de magnates del capital, que usurpan y monopolizan todas las ventajas, aumenta el cúmulo de miseria, opresión, esclavitud, degradación y explotación; pero al mismo

tiempo crece la revuelta de la clase trabajadora, una clase cuyo número va siempre en aumento, y que es disciplinada, unida, organizada, por el propio proceso de producción capitalista. El monopolio del capitalismo se convierte en una traba para el modo de producción que ha surgido y florecido con él, y bajo él. La centralización de los medios de producción y la socialización del trabajo llegan a un estado en el cual se vuelven incompatibles con su envoltura capitalista. Esta envoltura estalla. Tocan a muerto por la propiedad privada. Los expropiadores son expropiados.

Lo que tenía de profecía el marxismo ya se había incumplido y fracasado en vida de Marx, aunque él tratara de falsificar las pruebas. Su referencia única para *El capital* era *La situación de la clase obrera en Inglaterra*, de Engels, escrita veinte años atrás y que es un prodigio de medias verdades guiadas por el propósito previo de demostrar la miseria irremediable de los trabajadores. Engels le cuenta a Marx en 1844 la razón última de su libro: «Ante el tribunal de la opinión pública acuso a las clases medias inglesas de asesinato en masa, robo al por mayor y todos los delitos existentes». Lo que se dice un modelo de ecuanimidad *científica*. Tanto Engels como Marx usan datos oficiales de denuncias de irregularidades y anomalías en *algunas* empresas que habían sido sancionadas o cerradas por incumplir la ley como si esa fuera la norma de todas ellas, y no precisamente las excepciones sancionadas.

Pero la batalla de la propaganda se mantiene en la Inglaterra actual como a mediados de siglo XIX. Visitando en 2015 el excelente Museo de la Industrialización de Manchester, pude ver cómo los niños se jugaban la vida limpiando los bajos de las primeras máquinas algodoneras. Pero ni una palabra sobre las leyes que prohibieron esa actividad o la prohibición del trabajo infantil. Había —todavía hay— que demostrar que el capitalismo era inhumano y no tiene remedio. Si lo tuviera, ¿para qué la revolución?

Dos investigadores de Cambridge demostraron hace un siglo que buena parte de los datos de Engels y, por tanto, de Marx, sobre la industria inglesa son parciales o están groseramente falsificados. Es igual. Se trata, como sinceramente decía Engels, de provocar en las clases medias —aunque ni Marx ni Engels aclarasen nunca qué es una *clase*— un sentimiento de culpa por la existencia del mal en el mundo y la explotación del pobre. ¿Quién, ante tanta pena, no tendrá buenos sentimientos o fingirá tenerlos?

Pero mantener esa buena conciencia blindada exigirá ocultar lo que pasa cuando los comunistas dirigen un país, o sea, desde Lenin. También habrá explicación: los comunistas son buenos y hacen lo que pueden para evitar el mal; los capitalistas y liberales son malos y nunca harán nada para evitarlo, salvo que les obliguen los comunistas. Sin ellos, ni siquiera los socialistas habrían arrancado mejora alguna. En 2017, ese es el guion para blanquear todos los crímenes contra la humanidad, clase obrera incluida, desde 1917.

## LOS PADRES POLÍTICOS DE LENIN 3 / BAKUNIN

Las obras de Marx, Bakunin, Lenin, Stalin o Mao empezaron a circular masivamente por España en los años de la Transición, entre 1975 y 1985, con el PSOE ya asentado en el poder desde 1982 y muy dispuesto a difundirlos. El libro I de *El capital*, el único de Marx, porque los dos siguientes son arreglos de Engels y el IV, un arreglo de Kautski y Bernstein sobre los de Engels, se pudo leer en vida de Franco, en edición de tapa dura. EL PCE, durante la dictadura, procuraba evitar el trance a sus militantes y compañeros de viaje, prefiriendo el manual de Politzer o el de Harnecker, según fueran sus víctimas potenciales de la generación de los sesenta o de los setenta. Sin embargo, muy inteligentemente, prefería recetarnos *Triunfo* y *Cuadernos para el diálogo*, las perspectivas soviética y democristiana de izquierda sobre la actualidad, más atractivas que estudiar la fatal caída de la tasa de ganancia, que no caía nunca.

El PSOE había renunciado oficialmente al marxismo en 1979, tras su segunda derrota ante UCD, pero lo hizo con una frase solo al alcance de Cantinflas y Felipe González: «¡Compañeros: hay que ser socialistas, antes que marxistas!». Dado que el socialismo europeo, incluido el PSOE, viene de Marx, todos entendieron que el marxismo continuaba siendo importante en la ideología del nuevo PSOE. Y como González, Boyer y Guerra viajaron en 1977 a la URSS para pactar la salida de España de la OTAN, los intelectuales del PSOE procuraron difundir una versión amable del comunismo. Ludolfo Paramio, pupilo de Javier Pradera, tradujo en Alianza *La revolución rusa* del prosoviético E. H. Carr, tan comprensivo con Lenin y sus crímenes. No es casualidad que Paramio acabara siendo el tatarabuelo de Podemos: fue el profesor de Ramón Cotarelo, que fue el de Juan Carlos Monedero, que fue el de Pablo Iglesias Turrión.

Los comunistas libertarios, vulgo anarquistas, lo tenían peor. Pese a su gran arraigo en España antes y durante la guerra, de la CNT y la FAI no quedaba nada. La revista *Ajoblanco* en Barcelona daba sobre la izquierda una visión distinta de la más solvente y neomarxista de *El Viejo Topo*, pero el único éxito real del anarquismo fueron unas Jornadas Libertarias a las que acudieron 40.000 personas y que se convirtieron en la mayor orgía sexual y marihuanera de Europa Occidental. Pero no fueron Federica Montseny, ni Durruti, ni la *Revista Blanca* los que allí triunfaron, sino Ocaña de travesti.

En Madrid, con escasa tradición anarquista, la recuperación de esa rama del comunismo se encaminó más formalmente por vía editorial y en 1978 se publicaron dos antologías: la de Elías Díaz, *La libertad*, puzle de textos de Bakunin, breve, caótico y bastante trapacero, porque desde el prólogo buscaba reconciliarlo con Marx sin establecer realmente lo que les unía y les separaba, y otra antología, esta muy seria y en excelente español, traducida por Antonio Escohotado sobre la clásica en inglés de Maximoff. La primera edición, titulada *Escritos de filosofía política*, se publicó también en Alianza Editorial, con una segunda en 1990. Pero la reedición más accesible, en dos tomos, tapa dura y muy barata, es de Altaya en 1997.

Muchos años después, Escohotado contó en una breve nota a pie de página de *Los enemigos del comercio* su empeño y su desabrido final:

> Buscando alguna disparidad de naturaleza teórica me embarqué hace muchos años en traducir una amplia antología (Bakunin, 1978, 2 vol.) que acabó resultando muy tediosa por la reiteración no solo de conceptos sino de expresiones casi textuales. Por ejemplo, Bakunin calca a Marx cuando define la materia como «totalidad de lo real», para oponerla al espíritu como «totalidad de lo irreal». (Escohotado, 2013).

Como buen estudioso hegeliano —su primera obra, *La conciencia desdichada*, versa sobre la filosofía de la religión en Hegel— se fija sobre todo Escohotado en el aspecto conceptual o metafísico. Pero el político y económico es aún más descaradamente marxista, sobre todo en sus errores.

Por ejemplo, la idea de que «las masas jamás accederán a la propiedad» (Bakunin, 1997, tomo I, p. 217) está tomada del dogma de Marx sobre la «pauperización —empobrecimiento— de la clase obrera» y deja fuera de «las masas» a campesinos, artesanos y trabajadores autónomos, es decir, el 80 por ciento de los que desarrollaban un trabajo y cobraban por ello. Otra idea de Marx, en la que insiste hasta su último texto, la *Crítica del programa de Gotha*, es esta, que Bakunin expresa vigorosamente: «¿Qué son la propiedad y el capital en su forma contemporánea? Para el capitalista y el propietario significan el poder y el derecho de vivir sin trabajar». (Ibíd., I, 218).

Lo de «vivir sin trabajar» es una idea de terrateniente feudal, en contradicción con la realidad industrial que se vivía a diario, y en la que pequeñas y grandes empresas nacían y crecían, se fusionaban o quebraban continuamente, al hilo de los nuevos descubrimientos y basándose en el trabajo febril de los propietarios del negocio, primero pequeño y luego ampliado con el crédito.

Una de las bases teóricas del comunismo de Bakunin es la *abolición del derecho a la herencia*. Así engañaba a los campesinos que tanto decía amar: diciendo que respetaría la propiedad que pensaba quitar a sus hijos. De nuevo, la idea estaba tomada literalmente de Marx: «Ya hemos probado muchas veces que un trabajador aislado no puede producir casi nada por encima de lo que consume». En realidad, ni Marx ni él prueban nada que no desmienta la realidad. Encima, Bakunin introduce ese «casi» que mata el argumento. ¿Cuánto es el *casi*, léase ahorro? ¿Por qué la AIT (es decir, la I Internacional) no buscaba aumentar ese «casi», acreciendo la propiedad del trabajador, que al pasar conservada a los hijos iría aumentando? Porque, obviamente, eso destruiría la idea básica comunista: la propiedad es el Mal.

A diferencia de Marx, que suele mantener un cierto orden dogmático, a Bakunin se le escapa a veces una especie de arcaísmo liberal a lo Herzen:

La libertad de industria y comercio es, por supuesto, una gran cosa, y constituye uno de los fundamentos básicos para la unión internacional de todos los pueblos del mundo. Siendo amigos de la libertad a cualquier precio, y de todas las libertades, debiéramos ser igualmente amigos de esas libertades.

Nada más cierto. Pero si es *una gran cosa*, será por algo, fruto del presente y pasado del comercio, basado siempre en la propiedad. Por otra parte, si no hay propiedad, con nada se podrá comerciar. Menos aún en algunas de las teorizaciones bakuninistas, que insisten en la abolición del Estado. ¿Quién comercia con las cosas si no hay propietarios ni tampoco un Estado que se haya apropiado de todo? ¡Hasta para el trueque es precisa la propiedad! Tan sórdido asunto no lo aborda en serio Bakunin. Se limita a repetir los latiguillos de Marx y Engels, basados, recuérdese, en la eliminación de la realidad económica que vivían los trabajadores.

Igual que Engels en *La clase obrera en Inglaterra* o Marx en *El capital*, Bakunin proclama que en los países capitalistas más prósperos es donde el proletariado es más miserable:

> Inglaterra, Bélgica, Francia y Alemania son sin duda los países europeos donde el comercio y la industria disfrutan de una mayor libertad relativa y han alcanzado el nivel más alto de desarrollo. Por lo mismo, son precisamente los países donde la pobreza se siente del modo más cruel, y donde parece haberse ensanchado en una medida desconocida para los demás países la distancia que separa a los capitalistas y propietarios de las clases trabajadoras. (Ibíd., 231-32).

¿Más «distancia» entre clases sociales en Francia que entre dueños y aparceros en un país agrario como Rusia? Sí, porque Bakunin copia de Marx, o viceversa, que el asalariado no es distinto del esclavo o el siervo. Y he aquí un homenaje al maestro:

> El Señor Karl Marx, ilustre jefe del comunismo alemán, observó con justicia en su magnífico trabajo *Das Kapital* que si el contrato pactado «libremente» por los vendedores de dinero —en forma de salario— y los vendedores de su propio trabajo —es decir, el empresario y los trabajadores— no se concluyera por un tiempo definido y limitado, sino a perpetuidad, constituiría una auténtica esclavitud. (Ibíd., p. 227).

Como Marx, Bakunin se salta muchos escalones en el proceso real de contratación: la ley, el crédito, el interés, la propiedad del terreno, la fábrica, las máquinas y todos los mecanismos de facturación, distribución y cobro. En todos esos escalones hay gente trabajando, ahí crecen las clases medias, pero esa complejidad destruye la simplicidad comunista de que solo hay dos bandos en la economía y la política y que uno debe destruir al otro. Esa enorme complejidad se omite en el análisis de D. Karl y D. Mijail.

La diferencia está en el trémolo apocalíptico. La caída de la tasa salarial, que en Marx es un dato burdamente falso, en Bakunin se convierte en párrafos dignos de Sue o del peor Victor Hugo, si hubiera alguno bueno:

> Al encontrarse en un estado de pobreza, el obrero se ve forzado a vender su trabajo por casi nada, y como vende ese producto por casi nada, se va hundiendo en una pobreza cada vez mayor (…). ¡Desde luego, en una miseria cada vez mayor! Porque en este trabajo propio de galeotes, la fuerza productiva de los trabajadores, al ser mal usada, explotada despiadadamente, derrochada en exceso y alimentada de modo deficiente, se agota rápidamente. Una vez que quedas agotado, ¿cuál puede ser su valor en el mercado? ¿Qué valor tiene ese único bien poseído por él, y de cuya venta diaria depende su sustento? ¡Ninguno! ¿Y entonces? Entonces al obrero no le queda más que morir. (Ibíd., 223).

Que la esperanza de vida aumentase tanto en esas pobres naciones que gemían bajo la férula de la libertad de comercio, que la gente migrase del campo a la ciudad y de los países más felices a los más industrializados era, sin duda, un engaño, un fetichismo de la vida como el de la mercancía en Marx. Un modo de atraer a millones de incautos para matarlos de hambre. ¿Y por qué esa obsesión del capitalista en matar de hambre al obrero? ¿No sería más razonable mejorar su forma de vida y que le durase muchos años? De nuevo topamos con la cuestión esencial: ¿qué sería del comunismo, de la lucha a muerte del capitalista y el proletario, si ambos podían convivir?

## BAKUNIN, CONTRA TODAS LAS LIBERTADES

Si su análisis económico es idéntico al de Marx —el editor de la magna antología citada, Hoselitz, asegura que Marx siguió leyendo siempre a Bakunin y tomó de él no pocas ideas económicas; y es posible—, lo importante de la obra de Bakunin es su crítica a las instituciones liberales y democráticas que, desde las constituciones americana, francesa y española, habían marcado el devenir político y económico de Occidente. Ese clarín apocalíptico —de nota parecida— suena mejor en Bakunin que en Marx.

Para empezar, Bakunin está contra el sufragio universal:

> Mientras el sufragio universal se ejerza en una sociedad donde el pueblo, la masa de trabajadores, está ECONÓMICAMENTE (sic) dominada por una minoría que controla de modo exclusivo la propiedad y el capital del país, por libre e independiente que pueda ser el pueblo en otros aspectos o parezca serlo desde el punto de vista político, estas elecciones realizadas bajo condiciones de sufragio universal solo pueden ser ilusorias y antidemocráticas en sus resultados, que invariablemente se revelarán absolutamente opuestos a las necesidades, a los instintos y a la verdadera voluntad de la población. (*Escritos*, I, p. 264).

En la lógica de Bakunin, nunca habrá elecciones. Como solo en el comunismo se dará esa igualdad económica, y no hará falta votar, porque el propio Estado se habrá disuelto, ¿qué habría que elegir? ¿Una dominación política como la burguesa y capitalista? ¿Otra división del trabajo? ¡Jamás!

> Donde todos gobiernan, nadie es gobernado y el Estado como tal, no existe. Donde todos disfrutan de derechos humanos, todos los derechos políticos se disuelven automáticamente. La ley política implica privilegio, pero donde todos son igualmente privilegiados, se desvanece el privilegio y con ello la ley política se ve reducida a nada. Por consiguiente, los términos Estado democrático e igualdad de derechos políticos implican pura y simplemente la destrucción del Estado y la abolición de todos los derechos políticos.

En una palabra, rechazamos toda legislación —privilegiada, autorizada, oficial y legal— y toda autoridad e influencia, aunque puedan emanar del sufragio universal, pues estamos convencidos de que solo pueden desembocar en ventajas para una minoría dominante de explotadores frente a los intereses de la gran mayoría sometida a ellos. En este sentido es como realmente somos anarquistas. (Ibíd., p. 303).

Y si no se reconoce ningún derecho, ni siquiera emanado del sufragio universal, que queda abolido, ¿quién decide en las disputas? ¿Hay algún derecho natural que prevalezca en caso de conflicto? No. Bakunin dice que el derecho natural, basado en la dignidad de la persona, no existe; que es mera emanación de la sociedad, la única que puede acordar ese derecho.

En realidad, Bakunin avala un despotismo ilimitado, el de Lenin, ya que ni siquiera se plantea, al menos en teoría, la dictadura del proletariado según el modelo marxista. Pero en la práctica, va más allá: la democracia directa o de masas se traduce en la violencia permanente de los que las representan y que solo pueden ser los comunistas libertarios, anarquistas... o leninistas.

Esto no es solo una deducción lógica sino que se expresa de forma elocuente en los escritos de Bakunin durante la Comuna de París. En ellos veremos perfectamente expuestos la naturaleza del partido que adopta Lenin, las medidas básicas que debe tomar desde el principio la revolución, la transformación de cualquier guerra en guerra civil, el asesinato de masas, la eugenesia de clase y la crueldad total que los bolcheviques van a aplicar.

## LA COMUNA FRANCESA Y EL COMUNISMO RUSO

Dado que el comunismo es, esencialmente, una doctrina contra la propiedad privada, Bakunin adelanta todas las leyes del Año I de Lenin:

Abolición del derecho a heredar la propiedad.
Igualación de los derechos políticos y socio-económicos de las mujeres con los de los hombres. Por consiguiente, queremos la abolición del

derecho familiar y del matrimonio —tanto eclesiástico como civil— [que están] vinculados inseparablemente al derecho hereditario.

La verdad económica básica se apoya sobre dos premisas fundamentales:

La tierra solo pertenece a quienes la cultivan con sus propias manos, a las comunas agrícolas. El capital y todos los instrumentos de producción pertenecen a los obreros, a las asociaciones de obreros.

La organización política futura debe ser una federación libre de trabajadores, una federación de asociaciones de obreros agrícolas e industriales.

Por consiguiente, en nombre de la emancipación política, queremos, en primer lugar la abolición del Estado y la extirpación del principio estatal, junto con todas las instituciones eclesiásticas, políticas, militares, burocráticas, jurídicas, académicas, financieras y económicas.

Queremos plena libertad para todas las naciones, con derecho a una plena auto-determinación para cada pueblo de acuerdo con sus propios instintos, necesidades y voluntad. Todo pueblo, como toda persona, solo puede ser el que es, e indudablemente tiene el derecho a ser él mismo.

Esto resume el llamado derecho nacional. Pero si un pueblo o una persona existe de cierta manera y no puede existir de ninguna otra no se sigue de ello que tengan el derecho (ni que les sea beneficioso) elevar la nacionalidad o la individualidad a principios específicos, o que merezca la pena hacer mucho ruido en torno a esos supuestos principios. (*Escritos,* I, pp. 312-313).

## LA VIOLENCIA ES GUERRA Y LA GUERRA DEBE SER CIVIL

Continúa Bakunin:

La revolución significa guerra. Las revoluciones no son juegos de niños, ni debates académicos donde solo las vanidades quedan heridas en furiosos encuentros, ni justas literarias en las que se derrama profusamente la tinta. La revolución significa guerra, e incluye la destrucción de hombres y cosas. Naturalmente, es una lástima que la humanidad no haya inventado todavía un medio más pacífico de progreso, pero hasta el presente todo paso adelante en la historia solo se ha conseguido tras un bautismo de sangre. En esta cuestión, la reacción poco puede reprochar a la revolución sobre este punto; siempre ha vertido más sangre que ella.

Esto es rigurosamente falso, y Bakunin, como ruso, lo sabía. Uno de los grandes avances sociales de Europa, la abolición de la servidumbre en Rusia por Alejandro II, fue pacífico y sin derramamiento de sangre, aunque obras como la de Turguéniev y sublevaciones liberales, como la de los decembristas, abonaran antes el terreno en la opinión pública y el propio zar. La abolición de la esclavitud en las colonias de los países europeos se logró, junto a campañas humanitarias en gran medida religiosas, pagando su liberación a los dueños de las plantaciones. Las grandes mejoras laborales en Inglaterra —prohibición del trabajo infantil, silla para las mujeres, entre otras— se lograron combinando la movilización, la negociación sindical y los acuerdos parlamentarios. El Estado de Bienestar en Prusia, primero en el mundo, fue pactado por Lassalle y Bismarck a espaldas de la burguesía.

En Rusia, la expresión más feroz de la violencia, el terrorismo, cuyos máximos defensores fueron Bakunin y Netchaev, solo produjo el retraso o la cancelación de las reformas en marcha. La prueba fue el asesinato del «zar liberador» Alejandro II, cuando se cumplían los veinte años de la abolición de la servidumbre. Su hijo, ante el que murió, endureció la represión y anuló todas las reformas que estaban en marcha; entre ellas, la creación de un parlamento y de un sistema judicial profesional, base de su independencia.

La violencia, el asesinato y la guerra propugnados por Bakunin no buscaban crear nada, tarea fiada a la improvisación, sino asumir un poder total, ilimitado, indefinido y sin control. Bakunin y los suyos no querían acabar con cualquier Estado sino constituirse ellos mismos en un Estado sin ley, como únicos representantes de un pueblo que no los había elegido y al que se le negaba la posibilidad de votar.

Exactamente lo que hizo Lenin.

Bakunin pasó toda su vida como revolucionario y masón creando organizaciones clandestinas, era un perito en secretismos y contraseñas y lo más alejado, técnicamente hablando, de lo que el adjetivo «anárquico» pueda sugerir. Nada de improvisación creativa; organización y dirección:

Para que cuando la revolución, provocada por la fuerza de las circunstancias, estalle con todo su poder, exista una fuerza real que sepa lo que se debe hacer y sea, por ello, capaz de tomar las riendas de esa revolución dándole una dirección saludable para el pueblo; una organización internacional seria de asociaciones obreras en todos los países, capaz de sustituir el evanescente mundo político de los Estados y la burguesía. (*Escritos*, II, p. 163).

Esto de la «organización internacional seria de asociaciones obreras» frente al «evanescente» mundo de los Estados quedó acreditado en la vida de la I Internacional, que tras serias trapacerías, acabó echando a Bakunin, canonizando a Marx y disolviéndose, muy seriamente, tras el fracaso de la Comuna de París, donde Bakunin pudo exhibir sus dotes de organizador.

Pero donde el gigante ruso alcanzó un nivel de adivinación *científico* fue adelantando la hazaña del bajito ruso Lenin para acabar con la economía mediante la inflación provocada y la destrucción del comercio con tres medidas: la incautación masiva de inmuebles y cosechas, la falta de precios de referencia para presupuestos familiares, empresariales o estatales y, sobre todo, el valor nulo del dinero. El colapso deliberado de la economía provocó la peor hambruna de la historia: cinco millones de muertos. Bakunin lo había anunciado así: «La bancarrota universal pública y privada es la primera condición para una revolución socio-económica» (Ibíd.).

Un supuesto obvio del desastre económico que apunta Bakunin:

Será preciso explicar a los campesinos que, como se han suspendido en todas partes todos los pagos, también ellos deben suspender el pago de sus deudas privadas, impuestos e hipotecas, hasta que se haya establecido un orden perfecto.

Una organización férrea y secreta es esencial para abordar la «guerra, la destrucción de las cosas y personas», es decir, el asesinato de masas, que debe empezar por gente de uniforme:

Alcaldes, jueces de paz, sacerdotes, gendarmes y jefes de policía. En mi opinión todas esas personas pueden ser «septembrizadas» (*sic.*, alude a las matanzas de presos en septiembre de 1792), excitando contra ellas a los campesinos (...). A continuación es esencial excitarlos al desafío a los notables, a los funcionarios y, en la medida de lo posible, al propio sacerdote de la aldea (...) sería necesaria una verdadera bancarrota universal —que se producirá como consecuencia inevitable de una revolución social universal— para privar a la Iglesia de su todavía formidable poder. (*Escritos*, pp. 188-189).

Probablemente, la idea más errónea sobre el comunismo bakuninista es que prefería la acción espontánea de las masas a un partido férreamente organizado, más propio de Marx y, sobre todo, de Lenin. Nada más falso:

Cuando es preciso hacer frente a un gran peligro, ¿no es mejor marchar contra él en pequeño número, pero con la certeza de no ser abandonado en el momento de la lucha, que verse seguido por una multitud de falsos aliados que os traicionarán en el primer campo de batalla? (Ibíd., p. 183).

Bien o mal, hemos conseguido formar un pequeño grupo, pequeño por cuanto respecta al número de personas que se unen a él con perfecto conocimiento de sus metas, pero grande pensando en la inmensa masa de personas a quienes representa mejor que ningún otro partido. Actualmente, todos debemos embarcarnos en la alta mar revolucionaria, y en lo sucesivo tenemos que extender nuestros principios no con palabras sino con actos, porque esta es la forma más popular, más potente y más irresistible de propaganda. Mantengámonos de alguna manera en silencio en relación con nuestros principios donde esta actitud pueda ser necesaria por razones políticas, es decir, donde nuestra impotencia temporal en relación con un poder hostil así lo exija. Pero seamos despiadadamente coherentes en nuestras acciones. En ello reside la salvación de la revolución. (Ibíd., p. 195).

Se ha dicho, con razón, que el elemento clave para implantar su dictadura fue el empeño de Lenin en convertir la Primera Guerra Mundial en guerra de clases, es decir, en guerra civil. Cierto, pero no original. Bakunin lo defendió durante la Comuna, con los prusianos a las puertas de París:

Sí, habrá una guerra civil. Pero ¿por qué ponéis un estigma a la guerra civil, por qué la teméis tanto? Planteo esta pregunta tomando como guía a la historia. Lo que produjo grandes pensamientos, grandes caracteres, grandes naciones, ¿fue la guerra civil o fue un orden social impuesto por algún gobierno tutelar? (...), ¿queréis ver a diez millones de campesinos unificarse contra vosotros en una masa sólida y compacta, vinculada por un odio común producido por vuestros decretos y vuestra violencia revolucionaria? ¿O preferís que esta revolución anarquista realice una profunda ruptura en sus filas, que os permitirá construir un partido poderoso entre ellos? ¿No comprendéis que los campesinos están atrasados precisamente porque no se ha producido aún una guerra civil, con la lucha consiguiente en las aldeas? (...). Esa guerra abrirá de par en par la puerta para la propaganda de vuestras ideas socialistas y revolucionarias.

La guerra civil, tan dañina para el poder de los Estados, es por el contrario y en virtud de esa misma razón, favorable siempre para despertar la iniciativa popular y el desarrollo intelectual, moral e incluso material del pueblo. El motivo es bien simple: la guerra civil trastorna y perturba en las masas el estado de sopor tan querido por todos los gobiernos, estado que transforma al pueblo en un rebaño vigilado y trasquilado a voluntad por sus pastores. La guerra civil rompe la embrutecedora monotonía de su existencia cotidiana, una existencia mecánica desprovista de pensamiento, y obliga a meditar sobre las pretensiones de los diversos príncipes o partidos que luchan por el derecho a oprimir y explotar a las masas populares. Y a menudo las lleva a la constatación —si no consciente, al menos instintiva— de la profunda verdad de que ninguna de las partes contendientes tiene derecho alguno sobre ellas y que ambas son igualmente malas. (Ibíd., pp. 209-210).

El problema esencial, como siempre en el comunismo, es el de la propiedad. Los campesinos la desean, los revolucionarios desean abolirla. La solución es sencilla: engañarlos. Para empezar, hay que dejarles robar:

Ellos aman la tierra; dejemos, pues, que la tomen íntegramente. Y dejemos que expulsen a todos los propietarios que explotan el trabajo ajeno. No les gusta pagar gravámenes o impuestos; permitámosles entonces que dejen de pagarlos. Dejemos que quienes no deseen pagar sus deudas privadas queden liberados de la necesidad de hacerlo. Por último, los campesinos odian el reclutamiento; permitámosles que se liberen del deber de suministrar soldados al ejército.

Como durante la Comuna los prusianos están ante París, la pregunta es: «¿Quién luchará contra los prusianos?». Respuesta de Bakunin:

> Cuando los campesinos hayan sentido y perseguido las ventajas de la revolución darán más dinero y personas para su defensa que lo que podrían obtener de ellos las decisiones políticas ordinarias del Estado. Y aún las extraordinarias (…). Los campesinos harán contra los prusianos lo que ya hicieron en 1872. Pero para ello es preciso que se obsesionen con la furia de la resistencia.

Es difícil creer que unos campesinos que, tras disfrutar de la guerra civil, se han hecho con una propiedad que no tenían, vayan a jugarse vida y hacienda contra el ejército de un gobierno extranjero, que será tan malo, no peor, que el propio, según la doctrina de Bakunin. Pero le resulta más fácil recordar 1792, el Terror, que Termidor, Napoleón y la Grande Armée, en la que murieron millones de franceses, aunque bastantes menos que los que mataron en toda Europa, desde España a Rusia. ¿Cómo obligarlos a combatir? Mediante los comisarios políticos, que no inventó Trotski, sino Bakunin, aunque los llama, amablemente, «destacamentos propagandísticos libres»:

> Una revolución que se impone al pueblo —por decreto o por la fuerza de las armas— no es una revolución sino su opuesto, porque provoca necesariamente una reacción. Al mismo tiempo, estos destacamentos libres deben aparecer en las aldeas como una fuerza impresionante, capaz de hacerse respetar; esta exhibición de fuerza no es, por supuesto, esencial para el propósito de utilizar la violencia contra los campesinos, sino para suprimir cualquier deseo de burlarse de los destacamentos o maltratarlos antes de darles la oportunidad de ser escuchados, cosa probable en el caso de los propagandistas individuales que no van acompañados por la exhibición de una fuerza impresionante.

Dzerzhinski y Trotski lo hicieron igual pero no lo dijeron mejor. Sin embargo, el problema de fondo, subsiste: ¿qué va a pasar con la propiedad, que para los comunistas es el origen de todo mal social? Es la gran preocupación de Bakunin.

> Pero dejando que se dividan entre ellos la tierra tomada a los propietarios burgueses, ¿no conducirá esto al establecimiento de la propiedad privada sobre una base nueva y más sólida? En absoluto, porque esa propiedad carecerá de la sanción jurídica y política del Estado, ya que el Estado y todas las instituciones jurídicas —la defensa estatal de la propiedad y el derecho familiar, incluyendo la ley de la herencia— tendrán que desaparecer necesariamente en el pavoroso torbellino de la anarquía revolucionaria. No habrá más derechos políticos o jurídicos; solo habrá hechos revolucionarios. La propiedad dejará de ser un hecho, quedará reducida al estatuto de un simple hecho.
>
> Pero me diréis que en ese caso estallará una guerra civil en el país. Porque si la propiedad privada no se encuentra garantizada en lo sucesivo por ningún poder externo (…) sino que tiene que ser defendida solo por los esfuerzos de los propietarios, cada individuo querrá tomar posesión de la propiedad ajena y el más fuerte despojará al más débil (…). Desde luego, al principio las cosas no van a discurrir con suavidad; se producirá un período de contienda y lucha; el orden social, el sanctasantórum de la burguesía quedará trastornado y los resultados primarios surgidos de este estado de cosas pueden aproximarse mucho a lo que se denomina una guerra civil. (Ibíd., pp. 206-207).

Y como hemos visto, la guerra civil es excelente para la revolución. ¿O no? Una de las características de Bakunin es que su vanidad lo vuelve contra sí mismo. Lo hemos visto predicar la violencia. Ahora la combatirá:

> Los campesinos no son comunistas, eso es bastante cierto: temen, odian a los protagonistas de la división de la propiedad, porque tienen algo a lo que aferrarse, al menos en su imaginación.
>
> No creo que ni siquiera en las condiciones más favorables los trabajadores urbanos tendrán suficiente poder para imponer el colectivismo

o el comunismo a los campesinos; y nunca he deseado ese modo de realizar el socialismo, porque odio todo sistema impuesto por la fuerza y amo sincera y apasionadamente la libertad. Esta idea falsa y esta esperanza son destructivas para la libertad y constituyen la ilusión básica del comunismo autoritario, que al necesitar la violencia organizada y regulada del Estado —y necesitar, por tanto, al Estado— conduce necesariamente al restablecimiento del principio de autoridad y de una clase estatal privilegiada.

¿Está, pues, dispuesto Bakunin a respetar a los que se opongan a la pérdida de su propiedad, su libertad o su vida? Eso es otra cosa, pero no por él, que ya hemos visto que ama apasionadamente la libertad. Así lo afirma:

El colectivismo solo puede ser impuesto a esclavos, y en este caso se convierte en la negación de la humanidad. En un pueblo libre, el colectivismo solo puede producirse siguiendo el orden natural de las cosas, por la fuerza de las circunstancias y no por imposición desde arriba, sino por un movimiento espontáneo desde abajo que brota libre y necesariamente cuando las condiciones del individualismo privilegiado —la política estatal, los códigos civil y penal, la familia jurídica y los derechos hereditarios— han sido suprimidos por la revolución.

Entonces, ¡ay del que se oponga a esa supresión, a esa revolución! ¡Ay de la clase, grupo o individuo opuestos al comunismo humanitario! Excepto el proletariado urbano y rural… «todas las demás clases deben desaparecer de la faz de la tierra». Pero, ojo: «no deben desvanecerse como individuos sino como clases. El socialismo no es cruel, es mil veces más humano que el jacobinismo, es decir, que la revolución política».

¿No decía en plena Comuna Bakunin que había que «septembrizar», o sea, asesinar a los funcionarios, curas, propietarios y cualquier enemigo de la revolución? Sí, pero no es nada personal. En realidad, el socialismo…

No se dirige contra los individuos, ni siquiera contra los más perversos, porque comprende muy bien que todos los individuos, malos o buenos, son el producto inevitable de la situación social creada para ellos por la sociedad y la historia. Ciertamente, los socialistas serán incapaces de evitar que en los primeros días de la revolución el pueblo dé rienda suelta a su furia y aniquile a unos pocos centenares de sus enemigos más detestables, violentos y peligrosos. Pero cuando pase el huracán, los socialistas se opondrán con toda su fuerza a la carnicería hipócrita —en un sentido político y jurídico— perpetrada a sangre fría.

Tan pronto como la revolución comience a asumir un carácter socialista dejará de ser cruel y sanguinaria. El pueblo no es cruel en modo alguno; son las clases gobernantes quienes han demostrado su crueldad (…). Por lo general el pueblo es bueno y humano. Sus miembros sufren demasiado para no simpatizar con los sufrimientos de otros.

Y ahora culpa a los *septembrizadores* que poco antes quería imitar:

Las famosas masacres de Avignon (en octubre de 1791), que inauguraron la era de asesinatos políticos en Francia, estuvieron dirigidas y parcialmente consumadas por sacerdotes y nobles, y, por otro lado, por la burguesía. Las carnicerías de la Vendée, realizadas por los campesinos, fueron dirigidas también por nobles reaccionarios aliados a la Iglesia. Los instigadores de las masacres de septiembre fueron, sin excepción, burgueses en su totalidad (…). Y el Comité de Salud Pública, el terror legal, calculado y frío, la misma guillotina, fueron también instituciones burguesas. El pueblo hacía el papel de espectador y a veces aplaudía tontamente esas exhibiciones de legalidad hipócrita y furia política de la burguesía. Tras la ejecución de Danton, hasta el pueblo mismo se convirtió en víctima de esa furia.

Reconózcase que, en punto a propaganda, el comunismo autoritario lo aprendió todo del libertario. Imposible negar con más énfasis lo que con el mismo énfasis se defiende. Y como ama apasionadamente la libertad, Bakunin defiende la militarización y la imposición del trabajo manual:

Ante el pueblo, el ideal aparece en primer lugar como el fin de la pobreza y la plena satisfacción de todas sus necesidades materiales mediante el trabajo colectivo, obligatorio e igual para todos.

El trabajo aislado de la mente individual, como todo el trabajo intelectual —en el campo de la investigación e invención original, pero no en el de la aplicación— debe ser gratuito. Pero entonces, ¿cómo se las arreglarán para vivir los hombres de talento y genio? Por supuesto, vivirán haciendo un trabajo manual y colectivo, como todos los demás. ¿Cómo? ¿Queréis someter a la «indignidad» del trabajo manual, propio de mentes inferiores, a las grandes mentes? Sí, lo queremos por dos razones: en primer lugar, estamos convencidos de que las grandes mentes no perderán nada sino que ganarán mucho en salud y vigor mental y, sobre todo, en espíritu de solidaridad y justicia; y en segundo lugar, nos parece el único medio de elevar y humanizar el trabajo manual, y de establecer, por tanto, una igualdad real entre los hombres.

Trotski ya quiso militarizar desde el principio el trabajo obligatorio, pero se aplazó unos meses, hasta implantar el «comunismo de guerra», el único que hubo. Mao y Pol Pot inventaron poco, pero *dignificaron* mucho.

## LENIN, EL ANARQUISMO Y LOS ANARQUISTAS

La objeción que, dentro de la inmensa confusión que, sobre todo tras la Guerra Civil española, reina en las familias ideológicas de la izquierda, es que no parece muy lógico que Lenin adoptara buena parte de las ideas de Bakunin y, al mismo tiempo, persiguiera a los anarquistas rusos. Pero eso es no entender la naturaleza del poder comunista: la ideología es esencial pero los sacerdotes deben ser sacrificados periódicamente.

Los ejemplos no es que sean abundantes, es que son todos. Mucho más marxistas que Lenin eran Plejánov, «el padre del marxismo ruso», Axelrod o Vera Zasúlich (la que en carta de Marx que este oculta a Engels, consigue su respaldo a la «vía eslava al socialismo», terrorismo incluido), los fundadores del grupo Emancipación del Trabajo y luego del Partido Obrero Socialdemócrata Ruso (POSDR) al que se unió el joven Lenin y a los que quiso poner al frente de *Iskra* aunque, naturalmente, mandando él.

Si el jefe menchevique Mártov se opone a Lenin no es solo porque es un dictador, sino porque al saltarse las premisas básicas del marxismo está comprometiendo la posibilidad de llegar al socialismo. Y contra todos esos marxistas fue Lenin, a todos los proscribió y a todos acabó exterminando. No por eso dejó de rendir culto público a Marx, pero el marxismo *era él*.

Lo mismo sucede con los socialistas revolucionarios o eseristas (SR). En primer lugar, liquidó a la mayoría de derechas, con Chérnov al frente, el partido más votado de Rusia en las elecciones a la Asamblea Constituyente y que más se resistió a su disolución por la pandilla de matones leninistas. Se quedó con su programa de entrega de tierra a los campesinos, que copió literalmente, y a continuación los exterminó en el primero de los Juicios de Moscú, que no inventó Stalin sino, como todo en el régimen soviético, el propio Lenin.

Y lo mismo sucedió con los eseristas de izquierdas, sus aliados incondicionales en el Golpe de Octubre contra el Gobierno Provisional y en el de enero contra la Asamblea recién votada, en la que los bolcheviques solo tenían el 25 por ciento. Cuando, con la legendaria terrorista Spiridónova a la cabeza, se opusieron al tratado de Brest-Litovsk, salieron del gobierno y Steinberg dejó de ser comisario de Justicia, es decir, de la represión legal, de inmediato fueron perseguidos y aniquilados. Lo que hace Stalin con los comunistas del primer grupo dirigente leninista es aplicar la táctica de Lenin para marxistas, bakuninistas y populistas. El libro bautismal de Lenin, *¿Qué hacer?* se abre con la cita de Lassalle «el partido se fortalece depurándose». El leninismo, poder absoluto, depura continuamente sus bases de apoyo: el centro izquierda burgués (KDT), la izquierda populista (SR), la izquierda marxista (POSDR, mencheviques), el populismo radical (eseristas de izquierda) y, naturalmente, los anarquistas.

Pero eso no significa que Lenin condene sus teorías. De hecho, antes de su primer ataque cerebral y cuando ya casi todos los anarquistas rusos estaban muertos o presos, se publica a todo lujo —dada la falta de papel— la obra de Bakunin y de Kropotkin, que murió condenando a Lenin. Como diría el personaje de *El Padrino*, no era «nada personal»: el negocio ideológico continuaba, pero gestionado por el partido leninista, que es el administrador único de toda la herencia ideológica revolucionaria.

Entre 1919 y 1922 aparecen en Rusia los primeros cinco tomos de la obra de Bakunin, y no en clave arqueológica, porque incluye *Estatismo y anarquismo*, su último libro, que Marx —que hubiera sido un crítico literario sensacional, basta ver su brillante ejecución de Chateaubriand— había leído y anotado con su ilegible minuciosidad habitual.

La razón es que Marx, como Bakunin, Netchaev o Chernichevski, son fuentes básicas del leninismo, comparten lo básico del comunismo, que es la condena de la propiedad privada y de la democracia parlamentaria, y se complementan en la oferta de soluciones para coyunturas determinadas, ya que todos ellos son oportunistas sobre el medio y fanáticos sobre el fin. Lo que no admite el partido de Lenin es compartir el poder real con nadie. Por eso mataron a todos los no bolcheviques y luego a los bolcheviques que sobraban y debían «fortalecer el partido depurándose», o sea, en el paredón.

Maximoff, autor de esta magna antología que nos ha permitido ir al fondo, a veces contradictorio, de las ideas de Bakunin, es un ejemplo de la represión implacable del leninismo contra cualquier ideología que no fuera la de obedecer al partido en cualquier cosa que, en ese momento, ordenase. Es también el modelo de *anarquista simpático* por su frugal generosidad, y el mejor albacea literario de Bakunin tras su devoto editor Max Nettlau. De origen humilde, nacido en 1893, fue al seminario como Stalin, pero ahorcó los hábitos, estudió Agronomía en San Petersburgo y se graduó en 1915. Tras militar en el populismo revoltoso de la época, creyó encontrar su camino en Kropotkin, Stepniak y, finalmente, Bakunin. Participó en la Revolución de Febrero de 1917, no en el Golpe bolchevique de Octubre, y se fue voluntario al Ejército Rojo, donde se rebeló contra las tareas represivas y fue condenado a muerte.

Sus amigos sindicalistas consiguieron salvarle. Tras la última rebelión obrera, la de Kronstadt, masacrada por Trotski, fue enviado a la lúgubre prisión moscovita de Taganka. Inició una huelga de hambre con otros presos anarquistas durante la celebración del congreso de la Internacional Sindical Roja, con enviados de toda Europa. El régimen lo liberó, pero a condición de marchar al exilio. Siguió denunciando la tiranía soviética, a partir de testimonios de presos anarquistas. En 1935, publicó en Glasgow, *Bolchevismo: promesas y realidad*; y en 1940, en Chicago, *La guillotina en funciones*, sobre los primeros veinte años de terror soviético. Hasta su temprana muerte, en 1950, Maximoff quiso explicarse lo sucedido en Rusia entre leninistas y anarquistas. Hizo lo que honradamente pudo.

Pero como pasa con todas las ramas del comunismo unidas al tronco leninista, los anarquistas no podían criticar del todo una ideología que, en el fondo, compartían. Como dice Hoselitz, editor en Chicago del trabajo de Maximoff que resumió la informe y extensa obra de Bakunin, si es imposible entender la historia del movimiento revolucionario mundial, en especial el español, sin Bakunin, tampoco cabe amputar la parte de Bakunin de la producción ideológica de la I Internacional sin amputar la propia obra de Marx; y citando finalmente a John Maynard, dice que el talento de Bakunin y su imaginación para «establecer una escuela de actividad subversiva tuvieron una importante influencia en las tácticas de Lenin».

Sin duda. Sus textos demuestran inequívocamente que el propio Bakunin contribuyó como nadie a levantar el cadalso de los anarquistas.

## LOS PADRES POLÍTICOS DE LENIN 4 / PLEJÁNOV

A lo largo de su vida, Lenin solo tuvo un amor, una amante y una pasión. El amor fue Plejánov; la amante, Inusia Armand; y la pasión, al frustrarse su amor, el Poder. A esa pasión no le dedicó su vida sino que su vida se redujo y consumió en esa pasión. Una pasión destructiva, hecha de odio, y alimentada por una melancolía, la ausencia en su vida cotidiana de la única mujer con la que tuvo una relación intelectual, amorosa y sexual supuestamente satisfactoria, Inusia Armand, con la que no se casó por razones de imagen; y un desengaño que Lenin vivió y explicó como amoroso: el de Plejánov.

Lenin, «Maximiliano Lenin» como le llamó Trotski, dividía a la gente en dos bandos, igual que Robespierre: los buenos y los malos; en su caso, él y los demás. Siendo solo un organismo individual, para acceder al Poder adoptó el parasitismo de organismos más complejos: las ideas, el dinero o las organizaciones políticas. Y el primer organismo que quiso parasitar fue el marxismo, a través de su fundador y jefe Plejánov, y de su organización, el Partido Obrero Social-Demócrata Ruso (POSDR).

Lenin entendió muy bien que un partido moderno, en la oposición y, más aún, en la clandestinidad, era básicamente un hecho propagandístico. Por eso no fundó un partido sino un periódico, *Iskra*, que presidirían los tres grandes del marxismo ruso —Plejánov, Axelrod y Zasúlich— pero en el que realmente mandarían él y su entonces devoto escudero Yuli Mártov.

Esto haría de Lenin el fundador del *comunismo mediático*, fórmula que en España explota con gran éxito Podemos, gracias a las televisiones del káiser Rajoy. Pero también esta idea, como dice en su luminoso ensayo sobre Herzen Olga Novikova, la toma Lenin de un fenómeno genuinamente ruso, el de *Kolokol*, la revista de Herzen y Ogarev, editada en Suiza, pero que tuvo tanto poder en Rusia que hasta logró la revocación de sentencias judiciales injustas, y, como dijimos, era leída por el zar Alejandro II, la zarina y la Corte.

Lo que sí hace Lenin es teorizar qué tipo de partido político es una publicación, adelantándose a la definición del partido como «intelectual orgánico» de Gramsci: «El periódico no es solamente un propagandista colectivo y un agitador colectivo, sino también un organizador colectivo».

El periódico es un poder simbólico que se convierte en real cuando es reconocido como tal (*Kolokol* tuvo tanto poder porque se le reconocía) *por los que deben hacerlo*. En tiempos de Herzen, era el zar; en los de Lenin, Plejánov, al que además le regalaba una revista de pensamiento, *Zarya*, para que se entretuviese con la teoría, mientras él, a partir del periódico y con una estructura de corresponsales y publicistas, forjaba en la práctica el partido de revolucionarios profesionales que habían teorizado Bakunin y Netchaev.

Lo que sucedió es que Plejánov adivinó las intenciones de Lenin y las frustró. Peor aún: se quedó al mando de *Iskra* y marginó a Lenin. Este lo vivió como el brutal rechazo a un enamorado, y además lo explicó con una sinceridad que no volvió a exhibir en público ni, que sepamos, en privado:

Mi sentimiento de «estar enamorado» de Plejánov desapareció súbitamente y me sentí ofendido y amargado a un nivel increíble. Nunca, nunca en mi vida había yo considerado a otro hombre con una veneración y un respeto tan sinceros, nunca había estado delante de otro hombre de una manera tan «humilde» y nunca antes me habían dado un «puntapié» tan brutalmente (…). Es difícil describir nuestros sentimientos de esa noche, sentimientos mezclados, densos, confusos (…). Habíamos recibido la lección más amarga de nuestras vidas, una lección dolorosamente amarga, dolorosamente brutal (…). Un joven enamorado recibe del objeto de su amor una lección amarga: hay que tratar a todas las personas sin sentimientos, hay que tener siempre la piedra en la honda.

Es lo mismo que ya en el poder le dirá a Gorki y reseñamos antes: «La gente quiere romperte la cabeza y hay que adelantarse». La diferencia es que ha olvidado —o no cita, porque Lenin era ferozmente rencoroso— el origen de esa convicción: pretendió a una mujer y lo rechazó. No confiesa que él quería engañarla, colocar a los tres viejos en un altar para mandar él y los otros dos jóvenes —Mártov y Potrésov— y la dama, que era un señor, les dejó en ridículo.

Mauricio Rojas da mucha importancia al episodio de *Iskra* —la tiene— y reseña la sorpresa que estos textos de Lenin despiertan en dos grandes biógrafos. El primero, Gerard Walter:

> Sentía por Plejánov algo más que admiración. Estaba, por emplear su propio lenguaje, «enamorado de Plejánov como podía estarlo de una mujer». El «enamorado» vio en su «ídolo» defectos cuyo descubrimiento le hirió dolorosamente. Falso, irascible, intolerante; así vio a Plejánov (…), con una tendencia muy clara a ejercer un poder casi dictatorial en la futura redacción. (Walter, 1974).

En realidad, la «confusión» de Lenin proviene de dos sentimientos, el de la frustración, porque Plejánov no accede a su plan, y el de la vergüenza, porque al ocupar en *Iskra* el papel dictatorial que se reservaba para sí mismo, siente que ha quedado al descubierto, que está desnudo ante todos los marxistas rusos, con Plejánov ocupando el trono de su oculta ambición.

Robert Service, el segundo biógrafo, se sorprende aún más:

> Para un hombre tan pacato esta confesión de sus sentimientos, sentimientos que no eran puramente políticos, sino emocionales, con un dejo cuasi-sexual, es algo extraordinario. Nada parecido, ni antes ni después, ha llegado hasta nosotros. Ni siquiera las cartas a Inusia Armand son tan abiertas. (Service, 2000).

Desde ese momento, Lenin decide crear otro periódico y, lo más importante, su propio partido, y en el Congreso de 1903 fuerza la escisión del POSDR entre *minoritarios* mencheviques y *mayoritarios* bolcheviques. Pero como todo en el leninismo, el término bolchevique («mayoritario») es falso. Lenin estaba en minoría y solo cuando el Bund judío, enemigo suyo, se ausentó de la sala porque no se aseguraba su independencia, forzó la votación que ganó por poco. Pero Lenin siempre fue minoría en el POSDR.

Rojas entiende que Plejánov ocupaba en la vida de Vladimir el papel doblemente paterno: padre y hermano mayor, tan importante tras la muerte en la horca de Alexandr. Su ruptura sería una suerte de «asesinato del padre» que lo dejaría a solas con la revolución, convertida de ese modo en su única pasión. Pero una pasión siempre teñida de odio.

## LA TORTUOSA PERSONALIDAD DE LENIN

Estamos acostumbrados a ver libros de interpretación psicológica de los líderes políticos que han provocado un gigantesco número de muertos. Hitler bate todas las marcas, antes Napoleón y Mussolini y después Franco. Pero de los líderes comunistas, los mayores genocidas de la historia de la humanidad, solamente hay análisis de Stalin, a veces a medias con Hitler, forma cómoda de no abordar la ideología que explica las grandes masacres cuando del comunismo se trata. Vamos, como si el comunismo no matara.

El racismo de Hitler está muy bien estudiado y tras una época en que se achacaba a la locura de una sola persona que volvió loco al país más culto del mundo, hoy suele explicarse por los valores autoritarios que reinaban en la sociedad alemana y la convirtió en «verdugo voluntario». El empeño genocida de Stalin, que firmó personalmente centenares de miles de condenas a muerte, entre ellas la de Trotski y demás jefes bolcheviques de la primera época, suele explicarse por el rencor del burócrata mediocre, si no por un torcido individualismo que derivó en locura contra el pueblo.

Pero Lenin, en solo cinco años en el poder, se convirtió en el mayor asesino de masas que hasta entonces constaba en la Historia, creando la máquina de matar de Stalin y Mao, que fue en muchos aspectos técnicos el modelo de la maquinaria de Hitler. Y apenas hay estudios acerca de su personalidad. El solo hecho de intentarlo parece atentar contra algún intangible principio historiográfico, obviamente marxista, por el que el factor individual es solo el fulminante de un movimiento de masas, de profundidad insondable y duración inexplicable. Pero si los seis millones de víctimas de Hitler en el Holocausto han merecido tantos intentos de explicación psicológica, los siete de Lenin merecen, al menos, intentarlo.

Por supuesto, el asesino de masas carece de empatía y nunca se pone en el lugar del otro, al que mata. La religión suele ahorrarle ese esfuerzo, que en general le cuesta poco. Pero si no hay una explicación trascendente, matar no es fácil. La política como sustituto de la religión desde la Revolución Francesa ha proporcionado esa teología paralela que deifica la historia. Pero la personalidad de Lenin es importante porque fue el primero de los genocidas comunistas. Y algo había en él que no había antes de él.

A mi juicio, el momento clave para la construcción del partido como máquina de exterminio de masas y a sus órdenes está en esa ruptura con Plejánov. Si este, al modo en que los emperadores romanos adoptaban a sus herederos, lo hubiera reconocido como príncipe del marxismo ruso, tal vez la actividad de Lenin se hubiera encauzado de forma más colectiva, menos solitaria. Y no fue así. De esa ruptura sale un blindaje afectivo absoluto y la estructura de una personalidad volcada en ese afán de exterminio de masas, en última instancia de todos.

Ya hemos visto cómo Lenin somatizaba sus disgustos ideológicos, no aceptaba que le llevaran la contraria, entendía como guerra la política y defendió siempre, como típico jefe de secta, que su partido no se mezclara con los demás y que aspirase al poder y a ejercerlo absolutamente solo. Y dado que la acción política supone una serie de valores, hay que preguntarse qué lugar tenían estos en la personalidad de Lenin.

La clave estaría en la construcción de lo que Freud llama el «ideal del yo», que es el conjunto de valores que el sujeto interioriza como parte de su propia existencia, contra los que no podría vivir. Pero ¿qué es el «ideal del yo»? No solo en las distintas escuelas psicoanalíticas sino en el desarrollo del propio modelo freudiano se ha interpretado de muy diversas maneras, aunque no contradictorias. Freud lo definió por primera vez en su *Introducción al narcisismo* (1914) como una forma de estructurar el carácter ilimitado del deseo y la «omnipotencia infantil» para satisfacerlo: «Lo que (el sujeto) proyecta ante sí como ideal es el sustitutivo del narcisismo perdido en su infancia; en aquel entonces él mismo era su propio ideal».

Lacan, en uno de sus trabajos esenciales, *El estadio del espejo* (Escritos) lo ve como el momento clave de maduración del niño: cuando se reconoce a sí mismo al verse reflejado y manotea feliz, creyendo dominar unos movimientos que, en realidad, le dominan a él, pero celebra igualmente. Esa sensación se reprime en la educación, a cargo de los padres u otra instancia que inculque la prohibición, la ley, instancia simbólica que relegará el narcisismo primitivo del niño al ámbito de lo imaginario. Sin embargo, esa ley que no autoriza la satisfacción ilimitada del deseo, lo encauza hacia un «yo ideal» que reformula el narcisismo de una forma socialmente aceptable. En realidad, el narcisismo se reorganiza para ser socialmente aceptable, pero sin perderse, que sería perder el afán de vivir. Todos los dirigentes políticos son narcisistas, explícitos o implícitos. Para decir a los demás que deben seguirlo a él o a ella hay que quererse uno mucho.

En 1921, en uno de sus libros más políticos, *Psicología de las masas y análisis del yo*, Freud diferencia el yo (*Ich*) del ideal del yo (*Idealich*), siendo este, de manera resumida, el conjunto de valores que asume el yo, coincidente o no con los demás. Laplanche y Pontalis, en su *Diccionario de Psicoanálisis*, ven el *Idealich* como «una formación claramente diferenciada del yo, que permite explicar, en especial, la fascinación amorosa, la dependencia frente al hipnotizador y la sumisión al líder: casos todos en que una persona es colocada por el sujeto en el lugar de su ideal del yo».

«Este proceso —continúan— se encuentra en la constitución del grupo humano, la eficacia del ideal colectivo proviene de la convergencia de los "ideal del yo" individuales (…). Cierto número de individuos han colocado un mismo objeto en el lugar de su ideal del yo, a consecuencia de lo cual se han identificado entre sí en su yo», dice Freud. Un galimatías fácilmente explicable: millones de alemanes (antes fueron italianos, con Mussolini) identifican su ideal del yo en Hitler, forma de sentirse Alemania y ser «yo». Todos los procesos de identificación tribal y nacionalista son casi idénticos.

El caso de Lenin es distinto, porque nunca atrajo a las masas. Todo lo contrario: tuvo que someterlas mediante el terror para que aceptaran convertirse en el Hombre Nuevo del Comunismo, que supone la liquidación del yo, pero no mediante la identificación y eclipse en un «ideal del yo», sino a través de su destrucción y la de otras formas intermedias de identificación personal y ciudadana: familia, religión, nación, sindicato, clase social o grupo cultural.

¿Cuál sería, entonces, el «ideal del yo» de Lenin? A mi juicio, hay un deslizamiento del «ideal del yo» al «yo ideal», del *Idealich* al *Ichideal*, que se produce en la propia reelaboración de conceptos de Freud sobre la parte consciente e inconsciente del sujeto y que en el caso de Lenin podríamos decir que significa que el sujeto pierde toda referencia exterior de valores y se basa exclusivamente en los valores de su interior, que se acercan mucho más al narcisismo primitivo que a la represión que obliga a mantener una serie de normas morales para ser admitido y valorado en toda sociedad.

El revolucionario es el más narcisista de los políticos, porque se basa en sí mismo y define su yo contra la mayoría tratando de que se identifique con él o, simplemente, que le obedezca. Esto no implica una valoración, ya que hay grandes narcisos que, sin duda, ayudaron a mejorar a la sociedad, mientras que otros la perjudicaron. Pero casi todos los grandes líderes son capaces de atraer a las masas. Lenin confía solo en sí mismo, pero lo hace tan a fondo que es capaz de enfrentarse a todos los demás líderes bolcheviques y convencerlos para tomar el poder en octubre de 1917. Ellos no se veían con fuerza suficiente para tomar el poder. Lenin, sí.

Y esa fuerza de Lenin, ese magnetismo indiscutible dentro del grupo, porque en su grupo solo cabían los magnetizados por él, se alimentaba de una necesidad interior, el afán irresistible de Poder, además contrarreloj. En enero de 1917 dijo en una reunión con jóvenes en Suiza que «los viejos como él» no llegarían a ver la revolución mundial, que sin duda se produciría pero que solo «verían otros». Llevaba casi dos décadas fuera de Rusia, no había participado en la rebelión de 1905 y tampoco en la Revolución de Febrero. Desde entonces, él, de salud quebradiza y nervios de cristal, se ve con poco tiempo por delante, con un cuerpo que siempre pareció gastado. Desde muy joven, le llamaron «el viejo», siempre aparentó más edad que la que tenía y murió muy joven, a mitad de la cincuentena, a la misma edad de su padre. Si Lenin mostró tanta prisa en satisfacer su deseo, el del poder absoluto, es porque, tras darlo por perdido, le vino de pronto a las manos. Y él agarró su oportunidad con la ferocidad del emplazado, del mesías con el tiempo tasado, del verdugo al que la víctima no espera. No la dejó escapar.

## EL ARMA DEL CRIMEN: UN PARTIDO ANTIPROLETARIO

Lo primero que necesitó Lenin para imponer el terror rojo en nombre del proletariado fue un partido terrorista y sin proletarios, que desconfiase de ellos y no obedeciese nunca a sus deseos. En esto sigue a Marx cuando dice: «La filosofía encuentra en el proletariado sus armas materiales; el proletariado encuentra en la filosofía sus armas intelectuales (…). La cabeza de esta emancipación es la filosofía, su corazón el proletariado». O sea, que la misión de los proletarios era sacrificarse por las ideas de Marx, que aseguraban su salvación y la de la humanidad, y para siempre. Ni ellos ni, menos aún, los campesinos eran conscientes de sus verdaderos intereses, que en última instancia eran cumplir la misión histórica asignada por Marx.

En esto, como en casi todo, Lenin no fue original, pero sí coherente: agavilló cualquier idea ajena con un fin propio: alcanzar el poder absoluto. Y como para eso había que hacer una revolución, trastornarlo todo, «poner el mundo cabeza abajo», lo puso. Nunca se apartó de Marx —no más que Marx de sí mismo—; ni de Bakunin, como hemos visto, ni siquiera del que luego llamó «renegado Kautski». En realidad, las dos facciones comunistas de la I Internacional —«autoritarios» y «libertarios»— y la socialdemocracia alemana, la más desarrollada de Europa, basaban sus proyectos en el interés del pueblo, no en su voluntad, que solo ellos tenían derecho a interpretar.

Poner en discusión el derecho político comunista para saber lo que quieren los trabajadores aunque digan lo contrario, era y es delito de lesa *alienación*. La frase izquierdista «ser más tonto que un obrero de derechas» sigue siendo hoy el síntoma del desprecio a los obreros que no sean *rojos*, mientras que el simple hecho de ser comunista confiere a cualquier iniciado en el marxismo-leninismo, aún con acné, una sabiduría sobre el verdadero interés de clase que no alcanzará el obrero más encallecido. «Obrerismo», «sindicalismo» o «economicismo» son maneras de negar a los trabajadores cualquier idea propia o libertad de juicio para desobedecer a sus benéficos amos: los comunistas. Con esta doctrina, la dictadura era —y es— obligatoria.

Lenin siempre exhibió su condición de intérprete infalible de la historia de una humanidad cuyo sentimiento nunca tuvo y una Rusia que apenas conocía. Lo que sí sabía, y nunca necesitó ni quiso saber más, es cómo utilizar las ideas de otros en su favor y beneficio. Él, que no trabajó nunca, podía, por ejemplo, descalificar la opinión de los que trabajaban de sol a sol:

La historia de todos los países demuestra que la clase obrera con sus propias fuerzas solo está en condiciones de elaborar exclusivamente una conciencia tradeunionista, es decir, la convicción de que es necesario agruparse en sindicatos, luchar contra los patronos, reclamar del gobierno la promulgación de tales o cuales leyes necesarias para los obreros, etc. En cambio, la doctrina del socialismo ha surgido de teorías filosóficas, históricas y económicas elaboradas por intelectuales, por hombres instruidos de las clases poseedoras. Por su posición social, los propios fundadores del socialismo científico, Marx y Engels, pertenecían a la intelectualidad burguesa. (Lenin, *¿Qué hacer?*).

El único principio de organización serio a que deben atenerse los dirigentes de nuestro movimiento tiene que ser el siguiente: la más severa dirección conspirativa, la más rigurosa selección de afiliados y la preparación de revolucionarios profesionales. Si se cuenta con estas cualidades está asegurado algo mucho más importante que la «democracia», a saber, la plena confianza mutua, propia de camaradas, entre los revolucionarios (...). ¡Y la democracia, la verdadera, no la democracia pueril, va implícita, como la parte en el todo, en este concepto de camaradería! (Ibíd.).

Desde ese primer libro, *¿Qué hacer?*, al último artículo, una apología de la eutanasia por razón política, que se titula *«Mejor pocos y mejores»*, Lenin insiste en no hacer nunca caso a los demás:

Todo lo que sea rendir culto a la espontaneidad del movimiento obrero, todo lo que sea aminorar el papel del «elemento consciente», el papel de la socialdemocracia, significa —de manera independiente por completo de la voluntad de quien lo hace— acrecentar la influencia de la ideología burguesa entre los obreros.

Así que cuando lleguen los Procesos de Moscú de 1937 y los mismos jefes bolcheviques que estaban con Lenin en 1917 confiesen su voluntaria o involuntaria participación en las conspiraciones antirrevolucionarias más disparatadas, ¿qué harán sino reconocer, en favor de Stalin, la doctrina de Lenin, según la cual solo Él (el *lenin* de turno) sabe lo que realmente es la «influencia burguesa» en el eternamente ignorante obrero y cómo evitarla?

## EL EMPLEADO REVOLUCIONARIO DE LA «EMPRESA LENIN»

«Todo agitador obrero que tenga algún talento, que "prometa", no debe trabajar once horas en la fábrica. Debemos arreglárnoslas de modo que viva por cuenta del partido», escribió Lenin. La razón no es la eficacia, que siempre sería mayor viviendo los problemas reales de la gente real, sino la obediencia al Jefe, que además es el dueño de la nómina. Aunque Lenin nunca administró sus asuntos domésticos (para eso tenía a su madre, a su suegra y a Krupskáia) siempre controló las finanzas del partido. Así, los «hombres partido» de Jan Valtin, eran «hombres sueldo»; aquellos para los que el partido, como decía Inazio Silone a Koestler, era «casa, escuela, iglesia, albergue», sabían que los cuatro alquileres los pagaba Lenin. Y si el Che decía que «el marco de los amigos responde estrictamente a los compañeros de revolución», era porque el partido le pagaba los amigos. Los comunistas son «hombres entregados profesionalmente a sus actividades revolucionarias», en otra frase de Lenin recordada por el ex bolche Rojas. Fidel Castro repetía: «Dentro de la revolución, todo; fuera de la revolución, nada». Pero la revolución era él, como antes Lenin. Así que liquidó al Che.

Esta relación *de bolsillo*, directa, inconfesable, del bolchevique con Lenin explica no solo su legendario carisma, mejorado por la nómina, sino el modo fanático en que todo el partido le acompañó en el exterminio de los demás partidos políticos, profesiones y grupos sociales de

Rusia. Naturalmente, al elegir a su grupo dirigente buscó aquellos caracteres que le convenían para su seguridad en el liderazgo, pero el dinero también cuenta.

Sucede que, al proclamarse una casta especial de superhombres, nunca se ha aplicado a los comunistas lo que ellos siempre aplicaron a los demás: que «el ser social determina la conciencia» (Marx) o que «las determinaciones económicas determinan a su vez el comportamiento de los individuos». Cuando tras la vuelta a Petrogrado en el vagón del káiser y previo agasajo en el primer acto de *culto a la personalidad* —la Estación de Finlandia—, Lenin manda hacer exactamente lo contrario a lo que estaba haciendo el partido, que era colaborar con los demás grupos de izquierdas; cuando en julio se empeña en asaltar el poder sin estar preparados —lo que, de no mediar la cobarde ineptitud de Kérenski, debió acarrear su liquidación—, y cuando, en fin, decide el Golpe de Octubre, en contra de la opinión general, ¿no añadiría magnetismo a Lenin el hecho material de que les pagaba a todos el sueldo? Según Trotski en 1903, la *Wille zur Macht* («voluntad de poder») guiaba a Lenin. Pero en ese camino, como dice Brecht de Julio César, ¿no llevaba al menos una cocinera? No hablo de la que «podría llevar fácilmente las cuentas de Rusia», como dijo Ilich en una de sus más insignes majaderías, sino de la que daba de comer.

Sin embargo, eso es algo que, con el Terror, explica el crecimiento y cohesión del Partido Bolchevique y del Ejército Rojo en el Año I de Lenin, que es el decisivo: abolido el dinero, sus miembros eran los que más y mejor comían de todo lo que requisaban —léase, robaban— a los campesinos, amén de las casas y bienes expropiados a la burguesía, en virtud de su capricho revolucionario, convertido en ley. De la alimentación de los rusos, Lenin no se ocupó salvo para empeorarla o, llegado el caso, eliminarla. Pero no hay noticia de un solo bolchevique muerto de hambre.

El control organizativo, económico y doctrinal del partido confiere al líder un poder absoluto. Trotski, el mejor servidor de Lenin, definió bien el mecanismo: «El aparato del partido sustituye al partido, el Comité Central al aparato del partido y finalmente el dictador sustituye al comité Central». Lo absurdo fue achacar luego a Stalin lo creado por Lenin y por él mismo.

Para poner en marcha su *terror rojo*, Lenin siempre tuvo como modelo el Terror por excelencia, el de Robespierre en 1792, del que parten también, como hemos visto, todos los terroristas rusos. Lo esencial es que, como le reprochaba Trotski a su entonces enemigo «Maximiliano Lenin», el primer Maximiliano, Robespierre, dividió Francia en dos grupos: los «buenos y los malos ciudadanos», correspondiendo a él, naturalmente, decir los que estaban en el lado bueno o guillotinador y el malo o guillotinable.

Nunca ocultó Lenin que ese era su modelo. En *Un paso adelante, dos pasos atrás*, que supuso la ruptura real del Partido Socialdemócrata, aunque oficialmente Lenin solo la concretó en 1912, dice:

> El jacobino, indisolublemente ligado a la organización del proletariado consciente de sus intereses de clase, es precisamente el socialdemócrata revolucionario (…). El girondino, que teme la dictadura del proletariado, que sueña con un valor absoluto de las reivindicaciones democráticas, es, precisamente, el oportunista. Los oportunistas son los únicos que pueden todavía, en la época actual, ver un peligro en las organizaciones de conjuradores.

Tras la pérdida del control de *Iskra* a manos de Plejánov, Lenin fundó *Vpëred* (Adelante) como órgano de la facción bolchevique del POSDR, y en torno a 1904, con dinero de la familia de Krupskáia, al que se añadieron luego donaciones, exacciones, o atracos a bancos, como el de Stalin y el famoso ladrón Kamo, Lenin creó ya el primer núcleo estable de revolucionarios profesionales. En total, según el arqueo de Lane que cita Rojas, la totalidad del partido en vísperas de la revolución de 1905 era de 3.250 militantes, que alcanzaron ese año los 8.400, subieron a 13.000 en 1906 y a 46.000 en 1907. Tras la represión que siguió, el partido se redujo a unos 5.000 militantes, y más tarde, según Shapiro, a solo unos centenares en seis agrupaciones. Un número ridículo para un país, entonces, de 140 millones de habitantes pero suficiente para lo que Lenin quería: un núcleo militante de profesionales, sin adherentes o simpatizantes indisciplinados, como en cualquier partido democrático, justo el modelo menchevique para ampliar su base social que llevó a la escisión leninista. Ya habría tiempo de reclutar más «gente dura». Lo esencial era el núcleo de estricta obediencia a Lenin.

En 1917, Trotski, que en su viaje a España había conocido a Pablo Iglesias Posse, ya no criticaba a «Maximiliano Lenin». Era su «León Marat».Así arengaba a los marineros de Kronstadt que tres años después masacró:

> Os digo que las cabezas tienen que rodar, y la sangre tiene que correr (…).
> La fuerza de la Revolución Francesa estaba en la máquina que rebajaba en
> una cabeza la altura de los enemigos del pueblo. Era una máquina estupenda. Debemos tener una en cada ciudad. (Service, 2000).

Cuando Pablo Iglesias Turrión, dos décadas después del final de la URSS, diga que «la guillotina es el origen de la democracia», es evidente que, siguiendo la tradición de Robespierre, Lenin, Stalin y Trotski, piensa en declarar «enemigo del pueblo» y, en cuanto pueda, liquidar a todo opositor, dentro o fuera del partido. El terror está en la base intelectual y el designio político del comunismo.

Lo trágico es comprobar que sobre esa base de cien millones de cadáveres, no había nada: Lenin, como Marx o Bakunin, no tenía la más remota idea de qué era esa sociedad comunista en cuyo nombre mataba. En ese sentido, pocos libros tan criminalmente necios como *El Estado y la Revolución*, que redacta entre el golpe fallido de julio y el triunfal en octubre.

Lenin lo escribe en Finlandia, pero lo traía preparado desde Suiza, antes de convertirse en el agente alemán mejor pagado de la historia. El káiser entregó a Lenin, por recomendación de Parvus y tras el encuentro en Suiza que, para Soljenitsin, es uno de los *nudos* de la tragedia rusa, al menos 50 millones de marcos oro, probablemente más, según denunció Bernstein retando al propio Lenin a llevarlo ante los tribunales si mentía. Nunca lo hizo. Luego lo ratificó el también socialista Ebert, presidente de la República de Weimar.

Como prueban los documentos alemanes, la gigantesca fortuna empleada para financiar el partido y crear un gran aparato de propaganda llamando a la deserción, buscaba —y consiguió— desestabilizar el frente ruso de la guerra y concentrarse en el frente francés. Los alemanes lo intentaron a la vez en Inglaterra, mediante un irlandés que acabó en la horca, y en Francia, donde funcionó su espionaje y fracasó. La fórmula era la misma: dinero para romper por dentro lo que no podían romper por fuera. Si funcionó en Rusia fue porque el gobierno de Kérenski, gran responsable del golpe bolchevique, era una nulidad sectaria y masónica, más ocupado en asegurar la prisión ilegal del zar que en prevenir el sabotaje militar de Lenin.

Sin embargo, el Gobierno Provisional, renunciando a las partes del Imperio Turco que habían llevado a la guerra al zar —que veía en su mano Constantinopla, el sueño de la Cristiandad Ortodoxa, con salida segura al Mediterráneo— quería recuperar las zonas ocupadas por Prusia. Su fuerza —y la de la Entente— eran los diez millones de soldados rusos, que, pese a las derrotas iniciales y gracias al atasco alemán en Ucrania, habían estabilizado el frente y pensaban pasar al contraataque contra Austria. Para Lenin, era un placer venderse al káiser, no para acabar con el zar, que por patriotismo ya había abdicado obedeciendo a sus propios generales, sino con los odiados socialistas y *eseristas* que formaban el Gobierno Provisional de Kérenski. Eran el último obstáculo para tomar el poder y destruir la sociedad rusa.

Pero como repetía incansablemente, «sin teoría revolucionaria no hay movimiento revolucionario», así que, para alfombrar su ambición, se puso a escribir ese libro pergeñado en Suiza con un cuaderno lleno de citas de Marx y Engels: *El Estado y la Revolución*. Ahí se supone que presenta esa sociedad comunista por la que se aprestaba a someter a 140 millones de personas. Y el resultado es para avergonzar a los «socialistas científicos», de Marx y Engels en adelante, porque deja absolutamente en el aire, sin la menor concreción, ese paraíso que necesita sacrificar millones de humanos, y fía el futuro no ya al «socialismo utópico», que en Proudhon, Saint Simon u Owen habría sido más benigno, sino a un «socialismo quimérico», que *científicamente* podría resumirse así: *o crees en el comunismo o te mato*.

En *El Estado y la Revolución*, la Historia se sitúa entre dos utopías: el comunismo pasado que no existió nunca y el comunismo futuro, que nunca existirá. Al menos a juzgar por lo que dice Lenin, que hace suya la idea de Marx de que el Estado burgués es incapaz de cumplir el fin para el que la sociedad, dominada por la burguesía, lo creó; así que, sin duda, desaparecerá. A cualquiera que lea el *Manifiesto comunista* no en hábito de epistemólogo sino de entomólogo le sorprende la catarata de elogios a la burguesía, cierto es que con el mismo ánimo que se elogia al cerdo pensando en el jamón. Lo malo es que en *El Estado y la Revolución* no nos dicen dónde está el jamón. Lenin trata, muy hegelianamente, de borrar la división entre lo público o político y lo privado, lo general y lo particular que tras la crisis de la *polis* griega arrastra la humanidad. En China, en América, en Oceanía, allá sus *polis*, pero en Europa, dice, eso nos ha hecho íntima y profundamente desgraciados, nos ha alienado fatalmente, hasta que, «poniendo la dialéctica hegeliana cabeza abajo», Marx ha desentrañado el enigma y nos ha desvelado el consuelo: acabar con la propiedad privada, *el tuyo y el mío*, y volver a la Edad de Oro.

Por supuesto, nunca existió esa famosa Edad de Oro, salvo en el magín de los poetas, tan a menudo agobiados por las deudas; tampoco el matriarcado primitivo que asegura Engels en *El Origen de la familia*, ni ningún comunismo pre-histórico, en el sentido literal del término, salvo, quizás, el comunismo de Atapuerca, cuyo testamento yace en la Sima de los Huesos: una horda primitiva de cazadores cerca del Burgos actual, un canibalismo sin alfabeto, fuego, agricultura, ganadería, ciudades ni atascos, o sea, una versión salvaje de la ensoñación urbanita que llama paraíso a un fin de semana rural.

Pero la fantasía pasadista de un comunismo inexistente sirve para justificar el realmente existente mediante otra fantasía futurista a gusto del consumidor: *hippie*, nudista, franciscano, budista, drogota o naturista, con familias numerosas que vuelven del campo felices al atardecer y agradecen a Pangea la mazorca de maíz que van a morder, o con individuos liberados de cualquier lazo familiar y cuyas reproducciones clonadas corren a cargo del Estado, mientras cultivan las infinitas amabilidades de la vida de ayer: lectura, cine, sexo, amor (fútbol, si no hay *soma*, como en *El mundo feliz* de Huxley). Lo que sea menos la realidad. Y el menos realista era Lenin:

> La cultura capitalista ha creado la gran producción, fábricas, ferrocarriles, el correo y el teléfono, etc., y sobre esta base, una enorme mayoría de las funciones del antiguo «poder estatal» se han simplificado tanto y pueden reducirse a operaciones tan sencillísimas de registro, contabilidad y control que esas funciones son totalmente asequibles a todos los que saben leer y escribir. (*El Estado y la Revolución*).

«Hasta una cocinera», resumió Lenin, podría llevar la economía rusa. Cuando despidió a la cocinera para implantar la NEP, Bujarin le dijo que lo que no había contemplado Lenin es que la cocinera tuviera un comisario adjunto.

## EL AYATOLÁ ULIANOV

Cuando pertrechado solo con su cuaderno de citas sagradas de Marx y Engels, oculto en Finlandia, Lenin escribe ese libro sobre el comunismo, anuncia a los ayatolás, estudiantes de teología que, con algún maestro que se aburría en la mezquita, decidieron pasar a la acción política en los años setenta del siglo XX e imponer el Corán en este impío mundo a lo largo del XXI. Por cierto, que la enorme cantidad de estudiantes —muchos provenientes de seminarios— en la Rusia de la segunda mitad del XIX, sin salida profesional clara, fue abono esencial del terrorismo. ¡Ah, los estudiantes aburridos!

Siendo ambos «religiones positivas» (Rusell, esta vez, acertó de pleno), el comunismo y el islamismo, como Stalin y Hitler, estaban llamados a combatirse o a entenderse. En el interior, Moscú combatió al Islam para evitar su efecto en las repúblicas del Cáucaso. En el exterior, desde los años sesenta del siglo XX, pactó con sus versiones laicas o socialcomunistas y, tras la caída del Muro, los regímenes comunistas pactaron con los radicales. Es evidente la estrecha alianza del poscomunismo de Castro y Chávez con el Irán de los ayatolás, una relación que venía de lejos, de la Tricontinental de La Habana, el gran encuentro del terrorismo islamista —con la OLP al frente— y el soviético, con el Che Guevara ya en trance de desaparición programada. Su enemigo es el mismo: Occidente, es decir, el capitalismo, el liberalismo y la democracia. Hoy es el arma con la que creen los comunistas que, tras destruir el corrupto Occidente, heredarán las ruinas.

Por eso mismo, el último viaje de Fidel Castro fue a Teherán. Por eso, Chávez halló en el «Islam combatiente» del terrorista Ilich Ramírez, «Carlos», el «hermano de lucha» contra las corruptas democracias occidentales y su padre legítimo, el capitalismo, el Gran Satán de Jomeini. Por eso, Al Saissimi, vicepresidente de Maduro, es una criatura iraní del G2 cubano, el que preparó en la sombra el golpe final a la democracia parlamentaria en Venezuela. Y por eso Irán, organizador de la masacre antisemita de la AMIA en Buenos Aires, que con tanto celo —hasta matar al fiscal Alberto Nisman— encubrió Cristina Kirchner, es, ha sido el patrocinador en Hispan TV de *La tuerka* de Pablo Iglesias.

¿Y cuál es esa doctrina sagrada, esa revelación que guía al Partido Comunista en la acción, o sea, en su permanente improvisación? La del profeta Marx, la luz que debe iluminar la salvación comunista del mundo:

> Educando al partido obrero, el marxismo educa a la vanguardia del proletariado, vanguardia capaz de tomar el poder y de conducir a todo el pueblo al socialismo, de dirigir y organizar el nuevo régimen, de ser el maestro, el dirigente, el jefe de todos los trabajadores y explotados en la obra de construir su propia vida social, sin burguesía y contra la burguesía. (*El Estado y la Revolución*).

Resumiendo: una doctrina filosófico-teológico-político-económica, el marxismo, que la inmensa mayoría de la población desconoce, y que en realidad solo un guía —Lenin— sabe interpretar adecuadamente, conducirá, mediante un milagroso sistema *educativo*, lo que las religiones llaman Revelación, a toda la sociedad hacia un futuro del que no sabemos nada, excepto que no habrá propiedad y que la economía la podrá administrar una cocinera. No se entiende por qué el capitalismo, que se rige por la ley del beneficio, y que según Lenin ha hecho tan sencilla la administración del Estado, no ha abaratado los gastos despidiendo a las miríadas de burócratas que se agolpan haciendo mal lo que una cocinera —quizás una fregatriz de la Oficina del Tesoro, dueña de oídas de los secretos del Presupuesto—, haría bien. Ni por qué hay educación superior, oposiciones para funcionarios cualificados y escuelas de ingeniería y arquitectura, que cobran por impartir supuestos saberes técnicos que, en realidad, todos pueden aprender gratis.

En realidad, el comunismo tal y como lo describe Lenin, parece la fantasía de un estudiante vago, al que el marxismo ahorrara los exámenes. A cambio, eso sí, deberá ejercer una extrema violencia contra lo que cabría llamar el *profesorado de la realidad*. Así lo dice la Vulgata marxista citada por Lenin. Por ejemplo, Friedrich Engels:

> Una revolución es, indudablemente, la cosa más autoritaria que existe, es el acto mediante el cual una parte de la población impone su voluntad a

la otra mediante los fusiles, las bayonetas y los cañones, medios autoritarios si los hay; y el partido triunfante, si no quiere haber luchado en vano, tiene que mantener ese dominio por el terror que sus armas inspiran en los reaccionarios.

He aquí la palabra mágica: *terror*, que es la clave de todo el sistema comunista. Un texto de Lenin poco conocido pero que pasa de la fantasía comunista de *El Estado y la Revolución* a la realidad de los comunistas dueños del poder del Estado, «Las tareas inmediatas del poder soviético» (*Pravda*, abril de 1918), deja claro que el terror, mediante la guerra civil, es el arma auténtica de la revolución: «Toda gran revolución, especialmente una revolución socialista, es inconcebible sin guerra interior, es decir, sin guerra civil, incluso si no existiera una guerra exterior».

La exculpación del comunismo, desde sus orígenes hasta hoy, suele hacerse comparando el leninismo con la defensa de la Revolución Francesa mediante el Terror, porque había que combatir a los emigrados y ejércitos extranjeros que pretendían derribar la Convención. Lo hemos visto ya en la Liga de Derechos Humanos de París, cuando el historiador francés Aulard critica en 1918 a los socialistas rusos que han ido a denunciar el Terror soviético como «emigrados», «realistas» o, simplemente, «contrarrevolucionarios». En realidad, la postura de Aulard parte del sectarismo izquierdista de negar a los franceses no revolucionarios el derecho a oponerse a la revolución, y no le cuesta oponerse a la denuncia de la tiranía porque él *defiende* la tiranía. Es lógico que el que defiende a Robespierre defienda a Lenin, a Trotski y Dzerzhinski. Y les aplauda, como una *tricoteuse* de la Historia.

Sin embargo, hay una diferencia: los franceses no podían saber que habría guerra civil, ni intervención extranjera. Los comunistas rusos, que estaban pagados por una potencia extranjera, Alemania, siempre tuvieron la intención de declarársela a su propio pueblo para imponer su dictadura. Las frases de Lenin en la primavera de 1918, que encajan con las de Bakunin y el terrorismo ruso, con el socialismo revolucionario y con el marxista Plejánov, obedecen a una idea predeterminada, no a una reacción ante sucesos que no podían prever. En realidad, lo único que previó el comunismo en Rusia fue el terror y la guerra civil contra su pueblo. El resto fue solo mantenimiento.

En 1916, cuando aún no había sido reclutado por los alemanes y, por «viejo», no creía ver la revolución, Lenin, decía: «Quien reconoce la lucha de clases debe reconocer las guerras civiles, que en toda sociedad de clases representan la continuación, el desarrollo y la acentuación naturales y en ciertas circunstancias inevitables, de la lucha de clases».

Nada original. Lo hemos visto argumentado en Bakunin y Netchaev. Lo que distingue a Lenin es la ferocidad con que disfruta esa guerra civil. Otro de sus textos menos conocidos y de título aparentemente anodino: *Cómo organizar la emulación* resume su idea del terror guerracivilista:

> Objetivo general: limpiar la tierra rusa de insectos dañinos, de parásitos, de ricos hipócritas, etc. En un lugar habría que arrestar a una docena de ricachones, una docena de crápulas, media docena de obreros negligentes... En otro tendrían que poner manos a la obra limpiando (material agrícola). En otro aún debería dárseles una tarjeta amarilla cuando acabasen su encierro para que, hasta que se enmendaran, todo el mundo pudiese saber que eran individuos peligrosos. Finalmente, una persona sobre diez —culpable de parasitismo— debería ser ejecutada en el acto. Etcétera. (Volkogónov, 1996).

La provincia de Penza, cerca de su lugar de nacimiento, Simbirsk, fue objeto de especial atención. Decía a los dirigentes locales del partido, manifestando su «indignación extrema»: «No he recibido de ustedes nada preciso en relación a qué medidas severas se han tomado para reprimir sin misericordia a los kulaks, confiscando su grano en los cinco distritos que dirigen. Su pasividad es criminal». Hay que «ejercer un terror implacable contra los kulaks, los curas y los guardias blancos, y mantener a todas las personas poco de fiar en un campo de concentración situado en las afueras de la ciudad».

Y finalmente, se dirige personalmente a los jefes locales en estos términos:

> A los camaradas Kuraev, Bosh, Minkin y demás comunistas de Penza
> ¡Camaradas!

La rebelión de los cinco distritos de kulaks debe ser suprimida sin misericordia. El interés de la revolución en su conjunto lo exige, porque la batalla final decisiva con los kulaks se está desarrollando por todas partes. Necesitamos estatuir un ejemplo.

1.   Ahorquen (ahorquen de una manera que la gente lo vea) no menos de 100 kulaks conocidos, hombres ricos, chupasangres.

2   Publiquen sus nombres.

3.   Quítenles todo su grano.

4.   Designen rehenes, de acuerdo al telegrama de ayer.

Háganlo de manera tal que la gente, a centenares de verstas a la redonda, vea, tiemble, sepa, grite: están estrangulando y estrangularán hasta la muerte a los kulaks chupasangres.

Telegrafien acuso recibo y ejecución.

Suyo

Lenin

Busquen gente verdaderamente dura.

(Pipes, 2017; Volkogónov, 1994).

En Trotski halló Lenin a la persona en quien confiar para extremar la crueldad de la guerra civil. El 29 de abril, en el Comité Ejecutivo Central de los Soviets, Lenin decía:

Los pequeños propietarios han estado con nosotros, los proletarios, cuando se trataba de acabar con los propietarios de fincas y los capitalistas; pero ahora nuestras vías divergen. Los pequeños propietarios tienen horror de la organización, de la disciplina. Ha llegado la hora de una lucha despiadada, sin perdón, contra esos pequeños propietarios.

Y Trotski añadía:

Nuestro partido está por la guerra civil. La guerra civil es la lucha por el pan. ¡Viva la guerra civil!

Fue la forja y disfrute del terror rojo lo que unió a los dos antiguos rivales, Lenin y Trotski. Entre las muchas notas que el historiador militar Volkogónov (del que beben todos, no siempre reconociéndolo) encontró en los archivos soviéticos tras la caída de la URSS, están las que Lenin dirigió a Trotski, nunca publicadas. Por ejemplo, tras uno de sus típicos achaques de salud cuando las cosas se torcían, en el otoño de 1918, le dice:

> Gracias. Mi convalecencia va bien. Estoy seguro de que el aplastamiento de los checos y los guardias blancos en Kazán y de los vampiros kulaks que los apoyan será ejecutado de forma ejemplar, brutal, son mis ardientes deseos.

Trotski, que a diferencia de Lenin tenía un gran valor físico, era el único que lo tranquilizaba sobre la marcha de la guerra civil o el terror rojo, que siempre fueron para ambos la misma cosa. Pero sus «pobres nervios» lo traicionaban y recurría a los que tenía más confianza personal. A Zinóviev le pide enviar más comunistas al frente, «si no, vamos a ser aplastados»; a Ioffe, que estaba en Kiev, le dice: «La muerte de la revolución es absolutamente inevitable si no conseguimos una victoria rápida en Donbas». Y a un soviet del frente: «Si no conquistamos el Ural de aquí al invierno, será el fin de la revolución, estoy seguro».

Como no se atrevió jamás a acercarse a la trinchera, Lenin veía la guerra en los mapas, y lo pagaban sus «pobres nervios». En cambio, la represión en la retaguardia, que no requería movimientos de tropas, sino crueldad, tuvo en él al verdadero jefe de la Cheka, y no solo político sino también técnico. En esto también tuvo en Trotski un *alter ego*, porque defendió la organización cuando Dzerzhinski se fue a hacer una cura nerviosa a un balneario suizo y los jefes bolcheviques aprovecharon para pedir la lisa y llana supresión de la Cheka, porque se había convertido en una organización secreta, sin responsabilidades claras y por encima del partido. Fue entonces cuando Lenin dijo «un buen comunista es también un buen *chequista*», y animó a todos los comunistas a hacerse «informadores». En realidad, con la Cheka, Lenin creó una casta de estricta obediencia a su persona que, en efecto, estaba por encima del propio partido y de sus jefes, casi todos ellos, sobre todo en los golpes de julio y octubre, teóricamente críticos con él.

Rencoroso por naturaleza, el llamado *Testamento de Lenin* es una prueba de que jamás olvidaba un rechazo, una crítica o una diferencia de opinión. Ni el golpe de julio, sin cuyo fracaso no habría tenido lugar el de Octubre, se le olvidó. Llevó siempre la cuenta de todo y a todos les reprochó algo que de una u otra forma los incapacitaba para sucederle. Como típico dictador, era el zar de una dinastía que quería que empezase y terminase con él. Ni el partido de pocos miles de afiliados se parecía al del medio millón que había reclutado pocos meses después de tomar el poder, ni Lenin se fio nunca de otra persona que de Lenin. Por eso, los *Órganos*, es decir, la policía política cuya matriz fue la Cheka, estuvieron siempre por encima de cualquier instancia de partido, de gobierno o de Estado. Y esa jerarquía institucional soviética, que llegó hasta el final de la URSS, fue hechura personal de Lenin. Como todo el imperio de terror que él creó.

Típico en el intelectual medroso, Lenin se las daba de policía:

La detención y la vigilancia deben llevarse a la perfección (particiones especiales de madera, armarios o camarines para cambiarse la ropa), registros imprevistos; un sistema de doble o triple verificación inesperada utilizando todas la reglas de la investigación criminal, etc. (…) realizar las detenciones de noche.

Para Dzerzhinski era, sin embargo, tranquilizador, saber del entusiasmo con que Lenin seguía su tarea, que era ni más ni menos que la de exterminar a todo lo que en Rusia se opusiera o pudiera pensar en oponerse a su poder. En junio de 1918, *tres meses antes* de oficializar el terror rojo con el montaje del atentado de Fany Kaplan, una conferencia que reunió a todos los *chequista*s de Rusia emitió esta orden:

Retirar de la circulación a los jefes importantes y activos de los monárquicos kadetes, socialistas revolucionarios de derechas y mencheviques; registrar y vigilar a los generales y a los oficiales, mantener bajo observación al Ejército Rojo y sus mandos… abatir a los contrarrevolucionarios, especuladores, ladrones y corruptos importantes y realmente culpables.

Las SS de Hitler calcaron el modelo de la Cheka para vigilar a los poderes del Estado y a todos los sectores de una sociedad, que ya no cabía llamar civil porque todo lo privado era público y todo lo social, político. Igual que hoy la «policía de costumbres» de los Estados musulmanes —o de los barrios de las grandes ciudades europeas tomados por los islamistas— vigila en la calle, las mezquitas, las escuelas, fábricas o medios de comunicación la observancia de las *suras* del Corán, la *sharia* y las prédicas del mulá, en el primer Estado totalitario de la Tierra, que fue el de Lenin, era fundamental obedecer «de corazón» el evangelio político que lo regía todo.

Lo que nunca prometió Lenin fue libertad... a los demás. Como Profeta de la Revelación y Señor de la Historia se la reservaba toda para él. En abril de 1919, decía al Comité Central de los Sindicatos:

> Jamás hemos prometido libertades sin más, por el contrario el art. 23 de la Constitución de la RSFSR [República Socialista Federativa Soviética de Rusia] estipula claramente que negamos la libertad a los socialistas que se sirven de ella para entorpecer la revolución.

Y encarcelarían a «muchas decenas o centenares de los que sembraran problemas, sean culpables o inocentes, conscientes o inconscientes».

En el I Congreso Panruso de Educación de Adultos, en mayo de 1921, ya asentado en el poder, remachaba: «No reconocemos la libertad, ni la igualdad, ni la democracia en el trabajo, si se oponen a la emancipación del trabajo frente a la opresión del capital». Pocos meses después, incapaz de dominar las revueltas campesinas, dictó la NEP, que decía justo lo contrario, pero siguió reprimiendo con la misma dureza a los que criticaban o podían llegar a criticar su poder. La ventaja de la utopía comunista es que permite a los que custodian su secreto dar dos pasos adelante, atrás o a un lado... y chitón.

Por supuesto, una dictadura sin ley y sin moral acarrea forzosamente corrupción. Pero también eso fue en Rusia un monopolio comunista. Hay una ley que observan todas las dictaduras, del signo que sean, que es la de certificar la lealtad al régimen en los que aspiran a entrar en la universidad o alcanzar un puesto de trabajo cualificado. Eran los informes «de buena conducta», que yo llegué a conocer en el franquismo. En su primera época, era policial y religioso; en la segunda, solamente policial. Pero se daba la paradoja de que mientras se exigía jurar los Principios Fundamentales del Movimiento a los catedráticos para tomar posesión de su cargo —después de aprobar unas duras oposiciones a nivel nacional, eso sí—, los libros de texto en la universidad eran de autores comunistas como Manuel Tuñón de Lara.

Esa esquizofrenia franquista no se dio en la URSS. Todos los Estados comunistas han creado una segunda, tercera y cuarta generación de lo que en China llaman «príncipes rojos», hijos y nietos de dirigentes del partido, de la policía política, del ejército o de los sindicatos que acceden gracias a sus *contactos* sociales y políticos (toda actividad social es política), a estudios superiores y a empresas mixtas o privadas, o sea, toleradas por el régimen, que los hacen millonarios. Son los «bolsillos llenos» de las novelas de Qiu Xialong. En vida de Lenin fueron los «hombres de la NEP». Con Stalin, la *nomenklatura* toda era de «hombres de la NEP». El último, Vladimir Putin.

Lo que caracteriza a Lenin como jefe de la Cheka y Gran Maestre del Terror es su deliberada inmoralidad y su insaciabilidad criminal. En 1919, decía a las Juventudes Comunistas y conviene repetirlo: «No creemos en la moralidad eterna y denunciamos lo ilusorio de los cuentos de hadas sobre la moralidad».

Naturalmente, eso quería decir que él definía lo que era moral e inmoral, lo bueno y lo malo; en última instancia, lo legal y lo ilegal. En 1922, cuando Kurski redacta el borrador del Código Penal de la RSFSR (luego URSS), Lenin le enviaba notas como estas: «Según mi entender, deberíamos ampliar el recurso de la ejecución (conmutable por la deportación al extranjero)» y sobre «cómo ampliarse el recurso a la ejecución», detallaba todos estos delitos que en democracia son derechos:

La propaganda, la agitación o la participación o la colaboración con la pequeña burguesía internacional que no reconoce al sistema comunista de propiedad para reemplazar al capitalismo y sus tentativas de aniquilarlo por la fuerza, la intervención, el bloqueo, el espionaje o la financiación de la prensa o métodos similares, deben ser castigados (pena de muerte) y en casos atenuantes, conmutar la pena con la privación de libertad o deportación al extranjero.

Para Volkogónov, es indudable que Lenin fue el promotor directo del Artículo 58 del Código Penal soviético que llevó a decenas de millones de personas al Gulag. La edición de sus *Obras Completas* de 1970 dice: «Las sugerencias de Lenin fueron tomadas en cuenta en la redacción del Código Penal, en la sección de crímenes contrarrevolucionarios». El del artículo 58, como ya dijimos, es uno de los más estremecedores capítulos de *Archipiélago Gulag*.

La clave es que estar en contra o no estar a favor de la revolución *sea un crimen*. Lenin era abogado —aunque apenas ejerció y solo se le conocen los dos casos que ganó a unos vecinos por reclamaciones sobre su finca de Kolokchino—, pero está claro que para él *su terror* era el Derecho: «La ley no debería abolir el terror: prometerlo sería un engaño o una ilusión; debería ser concretado y legalizado desde el principio, claramente, sin escapatorias ni ornamentos», dice en otra nota a Kurski. ¿Para qué, pues, redactar unas leyes, una Constitución? Tal vez por el placer de vulnerarlas de todo terrorista o revolucionario, que ve en la aplicación *o no* de *sus* leyes una forma especialmente humillante de mostrar su poder a sus enemigos.

Toda violencia le parecía poca. En *Tareas de rutina del régimen soviético* lamentaba: «Nuestro régimen es increíblemente suave, en todos sus detalles se parece mucho más a un budín de leche que al acero». Solo se calmó momentáneamente cuando hizo del Terror un *derecho personal* y, por ello mismo, *cuestión de Estado*. La excusa fue el atentado contra él atribuido a Fany Kaplan, el 1 de enero de 1918, en realidad un montaje defectuoso de la Cheka que casi lo mata, y que alumbró el decreto del terror rojo:

El Consejo de Comisarios del Pueblo, tras haber escuchado el informe del presidente (de la Cheka) panrusa, juzga que, en la situación presente, la seguridad de la retaguardia mediante el terror es una necesidad absoluta; que para reforzar e introducir un carácter más sistemático en las actividades (de la Cheka) es esencial que el mayor número de camaradas del partido sea enviado a trabajar en ese sector; es esencial proteger la República Soviética de los enemigos de clase aislándolos en campos de concentración, que quien haya estado implicado en las organizaciones, las conspiraciones y las rebeliones de los guardias blancos debe ser abatido; que los nombres de las personas ejecutadas deben ser publicados, como asimismo los motivos para haber aplicado esas medidas.

Las investigaciones tras la apertura de los archivos soviéticos muestran que Kaplan ni disparó ni pudo disparar contra Lenin, por varias razones: estaba «prácticamente ciega» (Volkogónov); fue asesinada sin juicio y de inmediato; el revólver que le halló en el bolso un escolta que se la tropezó en una calle cercana, quieta y aturdida, no coincidía con el del atentado (todos los testigos dijeron que fue arrojado por el que disparó y huyó; ella lo llevaba en el bolso); las balas no correspondían al revólver de Kaplan, y, sobre todo, no se hallaron cómplices porque nunca se buscaron. Pero ha permitido hasta hoy mantener la idea de una venganza justificada de los bolcheviques, aterrados ante la posible pérdida de su líder.

Que Kaplan declaró y tal vez creyó participar en el atentado es muy probable; pero era una desequilibrada con antecedentes de terrorismo —era amiga de Spiridónova— y depresivos, personaje ideal para la manipulación de los servicios secretos. La prueba de que, pese a lo que dice el decreto del terror rojo, nunca hubo una conjura contra Lenin sino en los aledaños de su poder —por su carácter miedoso, no cabe pensar en que la organizara él, pero sí que la olvidara cuanto antes— es que nunca hubo investigación. En cambio, meses antes, el asalto de unos ladrones al coche particular de Lenin, en el que viajaba con su hermana Anna, a los que por no llevar cartera les dejó el abrigo, llevó a más de cien detenciones, hasta identificar a los atrevidos ignorantes, que abandonaron rápidamente este perro mundo.

Pero la prueba última de que el decreto del terror rojo solo utilizó la excusa del atentado contra Lenin para galvanizar a su partido, aterrorizarlo al ver que podía quedarse sin líder e irse todos al diablo es que llevaba funcionando en los mismos términos desde hacía meses. Como no daba el resultado que se esperaba, la Cheka montó el atentado y algo salió mal... pero Lenin salió bien. Y más animado que nunca a matar al que fuera.

Mientras los dispuestos a justificar o entender, siquiera parcialmente, las atrocidades bolcheviques suelen remitirse al supuesto atentado de Kaplan como origen del terror rojo, los menos benignos, como Pipes, creen que la masacre madre de todas las masacres fue la de la familia de los Romanov. Es posible que para muchos bolcheviques rusos, «demasiado blandos» para Lenin, que se rodeó de letones, armenios, polacos y judíos, el supuesto atentado fuera el clic que los desató como asesinos de masas y cabría creer que para Lenin el momento clave fue aquel en que decidió la matanza de los Romanov, a comienzos de julio de 1918. Sin embargo, los hechos son concluyentes y demuestran que no hubo ningún *antes y después* de Kaplan o los Romanov, sino que todo lo que sucedió *después* estaba planeado *antes* por Lenin y puesto en práctica por *su* Cheka.

Esta deliberada preparación de la masacre de millones de personas, aunque no hicieran nada, solo por el hecho de existir, resulta imposible de aceptar por los que creen que la izquierda es, por principio, buena, y que solo las circunstancias y *los otros* la vuelven mala. Son los que llaman a las masacres *excesos*, a las violaciones, *vejaciones* y a la tortura, *maltrato*. El caso es rebajar siempre la condena moral.

Aún más absurda es la tesis de que Lenin no fue personalmente cruel, o no abusó personalmente del poder (caso de Volkogónov, el que más pruebas incontrovertibles aporta de ello), porque era una persona a la que le gustaba Beethoven y había leído mucho. Supongo que ya habrá animalistas defendiendo que alguien que adoraba a los perros, como Hitler, no pudo ser *tan* malo con los judíos. Y que, como le gustaba tanto Wagner que ayunaba para extasiarse con los *Nibelungos*, le sucedió como en el chiste macabro de Woody Allen, que tras una ópera no pudo reprimir las ganas de invadir Polonia. Ninguno leyó *Tierras de sangre* de Timothy Snyder.

Pero Hitler siempre quiso exterminar a los judíos y Lenin siempre quiso exterminar a todos los que no entraran en sus planes de crear una sociedad comunista, bien porque se le opusieran, bien porque le estorbaban. Nada lo demuestra mejor que ver el funcionamiento del modelo de las SS, la Cheka, que detrás de la Guardia Roja, modelo de las SA, la que dio el cómodo Golpe de Octubre, siguió desde el principio el plan leninista de dominio y exterminio de cualquier obstáculo a su proyecto totalitario.

Suele decirse, porque es lo formalmente establecido, que la Cheka empieza a actuar el 7 de diciembre de 1917, fecha de su creación oficial. Pero ¿quién clausuró el 26 de octubre, pocas horas después de asaltar el Palacio de Invierno, siete periódicos de la oposición, muchos días antes de que se hiciera oficialmente? ¿Quién se hizo con todas las radios y con el telégrafo? ¿Quién empezó a expropiar casas y a ocuparlas? ¿Quién empezó a detener «burgueses» y a violar «burguesas»? ¿Quiénes eran esos «oscuros comisarios» (Werth) que hacían antes que nadie lo que nadie podía hacer?

## CREACIÓN Y FUNCIONAMIENTO DE LA CHEKA

Los pasos nos llevan siempre a la Cheka, que al principio se llamó CMC y luego CMRP (Comité Militar Revolucionario de Petrogrado), pero que siempre estuvo dirigida por el polaco Dzerzhinski, un aristócrata que tras diez años en las cárceles zaristas alimentaba un odio inextinguible contra el antiguo régimen y casi todo lo ruso, a menudo flanqueado por Trotski pero personalmente a las órdenes directas de Lenin, a quien guardaba devoción.

Cuando aún actuaba bajo las siglas CMRP, el jefe de la Cheka «Félix de Acero», o sea, Dzerzhinski, decía a los delegados de soviets de provincias:

La tarea actual es destruir el antiguo orden. Nosotros, los bolcheviques, no somos lo bastante numerosos para cumplir esa tarea histórica. Hay que dejar actuar a las masas que espontáneamente luchan por su emancipación. En un segundo momento, nosotros, los bolcheviques, mostraremos a las masas la vía a seguir. A través del CMRP, son las masas las que hablan, las que actúan contra su enemigo de clase, contra los enemigos del pueblo. Nosotros solo estamos para canalizar el odio y el deseo legítimo de venganza de los oprimidos contra los opresores.

Pero antes, el 29 de octubre, solo tres días después del Golpe, el CMRP, o sea Dzerzhinski en nombre de Lenin, llamó a «luchar más enérgicamente contra los enemigos del pueblo». Y medio mes después, el 13 de noviembre, el polaco definía a esos enemigos de un pueblo que ni siquiera era el suyo:

Los altos funcionarios de la Administración del Estado, de los bancos, del tesoro, de los ferrocarriles, de correos y el telégrafo, sabotean las medidas de gobierno bolchevique. Por tanto, esas personas son declaradas enemigos del pueblo. Sus nombres serán publicados en todos los periódicos y las listas de enemigos del pueblo serán colocadas en todos los lugares públicos.

Pocos días después el CMRP llamaba a detener «a los individuos sospechosos de sabotaje y acaparamiento y llevarlos a la prisión de Kronstadt», donde empezó a asesinarlos ya desde la primera noche, hasta llegar a cuatrocientos asesinatos diarios.

El 28 de noviembre, cuando ya llevaba un mes matándolos, firmó Lenin el decreto contra los «enemigos del pueblo», que eran los miembros del partido llamado Kadete, por sus siglas KDT: «Los miembros de las instancias dirigentes del Partido Constitucional-Demócrata, partido de los enemigos del pueblo, quedan fuera de la ley, y pueden ser objeto de arresto inmediato y comparecencia ante los tribunales revolucionarios».

¿Qué tribunales eran esos? Los de Lenin y Dzerzhinski: la aún no bautizada Cheka, el aún CMRP.

El modelo de todas estas instancias represivas siempre fue el de la metástasis. Los «tribunales revolucionarios» no tenían, en palabras de Kurski, el comisario del pueblo para la Justicia que sustituyó al eserista Steinberg, «la función de juzgar sino la de erradicar» a los que consideraba «contrarrevolucionarios». Pero al no haber ley que seguir, ya que los jueces debían interpretarla «en función del orden y la legalidad revolucionaria» (Decreto n.º 1 sobre Tribunales), iban creando tribunales sobre la marcha para liquidar a los que les molestaban. Y una de sus primeras criaturas fue el «Tribunal para Asuntos de Prensa», que podía suspender los medios que «sembraran la inquietud en los espíritus publicando noticias voluntariamente erróneas». Siendo arbitraria la interpretación de la ley, arbitrario debía ser el castigo.

Poco antes de la reunión del gobierno de la que salió la creación oficial de la Cheka, Lenin envió esta nota a Dzerzhinski para prepararlo:

Concerniente a vuestro informe de hoy, ¿no sería posible hacer un decreto con un preámbulo del género: la burguesía se apresta a cometer los crímenes más abominables, reclutando a la hez de la sociedad para organizar altercados. Los cómplices de la burguesía, especialmente los altos funcionarios, los cuadros de los bancos, etc., sabotean y organizan huelgas para minar las resoluciones del gobierno destinadas a poner en marcha la transformación socialista de la sociedad. La burguesía no retrocede ante el sabotaje del abastecimiento, condenando así al hambre a millones de hombres. Deben tomarse medidas excepcionales para luchar contra los saboteadores y contrarrevolucionarios. En consecuencia, el Consejo de Comisarios del Pueblo decreta…?

Por supuesto, fue posible. Esa misma tarde del 7 de diciembre, ya en período electoral para la Asamblea Constituyente (que, dada la gigantesca extensión de Rusia, duró parte de los meses de noviembre y diciembre), tras haber declarado «enemigo del pueblo» al partido KDT que, pese a la persecución, fue el segundo o tercero más votado en ciudades importantes, Dzerzhinski habló así al Consejo de Comisarios del Pueblo, léase gobierno:

Debemos enviar a ese frente, el más peligroso y cruel de los frentes, a camaradas decididos, duros, sólidos, sin cambios de ánimo, dispuestos a sacrificarse por la salud de la revolución. No penséis, camaradas, que yo busco una forma de justicia revolucionaria. ¡Nosotros solo tenemos que hacer «justicia»! ¡Estamos en guerra, en el frente más cruel, porque el enemigo avanza enmascarado, y es una lucha a muerte! ¡Yo propongo, exijo la creación de un órgano que arregle las cuentas de manera revolucionaria, auténticamente bolchevique, a los contrarrevolucionarios!

Las funciones de la Cheka a punto de nacer figuraban en esta nota:

La Comisión tiene como tarea: 1) suprimir y liquidar toda tentativa de acto de contrarrevolución o sabotaje, de cualquier lugar que proceda, en todo el territorio de Rusia; 2) enviar a todos los saboteadores y contrarrevolucionarios a un tribunal revolucionario…

La Comisión prestará una atención especial a los asuntos de prensa, sabotaje, a los KDT, a los SR de derechas, saboteadores huelguistas.

Medidas represivas atribuidas a la Comisión: confiscación de bienes, expulsión del domicilio, privación de cartillas de racionamiento, publicación de listas de enemigos del pueblo, etc.

Resolución: aprobar el proyecto. Llamar a la Comisión, «Comisión panrusa extraordinaria de lucha contra la contrarrevolución, la especulación y el sabotaje». A publicar.

Y se publicó.

La creación de la Cheka, dotada de un poder impreciso, es decir, absoluto, sobre vidas y haciendas, se hizo antes de que los rusos pudieran votar —no votaron mucho a los bolcheviques—, antes de que hubiera ningún atisbo de guerra civil —salvo la que los bolcheviques declaraban a todo el pueblo— y antes de que un nuevo Poder Legislativo, que debía nacer de la Asamblea o Parlamento, estableciera un régimen legal que sustituyese al anterior; antes, en definitiva, de que el pueblo ruso pudiera manifestar su plural voluntad.

Mientras la máquina de robar y matar de Dzerzhinski se ponía en marcha oficialmente (lo estaba realmente desde el 26 de octubre) Lenin y Trotski competían en ferocidad dialéctica. Una semana antes del decreto fundador de la Cheka, el 1 de diciembre de 1917, Trotski la anunciaba así:

> En menos de un mes, el terror tomará formas muy violentas, al modo en que lo hizo en la gran Revolución Francesa. No será solo la cárcel, sino la guillotina, ese notable invento de la Gran Revolución Francesa que tiene como probada ventaja la de recortar al hombre una cabeza, que estará dispuesta para nuestros enemigos.

Y Lenin la respaldaba unos días después:

> El poder de los Soviets ha actuado como deberían haber actuado todas las revoluciones proletarias: ha roto del todo la justicia burguesa, instrumento de las clases dominantes (...). Los soldados y obreros deben comprender que nadie les ayudará si no se ayudan ellos mismos. Si las masas no se alzan espontáneamente, no llegaremos a nada. ¡Mientras no apliquemos el terror a los especuladores —una bala en la cabeza, en el sitio— no llegaremos a nada!

El problema para los obreros fue cuando decidieron ayudarse ellos mismos enfrentándose a los bolcheviques; el de los soldados, cuando, tras haber sido llamados a desertar por los bolcheviques frente a los alemanes, desertaron del Ejército Rojo; el de los campesinos, cuando se enfrentaron al llamado Comité de Abastecimiento, que les robaba todo el grano, incluso el que reservaban para sembrar: a todos ellos la Cheka les aplicó la fórmula de Lenin para mantenerse en el poder: «El tiro en la cabeza, en el sitio».

La Cheka no fue un órgano instrumental del poder soviético, sino el poder soviético mismo. En realidad, la única institución que, bajo el escudo de la espada, la estrella roja, la hoz y el martillo, y con diferentes siglas (ChK, OGPU, NKVD, KGB) dio continuidad al régimen leninista desde 1917 hasta 1991. Pero incluso al final tuvo que ser un hijo político del jefe del KGB durante tres décadas, Yuri Andropov, verdugo de Hungría y sucesor de Leonid Breznev, el que declaró disuelta la URSS. Era Mijail Gorbachov, y no dejó nunca de decir, como Kruschev, que «había que volver a Lenin».

Pero *volver a Lenin* era afirmar la negación absoluta de la moralidad que él hizo ante los jóvenes del Komsomol. Era volver al editorial de *La daga roja*, órgano de la Cheka, que explicaba así la razón de ser del comunismo:

> Nosotros rechazamos los viejos sistemas de moralidad y «humanidad» inventados por la burguesía para oprimir a las «clases inferiores». Nuestra moralidad no tiene precedentes, nuestra humanidad es absoluta porque se basa en un nuevo ideal: destruir toda forma de opresión y de violencia. Para nosotros, todo está permitido, porque somos los primeros en el mundo que levantan la espada no para oprimir y reducir a la esclavitud, sino para liberar a la humanidad de sus cadenas… ¿Sangre? ¡Que la sangre corra a raudales! ¡Porque solo la sangre puede teñir para siempre la bandera negra de la burguesía pirata en estandarte rojo, bandera de la revolución! ¡Porque solo la muerte definitiva del viejo mundo puede liberarnos para siempre del retorno de los chacales!

La Cheka, el Terror, fue la columna vertebral del régimen comunista, de todo régimen comunista desde 1917. La Cheka masacró a los proletarios en nombre de la dictadura del proletariado; la Cheka prohibió la huelga en nombre de los obreros; la Cheka robó al campesinado en nombre de los campesinos; la Cheka violó a las mujeres en nombre de la liberación de la mujer, la Cheka prohibió la prensa en nombre de la libertad de prensa; la Cheka hizo de la política el peor delito y del delito legal la única política; la Cheka hizo desfilar al ejército como una versión condecorada de sí misma; la Cheka, en fin, hizo de toda religión, miedo, y del miedo la única religión.

## LA DESTRUCCIÓN DEL PROLETARIADO POR LENIN

En octubre de 1921, a los cuatro años de tomar el poder, Lenin hizo esta descripción de la clase en cuyo nombre dijo que hacía la revolución:

> Un proletariado industrial que en nuestro país, en razón de la guerra, de la ruina y de las destrucciones terribles, está desclasado, es decir, que ha sido desviado de su camino como clase y que ha dejado de existir como proletariado (…) a consecuencia de que la gran industria capitalista está arruinada y de que las fábricas y talleres están parados, el proletariado ha desaparecido. (Deutscher, 1972).

Dos meses después, frente a la Oposición Obrera de su antaño amigo Aleksandr Shiliàpnikov, añadió: «¿Cómo querrían ustedes describir ese proletariado? La clase de trabajadores empleados en la gran industria. ¿Pero dónde está vuestra gran industria?».

Y tres meses más tarde, en el XI Congreso del partido explicó:

> Después de la guerra no ha sido gente de la clase obrera, sino aventureros que han buscado empleo en las fábricas. Pero ¿es que nuestras circunstancias sociales y económicas son tales actualmente como para que verdaderos proletarios vayan a las fábricas? No. Deberían hacerlo, según Marx. Pero Marx no escribió sobre Rusia. Escribió sobre el capitalismo en general, el capitalismo como se ha desarrollado desde el siglo XV. Todo esto ha sido cierto durante seiscientos años, pero no coincide con la Rusia actual. (Ibíd.).

Shliápnikov respondió entonces: «Vladimir Ilich dijo ayer que el proletariado como clase en sentido marxista, no existe. Permítame usted que le felicite por ser la vanguardia de una clase inexistente». (Ibíd.).

Trotski, el único bolchevique tan leninista como Lenin, atacó a esa Oposición Obrera por difundir «consignas peligrosas»:

Han convertido en fetiche los principios democráticos. Han colocado por encima del partido el derecho de los obreros a elegir sus representantes. Como si el partido no tuviera derecho a afirmar su dictadura, incluso si está en conflicto con los humores cambiantes de la democracia obrera. (Bettelheim, 1976).

Claro que, ya antes de dirigir personalmente la masacre de Kronstadt, Trotski se felicitó por el primer ataque de la Cheka a la izquierda clásica, el asalto a las casas anarquistas en marzo de 1918: «¡Al fin el poder soviético barre de Rusia, con escoba de hierro, al anarquismo!» (Volin, 1977).

Por una vez, Lenin decía la verdad: en cinco años de comunismo, de los dos millones de proletarios que había en Rusia, Polonia y los países bálticos en 1917, incluso tras recuperar todos los territorios entregados a Alemania —un tercio del territorio y de la población, dos tercios de las minas— o declarados independientes, apenas quedaba medio millón, en unas empresas militarizadas y pavorosamente improductivas.

Lo que no confesaba Lenin (que, tal vez acostumbrado a la inflación, decía que cinco siglos son seiscientos años) es que los proletarios que iban a trabajar a las fábricas en la época de crecimiento económico de Rusia, el país más próspero del mundo en la década anterior a la Primera Guerra Mundial (en la siguiente, la segunda del siglo, la economía que más creció fue la española), no habían nacido obreros, sino campesinos, lo que él mismo, en su primer trabajo «Sobre el desarrollo del capitalismo en Rusia» había considerado proletariado: los «campesinos pobres». Eso le había permitido sostener «científicamente» que un país tan poco industrializado como Rusia podía pasar directamente al socialismo sin revolución burguesa ni apenas desarrollo capitalista. Ahora volvía al marxismo ortodoxo, el de Plejánov, aunque fuera para desmentirlo, y, de paso, desmentirse a sí mismo. Estaba a punto de rendirse a la NEP y sufrir el primero de sus colapsos cerebrales.

Pero, en realidad, lo que había sucedido con el proletariado ruso era que Lenin lo había exterminado en su última manifestación organizada, la de Kronstadt, el año anterior, en la primavera de 1921. Antes, la Cheka había asaltado la fábrica Putilov, el mayor complejo industrial y militar de Petrogrado, para someter a los soviets que se habían rebelado contra las raciones de hambre para los que no eran comunistas y la falta de derechos sindicales y políticos. Y antes de Kronstadt, la Cheka y el Ejército Rojo habían arrasado dos grandes emporios comerciales: Astrakán y Sebastopol.

En Astrakán, la gran ciudad en la desembocadura del Volga, estalló una huelga general en la primavera de 1919, por la reducción de las magras raciones de alimentos y la detención de socialistas que protestaban. El 45.º Regimiento se negó a cumplir la orden de disparar a la multitud, se unió a ella y encabezó el asaltó a la sede del Partido Bolchevique, matando a unos cuantos. Kirov ordenó el «exterminio sin piedad de los piojos guardias blancos» y las tropas de la Cheka y los militares no amotinados bloquearon todos los accesos a la ciudad y empezaron una metódica carnicería. Cuando todas las cárceles estuvieron repletas, centenares de soldados y huelguistas fueron llevados en barcazas y arrojados al Volga con una piedra al cuello. Entre el 12 y el 14 de marzo fueron fusiladas o ahogadas en el río entre 2.000 y 4.000 personas. A partir del 15 se emprendió la caza de «burgueses» por haber «inspirado» el motín de obreros y soldados. Los establecimientos y casas de comerciantes fueron saqueados y entre 600 y 1.000 personas, asesinadas. Cuando el 18 de marzo, aniversario de la Comuna de París, se rindió homenaje a los bolcheviques muertos los féretros fueron 47. No fue un acto de guerra contra los blancos, sino una masacre de la población civil.

Sebastopol, el gran puerto de Crimea, fue probablemente el escenario más dantesco de todos los creados por la crueldad de la Cheka y de Lenin. En diciembre de 1920, cuando las tropas de Wrangler, sin ayuda exterior y lastradas por una enorme multitud que les seguía buscando protección, evacuaron la ciudad y entraron los bolcheviques, fusilaron o ahorcaron a unas 50.000 personas indefensas. Empezaron por varios cientos de trabajadores de los muelles, continuaron, según las listas publicadas en los *Izvestia* de Sebastopol, una tanda de 1.634 fusilados y otra de 1.202. Pero Lenin dijo en una asamblea de Moscú que «trescientos mil burgueses, venidos de todas partes de Rusia, se habían apiñado en Sebastopol» y que «esa reserva de espías y matones del capitalismo» sería «castigada». Como en Astrakán, las tropas bolcheviques cerraron el istmo de Perekop y dieron comienzo a la matanza. Se obligó primero a la población a comparecer ante la Cheka y contestar una larga serie de preguntas de carácter político. Se establecieron tres categorías de personas: a fusilar, a mandar a campos de concentración y a perdonar. Los perdonados fueron pocos. La mayoría fue empleada en crear un escenario de espanto y advertencia, el de «la ciudad de los ahorcados». Algunos testigos supervivientes la describieron así:

> La avenida Najimovski estaba llena de cadáveres ahorcados de oficiales, soldados, civiles, arrestados en las calles (…). La ciudad estaba muerta, la población se escondía en cuevas y pajares. Todas las tapias, fachadas de las casas, postes de telégrafos, vitrinas de tiendas estaban cubiertas de carteles «Muerte a los traidores». Se ahorcaba en las calles para aleccionar. (Werth, 1997).

Junto a la tortura cuando había tiempo —muchas veces se acumulaban los fusilamientos y había que ir rápido—, la violación masiva fue una de las primeras costumbres establecidas por los bolcheviques, que se jactaban de la «humillación de las burguesas». Por supuesto, todo bolchevique podía declarar «burguesa» a cualquier mujer para violarla, solo o en cuadrilla, y eventualmente, asesinarla. ¿Quién iba a protestar? ¿A la Cheka? En un diario de Odessa del 19 de abril de 1919 se leía: «Al pescado le gusta ser sazonado con crema. La burguesía ama la autoridad que abusa y mata (…); si forzamos a sus mujeres a fregar los cuarteles de los Guardias Rojos (y no sería para ellas pequeño honor), entenderán que nuestro poder es sólido».

Según Werth, son «muy numerosos los testimonios» de que en Crimea y en la «descosaquización» la violación «alcanzó proporciones gigantescas». No es algo de lo que el Ejército Rojo empezó a presumir en la ocupación de la Alemania hitleriana, con la violación sistemática de millones de mujeres de todas las edades. Es una costumbre que venía ya de los tiempos de Lenin.

De hecho, comenzó la misma noche de la toma del Palacio de Invierno, cuando las mujeres del Batallón Femenino de la Muerte se rindieron por orden del Gobierno Provisional. Orlando Figes dice que «se volvieron histéricas» al empezar los disparos y fueron confinadas en una habitación trasera, pero su fuente debe de ser el jefe del asalto Antónov-Ovséienko, que se burla de ellas con el típico machismo comunista. Eran, en realidad, mujeres de extraordinario valor que al romper los alemanes el frente se alistaron voluntarias en los «batallones ciclistas» como fuerzas de choque. Helen Rappaport, en su libro sobre los extranjeros atrapados en la revolución al que volveremos, cuenta que, en efecto, los bolcheviques abusaron de varias de ellas y al menos una fue asesinada o se suicidó.

## LA ELEGÍA DEL SOVIET DE KRONSTADT

Sin embargo, el último acto de resistencia del proletariado como tal fue en el lugar donde había empezado todo: Kronstadt, la gran base naval que dominaba Petrogrado. Había sido la piedra angular de la toma del poder de los bolcheviques y fue también el presidente de su primer soviet, León Trotski, el que dirigió su exterminio. Empezó como casi todas las huelgas urbanas, como protesta por las raciones de alimento cada vez menores, los privilegios de los comunistas y los abusos de los comisarios y chequistas contra los representantes del soviet. Los primeros asaltos a los amotinados fueron rechazados y se creó un situación políticamente delicada, que Lenin decidió zanjar de la manera más expeditiva, es decir, más ejemplarizante y cruel.

El verdugo elegido, Trotski, comenzó por apresar como rehenes a las mujeres e hijos de los amotinados, pero no se rindieron. Los soldados no atacaban con la fiereza deseada, así que instaló a sus espaldas chequistas con ametralladoras para impedir el repliegue de las tropas. Al final, se rindieron. Y la venganza de los beneficiarios de su tarea pasada fue implacable: Trotski fusiló a varios centenares, y el resto, por orden directa de Lenin, fue deportado a campos de concentración, de los que casi nadie salió vivo. Así acabó el gran bastión proletario ruso, pero antes, en el número 6 de su *Izvestia*, alguien, un obrero anónimo, publicó la mejor elegía de una esperanza definitivamente perdida:

> Al hacer la Revolución de Octubre, la clase obrera había esperado obtener su emancipación. Pero el resultado fue una esclavitud aún mayor de los seres humanos. El poder de la monarquía, basado en la policía y la gendarmería, pasó a manos de los usurpadores comunistas que, en vez de dar libertad a los trabajadores les han dado el temor cotidiano de terminar en las cámaras de tortura de la Cheka, cuyos horrores exceden con mucho a los del régimen de la gendarmería zarista (…). Pero lo más bajo y

criminal de todo es la esclavitud moral instaurada por los comunistas: ellos incluso han metido sus manos en el mundo espiritual de los trabajadores obligándoles a pensar a su manera (…). A las protestas de los campesinos, expresadas en levantamientos espontáneos, y a aquellas de los trabajadores, cuyas condiciones de vida los impelen a declararse en huelga, ellos han respondido con las ejecuciones en masa y un apetito por la sangre que de lejos excede al de los generales zaristas (…). Bajo el yugo de la dictadura comunista, la misma vida es peor que la muerte. (Pipes, 2017).

## LA ECONOMÍA DE LENIN: OCURRENCIAS, HAMBRE Y RUINA

Lo que en última instancia mató al proletariado, al campesinado, al artesanado y a todas las profesiones viejas o nuevas de Rusia —y de todos los regímenes creados con el molde soviético— fue el comunismo. Lenin, en materia económica, era un diletante, un paseante de la sociología que halló en una lectura marxista peculiar de las clases sociales rusas una religión teórica para legitimar su afán de poder. En Marx y Bakunin la sociedad comunista era una mezcla de brujería y ensueño, en la que Marx y Engels —como hemos visto anteriormente— podrían cazar por la mañana, pescar por la noche y cantar a Bach de madrugada, porque el comunismo acababa con la odiosa división del trabajo; mientras Bakunin, «con sus ojos de berza» (Valle-Inclán), vería desde la logia de la esquina la bondad natural del hombre, liberado de la tiranía de la propiedad y compartiendo sus bienes con sus semejantes.

Tampoco Lenin había pensado qué hacer con la economía tras prohibir la propiedad privada, el dinero y el comercio. Prefería creer, como todo revolucionario profesional que nunca ha trabajado para ganarse la vida, que bastaba la «liberación de las extraordinarias capacidades de la humanidad y las fuerzas de la naturaleza» tras liquidar «el tuyo y el mío».

Como todo ser eminentemente destructivo, a la hora de construir se dispersaba. Primero quiso copiar el capitalismo de Estado alemán, que le parecía fundir muy bien la solvencia económica con el control político. Lo que no tenía en cuenta era que desde Bismarck el intervencionismo había mantenido la propiedad privada, especialmente agraria, no en balde los grandes terratenientes prusianos y luego el proletariado organizado por Lassalle eran sus apoyos políticos a expensas de una burguesía comercial y financiera más vigilada que en Inglaterra o Francia, pero nunca perseguida.

Lo que se ha llamado «comunismo de guerra» y «terror rojo», son fórmulas publicitarias bolcheviques asumidas por los historiadores y que hoy pasan como realidades indiscutibles. La verdad es que el terror rojo duró desde el primer día hasta el último y que el comunismo en Rusia siempre fue de guerra, no en balde proclamó, siguiendo a sus clásicos, que la guerra civil era la continuación de la guerra —no solo lucha— de clases. El «comunismo de guerra» de Lenin fue tan pacífico como todo lo suyo, o sea, nada. Y su gestión económica, igual: una mezcla de ignorancia y crueldad.

Abolir la propiedad privada de la tierra y entregarla a los campesinos era sencillo: bastaba un decreto copiado a los *eseristas*. Abolir la propiedad de casas y fábricas era cómodo: un decreto y *su* gente las ocupaba. Prohibir el comercio, aún más fácil: una ley y, hala, a perseguir *ratas y sanguijuelas*. Pero desde el primer día se encontraron con un problema: no tenían dinero. Y sin esos desagradables papeluchos, ni los campesinos entregaban sus verduras, ni los comerciantes sus arenques, ni los soviets conseguían piezas de repuesto. No había forma ni de comprar revólveres para el clásico tiro en la nuca de la Cheka, que, al estallar el cráneo, impedía la identificación del muerto. Publicar su nombre estaba muy bien, porque asustaba, pero el entierro siempre era un engorro, con toda la familia quejándose. Si, encima, la elocuencia fría del cadáver descubría torturas, violaciones o robos, peor.

Lenin, cuando constató que, aunque muy superior al káiser, él no podía ser Bismarck, porque Rusia, llena de «rusos tontos», no era Prusia, se acordó de haber leído en sus largos años de exilio subvencionado, con la prensa como desayuno, merienda y cena, que *nacionalizar la banca* era la solución socialista para el fétido problema monetario: los pocos bancos que quedaban se fundían en uno, el Estado se lo quedaba, el gobierno lo administraba y además imprimía la moneda necesaria para cada ocasión. En realidad, esa idea sobre el dinero sigue impregnando la mentalidad de universitarios y sabelotodos del mundo entero, porque evita pensar en la infinita complejidad de las relaciones humanas, de la que el dinero es prueba, no causa. También de la fragilidad de la civilización capitalista y de sus crisis periódicas graves, pero que, de prohibirse, genera crisis mucho peores.

Lenin, modelo de sabelotodo provisto con lo que Azaña llamaba «el incipiente dogma de la infalibilidad del sable», en su caso fusil y revólver, no sabía que la gente ahorraba. ¡Como él no había trabajado nunca! Pero los campesinos (el 90 por ciento de los casi 150 millones de rusos) sí y tenían grandes cantidades guardadas en bancos o en su casa, en el clásico calcetín. Pipes cita estimaciones de la época que cifran en 12.000 o 13.000 millones de rublos lo acumulado por el campesinado, dueño de las tres cuartas partes de la tierra en régimen comunal y la cuarta, comprada a particulares o al Estado tras las reformas de Stolipin. Las grandes ganancias de los años de guerra acrecieron más los bienes de los campesinos, no solo en dinero sino en oro, joyas, pagarés, bonos... Y ese dinero, más o menos *negro,* circulaba.

Al llegar los comunistas, todo se paró. La primera crisis de alimentos se produjo por la incertidumbre sobre la moneda, más aún que sobre la propiedad. Antes de Lenin, en Rusia hubo hambrunas a causa de sequías o catástrofes naturales, pero nunca se cortó el abastecimiento del campo a la ciudad. Las *tierras negras* de la Rusia suroriental y Ucrania eran el granero del imperio. Y el rublo era una de las monedas más sólidas del mundo, lo que incluso en una agricultura tan poco productiva como la de la *obschina* daba seguridad a vendedores y compradores. De pronto, todo se paraba, y, según decían, para siempre. Y nadie quiso vender sin saber si iba a cobrar.

Pero los comunistas, eternos voluntaristas y derrochadores, eran grandes gastadores y necesitaban dinero, más dinero, muchísimo dinero. Y como no creían en el Santo Temor al Déficit y otras patrañas liberales, lo primero que idearon fue un *corralito* bancario, limitando la capacidad de sacar dinero de los impositores para tenerlo ellos al alcance. Tropezaron, sin embargo, con la resistencia de los empleados de la banca, que negaron, primero, la entrega de fondos y, finalmente, la entrada a los bolcheviques. Acabaron asaltando el Banco Central para llevarse cinco millones de rublos. Pero eso no dio precisamente confianza a los que guardaban allí lo suyo. Como ni Lenin ni Bujarin ni nadie sabía qué hacer, solo que el dinero era malo, tan malo que lo necesitaban, pensaron entonces que el dinero de los campesinos depositado en los bancos no sería nacionalizado, siempre, claro, que no lo sacaran. Fue el primer «corralito» del siglo XX. Y por más que, en un primer momento, se negaron a imprimir billetes, pronto cayeron en la peor tentación de los tiranos, lo que nuestros clásicos de la Escuela de Salamanca llamaban «bastardear el valor de la moneda», con el que «se roba en sus bolsillos a los pobres». Y a los que no eran pobres: a todos. La inflación es el método de arruinar más democrático que se conoce.

Al tomar el poder Lenin, la moneda corriente en Rusia era el rublo o *nikolaievki*, con la efigie del zar, y la desagradable compañía del *kerenski*, especie de cheque impreso solo por una cara que evocaba los *assignats* de la Revolución Francesa, híbrido de billete y pagaré, emitido contra el valor del oro del Estado o los bienes robados al clero. Pero los *assignats* dispararon la inflación y llegaron a conseguir que hubiera hambre incluso en la próvida Francia.

Tres años después de darle a la máquina de hacer billetes, Preobrazhenski dijo, con ese humor negro del que no teme morir de hambre: «¡Hemos derrotado a la Revolución Francesa por 40 a 1!». Bakunin ya había dicho que para asegurar la revolución social, había que asegurar la bancarrota. Y la inflación se mostró como un arma insuperable contra la propiedad… ajena. Cinco millones de rusos murieron de hambre. Bolchevique, ni uno.

En 1918, Lenin, que encontró una especie de Rasputín económico en Larin, mago arbitrista que arreglaba cada mañana el desastre provocado la noche anterior, no emitió *nikolaievki*. Tras asesinar a Nicolás, era claro que los campesinos no lo aceptarían. Se limitó a los *kerenski*, pero límite y leninismo son antónimos, así que en un año se triplicó el número de billetes en circulación por Rusia. Nada, al lado de lo que vino después: en mayo de 1919, se autorizó la emisión de rublos oficialmente y la inflación alcanzó cotas sobrehumanas, o sea, comunistas. Ese año se cuadruplicó el dinero circulante; en 1920 se quintuplicó, y en 1921 se decimotreceplicó, o sea, que se multiplicó por trece. En 1922 había dos mil trillones de rublos en circulación, dos cuatrillones en la contabilidad americana (Pipes, 1995) y un rublo imperial valía oro. Tomando el rublo de 1913 como unidad, el de Lenin en 1922 valía cien millones de veces menos. Solo en Weimar se alcanzó esa ruinosa magnitud, pero Ebert logró reducirla. Lenin, ni lo intentó. Se resignó al mercado negro en 1918; en 1921, a la NEP; y luego se murió. Que empezaba a ponerse gravemente enfermo lo prueba la confesión de su fracaso en octubre de 1921, cuatro años después de tomar el poder:

> Contamos —o quizás sería más correcto decir: asumimos sin calcularlo correctamente— que el proletariado podría dirigir y organizar la distribución de bienes en un sentido comunista en un país de pequeños campesinos. La vida ha demostrado nuestro error. (Pipes, 1995).

Lo que nunca se le pasó por la cabeza a Lenin fue dejar el poder, ni él ni los suyos, pese a reconocer que no había calculado bien absolutamente nada, que su partido había fracasado en todo, salvo en la industria del terror, y que el comunismo era incapaz de satisfacer la necesidad básica de la población: comer, para no morir de hambre. Su psicología se basaba siempre en la proyección: acusar a los demás de lo que él iba a hacerles o les estaba haciendo ya, sin asumir nunca una responsabilidad personal y culpando de todo al capitalismo, a la burguesía o a la Iglesia. En una de sus últimas notas, de 1922, que prueba que era plenamente consciente de la hambruna provocada por su política económica, que llevaba a millones de personas al canibalismo y a morir de hambre en las calles, no se enmienda, arrepiente o compadece. Lo que ordena es atacar a la Iglesia:

> Es ahora y solo ahora, cuando en las regiones afectadas por la hambruna hay canibalismo y las calles están llenas de cientos, si no miles, de cadáveres, cuando podemos (en realidad, debemos) proseguir la requisa de sus bienes (eclesiásticos) con la más feroz y despiadada energía, sin detenernos ante nada y suprimiendo cualquier resistencia (…). Hay que enviar a Shuia a los miembros más enérgicos e inteligentes del Comité Ejecutivo Panruso con órdenes verbales convalidadas por un miembro del Politburó. La instrucción debe llevar a arrestar en Shuia tantos representantes como sea posible —no menos de varias decenas— del clero local, de los comerciantes y la burguesía local bajo sospecha de estar directa o indirectamente implicada en la violenta resistencia… Tan pronto como se pueda, volver a Moscú y hacer un informe. En la base de ese informe, el Politburó dará órdenes detalladas, verbales, a las autoridades judiciales

para que el juicio a los rebeldes de Shuia que se oponen a ayudar a los hambrientos debe conducirse con la máxima flexibilidad y acabar en la ejecución de un número verdaderamente grande. Y tan rápido como sea posible, no solo en esa ciudad sino en Moscú y otros centros religiosos. Cuanto mayor sea el número de representantes de la burguesía reaccionaria y el clero reaccionario que acabe ejecutado, mejor.

¿Canibalismo, miles de muertos de hambre en las calles? A matar curas y burgueses: eso es Lenin y el leninismo. Y contra eso se rebeló, de forma elemental pero consciente, heroica y trágica, el campesinado ruso.

## TIERRA Y PROPIEDAD Y LIBERTAD: LA GUERRA DEL CAMPESINADO

La abolición de la propiedad, de la administración de justicia y del valor del dinero arruinó la economía y hubiera acabado provocando la rebelión de los campesinos, cuya propiedad, de la tierra o de sus productos, vivía de un mercado que también fue prohibido por el régimen de Lenin. Pero en realidad fueron los bolcheviques los que, de forma aún más deliberada que con el proletariado, iniciaron la guerra contra los campesinos. La ley sobre la Tierra que teóricamente daba su propiedad a los que la trabajaban era una idea de los *eseristas* legalmente poco clara y que tropezó con la desconfianza —que pronto se demostró más que fundada— de los campesinos. Muchos creían que la tierra era del zar y solo él podía repartirla. Los que la habían comprado en las reformas de Stolipin y creían en la propiedad, fueron expropiados sin indemnización, de forma que nadie confió en la palabra del gobierno. Cuando empezó a devaluarse el rublo y los bolcheviques a emitir masivamente *kerenski*, los agricultores guardaron sus productos, no tanto por acaparar, como habían hecho durante la guerra para subir los precios, sino por la desconfianza en ser pagados. Y cuando se creó un Ejército de Avituallamiento para garantizar la llegada de alimentos a las ciudades, o sea, para saquear a los campesinos, la comida desapareció.

El proceso fue tan rápido como violento. El 4 de noviembre, un mes antes que la Cheka pero con los mismos mimbres —el CMRP— se creó la Comisión de Avituallamiento que contaba con todas las tropas disponibles para garantizar a toda costa el abastecimiento de Petrogrado y el frente. En ese mismo instante empezó la guerra contra el campesinado, que pretendía seguir vendiendo sus productos. Si se añade la desaparición de los ahorros por culpa de la inflación y la desconfianza tradicional del campo hacia la ciudad, se tendrán todos los datos para un enfrentamiento que no era solo político sino de civilización.

Tras el golpe contra la Asamblea Constituyente y la firma del tratado de Brest-Litovsk que entregaba un tercio de la población, del territorio y de la riqueza de Rusia a los alemanes, además de comprometerse a gigantescas compensaciones, el abastecimiento de las ciudades tomaba el aspecto de un cerco del campesinado, acérrimo defensor de la propiedad, a las ciudades, que, empezando por Petrogrado y Moscú, estaban en manos bolcheviques.

Lenin encargó a Trotski asegurar el abastecimiento de las grandes ciudades, aún a costa del enfrentamiento con los campesinos, a los que, como todos los marxistas, consideraba irremediablemente reaccionarios. Su estrategia sobre el campesinado tenía dos bases: la primera, convertirlo en base segura de abastecimiento para las ciudades mediante la imposición de un monopolio absoluto sobre el comercio de grano y exacciones forzosas; la segunda, crear un enfrentamiento civil entre campesinos pobres y ricos —aunque los pobres sin tierra no llegaban al 5 por ciento y los ricos no pasaban del 2 por ciento, siendo la inmensa mayoría medianos propietarios—, para lo que el gobierno creó los «comités de pobres», cuya función básica era enfrentarse mediante una impostada «lucha de clases campesinas» a los líderes locales, que eran en su totalidad socialistas revolucionarios, y bloquear cualquier iniciativa contra el gobierno y los Comités de Avituallamiento.

Pero nada lo explica mejor que la directiva de Lenin a Trotski como primera misión del Ejército Rojo y tras decretar el servicio militar obligatorio, el 29 de mayo de 1918, entre cuyas tareas destacaban estas:

1   El Comisariado de Guerra se transformará en un Comisariado de Abastecimiento Militar. Esto es, nueve décimas partes del trabajo del Comisariado de Guerra se concentrará en adaptar el ejército a la guerra por el pan y a la ejecución de una guerra de este tipo durante tres meses, entre junio y agosto.

2.  Durante este mismo período, el país entero estará bajo la ley marcial.

3.  Movilizar al ejército, separando a sus unidades sanas y reclutar a los jóvenes de diecinueve años, al menos en algunas regiones, para llevar a cabo operaciones sistemáticas con el objetivo de tomar la cosecha y hacer acopio de comida y combustible.

4.  Implantar la pena de muerte para castigar la falta de disciplina.

[...]

9.  Instaurar la responsabilidad colectiva para los destacamentos (de abastecimiento) al completo, con la amenaza de ejecución de uno de cada diez miembros por cada caso de saqueo.

Esto convertía de hecho al Ejército Rojo en una banda creada para saquear a los campesinos, y que reclutaba a sus propios hijos para robarles.

Lo estremecedor del comunismo es su eficacia centrífuga, con la misma estructura del Big Bang: todo está ya en el leninismo, los cinco años de poder leninista se deciden en los primeros meses y el impulso siempre parte de un solo punto: la infinita capacidad de odio concentrada en Lenin. La guerra al campesinado la declara Lenin y la reacción es siempre contra el régimen de Lenin. Lo que no tiene precedentes es la crueldad del ataque y la generalización de la rebelión. Paradójicamente, los tres grupos sociales que Lenin quiere someter —campesinos, ejércitos *blancos* y cosacos— se estorban en su resistencia por falta de lo único que tenía Lenin: un objetivo político claro.

Las rebeliones campesinas que se producen desde comienzos de 1918 hasta final de 1921 y obligan al régimen a adoptar la NEP, apenas se han estudiado, a diferencia de la liquidación de los soviets y, desde final de los setenta, del propio Gulag. Las razones son muy diversas, aunque quizás la menos confesable es que el campo tiene poco *glamour* para el historiador occidental. Apenas hay fuentes campesinas —solo tras la independencia de Ucrania y el estudio de la hambruna bajo Stalin (Holomodor) se estudia el precedente de Lenin—; los archivos comunistas solo se abrieron tras la caída de la URSS, pero los relativos a las masacres campesinas se mantuvieron ocultos; y los grandes ejércitos de desertores del Ejército Rojo, los llamados «verdes», se confunden en la guerra civil de «blancos» y «rojos».

En fin, el estudio de *esa* guerra civil militar (aunque todo desde octubre de 1917 es *guerra civil*), que por su magnitud y duración, en torno a un año, es solo un capítulo de la tragedia de la feroz resistencia del campesinado a Lenin, muestra tanto el caos político anticomunista como la torpeza militar «roja» y, sobre todo, la miseria moral de las democracias, incapaces de entender la naturaleza del comunismo y cuyos partidos de izquierdas lo apoyaron siempre. Todos quedan mal, así que no se estudia.

Hay una última y sórdida razón: el sectarismo. Si cada hombre, decía Montaigne, lleva dentro de sí toda la condición humana, la forma que esa condición toma en Lenin, símbolo histórico del comunismo, es tan atroz que, por una buena causa, la «progresista», conviene relegarla a los inmensos y polvorientos archivos de los secretos de la izquierda, que hoy, más que nunca, administra en exclusiva la Agenda del Bien y es la que puede resaltar o anular la proyección social de toda carrera intelectual. Así que no se investiga lo que, de principio a fin, fue una *guerra contra la propiedad*.

Los documentos bolcheviques son inequívocos. Aunque, como en las atrocidades de la Cheka, el respaldo de Lenin hacía casi inútiles las investigaciones internas, que incluso podían volverse contra el que, de buena fe, veía su causa envilecida y debilitada por crímenes y abusos, los testimonios en la prensa y los informes al poder Central, o sea, a Lenin, resultan aterradores y prueban la magnitud de la crueldad bolchevique y la heroica resistencia campesina.

Un caso: el de la represión en la provincia de Kostroma relatado en *Izvestia* en enero de 1919, en plena rebelión campesina: los «rojos», entran en el pueblo disparando al aire las ametralladoras y apaleando sin más a los campesinos «para que recuerden la autoridad soviética». El jefe político de la zona usa los látigos cosacos, *nagaiki*, reforzados con alambre, para pegar a los campesinos, de forma que, aunque se pusieran cuatro o cinco camisas, la sangre las pegaba al cuerpo y solo se despegaban con agua caliente. A los prisioneros se les golpeaba con bastones, se les quitaban los zapatos y debían caminar descalzos en la nieve. La mortandad estaba asegurada.

Los pocos periódicos no bolcheviques que evitaban la censura militar de Lenin daban resúmenes como este, de junio de 1918:

Cuando el destacamento de Abastecimiento llegó al volost de Gorodish-
chenkaya, en la provincia de Oriol, las mujeres, en lugar de entregar los
productos, los arrojaron al agua, de donde los recuperaron una vez que
los inesperados visitantes se hubiesen marchado. En el volost de Lávrov,
en esa misma provincia, los campesinos desarmaron a un «destacamento
Rojo». En la provincia de Oriol, las requisas se hacen a gran escala. Se
preparan como si se tratase de una verdadera guerra. En algunos distritos
(…), durante las requisas de pan, se han movilizado todos los automóviles
privados, los caballos de monta y los coches de caballos. En el volost de
Nikolskaya y sus alrededores tienen lugar batallas regularmente, con heridos y muertos en ambos bandos. El destacamento solicitó por telegrama
que Oriol enviara munición y ametralladoras (…). Desde la provincia
de Saratov se informa de que «Los pueblos están en alerta y listos para la
batalla. En algunos del distrito de Volski, los campesinos recibieron a las
tropas del Ejército Rojo con horcas y. las instaron a dispersarse». En la
provincia de Tver «los destacamentos de partisanos enviados a los pueblos
en busca de comida se toparon con resistencia en todas partes; hay informaciones de encuentros en varias localidades; para evitar que les requisen
el cereal, los campesinos lo esconden en los bosques (y) lo entierran en el
suelo». En el bazar de Korsun, en la provincia de Simbirsk, los campesinos llegaron a las manos con las tropas del Ejército Rojo que trataban de
incautarles el cereal; un soldado murió y varios resultaron heridos. (NV,
en Pipes, 2017).

No hay balances de víctimas, salvo algunas de los bolcheviques. Sin
embargo, un índice de que el encargo de Lenin a Trotski de someter a
los campesinos estaba fracasando es que en julio de 1918, poco después
de sus instrucciones al recién nacido Ejército Rojo, Lenin manda una
nota a Stalin diciendo que no llega comida a Petrogrado ni a Moscú. Y
esta otra a Tsiurupa:

1.   Es un escándalo mayúsculo, un escándalo disparatado, que Saratov
tenga pan y no seamos capaces de requisarlo…

2.   Un proyecto de decreto: en cada distrito que produzca pan, de
25 a 30 <u>rehenes</u> de entre los <u>ricos</u>, que responderán con sus vidas por la
recolección y la entrega de <u>todo</u> el excedente (Subrayado de Lenin).

Tsiurupa contesta: «Se pueden tomar rehenes cuando se tiene un poder real. ¿Existe? Cabe la duda».

Lenin responde: «No propongo tomar los "rehenes" sino designarlos».

Y detalla el mecanismo en otra nota:

Al reprimir el levantamiento en los cinco distritos, utilicen todos los medios y adopten todas las medidas para quitarles los excedentes de cereales a sus propietarios (…) de forma simultánea a la represión de la revuelta. A este fin, designen en cada distrito (designen, no tomen) rehenes por su nombre, de entre los kulaks, hombres ricos y explotadores a los que se les encomendará la responsabilidad de la recogida y entrega en los puestos asignados o en los puntos de recogida de cereales, así como de la entrega a las autoridades de todo el excedente de cereales sin excepción. Estos rehenes responderán con sus vidas por el pago exacto y pronto de la contribución.

Pero ¿qué significan las palabras «excedente» y «kulak»? ¿Y qué diferencia hay entre «kulak», «hombre rico» y «explotador»? Sencillamente, lo que en cada momento, en cada nota —y era un grafómano incorregible: quedan decenas de miles de notas inéditas en los archivos a propósito de casi todo—, incluso en cada línea se le ocurra al «socialista científico» Lenin. Pocos inventos tan estúpidos y de tan siniestra eficacia como el de *kulak*, palabra que no se usaba en el campo y que es un mero *ideologema* de Lenin para referirse a los propietarios y defensores de la propiedad campesina. En rigor, kulak significa para Lenin «los que merecen morir por negarse a entregarnos todo lo suyo» y pocos textos como el publicado en agosto de 1918 reflejan tan nítidamente el afán genocida de Lenin como este, digno de inaugurar la Enciclopedia Psiquiátrica del Asesino de Masas:

El kulak detesta irracionalmente la autoridad soviética y está dispuesto a ahogar y despedazar a cientos de miles de trabajadores (…). O bien los kulaks desmembrarán a un número ilimitado de trabajadores, o bien estos sofocarán despiadadamente las revueltas de una minoría ladrona de personas contra el poder de los trabajadores. No puede haber término medio

(...). Los kulaks son los explotadores más brutales, toscos y salvajes (...). Estos chupasangres se han enriquecido durante la guerra a costa de las penurias del pueblo, han acumulado miles y cientos de miles (...) estas arañas han engordado a expensas de los campesinos, empobrecidos por la guerra, y de los obreros hambrientos. Estas sanguijuelas se han bebido la sangre de los trabajadores, haciéndose más ricos cuanta más hambre pasaban los obreros en las ciudades y las fábricas. Estos vampiros han acumulado y siguen acumulando en sus manos las tierras de los terratenientes, y esclavizan, una y otra vez, a los campesinos pobres. ¡Guerra inmisericorde contra los kulaks! ¡Muerte a todos ellos!

Ralph Kongord en *Robespierre. El primer dictador moderno*, cita esta frase del tirano francés: «Si los agricultores ricos continúan chupando la sangre del pueblo, se los entregaremos al pueblo. Si encontramos demasiados obstáculos al administrar justicia a esos traidores, los conspiradores, los especuladores, haremos que el pueblo se encargue de ellos».

Pipes llama la atención sobre la semejanza de los textos de Lenin y Robespierre. Pero en un libro sobre el comunismo es más interesante ver cómo sobre el rasgo clave de la psicopatología de Lenin, que es el de la *proyección*, se creó el modelo de propaganda comunista que, desde Munzenberg y la Komintern llega hasta los Castro y los chavistas.

La base es siempre la de acusar a los que atacan de que les están atacando o pensando atacarles, de forma que su ataque es, en realidad, un acto de legítima defensa. Pero basta invertir los términos de la acusación de Lenin para ver que confiesa justo lo que denuncia. Es *su* poder soviético el que detesta *irracionalmente* a los kulaks, que ni siquiera se sabe lo que son. *Ahogar, despedazar, desmembrar a cientos de miles*, de pronto convertidos en *un número ilimitado de trabajadores*, que según Lenin es lo que quieren los kulaks, es, en realidad, lo que él desea hacerles a ellos.

En cuanto a la *minoría ladrona*, ¿no es una perfecta descripción de los hombres de Lenin que asaltan a los campesinos para robarles lo que es suyo? Si estas arañas, vampiros e insectos asesinables mataban de hambre a obreros y campesinos, ¿por qué los campesinos se levantan en masa contra Lenin y no contra ellos? ¿Por qué si *robaban* las tierras a los terratenientes —que uno supondría *kulaks*— y *esclavizan* a los campesinos, estos se alzan contra el *poder de los obreros*? ¿Pero qué *obreros*? Esos *insectos* que Lenin quiere aplastar eran los que trabajaban la tierra mientras él vivía en Suiza y veraneaba en Italia durante la guerra, hasta que los alemanes le pagaron para hundir el ejército, donde se jugaban la vida diez millones de hijos de *sanguijuelas*. ¿A quién define mejor el término *chupasangre*? ¿A él, que vivía del dinero que su madre le mandaba de su finca o que Stalin y Kamó robaban de un banco, o al campesino al que él le robaba su grano?

## LOS DESERTORES DEL EJÉRCITO ROJO SON LOS «VERDES»

La clave de las grandes rebeliones campesinas, lo que les permitió durar desde 1918 hasta 1921, fue el reclutamiento forzoso para el Ejército Rojo de los hijos de unos campesinos a los que se les quitaba el grano del que vivían y el que debían guardar para sembrar. Se calcula que fueron tres millones los desertores que se llamaron «verdes» porque se ocultaban en los bosques cercanos a sus aldeas, de los que la Cheka y el ejército capturaron a la mitad. El otro millón y medio anduvo desperdigado, atacando a los bolcheviques donde los encontraban y malviviendo de lo que les daban o les quitaban a los campesinos, aunque su política nunca fuera esquilmarlos. Cuando se encontraban con un jefe popular, organizaron grandes milicias, que al mando de Petlura, Majno o Hryhroryiv alcanzaron decenas de miles de hombres y como habían desertado con sus armas eran más difíciles de combatir que las explosiones de ira de una aldea, cuyos habitantes eran fácilmente aniquilados por un centenar de chequistas con metralletas. A veces, destacamentos enteros del Ejército Rojo se pasaban a los «verdes», de ahí la importancia que para Trotski tuvieron los rehenes de las familias de los oficiales zaristas y los revólveres de los «comisarios políticos».

Pero, una y otra vez, en esa guerra declarada por los bolcheviques contra el pueblo al que este respondió desordenada y desesperadamente pidiendo no solo «tierra y libertad» sino «tierra *en propiedad* y libertad», tropezamos con la criminal obsesión comunista de acabar con la propiedad ajena, sobre todo en el campo, a costa de la vida de los campesinos. ¿Por qué se creían los bolcheviques con derecho a imponer a todos su idea de sociedad y a asesinarlos si la rechazaban, incluso si no llegaban a hacerlo? Esta es la gran cuestión del siglo que el mundo lleva a cuestas desde que Lenin tomó el poder: ¿Por qué los comunistas se creen legitimados para robar y matar a los demás en nombre de una utopía que apenas esconde su afán de poder ilimitado? y, lo más grave, ¿por qué las sociedades aceptan ese derecho de vida o muerte sobre ellos que se arrogan los comunistas?

Que estos intenten conseguir un poder omnímodo, con todos los privilegios que el terror asegura, obedece a la naturaleza del ser humano. No es menos humana su propensión a la «servidumbre voluntaria» que Etiènne de la Boétie describió a los dieciocho años. Pero si cien años de experiencia demuestran que el canibalismo comunista jamás renuncia a la carne humana, ¿por qué hay tanto criminal dispuesto a cocinarla y tanto imbécil dispuesto a comprobar la temperatura del agua que hierve? Invirtiendo la Tesis XI sobre Feuerbach de Marx, cabría contestar: «Hasta ahora, los profesores han explicado el comunismo: se trata de combatirlo».

## LA GUERRA CIVIL MILITAR Y LA TRAICIÓN DE OCCIDENTE

La guerra civil que, en términos militares, se juega entre marzo y noviembre de 1919, se nutre de la guerra civil declarada por Lenin y de la otra guerra civil con que, en amplias zonas agrarias, responde el pueblo a Lenin. Pero la respuesta civil a la guerra civil estuvo dirigida políticamente por los socialistas revolucionarios, que eran incapaces de entenderse y aliarse con los militares, mientras que los militares eran incapaces de entender el valor político esencial en una guerra civil. Eso, la traición de Inglaterra y el pacto suicida del polaco Pildsuski con Lenin, salvaron el poder comunista, que militarmente estuvo a punto de perder Moscú y San Petersburgo. A pesar de la capacidad técnica del exzarista Tujachevski y de los fervorines oratorios de Trotski, cuando los *blancos* de Kolchak o Denikin avanzaron, el Ejército Rojo resistió débilmente o se desbandó. Sin embargo, las tres organizaciones militares blancas partieron de la periferia rusa, despoblada y sin materias primas ni fábricas para asegurar los repuestos. En cambio, los comunistas tuvieron siempre superioridad numérica y de abastecimiento.

Y, por supuesto, de propaganda. Aunque ni Kolchak, ni Denikin, ni Wrangler, ni antes Kornílov, cuya prematura muerte fue fatal para su causa, pretendían restaurar la monarquía absoluta, ni siquiera la constitucional, el mero hecho de llamarles «blancos», color de los ejércitos borbónicos contra los jacobinos franceses, puso en su contra a los socialistas revolucionarios, siempre lunáticos, y al masón y socialista Kérenski, que vendía a la opinión occidental una posición «intermedia» entre las «atrocidades» de los blancos, que sin especificar condenaba, y las de los rojos, que tras echarlo del poder ya no le gustaban demasiado. Los comunistas, como siempre, empezaron ganando la guerra de la propaganda contra los socialistas y terminaron ganando del todo la guerra de verdad, la que por méritos propios tenían perdida.

Tratar de seguir las vicisitudes de la guerra, en términos puramente militares, es imposible porque se trata de muchas guerras civiles protagonizadas por soldados o milicias uniformadas, y que se desatan tras la guerra civil que declara Lenin a todos. En brillante metáfora de Pipes, es como seguir el rastro de un color en un cuadro de Jackson Pollock: el cruce de líneas rojas, verdes, blancas, negras y marrones, de ataque y retirada, siguiendo las vías del tren para cubrir grandes extensiones de terreno, con cada ejército siendo la guerrilla de otros, es mareante y, a efectos prácticos, imposible.

La batalla esencial la libra Denikin durante el verano de 1919 —conquista de Ucrania— y el otoño —conquista de Orel— no contra los bolcheviques, sino contra el tiempo. Dada la gran superioridad numérica y de armamento de los rojos, que heredan todo el del ejército tradicional, y la fundada desconfianza en la ayuda británica, que ante todo quería impedir la resurrección de una Rusia que amenazara su poder en Asia, Denikin debía tomar Moscú y lograr un triunfo propagandístico y político tras su brillante campaña militar. Eso obligaría a los demás países de la Entente, aliados de Rusia en la Primera Guerra Mundial a reconocer la legitimidad blanca y la ilegitimidad roja, y darles una ayuda militar regular.

A los efectos de este libro, lo relevante son los programas políticos que acompañan la acción de las líneas de ataque militar y la actividad guerrillera antibolchevique desde 1918 a 1921 así como la actuación de los países occidentales en los tres momentos de la guerra:

1.   La situación en Rusia se ve como un frente de la Primera Guerra Mundial, hasta finales de 1918, y se actúa para fijar el frente e impedir que Alemania lleve al Oeste las fuerzas que libera el tratado de Brest-Litovsk del káiser con Lenin.

2.   El éxito militar de los blancos podría ya permitir la liquidación del régimen de Lenin.

Y 3.   Los países occidentales —Gran Bretaña, Estados Unidos y Francia— dan la espalda a los anticomunistas, civiles y militares, y se apresuran a reconocer al régimen comunista para calmar a sus partidos de izquierdas, que apoyan sin reservas la dictadura de Lenin.

Lloyd George es la figura fundamental del abandono de Occidente a la resistencia antibolchevique, y llegó a un nivel de frivolidad y vileza solo comparable al Chamberlain de Múnich en 1938. Como entonces, Churchill fue el único estadista que entendió la naturaleza del comunismo y llamó a las democracias occidentales a destruirlo. Toda la historiografía revisionista sobre los crímenes del comunismo que desde los años sesenta hasta hoy trata de insertar las fechorías de Lenin y sus herederos en vastos, profundos y anónimos movimientos sociales, de los que la política sería solo la espuma, tropiezan siempre con Churchill y su empeño en que *intelectualmente* se reconozca la condición irremediablemente totalitaria, incompatible con las democracias, del comunismo primero y del nacionalsocialismo después. Ni que decir tiene que esos *revisionistas* suelen ser siempre de izquierdas.

Lo trágico del primer siglo comunista (1917-2017) es ver que aquel abandono de los rusos en 1920 será, con los mismos argumentos, mezcla de vileza y comodidad, el de los chinos en los años cincuenta, los cubanos en los sesenta, los vietnamitas en los setenta, los colombianos en los noventa y los venezolanos de hoy. En muy pocos momentos, Occidente (en realidad, los USA; Europa e Iberoamérica se han limitado a acompañar y, normalmente, a estorbar) ha actuado militarmente contra el comunismo: Corea, Vietnam y Nicaragua, y cierta diplomacia militarista en Cuba, Chile y Centroamérica. Pero siempre tropezó con un *telón de acero ideológico*: la complacencia socialista, entreverada de cristianismo lelo y derechismo ciego, que ante el comunismo despliega el *buenismo*, la *inteligencia emocional* de... rendirse.

El doble rasero para tratar a los comunistas y anticomunistas, siempre en favor de los comunistas, nace con el régimen de Lenin. En los medios intelectuales franceses, para la propaganda; en los medios políticos anglosajones, para la guerra, convenientemente aliñada por la propaganda. El *premier* Lloyd George y el presidente estadounidense Woodrow Wilson inauguran una línea de mezquina estupidez, de buenismo maligno, que cosecha un éxito tras otro; de los comunistas, naturalmente.

La ideología de la rendición occidental ante el comunismo se resume en que a los anticomunistas se les reprocha lo que a los comunistas se les perdona. A los rojos se les reconoce, para empezar, el idealismo de sus fines, que nunca son los de ocupar el poder o abusar de él, pero como siempre abusan, entonces se recurre al realismo, a las instituciones internacionales que están al margen de ideas, valores o sistemas políticos (dos tercios son dictaduras). A los anticomunistas o *blancos*, empeñados en que los *rojos* jamás respetan lo que firman —para qué— e imponen por la fuerza lo que públicamente niegan imponer, se les reprocha su rígido dogmatismo, su falta de empatía y de matices, su poco realismo político al buscar aliados. O sea, que los rígidos y dogmáticos son los que luchan contra la dictadura, siempre que esta sea comunista. Si no lo es, el dogmatismo no es problema.

Por desgracia, esto no es una teoría. Es lo que he visto durante toda mi vida en Estados Unidos y Europa a cuenta de la Guerra Civil española, de los exiliados cubanos anticastristas, de la Contra nicaragüense o de los colombianos opuestos a la rendición ante la narcoguerrilla de las FARC. En la época de la Contra, lo he visto dentro del Departamento de Estado, cubil diplomático semejante a la ONU, en las universidades y en los medios de comunicación, entonces de papel, donde los mismos que te recibían, favorables a los anticomunistas, lo hacían en semiclandestinidad, mirando de soslayo y evitando que las entrevistas fueran más públicas de lo estrictamente necesario. Instituciones nacidas para crear o cuidar la libertad como la propia Administración de Justicia son sus peores enemigas. Es lo que sucede con las denuncias por violación de derechos humanos en Colombia, que controlan ONG aliadas de las FARC en los tribunales USA.

Y todo empieza cuando debería haber acabado: con el régimen de Lenin.

Para darle un tono heroico a lo que militarmente no pasó de mediocre carnicería, suele presentarse la guerra civil rusa como un apocalipsis popular en el que el Ejército Rojo derrotó a los militares del ejército del zar y a los países capitalistas que les apoyaron: Inglaterra, Francia y USA. A esta «intervención extranjera» atribuyen propagandistas como Kollontai la crueldad —el terror rojo— que los bolcheviques emplearon en su defensa, siendo su naturaleza tan pacífica y contraria a la violencia. Es lo mismo que se ha dicho de Cuba, Vietnam, Nicaragua o Venezuela. Cuando triunfan, estas gentes tan pacíficas siguen aplicando el terror contra su pueblo, algo incompatible con su bondadosa naturaleza, que por supuesto, no existe. ¿Pero cuándo la propaganda comunista ha respetado la verdad? Desde Lenin, han usado el terror como arma fundamental, única si entendemos la propaganda como un brazo del terror, y siempre para lo mismo: imponer y mantener su poder.

Nunca hubo una auténtica intervención militar, menos aún una «invasión», de los países capitalistas contra el régimen bebé de Lenin, con el sórdido fin de impedirle desarrollar pacíficamente todas sus virtudes. Las intervenciones británicas y, a petición suya, norteamericanas, se produjeron básicamente para fijar el frente alemán e impedir que el pacto de Lenin con sus financiadores alemanes permitiera volver toda su fuerza militar al frente del Oeste, arrollando a Francia como habían hecho en la guerra de 1871 y volvió a hacer Hitler en 1939.

Los desembarcos se produjeron en Murmansk, porque en el norte y en las cercanías de Petrogrado estaban los puntos débiles del ejército ruso, así como en el Mar Negro, vientre del inmenso imperio, y en Siberia, por la presencia japonesa al otro lado del Transiberiano. Pero hasta el armisticio la escasa presencia militar obedece a la traición de los bolcheviques a sus aliados, Inglaterra y Francia, junto a los que Rusia había entrado en guerra. En realidad, la había provocado, porque el comportamiento ruso apoyando a los serbios tras el asesinato del heredero del trono austro-húngaro fue tan desafiante que solo la conciencia de inferioridad militar de las potencias centrales frente a Rusia, Francia y la todopoderosa Gran Bretaña explica el retraso en el comienzo de la guerra. *Sonámbulos* (Christopher Clark, 2014) explica el error común de juzgar a los alemanes en la Primera Guerra Mundial por lo que hicieron en la Segunda.

Pero la ayuda a los militares y civiles que, tras el Golpe de Octubre y la liquidación de las instituciones representativas, empezando por la Asamblea Constituyente, y, antes aún, por los partidos no de izquierdas, como los KDT declarados «enemigos del pueblo» antes de las elecciones, partió de un criterio arbitrario de Lloyd George, continuó por la extraña atracción masónica por Kérenski de Wilson y desembocó en una serie de condiciones para la ayuda que parecían, y eran, burdas negativas.

En diciembre de 1918, para disimular su sumisión a la izquierda laborista y sindical que simpatizaba con Lenin, pero sin romper del todo su alianza con los conservadores, aparte del desagradable Churchill, Lloyd George dijo en el Gabinete de Guerra del gobierno que el régimen bolchevique «no significaba un peligro comparable al del viejo Imperio Ruso, con sus agresivos oficiales y millones de soldados».

El argumento era políticamente falso e intelectualmente ridículo. Nadie entre los «blancos» hablaba de restaurar el viejo imperio: lo que querían era recuperar el Parlamento y tener un gobierno legítimo. Por otra parte, los bolcheviques habían dado ya pruebas de una agresividad sin precedentes en Europa y habían decretado el servicio militar obligatorio, que pese al cambio de régimen afectaba a muchos millones de rusos. Eran los mismos rusos que les habían ayudado a dividir al ejército alemán, y tanto el zar como el Gobierno Provisional se habían mantenido fieles a sus aliados, aunque para mantenerse en el poder les hubiera convenido pactar con Alemania, como hizo Lenin, reconocido y denunciado agente alemán.

Pues no: la preocupación, terminada la guerra, era para Lloyd George que no se rehiciera la vieja Rusia, y el remedio era no molestar a la nueva. Tras la tercera y última conferencia de paz fallida, la de Prinkipo, Lloyd George puso tres condiciones a la ayuda:

1. No se debe intentar tomar por las armas la Rusia bolchevique.

2. El apoyo solo se mantendrá mientras esté claro que en el área controlada por Kolchak y Denikin la población tiene sentimientos antibolcheviques.

3. Los ejércitos antibolcheviques no deben ser usados para restaurar el antiguo régimen zarista y reimponer a los campesinos las antiguas condiciones de vida feudales, privándoles de la tierra.

¿Cómo pensaba tomar la temperatura del sentimiento a los rusos en plena guerra el *Premier*? ¿Votando? Lo habían prohibido los comunistas.

¿Con una encuesta? ¿Ignoraba Lloyd George que la servidumbre estaba abolida en Rusia desde 1861, por el zar Alejandro II, asesinado por uno de esos grupos terroristas a los que Lenin siempre quiso —y logró— parecerse? ¿Cabe resumir en tres puntos mayor ignorancia, deshonestidad y fatuidad?

Churchill era partidario de una intervención militar por dos razones: la naturaleza totalitaria y expansionista del comunismo —que no ocultaba— y la amenaza directa para los intereses del Imperio Británico. Lo primero era lo que más le desesperaba. Y en 1919, daba por perdida la causa:

> Es falso pretender que este año hemos estado librando las batallas de los rusos antibolcheviques. Al contrario, son ellos los que han librado las nuestras, y esa verdad se hará dolorosamente evidente cuando hayan sido exterminados y los bolcheviques dominen todo el vasto Imperio.

Francia no le anduvo a la zaga en doblez a Inglaterra. El mariscal Foch decía que no se debía dar «gran importancia al ejército de Denikin, porque los ejércitos no existen por sí mismos, deben tener detrás un gobierno, una legislación y un país organizado». Pero los bolcheviques solo tenían la ley del Terror y habían desorganizado todo el país, lo cual les hacía débiles. ¡Y hablaba Foch, que, con todo el gobierno y la legislación de Francia detrás, jamás hubiera vencido a Alemania sin el apoyo militar de los USA! Es evidente que cuando la cobardía se disfraza de consideraciones tácticas, los militares pueden ser tan hipócritas como los políticos.

Los sabios y éticos gobiernos de Londres, París y Washington, tras pergeñar el criminoso tratado de Versalles, también impusieron severas condiciones económicas a su ayuda a Kolchak. El pobre, aceptó. E iba de triunfo en triunfo, como Denikin, a pesar de contar con la mitad de efectivos, hasta que, al primer revés, trascendió que Lloyd George y Wilson tenían decidido de antemano abandonar a los blancos a su suerte. El 8 de noviembre Lloyd George dijo en un mitin que Gran Bretaña «no ayudaría indefinidamente a los *blancos* en una guerra interminable» y que, como Disraeli, temía el inmenso poder del «glaciar» ruso. Y el 17 de ese mismo mes remató políticamente a los fieles aliados rusos. Dijo, sin prueba alguna, que Kolchak y Denikin, cuyo programa defendía la vuelta a la Asamblea Constituyente, en realidad, lo que buscaban era reconstruir la antigua Rusia, enemiga de los intereses británicos. Lenin no hubiera podido recibir mejor noticia. La atmósfera de euforia militar en los «blancos» se convirtió en aciago pesimismo político, con consecuencias devastadoras.

Claro que todavía más necio fue Wilson, que estaba muy influido en clave masónica por Kérenski, gran responsable del golpe de Lenin en octubre y que pretendía encabezar una «tercera vía» entre los «blancos» y los «rojos». ¡Para eso había liquidado Lenin el Gobierno Provisional (presidido por el propio Kérenski) y la Asamblea Constituyente; para eso había desatado el terror rojo: para pactar la paz! Pero como Kérenski, uno de los personajes más siniestros del siglo XX, no pedía una intervención militar extranjera, al presidente Wilson, gran precursor en la Agenda del Bien (que tan mal le fue al mundo), y al *premier* Lloyd George su opinión les parecía sensata y ponderada. ¡Les salía gratis!

Dos errores, por obtusa integridad nacional, cometieron los *blancos*: no reconocer la independencia de Finlandia y Polonia. ¡No estaban en posición de asegurar la de Rusia y discutían la de los Estados dominados! En el norte, eso impidió el cerco de Petrogrado. Y en el este, fue la clave de la derrota de Denikin cuando solo se interponía Tula camino de Moscú. Pildsuski pactó una tregua con Lenin, que había perdido Ucrania, y dejó al Ejército Rojo la posibilidad de llevar 50.000 hombres al frente de Denikin, tan mal administrador como Kolchak y, sobre todo, ambos privados de la necesaria ayuda internacional. Y ese fue el salvoconducto del triunfo del terror rojo.

Los inmediatos avances de Pildsuski en Ucrania y el Báltico fueron tan efímeros que en 1920 el Ejército Rojo estaba a las puertas de Varsovia. La naciente Komintern asistía, a través de una enorme pantalla instalada en el Kremlin, al avance presuntamente imparable del ejército de Tujachevski, héroe de los Urales, que iba a llevar la revolución proletaria a Polonia y después a Alemania. Pese a su aplastante superioridad numérica, los polacos destrozaron a los soviéticos, pero el resultado de la estrategia de Pildsuski, influida por la de Lloyd George, acabó siendo el trágico reparto nazi-soviético de Polonia y siete lustros de tiranía comunista. Es que, sencillamente, Churchill tenía razón.

## LA MASACRE DE LA DINASTÍA ROMANOV
## POR LA DINASTÍA LENIN

El comportamiento de Lloyd George es especialmente vil por la forma en que Gran Bretaña —la corona y su gobierno— se habían comportado con los Romanov tras la voluntaria abdicación del zar, de su hermano Miguel y de su reclusión por el gobierno de Kérenski en Tombolsk, a 2.000 kilómetros de Moscú. Aunque el presidente —desertor— del Gobierno Provisional, destacado dirigente masónico y eterno liante, haya dicho por activa y por pasiva que quiso ante todo guardar la vida del zar y su familia, lo cierto es que los mandó a un sitio relativamente cómodo y los olvidó. Si engañó por celos a Kornílov y olvidó sus deberes como presidente del Gobierno —Jefe del Estado provisional tras proclamar por su cuenta la República— ¿cómo no iba a olvidarse de Nicolás II?

Pero tras el Golpe de Octubre y la cobarde huida de Kérenski, que dijo que iba a buscar ayuda dejando a su gobierno al cuidado de los cadetes de la Academia y las voluntarias del Batallón Femenino de la Muerte, rodeados por la Guardia Roja bolchevique y el crucero *Avrora*, quedó claro que la vida de Nicolás y su familia corrían peligro, así que Gran Bretaña, cuya Familia Real estaba directamente emparentada con la rusa, pidió su salida.

De pronto, canceló su petición, en teoría por alguna de las sinuosas complicaciones de la guerra, aunque, probablemente, por el deseo siempre imperioso del gobierno de no molestar a la izquierda laborista. El káiser, cuyo ascendiente sobre Lenin —lo había llevado a Rusia, le dio 50 millones de marcos oro para organización y propaganda desertora y podía delatarlo en cualquier momento— era absoluto, también era tío de la zarina, cuya impopularidad en Rusia provenía de ser la princesa alemana Alix de Hesse. Sin embargo, tras un amago, tampoco hizo nada por ella ni por su familia.

Lo que en 1919, durante la guerra civil, sí sabían Lloyd George, Wilson y demás aliados de Rusia en la Primera Guerra Mundial era que el zar había sido asesinado sin juicio por los bolcheviques el 16 de julio de 1918, y que su familia estaba desaparecida. Y nada hicieron la corona ni el gobierno de un país que desde Burke y sus *Reflexiones sobre la Revolución Francesa*, y la *Historia de dos ciudades* de Dickens, libro popularísimo en Europa, se preciaba de no parecerse a la Francia que guillotinó a

Luis XVI, a María Antonieta, a miles de aristócratas y a los 300.000 campesinos de la Vendée. Como Lloyd George y Wilson seguían dando lecciones de moral universal, convenía silenciar el destino de la Casa Romanov, masacrada para fundar sobre sus cadáveres la nueva dinastía bolchevique, la Casa Lenin, que reinó sobre Rusia y su imperio, mediante el terror más desaforado, hasta 1991.

## ÓRDENES DIRECTAS DE LENIN

Como en todos sus crímenes, Lenin se preocupó de borrar sus huellas personales en la masacre de los Romanov. Solo al abrirse los archivos de la extinta URSS, el historiador del Ejército Rojo Dmitri Volkogónov halló las pruebas de lo que, pese a sórdidos episodios como el de la falsa Anastasia, carne de Hollywood, se había ido filtrando por diversas vías a Occidente.

La decisión de asesinar a todos los Romanov fue tomada por Lenin y había sido madurada muchos años atrás, cuando en su elogio a Netchaev le dijo a Bronch-Bruevich refiriéndose al *Catecismo Revolucionario*: «¿A quién habría que matar de la familia real? La respuesta de Netchaev fue: "A toda la ektenia". De modo que, ¿a quién habría que matar? A toda la Casa de los Romanov, como cualquier lector podría entenderlo. ¡Genio puro!».

Como Netchaev en *Los demonios*, Lenin implicó a sus camaradas en el asesinato, pero como, a diferencia de Netchaev, él era muy cobarde y quería pasar a la historia sin las manos manchadas de sangre, cosa que consiguió hasta la apertura de los archivos de la URSS, ocultó los hechos y propaló una serie de mentiras con las que, sin duda, disfrutaba.

Un mes antes de ordenar el asesinato del zar, la zarina, el zarevitch Alexis y las cuatro princesas (en el sótano murieron también, a tiros o bayonetazos, la dama de compañía, el asistente, la criada, el médico y el perro *Jemmy*), Lenin había mandado a la Cheka asesinar a Miguel, exzar, hermano de Nicolás, que había pedido permiso para cambiar su apellido por el de su esposa, Brasov, y dejar Rusia a finales de 1917. Detenido y enviado a Perm, Miguel fue secuestrado con su secretario el inglés Johnson y asesinado en un bosque de las afueras. Lenin concedió entonces una extraña entrevista a un periódico no bolchevique diciendo que Miguel había huido, aunque no sabía adónde, y que tampoco sabía si el zar estaba vivo. Evidentemente, era un globo-sonda para ver qué reacciones podía provocar el asesinato del zar. Y el de su familia, porque pensaba matarlos a todos.

La prueba es que el mismo día de la masacre de la Casa Ipatiev, en Alakaievsk, a cien millas de distancia, fueron asesinados la gran duquesa Elizaveta Fioródovna (hermana de la zarina, cuyo marido había sido asesinado por un terrorista al que visitó en la cárcel, se había hecho monja y décadas después, tras caer la URSS, ha sido canonizada), al gran duque Serguei Mijáilovitch, al príncipe Iván Konstantínovitch, al príncipe Konstantin Konstantínovitch y al conde Vladimir Paliéi (hijo del gran duque Pável Alexandróvich).

Ese mismo 16 de julio, por alguna filtración o simplemente siguiendo la pista que el propio Lenin había dado un mes antes, el diario danés *National Tiende* publicó que había rumores de que el zar podría haber sido ejecutado y se preguntaba si Lenin podía explicarlo. Cuando le comentaron la noticia, Lenin la calificó de «propaganda burguesa».

Años después, Trotski anotó en su diario cómo se lo contó Svérdlov:

> Al dirigirme a Svérdlov le pregunté de pasada:
> —A propósito, ¿dónde está el zar?
> —Se acabó —me respondió—: fue fusilado.
> —¿Y dónde está la familia?
> —La familia está con él.
> —¿Todos? —le pregunté aparentando una cierta sorpresa.
> —¡Todos! —me respondió Svérdlov—. ¿Por qué?
> Él estaba esperando mi reacción. Yo no contesté.
> —¿Y quién tomó la decisión? —le pregunté.
> —Lo decidimos aquí. Ilich pensaba que no debíamos dejar a los blancos un estandarte vivo que les permitiese aglutinarse. Sobre todo en las difíciles circunstancias actuales.

Trotski, cuya disposición asesina solo era superada por la de Lenin, justificó así la masacre de la familia Romanov, el médico y el servicio:

> La decisión fue no solo oportuna sino necesaria. La severidad de este castigo demostró a todo el mundo que seguiríamos luchando de manera

inmisericorde, sin reparar en nada. La ejecución de la familia del zar era necesaria no solo para atemorizar, causar horror e infundir una sensación de desesperanza en el enemigo, sino a la vez para dar una sacudida en nuestras propias filas, para mostrarles que no había retirada, que lo que teníamos por delante era la victoria total o la perdición total.

Incorregiblemente fatuo, Trotski se adorna con crímenes ajenos: si mataron a toda la familia para sembrar el terror, ¿por qué lo ocultaron? No había ninguna fuerza política que pretendiera la restauración del zarismo. Ni el zar ni su hermano Miguel, este tras abdicar voluntariamente y Nicolás aconsejado por sus generales, para mantener la moral en el frente y hacer honor a los compromisos de Rusia, tenían interés en reclamar el trono. Ninguna potencia exterior quería la vuelta del zarismo. La última legalidad democráticamente legítima era la de la Asamblea Constituyente, reconocida también por todas las izquierdas (los socialistas revolucionarios habían sido el partido más votado). No había ninguna posibilidad de volver al zarismo. Ni los oficiales blancos más leales al zar pedían el restablecimiento de la autocracia, para lo cual la salvaje dictadura bolchevique desde octubre estaba resultando eficacísima vacuna.

Pero Trotski, como Lenin y todos los comunistas hasta hoy, se presenta como la fuerza que derribó al zar y la única alternativa a la vuelta al absolutismo. Insistimos: lo que ellos derriban en el golpe militar de Octubre es al legítimo régimen parlamentario salido de la Revolución de Febrero, con un Gobierno Provisional presidido por un socialista y con una Asamblea Constituyente democráticamente elegida por el pueblo ruso en la que los bolcheviques solo alcanzaron la cuarta parte de los escaños.

La única alternativa al bolchevismo no era el zarismo sino volver a la democracia. El crimen del que blasona Trotski y cuya responsabilidad escondió cobardemente Lenin —Trotski lo camufló muchos años— podría haber tomado la forma de juicio por la Asamblea del zar, como los de Carlos I o Luis XVI, pero ni los golpistas bolcheviques tenían legitimidad para ello —habían derrocado el poder legítimo de la Asamblea— ni interés. ¿Lo «necesario» era aterrorizar, matar sin necesidad a cinco jóvenes y profanar sus cadáveres? ¿Y al médico, al cocinero, al ayudante, a la criada y al perro?

Había un acuerdo, tres veces sancionado, del Partido y el Comité Central del Partido Bolchevique, para llevar a juicio al zar. Pero Lenin quería, como Netchaev, masacrar a la familia, a toda la *ektenia*. La excusa de que no se podía llevar a la familia a Moscú era falsa, porque el jefe militar de los Urales, Goloshiokin, con quien Lenin se había entrevistado dos veces en junio para preparar la masacre, pudo llegar perfectamente en tren a Moscú tres días después de la matanza de Ekaterinburgo. Había sido difícil, por el estado del camino tras las lluvias, el primer traslado de Tobolsk a Ekaterinburgo del zar, la zarina y la princesa María, pero unos días después el zarevitch —ya repuesto de su último ataque hemofílico—, sus tres hermanas, ayudantes y servicio llegaron en barca sin gran dificultad.

También es falso que fuera la rebelión de la Legión Checa lo que precipitó el asesinato, porque los asesinos pudieron moverse luego a su antojo. Y otra prueba de que se había decidido asesinar a toda la familia en Ekaterinenburgo es que la Casa Ipatiev era conocida en la localidad como «la casa del propósito especial». Para más seguridad, la víspera de la masacre, la guardia del soviet local dirigida por Adaiev fue sustituida por la Cheka, con Yurenski como jefe encargado de las ejecuciones. Para ello reclutó e instruyó a un pelotón de diez exprisioneros de guerra alemanes y húngaros, por si algún ruso vacilaba o se negaba a matar a los niños. La víspera había buscado un lugar para quemar y hacer desaparecer los cadáveres, cuyo traslado preparó en un camión Fiat.

Yurovski, el jefe local de la Cheka, era un desertor que en la guerra se unió a los bolcheviques y que reunía todas las características del perfecto chequista: rencoroso, frío, despiadado y buen manipulador psicológico. Fue condecorado y recibido calurosamente por Lenin en 1921. Y relató en unas *Memorias* de 1922, pero publicadas solo en 1991, los detalles de su hazaña:

> Hice venir a los guardias del interior, designados para fusilar a Nicolás y su familia y le dije a cada cual a quién debía abatir. Les entregué revólveres Nagan. Mientras les distribuía sus instrucciones, los lituanos me pidieron que no los hiciese participar en la ejecución de las jóvenes, pues serían incapaces de hacerlo. Me dije que más valía no mezclarlos en la ejecución pues en el momento crucial no serían capaces de cumplir su deber revo-

lucionario… A la una y media de la mañana golpearon a la puerta. Era «Deshollinador». Entré en la habitación, desperté al doctor Botkin y le dije que deberían vestirse rápidamente pues había disturbios en la ciudad y debería llevarlos a un lugar seguro.

A las dos de la mañana escolté al grupo al sótano de la casa. Les dije que se agruparan en un orden especial. Yo acompañé a la familia al sótano. Nicolás llevaba a Alexis en brazos. El resto, algunos de los cuales llevaban almohadas y alguna que otra cosa fue bajando. Alejandra Fiodorovna se sentó. También Alexis. Les dije a todos que se pusieran en fila. Lo hicieron y cubrieron una pared entera y dos laterales. Les dije que el Comité Ejecutivo de los Soviets representantes de los obreros, campesinos y soldados había ordenado su ejecución. Nicolás se volvió hacia mí, con aire de pregunta. Repetí lo que había dicho y después ordené «¡Fuego!».

Fui el primero en disparar y maté a Nicolás. Los tiros duraron demasiado… Necesité tiempo para detener el tiroteo que se había vuelto desordenado. Pero cuando ordené que cesara, me di cuenta de que varios vivían aún. Por ejemplo, el doctor Boktin estaba tumbado y apoyado en un codo como si reposara. Lo acabé de un tiro de revólver. Alexis, Tatiana, Anastasia y Olga estaban vivos. Al igual que Demídova. El camarada Yermakov quería rematarlos a todos con la bayoneta. Pero no hubiésemos podido. Demasiado tarde descubrimos que las jóvenes llevaban corsés blindados recubiertos de diamantes. Tuve que matarlas una por una. Por desgracia, los hombres del Ejército Rojo vieron esos objetos y decidieron apropiárselos.

Otro de los asesinos, Nikulin, lo cuenta así:

Algunos no murieron en el acto. En suma, he de decirlo, algunos fueron rematados… Anastasia y alguna más. A Davidova hubo que quitarle la almohada para abatirla. Sí, el chico seguía vivo, y se retorció largo rato, pero luego acabaron con él… En mi opinión nos comportamos con humanidad… Me dije que si me hubiesen cogido los blancos y me hubiesen tratado de la misma manera, no hubiese tenido de qué quejarme…

¿No se habría quejado Nikulin de que secuestraran durante meses y mataran en plena noche a once aterradas personas de *su* familia, incluidos adolescentes y niños? Su *opinión* de que se comportaron con *huma-*

*nidad* retrata muy bien al *chequista* común, mezcla de asesino sádico, hampón y farsante, tan elogiado por los turistas revolucionarios que ya paseaban por el Kremlin ¡Y Lenin solo llevaba nueve meses en el poder!

Otro, Radzijovski, insiste en el mérito de su heroica acción, sin duda pensando en esa variante de la dictadura del proletariado que disfrutaban los verdugos del régimen de Lenin: buena comida, casa, cargo y pensión:

> De hecho, todo estuvo mal organizado. Por ejemplo, hicieron falta muchas balas para matar a Alexis. Era un chico fuerte. Después sostuvimos una reunión. Llegó gente del pueblo… Entonces dijo Goloschiokin: «Desde Nicolás hasta el más pequeño», lo que no hubiese debido decir, desde luego. En cualquier caso la gente no parecía comprender. Las fábricas recibieron bien la noticia. En el Ejército Rojo, aquello les dio mucho ánimo revolucionario.

En fin, otro asesino, Medviédev, intenta dar a su relato, más confuso, un toque literario, y presume de haber sido el primero en disparar al zar:

> Los Romanov estaban muy tranquilos, no temían nada… Yurovski hizo irrupción y se puso a mi lado. El zar lo miró interrogante… la emperatriz se persignó. Yurovski dio medio paso adelante y se dirigió al zar: «¡Nicolás Alexandrovitch! Las tentativas de tus partidarios de salvarte la vida no han estado coronadas de éxito. Y por tanto, en este año difícil de nuestra República soviética… se nos ha encargado liquidar a la Casa Romanov!». Las mujeres exclamaron: «¡Oh, Dios mío!». Nicolás murmuró: «¡Oh, Dios! ¿Qué está pasando?». «Esto es lo que pasa», dijo Yurovski sacando su máuser, «¿Nos llevan a alguna parte?», preguntó Boktin con la voz pastosa. Yurovski se disponía a responder, pero yo ya tenía lista mi browning y fui el primero en tirar contra el zar. Al mismo tiempo, los lituanos dispararon la primera salva. También Yurovski y Yermakóv dispararon a bocajarro al pecho del zar. A mi quinto disparo, Nicolás cayó sobre la espalda, muerto. Las mujeres gritaban y gemían; vi caer a Botkin, el mayordomo había caído junto a la pared y la cocinera estaba de rodillas. Una almohada blanca se movió desde la puerta hasta el centro del cuarto. Del grupo de mujeres que gritaban se movió un cuerpo en silueta a través del humo de las armas

de fuego en dirección a la puerta y cayó abatido por los disparos de Yer-
makóv… Solo se veía humo, los disparos contra las siluetas apenas visibles
de las personas que caían, continuaban…

Oímos la voz de Yurovski: «¡Basta, no disparen!». Llegó la calma. Las
orejas me zumbaban. Súbitamente, del ángulo derecho donde se había
movido la almohada oímos la feliz exclamación de una mujer: «¡Dios tuvo
misericordia. Dios me salvó!». Era la criada que se levantó vacilante. Se había escondido detrás de la almohada y las balas habían sido amortiguadas
por las plumas. Los lituanos habían disparado todas sus balas y entonces
dos de ellos la remataron con las bayonetas. Se oyó un gemido de Alexis…
Yurovski se acercó y le disparó las tres últimas balas de su máuser. Cayó
y se deslizó de la silla a los pies de su padre. Vimos que los otros habían
descubierto que Olga y Anastasia todavía estaban vivas y las rematamos
con un colt. Todos estaban muertos, entonces.

El camión Fiat preparado por Yurovski para llevarse los cadáveres
había llegado hora y media tarde. Por eso se retrasó el «procedimiento»
—es el término usado por Yurovski— que se alargó unos veinte minutos,
hasta que lograron rematar a las once personas y al perro *Jemmy*, que llevaba Anastasia en brazos cuando les hicieron bajar al sótano.

Vieron por un desgarrón que las princesas llevaban en el corsé co-
sidos diamantes, pero no las desnudaron hasta que llegaron al sitio elegido por Yurovski la víspera para quemar los cadáveres y enterrarlos. Ya
desnudas, profanaron los cuerpos de las mujeres. Uno de ellos, presumió
de haber estrujado los pechos de la emperatriz, «recuerdo feliz que le
acompañaría de por vida».

Al día siguiente, 17 de julio, Yurovski fue a Moscú a informar a Lenin. Aunque un mes antes había preparado el asesinato con el jefe militar
Goloschiokin, que estuvo en Yekaterinburg, querían los detalles de la
masacre y el entierro, que tuvo lugar bajo un pino de cuatro troncos llamado *Los cuatro hermanos*. Nikulin, segundo jefe de Yurovski en la Casa
Ipatiev, contó que este se reunió con Lenin, «le dio algo y también escribió una nota o algo así». Tal vez ese «algo» era el revólver con el que
Yurovski mató al zar, más tarde expuesto en el Museo de la Revolución.

Antes de llegar al Museo, y, si como es previsible, Yurovski entregó a
Lenin el revólver magnicida, ¿qué haría con él? ¿Se lo enseñaría en la ce-

na a Krupskáia o lo guardaría para mostrárselo en la intimidad a Inés Armand? ¿Se lo daría a su hermana María, para que lo guardase en recuerdo de su hermano Sasha, ahorcado por haber querido matar al padre de Nicolás? ¿Lo tendría en un cajón para al terminar una reunión enseñárselo a algún camarada de confianza? ¿Lo guardaba en su mesilla de noche y si se levantaba al baño o a beber agua lo acariciaba al volver a la cama?

Que disfrutaba sabiendo los detalles de estos crímenes y ocultándolos a la opinión pública o sembrando pistas falsas lo prueba que, tras ordenar el asesinato del gran duque Miguel y su secretario, Lenin recibió con Sverdlov en el Kremlin a uno de los asesinos, Markov. Según este, tras su relato, Lenin le dijo: «Has hecho lo más conveniente». Pero de inmediato concedió la entrevista citada a *Nashe Slovo*, en la que, tras hacer que el diario local *Permskiye Izvestia* publicara el secuestro por guardias blancos de Miguel, Lenin dijo que no sabía dónde estaba, ni tampoco su hermano el zar. Por supuesto, sabía que el zar estaba vivo y que a él y a su familia solo les quedaba un mes. Pero el globo-sonda demostró que la gente estaba demasiado preocupada por su propia vida como para ocuparse de la del zar.

Sin embargo, Lenin pudo disfrutar de detalles acaso más macabros que los de la muerte, larguísima agonía y profanación de los cuerpos de la emperatriz y sus cuatro hijas por los chequistas de Yurovski. Esa mañana del 16 de julio había mandado asesinar en Alapáievsk, a cien millas de Yekaterinenburg, a Elizaveta Fioródovna, hermana de la zarina, viuda tras el asesinato de su esposo por un terrorista y entonces monja, al gran duque Sergio Mijáilovitch, al príncipe Vladimir «Paley» Pavlovich y a los tres hijos —Igor, Constantino e Iván— del gran duque Konstantínovitch, junto con otra monja que acompañaba a Elizaveta. Pero solo Sergio fue asesinado en el acto, tras resistirse al secuestro. Como comprobó la autopsia ordenada meses después por las tropas de Kolchak cuando ocuparon esa comarca, los demás fueron arrojados a una mina abandonada, donde murieron de hambre y sed al cabo de varios días. No sabemos qué pensaría Lenin, sabiendo que había cinco personas sepultadas vivas a las que una palabra suya podía salvar… y que esa palabra no iba a decirla. Tampoco cuando interrumpió un debate en el Soverknom sobre un decreto de salud pública para anunciar que Sverdlov leería este comunicado, precisamente sobre la muerte del zar:

Debo decir que hemos recibido información de que en Ekaterimburgo,
por decisión del soviet regional, Nicolás ha sido fusilado. Alejandra Fioródovna y su hijo están en buen estado. Nicolás quiso escapar. Los checos se
estaban acercando. El Presidium del Comité Ejecutivo ha dado su aprobación a la medida.

Nadie dijo una palabra. Nadie preguntó por las princesas, por quién
custodiaba a la emperatriz y a Alexis, ni cómo había intentado huir el zar.
En realidad, todos sabían que los habían asesinado a todos y que Lenin
quería guardar o disfrutar el secreto, los detalles, la información del hecho. El propio Sverdlov redactó para *Izvestia* una tosca nota sobre los hechos, embrollados, contradictorios o falseados, que se publicó al día siguiente:

Recientemente, Ekaterinenburgo, capital de los Urales Rojos, se vio seriamente amenazada por la aproximación de las facciones checoslovacas.
Al mismo tiempo, se descubrió una conspiración contrarrevolucionaria
cuyo objetivo era arrebatar por la fuerza al tirano de las manos del consejo.
    A la luz de este hecho, el presidente del Consejo Regional de los
Urales decidió fusilar al antiguo zar Nicolás Romanov, decisión que fue
materializada el 16 de julio. La esposa e hijo de Romanov han sido enviados a lugar seguro, los documentos hallados relativos a este complot se
han enviado a Moscú con un mensajero especial.

Tras esos párrafos venía una larga disquisición sobre la voluntad de
juzgar al zar, que no había podido llevarse a cabo. Pero si para la zarina y
su hijo se había encontrado un «lugar seguro», ¿por qué no para el zar?
¿Y qué lugar, seguro o no, se encontró para las cuatro princesas? Al final,
se citan confusamente supuestos documentos de la conspiración, entre
ellos diarios personales y cartas de Rasputín (que había sido asesinado en
1916) a Romanov y su familia, como si pudiera conspirar desde el más
allá. Pero, en fin, todos serían «examinados y publicados en un futuro cercano».
    Por supuesto, nada se publicó. Pero una oración, hallada entre los pa-
peles de la familia, merece conocerse. Si pobre fue el desempeño político del zar y obtusa la trayectoria de la zarina, la humilde dignidad con

que ambos afrontaron su cautiverio y martirio dignificó toda su existencia. En cuanto a los jóvenes inocentes, cuyas vidas fueron segadas por odio al apellido, se comportaron de forma ejemplar, sin traicionarse ni degradarse. No puede decirse lo mismo de Lenin y sus sicarios.

La oración era de Bejtéiev, amigo de Zenaida Tolstoi, y estaba dedicada a Olga y Tatiana:

> *Danos paciencia, oh, Señor, a tus hijos*
> *para que podamos, en estos días negros,*
> *tolerar la persecución de nuestra gente,*
> *y los tormentos que nos han sido impuestos.*
>
> *Danos fuerza, justo Dios, la precisamos,*
> *para perdonar a quienes nos acosan,*
> *para cargar nuestra pesada y dolorosa cruz,*
> *y así alcanzar tu humildad gloriosa.*
>
> *Cuando seamos saqueados o insultados,*
> *en estos días de angustiosa tortura,*
> *a Ti nos volveremos, Cristo Salvador,*
> *para poder soportar esta prueba y su amargura.*
>
> *Señor del mundo, Dios de la Creación,*
> *danos tu bendición en nuestro clamor,*
> *y paz, señor, brinda a nuestros corazones,*
> *en esta hora de hondo y mortal temor.*
>
> *Y cuando en el umbral estemos de la muerte,*
> *que Tu divino soplo en nosotros se haga presente,*
> *y, siendo tus hijos, hallemos fuerza para orar*
> *con humildad por nuestros rivales y su suerte.*
>
> (Traducción del inglés, Jaime Collyer, en Pipes, 2017)

Las princesas y la exzarina sufrieron continuas vejaciones de los carceleros que las acompañaban al baño y se quedaban oyendo en la puerta, cantaban bajo las ventanas coplas obscenas o pintarrajeaban los baños con frases del mismo tenor. Todo lo soportaron sin una queja, con algo más que la pasividad eslava: un profundo recogimiento, nacido de la fe. Rezaban continuamente en familia, más que leer (Nicolás leyó por primera vez *Guerra y paz*) o jugar al trick-track, el backgammon ruso. Pero sin duda su profundo sentimiento religioso fue la mejor ayuda para soportar como hicieron todos ellos, con absoluta dignidad, su interminable calvario.

Mientras, el íntimo placer sádico de Lenin se veía aumentado por la servil credulidad de la prensa occidental al dar cuenta del asesinato de la antigua Familia Imperial. *The Times*, en Londres, tradujo sin más la nota oficial de *Pravda*, y el *New York Times*, inaugurando su tradición de abyección intelectual ante el comunismo, llevó esto a portada: «Antiguo zar de Rusia muerto por orden del Soviet de los Urales. Nicolás fue fusilado el 16 de julio ante el temor de que los checoslovacos se hicieran con él. Esposa y heredero en lugar seguro».

Salvo la muerte y que Nicolás ya no era zar, todo era falso. Pero esa ha sido la tradición occidental sobre las noticias de los países comunistas: por principio, se cree las versiones oficiales; por supuesto, jamás se ponen en duda; y se cuestiona, en cambio, toda duda que los anticomunistas (que se supone deberían ser y nunca son la fuente de esos medios democráticos) muestren o sostengan contra las versiones oficiales del comunismo, siempre falsas. Desde 1918, eso es lo desesperantemente habitual.

## EL PERRO Y LA POSPIEDAD POSMODERNA

Tal vez el único factor que hoy, en los medios de comunicación que combinan la cochambre de lo políticamente correcto y la herrumbre de la rentabilidad sentimentalista, rompería la barrera de indiferencia por los crímenes de Lenin contra los Romanov sería el perro. De los perros, hay que decir, porque la familia tenía dos spaniels, *Jemmy* y *Joy*. A ambos los cuidaban las princesas, aunque *Joy* era de Alexis. Pero Anastasia, cuando les dijeron que debían vestirse en la madrugada del 16 de julio porque iban a trasladarlos, bajó al sótano donde iban a ser asesinados, con *Jemmy* en los brazos. ¿Por qué Yurovski y sus secuaces mataron a *Jemmy*? ¿Ladró acaso en defensa de Anastasia y sus hermanas, se puso al lado de Alexis cuando yacía en el suelo en un charco de sangre, o gemía en un rincón, asustado por el ruido de los disparos que retumbaban incesantemente en el sótano? No tengo duda de que la identificación del asesino del perro preocuparía —tal vez preocupará— mucho más a los periodistas y lectores que la decisión de Lenin de matar a toda la familia, heroica medida justificada políticamente por muchos todavía hoy.

Otra cosa sería en los suplementos dominicales la profanación de los cadáveres de la zarina y las princesas, las cuatro bellísimas, y el guapo y enfermo Alexis. Tal vez ahí hallasen algunos medios motivo de pospiedad y semicensura anticomunista. Breve, naturalmente, porque, ¿cómo iba a saber Lenin qué harían con los cadáveres? Mandarlas matar, sí. Violarlas, seguro que no. Un símbolo del progreso y de la liberación de la mujer nunca haría eso. No obstante, lo del perro suscitaría más debate, porque el animalismo tiene hoy una fuerza mediática mayor que la del humanismo, siquiera de género.

Pero es que además *Jemmy* no es el único perro de esta historia. Estaba el otro spaniel, *Joy.* Y de él tenemos noticia fidedigna, al punto de consignarla Pipes en su versión completa de *La Revolución Rusa.* Al parecer, tras pasar la noche fregando la sangre del sótano, y cuando el camión se llevó a los cadáveres para desnudarlos, profanarlos, quemarlos y enterrarlos, los guardias se negaron a dormir en el piso de abajo, junto al lugar de la masacre. Y al subir al piso de arriba vieron a *Joy* arañando la puerta del cuarto en que hasta esa noche dormían las princesas. No sabemos si le abrieron esa puerta alguna vez o qué fue de *Joy.* Pero me sorprendería no ver pronto la memoria novelada del perro de los Romanov.


## EL TOTALITARISMO RACISTA Y GENOCIDA DE LENIN

La debacle militar de los «blancos» a finales de 1919, tras la traición de todos sus aliados, no trajo la paz, ni demostró que el «sentimiento» del pueblo al que se acogía Lloyd George para no ayudar a sus antiguos aliados fuera precisamente favorable a los bolcheviques. Todo lo contrario. Fue como si al desaparecer los frentes muy relativamente convencionales de la guerra se sintieran más libres los «verdes», «negros» y «marrones», todos rebeldes al empeño de Lenin en doblegar al campesinado. De 1920 a 1922 tuvo lugar la más feroz guerra civil que haya padecido país alguno, al menos del tamaño de Rusia, y su colofón no pudo ser más dramático: la masacre de cientos de miles de cosacos predicada por Trotski y la hambruna provocada por Lenin.

Hubo otros traslados masivos, equivalentes a condenas a muerte, de grupos étnicos o sociales, dentro de una política de exterminio de toda oposición al bolchevismo. No cambió nunca su política, porque incluso cuando Lenin en 1921 tuvo que aceptar temporalmente la NEP —y no dejó de recordar que era un retroceso estratégico y que pronto «deberían volver al terror»— la persecución contra los partidos políticos, todavía legales en algunos casos, se mantuvo. Permitir formas de mercado negro que no podían combatir era una cosa, desagradable pero temporal; permitir la existencia de partidos o grupos a los que podían exterminar era flaqueza en la que no cayeron jamás.

La masacre de los Romanov y la hambruna leninista en Ucrania tenían una relación directa y profunda. La primera demostraba que nada de lo que había existido antes del bolchevismo merecía sobrevivir. La segunda, que nada de lo que pretendiera existir al margen del comunismo iba a sobrevivir. Matar a un rey es un acto de fuerza que funda una nueva legitimidad. Pero Nicolás II ya no estaba en el trono, ni, a diferencia de Carlos I que hizo la guerra o de Luis XVI que intentó evadirse, ni el zar ni su familia intentaron escapar de su prisión. Cuando pensaban matarlo fingiendo una evasión —que era el primer proyecto y la enésima prueba de que nunca pensaron juzgarlo— le pasaron mensajes de un supuesto agente, a los que finalmente contestó que no podían huir («FUIR», en mayúsculas) ya que estaban muy vigilados. Y que, salvo que los raptaran por la fuerza, no podían hacer nada para no comprometer a sus amigos. Creían, los pobres, que les quedaban algunos.

Pero si Lenin manda asesinar a todos los Romanov (viudas y niños, jóvenes y enfermos, cuando ya no tenían poder ni relevancia institucional) negándoles incluso la marcha al exilio, es por la misma razón que declara ya antes de las elecciones a la Asamblea «enemigos del pueblo» a los kadetes, clausura luego la Constituyente, manda liquidar a los mencheviques, juzga y condena a los socialistas revolucionarios o manda al manicomio a la *eserista* de izquierdas Spiridónova. Es que él —no el ruso Vladimir Ilich Ulianov, sino Lenin, el hombre más importante del mundo, *Él*— ha creado el primer régimen comunista de la historia, con poder absoluto sobre vidas y haciendas, sin atadura o limitación moral alguna. Ese régimen está por encima de la humanidad —de hecho no cabe hablar de humanidad hasta su realización en el comunismo— y puede y debe destruir cualquier obstáculo, voluntario o involuntario, material o intelectual, religioso o moral, que se oponga a su construcción. Pueden ser los campesinos o los intelectuales, de hecho ya lo han sido los proletarios. Como dirá en su último texto, hay que ser menos pero mejores. Y ser mejor es ser leninista.

Lenin funda el primer totalitarismo moderno, que Stalin continúa con éxito pero al que no añade cualitativamente nada, y lo hace en 1917, mucho antes que Mussolini imponga su dictadura (1924) y Hitler su régimen totalitario, aunque pasando por las urnas con más éxito que Lenin (1933). Fascistas y nacionalsocialistas serán rivales, nunca opuestos al comunismo, del que copiaron casi todos los aspectos totalitarios. Los esenciales, todos.

Aunque la operación «Salvad al camarada Lenin de la comparación con Hitler», es decir, «Salvad al comunismo resucitando el antifascismo» que desde la aparición de *El libro negro del comunismo* moviliza a legiones de filósofos e historiadores se refugia en el argumento (no en el hecho, desagradablemente comparable) del racismo y de la voluntad genocida del régimen hitleriano, para así defender una diferencia dizque *esencial, de naturaleza* entre el nazismo y el comunismo, lo cierto es que todo, absolutamente todo el totalitarismo está en Lenin, en sus cinco años de poder, incluidos el racismo y la voluntad genocida que él inauguró.

¿O es que cuando Lenin exterminaba a los cosacos «como pueblo» no tenía en cuenta la etnia? ¿Tampoco tenía en cuenta la religión cuando asesinaba en masa a curas ortodoxos? ¿No es genocida el comunismo cuando mata porque, según Trotski, «es necesario», sin más delito que el de haber nacido las víctimas —los verdugos pueden nacer donde quieran— en una determinada clase social cuyo carácter criminal definen los comunistas, igual que los nazis definen la raza superior, la suya, antes de exterminar «como ratas», a las razas *nocivas, malignas inhumanas e inferiores*?

¿Cuál es la diferencia esencial o de naturaleza entre las «ratas» burguesas según Lenin y las «ratas» judías según Hitler? Las matan igual. Nadie sabe qué significa exactamente «burgués», excepto que es *malo*, pero Lenin dice que gracias a la «inteligencia burguesa» de Marx, pórtico de la suya, el proletariado puede alcanzar su verdadera misión histórica, que por sí mismo nunca lograría. Y nadie usaba en el campo ruso el término «kulak», hasta que Lenin empezó a usarlo como sinónimo de campesino asesinable.

En realidad, lo propio del totalitarismo es definir al enemigo como exterminable y otorgarse plena legitimidad para liquidar a sus enemigos. Y eso es lo que hace Lenin e imitan sus continuadores en el siglo XX y XXI, unos con más ambición universal, otros más localistas, pero todos dispuestos a matar a los que haga falta para alcanzar el poder y eternizarse en él.

Las rebeliones campesinas organizadas, las que no son alzamientos locales contra determinado comisario, un abuso o una cuota de grano impagable, sino que agrupan a decenas de miles de hombres armados en torno a un programa político que pretenden oponer al comunista, se producen, como ya vimos, desde la toma del Palacio de Invierno, la disolución por la fuerza de la Asamblea Constituyente y la creación de tropas de abastecimiento para requisar alimentos por la fuerza.

Desde la primavera de 1918 hasta el efecto letal de la hambruna de 1921 en el campesinado, que, mucho más que la NEP, liquida su capacidad de resistencia, esas rebeliones tienen rasgos comunes, aunque no siempre se reconozcan como tales. Desde el ejército ucraniano de Majno al de Antonov hay ciertas reivindicaciones innegociables: libertad de comercio, derecho a la propiedad, liquidación de la Cheka y elección directa por los campesinos de sus representantes en soviets o comunas. Naturalmente, eso suponía acabar con el comunismo y el régimen de Lenin.

Y ese régimen tuvo siempre claro que nunca volvería a la propiedad privada porque eso le quitaría su principal arma de poder: el monopolio de los alimentos, o lo que es lo mismo, la utilización del hambre contra sus enemigos políticos a través de las cartillas de racionamiento. El hambre como arma para someter «burgueses» les llevó a establecer, en nombre de la igualdad, la desigualdad total y la creación de cinco castas alimentarias. A los antiguos «ricos», que pronto empezaron a ser los chequistas y bolcheviques con acceso a las cartillas, se les empezó dando la quinta parte de la ya escasa comida que se daba a los demás, y cada vez que Lenin tropezaba con algún obstáculo ordenaba a través de sus infinitas notas «recortar más» la ración de los burgueses-reaccionarios-Clérigos-ciennegros-terratenientes-kulaks, que todo era uno y lo mismo.

Desde la primavera de 1919, la lucha fundamental de los sindicatos en los centros obreros fue precisamente contra el hambre impuesta por las cartillas de racionamiento. De Petrogrado a Astrakán y de Tula a Orel, la actividad de los viejos militantes se centró en liquidar la «comisariocracia» que iba aumentando el número de cartillas para reafirmar su poder. ¡Hasta treinta y dos tipos de cartillas de abastecimiento hubo en Petrogrado! La desaparición del dinero en un año y la negativa de los campesinos a entregar su grano a cambio de *nikolavievki, kerenski* y demás *papel pintado*, que a eso quedó reducida la moneda soviética, convertía el alimento en la única divisa real en Rusia, y al partido en su acuñador a través de las cartillas de racionamiento. Werth cuenta en *El libro negro* que a principio de 1920 el salario de un obrero en Petrogrado era de unos 10.000 rublos (entre 7.000 y 12.000: la igualdad había llegado a Rusia) mientras que la libra de mantequilla costaba 5.000; la de carne, 3.000; y el litro de leche, 750.

La hambruna no empezó en Tambov ni en Ucrania: la hambruna fue *una política deliberada de desnutrición* de los bolcheviques llevada a cabo de manera directa a través de la discriminación alimentaria de capas sociales enteras, condenadas a morir de hambre o exiliarse —casi dos millones de rusos huyeron de su país bajo Lenin— mediante un deliberado proceso de degradación física, envilecimiento moral y extinción apenas voluntaria.

El modo de matar de hambre a la burguesía —la real o la imaginada por los bolcheviques— en las grandes ciudades rusas fue el mismo que el de los nazis a los judíos en el gueto de Varsovia: no podían salir ni trabajar y con cartillas de alimentación mísera fueron muriendo lentamente: los viejos y niños primero. Pero la hambruna, nacida de la desaparición del mercado de alimentos tras la eliminación de la propiedad privada y el dinero es la raíz de la política comunista e inseparable de esta. No hay comunismo sin escasez, escasez sin hambre y hambre sin muerte. Esto lo sabían perfectamente los comunistas, de ahí que se reservaran para el partido, la Cheka y el Ejército Rojo raciones dobles y triples de las que daban a los menos afortunados.

Todas las huelgas obreras, hasta la extinción del proletariado como tal, constatada por Lenin y criticada por Shliápnikov («enhorabuena por dirigir un partido que ha impuesto la dictadura de una clase que no existe») exigen el final de esa herramienta de hambruna industrializada que es la cartilla de racionamiento. Dice un informe de la Cheka de finales de 1919:

> En estos últimos tiempos, la crisis de abastecimiento no ha dejado de empeorar. El hambre atenaza a las masas obreras. Los obreros ya no tienen la fuerza física para seguir trabajando y faltan cada vez más frecuentemente, bajo los efectos conjuntos del frío y el hambre. En toda una serie de fábricas metalúrgicas de Moscú, las masas desesperadas están dispuestas a todo —huelga, revuelta, insurrección— si no se resuelve, sin retrasos, el problema del abastecimiento. (Werth, 1997).

La fórmula de Lenin fue la de siempre: *Fiat communismus et pereat mundus.* En carta a Trotski de 1 de febrero de 1920, dice: «La ración de pan debe ser reducida para los que no trabajan en el sector del transporte, hoy decisivo, y aumentada para los que trabajan en él». Trotski logró por fin en esa época —lo pidió desde 1918— militarizar todo el sector industrial, es decir, que el proletariado fuera una rama del trabajo forzado soviético. Pero eso solo garantizó la eficacia de la represión, único fin real de los bolcheviques. Si hubiera sido el de dar de comer a la población, habrían dejado a los campesinos vender sus productos, y lo prohibieron; y a otros comprarlos, y lo prohibieron; y a otros intercambiarlos, y también lo prohibieron. No fue un error económico: fue el ejercicio sin trabas de un poder sobre la vida y la muerte de los demás, proclamado por Lenin para los suyos y en su exclusivo beneficio, a cuenta de la felicidad definitiva en edades futuras.

Lenin se angustiaba cuando no se mataba lo suficiente. El 29 de enero de 1920 escribía a Smirnov, jefe del V Ejército en la zona del Ural: «Me informan de que hay un sabotaje manifiesto de los ferroviarios (...). Se me dice que los obreros de Iyevsk están en el golpe. Estoy asombrado de que os acomodéis y no procedáis a ejecuciones masivas por sabotaje».

Pero lo cierto es que se detenía y mataba mucho, no solo de hambre: con la militarización del trabajo, esa primavera Lenin halló satisfacción —nunca completa para un perfeccionista— en forma de cuotas de represión de huelguistas, a los que *Pravda* llamaba «mosquitos amarillos a los que aplastar y cuyo lugar es el campo de concentración». En la línea Riazan-Ural, 100 ferroviarios; en la Moscú-Kursk, 160; en la fábrica de Briansk, 152. Las condenas iban de la muerte al campo de concentración, donde en el camino o la estadía solían morir de hambre. Los presos del Gulag pintan al hambre siempre como el peor enemigo. Uno de los pasajes más terribles del *Archipiélago* de Soljenitsin es cuando un *zek* describe sus sentimientos físicos al comer algo apetitoso que, de milagro, le ha llegado en un paquete.

El hambre no es, pues, un accidente, un precio, un problema para los leninistas. Es un arma para el control, el exterminio, el ejercicio del poder.

En su formidable libro *Communisme et totalitarisme* (2009) Stéphane Courtois recuerda, a propósito del hambre, el caso (tantos años oculto por los *aulards*, moscas azules de la putrefacción historiográfica de la Revolución Francesa) de Graccus Babeuf, cuya *Conspiración de los Iguales* se considera el belén del comunismo moderno pero cuya honradez intelectual le llevó a denunciar la masacre de La Vendée, guillotinado ya Robespierre y cuando tuvo datos fiables de cómo y quiénes la perpetraron.

Además de genial neologista, Babeuf nos regala la literalidad del mensaje de Carrier, responsable del terror por orden de la Convención, que le escribe al general Haxo el 15 de diciembre de 1793:

> Entra en mis proyectos, y son las órdenes de la Convención Nacional, arrebatar todas las subsistencias, alimentos, forrajes, en una palabra todo lo de este maldito país, entregar a las llamas todos los edificios (…). Oponte con todas tus fuerzas a que la Vendée tome o guarde un solo grano (…). En una palabra, no dejes nada en este país de proscripción. Que las subsistencias, alimentos, forrajes, todo, absolutamente todo, se transporte a Nantes (…). La hambruna es también un modo de asesinato. Carrier lo organiza.

Babeuf llamó *populicidio* a esta política de exterminio por hambre de toda una región, ordenada, conviene recordarlo, por esa Convención que, tras aprobar la luminosa Declaración de Derechos del Hombre y el Ciudadano, condenó a la guillotina a Luis XVI y María Antonieta y ya con Robespierre en el poder, a casi todo el mundo, empezando por un Danton tan jacobino como él aunque subsista la ficción de unos *girondinos* que no existían más que en las órdenes de detención. Esa Convención entregada al terrorismo de masas en La Vendée es el modelo de Marx y de Lenin. Si a la región de los cosacos del Don la llamaron «La Vendée rusa» fue por hacer lo mismo que los revolucionarios franceses de 1793: *matarla de hambre*.

Las dos peticiones populares en Ucrania durante todas las rebeliones entre 1918 y 1921 fueron las mismas que en toda Rusia: no al asalto a la propiedad con la requisa de alimentos y no al reclutamiento obligatorio para el Ejército Rojo, cuya primera tarea —como vimos— fue precisamente la represión del campesinado que se opusiera a la requisa de alimentos. Ucrania nunca fue para los bolcheviques una zona agrícola más, donde temporalmente se toleraba la *obschina*, sino el primer territorio en el que implantar la colectivización rural. De hecho, el llamado «granero de Rusia» fue el primer modelo de «koljosización» o «deskulakización» del campo. Nada hizo Stalin, una década más tarde, que no hiciera antes Lenin. Apenas la fijación anticipada de cuotas de requisa de grano, que luego se generalizaron en la URSS para todo: recaudar o fusilar.

La emulación en la adulación al jefe tampoco se creó para Stalin sino para Lenin. Y en Ucrania eso se tradujo en cuotas de previsión muy altas y de requisas aún más altas, para demostrar devoción a la causa comunista y, naturalmente, para ascender en la escala de las cartillas de racionamiento. Las cuotas y la emulación en ampliarlas supusieron la requisa de todo el grano dedicado a la siembra del año siguiente, de forma que en dos años, 1919 y 1920, no quedó para comer porque no quedó para sembrar. Solo se salvaron, temporalmente, las zonas alzadas en armas contra los comunistas. Y los desertores del reclutamiento forzoso, los «verdes», eran una cantera inextinguible para la creación de bandas que terminaron en ejércitos.

Lenin, que en enero de 1919 ya había ordenado la captura de rehenes en los campesinos para forzarles a quitar la nieve de las vías férreas, envió el 2 de mayo de 1920 esta orden perentoria sobre los desertores, que no lo eran solo del Ejército Rojo sino de su grandioso proyecto de emancipación:

Tras expirar el período de gracia de siete días acordado a los desertores para rendirse, hay que reforzar las sanciones contra estos traidores incorregibles al pueblo trabajador. Las familias y todos los que ayuden, del modo que sea, a los desertores, serán considerados como rehenes y tratados como tales.

Esto suponía para las familias campesinas con hijos en edad militar, que eran casi todas, el campo de concentración o el fusilamiento si los desertores no se presentaban en el pueblo. Pero como a veces se presentaban y fusilaban a varios para dar ejemplo, al final no se presentaba ninguno. El caos en Ucrania fue total. El mejor libro —aunque el menos conocido— de Chaves Nogales, *El maestro Juan Martínez, que estaba allí*, cuenta a través de la historia real de un bailaor de flamenco y su pareja, que *estaban allí* al estallar el caos, la increíble odisea de Kiev, que fue tomada diecisiete veces, sobre todo por tres facciones, la de Petlura, caudillo militar nacionalista, los *blancos* y los *rojos*. Es desternillante, sin dejar de ser dramático, ver al «maestro» actualizando la picaresca española del siglo XVII en condiciones infinitamente más complicadas que las de Lázaro de Tormes o Guzmán de Alfarache, porque el tirano borracho al que trataba de halagar bailando podía decidir cada noche el final del flamenco en Ucrania.

Pero de todas las rebeliones en el trágicamente fértil país, la última y más dramática fue la del socialista revolucionario Antonov, que levantó contra los bolcheviques a la provincia de Tambov, el último bastión *eserista*. Como Majno antes, Antonov dio a los rebeldes un programa político coherente —elecciones libres, libertad de comercio, fin de las requisas, abolición de la Cheka y el comisariado bolchevique— organizó el esfuerzo militar pese a las trabas de los jefes locales y aseguró una relativa estabilidad económica, requisando grano, pero tan solo el necesario. Su experiencia como antiguo militante eserista le llevó también a infiltrarse en la Cheka de Tambov, con lo que durante cierto tiempo siempre fue por delante de sus perseguidores. Además, creó un servicio de propaganda y mantuvo la iniciativa política.

La respuesta bolchevique, pese a la NEP, o precisamente porque la NEP no podía convertirse en una forma de pacto y de compartir el poder, fue de una crueldad implacable. Las ciudades fueron bombardeadas con gas asfixiante (faltaba más de una década para que Hitler llegara al poder y dos décadas para que empezara a usar el gas para exterminar a los judíos), el fusilamiento de rehenes se convirtió en una especie de industria bélica y la hambruna fue la herramienta perfecta para lograr un triple objetivo: destruir la fuerza del campesinado, robar a la Iglesia y perseguir a los intelectuales.

## EL ANTISEMITISMO DEL ANTILENINISMO POPULAR

Uno de los argumentos del que podríamos llamar Soviet Historiográfico por la Salvación del Comunismo (SHSC) para desacreditar las rebeliones campesinas contra Lenin —«malentendidos» los llama Werth— es el antisemitismo, presente en todas las reivindicaciones populares, sean proletarias o rurales, desde 1918. El «no a los bolcheviques y a los judíos» o «no a los judíos y a los comisarios» de las fábricas de Petrogrado en 1918, en las zonas rurales fue «no a los moscovitas y a los judíos», «no a los judíos y los comunistas» o «Ucrania para los ucranianos, sin judíos ni comunistas». Naturalmente, eso acredita que el antisemitismo estaba tan profundamente arraigado en Rusia, cuyo Imperio incluía Polonia en 1917, que aparecía en cualquier manifestación contra algo. Pero es indudable que en el odio al comunismo la identificación de este con los judíos fue casi total. Y los pogromos, especialmente —aunque no solo— en Ucrania, terribles.

Aparte de las razones detestables hay hechos que explican el desbordamiento del antisemitismo popular, ortodoxo y católico en la Europa Oriental, y el católico y anticapitalista, de extrema izquierda y extrema derecha, en la Occidental (véase *El dinero*, de Zola) al que se identifica con el comunismo. Richard Pipes, judío y polaco, lo explica con precisión y honradez en la última versión de *A Concise History of the Russian Revolution*. La primera es que los judíos como grupo visible aparecen en Ucrania y zonas de Rusia, fuera del Espacio de Establecimiento o Confinamiento, tras la Primera Guerra Mundial, y que esa aparición coincide con la subversión bolchevique de finales de la guerra y la implantación del régimen leninista.

Hay también una aplastante obviedad: la mayoría de los dirigentes leninistas eran judíos: el más conocido era Trotski, pero también Kámenev, Zinóviev, Radek… casi todos. Del Politburó, el único sin padres o abuelos judíos era Stalin. Hasta uno de los abuelos de Lenin era judío, aunque la historiografía de su régimen lo ocultara. Cuando su hermana Anna, muerto ya Lenin, fue a ver a Stalin para reivindicar esa parte de su herencia biológica de la que el fundador del régimen soviético presumía en privado —«si veis a un ruso inteligente, seguro que en cuanto busquéis aparece que es judío», decía—, el Tirano Heredero leyó el informe, lo mandó archivar y… hasta Volkogónov.

La explicación de Pipes es que el confinamiento en zonas del Imperio ruso de los judíos, cuyo tradicional empeño en fomentar la educación superior en sus hijos los hacía parte natural de la *intelligentsia*, les llevó al socialismo y a cualquier internacionalismo; en parte, por rebelión laicista y atea frente a la ortodoxia religiosa familiar; y en parte como reacción a la coacción política y la discriminación social. Esto queda claro en la creación del POSDR, cuyo núcleo más fuerte era el Bund judío, con más obreros organizados en el área polaca y báltica que el resto en toda Rusia, y en el que aparece un entrañable enemigo de Lenin: Yuli Mártov. Casi todos los judíos rusos son askenazis, solo en el sur del imperio y en las áreas de influencia turcas son sefardíes, pero cambiaron sus apellidos para la militancia política o para disimular esa abrumadora identificación judía.

Se produce, pues, desde el principio, un círculo vicioso: los judíos, huyendo de la marginación nacional y la persecución nacionalista se hacen internacionalistas; pero eso hace que los internacionalistas sean a menudo judíos. Sucede también en el POSDR, tanto en mencheviques como en bolcheviques: no todos los judíos eran marxistas, pero muchos marxistas eran judíos. Como su aparición y auge fueron repentinos, la reacción popular también lo fue.

No obstante, recuerda Pipes algo que olvidan todos los historiadores: el Ejército Rojo también cometió pogromos en Ucrania, más de un centenar, así que ni los bolcheviques eran ajenos al antisemitismo ni Lenin lo persiguió, pese a escribir un artículo diciendo que el antisemitismo era un obstáculo para entender adecuadamente la lucha de clases, que era entre ricos y pobres, no entre judíos y no judíos. En cambio, la Iglesia ortodoxa sí condenó con severidad los pogromos, sabedora de que sus motivaciones reales eran la violación, a menudo seguida de asesinato, y el robo. Es decir, que eran un problema de orden público, no religioso. Y el gobierno de Lenin miró a otro lado.

Más retorcido y propiamente antisemita fue en el ámbito monárquico la atribución a «los judíos» del asesinato de la familia del zar, que según Pipes alcanzó una virulencia solo comparable con la difusión paralela del *Protocolo de los Sabios de Sión*, supuesto plan judío para dominar el mundo que había creado años antes la policía política zarista, la Ojraná. Yo creo que hay otro elemento que Pipes menciona y puede estar conectado: en el pueblo llano, la brutalidad bolchevique fue tan súbita e inexplicable que la consideraron una cosa satánica. Es lo que pensaba Joseph De Maistre sobre la Revolución Francesa, tras sus *soirées* en San Petersburgo.

De Maistre la interpretó al principio como un castigo por la impiedad de Francia, pero luego llegó a la conclusión de que era algo satánico «nunca visto antes en la historia y que probablemente nunca se verá». Pero vaya si se vio: el leninismo superó a su modelo, el Terror de 1792, con Dzerzhinski de fiscal («necesitamos un Fouquier-Tinville», dijo Lenin) y «Maximiliano Lenin», como le llamaba Trotski, componiendo un Robespierre anticlerical al estilo de los *exagerados* de Hébert y «Le Pére Duchesne», a los que Robespierre mandó a la guillotina por ateos y blasfemos.

Los rusos veían que el culto a la Diosa Razón se lo rendía Lenin a sí mismo y que los judíos que ayer crucificaron a Cristo, ahora crucificaban a la Santa Rusia. Todos los testigos, empezando por el libro *La Revolución Bolchevista* de la española Sofía Casanova «que estaba allí», hablan del «desconcierto» que reinaba en todos los estamentos de la sociedad rusa tras el advenimiento fulminante de un fenómeno inédito y que destruía todo el mundo que conocían —y concebían— con una fuerza salvaje e inesperada. Sin duda, era el Mal. Que acabaran atribuyéndoselo a los judíos era fatal.

## LA HAMBRUNA, LOS INTELECTUALES, LOS CURAS Y LENIN

La primera noticia sobre la hambruna llegó a *Pravda* el 2 de julio de 1921, cuando ya era un hecho inocultable: una línea en la última página sobre el «problema alimentario en el frente agrícola». En realidad, las dos requisas cumpliendo, pese a la sequía, el cien por cien de los objetivos oficiales en los dos años anteriores, produjeron fatalmente una situación de hambruna.

A la hambruna se le llamó «La Calamidad» y se achacó a muchas causas: al atraso del campo, a la guerra —que había terminado a finales de 1919—, al bloqueo —que tampoco existía, pero inauguró una tradición de embustes que llega hasta hoy— y, sobre todo, a «la lucha ininterrumpida contra nosotros de los propietarios, los capitalistas y sus criados, las acciones incesantes de los bandidos que cumplen las órdenes de organizaciones hostiles a la Rusia soviética y a toda su población trabajadora». En realidad, venía de la prohibición del mercado y del brutal sistema de requisas que había hecho desaparecer físicamente los cereales y hasta la posibilidad de sembrarlos.

La hambruna tuvo un efecto político. En enero, la gente empezó a morir de hambre y dejó de quejarse. En Samara, decía Vavlín: «Miles de hambrientos rodean pacíficamente el Comité Ejecutivo del Soviet o del Partido y esperan durante días no se sabe qué milagrosa llegada de comida. No se puede echar a todas estas gentes, que mueren como moscas. Creo que hay por lo menos novecientos mil hambrientos en la provincia».

Como probablemente sucedió, aunque nunca se haya estudiado, en las clases medias y altas de Petrogrado y Moscú con el hambre provocada por las raciones de miseria de las cartillas de racionamiento —las de los «ricos» cinco veces más pequeñas—, el suicidio se convirtió en una «solución de masas». Un informe secreto de la Cheka de finales de 1922 revela que la requisa del cien por cien de las cuotas al margen de lo realmente cosechado «condena al campesinado a morir de hambre» y relata:

En la provincia de Novo-Nikolaievsk, la hambruna amenaza a las familias campesinas, que acopian hierbas y raíces para su propio consumo (...) pero todos esos hechos parecen anodinos al lado de las informaciones que llegan de la provincia de Kiev, donde se asiste a una ola de suicidios como no se había visto nunca: los campesinos se suicidan en masa porque no pueden ni pagar sus impuestos, ni retomar las armas que les han sido confiscadas.

Según otros informes de la Cheka que cita Werth, la hambruna habría comenzado ya en 1919, se agravó en 1920 y se hizo epidémica en 1921. Las imágenes de centenares de personas muriendo en las calles, de gentes sonámbulas o postradas, incapaces de moverse, el asalto a los cementerios y el canibalismo, provocaron una sensación social de espanto... en los que eran capaces de sentir espanto. No en Lenin, que detestaba «la sensiblería» e insistía el 30 de julio de 1921 en «desarrollar una intensa propaganda en la población rural explicándole la importancia económica y política del pago puntual y completo de los impuestos (...), de poner a disposición de los agentes de recolección del impuesto en especie toda la autoridad del partido y la totalidad del poder de represión del aparato del Estado».

Pero en junio empezó a desarrollarse el movimiento que tanto temía Lenin, porque le recordaba el de la hambruna de 1890-91 en Samara, que movilizó a toda su comarca en favor de los hambrientos, «sensiblería» muy criticada por el joven Ulianov, según relató su paisano Beliakov: «Porque la hambruna tenía muchos elementos positivos, al promover la aparición del proletariado industrial, que será el sepulturero del orden burgués y acercarnos a nuestro objetivo final, el socialismo. ¡El hambre —decía— destruye también la fe, no solo en el zar, sino en Dios!».

Y como Lenin era de ideas fijas, treinta años después pensó que la hambruna era la forma de acabar con la fe en Dios o, al menos, en la Iglesia.

El problema para el gobierno, alérgico a cualquier «sensiblería», fue que los famosos economistas Kondratiev y Propokovitch, este último antiguo ministro del Gobierno Provisional para el Abastecimiento, lograron que Ekaterina Kuskova, amiga de Gorki, lo convenciera para ayudar a la creación de un Comité Social de Lucha contra el Hambre. Naturalmente, a Lenin no le gustó nada, pero como Gorki solía serle útil, dio su brazo a torcer y permitió que Kámenev —Lenin se negó— recibiera al comité y fingiera interés o, al menos, le diera permiso para actuar. Se legalizó el 21 de julio de 1921, pero con órdenes tajantes de Lenin de vigilarlos: «Impedir que Kuskova moleste. Aceptemos el nombre, la firma, un vagón o dos de los que tienen simpatía por ella y los de su especie. Nada más».

El tam-tam de los intelectuales empezó a sonar, en todo el mundo cundió la alarma y empezaron a llegar las ayudas. La Cruz Roja acogió al Comité, le dio su emblema y lo respaldó para comprar y repartir alimentos. Se añadieron aquellos organismos humanitarios —el ARA (American Relief Association) y los cuáqueros—, que ya habían ayudado en la hambruna de 1891 y tanto habían molestado al joven Lenin, porque, al no morirse de hambre, las estúpidas masas no se rebelarían ni perderían la fe en el zar ni en Dios.

Para colmo, el patriarca Tijon, tan neutral políticamente que ni siquiera apoyó a los *blancos* durante la guerra civil, hizo este llamamiento:

> La carroña se ha convertido en una golosina para el pueblo hambriento, pero también cuesta encontrarla. En todas partes se oyen llantos y gemidos. Se está llegando al canibalismo. Sobre trece millones de hambrientos, solo dos han recibido ayuda. ¡Tended una mano solidaria a vuestros hermanos y hermanas! Con el visto bueno de los fieles podrán utilizar los tesoros de la Iglesia para socorrer a los hambrientos (anillos, cadenas y brazaletes que adornan los santos iconos, etc.).

Según los archivos consultados por Volkogónov, se discutió en el Politburó si se difundía esta llamada de Tijon por la radio. Se hizo, sobre todo por insistencia de Trotski, pero Lenin quiso aprovechar la situación para hacerse con todos los tesoros de la Iglesia. Y además, culpándola de no querer ayudar a los hambrientos, cuando todos sabían que no era cierto. Pero el terror era, ya en 1921, mucho más eficaz cuando era injusto o se apoyaba en falsedades, porque provocaba una parálisis social absoluta. Cuando Herbert Hoover, presidente del ARA se hizo cargo en agosto de la entrega de los alimentos, Lenin ordenó disolver el Comité, tras solo cinco semanas de existencia, y apresar y calumniar a sus miembros. La nota es una prueba cegadora de la profunda maldad y la crueldad personal de Lenin:

> Propongo que hoy mismo, 26 de agosto, se disuelva el comité (…). Arrestar a Prokopovitch por propósitos sediciosos y meterlo tres meses en la cárcel (…). Expulsar de Moscú inmediatamente, hoy mismo, a los otros miembros del comité, enviarlos por separado, sin contacto entre ellos, a los jefes de distrito, al margen de la red ferroviaria, en arresto domiciliario (…). Publicaremos mañana un breve y seco comunicado con cinco líneas: Comité disuelto por rechazo a trabajar. Dar a los periódicos la consigna de cubrir de injurias desde mañana a los miembros del Comité. Hijos de papá, guardias blancos, dispuestos a un tour por el extranjero, no a provincias, ridiculizarlos por todos los medios y atacarlos al menos una vez por semana durante dos meses.

Así fue: «¡No se juega con el hambre!» (*Pravda*); «¡Especulan con el hambre!» (*Komunisticheski Troud*); «¡Comité de ayuda... a la Contrarrevolución!» (*Izvestia*). El adjunto a Dzerzhinski, Unschlicht, respondió con todo cinismo a una persona que trató de interceder por los intelectuales detenidos: «Dice usted que el Comité no ha cometido ningún acto desleal. Es cierto. Pero ha aparecido como un polo de atracción para la sociedad. Eso no podemos permitirlo».

Aunque de forma irregular, pese a calumnias y obstáculos, el Comité alimentó a casi tres millones de personas diarios. Y los grupos extranjeros que consiguió sumar a la causa (Cruz Roja, ARA y Cuáqueros) llegaron a alimentar once millones al día. La hambruna de 1891, cuando Lenin era ya cruel pero aún joven, que alcanzó el Bajo y Medio Volga y el Kazajstán, costó entre 400.000 y 500.000 vidas. Esta, por la tardanza en reconocerla y la falta de colaboración del gobierno, costó cinco millones de muertos, de los casi treinta afectados por el hambre. La mayoría pudo haberse salvado. Si no lo hizo fue porque el gobierno, deliberadamente, lo impidió.

Y el odio de Lenin contra los que, como Tijon, habían ayudado a salvar la vida a veinticinco millones de personas se convirtió en venganza. Pese a que los bolcheviques solo preconizaban en su programa la separación de la Iglesia y el Estado, los actos sacrílegos fueron una constante desde comienzos de 1918, entre ellos la creación del Museo del Ateísmo en el Monasterio de la Trinidad y San Sergio, cuyas reliquias eran veneradas en las afueras de Moscú. El agit-prop contra la religión afectó a ortodoxos, católicos y judíos —no a los musulmanes— y eran representaciones callejeras de pequeños grupos de actores, a veces de títeres, en las que los curas eran objeto de mofas relativas a la lujuria, la avaricia y la glotonería. Hubo trenes y autobuses de burlas a la Semana Santa y hasta a la Navidad. Lenin también creó el tipo de payasadas que continúan la ETA y Podemos.

El saqueo de todas las propiedades eclesiásticas tenía un fin inmediato, que era conseguir fondos para el Partido-Gobierno-Komintern. Al haber destruido el valor del dinero, los bolcheviques financiaban la exportación de la revolución en Europa y Asia con oro y piedras preciosas. Agotadas las reservas de oro nacionales y el patrimonio del zar y la nobleza, tras ser vendidos en la calle —hay fotos elocuentes— los últimos restos de pieles, joyas, ropa o cualquier objeto de valor para no morir de hambre, Lenin y los suyos se obsesionaron con los tesoros de los monasterios, aunque, como de costumbre en ellos, sin un plan claro de lo que valían ni de cómo conseguirlo, improvisando a su manera, es decir, saqueando y asesinando. A veces, los fieles defendían las joyas que adornaban las reliquias de algún santo y los bolcheviques disparaban a matar. En Chuia, mataron a una decena de personas. Pero esta matanza, aplicando el típico modelo de proyección leninista, que era culpar a los demás de lo que ellos les hacían, se presentó como la prueba de una vasta conspiración que debía ser reprimida de inmediato.

## LAS MATANZAS DE REHENES CRISTIANOS

Las matanzas de Paracuellos tienen, en mi opinión, su precedente en las de rehenes perpetradas por la Cheka al aproximarse los blancos a Jarkov (varios centenares el 8 y el 9 de junio de 1919), Kiev (más de 1.800 entre el 22 y el 28 de agosto de 1919) y Ekaterinodar (1.600 «burgueses» asesinó el chequista Atarbekov en una población de 30.000 habitantes entre el 17 y el 19 de agosto de 1920 al acercarse la tropas cosacas), aunque la técnica se mostró plenamente depurada en Katyn (Vidal, *Paracuellos-Katyn*. 2005). Aunque había en España desde la Primera República una larga tradición anticatólica bakuninista y masónica que alcanzó su apogeo en la Semana Trágica de Barcelona, la persecución religiosa de Lenin fue el precedente, por su magnitud y organización sistemáticas, de la persecución religiosa en España durante la II República y la Guerra Civil.

Aunque la española, para una población casi seis veces menor —27 millones por 147— haya sido la peor de la historia del cristianismo desde Diocleciano, la soviética alcanzó cifras muy semejantes. Según la Iglesia Ortodoxa, en 1922 —sobre todo, de marzo a mayo— fueron asesinados 2.691 curas, 1.962 monjes y 3.477 monjas. Esas masacres, con su cortejo de atropellos, violaciones, torturas y sacrilegios fueron el telón de fondo de los grandes procesos públicos contra la Iglesia ¡por no ayudar en la lucha contra el hambre! Y el propio Lenin abandonó su costumbre de garrapatear pequeñas notas sobre todo y dirigidas a todo el mundo para escribir un largo y cuidadoso informe al Politburó sobre el método que debía seguirse.

Es posible que, como dice Stéphane Courtois, en 1922 Lenin tuviera las primeras sensaciones de pérdida de salud que se tradujeron en el ataque cerebral de ese otoño, el primero —al menos, conocido; tal vez hubo episodios que ocultó— de los que acabaron con su vida. Esa lucha contra el tiempo se convirtió en un frenesí criminal. En pocos meses desarrolló varias iniciativas para destruir a los tres grupos sociales encargados de transmitir, valorar, elogiar o condenar el legado y la memoria de *su* revolución: la Iglesia, los intelectuales y los partidos políticos de izquierdas.

También se acentúa el proceso psicológico de *proyección agresiva* en Lenin, que sabe que la Iglesia ha colaborado —en rigor, encabezado, con los intelectuales del Comité— la lucha contra la hambruna que su gobierno ha ocultado durante mucho tiempo y solo ha confirmado a medias, que son sus tropas las que han disparado contra los fieles en Chuia y que solo busca robar los tesoros y destruir físicamente a la Iglesia. Lenin escribe en su informe:

Si tenemos en cuenta lo que dicen los periódicos sobre la actitud del clero ante la campaña de confiscación de los bienes de la Iglesia, además de la toma de posición subversiva del patriarca Tijon, es perfectamente evidente que el clero-Cien Negros ha puesto en marcha un plan para infligirnos en este mismo momento una derrota decisiva.

Los periódicos dicen lo que Lenin les deja decir. Y no hay ningún plan subversivo de Tijon, sino el suyo contra la Iglesia. Pero necesita achacar a otros una agresión para presentar la suya como astuta respuesta. La frase citada en páginas anteriores en la que reconoce el canibalismo, es solo una pieza más en el esquema de destruir a un enemigo... indefenso.

Pienso que nuestro enemigo está a punto de cometer un error estratégico monumental. El momento es excepcionalmente favorable para nosotros y no para ellos. Tenemos noventa y nueve posibilidades sobre cien para golpear en la cabeza a nuestro enemigo con un éxito total, y asegurar posiciones, para nosotros esenciales, para las próximas décadas. Con todas esas gentes hambrientas que comen carne humana, con las carreteras sembradas de centenas, millares de cadáveres, es ahora y solo ahora cuando podemos —y por consiguiente, debemos— confiscar los bienes de

# LA FAMILIA DE LENIN

Padre y madre
de Lenin

Lliá
Uliánov

María
A. Blank

Hermanos de Lenin

Olga

Aleksandr

María

Anna

Dmitri

I. Armand
**(amiga entrañable)**

Vladimir
Ilich Lenin

N. Krúpskaya
**(mujer de Lenin)**

1874

# *Las edades*
## de Lenin

1887

1891

1895

1897

1900

1908

1910

1914

1916

# LA FAMILIA DE LENIN

Padre y madre
de Lenin

Lliá
Uliánov

María
A. Blank

Hermanos de Lenin

Olga

Aleksandr

María

Anna

Dmitri

I. Armand
**(amiga entrañable)**

Vladimir
Ilich Lenin

N. Krúpskaya
**(mujer de Lenin)**

1874

# *Las edades*
## de Lenin

1887

1891

1895

1897

1900

1908

1910

1914

1916

*1917*

*1918*

*1920*

*1921*

*1922*

*1923*

*1924*

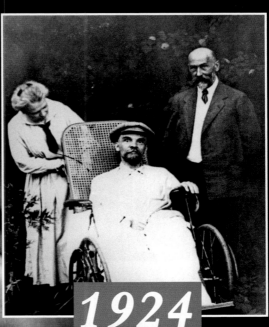

*1924*

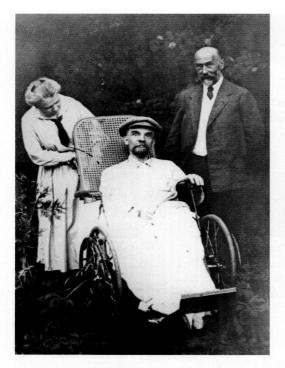

Última imagen de Lenin vivo. Según Kramer, su médico, «el origen de la enfermedad no es en realidad únicamente la fatiga cerebral sino la grave perturbación de los vasos sanguíneos del cerebro».

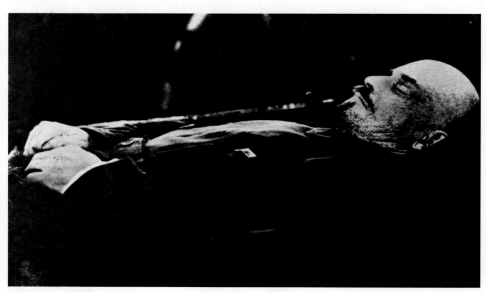

De la autopsia de Lenin: «Los vasos sanguíneos del cerebro de Lenin estaban esclerosados hasta la calcificación. Al tocarlos con una pinza sonaban como piedras. Las paredes de numerosos vasos habían alcanzado tal espesor y los propios vasos estaban hipertrofiados hasta tal punto que era imposible introducir un pelo en el orificio y regiones enteras del cerebro no recibían ningún flujo de sangre fresca».

El zar Nicolás II junto a Alejandro, el zarévich, y la gran duquesa Tatiana.

El batallón de mujeres defendió la legalidad del gobierno provisional
durante la toma del Palacio de Invierno en octubre de 1917.
Los bolcheviques acabaron saqueando las bodegas
y abusando sexualmente de las mujeres del batallón.

Cartel titulado irónicamente «Libertad Bolchevique». Fue impreso en 1920, durante la guerra ruso-polaca, por el Ministerio de Asuntos Militares de Polonia contra la publicidad comunista. Muestra a Trotski como una figura satánica y sedienta de sangre. La imagen fue utilizada por el Ejército Blanco durante la Revolución.

La leyenda del lado inferior derecho reza: «Los bolcheviques prometieron: te daremos paz, te daremos libertad, te daremos tierra, trabajo y pan. De forma despreciable nos engañaron: comenzaron una guerra con Polonia. En lugar de libertad trajeron el puño. En lugar de tierra, la confiscación. En lugar de trabajo, miseria. En lugar de pan, hambre».

**Boris Souvarine.** Souvarine abandonó en 1924 el PCF que él había creado en 1919. Tras cinco años como «Arcángel de Moscú», se convirtió en el más minucioso historiador sobre y contra el comunismo.

**Víctor Chernóv,** líder del partido Socialista-Revolucionario, vencedor en las elecciones de diciembre de 1917.

 **Mijail Bakunin** desarrolla en 1868, con Netchaev, la fórmula del partido comunista capaz de implantar la dictadura del proletariado que predicaban Marx y Engels en su *Manifiesto* de 1847.

**Serguéi Netchaev** decía a lo bruto lo que otros revolucionarios deseaban por lo fino o en secreto. Fascinó a Bakunin y fue siempre una inspiración para Lenin.

 **Gueorgui Plejánov.** A lo largo de su vida, Lenin solo tuvo un amor, una amante y una pasión. El amor fue Plejánov; la amante, Inusia Armand; y la pasión, al frustrarse su amor, el poder.

**Yuli (Julius) Mártov.** El marxista ruso más relevante después de Plejánov, acabó siendo el líder del ala menchevique del POSDR. Caló a Lenin bien pronto: «Desde el primer día que subieron al poder y a pesar de que habían abolido la pena de muerte, empezaron a matar».

 **Máximo Gorki.** Seguramente el más vil de los escritores de izquierda que legitimaron las masacres comunistas en Rusia. Gran amigo de Lenin y reclutado por Stalin para lo que realmente fue en sus últimos años: un publicista de hazañas.

**Feliks Dzerzhinski.** «Félix de Acero». Jefe de la Cheka. Aristócrata polaco que tras diez años en las cárceles zaristas alimentaba un odio inextinguible contra el antiguo régimen y casi todo lo ruso.

Stalin, Lenin y Kalinin.

El sistema de extinción de la burguesía —real o imaginada por los bolcheviques— en las grandes ciudades rusas fue el mismo que el de los nazis en el gueto de Varsovia: no podían salir ni trabajar y con cartillas de alimentación mísera fueron muriendo lentamente.

La hambruna, nacida de la desaparición del mercado de alimentos por la eliminación de la propiedad privada y el dinero, es la raíz de la política comunista e inseparable de esta.

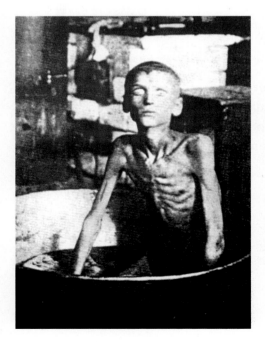

La hambruna fue una política deliberada de desnutrición llevada a cabo de manera directa a través de la discriminación alimentaria de capas sociales, condenadas a morir de hambre o exiliarse mediante un proceso de degradación física, envilecimiento moral y extinción apenas voluntaria.

El Belomorkanal, obra faraónica de Stalin, unió el mar Blanco con el Báltico salvando una distancia de 227 kilómetros de roca, hielo y lagos. Su utilidad fue nula para la navegación pues el calado era insuficiente para la mayoría de buques, pero se llevó por delante la vida de miles de obreros esclavos procedentes en su mayoría de los campos del Gulag. Stalin ordenó su construcción en 1931 y dio un plazo de veinte meses para su finalización.

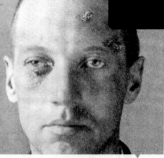

**Nikolái Stepánovich Gumiliov**, poeta y fundador del Sindicato de Escritores de Rusia. Cuando fue arrestado varios colegas registraron un escrito en la Cheka de Petrogrado para interceder por él. Fue fusilado en 1921.

**Nina Gagen-Torn**, antropóloga, historiadora, poeta. De 1936 a 1942 estuvo en los campos de trabajo de Kolyma, y entre 1947 y 1952 en el gulag de Temlag. Murió en el exilio en 1986.

**Vsévolod Meyerhold**, famoso actor y director de teatro. Detenido en 1939. Escribió a Moloto denunciando las torturas que había sufrido. Fue fusilado en 1940.

**Borís Pilniák**, escritor. En octubre de 1937 fue arrestado acusado de espionaje y terrorismo. Fue juzgado en abril de 1938, en un proceso que duró 15 minutos. Fue condenado a muerte y fusilado en Communarka.

**Vladímir Tagantsev**, miembro de la Academia de Ciencias. En 1921 fue torturado por la Cheka hasta que denunció a cientos de intelectuales inocentes.

**Aleksandr Voronsky**, escritor y editor. Colaborador de Lenin y Troski. En 1937 Stalin mandó arrestarle y fue sentenciado a muerte.

**Dmitri Sviatopolk-Mirski,** conocido como el príncipe Dmitri S. Mirski. Escritor, historiador y profesor de Literatura Rusa en Londres. En 1937 se encontró casualmente en Leningrado con el historiador E. H. Carr; como los soviéticos tenían prohibido contactar con extranjeros, fue arrestado y deportado a Siberia. Falleció a los dos años de su llegada.

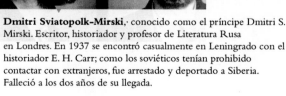

НАРОДНЫЙ КОМИСС

ОРДЕР. № 3003
Май

Выдан

Государственной Без на пр

тов.

адрес

Место
для
печати

Начальн
4-го упр

ОБЪЕДИНЕННОЕ
Государственное Политическое Упра

ДЕЛО №

к **Bábel**, escritor. Detenido en mayo de 1939.
es la última imagen que le tomó la policía
ta en la Lubianka, cuartel general
Cheka.

no **Jasinski**,
ta y líder
novimiento futurista
co. Destacado
mbro bolchevique
a que fue purgado
ndenado a 15 años
rabajos forzados.
utado en 1938 en
mpo de fusilamiento
Communarka.

**Ósip Mandelshtam**, poeta. Fue condenado al
exilio por leer en privado un poema de Stalin.
Murió en 1938 enfermo y «extenuado» en una
prisión de Vladivostok.

**Pável Florenski**, sacerdote, escritor, filósofo,
matemático. Detenido en 1933, pasó por
varios campos de concentración y fue
fusilado en 1937 en algún lugar de Petrogrado.

**Ivan Ivanovich Makarov**, escritor y
miembro activo del partido comunista
campesino. En 1937, tras publicar la novela
*Misha Kurbatov*, fue detenido y torturado
en la Lubianka. Murió en los calabozos.

Alexandr Soljenitsin escribió *Archipiélago Gulag* entre 1958 y 1967. Fue el gran revulsivo contra el comunismo pero Europa se empeñó en ocultarlo. El autor combatió en varios frentes en la Segunda Guerra Mundial. Fue detenido en 1945 por comentarios antiestalinistas y sufrió cautiverio en campos del Gulag durante más de ocho años. La dedicatoria dice así: «A todos los que no vivieron lo bastante para contar estas cosas. Y que me perdonen si no supe verlo todo, ni recordarlo todo, ni fui capaz de intuirlo todo».

Antes de la matanza en el bosque de Katyn (1940) Trotski respaldaba
«asumir el riesgo de la iniciativa de Lenin y vaciar Polonia de
terratenientes y burgueses con las bayonetas». Stalin echó la culpa a Hitler
del asesinato de 22.000 militares polacos y muchos lo creyeron.

Sor Dolores nos contó que *El Campesino* era de piel oscura y ojos centelleantes, y que imponía mucho; pero que hablaba siempre con una sonrisa, preguntaba lo que necesitaban los enfermos y al día siguiente lo traía. Que es verdad que la miraba mucho, pero que nunca le hizo ninguna insinuación. Que le cogió respeto y le contaba su vida, que quería ganar la guerra pero que terminase ya, antes de que lo matasen, pero no Franco sino los suyos, que eran peores.

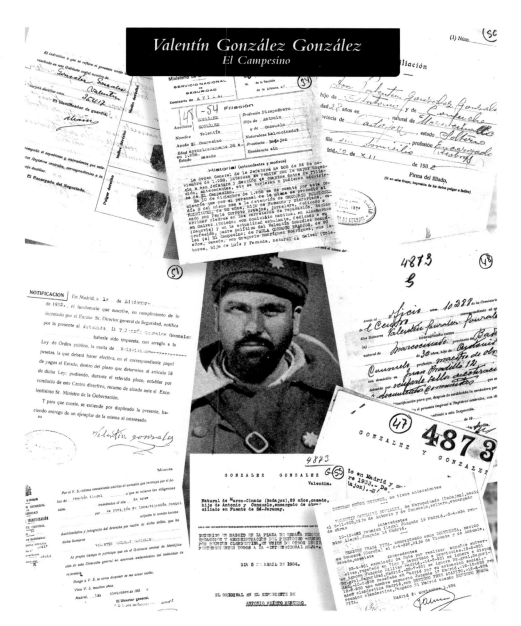

Por tres fichas policiales sabemos que *El Campesino* fue detenido en 1932, 1933 y 1935. Dos, por propaganda ilegal; y otra, por violencia sindical. En una de las fichas se le llama «anarquista», seguramente por su pasado «faísta» y la explosión del camión de dinamita, por la que de joven fue a la cárcel.

Santiago Carrillo, con milicianos republicanos durante la guerra.
Jamás quiso reconocer su responsabilidad en la matanza de Paracuellos.
En vez de pedir un perdón que hubiera obtenido en el clima
de la Transición, negó su culpa.

Ni Katyn fue cosa de Hitler, ni Paracuellos obra de Stalin. Los verdugos fueron, simplemente, comunistas. Nacidos en España, su patria era la sociedad comunista que había que crear a sangre y fuego.

En la imagen, Julio Álvarez del Vayo. El Ejército Popular de la República estableció, como el Ejército Rojo, la figura de los comisarios políticos, precisamente al mando de Álvarez del Vayo, el más descarado de los agentes soviéticos.

Buenaventura Durruti era el único líder reconocido por todas las facciones de la CNT-FAI que podía decidir si el comunismo libertario participaba en el gobierno de la Generalidad o la liquidaba como poder burgués.

Andreu Nin, líder del POUM. Despellejado vivo por sus antiguos camaradas, presumió de haber resuelto el «problema de la Iglesia yendo a la raíz: hemos suprimido los sacerdotes, las iglesias y el culto».

Checa de Vallmajor, en Barcelona. Así la describió Agustín de Foxá: «(…) todo un sistema científico de colores, de rayas, de volúmenes para enloquecer a los ojos, se desmontaba así el sistema nervioso como las piezas de un reloj; círculos negros, rojos, blancos, de diferentes tamaños, elipses verdes y rayas en diagonal cortando una serie de parejas de color naranja; toda la pared de un verdoso cambiante. Y un foco de viva luz iluminando un tablero de ajedrez pintado en la pared del fondo. En la puerta un montón de cubos color ceniza con grandes sombras y mareantes espirales amarillas (…). Para aumentar su aturdimiento, el negro suelo asfaltado se eriza de gruesos ladrillos puestos de canto y blanqueados de cal, que obligan al cautivo a posar sus pies de manera disparatada (…). No se puede estar de pie, pero tampoco es posible sentarse y dormir. En la pared hay una especie de taburete pero con el asiento inclinado y una caja maciza, en forma de ataúd, que finge el reposo pero también inclinada y por la que resbala el cuerpo hacia el suelo».

Silla eléctrica en la checa de Barcelona. Sobre una silla pesada de madera
se instalaba el armazón metálico de un sillón de automóvil.
La víctima, mojada, era atada al sillón, cegada por unos
focos, y se le suministraban descargas eléctricas.

Milicia anarquista en la profanación de la iglesia del Carmen (Madrid).

Posar con armas y calaveras o exhibir públicamente restos de sepulturas profanadas se convirtió en costumbre. En octubre de 1936, con sellos de la CNT y la FAI, apareció en una comisaría de Bilbao un documento que decía así: «Al portador de este salvoconducto no puede ocupársele en ningún otro servicio, porque está empleado en la destrucción de iglesias».

El cadáver profanado de una monja exhibido en plena calle.

Altar calcinado de la iglesia de Santa Teresa y San José (Madrid), en 1931.

Incendio de la residencia e iglesia de los jesuitas, ubicadas entre la Gran Vía y la calle de la Flor.

No todos los libros sobre el comunismo, a favor o en contra, son fáciles de encontrar, pero todos son necesarios para conocerlo de verdad.

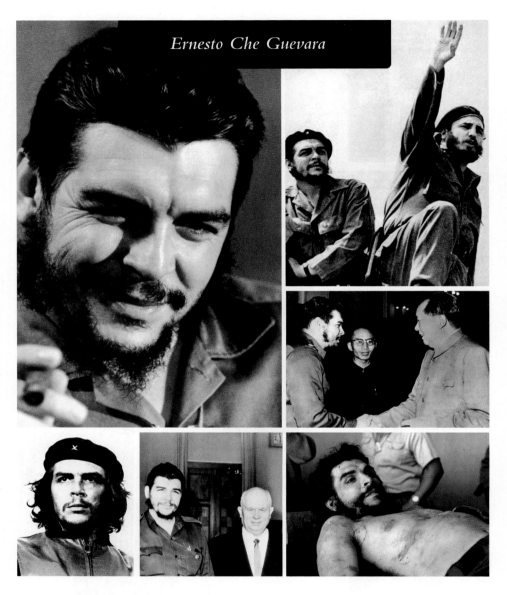

Ernesto Che Guevara

Si dejamos aparte su fotogenia, el Che resulta poco más que un fatuo aventurero totalitario, amigo de las armas, fascinado por la pólvora y adicto a la guerra. Su adoración miope por la URSS y luego por la China maoísta, su desprecio por las urnas, su irresponsabilidad en los cargos públicos, su sectarismo... no son originales.

## Castro, el tirano elogiado

Ernest Hemingway

Steven Spielberg

Gabriel García Márquez

Pablo Neruda

Kevin Costner

Yuri Gagarin

Maureen O'Hara

Diego Armando Maradona

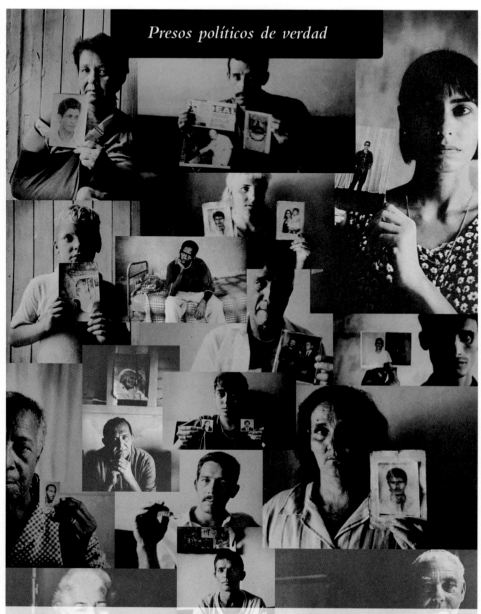

**Presos políticos de verdad**

Familiares muestran los retratos de sus seres queridos, cautivos
en algún agujero de la isla prisión de los Castro.
*Fotografías por cortesía de Pavel Hroch.*

Mao

El único cambio de Mao (1893-1976) con respecto a Lenin
y Stalin es que había más chinos que rusos y, haciendo lo mismo,
mató mucho más. Y, también como ellos, siguió matando hasta el final.

Pablo Iglesias Turrión

Podemos, como el bolchevismo ruso, practica el culto al líder. Siempre intenso, Pablo Iglesias, agitador emocional y demagogo, tiene también su propio *Aló Presidente* venezolano, el programa de televisión *La tuerka*. Para la foto, le hemos visto levantar el puño, llorar o besar en los labios en el Congreso de los Diputados a su compañero Xavier Domènech, como lo hicieron en 1979 Erich Honecker, líder de Alemania Oriental, y Leonid Breznev, de la URSS.

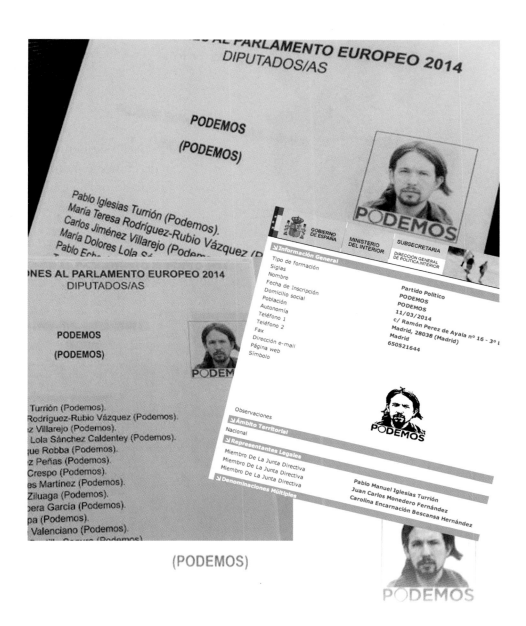

En las elecciones europeas de 2014, Pablo Iglesias burló la ley electoral que prohíbe la inclusión de la imagen del candidato. A los electores les fue muy fácil identificar a Podemos con el de «la coleta».

Cartel de Lenin,
de época soviética,
copiado por la CUP.

la Iglesia con una energía implacable, despiadada. Es precisamente ahora y solo ahora cuando la inmensa mayoría de las masas campesinas puede apoyarnos o, más exactamente, no estar en situación de apoyar a este puñado de clérigos Cien-negros y pequeños burgueses reaccionarios.

Y aquí empieza el delirio sobre las riquezas:

Podemos así procurarnos un tesoro de millones de rublos-oro (¡Imaginad las riquezas de esos monasterios!). Sin ese tesoro no es concebible ninguna actividad estatal en general, ninguna edificación económica en particular, ni ninguna defensa de nuestras posiciones. A cualquier coste debemos tomar en nuestras manos ese tesoro de varios centenares de miles de rublos (posiblemente incluso varios millones).

La carta de Lenin es del 19 de marzo de 1922. Lleva en el poder cuatro años y medio… y dice que ninguna actividad estatal ni edificación económica sería posible sin las riquezas de los monasterios y las iglesias. Incluso en el estilo hiperbólico-paranoico de muchas de sus notas, esta es más disparatada de lo habitual. Diríase que su mente desbarra más deprisa.

La cosecha sacrílega fue excepcional. Una lista del 1 de noviembre de 1922, citada por Volkogónov, reseña 1.220 libras de oro, 828.275 de plata, 25.670 diamantes, 563 libras de piedras preciosas, 3.115 rublos de oro, 19.155 de plata, 1.902 «objetos preciosos» y 71.762 «no definidos». Aunque la primera iglesia a destruir fue la ortodoxa, la católica corrió la misma suerte. El Politburó destinó diez millones de rublos —la gente seguía suicidándose por hambre— a contratar hampones para asaltar los centros de culto, incluidas sinagogas y mezquitas si tenían algo que robar. Se fusiló sin juicio a miles de clérigos ortodoxos o católicos, además de creyentes que ayudaban a mantener los centros de culto. Los fusilamientos de Chuia acabaron en doce condenados a muerte… por resistirse a la Cheka, de los que tras varias peticiones del extranjero, fusilaron a la mitad. Eso salvó la vida del patriarca Tijon, pero por poco tiempo. Tras largos interrogatorios, consiguieron someterlo y que firmara esta humillante y ridícula confesión:

Educado como he sido en una sociedad monárquica y habiendo sufrido, antes de mi detención, la influencia de individuos antisoviéticos, he sido resueltamente hostil a este régimen (…). Reconociendo lo fundado de la decisión de la Corte de someterme a juicio, hago la siguiente declaración: me arrepiento de los crímenes cometidos contra el orden estatal y solicito de la Corte Suprema que modifique su sentencia, es decir, que me devuelva la libertad. Declaro que ya no soy un enemigo del régimen soviético. Me aparto categórica y definitivamente de la contrarrevolución de los guardias blancos, tanto en el extranjero como en el interior del país.

En 1924, tras la muerte de Lenin, Tijon salió de la cárcel y murió. La Iglesia ortodoxa, tradicionalmente ligada al poder político, el cesaro-papismo al modo de Bizancio, vivió además la primera versión de la «Teología de la Liberación» católica de los años setenta del siglo XX.

## LA PRIMERA «TEOLOGÍA DE LA LIBERACIÓN»

Con Lenin se llamó «Iglesia viva», pero obedecía al mismo principio: la defensa del comunismo contra la Iglesia «vieja» o «burguesa». Fue un juguete en manos de la Cheka y la GPU, cuyo jefe del departamento dedicado a la Iglesia, Tuchkov, informaba así al Politburó sobre su táctica:

> Se ha formado un grupo de la llamada «Iglesia viva», compuesto principalmente por miembros del «clero blanco» (sacerdotes casados); el «clero negro» comprende a los monjes (necesariamente célibes), lo que nos da la oportunidad de suscitar una querella entre los curas y los obispos, soldados contra generales, pues existen hostilidades entre los blancos y los negros. Tenemos que eliminar a los «tijones» del patriarcado y las parroquias. Los cambiaremos por grupos de «renovadores». A juzgar por la homilía pronunciada por el cura Krasnitski en la iglesia de Cristo Salvador, al grupo se han unido doce laicos.

Nada que, tras el Concilio Vaticano II y la deriva teológica marxista, especialmente en los jesuitas, pueda sorprender a los católicos. España, sobre todo el País Vasco, ha sido cantera y escaparate de la identificación del clero con el comunismo en general y el terrorismo separatista en particular, ante la abulia o la impotencia del Vaticano, que pese a Wojtyla —gran conocedor de la teología española— y Ratzinger ha tropezado con la abierta complicidad de los obispos vascos y catalanes con el separatismo. El indescriptible papa Francisco, tras simpatizar públicamente con las *fatwas* islamistas y abolir las diferencias entre curas comunistas y curas, asiste mudo o complaciente a la deriva xenófoba del cesaropapismo nacionalista catalán. En las zonas nacionalistas, el catolicismo español está prácticamente extinguido. Y la «Teología de la Liberación», que no tenía nada de lo primero y aproximadamente lo mismo que el Gulag de lo segundo, nos ha ofrecido espectáculos como los de los clérigos ministros de Nicaragua y los curas guerrilleros de El Salvador, que celebraban misa con pistolas asomando bajo la casulla. No es raro que sus parroquias hayan acabado repartidas entre las *maras* y los severos predicadores evangélicos.

## LENIN A LA CONQUISTA DEL MUNDO

Pero Lenin no podía imaginar semejante ruina ética y estética de lo que fue durante casi dos mil años la columna vertebral de la civilización occidental. Más que nada, porque su imaginación se concentraba en gastar el inmenso tesoro robado a las iglesias en su pasión verdadera: la revolución mundial, ser el amo del mundo. Mientras millones de rusos se morían literalmente de hambre, la prioridad de Lenin era alimentar la inmensa hoguera que sustituiría con ventaja al «fantasma» del *Manifiesto comunista* y arrasaría Europa, Asia y América.

El incendio que había comenzado Lenin con su *Iskra* (La Chispa) debía extenderlo por todo el orbe la sección internacional del partido, luego III Internacional o Komintern, una oficina de burócratas y visionarios encargada de alimentar las fantasías de aquella pandilla de viejos exiliados, el primero Lenin, que constituía el Politburó soviético. De pronto, aquellos vagos añejos se habían encontrado con todo el poder de la inmensa Rusia en las manos; y en vez del mármol de las mesas del café aguachirlado del exilio, tenían bajo sus ojos las grandes mesas, mapas y tropas de plomo del Ejército Imperial. Y si habían conseguido, por la fuerza de su voluntad y la crueldad de su terror tomar el país más grande del mundo y el segundo más poblado de la Tierra, ¿por qué no creer que podían conquistar el mundo?

Lenin, desde luego, lo creía. Aunque había escrito, y parece que lo estamos viendo en ese gesto suyo de agarrarse las sisas del chaleco y echar atrás la cabeza que recordaría Inés Armand, típico de las tertulias interminables en las tardes suizas, diciendo que «cualquier tentativa de calcular las oportunidades futuras con exactitud sería charlatanería o pedantería insoportable», en julio de 1918 confundía así a sus lectores en *Palabras proféticas*: «Gracias a Dios, ya nadie cree en milagros. La profecía milagrosa es un cuento de hadas. Pero la profecía científica es un hecho».

Habrá científico que niegue cualquier relación de la Ciencia, que es una especie de teoría de comprobaciones, con la Profecía, adivinación del futuro tras una hábil cabriola de la conciencia en el Tiempo y el Espacio. Pero eso significa desconocer la raíz del marxismo, llamado *socialismo científico* precisamente por bautizar las profecías históricas, económicas y sociológicas de Marx y Engels —acreditadamente falsas— con el entonces acreditadísimo adjetivo *científico*. *Científico*, en la jerga marxista, solo significa una cosa: *indiscutible*. Y así hay que entender lo que diga Lenin.

Cuando a finales de 1919, derrotados los blancos, abandonada la posibilidad de una intervención militar por Inglaterra, asesinados todos los Romanov, el nuevo Zar Rojo se ve seguro en el poder, se lanza a la que durante tantos años de exilio, casi toda su vida adulta, había sido su pasión y verdadera profesión, que era la de jugar a la revolución mundial con los periódicos del día y los últimos chismes allegados por el último camarada.

Como Lenin se creía infalible —y hay que reconocer que la toma del poder en Rusia le permitía presumir de ello— se lanzó a conquistar Polonia, pero no para recuperar los territorios perdidos en Brest-Litovsk, sino para llevar la revolución a Alemania y el Báltico. Estaba tan seguro del éxito que lo convirtió en un espectáculo para los invitados internacionales, con un gran mapa en el Kremlin, sus soldaditos, colorines, frentes y fronteras. Y le escribía a Stalin:

La situación en la Komintern es espléndida. Zinóviev, Bujarin y yo mismo pensamos que hay que estimular la revolución en Italia. Mi opinión es que para que ello sea posible Hungría ha de ser sovietizada, y tal vez también las tierras checas y Rumania. Hay que pensar en esto seriamente. Hágame llegar sus conclusiones pormenorizadas. Los comunistas alemanes piensan que Alemania podría movilizar contra nosotros trescientos mil hombres de la canalla.

Mucho antes de Katyn, ya los soviéticos pensaban en matar polacos en masa: Trotski respaldaba «asumir el riesgo de la iniciativa de Lenin y vaciar Polonia de terratenientes y burgueses con las bayonetas». Pero cuando Lenin dice: «Contribuiremos a la sovietización de Lituania y Polonia "revolucionando" Alemania», nos parece estar escuchando el ruido de las fichas de dominó sobre la mesa de mármol del café. Hay una mezcla aterradora de ignorancia y facundia, improvisación e imprecisión, en estas teorizaciones de Lenin, que ya no discute la situación del frente del Somme en el mapa de un periódico, sino que juega con millones de vidas.

Cuando Tujachevski es derrotado humillantemente a las puertas de Varsovia en septiembre de 1920, Lenin firma el tratado de Riga en el que renuncia a extensos territorios con cuatro millones de habitantes, y se compromete a grandes reparaciones financieras... que no sabe cómo pagar. Tiene un enorme tesoro, pero no sabe manejarlo. Chicherin escribe a Lenin:

A 1 de noviembre de 1921, teníamos la obligación de haber pagado y entregado a Polonia 10 millones en oro y diamantes. Los diamantes que enviamos fueron evaluados por expertos polacos en 2,5 millones de rublos de oro. No tenemos más piedras para entregar. El polaco Olszewski nos advierte que una evaluación tan monstruosamente falsificada se presta a que la prensa lo explote... y nos veríamos tremendamente comprometidos.

La otra solución sería pagar la diferencia en oro de inmediato, pero nos costaría demasiado desprendernos de 7,5 millones en oro. Sería igualmente posible comenzar a juntar piedras para pagar el saldo. Disponemos de muchas piedras pero no han sido seleccionadas ni tasadas... No tenemos ese personal. El viejo director de la Banca de Crédito, Levitski, está en la cárcel. También Alexándrov, el experto, está en la cárcel.

La derrota militar en Polonia, el fracaso revolucionario en Alemania y Hungría podrían haber mitigado el afán aventurero de Lenin y los su-

yos. Pero, en realidad, lo único que sabían hacer —o habían soñado—
cuando llegaron al poder era la revolución mundial. Así que Moscú se
convirtió en un imán para revolucionarios de todo el mundo… y camaradas estafadores.

Así Lenin, que despreciaba «sensiblerías» como compadecerse por
los millones de rusos muertos de hambre o los miles de fusilados a diario, recibía una carta del finés Rahdza, que lo había acogido en su cabaña tras el fracaso del alzamiento de julio, donde escribió *El Estado y la
revolución*, pidiéndole diez millones de marcos para el partido. ¿Iba a ne-
gárselos? Llegaba un telegrama de Bengala, vía Chicherin, pidiendo ayuda contra el imperialismo británico. ¿Cómo no atender a un Virendranat
Chattopadia, que empezaba diciendo: «Transmita mis saludos a todos los
valientes camaradas que combaten tan arduamente por la liberación de
la humanidad: Lenin, Trotski, Chicherin»? La Sección Oriente de Exteriores sabía que Chattopadia estaba corrompido por el dinero alemán,
pero ¿qué bolchevique se lo reprocharía? Al Turkestán, donde se había
creado una sección del partido, tampoco se le podía negar ayuda: era
ideal como base militar india. ¡No lo impediría el vil metal! El responsable, leal al Turkburó y más escrupuloso que Chattopadia, preguntaba a
Karaján, adjunto de Chicherin, «¿A quién debo entregar los dos millones
de rublos oro?».

¡Había tanto! Para trigo, ni un copec; para la revolución mundial, todo era poco. Cada mes, desde octubre de 1917, según Lenin, el poder
soviético dependía para sobrevivir exclusivamente del estallido de la crisis mundial. No estallaba, y cuando lo hacía, acababa mal en Berlín,
Budapest o Varsovia, pero el guion no podía cambiar. ¡Era una «profecía
científica»!

Lenin se ilusionó mucho con Persia. Pero tras varios meses y muchos
millones, aquello se estancó. Le atraía rematar la obra de Alejandro Magno en la India y, de paso, humillar a Churchill y los belicistas británicos,
pero tampoco acabó de cuajar la rebelión roja, pese a las inversiones ben-
galíes. China, Japón y Corea se adueñaron entonces de su devanadera estratégica, pero las cosas iban lentas y el coreano les estafó bastante. ¿Tal
vez no había suficientes «revolucionarios profesionales» al modo soviético? ¡Se creaban!

Karajan escribía a Lenin:

Se ha propuesto destinar 200.000 rublos para el primer trimestre del año, para apoyar a las organizaciones sindicales de Asia y enviar agitadores a esos países para hacer propaganda. El coste de cada agitador, más la gratificación a su regreso, podría establecerse así: Corea del Norte y Corea del Sur: 10.000 rublos; China del Sur, 20.000 rublos. India y Persia se consideran similares.

Angelica Balabánova, una de las responsables de la sección exterior del partido, primero Buró de pocos elegidos y más tarde Komintern, cuenta así su experiencia en Suecia, donde debía buscar aliados de izquierda:

> Llegaban barcos a Estocolmo cada sábado. Me traían importantes sumas de dinero que yo depositaba en un banco. Mi servicio no necesitaba tanto dinero y el objetivo de esas transferencias me resultaba incomprensible. Me ponía enferma, y aproveché la primera ocasión para pedirle explicaciones e instrucciones a Lenin… Recibí de él la carta siguiente: «Querida camarada Balabánova. Perfecto, perfecto (subrayado tres veces, un hábito de Lenin); es nuestra colaboradora más capaz y eficiente. Pero le pido que no economice. Gaste millones, muchos millones».

En la reunión presupuestaria de la Komintern de marzo de 1922, la financiación de todas las organizaciones y operaciones extranjeras ascendía a 5.536.400 rublos de oro. Según Volkogónov, eran tres veces más que las destinadas a la ayuda contra el hambre… de la que Lenin culpó a la Iglesia.

Lenin y sus herederos mantuvieron económicamente, a cambio de ser devotos e incondicionales agentes soviéticos, incluso contra su propio país, a los partidos comunistas de todo el mundo. Algunos, de países mucho más ricos que Rusia: Estados Unidos, Alemania, Italia, Francia, Suiza, Suecia, Holanda, Luxemburgo, España, Hungría, Yugoslavia, Grecia, Japón, Finlandia, Noruega, Inglaterra, Checoslovaquia, Argentina, Persia, India, Suráfrica, Estonia, Letonia, Lituania, Turquía, Corea, China…

Por supuesto, aquel derroche de oro y piedras preciosas, sin control alguno ni criterio contable, atrajo a camaradas estafadores y compañeros aventureros. En vida de Lenin, destacaron Liubárski, alias Carlo, al que se le *perdieron* medio millón de liras para el Partido Comunista Italiano, 124.000 coronas holandesas y una suma importante de libras esterlinas. También Jun Hu-nam y Lee Ko-chi, coreanos, que robaron 200.000 rublos-oro y los gastaron en Manchuria; pero a todos aventajó James Reich, el camarada Thomas, que perdió millones de marcos de los «fondos de Francfort». Una colega contó así la vida atareada del Amigo del Kremlin:

> El dinero llegaba habitualmente al domicilio del camarada Thomas. Allí quedaba disimulado en maletas, valijas, aparadores y a veces en gruesos archivos o escondido en anaqueles y libros. Enseguida se repartía el dinero en nuestros apartamentos, hacia la noche, en cajas que pesaban entre diez y quince kilos cada una.

Luego se supo que «Thomas» ni siquiera pertenecía al partido. Solo pasaba por ahí. Pero la severidad con que Lenin mandaba fusilar al campesino que no entregaba a la Cheka un grano de trigo se convertía en comprensión ante el camarada que sufría estos despistes. Se les expulsaba del partido, o sea, del negocio, y ahí quedaba todo. Las editoriales e imprentas —600.000 rublos la de Shanghái— eran infinitas. Nunca un imperio mundial —Roma, Inglaterra, España, Francia, Alemania, USA— tuvo tanta propaganda y tal número de agentes como el famélico de Lenin.

Es verdad que la «famélica legión» de «La Internacional» era solo famélica en Rusia, obesa legión fuera de ella. En marzo de 1922, la Komintern entregó 446.592 rublos de oro (42 millones de marcos) al PC alemán; al francés, 100.000 rublos de oro (638.000 francos); al italiano 360.000 rublos oro (4 millones de liras); al checo 250.000 rublos otro (7.900.000 coronas checas); al PC inglés, 200.000 rublos… ¡Corría el oro!

De pronto, a Lenin le surgió la oportunidad de convertirse en el jefe único de la Internacional Socialista y Comunista. Tras el nacimiento de la Komintern y las 21 condiciones para pertenecer a ella, que ya vimos en las páginas sobre Souvarine que eran básicamente dos: romper con todas las instituciones democráticas y abandonar la Internacional Socialista, se creó una división radical en la aún llamada Internacional Obrera. La fascinación de la revolución soviética en unas bases que, de pronto, veían posible quedarse con todo y llevarse por delante a sus enemigos, como en Rusia, destrozó a la dirección de los partidos socialdemócratas, heridos por su triste papel en la Primera Guerra Mundial y afectados por la miseria de la posguerra. En enero de 1922 nació la «Internacional Dos y media», por diferenciarla de la II o Socialista clásica y la III o Comunista, con intención de unirlas.

Lenin, por supuesto, aceptó devorar a esos corderos socialdemócratas que se ofrecían a sacrificarse en el ara de la unidad obrera internacional. En realidad, lo que buscaban los propulsores de la Dos y Media era evitar la crisis en los aparatos políticos y sindicales, afectados ideológicamente a la altura del sueldo por la división de la izquierda en socialistas y comunistas. Lenin los caló. Y como esa división entre él y el resto del mundo era lo que había hecho siempre —desde la escisión bolchevique del POSDR— dio las órdenes pertinentes, amenaza incluida a los «flojos» enviados de Moscú:

> Si todavía hay personas que no comprenden la táctica del frente unido que nos ayudará a subyugar a los dirigentes de la Internacional Socialista, primero tendrán que asistir a conferencias y discusiones educativas.

Pero la polémica entre Lenin y Kautski sobre la llamada dictadura del proletariado, en realidad el despotismo más salvaje abatido sobre país alguno, no había sido en vano. Y la primera cuestión planteada fue la de la libertad de los mencheviques y socialistas revolucionarios. Ahí acabó la discusión, porque Lenin tenía en marcha, tras el de Tijon, el primero de los Procesos de Moscú, precisamente contra los eseristas. Si algo en 1922 veía claro Lenin es que debía liquidar a todos sus enemigos mientras tuviera fuerzas. Porque, por primera vez, empezó a ver que, como todos, se moría.

## LA ENFERMEDAD DE LENIN Y LENIN COMO ENFERMEDAD

Aunque Lenin sufrió su primer ataque cerebral en mayo de 1922, por el diario de su médico Kramer sabemos que la enfermedad implacable que lo mató había empezado a manifestarse de forma clara a mediados de 1921. Lenin lo ocultó a todos, dispuesto a disfrutar hasta el final de un poder con el que tanto había soñado y desesperaba de alcanzar en vísperas de febrero de 1917, cuando en Suiza dijo a aquel grupo de jóvenes que «los viejos como él» no verían la revolución mundial y el triunfo del socialismo. Nunca se insistirá bastante en este episodio.

Los problemas de salud, que en Lenin eran claramente psiquiátricos, y por eso los muchos médicos que el oro soviético pudo llevar a Moscú para atender a su líder fueron básicamente psiquiatras, nacían de esa forma de enfermedad del alma que se manifiesta en el cuerpo como *somatización*. Es la imposibilidad racional de aceptar o convivir con una dificultad vital que se niega exteriormente, pero que aflora en forma de problemas nerviosos.

Lenin la padeció siempre. Sus «nervios», como él los llamaba, ya lo afectaban gravemente en 1900, provocándole continuos dolores de cabeza y ataques de ira. Esa debilidad, compensada por el magnetismo de su personalidad, mezcla de furia e impotencia, de ferocidad y fragilidad, hizo que todas las mujeres de su entorno se convirtieran en enfermeras. Y que mantuvieran en secreto la enfermedad de Lenin... hasta cierto punto, porque continuamente necesitó cuidados médicos y reposo en balnearios.

Ese reposo era imposible en la vorágine que desde octubre de 1917 lo convirtió en el hombre más ocupado del mundo, porque tenía todo el poder y ninguna experiencia en la Administración. En realidad, no había trabajado nunca, y aunque disfrutaba dando órdenes sobre cualquier cosa, desde la leña para un camarada a la deuda polaca, la masacre de los cosacos, la guerra civil o la política exterior, su organismo no resistía el esfuerzo.

Es sorprendente la cantidad de meses de vacaciones que se tomaban los bolcheviques, señal de que ni tenían la costumbre de trabajar ni los nervios para mantener su tensión destructiva. Descansos y curaciones a escondidas —Dzerzhinski se repuso en un balneario suizo, la esposa de Bujarin en Austria—, y carísimos. Como si pasaran media vida descansando de los crímenes de la otra media. Todos podían, como Trotski, pasar días sin apenas dormir, pero luego se iban meses a una dacha; y Lenin, sin teléfono.

Tal vez por eso, los bolcheviques creyeron, al empezar los achaques de Lenin, que, con solo cincuenta años, lo que tenía era exceso de trabajo. No era así. Según Kramer «el origen de la enfermedad no es en realidad únicamente la fatiga cerebral sino la grave perturbación de los vasos sanguíneos del cerebro». Y como la circulación de la sangre afecta a los dos hemisferios y a las funciones mentales que allí residen o se activan, fueron psiquiatras y neurólogos los llamados al Kremlin entre 1922 y 1924. El deterioro arterial produce continuos dolores de cabeza, irritación y toda clase de angustias, obsesiones y depresiones. Y todo ello lo padeció Lenin.

En realidad, la enfermedad de Vladimir Ilich Ulianov era Lenin. Su monstruosa ambición, incapaz de albergarse en un cuerpo predispuesto genéticamente a problemas circulatorios —su padre y dos hermanos habían muerto tempranamente por problemas arteriales—, sufría tanto como hacía sufrir a los demás. Y cuando súbitamente pareció alcanzar la cura ideal, es decir, cuando Lenin alcanza todo el poder soñado, descubre que se muere.

La enfermedad, o más precisamente su agravamiento, no cambió su forma de ser. Lenin siempre fue cruel, carente de empatía ante el sufrimiento ajeno, ayuno de escrúpulos y devoto del axioma «el fin justifica los medios». En Suiza, eso le había llevado, poco antes de su súbita resurrección política de la mano de Alemania, a la marginación social y a perder amigos y contactos, hasta los financieros, que lo veían como un loco amargado, empeñado en enfrentarse a todo y a todos para lograr el poder. Lo mantuvo siempre, entre algodones, el círculo de sus mujeres: la esposa devota, la amante alegre, su hermana Anna y, hasta que murió, su madre. Según Potriesov, que lo conoció de cerca, solo su suegra mantenía una guerra constante y cómica con él y era la única que no agachaba la cabeza.

Las mujeres, siempre dentro del círculo familiar y bolchevique, se sentían cómodas con Lenin porque no mostraba apetencia sexual alguna. Radek dijo que «viendo a Krupskáia, se nota que a Lenin no le interesan nada las mujeres». Sin embargo, jugaron un papel crucial en la muerte y sucesión del dictador soviético. Muerta súbitamente Inés Armand, Lenin se entregó a su esposa y a su hermana. Y, dígase lo que se diga, a Stalin.

Justo antes del ataque de mayo de 1922, cuando seguramente había sufrido ya episodios inequívocos que lo anunciaban, aunque no con la brutalidad que revistió —perdió el habla, el uso de medio cuerpo y la capacidad de hacer las operaciones más sencillas— y en los pocos meses de mejoría posteriores, Lenin hizo lo que, tan metafóricamente como su enfermedad, lo retrata: cuando vio que perdía la cabeza, decidió de-

capitar simbólicamente a Rusia. Saqueó y exterminó a la Iglesia Ortodoxa, desterró a los doscientos intelectuales más importantes y juzgó y
condenó a la cúpula del partido político más representativo, el Socialista
Revolucionario que había obtenido la mayoría absoluta, el doble que los
bolcheviques, en las elecciones a la Asamblea Constituyente de 1917 y
que era el que tenía una mayor implantación en el campesinado, el 90
por ciento de la población de Rusia.

## LA DESCOSAQUIZACIÓN, EL GENOCIDIO OLVIDADO DE LENIN

Los bolcheviques se referían a las tierras cosacas del Don y el Kubán como «la Vendée soviética», estudiada por V. L. Genis en 1994 y citado en
las que a mi juicio son las mejores páginas de Werth en *El libro negro del
comunismo.*

Si hay un genocidio, dos décadas antes que el Holocausto judío, que
haya sido decidido, planificado y ejecutado con absoluta frialdad, con las
firmas de Lenin, Ordojnidze, Reingold, Sokolnikov y Ryskov, ese es el
de los cosacos por el régimen soviético. Antiguos encargados de velar por
las fronteras de Rusia, unos tres millones quedaron en tierra de nadie,
en las tierras del Don, unidos primero a los ejércitos *blancos* y luego tratando de sobrevivir al proyecto de exterminio de los *rojos*. La masacre no
se produjo durante la guerra civil, que apenas duró un año, sino después
de terminar, cuando los cosacos no suponían peligro alguno para el régimen leninista.

Pero el 24 de enero de 1919, el Comité Central del Partido Bolchevique dictaba una resolución sereta:

> Vista la experiencia de la guerra civil contra los cosacos, es necesario re-
> conocer como única medida políticamente correcta una lucha sin piedad,
> un terror masivo contra los ricos cosacos, que deberán ser exterminados
> y físicamente liquidados hasta el último.

Y cuando los comunistas decían «rico» o «kulak», querían decir simplemente «asesinable». Por eso, en junio del mismo año, Reingold, pre-

sidente del Comité Revolucionario del Don, decía: «Tenemos la tendencia a llevar una política de exterminio masivo de los cosacos, sin la menor distinción». El propio Reingold mató a ocho mil cosacos entre febrero y marzo, y como les habían quitado sus tierras y les obligaban a entregar sus armas —todos los cosacos, por tradición, tenían una— decidieron rebelarse. Su programa político, parecido al de Majno, Antonov y otros líderes campesinos, sobre todo en Ucrania, era muy simple:

> Nosotros, los cosacos, no estamos contra los soviets. Estamos por las elecciones libres. Estamos contra los comunistas, las comunas y los judíos. Estamos contra las requisas, los robos y las ejecuciones perpetradas por las chekas.

La rebelión cosaca dio un último aliento a Denikin y los blancos, a los que luego sus atamanes traicionaron. Pero en el verano de 1919, durante unos meses, liberaron el Don y el Kubán y expulsaron de Ucrania a los «moscovitas, judíos y bolcheviques» que para ellos eran lo mismo. Cuando Wrangler tuvo que abandonar Crimea, además de las masacres sistemáticas de la población civil, se emprendió el exterminio de la casta militar cosaca.

Latzis, segundo de Dzerzhinski, anota en un informe:

> Reunidos en un campo cerca de Maikop los rehenes —mujeres, niños y ancianos— sobreviven en condiciones espantosas, en el barro y el frío de octubre. Mueren como moscas. Las mujeres están dispuestas a todo para huir de la muerte. Los soldados que guardan el campo aprovechan y comercian con ellas.

Pero pocos documentos más genuinamente genocidas que esta lista de Ordjonikidze —20 de octubre de 1920— sobre «burgos cosacos» a *limpiar*:

1. Quemar enteramente el burgo Kalinovskaia
2. Vaciar de todos los habitantes los burgos Esmolovkaia, Romanovskaia, Samankiskaia y Mijailovskaia; las casas y las tierras de sus habitantes serán distribuidas a los campesinos pobres y en particular a los chechenos, que siempre han mostrado un profundo apoyo al poder soviético;

3.   Embarcar toda la población masculina, de dieciocho a cincuenta años de los burgos mencionados en convoyes y deportarla, con escolta, hacia el norte, para cumplir trabajos forzados en categoría pesada.

4.   Expulsar mujeres, niños y viejos, dándoles autorización para reinstalarse en otros burgos más al norte.

5.   Requisar todos los enseres y bienes de los habitantes de los burgos mencionados.

Tres semanas más tarde, Ordjonikidze recibía este informe:

Kalinovskaia: burgo totalmente quemado, toda la población (4.220) deportada o expulsada.

Ermolovskaia, limpia de todos sus habitantes (3.218).

Romanovskaia: deportados 1.600; quedan por deportar 1.661.

Samachinskaia: deportados 1.018; quedan por deportar 1.900.

Mijailovskaia: deportados 600; quedan por deportar 2.200.

154 vagones de mercancías han sido expedidos a Grozni. En los tres burgos donde la deportación aún no ha terminado, han sido deportados en primer lugar los elementos blancos-verdes así como los participantes en la última insurrección. Entre los que aún no han sido deportados figuran simpatizantes del régimen soviético, familias de soldados del Ejército Rojo, funcionarios y comunistas. El retraso en las operaciones de deportación se explica por la falta de vagones. De media, solo recibimos un convoy diario. Para terminar las deportaciones, necesitamos urgentemente 306 vagones suplementarios.

Cuando los bolcheviques subían a los cosacos a los vagones, como a los judíos cuando empezó realmente el exterminio nazi, ¿alguien les preguntaba algo? ¿Alguien tuvo en cuenta algo más que su edad y su sexo? Su ideología solo les consiguió un aplazamiento en los trenes de la muerte. Entre 300.000 y 500.000, según cifras conservadoras, fueron fusilados o murieron en las deportaciones, sobre menos de tres millones de cosacos. El modelo de la descosaquización de Lenin fue exactamente el mismo seguido por Stalin para la deskulakización. El tanto por ciento de la población cosaca afectada por los trenes de la muerte, fue mayor que el de los kulaks. Pero en la historia falseada del comunismo, Stalin es siempre el culpable de lo que hizo Lenin.

## LAS «LISTAS NEGRAS DE INTELECTUALES» DE LENIN

Con la ayuda de Krupskáia y de su férrea voluntad, Lenin recuperó el habla, empezó a andar y entre julio y agosto de 1922, en cuanto se sintió mejor, dirigió personalmente la expulsión en masa de los intelectuales más importantes de Rusia. La idea del arte y la cultura de Lenin era exclusivamente utilitaria, como parte de la propaganda del partido, sin ninguna autonomía o cualidad que la diferenciara ni forma alguna de libertad que mereciera respeto. Lo mismo pensaban los demás bolcheviques, incluido Trotski, que decía en 1925:

> Disponemos de una fábrica para hacer nuevos escritores y artistas proletarios; es el Partido Comunista de Rusia. Los camaradas deberían estar en el partido y estudiar. El partido educa al poeta proletario, crea al auténtico escritor. Como el escritor comunista, en cuanto miembro del partido, debe preocuparse de la creatividad en el interior del partido.

Por supuesto, ni Trotski ni nadie explicó nunca *quién es* el partido, qué Uno es el Todos, cómo el Todos se convierte en Uno y se pone a escribir. Cabe suponer que el partido, hasta que lo expulsó Stalin, era él, Trotski. Pero ni siquiera Mao, que tras repetir cosas muy parecidas en su famosa intervención del Foro de Yenan, decidió que el campo de reeducación era lo que antes se llamaba campo de concentración, explicó nunca quién y cómo se convertía, por arte de encantamiento, en ese ente plural y mágico, el Partido, para enseñar a escribir o a pintar muy, muy proletariamente.

En realidad, la historia del comunismo demuestra que para ser un buen poeta proletario lo que tienes que hacer es denunciar a los poetas que no sean muy proletarios, o sea, muy comunistas. La historia de los intelectuales en el comunismo es cómo son perseguidos o son partícipes de esa represión. Y el que definió al intelectual como un ser desterrable o fusilable fue Lenin.

Técnicamente, fue Unschlijt, el segundo de Dzerzihnski en la Cheka, rebautizada GPU, el que en junio de 1922 elevó al Politburó un informe sobre los «grupos antisoviéticos» en el mundo intelectual, cuya solución provisional, mientras no hubiera penas mayores, es decir, la muerte, era expulsarlos del país. Todas las personalidades cuyas listas había elaborado la GPU, aunque estaban abiertas a perfeccionarse con nuevas ampliaciones, debían irse de Rusia pagándose el billete, y si no tenían, lo pagaría la GPU. Al mismo tiempo, se hacía una lista de las publicaciones «antisoviéticas» e «idealistas» que debían ser cerradas de inmediato: *El Renacimiento Económico, El pensamiento* o *Noticias de la Agricultura.*

Lenin en persona añadió nombres e instó a su círculo de confianza a hacer lo mismo, porque se trataba de «limpiar a Rusia de una vez por todas». Para él, tan intelectual era el político KDT, SR o menchevique como político el novelista o poeta desafecto. En otoño de 1922 se lo explicaba así a Stalin:

Sobre el tema de la expulsión de los mencheviques, los socialistas populares, los kadetes, etc., me gustaría plantear algunas cosas, pues este tema que arrancó antes de mi partida [se refiere al ataque cerebral de mayo] sigue inconcluso. ¿Se ha decidido «arrancar» a todos los socialistas populares? ¿Pechejonov, Miatokin, Gornfeld? ¿Petríschev y los demás? Pienso que todos deberían ser expulsados. Son más peligrosos que los SR pues son más astutos. Y También A. N. Potriaquélv, Izgóiev y todos los de la revista *Ekonomíst* (Ózerov y muchos más). Los mencheviques Rozanov (un astuto médico), Vídgorchiv (Migulo o algo así), Liubov, Nikolaievna Radchenko y su joven hija (supuestamente los peores enemigos del bolchevismo); N. A. Rozkhov (debe ser expulsado, es incorregible); S. L. Frank (el autor de *Metodología*), la comisión Mántsev-Messing debería recopilar listas y varios cientos de estos caballeros deberían ser deportados sin apelación. Vamos a limpiar Rusia de una vez por todas.

En cuanto a Lézhnev... Deberíamos pensar en ello: ¿no deberíamos expulsarlo? Siempre será muy mañoso, es lo que puedo juzgar de sus artículos. Como todos los de *Ekonomíst*, Òzerov es el enemigo más incansable. Todos ellos deberían ser expulsados de Rusia. Ello deberá hacerse en el acto. Cuando haya terminado el proceso a los SR, y no más tarde, sin explicaciones ni motivos, ¡a la puerta señores!

Todos los autores de la Casa de los Escritores y de *El Pensamiento* (de Petrogrado); Jarkov, deberán ser expurgados prolijamente, no tenemos idea de lo que ocurre allí y para nosotros es un país extranjero. La ciudad deberá limpiarse rápidamente, y no más tarde que al final del proceso de los SR. Ocúpese de los autores (de Petrogrado) (sus direcciones se encuentran en *Nóvaia Rúskaia Mísl* «El nuevo Pensamiento Ruso» n. 4, 1922, p. 37, y también una lista de editores privados, p. 29). (Volkogónov, 1996).

Las notas dictadas por Lenin y transmitidas a Stalin eran enviadas por este a Dzerzhinski para su inmediata aplicación. A veces surgía alguna discrepancia por exceso de celo represor. Por ejemplo, a Yagoda, que hacía méritos para suceder a Dzerzhinski, no le parecía bien dejar salir al exilio a todos los que como Blok, Sologub o Viénguerova pedían permiso para irse:

> Considerando el hecho de que los escritores que parten llevan a cabo la campaña más violenta contra la Rusia soviética, y que algunos de ellos como Balmont, Kuprín, Bunin, tienen inclinación por las iniciativas más viles, la Cheka no está de acuerdo con que se acceda a sus solicitudes.

Lenin condenó al exterminio a la *intelligentsia* ucraniana, como antes a los cosacos. El Politburó, a propuesta de la Cheka, decidió que «en lugar de ser expulsados al extranjero, esas personas serán deportadas a regiones distantes de la RFFSR». Era, como a los cosacos, condenarlas a muerte.

Lenin inventa también el mecanismo por el que los verdugos de la cultura fingen promoverla: justificar la represión del arte y la literatura realmente existentes en nombre de las que desconoce el pueblo analfabeto. Lo hace en una nota sobre lo *obsceno* de salvar el Bolshói pero en la que encuentra un paliativo ideológicamente aceptable: repartir la *obscenidad*:

> Habiendo sabido por Kámenev que el Sovnarkom ha aceptado por unanimidad la proposición obscena de Lunacharski de salvar la Ópera y el Ballet Bolshói, propongo que el Politburó tome la siguiente decisión: 1. El Presidium del Comité Ejecutivo Central debe apoyar la decisión del Consejo de Comisarios del pueblo. 2. Conservar algunas docenas de artistas en Moscú y Petersburgo (cantantes y bailarines) que tendrán una base de autofinanciación, evitando así los grandes gastos de la realización escénica. 3. Dar por lo menos la mitad de los millones economizados a la liquidación del analfabetismo y la creación de salas de lectura. 4. Que Lunacharski escuche durante cinco minutos las últimas declaraciones del acusado y lo regañe.

Los «grandes gastos de la realización escénica» del Bolshói no podían competir, naturalmente, con los gastos gigantescos de la Komintern para extender la revolución a Corea, Turkestán, China, la India o el Japón. La «mitad de los millones economizados» y la «autofinanciación» son términos que Lenin desconoció siempre y aquí tampoco significan nada, salvo el descaro del que derrocha en Manchuria lo que escatima en Moscú; pero lo genuinamente comunista es la «lucha contra el analfabetismo». ¿Para qué quería luchar contra el analfabetismo Lenin si a los alfabetizados los echaba de Rusia? Para que pensaran a bulto y siguieran sus consignas en manada. Para que le obedecieran *literalmente*. En 1918, había escrito:

> Misión: redactar en dos semanas un libro de lectura para obreros y campesinos… Temas tratados: la construcción del régimen soviético, su política interior y exterior. Por ejemplo: ¿qué es el régimen soviético? ¿Cómo está gobernado el país? La legislación agraria. Los consejos económicos. La nacionalización de las fábricas. La disciplina en el trabajo. El imperialismo. La guerra imperialista. Los tratados secretos. Cómo hemos propuesto la paz. Cómo luchamos hoy por la paz. ¿Qué es el comunismo? La separación de la Iglesia y el Estado. Y por este estilo.

Este es el tipo de alfabetización en la que piensan los comunistas desde Lenin: el adoctrinamiento de los más ignorantes. Y lo hacen también al modo leninista: proyectando en los demás lo malo que les intentan infligir. Se achaca al régimen anterior el empeño en mantener al pueblo en la más extrema ignorancia, el analfabetismo… y a los cultos se les persigue por representar al régimen anterior o no obedecer al nuevo. El problema nunca es el analfabetismo, sino la sumisión ideológica.

Por supuesto, se compara los dispendios de la alta cultura con la necesidad básica de la gente humilde, que es aprender a leer. ¿A leer qué? A Lenin. Lo malo es que lo leían —en 1918, gracias al dinero alemán, los bolcheviques tenían más periódicos que nadie— y no les gustaba. En la única ocasión que tuvieron de elegir libremente, no votaron al partido de Lenin. La solución era buscar lectores que no hubieran leído nada antes. Y atiborrarles la cabeza con conceptos mágicos, como «los tratados secretos»; o ridículos: «Cómo está gobernado el país». ¡Pues como quisiera Lenin, el gran alfabetizador!

Esta oposición entre el analfabetismo inconcreto y la alta cultura concreta tiene, desde Lenin, un enorme éxito entre las masas… cultivadas. La mala conciencia de los hijos del Sistema, el odio a sus orígenes o el desprecio a sus carreras y saberes universitarios, que cuestan mucho dinero a todos los ciudadanos, son despreciados en beneficio de un erostratismo calculado, de una abdicación intelectual que se embarca en un perpetuo viaje a los orígenes de la educación y no va más allá de esos orígenes. Los comunistas siempre hablan de la *alfabetización*, no de la *bachillerización* y la *universitarización* que, en buena lógica, deberían continuarla. Pero es que la lógica, siniestramente demagógica, es puramente publicitaria. No se trata de ampliar la cultura de nadie sino de poner bajo sospecha la de todos.

Pocos países han tenido un desarrollo tan rápido y profundo de la educación como la España del franquismo. A más velocidad que cualquier país europeo, la incorporación de la mujer y las zonas rurales a todos los niveles educativos, mediante un sistema exigente pero justo de becas, cambió o amplió radicalmente el perfil social de los que accedían a la universidad. Medio siglo después de aquella silenciosa revolución cultural del desarrollismo franquista, España tiene un número disparatado de universitarios y unos títulos que sirven para poco. A cambio, ha producido los comunistas de Podemos, que repiten como loros los mantras de Lenin.

## EL LENTO Y RETORCIDO CAMINO HACIA LA MUERTE DE LENIN

Entre octubre y diciembre de 1922, Lenin volvió a la vida pública, con un rendimiento irregular: podía hacer un largo discurso coherente, pero también repetir sin darse cuenta la crítica a un proyecto ya tratado. En diciembre sufrió varias caídas y le sobrevino el segundo ataque, que lo paralizó completamente. Esta vez la rehabilitación apenas funcionó. Físicamente era casi un vegetal, pero mentalmente se sentía vivo. Tanto, que hizo lo que cabía esperar de él: poner en marcha la destrucción del partido e incluso la vuelta a la guerra civil, esta vez entre bolcheviques.

Desde el 23 de diciembre de 1922 hasta marzo de 1923, Lenin dictó la «Carta al Congreso», más conocida como «Testamento político de Le-

nin», que ordenó que fuera secreta y con cinco copias lacradas, pero que
pronto conoció Stalin. No se publicó en la prensa y desapareció durante
décadas, pero se entregó a los delegados del XII Congreso del partido, con
la recomendación de que las críticas a los defectos de Stalin no le privaran
de la Secretaría General, pero que «las corrigiera». ¿Y quién lo vigilaba?

En realidad, los delegados estaban aterrados. Para salvar a Lenin de
Lenin, luego se ha creído o querido creer que descalifica a Stalin, viendo
venir su tiranía, y que quiso quitarle el poder pero que su enfermedad se
lo impidió. Nada más falso. Es verdad que critica a Stalin, porque había
maltratado verbalmente a Krupskáia tras una carta suya a Trotski, pero, en
realidad, la Carta deshereda moralmente a todos los posibles sucesores.
Cada cosa buena que dice de uno de ellos va acompañada de una mala;
cada elogio, de una degradación. Si no se parte de la idea de salvar a Lenin condenando a Stalin, e incluso a Troski, la única conclusión posible
a raíz de la Carta al XII Congreso es que Lenin solo creía en una persona capaz de dirigir su partido, que era… él.

De haberlo querido, pudo destituir a Stalin por su «brutalidad» en
1921, 1922 y 1923, pero no lo hizo. Pudo elegir a Trotski, «el más capaz»,
pero no lo eligió. Pudo nombrar heredero a Bujarin, el «favorito del partido», pero no lo nombró. A Lenin solo le gustaba Lenin. Y del mismo
modo que no supo vivir, salvo para su ambición, tampoco supo morir.

## LA PISTA DEL CIANURO

La pista de que Lenin se puso voluntariamente en manos de Stalin es el
cianuro. Según su hermana María, ya en 1921 le había pedido a Stalin
que si le pasaba algo grave —ya le pasaba— le consiguiera cianuro:

> En el curso del invierno 1920-21 o 1921-22, V. I. empeoró, Sus dolores
> de cabeza y la incapacidad de trabajar lo perturbaban profundamente. No
> recuerdo exactamente cuándo, pero durante ese período V. I. dijo a Stalin
> que probablemente acabaría paralizado y le pidió que le diera su palabra
> de que le conseguiría cianuro de potasio. Stalin se lo prometió. ¿Por qué
> se lo pidió a Stalin? Sabía que era un hombre resuelto, de acero, sin sensi-
> blerías. No había nadie más a quien le pudiese pedir algo parecido.

María, como su hermana Anna, quería quedar bien con Stalin frente a Krupskáia, que no le obedecía. De ahí el elogio. Pero sigue diciendo:

V. I. hizo la misma solicitud a Stalin en mayo de 1922, tras su primer ataque. V. I. se decía que estaba acabado y le rogó a Stalin que se lo proporcionara cuanto antes. Tanto insistió que Stalin estaba decidido a cumplir su petición. Stalin no se quedó más de cinco minutos. Al salir nos confesó a mí y a Bujarin que V. I. le había pedido que le procurara veneno y que había llegado el momento de cumplir su promesa anterior. Stalin lo había prometido, se habían abrazado y Stalin se había marchado. Pero tras discutirlo decidimos que había que darle valor a Lenin. Stalin visitó a V. I. y le dijo que había consultado con los médicos y estaba persuadido de que no todo estaba perdido. Visiblemente reconfortado, V. I. cedió. Sin embargo, le preguntó a Stalin: «¿No me están engañando?». A lo cual Stalin replicó: «¿Cuándo me ha visto hacerlo?».

La versión de Stalin para el Politburó, secreta hasta que Volkogónov accedió a los archivos y la publicó, es de 21 de marzo de 1923, en el centro mismo de su conflicto con Lenin. Es una obra maestra de la manipulación:

Durante nuestra conversación, N. K. (Nadezhda Krupskáia) dijo, entre otras cosas, que «Vladimir Ilich sufre increíblemente y que seguir vivo le resulta impensable» y ha insistido enérgicamente para que no rechace la solicitud de Ilich… Ante la insistencia de N. K. y porque V. Ilich solicitaba mi acuerdo (en dos ocasiones V. I. hizo llamar a N. K. durante mi conversación con ella en su estudio y le imploró el «consentimiento de Stalin» obligándola dos veces a interrumpir la charla), me pareció imposible negarme y le declaré: «Quisiese que V. Ilich se tranquilizara y supiese que cuando sea necesario haré sin vacilar lo que me pide». Y V. I., efectivamente, se tranquilizó.

Sin embargo, he de declarar que no me siento con valor para cumplir con lo pedido por V. Ilich; por tanto, debo declinar esa misión, por humana e indispensable que sea, y la cual pongo en manos de los miembros del Politburó.

Unos días antes, Stalin les había escrito a Zinóviev y Kámenev, los más próximos a Lenin y aliados suyos frente a Trotski:

Nadezhda Konstantinovna acaba de convocarme y decirme muy confidencialmente que Ilich está en un estado espantoso, tiene crisis, ya no desea ni puede vivir, pide cianuro de potasio «sin falta». Me ha dicho que intentó darle cianuro pero «le fallaron los nervios» y que, por ese motivo «pide ayuda a Stalin».

Zinóviev y Kámenev, más aterrados por el futuro que por el amigo, le contestan:

No debe hacerse. Foerster tiene esperanzas, y así, ¿cómo podríamos hacerlo nosotros? ¡E incluso si no fuese el caso! Es algo que no, no, no ha de ocurrir.

Lenin no podía hablar en marzo de 1923, así que difícilmente podía pedir algo como no fuera por señas. ¿Y quién le dio a Konstantinovna el cianuro que no pudo darle a Lenin porque «le fallaron los nervios»? Solo Stalin, si es que Stalin decía la verdad. Pero, naturalmente, Stalin mentía.

Lo que había sucedido realmente es que Lenin, el 21 de diciembre de 1922, tres días después de que Stalin fuera designado oficialmente para cuidar de su salud, había dictado una nota sobre comercio exterior para Trotski. No tenía más importancia, aunque este se recree en sus memorias contando el caso, que el hecho de enviarla, porque eso suponía que Stalin no podría vigilarlo, ya que Krupskáia no le serviría como carcelera interpuesta.

Stalin se dio cuenta de la importancia del hecho, llamó a Krupskáia —a quien asociaba a Trotski— y la insultó por teléfono hasta hacerla llorar. Ella se lo ocultó a Lenin, pero no a Kámenev: «Sé lo que le perturba o no, y en cualquier caso lo conozco mejor que Stalin… Soy un ser humano y también tengo los nervios en tensión». Kámenev tomó nota y se lo guardó.

Así fue hasta que en marzo de 1923 estalló la crisis en Georgia y Lenin pidió a Trotski que interviniera frente a Stalin y Ordonikjzije, los dos georgianos pero antinacionalistas, enfrentados con la ferocidad leninista habitual, es decir, a base de masacres, con los bolcheviques georgianos, más nacionalistas y reacios a obedecer a Moscú. Trotski se desentendió diciendo que estaba enfermo. Lenin escribió su última carta:

Sigo su caso de todo corazón. Estoy horrorizado por la brutalidad de Or-
jonikidze, y la tolerancia con que lo tratan Stalin y Dzerzhinski. Preparo
notas y un discurso para vosotros.

Lenin nunca sintió caso alguno «de corazón», ni se había «horrorizado» por masacre alguna, pero su esposa entendió que trataba de romper
con Stalin, y el miedo que le tenía le hizo confesarle su altercado de diciembre. Probablemente, Lenin lo comentó con su hermana María, que
lo cuenta en su diario:

Stalin la había llamado por teléfono y, pensando sin duda que el tema no
llegaría a oídos de V. I. le dijo en términos extremadamente groseros que
no tenía que hablar de política con V. I. o tendría que presentarse ante la
comisión de control del partido. N. K. se sintió terriblemente herida por
la conversación y llegó a llorar.

Entonces Lenin escribió esta nota a Stalin, con copias a Kámenev y
Zinóviev:

Estimado camarada Stalin:
 Ha tenido la desfachatez de llamar a mi mujer por teléfono y ofen-
derla. Aunque haya aceptado olvidar lo que se dijo, ha hablado con Kámenev y Zinóviev… Pero yo no tengo intención de olvidar lo que se ha
hecho contra mí, pues sobra decir que lo hecho contra mi esposa ha sido
hecho contra mí. Por tanto he de pedirle que decida si está dispuesto a
retirar sus palabras o no y a pedir disculpas, o si prefiere romper las relaciones con nosotros.
 Mis respetos. Lenin.

Stalin ni siquiera se dignó contestar inmediatamente. Si se observan
las fechas del incidente se comprueba hasta qué punto era no solo el cui-
dador oficial sino el albacea y el sepulturero de Lenin. Fue designado por
el Politburó el 17, Lenin dictó la carta a Trotski el 21, Stalin insultó a su
mujer y la amenazó con llevarla a la Comisión de Control de Partido el
22, y el 23 presentó su informe al Politburó sobre la petición de cianuro
de Lenin, que «por humanidad» necesitaba pero que él «no tenía valor»

para ejecutar. Y el Politburó, menos, claro está. ¡A ver quién se presentaba luego ante la Cheka con la responsabilidad de haber decidido matar a Lenin! Sin embargo, lo que sabían sobre este asunto (no el del cianuro sino el de los insultos de Stalin a la mujer de Lenin y la carta de este a Stalin), condenaba a Krúpskaia, Trotski, Kámenev y Zinóviev.

Por eso el cianuro es la clave del poder de Stalin y por eso ni siquiera se dignó contestar inmediatamente a la carta de Lenin. Como era verdad, como el Politburó lo sabía, como los dirigentes más cercanos, Zinóviev y Kámenev, lo sabían, como las hermanas de Lenin, Anna y María, que temían a Stalin, lo sabían, y como Lenin llevaba mucho tiempo, como mínimo desde marzo de 1922, pero seguro que algunos años antes, hablando con Krupskáia del suicidio de Laura Marx y Paul Lafargue, quizás para que ella lo acompañase en el último viaje porque él, siempre medroso, no se atrevía a hacerlo solo, y como, evidentemente, Krupskáia, tal vez rencorosa por haber tenido que aguantar lo de Inés Armand, se negó, aunque nadie habría podido impedir ese suicidio a dúo, la posición de Stalin era invulnerable. Lenin se había puesto en sus manos para morir y él se había negado a matarlo. ¿Cabía tener mayor poder en Rusia?

Por eso tarda más de un mes en responder a Lenin y lo hace en unos términos de absoluto desprecio:

Camarada Lenin:

Han pasado cinco semanas de eso, he tenido una conversación con la camarada Nadiezhda Konstantinova (Krupskáia), a quien no solo considero su esposa sino una vieja camarada de partido y le he dicho (por teléfono) aproximadamente lo siguiente: los médicos nos han prohibido dar informaciones políticas a Ilich, pues estiman que es el modo más eficaz de cuidarlo. Pero N. K., usted no respeta ese régimen. No debemos jugar con la vida de Ilich, etc. No me parece haber dicho nada brutal o intolerable, o dirigido contra usted, pues mi único deseo es su pronto restablecimiento. Y por ello me parece que es mi responsabilidad velar por que ese régimen sea respetado. Mi conversación con N. K. confirmó que mis sospechas no tenían fundamento y no podía ser de otro modo. Ahora si usted piensa que para mantener nuestras «relaciones» debo retirar lo que he dicho, lo retiro, pero no alcanzo a ver dónde está el problema, en qué consiste mi falta y qué se quiere de mí.

I. Stalin.

Todo en esta carta muestra un refinamiento sádico que desmiente la extendida idea de que Lenin era el culto y leído y Stalin el zafio ignorante. Para empezar habla de «relaciones», entre comillas, como burlándose del término, porque entiende que Lenin no ha tenido nunca con él otra relación que la del mando y la obediencia, y que eso se acabó: ahora es al revés. Dice que Krupskáia le «confirmó» que «como no podía ser de otro modo», acataba la orden de Stalin, que era la de los médicos, de no hablar con él de política, pero Lenin nunca había hablado de otra cosa y su mujer ni podía ni seguramente querría impedirlo, porque como le había dicho a Kámenev, sabía «mejor que nadie lo que lo perturbaba», y nada lo habría hecho tanto como negarse a hablar de política, lo único de lo que habló toda su vida, en medio de episodios de paranoia y depresión asociados al deterioro cerebral.

O sea, que, según consigna Stalin, NK no «podía jugar con la vida de Ilich» pero había jugado y por eso él la había llamado, y le había dicho de todo, pero ella no podía haberle dictado una carta a Trotski, precisamente a él, sobre comercio exterior. Era un pulso que Lenin le había echado a Stalin y lo había perdido. La culpa de la situación en que había quedado Krupskáia era de Lenin, incapaz de aceptar el resultado de su enfermedad: ya no tenía el poder y, en ese sentido y en todos, estaba muerto.

En realidad, desde el momento en que Lenin le pide el cianuro a Stalin, y solo a él (porque la versión de su hermana María favorece al que ya tenía en su mano mandarla matar, pero se basa en un hecho indiscutido por la única que podría hacerlo: Krupskáia), Lenin ha invertido la situación hegeliana del Amo y el Esclavo: él se ha convertido, primero medio jugando, luego dramáticamente en serio, en el juguete de Stalin, que puede disponer de su vida cuando quiera. Y si no lo hace es, sencillamente, porque no le conviene. Sus «relaciones» son, como siempre, de sumisión, salvo que ahora el esclavo es Lenin, porque reconoce como amo a Stalin, con derecho de vida y muerte sobre él. Una vez le has concedido a alguien ese derecho, no eres libre ni de morir. Y eso sucedió.

Lenin era un muñeco que solo podía decir «*vot-vot*» (eso es) pero no era capaz de tocarse la nariz con el dedo, de hacer sumas y multiplicaciones ni de decir palabras completas, pese a que Krupskáia le hizo aprender de nuevo las que más podían animarle, «revolución», «congreso» o «pueblo», pero solo podía pronunciarlas acompañado por ella. Tenía espasmos continuos, irregulares, imprevisibles, que podían agravarse y durar horas. A veces parecía recuperarse, pero se le quedó la cara de niño idiotizado que muestra en las últimas fotos. Cuando al pintor Yuri Ánnienkov se le encargó que le hiciera un retrato, en diciembre de 1923, dejó este cuadro:

> Kámenev me llevó a Gorki para hacer un retrato, más exactamente un croquis de Lenin enfermo. Nos recibió Krupskáia. Nos dijo que no era momento para retratos. En efecto, echado en una chaise-longue y arropado con una manta, mirando a través de nosotros con la sonrisa desarmante y crispada de un hombre que ha vuelto a la infancia, Lenin solo podía ser la ilustración de su mal y no el modelo de un retrato.

Naturalmente, debemos recordar que apenas un año antes ese marchito vegetal pedía que le llevaran a casa la lista negra de los intelectuales a los que echó de Rusia, hacía fusilar al hijo de Anna Ajmátova, el poeta Gumiliev, tras el juicio «ejemplarizante» a los socialistas revolucionarios, mandaba a decenas de miles de personas a morir a las Solovski y otros campos aún no llamados Gulag, ordenaba la *descosaquización*, es decir, el exterminio de casi medio millón de cosacos, incluidos mujeres y niños, de los tres millones de esa etnia, seguía insultando al zar («el tonto Nicolás») al que mandó fusilar con toda la familia (el médico, el servicio y el perro iban en el paquete como testigos), además de dejar morir de hambre durante días en una mina abandonada a varios miembros más de la familia Romanov. Sí: debemos recordar viendo el sufrimiento de ese monigote que pide cianuro y no se lo dan, en los cinco millones que dejó morir de hambre; en los miles de muertos de hambre de Kiev que se suicidaron antes de morir de una enfermedad desconocida: el comunismo de Lenin.

## LAS CIFRAS DE VÍCTIMAS DEL COMUNISMO

Las cifras terribles del *humanicidio* comunista solo se descubren en la frialdad matemática de la estadística: en 1924 debería haber 17 millones más en Rusia pero, tras el paso de Lenin, no están. A los muertos que el comunismo mata se añaden los que el comunismo no deja vivir, nacer, envejecer o enfermar sin morir. Al morir Stalin se le contaron 20 millones de cadáveres, pero en Rusia faltaban 40. Con Mao desaparecieron entre 40 y 60 millones de chinos, pero su retrato preside la plaza de Tien Anmen. Pol Pot mató a dos millones y medio pero en Camboya, de siete y medio, faltan tres. En Corea del norte sigue corriendo el *muertómetro*: ¿dos, cuatro millones? En Vietnam se rompió al huir el último periodista americano a los brazos de Jane Fonda. Decenas, tal vez centenares de miles de cubanos han muerto en el estrecho de la Florida huyendo en sus armatostes de neumáticos entre los tiburones del agua y los del régimen de los Castro, pero aunque hay casi tres millones de cubanos en el exilio y solo diez en la envejecida Cuba, Obama se fotografía feliz con Raúl Castro. Y el Papa, cómo no. Y buena parte de España, como veremos, parece arrepentida de la derrota del comunismo en 1939. De no haber disfrutado un régimen como el de Lenin.

El problema moral y político de las cifras atroces del comunismo, cien años después de su nacimiento, es que olvidamos o no llegamos siquiera a saber el nombre, lo único suyo, de las víctimas. El diputado Singarev, primero de los mártires liberales, secuestrado en la propia Asamblea, apaleado en la cárcel y llevado al hospital, donde fue asesinado por la Guardia Roja de Lenin, escribía en su diario la frase del *Inferno* de Dante, «*lasciate ogni speranza*», con un diccionario de italiano al lado, por si encontraba alguna en el toscano de la *Commedia*. No la halló.

Si pensamos en cada vida destrozada, en cada humillación, violación, robo, tortura, asesinato, cometidos en nombre de una humanidad mejor por los peores hombres de la historia; si pensamos en las listas —eso son *listas negras* y no las de Hollywood— de los cientos, miles de intelectuales y artistas que entre injurias garrapateaba Lenin para mandarlos al exilio; si recordamos que esas mismas listas las siguió haciendo su legítimo heredero Stalin durante un cuarto de siglo, para mandar al Gulag al que le parecía; si pensamos que eso es lo que han hecho todos los dictadores comunistas, sin excepción, y aspiran a hacer, sin excepción, los aspirantes a dictadores, si constatamos, en fin, que Lenin inauguró, inventó de hecho, una forma de política, la totalitaria, que arrasó Europa y el mundo durante medio siglo XX, y que cien años después de poner en marcha la mayor máquina de matar que ha conocido la humanidad sigue llenando las cárceles y los paredones, habitando la imaginación de los comisarios que sueñan con ser *lenines*, habrá que convenir que su larga agonía no fue demasiado cruel.

## EL NEGRO CEREBRO DE LENIN

En la autopsia, según cuenta Volkogónov a partir de los archivos:

> El Comisario de Salud, Nikolai Samashko, constató que los vasos sanguíneos del cerebro de Lenin estaban esclerosados hasta la calcificación. Al tocarlos con una pinza sonaban como piedras. Las paredes de numerosos vasos habían alcanzado tal espesor y los propios vasos estaban hipertrofiados hasta tal punto que era imposible introducir un pelo en el orificio y regiones enteras del cerebro no recibían ningún aflujo de sangre fresca.

Cuando el pintor Ánnienkov, el que no quiso hacer el retrato de la enfermedad de Lenin, visitó el llamado Instituto Lenin, le llamó la atención un frasco de vidrio:

> Contenía el cerebro de Lenin conservado en alcohol... Un hemisferio estaba sano y tenía dimensiones normales, con circunvoluciones claramente definidas; el otro, como sujeto con una cinta, estaba arrugado, exprimido, aplastado y no era más grande que una nuez.

Ese medio cerebro encogido y negro representa muy bien la Rusia que creó Lenin al lado de la que le vio nacer: inmensa, caótica, llena de vida y talento. A esa Rusia le robó su suelo y la condenó al cielo pobre del exilio. Pero Kandinski, Chagall, Nabokov, Stravinski, Prokofiev, Bunin, Berdiàev y Struve siguieron pensando, creando belleza entre las ruinas. La otra media, la de Lenin, retratada por Soljenitsin en nombre de los cien millones de muertos del sistema creado por él, quedó atada, exprimida, aplastada, reducida a una canica oscura, como el mármol de su tumba.

# 4
## STALIN Y LA GUERRA DE ESPAÑA

La Guerra Civil española ha sido, hasta el día de hoy, la gran coartada del comunismo. En ochenta de sus cien años de vida, nuestra guerra ha servido a todos los comunistas del mundo, desde Stalin hasta hoy, para presumir de sus crímenes como si fueran hazañas, para presentar su tiranía como la más delicada y romántica de las democracias. Qué tiene que ver el romanticismo con la democracia, el arrebato con el Estado de Derecho es algo que nadie ha explicado ni podría hacerlo jamás porque, sencillamente, no tienen nada que ver. Pero la democracia es más aburrida que el mito. Y en la sociedad actual, la mitificación es la forma habitual de ver la historia.

La formidable máquina de propaganda de la Komintern, creada por Willi Münzenberg y servida por un tumultuoso elenco de celebridades literarias y cinematográficas, sobre todo norteamericanas y francesas, empezó en el otoño de 1936 a difundir soberbios relatos y conmovedoras imágenes sobre un país cuya historia desconocían por completo y cuyo presente ignoraban. Pero aquella antología de cuentos de hadas y de terror ha tenido tanto éxito que ha llegado a convencernos a los propios españoles de que haber superado la Guerra Civil y la posguerra, hacer la Transición a la democracia y vivir cuarenta años de régimen constitucional, a pesar de la continua agresión del terrorismo comunista y separatista, ha sido un error aburridísimo, y que lo deseable es que se repita, cuanto antes, la función, para darle otro final.

En realidad, lo que se quiere finiquitar es, como en 1936, la libertad. Y España es el cadáver que se quiere echar a la cuneta. Desde el 11-M de 2004, el PSOE de Zapatero, los comunistas y los separatistas, con la bovina complicidad del PP de Rajoy, están empeñados en rectificar el resultado de la Guerra, para lo cual es necesario emprenderla otra vez. Al cumplirse los cien años del comunismo, la Guerra Civil española sigue siendo el banderín de enganche de los infinitos liberticidas descerebrados del mundo, a los que les suena, habrán leído en la *wiki*, o en un tuit, que al Che Guevara, el de las camisetas, lo mató Franco, el de los Reyes Católicos, en la batalla del Ebro. Peor aún: la lucha contra Franco, tan antifascista, o sea, tan falsa como en el 1936, se ha convertido en la más eficaz herramienta de deslegitimación de la democracia y de la propia existencia de la nación española.

## LA ENTRADA DEL COMUNISMO EN ESPAÑA

Cuando Marx y Engels publican en 1848 el *Manifiesto comunista* no pensaban ni por asomo que el fantasma que recorría Europa pudiera aparecerse en España. Los textos que Marx publica sobre el pronunciamiento de 1854 no muestran su estima por las posibilidades del socialismo científico en la *Pequeña Rusia*, España, por la que sentía una debilidad teórica no mayor que hacia la grande. Durante la Gloriosa de 1868, que inicia el Sexenio Revolucionario hasta la restauración canovista, Marx y Bakunin solo ven a España como campo de una batalla dentro de la guerra por el control de la Internacional. El ensayo de Engels *Los bakuninistas en acción. Informe sobre la sublevación española del verano de 1873*, en que analiza la revuelta cantonal en la Primera República, apenas esconde su desdén por las posibilidades revolucionarias en la península Ibérica. Y cuando lo reedita veintiún años después, en 1894, escribe una nota previa en la que podemos leer:

> España es un país tan atrasado desde el punto de vista industrial que es imposible hablar siquiera en ella de una emancipación inmediata de la clase obrera. Antes de que pueda llegarse a ello tiene que atravesar España un desarrollo de varios estadios y superar una serie de obstáculos.

El texto de Engels es una demoledora crítica de la inacción bakuninista y el desconcierto cantonalista, pero tiene la virtud de reconocer que los bakuninistas dominan por completo en España a los marxistas. En la nota del 94, once años después de la muerte de Marx, su albacea anota que por primera vez hay un grupo organizado de la Internacional ajeno a los anarquistas. ¡Veinte años después del fracaso republicano! ¿Cómo se entiende que una derrota apabullante de la revolución, de todos los grupos revolucionarios que por turno fracasan en el poder y en la oposición, tarde dos décadas en tener repercusión política y organizativa en el movimiento obrero? ¿Cuál es la clave que oponía en España a Marx y a Bakunin haciendo imposible el progreso de los discípulos del primero a pesar del fracaso de los del segundo?

Marx y Bakunin comparten su condena de la propiedad, del Derecho e incluso del Estado, al que ambos consideran expresión del dominio de la clase burguesa sobre las demás. Marx criticaba a Lassalle por su confianza excesiva en el Estado, que para él era simple estación de tránsito aprovechable en el camino al comunismo y para Bakunin un mal en sí mismo, sin utilidad posible. Pero los seguidores de Marx y de Bakunin compartían la mayor parte de las ideas y de las fobias. Los españoles, como la mayor parte de los socialistas europeos, no veían inconciliables ambas posturas y achacaban la división y el enfrentamiento en la A.I.T. a disputas personalistas por el poder. No se equivocaban. Pero había un factor que impedía prosperar a Marx en España y que instaló a Bakunin como faro teórico de la izquierda revolucionaria durante más de medio siglo. Cuando Paul Lafargue, el infortunado yerno de Karl Marx, llega a Madrid huyendo de la policía francesa, en diciembre de 1871, no hace honor a su libro célebre *El derecho a la pereza* y diagnostica el mal con rapidez fulminante:

> Es en España que se puede constatar la influencia de Bakunin. Es él quien ha inyectado a los hombres de aquí el desprecio a la política.

Este es el fondo de la cuestión: el *desprecio de la política*. Si hay algo que todavía hoy sorprende y sobrecoge en todos los textos de ámbito bakuninista, tanto extranjeros como españoles de aquella época, es el odio que manifiestan hacia algo todavía más abstracto que el Estado, aunque en realidad se trate de dos manifestaciones de lo mismo: la política.

Algunos han interpretado ese apoliticismo del anarquismo español como algo intrínseco a una sociedad atrasada y católica que no es capaz de entrar en los procesos ideológicos y organizativos característicos de la moderna sociedad industrial. El marxismo universitario, el reduccionismo sociologista a lo Max Weber y el sistemático proceso de desinformación izquierdista tras la Guerra Civil han conseguido que los propios españoles tengan una visión anacrónica y agonística de su siglo XIX que responde más a la mitología actual de la izquierda que a la realidad histórica. Por supuesto que el milenarismo es una característica del socialismo español, especialmente en su corriente principal, anarquista, pero ¿dónde no lo era? La aversión a la política se ha interpretado como el fruto razonable de una desilusión puramente nacional, al fracasar la alianza con los militares y políticos progresistas y sus sucesores, los demócratas, carentes de sentido social en sus reivindicaciones. Pero he aquí la primera de las dos comunicaciones extranjeras, la del Comité Federal de Suiza, dirigidas al primer gran Congreso Obrero español, el de Barcelona en 1870, antes siquiera de ensayar la República:

La política, la religión y los gobiernos han sido creados por nuestros patronos, burgueses, curas y reyes para mejor dominarnos, para sojuzgarnos, para hacernos morir de hambre dividiéndonos en partidos.

Creedlo, hermanos de España: si la gran causa del trabajo debe un día dominar al mundo y transformar la sociedad, si la hora del reinado de la Igualdad ha de sonar un día, es necesario, y es, en nuestro concepto, uno de nuestros más imperiosos deberes, rechazar absolutamente todo lo que hoy se llama política (...). Si nosotros tocamos, siquiera con la punta del dedo esta organización actual de los gobiernos; si prostituimos nuestro corazón y nuestra honradez batiéndonos con ellos o contra ellos en su terreno, la política (...), pasarán los años sin llegar a nuestra emancipación.

Pero la otra comunicación, la belga, no se quedaba atrás:

Penetrados de esta idea, de que no puede obtenerse reforma social alguna verdadera, sino dando satisfacción a los intereses del trabajo, hemos debido romper con todos los metafísicos de la política y con sus sermones sentimentales; hemos renunciado a toda esperanza de mejoramiento proveniente de un cambio de gobierno y hemos tomado por línea de conducta la abstención en materia política.

Entiéndase bien: no decimos que todos los gobiernos sean buenos, no; decimos que todos los gobiernos son igualmente despreciables; de modo que pedir a los obreros que se pronuncien por tal o cual forma de gobierno es preguntarles por cuál de los gobiernos quieren ser asesinados.

(...) Los medios que tenemos para llegar a este resultado son la fuerza para derribar al poder político (...), la liquidación social para derribar el poder económico.

Para poder una y otra nos faltan dos cosas que no poseemos aún en cantidad suficiente: nos falta número y saber; por consiguiente, la propaganda y el estudio de las cuestiones son el primer deber de los Socialistas.

El dictamen final del Congreso de Barcelona, primero de la A.I.T., aunque mantiene referencias a la tradición cooperativista, individualista y reformista, se manifiesta en los mismos términos que sus colegas europeos:

Entre el colectivismo y la política, entre la igualdad y el privilegio, entre el trabajo y la holganza, entre media sociedad emancipada y otra media esclava, no cabe, no puede caber más pacto que la guerra

Causa de profundos odios entre nuestros hermanos, la política se opondría constantemente a que profesáramos en nuestro trato el principio de amor, sin el cual nuestros trabajos se perderían en el desamor y en la fría indiferencia, dejando en el aislamiento los tan caros elementos que queremos agrupar. Y como quiera que, de ocuparnos en ella, nos robaría un tiempo precioso y altamente necesario a la propaganda de nuestros principios, razón de más para que rechace a la política de su seno, no solo por inútil sino por perjudicial.

Como resumen, la comisión adopta estas resoluciones para ser votadas por el Congreso:

Considerando:

Que las aspiraciones de los pueblos hacia su bienestar, fundándose en la conservación del Estado, no solo no han podido realizarse, sino que este poder ha sido causa de su muerte.

Que la autoridad y el privilegio son las columnas más firmes en que se apoya esta sociedad de esclavos, cuya reconstitución, fundada en la igualdad y en la libertad, se halla confiada a nosotros de derecho.

Que la organización de la explotación del capital , favorecida por el gobierno o estado político, no es otra cosa que la esclavitud perenne y siempre creciente, cuya sumisión forzosa a la libre concurrencia burguesa se llama derecho legal o jurídico y, por tanto, obligatorio.

Que toda participación de la clase obrera en la política gubernamental de la clase media no podría producir otros resultados que la consolidación del orden de cosas existentes, lo cual paralizaría la acción revolucionaria del proletariado.

El Congreso recomienda a todas las secciones de la Asociación internacional de Trabajadores renuncien a toda acción corporativa que tenga por objeto efectuar la transformación social por medio de las reformas políticas nacionales, y los invita a emplear toda su actividad en la constitución federativa de los cuerpos de oficio, único medio de asegurar el éxito de la revolución social.

Esta federación es la verdadera representación del trabajo, y debe verificarse fuera de los gobiernos políticos.

Barcelona, local del Congreso Obrero, 23 de junio de 1870.

Las resoluciones de este congreso tienen más valor aún por ser de carácter transaccional, un compromiso de mínimos entre los que pretendían la revolución violenta sin más preámbulos y los que favorecían actividades reformistas como medio de alcanzar el mismo fin. No acabó de contentar a unos ni a otros, pero eso las convierte hoy en más representativas del estado de ideas que da comienzo a lo que comúnmente se entiende por movimiento obrero en España, *la pequeña Rusia*, a la sombra del gigante Bakunin.

En esas resoluciones está lo fundamental del discurso revolucionario izquierdista que recoge Valle-Inclán en *Luces de bohemia* sesenta años después. Adjudicándoselo a Bakunin, pues de él procede en lo esencial, pero entendiéndolo como lo que realmente era: un estado de opinión que iba consciente y reflexivamente más allá de la pluralidad de asociaciones y partidos, cuando los había. Bajo la reiterada condena de la política se establece en realidad un proyecto irrevocablemente totalitario, tanto en

los medios como en los fines, negación de todo derecho que no sea el
que establezcan los revolucionarios, que se confieren a sí mismos el papel de sacerdotes y verdugos de una verdad revelada pero en la que solo
puede *iniciarse* una parte de la sociedad, una clase social que es la trabajadora.

Todo el largo proceso del siglo XIX para conseguir mediante una
prolongada y heroica acción política que los súbditos del Antiguo Régimen se conviertan en ciudadanos queda así anulado, cancelado y condenado por los socialistas revolucionarios. La propiedad, la herencia, el mercado, todos los fundamentos económicos de la sociedad industrial quedan
estigmatizados como fuente de esclavitud y muerte. La esclavitud perenne y siempre creciente diagnosticada por los amigos de Bakunin es casi
idéntica a la depauperación constante de la clase trabajadora establecida
por Marx como hecho científico.

No importa que los hechos desmientan tan rotundas teorías. No importa que durante el medio siglo de monarquía constitucional que en
España sigue al fracaso de la república cantonal y de la centralista, revolucionarios bakuninistas incluidos, los obreros españoles mejoren paula-
tinamente sus condiciones de vida, en el campo y en la ciudad, ni que a
través tanto de los mecanismos del mercado como de los propiamente
reivindicativos y del Estado, con unos gobiernos más que otros, vaya haciendo mejor o menos malo el destino de los humildes. Esa representación exclusiva de la clase obrera «confiada a nosotros de derecho» (no se
sabe por quién) que se autoadjudican los revolucionarios de Barcelona
se manifiesta a través de la propaganda, como si lo fundado no fuera una
asociación de trabajadores con intereses comunes en algunos ámbitos sino una secta de tipógrafos evangelistas. Y en buena medida, así era.

No existe en el discurso de aquella primitiva izquierda española,
única en que se reconoce la actual, diferencias notables con el de sus correligionarios europeos. Prácticamente ninguna. Y desde el principio, hay
una deliberada negación de la pluralidad, de la diversidad de intereses legítimos, de la variedad de perspectivas de progreso, de la libertad para
asociarse y expresarlas en todos los ámbitos. Las libertades ciudadanas son
expresión de un dominio de clase y no valen nada. Los gobiernos que
tratan de mejorar la condición de los humildes son peores que los que
no lo intentan, porque esas mejoras tangibles impiden a los trabajadores

comprender su verdadero destino, el papel que les toca en el cataclismo social.

No hay ideas sino «La Idea», ni más principios que «nuestros principios», aunque sea menester mucho estudio para «ampliar saber y número». Sobre todo número, porque el saber político esencial que es la negación de la política, de los partidos políticos, está irrevocablemente establecido. No tiene el Parlamento ni el régimen representativo, ni las urnas, ni las libertades democráticas papel alguno en el presente ni, previsiblemente, en el futuro.

Con la Primera Internacional ha nacido en España una secta que, como tal, obedece a típicos mecanismos sectarios: aislamiento de la realidad exterior, propaganda hacia afuera y no hacia adentro, condena de la sociedad presente como síntesis del mal de todos los siglos, papel esencial de los portadores de la Revelación y, en fin, la promesa de un futuro radiante, ya sin necesidades, sin dolor, sin conflicto social de ningún tipo, sin oposición entre los intereses particulares y colectivos, ni entre la nación y el individuo, ni entre las naciones entre sí; un futuro sin Estado, sin ley y sin orden, sustituidos por una armonía universal.

Y mientras tanto, como vía de perfección a ese Paraíso en la Tierra, guerra sin cuartel, violencia sin límite, todo vale contra la horrible realidad presente. Los horrores pueden padecerlos ellos y quejarse en consonancia, pero contra los revolucionarios nadie tiene derecho a quejarse, por muchos horrores que causen. Los anarquistas no predican el reino de la Libertad, sino el de la Irresponsabilidad; no entienden la armonía universal más que como expresión de un grupo social por ellos dirigido; al decidir que la sociedad burguesa «los asesina» a través de sus gobiernos, se consideran legitimados para asesinar a los gobiernos de cualquier sociedad.

La marginación deliberada de la acción parlamentaria, de los lazos sociales que vayan más allá de una clase, de toda reflexión contraria o ajena a La Idea, de ese apocalipsis que debe preceder al Paraíso, hacen imposible su inserción plena en una sociedad a la que condenan en bloque y a la que en bloque quieren destruir. Habrá divisiones de carácter táctico entre las distintas ramas del socialismo español, en especial cuando los dos últimos gobiernos republicanos y los primeros de la Restauración les devuelvan con la ilegalización forzosa la autoexclusión de la legalidad que la Internacional proclamaba. Sin embargo, nunca habrá una crítica teórica seria contra el totalitarismo originario. Ninguna enmienda a esa totalidad, sino simples adecuaciones a la forma de recorrer el camino espinoso hasta el florido vergel.

El programa del socialismo revolucionario español, establecido en 1870 y en plena sintonía con las corrientes de izquierda europeas, no tiene nada de original, excepto lo que niega de la reciente historia de España, hecha desde la Guerra de la Independencia y las guerras civiles carlistas con gigantesca y obligada participación popular.

En otros países la negación será más absurda, pero no más dolorosa. Porque la política había sido durante sesenta años un campo de combate cívico para los españoles. En ella nacieron el parlamentarismo, el ejército nacional, el culto a la Constitución, la libertad de conciencia o religiosa, la libertad de prensa, la división de poderes, la soberanía nacional como base de los derechos individuales y la libertad económica como medio de romper la tradición de privilegios de la nobleza y de los gremios. Y como resumen de todo ello: el debate sobre las distintas formas que puede tomar el Estado y cuál conviene mejor al conjunto de la nación. La historia española de 1808 a 1870 era una verdadera escuela de libertades.

Esa escuela la cierran en nombre de una parte relativamente pequeña de la población los primitivos dirigentes del socialismo español al negar la política como campo de acción del movimiento obrero. En el propio ámbito del bakuninismo, se pasa del cosmopolitismo de Fernando Garrido y la Legión Ibérica, que se formó para combatir en Italia como voluntarios en las filas de Mazzini, a un internacionalismo angosto, limitado a una clase social de contorno impreciso y a unos dogmas liberadores más imprecisos aún. Anselmo Lorenzo, Francisco Mora, Tomás Morago, Farga Pellicer, cada uno en su estilo, con mayor, menor o nula identificación con el terrorismo, según su talante y convicción, abandonan los móviles políticos que hasta entonces habían permitido una alianza de los obreros y campesinos con los menestrales, artesanos, comerciantes, militares, eclesiásticos y pequeños burgueses de ideología liberal.

Esa base popular había sido utilizada por los rebeldes de uniforme o por los revolucionarios de clase media, pero ¿por qué no había de concernir a los trabajadores manuales la libertad de imprenta, de asociación, de religión, de reunión, la capacidad de voto, la abolición de la Inquisición, de los privilegios aristocráticos y clericales propios del Antiguo

Régimen? ¿Por qué habría de serle indiferente a un trabajador textil que hubiera o no Constitución?

Desde 1834, a través de una cruenta guerra civil, España había conseguido cimentar un régimen constitucional que la ponía en un nivel de civilización política prácticamente equiparable a los países más avanzados del mundo. ¿Por qué habían de desentenderse los trabajadores de lo que eran conquistas objetivas de la libertad ciudadana como simples argucias de los propietarios capitalistas?

Mucha gente humilde había muerto en la lucha contra el despotismo de Fernando VII y su reimplantación del Antiguo Régimen. Mucha más murió en la guerra civil contra los carlistas, que pretendían mantener la monarquía absolutista. España no había tenido experiencias trágicas equiparables a las de otros países europeos en 1848 ni en 1854, menos aún la tendría en 1871, fecha de la Comuna parisina. Pero tenía sus propias tragedias políticas.

Los avatares de la Gloriosa, del militarismo liberal, de la república federal o unitaria, del cantonalismo disgregador, de la reacción unificadora y pacificadora posterior, es decir, la restauración alfonsina, correspondían a movimientos sociales conflictivos y de hondo significado para la política nacional, en los que las clases populares tuvieron un papel muy destacado. Pero el socialismo naciente se apartó de la izquierda liberal e incluso de la izquierda democrática. Se marginó de los cambios que las nuevas condiciones económicas, políticas e institucionales imponían en toda Europa. Y mientras sus antiguos aliados en las luchas por la libertad continuaban a su manera la reforma de España, los socialistas abjuraban de sus propios orígenes.

Otro ruso vendría a continuar la influencia de Bakunin en el seno de la Sección Española de la Asociación Internacional de Trabajadores. Su nombre era Piotr Kropotkin y su alumno español más aventajado, que convivió con él en aquel camelot anarquista que fue el cantón del Jura, en Suiza, era un maestro llamado Severino Albarracín.

Kropotkin profundizó y amplió la ya de por sí notable confusión estratégica que el bakuninismo español arrastraba desde sus orígenes. Nadie, ni siquiera Marx y Engels, alcanzó mayor influencia que estos dos rusos en el devenir del socialismo revolucionario español. Pero la antipolítica que constituía su más curiosa aportación teórica llevó en todas partes a una continua escisión dentro del anarquismo. Primero, entre colectivismo y comunismo; luego, se añadió el comunismo anarquista; y después, el anarquismo sin adjetivos.

Muerto prematuramente Albarracín, el hombre de Kropotkin y de la alianza bakuninista que constituía el núcleo duro de la Internacional fue José García Viñas. Él le hizo de anfitrión durante el verano de 1878, cuando Kropotkin quiso conocer España, y le presentó a una de las primeras anarquistas españolas, Teresa Mañé, alias «Soledad Gustavo». García Viñas, hombre adusto y maltratado en las crónicas de la época a causa del estilo dictatorial que impuso a la organización clandestina de la AIT, se enfrentó a Tomás Morago, albacea político de Bakunin. Pero éste también se llevaba fatal con Mora y otros jefes de fila. Kropotkin siempre recordó con afecto su visita a España y sacó excelente impresión de sus revoltosos amigos. No hubo, sin embargo, kropotkinismo español sino un guirigay de facciones.

Eisenwein señala una corriente insurreccional, otra comunista y otra sindicalista en la dispersión del movimiento obrero tras su ilegalización por la Primera República y, posteriormente, por los primeros gobiernos canovistas. Pero detrás de corrientes tan nítidas se advierten, sobre todo, caudillismos personales y una discusión permanente sobre el carácter político o antipolítico de la actividad obrera, que se centra en tres puntos: las huelgas continuas y la huelga general como herramienta definitiva de la revolución social; la participación de los afiliados a la Internacional en los partidos republicanos o federales que concurren a las elecciones; y la aceptación o no del terrorismo como fórmula revolucionaria aceptable moralmente y políticamente eficaz. Esta última cuestión resultó clave en la caracterización del anarquismo europeo y favoreció la escisión del grupo marxista, cuya figura más destacada sería Pablo Iglesias Posse, fundador de la UGT y del Partido Obrero, luego PSOE.

El terrorismo que hemos visto en Rusia, bautizado como «propaganda por los hechos», apareció en otros países europeos como forma de respuesta a la dureza de la represión de los gobiernos contra las organizaciones anarquistas, especialmente a raíz de los primeros magnicidios. En España, esa propaganda mediante el asesinato, el incendio de propiedades y la lucha contra símbolos e instituciones de signo conservador, así la Iglesia, los patronos, la Guardia Civil y el Ejército, marcó el final del siglo XIX e inauguró el siglo XX.

Los anarquistas han denunciado de forma sistemática y elocuente el carácter autoritario de los marxistas, su comportamiento sectario y manipulador contra los seguidores de Bakunin («las añagazas de Marx» y «las patrañas de Engels», por usar los calificativos de Olaya Morales), para impedir el decantamiento de los «Internacionales de la Región Española» hacia las ideas del gigante ruso. No hay exageración y están plenamente justificadas las denuncias de la doblez de Lafargue y la desvergüenza de Marx y Engels para calumniar a Bakunin como agente del zarismo, a fin de desprestigiarlo como líder de la A.I.T. Anselmo Lorenzo, que con mandato de los delegados españoles viajó a Londres en septiembre de 1871 para la Conferencia Internacional de la A.I.T., fue recibido en su propia casa por Marx, que le besó en la frente, le habló en español, hizo que su hija Jenny le pidiera la lectura en voz alta de algunos párrafos de *El Quijote* y desplegó todas sus artes de seducción para cautivar al poco mundano tipógrafo.

Pero este no se dejó embaucar y tras el desarrollo de la reunión dejó una impresión desoladora sobre cómo las gastaba la pareja creadora del comunismo moderno:

> De la semana pasada en aquella conferencia guardo triste recuerdo. El efecto causado en mi ánimo fue desastroso. Esperaba yo ver grandes pensadores, heroicos defensores de los trabajadores, entusiastas propagadores de las nuevas ideas, precursores de aquella sociedad transformada por la revolución en que se practicara la justicia y se disfrutara de la felicidad, y en su lugar hallé graves rencillas y tremendas enemistades (...).
>
> Pocos éramos los asalariados asistentes a aquella asamblea, siendo los más burgueses (ciudadanos de la clase media, como los define la Academia) y estos llevaban allí la dirección y la voz, ya que aquella reunión no vino a ser otra cosa que una prolongación del Consejo General, una sanción de sus planes, robustecida por el voto atribuido a la asociación por medio de sus delegados, parodiando en esto al parlamentarismo político, y en todo ello no pude ver nada grande, nada salvador, ni siquiera en armonía con el lenguaje empleado para la propaganda.

Puede asegurarse que toda la sustancia de aquella conferencia se redujo a afirmar el predominio de un hombre allí presente, Carlos Marx, contra el que se supuso pretendía ejercer otro, Miguel Bakunin, ausente.

Para llevar adelante el propósito había un capítulo de cargos contra Bakunin y la Alianza para la Democracia Socialista, apoyada en documentos, declaraciones y hechos de cuya verdad y autenticidad no pudo convencerse nadie, sostenidos además por el testimonio de algún delegado presente como el ruso Utín, por ejemplo, y lo que es peor, con el silencio cobarde de algún aliancista presente y lo que todavía es más sórdido, hasta con ciertas tímidas excusas. Sigue Lorenzo:

> (...) todo esto, a pesar de ser repugnante por sí mismo, fue llevado en las sesiones de la conferencia con cierta apariencia de regularidad, (pero) en el seno de las comisiones se manifestó el odio en toda su cruel desvergüenza. Asistí, una noche en casa de Marx, a una reunión encargada de dictaminar sobre el asunto de la alianza y allí vi a aquel hombre descender del pedestal en que mi admiración y respeto le habían colocado hasta el nivel más vulgar, y después varios de sus partidarios se rebajaron mucho más aún, ejerciendo la adulación como si fueran viles cortesanos delante de su señor (...).
>
> Volví a España (...) en carta particular dirigida a los amigos de Barcelona, explicándoles lo de la conferencia, escribí esta frase: «Si lo que Marx ha dicho de Bakunin es cierto, este es un infame, y si no, lo es aquel. No hay término medio, tan graves son las censuras y acusaciones que he oído».

Pese a una experiencia tan valiosa, que mostraba bien a las claras que entre los dirigentes de la Internacional también se hacía política, se utilizaba la fórmula parlamentaria y se imitaban los peores usos y las más sucias artimañas del partidismo burgués, ni Anselmo Lorenzo ni sus compañeros reflexionaron sobre la condena de la política como ámbito de la acción de la clase obrera. No dudaron, viendo cómo las gastaba Marx, si tal vez habían tratado demasiado duramente a Fernando Garrido, viejo amigo de Bakunin y diputado por Cádiz en la Gloriosa, cuando les propuso discutir «si es conveniente para que las clases trabajadoras puedan emanciparse del yugo del capital, que se ocupen de política, ejerciendo los derechos individuales, el de sufragio y cualquier otro inherente a la humana naturaleza».

Así lo rechazaron: «No es conveniente para la emancipación político-social de los trabajadores que éstos tomen parte activa en la política».

Y tras entrevistarse con Garrido, en un artículo de *La Solidaridad*, el propio Lorenzo lo declaró «despojado de todo prestigio y reducido al más ínfimo nivel».

Y *El Obrero* remachó:

> No tema nadie que los socialistas vayan al municipio, a la diputación y a las cortes, porque nosotros no aceptamos nada de ese árbol carcomido, solo deseamos cortarle. Abstención quiere decir Revolución (...). Somos en política anarquistas, en economía colectivistas y en religión ateos.

Aunque en prácticamente todos los libros sobre el anarquismo español se habla de la represión, a veces feroz, padecida por los seguidores de Bakunin, nunca suele decirse que antes de que los persiguiera la República, los militares de Serrano y los gobiernos canovistas fueron ellos los que se proclamaron enemigos mortales no solo de las instituciones existentes sino de cualquier participación en ellas, siquiera instrumental, negándoles otro futuro que el de su destrucción violenta. Y no se limitaron a las palabras sino que desde el principio unieron al discurso totalitario de su prensa o del Congreso de 1870 los hechos más violentos.

Es absolutamente falso que los anarquistas solo recurrieran a la violencia para defenderse del terror gubernamental. Y para ello basta recordar que además de los crímenes de La Mano Negra y de Jerez, los anarquistas atentaron contra los dos reyes constitucionales, Alfonso XII y Alfonso XIII, asesinaron a la máxima figura del partido liberalconservador, Cánovas del Castillo, asesinaron al más brillante de los políticos liberales, José Canalejas, asesinaron al jefe de gobierno conservador Eduardo Dato, apuñalaron al máximo renovador de la derecha democrática Antonio Maura, volaron fábricas, quemaron fincas, asesinaron patronos fabriles y propietarios agrícolas, quemaron iglesias y ayuntamientos, atentaron contra jueces, militares, guardias de toda clase, incluyendo los forestales, tiraron bombas contra las procesiones, tiraron bombas en el teatro del Liceo, tiraron bombas donde les pareció, sin preocuparse de las vidas inocentes de los espectadores. ¡Y encima se quejaban del mal funcionamiento del Estado de Derecho, al que combatían con la mayor ferocidad!

Por mucha que sea la simpatía que produzcan las vidas de muchos anarquistas españoles, su doctrina fue invariablemente sectaria, violenta y abominable. Los que veían en ellos a terroristas sin escrúpulos tenían razones sobradas para ello, porque las barbaridades que no hacían, las justificaban.

En 1879, la Federación Española hizo pública su simpatía «por todos los hombres que han tenido suficiente ánimo y buena voluntad para atentar contra la vida de los opresores y explotadores del género humano y muy principalmente contra los que impiden el desarrollo de las ideas anárquicocolectivistas», dice Juan Gómez en su *Historia del anarcosindicalismo español*, citando la obra clásica de Díaz del Moral.

No, no esperaron a la represión para proclamar su doctrina ni para condenar a la sociedad a una muerte violenta. Es una mentira deliberada y descarada, es una estafa intelectual esa visión de los anarquistas españoles como seres mansos, vegetarianos y esperantistas que, a diferencia de los socialistas seguidores de Marx, topaban con sus utopías ante el muro cerril de la derecha española.

Castelar, Cánovas, Canalejas o Maura apreciaban mucho más la libertad que los líderes anarquistas españoles de cualquier tendencia. Y cuando veteranas organizaciones presocialistas, como Las Tres Clases de Vapor, se opusieron al programa apocalíptico de los anarquistas, fueron condenadas fulminantemente.

Es verdad que, también desde los orígenes de la Internacional en España, hubo líderes y grupos que, aun permaneciendo anarquistas en la teoría o en las preferencias últimas, proclamaron la necesidad de limitar las huelgas y de participar en las elecciones de cualquier tipo que se celebraran, además de pedir la renuncia y la condena al terrorismo. Pero no consiguieron apartar al socialismo español de su ideario básico, radicalmente antiliberal y antidemocrático.

La división entre autoritarios y libertarios, entre marxistas y bakuninistas, es esencialmente retrospectiva y se refiere a lo que ellos mismos decían sobre sus fines últimos, no a lo que hacían realmente en la práctica cotidiana. Se trata de una manipulación a posteriori para fabricar un belén revolucionario con todas las figuritas políticamente bien pintadas. Es una acuarela en la que el pacifismo es ley y el terrorismo un accidente o una inevitable forma de autodefensa. Aparentemente se respeta la propiedad privada de los que tienen poco, de los que tienen algo o de los que la han ganado honradamente la condene. Sin embargo, en la teoría, se la identifica con el robo siguiendo la frase célebre de Proudon «*La proprieté cest le vol*», y se la ataca violentamente tanto a ella como a sus propietarios; el derecho y la justicia son aspiraciones permanentes de los revolucionarios, pero se proclama que el derecho es una patraña de las clases poseedoras y que la justicia es un concepto burgués o reaccionario, imposible e indeseable en una sociedad económicamente desigual. De hecho se utilizan los juicios contra los terroristas para hacer apología del terrorismo o para justificarlo, y en el futuro paraíso comunista, se llegue por la vía de Marx o por la de Bakunin, no hay el menor indicio de ese detestable producto romano llamado Derecho, definitivamente jubilado en beneficio de la espontaneidad justiciera de las masas o de la benevolente y constante vigilancia de los revolucionarios para que no se pierda la armonía social felizmente alcanzada.

En la propaganda de la izquierda no hay ningún concepto positivo que no le pertenezca «por derecho» desde siempre. Hoy como ayer, los pobres aprecian la ley y el orden, así que se nos asegura que cuando la izquierda del pasado ponía bombas o asesinaba propietarios no era porque los despreciaba sino porque les tenía un respeto tan profundo que podía combatirlos al tiempo que los defendía, mientras que los defensores burgueses se engañaban a sí mismos y engañaban a los demás cuando combatían el terrorismo revolucionario o defendían la propiedad, porque el verdadero terrorismo es la existencia misma de la sociedad burguesa y la verdadera propiedad no podía ser la propiedad que tenían los burgueses de entonces, mucha o poca, y los no burgueses, poca o mucha. La palabrería contra los hechos.

En fin, tanto entonces como ahora, lo que hacía la izquierda estaba bien aunque estuviera mal, porque lo hacía la izquierda. Y lo que hacía la derecha estaba mal aunque estuviera bien, porque lo hacía la derecha. En eso, nada ha cambiado.


Esa interpretación actual de los avatares de la izquierda revolucionaria en el siglo pasado la compartían marxistas y bakuninistas españoles cuando hablaban de sí mismos, pero se la negaban radicalmente a sus competidores fraternos. Socialistas y anarquistas se acusaban mutuamente de ser agentes policíacos u «objetivos» de la burguesía y cuando ahora se habla de la «criminalización» por parte de la derecha de las actividades obreras —en realidad revolucionarias y generalmente violentas—, se olvida que nadie ha criminalizado más a la izquierda que la propia izquierda.

Cuando Lafargue y Engels divulgaron contra los anarquistas las descalificaciones más atroces, incluyendo en ellas los aspectos personales y sin excluir la calumnia deliberada, no sabían que inauguraban una tradición extraordinariamente vigorosa, llamada a durar más de un siglo. Cien años después de sus diatribas contra los bakuninistas, todavía los descendientes de Engels y Marx, los comunistas del PCE, achacan a los militantes de la CNT y la FAI no solo su aventurerismo durante los años de la República sino su comportamiento criminal durante la Guerra Civil, en especial en episodios como las colectivizaciones del bajo Aragón, así como su incapacidad de entender la lógica militar.

Por su parte, los herederos teóricos de Bakunin y Kropotkin culpan a los marxistas españoles de su comportamiento totalitario, de la represión de las colectivizaciones, de la represión criminal de anarquistas y supuestos trotskistas durante la Guerra Civil y de favorecer una política pequeñoburguesa y conservadora frente la revolución obrera y sindical. Unos y otros se culpan de facilitar la victoria de Franco en la contienda civil, incluso décadas después de la guerra, con Franco muerto y enterrado. Pero nada de eso afecta a su ideario ni les mueve a la menor consideración crítica sobre su pasado violento y liberticida. Las dos ramas de la izquierda española coinciden en una cosa: la culpa siempre es de los demás.

La influencia de la revolución soviética en el socialismo español es absolutamente lógica. Un marxista ruso como Lenin tenía lógicamente que suscitar la simpatía de los marxistas españoles, a reserva de su comportamiento político ulterior. Lo enigmático es que la base anarquista española, agrupada en torno a la CNT en lo sindical y a la FAI en lo político-terrorista, se sintiera tan conmocionada y atraída por los bolcheviques. ¿Por qué, más de medio siglo después de la implantación de la línea bakuninista en la izquierda revolucionaria española, existía esa atracción por la llamada dictadura del proletariado, por la solución totalitaria?

En mi opinión, por el común sustrato totalitario que las dos facciones de la Internacional en España comparten desde 1870. Pero ¿cuál es la razón última de esa identificación extremista en el ala mayoritaria del obrerismo español?

Actualmente y para enmendarle la plana a Brenan y los «milenaristas» se suele insistir en el desengaño, desencanto o decepción de los obreros ante el comportamiento de los partidos liberales o democráticos, especialmente los republicanos, en el Sexenio Revolucionario. Que esa decepción existió, resulta evidente, porque los propios textos de los dirigentes de la Internacional naciente así lo proclaman. Pero que los republicanos o los liberales no cumplieran las expectativas, por lo demás confusas y contradictorias, de los socialistas españoles no explica por qué estos abjuraron de las ideas de libertad que hasta entonces les habían movido a actuar conjuntamente.

Desde la polémica entre Castelar y Pi o la ya citada entre Fernando Garrido y Anselmo Lorenzo, los socialistas abandonan las reivindicaciones de libertad política que habían movilizado a buena parte de la sociedad española durante todo el siglo XIX. Su renuncia a la Política, insistimos, porque es crucial, es la renuncia al Sufragio, a las libertades de prensa, reunión y asociación, a la libertad religiosa, a todos los mecanismos de participación propios de la democracia liberal.

No es que se vayan apartando progresivamente a fuerza de decepciones, sino que fundan su decepción en el apartamiento de los «falsos ídolos» de la «libertad burguesa». Su apoliticismo en 1870 no es un arrebato casual sino el comienzo de una larga trayectoria de lucha frontal contra el sistema parlamentario que llega prácticamente hasta el final de la Guerra Civil y teóricamente hasta la actualidad.

¿Pero por qué? ¿Qué es lo que permitió que esa tendencia surgiera y se mantuviera como hegemónica durante más de sesenta años? ¿Por qué los socialistas españoles nunca alcanzaron la implantación y popularidad de los anarquistas? ¿Por qué tanto la extrema derecha (Falange Española, que tomó de la CNT los colores rojo y negro de su bandera y que trató de captar tanto antes de la guerra civil como incluso después a los cuadros más politizados del anarquismo para el nacionalsindicalismo) como la extrema izquierda (los comunistas no estalinistas o los socialistas revolucionarios de Largo Caballero) veían en esa base anarquista de las fábricas y los campos españoles la raíz política genuinamente nacional, el revolucionarismo auténticamente español?

Sobre su carácter peculiar y distintivo no hay dudas, así como de su profundo arraigo popular, pero, a mi juicio, no basta solo con la explicación de la cultura católica, que volcaría en el milenarismo anarquista cierta tradición evangélica y bíblica. Italia, Francia, Portugal y otros países americanos comparten esa misma cultura religiosa y no se volcaron en el recipiente de Bakunin. ¿Por qué España lo hizo de ese modo, con esa intensidad?

A mi juicio, hay dos razones: una de carácter accidental o histórico, propiamente española, y otra universal, propia de cualquier sociedad moderna. Durante el siglo XIX, el pueblo español vivió una terrible experiencia de violencia política entreverada con argumentos religiosos. Primero, la Guerra de la Independencia, en la que las ideas de la Ilustración, compartidas por la burguesía ilustrada y liberal, fueron achacadas al invasor francés por la institución ideológicamente esencial en la forja de la opinión pública, que era la Iglesia,

Esa lucha ideológica y política contra el invasor se renovó durante el doble período fernandino, que abolió la Constitución de 1812, consiguió superar el Trienio Constitucional (1820-23) y volvió al absolutismo durante la Ominosa Década. La identificación del liberalismo con los enemigos de la tradición y la religión volvió a actualizarse en las tres guerras civiles carlistas que se sucedieron en el territorio español.

Es cierto, pues, que la lucha por la libertad es una constante de las minorías más activas de España desde 1808, pero también que la reivindicación del Antiguo Régimen es una constante paralela, irreductible y de base social más amplia. Casi todos los historiadores y sociólogos que se acercan sin prejuicios al siglo XIX coinciden en identificar una mayoría popular carlista, antes fernandina, siempre absolutista y antiliberal, en los durísimos conflictos que atraviesa España de 1808 a 1874.

Solo a favor de la coyuntura histórica, forjando alianzas muchas veces insólitas y empeñándose en imponer la libertad política al margen de los deseos populares e incluso por la fuerza llega a cuajar el régimen constitucional.

No es el de España un caso único pero sí donde encuentra una base social permanentemente movilizada y frecuentemente armada que está acostumbrada a jugarse la vida por el que no casualmente fue el lema de los carlistas: Dios, Patria, Rey. O lo que actualizado viene a ser lo mismo: Nación, Religión, Tradición.

Si prescindimos de valoraciones puramente actuales y si nos ahorramos el historicismo que suele gobernar a los historiadores contemporáneos, vemos que el régimen liberal fue siempre en España cosa de minorías ilustradas y que ni siquiera entre los liberales cuajó pronto ni de forma indeleble. Hasta el final de la Primera Guerra Carlista se trata de un liberalismo cívicomilitar, romántico, más de oposición que de gobierno. Y cuando llega al gobierno se manifiesta sectario y militarista, tanto en su vertiente progresista (Espartero) como conservadora (Narváez).

Solo el paréntesis de la Unión Liberal, de signo centrista o de coalición, con el aditamento clave de los «puritanos» —José Joaquín Pacheco, Andrés Borrego, Nicomedes-Pastor Díaz—, liberales de principios que recuerdan a los «doctrinarios» franceses, permite una época constructiva y creadora netamente liberal, aunque siempre bajo la protección de un militar, en ese caso Leopoldo O'Donnell. Después será Prim el que prohíje, siempre dentro de fórmulas constitucionales y con garantía para las libertades, la monarquía de Amadeo de Saboya, que no sabemos lo que hubiera dado de sí con Prim en vida.

Tanto la República como el año de dictadura no declarada del general Serrano, émulo y competidor de Narváez en la época isabelina, son períodos en los que el régimen constitucional parece hundirse pero no tiene alternativas, salvo la nostalgia del Antiguo Régimen, el carlismo.

La última guerra carlista afianzó el régimen constitucional, hechura de Cánovas, durante cincuenta años, que son los más pacíficos y, a la vista de lo que hubo antes y de lo que vino después, acaso los más fructíferos de la España moderna. En ellos no desapareció esa especie política que cabría llamar totalitarismo antañón, el carlismo o tradicionalismo, y además apareció ese totalitarismo nuevo llamado socialismo, tanto en su vertiente marxista como bakuninista.

Si se prescinde de valoraciones y se atiende a los tres grandes bloques ideológicos del siglo XIX puede decirse que el primer tercio, hasta 1834, es el de la lucha del Antiguo Régimen con el liberalismo, perdiendo los liberales; el segundo tercio, hasta 1868, es el de la lucha entre liberales y conservadores aliados a los carlistas, perdiendo éstos; y el último tercio que incluiría el Sexenio Revolucionario, tumultuosamente liberal bajo muy diversas fórmulas, y la Restauración, es en el que se introduce el bipartidismo dinástico y una monarquía constitucional de sufragio cada vez más amplio, hasta llegar al universal masculino. En este último tercio, el carlismo se difumina en los márgenes conservadores de la monarquía constitucional mientras el socialismo, en sus distintas variantes, se va afianzando como oposición global al régimen, aunque sin posibilidades de victoria tras el caótico fracaso de la república federal.

Pero la constante sociológica y política es la existencia de un sector popular muy amplio contrario a las libertades y refractario o indiferente al régimen constitucional. En la primera mitad del siglo, esa resistencia es unánimemente tradicionalista; en la segunda mitad, el tradicionalismo no desaparece, aunque mengua, y se va implantando otra ideología contraria a la ideología liberal e incluso democrática, que es el socialismo, de mayoría anarquista.

Hay zonas rurales y muchas ciudades que pasan del carlismo al socialismo sin que el liberalismo haya cuajado nunca del todo. Y la condena de la política tiene sorprendentes semejanzas en la extrema derecha y en la extrema izquierda: unos le achacan haber introducido la división y el partidismo en los intereses sagrados de la Patria; otros, haber roto en facciones los intereses comunes de los pobres; unos imputan al liberalismo haber dejado a la intemperie y sin la protección de la Iglesia a los más débiles; otros aspiran a sustituir a la Iglesia en el remedio inmediato de los necesitados y a desterrar el liberalismo capitalista para siempre, porque hace a los pobres cada vez más pobres. Unos identifican al liberalismo con la impiedad religiosa; otros, con la impiedad social. Unos le atribuyen haber terminado con la ley y el orden del Antiguo Régimen; otros, haber instaurado un desorden explotador que solo terminará con el fin del régimen liberal-capitalista y la instauración del socialismo. Unos imaginan el paraíso en el pasado; otros, en el futuro. Pero ambos consideran al presente, liberal y capitalista, como la suma de todas las abominaciones; ni reformable ni perfeccionable, ni recuperable.

Lo único que, para ambos, puede salvar a la sociedad es su aniquilación violenta. Para Dios o contra Dios, urge su liquidación.

Lo trágico para España es que ambas posiciones se basan en presupuestos morales o apetencias éticas profundamente enraizados en lo que suele llamarse moral colectiva. No hay duda de que el carlismo, el tradicionalismo en general, defiende una serie de valores que considera amenazados por los cambios sociales y que realmente lo están, aunque no todos y no todos eran insustituibles. Pero sería una frivolidad estúpida creer que la gente se juega la vida solo por deporte y no porque crea que vale la pena o que no tiene más remedio que jugársela.

Podemos lamentar que el carlismo, el tradicionalismo español, tuviera tanto arraigo popular, que fuera tan antipolítico, favoreciendo así la política de los sectores más retrógrados de España, pero no debemos negar el sentido religioso y moral que alienta su permanente rebeldía, ni dejar de reconocer que entre sus disparates doctrinales hay principios de valor inmutable, como todos los referentes a una ética civil favorecida por la creencia religiosa.

Sería igualmente absurdo, además de injusto, no ver detrás del proyecto totalitario del anarquismo español de 1870 unos valores éticos, una moral cívica que se plantea como alternativa a la religión pero que no aspira a la simple liquidación del sentimiento religioso sino a su sustitución por unos valores que considera superiores y menos perecederos, porque no dependen de la Fe sino de sentimientos de humanidad, de compasión por los débiles, de ayuda mutua, de equidad y de justicia.

Su obsesión antirreligiosa esconde en muchos aspectos una voluntad pararreligiosa evidente. A la revolución social la llamaban los anarquistas La Idea, y realmente le daban tratamiento de verdad revelada, con sus apóstoles, santos, beatos y mártires. No se trata, como parece cuando se lee a Brenan, de una simple impregnación estética o cultural del catolicismo, por otra parte evidente, sino de la permanencia de un sustrato de valores ligado a la compasión, la piedad, la humildad, el desprecio a los que abusan del poder o al poder en sí, importantes por sí mismos y que pertenecen a la cultura política española desde su raíz cristiana y popular.

Lo que lleva a la Guerra Civil de 1936-39, sin duda la cuarta y última guerra carlista pero también la guerra comunista primera y postrera, es que esos valores que alentaban en los dos grandes grupos antipolíticos del XIX, reaccionarios o revolucionarios, nunca les llevaron a entender que su campo de confrontación podía y debía ser el de las denostadas libertades burguesas, el del parlamentarismo, el régimen liberal imperfectísimo pero que elevaba a la política de necesidad a derecho. Ambos utilizaron el parlamento, y el sufragio, pero jamás los vieron como cosa propia o conquista imprescindible.

El odio a lo político, es decir, a la pluralidad, a lo ajeno, a lo otro y al otro, es el único factor común de la izquierda y a la derecha españolas radicales. Pero es la izquierda la que, al final, convirtió en doctrina excluyente la lucha contra la política. Aunque ahora la quieran convertir en defensora de la libertad, no lo fue jamás.

## FURET Y LOS EQUÍVOCOS SOBRE LA ESPAÑA DE 1936

España ha sido víctima de su propio éxito como país turístico. Por desgracia, ese turismo empezó por el político, romántico y revolucionario desde comienzos del XIX y la Guerra de la Independencia contra Napoleón. Nuestro éxito como escenario romántico ha sido tan grande que dura hasta hoy y tiene en la Guerra de 1936-39 su más exitoso almacén de necedades. Los enciclopedistas franceses tenían un desprecio por España solo superado por su ignorancia. De ahí la frase de que nada debía la ciencia a España, en realidad uno de los últimos frutos de la Leyenda Negra del XVII contra la gran potencia católica que fue España y cuyo peor efecto es que ha acabado siendo creído, metabolizado y asumido por los propios españoles.

Pero lo cierto es que antes de la Revolución Francesa, tan destructiva para España como para la propia Francia y sin ninguno de los consuelos republicanos que tanto y tan absurdamente celebran nuestros vecinos, los «españoles de ambos mundos», como se denominaron los que proclaman la Constitución de Cádiz de 1812, tenían en el descomunal Imperio Español un régimen ilustrado, dentro del despotismo del Antiguo Régimen, similar a los más avanzados de su época. España era la tercera potencia militar del mundo, tras Inglaterra y Francia. España se desarrollaba desde finales del XVII, con el movimiento de los *novatores*, y a lo largo del despotismo a la francesa de la nueva dinastía borbónica, en términos semejantes, pese a su escasa población, tortuosa orografía y, en consecuencia, no muy próspera agricultura, a los de los grandes países europeos.

En el XVIII, España ha empezado a ganar dinero en América, o al menos, a no perderlo. Hasta la batalla de Trafalgar, la flota española está a la par de los países más poderosos del mundo, que eran Francia y el Imperio Británico; e incluso después, los marinos españoles, cuyos conocimientos no podían ser menores que los de los británicos, derrotan a Nelson en Cartagena de Indias, hazaña de Blas de Lezo, y mantienen a salvo las colonias y el comercio español con América. ¿Cómo iba a «arrastrar un retraso de siglos» la España de 1936 si hasta la Revolución Francesa, que frena en seco las reformas ilustradas, y los cuatro años de guerra contra el ejército de Napoleón, trágicos en pérdidas humanas y devastadores en lo material, seguía siendo la tercera potencia mundial?

Pues porque así lo exigía el «buen salvaje romántico» que franceses y anglosajones encuentran, léase inventan, en el indómito y manso, bruto y despabilado, religioso y pagano, luminoso y sombrío pueblo español, tan pintoresco siempre: un salvajote atractivo, ayer romántico, hoy antifascista, tocando la guitarra a la sombra del torreón de algún castillo en ruinas.

No exagero en absoluto. François Furet, en el libro canónico sobre el comunismo *Le passé d'une illusion*, dice a propósito de nuestra guerra:

> La España de esta época está desde hace varios siglos en la periferia política de Europa; encerrada en su pasado, excéntrica, violenta, ha seguido siendo un país católico, aristocrático y pobre, en el que el Antiguo Régimen sigue siendo poderoso, alimentando contra él las pasiones revolucionarias. La monarquía había sido desacreditada por una serie de malos reyes, al ejército se le temía como un instrumento de dictadura y la democracia representativa no tenía un sostén social fuerte. La unidad nacional misma era problemática y a la diversidad de partidos nacionales se superpone la de los autonomismos catalán y vasco.

España estaba en la periferia de Europa porque para Francia todo es periferia y porque la geografía la ha colocado ahí, pero después de tres guerras civiles contra el carlismo, que representaba el Antiguo Régimen, tenía un régimen constitucional. Desde 1874, la Restauración dirigida por Cánovas, y con el buen rey Alfonso XII y su viuda María Cristina, estrictamente constitucionalistas, en España se había terminado el protagonismo militar, tradicionalmente liberal, hubo un poder exclusivamente civil hasta 1923 y un régimen de partidos turnantes al modo inglés, incluido, como en toda Europa, el caciquismo electoral. También en eso éramos vulgarmente europeos.

España era católica, se dice como un reproche. ¿Por qué no había de serlo? Las grandes páginas de nuestra historia no pueden separarse de la religión. Nuestra propia existencia como nación moderna, hace más de cinco siglos, viene de la Reconquista del viejo solar hispanorromano frente al Islam. Nuestras catedrales no tienen su hermosa imaginería románica o gótica destrozada a martillazos, como las francesas. ¿Hemos de lamentarlo? Pero no era más violenta que otro país europeo, salvo en las guerras, que no suelen ser escuela de comportamientos cívicos. El antiguo poder material de la Iglesia lo perdió tras las desamortizaciones de Mendizábal y Madoz, ya en la primera mitad del XIX. En cuanto a la aristocracia, desde la creación de los guerrilleros en la Guerra de la Independencia y tras las guerras carlistas, no era militarmente relevante, salvo en la Armada. Y en lo social o cultural, no más que en las restauraciones francesas, alguna imperial. ¿Para qué hablar de otras dinastías, si todas descendían de la reina Victoria de Inglaterra?

En cuanto al «encerrarse en su pasado» del que habla Furet, es falso en general y mucho más en 1936. Durante la Restauración (1874-1923) el medio siglo de paz civil fue acompañado por movimientos de renovación en todos los ámbitos, del educativo al sanitario, que modernizaron de forma notable el país. Más incluso de lo que percibían los españoles, fascinados siempre por Francia. Pero el sistema político superó muy bien la pérdida en 1898 de las últimas colonias, Cuba, Puerto Rico y Filipinas, aunque una generación de orfebres literarios políticamente descerebrados disparatasen desaforadamente sobre la nación y su sistema político. Entonces nacen lo que Furet llama «autonomismos» catalán y vasco; en rigor, separatismos racistas y xenófobos que heredan del carlismo el odio a la España liberal.

Pero en 1936 España disfrutaba de lo que se ha dado en llamar la Edad de Plata de nuestra Literatura. Desaparecida la generación realista de final del XIX (Galdós, Clarín, Pardo Bazán) convivían hasta cuatro de una calidad excepcional, en la que algo tendría que ver la educación: la del 98 (Azorín, Unamuno, Valle-Inclán, Maeztu, los Machado, Baroja), la del 14 (Ortega, Azaña, Gómez de la Serna, Blasco Ibáñez, Gabriel Miró, Juan Ramón Jiménez), la del 27 (Alberti, Guillén, Lorca, Dámaso Alonso, Salinas, Cernuda) y la del 36 (Sender, Max Aub, Giménez Caballero, Miguel Hernández). Era, sin duda, la mayor concentración de talentos que vivía España desde el Siglo de Oro. El cine (Buñuel), la música, (Falla, Albéniz), la pintura (de Sorolla a Picasso, pasando por Juan Gris y Dalí) la escultura o la arquitectura muestran que los españoles no vivían, como dice Furet, «encerrados en el pasado». La primera gran película del surrealismo es *El perro andaluz* y la segunda, *La edad de oro*.

Pero Dalí y Buñuel eran pupilos de la Residencia de Estudiantes, una rama de la Institución Libre de Enseñanza, que durante medio siglo educó —sectariamente, a la francesa— a un sector importante de la clase dirigente española. A través de la Junta de Ampliación de Estudios, dirigida por el probo José Castillejo, se concedían becas para la ampliación de estudios superiores en las mejores universidades europeas. Las lenguas clásicas se estudiaban como en toda la Europa mediterránea; el arabismo, mucho más. El interés por la tradición judía llevó a la concesión de la nacionalidad española a los sefardíes durante la dictadura de Primo de Rivera. Que, por cierto, fue el primero en conceder el voto femenino en las municipales. ¿De qué atraso se nos habla? ¿Qué Edad Media vivíamos? ¿Qué aristocratismo?

En cuanto a la pobreza, que suele pintarse de la forma más negra y como origen de la ferocidad en nuestra Guerra Civil, lo cierto es que en los años veinte, coincidiendo con la dictadura de Primo de Rivera, la economía española fue la que más creció en todo el mundo. Hasta los años sesenta del franquismo, España no ha tenido una etapa de prosperidad como la de los años veinte, no solo en términos relativos al área mediterránea —que es con la que hay que compararnos— sino absolutos, respecto a Europa y América. Las tensiones sociales son semejantes a las de toda Europa, y la crisis que da lugar a la II República y la Guerra Civil es esencialmente política.

## EL PAPEL DEL COMUNISMO EN LA GUERRA CIVIL

¿Y qué lugar juega en ella el comunismo? Sencillamente esencial. Furet parte de un error habitual en los lectores de Hugh Thomas y Gerald

Brenan, que, sin animadversión hacia España ni voluntario sectarismo, desprecian los datos objetivos que explican la Guerra Civil; y que no son estrictamente obra de Stalin, pero sí total y absolutamente comunistas.

Dice Furet:

> La insurrección militar de julio, fiel a la tendencia de la derecha europea en el siglo, se ha justificado por la necesidad de salvar a España del comunismo; en el caso español, la amenaza comunista inexistente es el pretexto para una contrarrevolución de tipo clásico. Pero sirve también para señalar una verdadera revolución popular a la que la revuelta del ejército da nuevas fuerzas. España ofrece el espectáculo de un conflicto más antiguo que el del fascismo y el antifascismo: en su suelo se enfrentan la revolución y la contrarrevolución.

Por supuesto que en España no existía una amenaza fascista, ni fue fascista en su origen el alzamiento de Franco, ni tuvo que ver con algún tipo de supremacismo racial al modo de Hitler o estatalista a lo Mussolini. Fue, efectivamente, una contrarrevolución… ¡porque había una revolución! Y en toda Europa desde la Comuna y muy en especial desde la implantación del régimen soviético, como lo prueban los alzamientos de Alemania y Hungría, la revolución solo podía ser, desde Lenin, de signo comunista. O totalitario anticomunista, como los de Hitler y Mussolini, que nada tenían que ver con el 18 de Julio. Es pasmoso presentar como el capricho de un grupito de militares, obispos y duques lo que en el Parlamento había dicho el jefe de la oposición democrática, Gil-Robles, al que quisieron asesinar la misma noche que a Calvo Sotelo: «Media España no se resigna a morir».

Decir que los que entre el 17 y el 19 de julio se alzaron contra el gobierno del Frente Popular —que acababa de respaldar el asesinato del jefe de la oposición tras cinco meses de atrocidades impunes— no sabían contra qué se jugaban la vida, porque no había peligro comunista, es tan frívolo y falso como ignorar que los comunistas de signo marxista o bakuninista no sabían lo que hacían, que, por supuesto, lo sabían. Viendo las versiones condescendientes, cuando no racistas, de algunos historiadores sobre la guerra de España diríase que en 1936 cedimos a ese carácter tan nuestro, locoide, excéntrico, violento, medievalón, *gipsy* o *risqué*, que nos lleva de vez en cuando a emprender una bonita guerra civil para deleite del turismo.

No fue así. Lo que el Frente Popular, cuyas fuerzas mayoritarias eran radicalmente antidemocráticas (los comunistas bakuninistas, desde siempre; y los socialistas bolchevizados, desde la derrota electoral de 1933) pretendía desde febrero de 1936 era implantar una dictadura al modo de la leninista en Rusia. Y lo decía. Y lo que atropelladamente y a la defensiva intentó la media España «que no se resignaba a morir», siempre más legalista que la izquierda, fue impedir que les pasara lo mismo que a los rusos bajo Lenin. La diferencia es que en la guerra civil rusa, desatada por Lenin, ganaron los *rojos*, y en la guerra española, provocada por los rojos, ganaron los *blancos*. Pero las semejanzas de ambas, en lo civil y en lo militar, son asombrosas.

Sin embargo, Furet, tan crítico y meritorio en tantas cosas, asume el argumento más falaz del Frente Popular en su versión comunista al decir: «¡Estaba tan próxima la represión terrible de la insurrección obrera en Asturias!». En 1934, como dice Madariaga en su libro *Spain*, perdió la izquierda toda legitimidad para quejarse de ningún golpe de Estado, porque eso es lo que intentó: un golpe de Estado en toda regla contra la República. Ni fue solo en Asturias, ni fue solo obrera, ni hubo tal terrible represión. El golpe de Estado contra la legalidad republicana, por el que Indalecio Prieto, su gran urdidor, responsable del alijo de armas del barco *Turquesa*, pidió perdón a España antes de morir (algo que hoy se empeñan en olvidar los propios socialistas) fue largamente preparado y perpetrado por las izquierdas, que se negaban a reconocer su derrota electoral a finales de 1933 y a dejar el poder a los partidos vencedores, el Radical y la CEDA. En ese golpe de Estado, al que se unen los separatistas catalanes, y que no por fallido fue menos golpe, unos, los republicanos, trataban de imponer un régimen a la mexicana, impidiendo a las derechas católicas el acceso al poder; y otros, los socialistas, directamente un régimen como el de Lenin y Stalin, una «dictadura del proletariado», es decir, un Estado comunista. Y lo decían.

En febrero de 1936, la blandura, no la ferocidad, en la represión del golpe del 34 por el gobierno legítimo de la República, que debió ilegalizar a todos los partidos golpistas, tuvieron lugar unas elecciones adelantadas que solo obedecían a los cálculos partidistas del presidente Alcalá-Zamora, deseoso de inventar una especie de tercera fuerza entre los dos bloques que, como en toda Europa antes y después, suelen disputarse el poder.

Furet, siguiendo la línea corriente de la historiografía sobre la Guerra Civil, dice que en febrero de 1936 el Frente Popular ganó «por pocos votos y muchos escaños». No fue así. Perdió en votos y robó los escaños. Solo mediante la manipulación de los resultados y el terror contra los candidatos de derechas para impedirles acudir a la segunda vuelta, se proclamó ganador de unas elecciones que había perdido. El libro de Manuel Álvarez Tardío y Roberto Villa García —*1936: Fraude y violencia en las elecciones del Frente Popular.* 2017— demuestra de forma incontrovertible que lo que han solido llamarse «irregularidades» fue un fraude descomunal —sesenta escaños— contra la voluntad popular. Pero lo peor es que eso fue el comienzo de un proceso revolucionario que sembró España de centenares de muertos y culminó con el asesinato del jefe de la Oposición Calvo Sotelo por policías de la escolta de Prieto, protegidos por el gobierno, que además se negó a investigar el asesinato.

Eso es lo que decidió a muchos militares, empezando por Franco, que eran conscientes de las escasas posibilidades de éxito, a rebelarse: que, sencillamente, los estaban matando, estaban sacando a punta de pistola, delante de sus familias, a los hombres a los que habían votado, a los líderes de la oposición parlamentaria, para pegarles un tiro en la nuca y dejarlos tirados en el cementerio. Eso lo estaban haciendo los mismos golpistas del 34, los socialistas y comunistas de las dos ramas, marxista y bakuninista, eso es lo que decían abiertamente las Juventudes ya comunistas de las JSU y su líder, el «Lenin español», Francisco Largo Caballero: si no podían imponer de inmediato la dictadura del proletariado «irían a la guerra civil». ¡Y dice Furet que no había peligro comunista!

## EL COMUNISMO NO ESTABA SOLO EN LA URSS

El problema teórico, porque práctico no lo hay, es distinguir el papel de la URSS de Stalin en la Guerra Civil y el papel del comunismo como tal. Antes de la guerra (y en eso Furet, que sigue el trabajo de Burnett Bolloten culminado por Stanley G. Payne, tiene razón), Moscú no tenía capacidad decisoria en la política española. Sin embargo, en octubre, tras recibir dos tercios del oro del Banco de España —la cuarta reserva mundial— y mandar armas, asesores y las Brigadas Internacionales, ejército básicamente de obediencia soviética, se convirtió en el único socio real del bando *frentepopulista* frente al *nacional*. Y siguiendo la típica estrategia leninista, en muchos aspectos calcada de la de Rusia de 1917 a 1922, fue deglutiendo, a partir del ejército, la estructura casi completa del Estado.

Dicho de otro modo: hasta octubre de 1936, cuando a cambio de la entrega secreta del oro del banco de España la URSS empieza el envío de armas y asesores del Ejército Rojo, que son unos 2.000, amén del servicio secreto militar, el GRU, y la antigua Cheka, rebautizada NKVD, la escasa entidad del PCE no permitía a Stalin contar con España entre las bazas con que jugaba, como al ratón y al gato, con Hitler y las democracias occidentales. En esos años, Stalin, al modo de Lenin, había cambiado varias veces de estrategia, que todos los partidos comunistas seguían perrunamente. Solo en el verano de 1935, en el XIX Congreso del PCUS, adoptó la de frentes populares, que el PCE aprovechó en 1936 pero en la medida de su fuerza, que era muchísimo menor que la del PSOE o la CNT. No obstante, su influencia, que provenía de ser la oficiosa representación soviética, era bastante superior.

Otra cosa es la fuerza que tenía el comunismo, no simplemente el PCE, en España. La mayor organización sindical, la CNT, y su rama terrorista, la FAI, eran comunistas. Y desde 1933, en un proceso que se iba larvando desde 1932, se produce la bolchevización del otro gran partido de masas de la izquierda, el marxista PSOE, que cambia la estrategia reformista tradicional de la II Internacional por la revolucionaria, típica de la III o Komintern. La división del PSOE es lo que conduce finalmente a la Guerra Civil, porque coloca a todas las organizaciones de masas de izquierda, marxistas y anarquistas, fuera de la legalidad republicana y, en realidad, de cualquier legalidad democrática. Y esa *bolchevización* se impuso tras una dura lucha interna de tres años entre los radicales de Largo Caballero y los moderados de Julián Besteiro.

La facción «centrista» del PSOE, dirigida por el turbio Indalecio Prieto, inclina la balanza en favor de los largocaballeristas. Y es el propio Prieto el que da el paso decisivo de romper con el orden legal al organizar la compra de armas para el golpe de Estado de 1934. En la bolchevización del PSOE fue clave la de las Juventudes Socialistas Unificadas,

JSU, que se unen a las del PCE bajo la dirección de un joven tan ambicioso como ayuno de escrúpulos: Santiago Carrillo, que tras sus entrevistas en la cárcel, donde estaba por el golpe del 34, con Vittorio Codovila, el principal agente de la Komintern, viaja a Moscú y se convierte en el más fiel de los hombres de Stalin. No el más eficaz. Ese puesto se lo disputan Luis Araquistain y Julio Álvarez del Vayo, los guías intelectuales de Largo Caballero en el proceso de bolchevización del PSOE, aunque finalmente lo gana Juan Negrín, que sustituye en el gobierno a Largo Caballero en 1937.

La salida de Largo del gobierno tras enfrentarse con el embajador soviético suele presentarse como prueba de que no era comunista, puesto que no obedecía a Stalin. Pero eso es tan absurdo como decir que Trotski o Yezov, asesinados por Stalin, en un caso por celos y en otro porque el celo había sido suficiente, no eran comunistas. Hay un libro publicado antes de julio de 1936, *Anticaballero*, de Gabriel Mario de Coca, hombre de confianza de Besteiro, que denuncia con estremecedora claridad la política de Largo y los suyos, que es exactamente la misma que la de Lenin: ir a la guerra civil para exterminar a sus enemigos políticos e imponer una «dictadura del proletariado», o sea, la suya.

A Largo Caballero le llamaban desde antes de la guerra el «Lenin español». Ni «El Jaurés del estuco» (era estuquista hasta que se dedicó a la política), ni «El Kautski de los madriles», ni «El Riego del andamio», ni «El Garibaldi obrero»; sencilla y claramente el «Lenin español». Porque era español y porque debía imponer en España la misma dictadura que en Rusia había impuesto Lenin. Largo no soportaba a los «partidos burgueses» republicanos, probablemente porque se sentía despreciado por su escasa cultura —Azaña se burla de su latiguillo «noverdá»— y, según él, porque en el alzamiento de 1917 se portaron mal con «los obreros», o sea, con el PSOE.

Pero él no fue más leal, ni se portó mejor con los republicanos, ni fue nunca consecuente. Durante la dictadura de Primo de Rivera, Largo impuso en el PSOE la colaboración con el régimen y llegó a secretario de Estado de Trabajo, lo más parecido, para los comunistas «libertarios», a ministro del Esquirolaje. Y la razón la hubiera aplaudido sin duda Lenin, el hombre del káiser contra Rusia: ambos tenían un enemigo común, el comunismo bakuninista, y su pacto fue descaradamente contra él. Ningún motivo «de clase»: simple lucha por el poder entre organizaciones sindicales enemigas.

Primo, aupado al poder por una burguesía catalana aterrada ante el terrorismo y cuyos líderes acudieron a despedirle a la estación de Sants cuando salió para Madrid para hacerse cargo del gobierno y liquidar el medio siglo de régimen constitucional, tan benéfico para España, tenía dos fines de orden negativo: acabar la guerra de Marruecos (lo hizo tras el brillante desembarco de Alhucemas) y acabar con el terrorismo anarquista (en general, también lo consiguió); y otro de orden positivo: una política de obras públicas e intervencionismo económico que tenía algo de Mussolini —llegado al poder solo tres años antes— y mucho de Joaquín Costa y las ideas regeneracionistas que marcaban la crisis del 98 y señalaban como culpable a la corrupción de los partidos políticos. Por eso Ortega y la mayoría de los intelectuales —Unamuno entre los famosos, Azaña entre los poco conocidos fueron la excepción— apoyaron al «cirujano de hierro».

El regeneracionismo de Primo tenía algo de colectivista, bastante de moralista y mucho de charla de café o cuarto de banderas. Pero era, sin duda, honrado. Y Primo contó en Hacienda con el joven Calvo Sotelo, que puso las bases financieras sólidas para un enorme plan de obras públicas que no solo creó empleos sino infraestructuras rápidamente rentables para la modernización industrial, la electrificación, la educación y otros aspectos de la vida civil, como el del voto femenino. Lo importante es que mantuvo el respeto a la propiedad privada junto a un desarrollo estatalista que creó monopolios a la larga poco rentables, pero a la corta eficaces en territorios vírgenes, como la telefonía y la electricidad. Como sucede siempre en las épocas de prosperidad, ello trajo un aluvión de reclamaciones de mejoras salariales, y ahí es donde estaba la UGT, para encauzarlas.

En realidad, el pacto de Primo con Largo y el PSOE es casi idéntico al de Bismarck con Lassalle décadas antes y se basa en lo mismo: una idea antiliberal del Estado y un proteccionismo laboral que, dentro de la moral cristiana que obliga a atender a los pobres, desamparados e impedidos, va apartando a la Iglesia de la gestión asistencial, que va siendo asumida por el Estado. Mientras, unos sindicatos reformistas pero pacíficos y dentro de la legalidad negocian reformas favorables a los trabajadores, no solo a nivel de fábrica, sino estatales, sin renunciar a acabar con la propiedad privada, pero «cuando las condiciones sociales lo permitan». O sea, nunca, porque las reformas van aumentando el número de propietarios que lo último que querían era perder lo que con su trabajo, esfuerzo y ahorro conseguían. En la dictadura de Primo, el bismarckismo militar alumbra las condiciones que hicieron poderosa y eficaz a la II Internacional. Exactamente lo que Lenin combatió y trató de destruir con el régimen soviético y la III Internacional.

¿Por qué, entonces, si la colaboración de la UGT-PSOE con Primo de Rivera había sido fructífera para los trabajadores y más aún para la UGT, que iguala o supera a la CNT en afiliación en los grandes centros fabriles y parte del campo, se produce la bolchevización del PSOE? Esta es la gran pregunta para explicarnos la Guerra Civil.

Y no es difícil hacerlo. Durante los años posteriores a la Primera Guerra Mundial, la crisis de los partidos socialdemócratas, la creación del régimen comunista en Rusia y el ascenso de partidos totalitarios que calcan la estética y la violencia del leninismo, habían conseguido que el liberalismo y su fruto natural, que es la democracia, parecieran fuera de moda, cosa del pasado, antiguallas abocadas a la morgue.

España no es, en eso, distinta del resto de Europa y América que abrazan esa *modernidad*: el esteticismo dictatorial, la ideologización liberticida de los intelectuales es un fenómeno generalizado y, visto desde hoy, escalofriante. Sin duda, tenía más respeto por los derechos naturales y libertades básicas de la persona —vida, libertad, propiedad— cualquier ciudadano común que cualquier universitario, profesor o alumno. Y no era fruto del saber sanchopancesco que Bergamín glosa en su *Elogio del español analfabeto*. En 1936, la alfabetización en España era del 75 por ciento, con regiones de más del 90 por ciento; en conjunto, no lejos de Francia, Alemania o Inglaterra y muy cerca de Italia y Checoslovaquia. El cambio era que los ilustrados, entre Robespierre y Stalin, se habían hecho despóticos.

El único elemento hostil al socialismo de cualquier signo, fatalmente abocado al totalitarismo, era el catolicismo popular español y la mayor parte de su jerarquía eclesial. Eso explica la ferocidad de la persecución religiosa en la República y la Guerra Civil. La diferencia del tardío fascismo español, la Falange, con el nazismo y el fascismo italiano es que no es anticristiano. De forma mitificada, pero con base real, identificaba la gloria de la nación española con la condición de hija de Roma y espada de la Cruz que ya en tiempos de Teodosio esgrimían los hispanorromanos, futuros españoles.

La diferencia de Ramiro Ledesma (cuyo libro *La Conquista del Estado* es el único realmente fascista de la época) con José Antonio Primo de Rivera era la del paganismo nazi contra el catolicismo arcaizante, a lo Maeztu o Tolkien. Pero no se trataba de una militancia confesional. Los falangistas, hasta después de la muerte de Franco (salvo los falangistas del Opus Dei, importantísimos pero escasos), solo fueron hostiles a la Iglesia cuando esta, tras el Concilio Vaticano II de 1962, empezó a condenar al régimen que había salvado a la Iglesia y a los católicos de la tortura y de la muerte y a elogiar al comunismo. El apoyo del clero vasco al terrorismo y del catalán al separatismo fue tan obsceno al final de la dictadura y durante toda la democracia que produjo un fervoroso anticlericalismo profundamente católico en la derecha española.

Bien distinto era el caso en los años veinte y treinta. Visto en perspectiva, es difícil encontrar un comportamiento más acorde a las leyes que el de los católicos de entonces. Aunque el Vaticano, Tedeschini y los obispos separatistas como Vidal i Barraquer cerdearon una barbaridad, la Iglesia, su órgano oficioso, *El Debate*, y su partido, la CEDA, fueron tan respetuosos con una legalidad que los discriminaba que, para su desgracia, convencieron a sus enemigos de que sería fácil exterminarlos. Cerca anduvieron. Pero en la Restauración y la Dictadura de Primo, el PSOE no era el más *comecuras* de la izquierda española. El factor masónico fue el verdaderamente relevante en el perfil del régimen de la II República, rabiosa e injustificadamente anticatólico, si es que en materia metafísica caben justificaciones. En lo político, era del todo injusto. Pero a Largo Caballero, a diferencia del bilbaíno Prieto, que odiaba al clero nacionalista, no le preocupaba mucho la religión sino el poder. Y su pacto con Primo fue, en ese sentido, un acierto: al irse pacíficamente el dictador, la UGT había alcanzado en afiliados y superado en influencia a la CNT.

¿Por qué, entonces, Largo acaudilla la bolchevización del PSOE? En mi opinión, por la misma razón que Prieto y que Negrín: el poder. La alianza con los comunistas —Stalin y el PCE eran amo y criado— les permitió a cada uno de los tres socialistas clave durante la Guerra Civil alcanzar, total o parcialmente, el poder. Largo les entregó el partido y el Ejército y obtuvo la Presidencia del Gobierno. Prieto creó y entregó la policía política, el SIM, a la NKVD. Y Negrín entregó el oro del Banco de España y alargó dos años una guerra perdida porque a Stalin le convenía alargarla, pero logró también la Presidencia del Gobierno. Largo y Prieto creyeron que podían manejar a Stalin, mucho más listo y poderoso que ellos, y, naturalmente, cayeron. Negrín nunca lo intentó, fue el más fiel de los servidores de Stalin y su reivindicación actual solo se entiende como parte de la bolchevización del PSOE reeditada por Zapatero y la alianza de Pedro Sánchez con los comunistas de Podemos para llegar al poder. Los comunistas desprecian a los *socialfascistas* tanto como entonces. Los socialistas no aprenden jamás.

Pero volvamos a la condición de comunista de Largo Caballero, que algunos niegan porque nunca fue del PCE. Vayamos a los hechos. A Largo le llamaba con entusiasmo «el Lenin español» el jefe de su verdadera fuerza en el partido, las juventudes (JSU), Santiago Carrillo Solares, al que luego reprochó que las había raptado al servicio de su oculto jefe Stalin. Raptado, puede, pero de oculto, nada. La táctica de Largo y de Carrillo para hacerse con el gobierno fue, al margen de la mayor o menor obediencia a Stalin, típicamente leninista. Largo buscó la guerra civil y la defendió contra Besteiro para imponer en España el modelo de sociedad de la URSS. El Ejército Popular de la República estableció, como el Ejército Rojo, la figura de los comisarios políticos, precisamente al mando de Álvarez del Vayo, el más descarado de los agentes soviéticos.

Como después de la de Negrín se ve venir la canonización de Álvarez del Vayo, al que mucho antes de Bolloten y Koch, los poumistas y anarquistas denunciaban como criminal agente de Moscú, hay que recordar sus libros de hagiografía estalinista, en especial *La senda Roja*, y su decidida vocación terrorista. Cuando la URSS se amorcilló con Breznev y solo Enver Hoxa iluminaba el horizonte desde Tirana (Albania), Vayo fundó el Frente Revolucionario Antifascista y Patriota (FRAP), banda terrorista típica de los movimientos m-l (marxistas leninistas) posteriores al 68 francés, a la que, por cierto, perteneció Pablo Iglesias, hijo de chequista y padre del actual líder de Podemos. ¡Ah, las rojas dinastías! Pero, con la forzosa excepción de Ramón Mercader, no hay un libro de conjunto ni biografías individuales sobre la tribu hispanosoviética que tras servir a Stalin en España siguió haciéndolo en todo el mundo, entre ellos Álvarez del Vayo, que dirigió la revista izquierdista y hábilmente prosoviética *The Nation* (a la que se refiere Koch), el «Pipo» Durán y otras figuras del séquito soviético de Eleanor Roosevelt. Ahora que se han abierto los archivos norteamericanos y parte de los soviéticos de la época, hay mucho ahí que investigar.

Por cierto, algo que me llama la atención es que ni siquiera Bolloten, en la saga de investigación sobre la penetración soviética en España que empieza en *The Great Camouflage* y culmina en su obra póstuma *La Guerra Civil Española*, completada por Stanley G. Payne, presta atención a un hecho, por lo menos, llamativo: las esposas de los dos intelectuales de cabecera de Largo Caballero en el proceso de bolchevización del PSOE, Araquistain y Álvarez del Vayo, son dos hermanas rusas. Y rusa era también la mujer de Negrín, de antigua familia acomodada.

Hoy empezamos a saber hasta qué punto era importante la red de «damas del Kremlin» que oficiaron como esposas devotas o profesionales aparentemente poco politizadas mientras servían en secreto a Moscú, a veces por convicción y otras por chantaje a la parte de la familia que seguía en Rusia. El asunto requiere bucear en los entreabiertos archivos del KGB, pero sorprende que con tantos especialistas, muchos del Este de Europa, afincados en España y que estudian las relaciones hispanorrusas durante la Guerra Civil y el exilio de la posguerra, incluido el Gulag, no se haya reparado en tan curiosa coincidencia. Los tres hombres claves en la sovietización de España estaban casados con rusas, ¿y nadie ha investigado nada?

## LARGO REPRENDE A STALIN POR PARLAMENTARISTA

Cuando Largo salió del gobierno por «corto» —no entendía bien el régimen de disciplina soviético, aunque lo aprovechó mientras pudo—, el poder de Stalin en España, gracias a él y a sus ministros Prieto y Negrín, estaba sólidamente asentado. Si no tomaron el poder por completo, como demostraron que podían hacer en mayo del 37 en Barcelona, fue porque a Stalin le convenía alargar la guerra de España y mantener el equilibrio del miedo de las democracias europeas y la URSS con Hitler, mientras los dos grandes tiranos del siglo ultimaban el pacto nazi-soviético que dio vía libre a las tropas nazis para hundir a Francia en un mes y forzar al Imperio Británico, tras acobardarse con Chamberlain, a ir a la guerra con Churchill al frente, pero casi a la desesperada.

Pocos documentos prueban hasta qué punto Largo Caballero era o pretendía ser más comunista que Stalin que el intercambio de cartas de diciembre de 1936, con los soviéticos ya metidos de hoz y coz en España. El propio Stalin, Molotov y Voroshilov firman esta carta a Caballero sobre la política interior que debería seguir España, pensando, claro, en la política exterior de la URSS:

> La revolución española traza su propio camino, distinto en muchos aspectos del seguido por Rusia. Esto obedece no solo a las distintas condiciones sociales, históricas y geográficas, y a las necesidades de la situación internacional... Es muy posible que en España la vía parlamentaria resulte ser un medio más eficaz de desarrollo revolucionario que en Rusia... No se debe rechazar a los dirigentes republicanos sino que, por el contrario, hay que atraerlos y acercarlos más al gobierno. Sobre todo, es necesario asegurar el apoyo de Azaña y su grupo al gobierno y hacer todo lo posible por vencer sus vacilaciones. Esto es necesario para evitar que los enemigos de España la consideren una República comunista e impedir así su intervención abierta, que constituye el mayor peligro para la España Republicana.

Seguían muchas consideraciones y detalles del mismo tenor. Y Largo Caballero contesta a Stalin el 12 de enero de 1937:

> Tienen razón al señalar que existen diferencias apreciables entre el desarrollo de la Revolución Rusa y la nuestra. De hecho, como ustedes mismos indican, las circunstancias son diferentes... Pero en respuesta a su alusión [al método parlamentario] conviene puntualizar que, independientemente de la suerte que reserve el futuro a la institución parlamentaria, entre nosotros, incluso entre los republicanos, no tiene partidarios entusiastas... Estoy absolutamente de acuerdo con Vds. en lo que dicen respecto a los partidos políticos republicanos. Siempre hemos procurado atraerles a las tareas del

gobierno y de la lucha… Lo que ocurre es que ellos mismos apenas hacen nada para afirmar su propia personalidad política.

Es asombroso que alguien pueda seguir hablando de la II República como régimen legal y democrático cuando los golpistas del 34, los ladrones de actas del 36, los del terror rojo de la Modelo y de Paracuellos, los que habían acabado con cualquier resto de legalidad por la vía de la violencia, no solo comparan a través del «Lenin español» la revolución española con la rusa, sino que se permiten enfriar el ánimo parlamentarista ¡de Stalin!

En ese momento, Largo Caballero es aún el niño bonito del Kremlin, les ha entregado el oro del Banco de España, ha dejado entrar a las Brigadas Internacionales, fuerza de choque soviética, pese a la superioridad del bando republicano, y va a entregarles el Ejército a través de los comisarios políticos, que dirigirá ni más ni menos que Julio Álvarez del Vayo. Pero le parece ingenua la pretensión de Stalin de utilizar como escaparate político la democracia parlamentaria, bueno, el Parlamento, o medio Parlamento, o un poco de Parlamento, en fin, algo de Parlamento, simplemente por disimular.

En ese momento, Stalin está ultimando con Yezov, sustituto de Iagoda, la inmensa masacre de su propio partido, cuyo escaparate serán los Procesos de Moscú en los que, tras humillarlos, fusilará a todos los viejos camaradas de Lenin, empezando por Zinóviev y Kámenev. Unos 700.000 rusos son encarcelados o asesinados por la NKVD, que mientras tanto campa a sus anchas por España. Y a ese asesino de masas sin más precedente genocida que Lenin, va Largo Caballero y le habla displicentemente del Parlamento, y le aclara que «la institución no tiene partidarios entusiastas entre nosotros». ¡Se lo dice a uno de los bolcheviques que disolvieron la Asamblea Constituyente rusa y después fusilaron a todos los parlamentarios kadetes, mencheviques y socialistas revolucionarios que pillaron!

Yo creo que, después de esa carta, Stalin empezó a pensar en Negrín.

## EL ABSURDO DEBATE DE LAS DOS REVOLUCIONES COMUNISTAS

El prestigio sagrado que en las izquierdas de todo el mundo adquirió la guerra de España, último lugar en que fueron felices porque se fingían inocentes, alumbró un debate absurdo que, por falta de extranjeros a mano y rechazo de la mano de obra historiográfica nacional, ha durado décadas: ¿guerra o revolución? ¿Comunismo o anarquismo? ¿Se cargó la guerra de Stalin una revolución estupenda, ácrata, libertaria y simpatiquísima, salida de la entraña de un pueblo secularmente oprimido que se daba el gustazo de poner todo patas arriba? ¿Hundieron la revolución aquellos anarquistas de traca, que, tras quemar el dinero, fueron incapaces de luchar contra Franco?

Que los comunistas de Bakunin y los de Marx, o sea, los de la CNT y el PSOE, y los de Stalin y Trotski, o sea, el PCE y el POUM, y los no del todo socialistas pero sí del todo izquierdistas, como Azaña, se peleen por culpar a otro de la derrota ante el bando nacional es bastante lógico. Al fin y al cabo, todos estuvieron en una situación de poder en los dos años y medio de guerra y todos fueron derrotados por los *nacionales*, que eran, como diría Lenin con otra intención en su último artículo, *menos pero mejores*.

Pero la asunción de la ideología o, al menos, de la fraseología comunista ha llevado a notables historiadores a debatir durante décadas si lo que hubo en España fue una lucha entre revolución roja y contrarrevolución blanca (que evidentemente es lo que hubo), o revolución roja y contrarrevolución también roja, pero menos. Si en vez de ponerse en el lugar de los verdugos se hubieran puesto en el de las víctimas, no se habrían hecho la pregunta. ¿Qué más le daba a la monja violada y asesinada, al católico que había sido concejal de la CEDA y lo mataron ante sus hijos, al pequeño propietario rural al que le quemaron la cosecha con él dentro, al juez que cumpliendo la ley había condenado a un pistolero y el pistolero se vengó matándolo ante sus hijos, que la última imagen de su torturador, violador o asesino fuera acompañada por las siglas UHP, FAI, PSOE, PCE, POUM o ERC?

Evidentemente, había una diferencia esencial entre la revolución de los comunistas de Bakunin y de Trotski (la CNT y el POUM) y la de los comunistas de Marx, Lenin y Stalin (PSOE y PCE), que era quién la dirigía, quien mandaba en la revolución. Pero todos, también los que luego lamentaron, en la logia o las memorias, las atrocidades de la guerra, hicieron exactamente lo mismo: prohibir a media España el derecho a ser tan libre como la otra media, y si no lo aceptaba, el derecho a vivir. Eso no se produjo en la derecha: nadie llamó en los dos partidos mayores, el Radical y la CEDA, a imponer la revolución burguesa o católica y exterminar al proletariado.

El terror rojo español tenía como modelo a Robespierre y a Lenin, pero Robespierre era el modelo de Lenin, y este bebía tanto de Marx como de Bakunin, como creo haber demostrado en las páginas anteriores. Esa es la cuestión básica en la guerra de España: que hubo gente, mucha gente, en España y el extranjero que se creyó con derecho a matar españoles, como Robespierre siglo y medio antes, y Lenin hacía menos de dos décadas. No a imponer un modelo político, del que carecían, sino a robar y a matar. Unos robaban para matar a la burguesía, otros mataban para robar, y todos acabaron matando a los que iban a misa o tenían una buena casa, o les habían quitado una novia o cualquier otra cosa imperdonable.

Lo malo es que, setenta años después, haya mucha gente que siga pensando lo mismo: que estuvo bien, en realidad requetebién, matar a los enemigos políticos para proteger... lo de siempre: la mentira comunista. En 1936, la democracia no existía; los partidos del Frente Popular de 1936 ya la habían abandonado en 1934, e incluso entonces, Azaña y los republicanos de izquierda solo aceptaban una República en la que mandasen ellos, al modo del masónico PRI mexicano, y sus aliados socialistas y comunistas la entendían como un paréntesis burgués antes de cancelar las «libertades burguesas» y empezar a construir de verdad el régimen comunista, a lo Bakunin y Netchaev o a lo Lenin... y también Netchaev, no solo alejados sino contrarios a las libertades de los regímenes liberal-democráticos europeos o americanos.

Por eso, cuando el 18 de Julio empezaron los crímenes políticos, en nada distintos a los de Asturias en 1934 y a los de toda España desde febrero de 1936, los supuestamente demócratas y republicanos, es decir, Azaña, Martínez Barrio y el que Furet llama «blando» Giral (que heredó la Presidencia del Gobierno tras el colapso nervioso y dimisión de Casares Quiroga y decidió abolir el monopolio de la violencia por el Estado repartiendo armas a las milicias de partido), respaldaron de forma pública, aunque privadamente los condenaran, los miles de asesinatos de supuestos enemigos políticos. La República contra la que atentaron en 1934, un golpe en el que fundaron la legitimidad del Frente Popular de

1936, ni existía ya ni podía existir. Que todavía se mantenga el mito se debe, sobre todo, a la eficacia de la propaganda soviética y al neocomunismo del siglo XXI.

Pero en parte, también, se debe a los que en aras de la reconciliación nacional y de la recuperación de una idea nacional española que condenara el guerracivilismo y asociase a la izquierda al proyecto político de España, hicimos —y me incluyo— desde los primeros años de la democracia una recuperación muy poco crítica de ciertas figuras republicanas, como Azaña.

## LA RECONCILIACIÓN NACIONAL Y EL TERROR ROJO TRASPAPELADO

Para explicar, no justificar, esa obstinada miopía —próxima a la *ceguera voluntaria* sobre la URSS que denuncia Jelen— ante los crímenes de la II República por parte de los jóvenes intelectuales que, en los primeros años de la democracia iniciamos la recuperación literaria, no política, de Azaña, Prieto, Chaves Nogales y otros que en sus libros sobre la guerra habían hecho una lectura patriótica y moral de la contienda, citaré la estremecedora anécdota con la que termina un libro decisivo sobre la cara más sangrienta de la II República, *Paracuellos, una verdad incómoda*, de Julius Ruiz (Espasa, 2015), que completa *El terror rojo* (Ruiz, 2014).

El 23 de mayo de 1963, el entonces reformista Gonzalo Fernández de la Mora había publicado en *ABC* una elogiosa reseña sobre *Formas de vida hispánica*, libro de Segundo Serrano Poncela con ensayos sobre Garcilaso, Quevedo y Godoy. A los cuatro días, Fernández de la Mora recibió una indignada carta del fiscal general del Estado, Antonio Reol, acompañada de un ejemplar de *La dominación roja en España*, resumen de la Causa General editado en 1942 y con la que a menudo se confunde, en el que se consigna la responsabilidad de Serrano Poncela como ayudante de Carrillo en la Junta de Defensa de Madrid, ambos responsables de las *sacas* y masacres de miles de presos políticos por el gobierno del Frente Popular.

El 3 de junio, Fernández de la Mora le contesta a Reol confesando con indudable sinceridad que «realmente no tenía la menor idea acerca de la personalidad política y policíaca del Sr. Serrano Poncela», pero que añadirá los datos que le da en su próxima reseña en *ABC*. Así lo hace el 6 de junio: «Serrano Poncela se encargó personalmente de dar las órdenes reservadas para el asesinato de los presos». Otra carta más larga y lastimera le envía Reol a Fraga, ministro de Información y Turismo, jefe del ala aperturista del régimen, sobre el mismo asunto:

> Se trata única y exclusivamente de poner de manifiesto que, por parte de los buenos españoles, como Gonzalo Fernández de la Mora, hay una falta de información total sobre los responsables del asesinato de tantos buenos españoles.

Fernández de la Mora tenía, al escribir la reseña citada, treinta y nueve años. Era uno de los grandes talentos de su generación: premio extraordinario en Derecho, doctor en Filosofía, diplomático, coautor con López Rodó de la llamada «Constitución del franquismo», la Ley Orgánica del Estado y los «Principios Fundamentales del Movimiento» redactados en 1957 aunque publicados en 1966; y luego redactores en El Paular, según cuenta De la Mora en sus memorias *Río arriba*, de la importante Ley de Régimen Local.

Este hombre estaba en 1963 en el cénit de su madurez intelectual y en el umbral de una década de éxitos políticos. Miembro del Consejo Privado de Don Juan de Borbón, pertenecía a un grupo de monárquicos liberales y franquistas aperturistas reunidos en torno al *ABC* que dirigía con éxito Torcuato Luca de Tena, autor de la célebre *Edad prohibida*, y entre los que destacaban José María Pemán, al borde de la popularidad tardía con la serie televisiva *El Séneca*, el dramaturgo Joaquín Calvo Sotelo (*La muralla* y el drama anticomunista *La cárcel infinita*) o Juan José López Ibor, famoso psiquiatra cuyo libro sobre la vida sexual fue el más popular de la clase media en la década del «milagro español» de los años sesenta. ¿Y podía este hombre al borde la cuarentena, de excelente formación, talento despierto e indudable ambición política ignorar, como lamenta Reol, el capítulo más trágico de la Guerra Civil, al punto de delatarse en el elogio de un libro mediocre pero dentro de la línea de *ABC* y la derecha ilustrada, que era recuperar para los lectores y la vida pública a todos los intelectuales del exilio no comunistas, empezando por Madariaga y Sánchez Albornoz?

En mi opinión, indudablemente, sí. Aunque hoy parezca increíble, el intelectual que dos años más tarde publicó con enorme éxito *El crepúsculo de las ideologías* (variante autoritaria del libro de esa época de Daniel Bell), que más tarde reunió en siete tomos —*Pensamiento español*— sus trabajos de *ABC* que incluían a autores del exilio, y que, en la vida política, tras haber estado en el Consejo de Europa, fue subsecretario de Asuntos Exteriores, director de la Escuela Diplomática y ministro de Obras Públicas, decía la verdad cuando confesaba que «no tenía ni idea» de Paracuellos ¡en 1963!

Sin embargo, el propio Ruiz hace un seguimiento de cómo se gestó el mito más duradero sobre Paracuellos, que es el que atribuye la masacre a los agentes de Stalin. Curiosamente, el origen de ese malentendido que ha durado ochenta años, es el descubrimiento de la fosa de Katyn por el ejército de Hitler y la visita que hacen Giménez Caballero y otros escritores y periodistas invitados a ver las fosas de la masacre de polacos perpetrada por el Ejército Rojo. Pero como todo lo de Stalin, se trataba de una continuación de la política de Lenin. Ya hemos visto cómo la *descosaquización*, por su carácter de masas, y la *desucranización*, cuando Lenin separa a los intelectuales rusos, a los que destierra, de los ucranianos, a los que deporta a las zonas más inhóspitas, camino de su exterminio, son los modelos de Stalin en la *deskulakización* de masas —campesinos rusos— y la *despolaquización* de élites —Katyn.

Al ver los miles de muertos en las fosas que encuentran los nazis en su avance por Polonia, Giménez Caballero dice que tal maldad no podría ser nunca obra de españoles, y tan peregrina deducción se extiende durante el franquismo y casi toda la democracia a las masacres de Paracuellos. Es la consecuencia de no entender la naturaleza del comunismo. En el fondo, los historiadores que denuncian la presencia letal de la NKVD en España son víctimas de la visión romántica del *buen salvaje antifascista*: la masacre o masacres que englobamos bajo el nombre de Paracuellos es tan fría, cruel y de masas que no puede ser obra de ese buen salvaje rojo, *tipical spanish*: terrorista y compasivo, bueno y malo, caníbal y vegetariano. Tenían que ser extranjeros los que idearon arrastrar a más de dos mil indefensos presos, atados de dos en dos y descalzos, porque antes de matarlos les robaron hasta las botas, al caz del río de Paracuellos o el llano de Torrejón. Tuvo que ser Stalin. Pues, no. Los verdugos fueron, simplemente comunistas. Aunque nacidos en España, su verdadera patria —como la del polaco Dzerzhinski o el letón Latzis, jefes de la Cheka de Lenin— era la sociedad comunista que había que crear a sangre y fuego. Y durante algunos años, la crearon.

No ya Thomas, Jackson, Bolloten o Payne, sino hasta Pío Moa en el libro más leído sobre la guerra, *Los mitos de la guerra civil* (Moa, 2003) han querido, hemos querido, creer ese mito de que fueron agentes soviéticos —Goriev, Koltsov, Orlov— los que con la entusiasta participación de Carrillo y Serrano Poncela, eso sí, perpetraron la masacre. Es falso. Mucho antes de que llegaran los soviéticos, antes incluso de que Carrillo quedara al frente de Orden Público tras huir el gobierno a Valencia, el *terror rojo* de clase o de ideas, al modo leninista, funcionaba a toda máquina. Lo hizo desde el 18 de Julio y no ha cesado nunca, ni el último día de la guerra, ni el de los maquis. El terrorismo de tendencia comunista —ETA, MPAIAC, UPG, GRAPO, FRAP, Terra Lliure— continuó durante la dictadura y creció durante la democracia. Nunca ha abandonado su naturaleza, criminal y genocida, desde que Lenin lo convirtió en el mayor proveedor de cadáveres de toda la historia.

Probablemente el caso más dramático de ceguera no voluntaria sino buenista o nacionalista ante la identidad de los organizadores del terror rojo en la retaguardia republicana (esa que todavía siguen llamando *legalidad* sus defensores, los Viñas, Reig Tapia, Preston y demás, una *legalidad* que asesinó casi siempre sin juicio y siempre sin garantías a 50.000 personas y que tiene su caso más terrible en Paracuellos), sea el del historiador Ricardo de la Cierva, cuyo padre, de familia harto relevante —su abuelo Juan fue ministro de Alfonso XIII y su tío abuelo inventó el autogiro o helicóptero— fue asesinado precisamente en el caz del río de Paracuellos del Jarama. ¿Puede caber alguna duda de que siempre quiso saber la verdad sobre la muerte de su padre?

Sin embargo, solo cuando Carrillo empezó a enhebrar mentira tras mentira, contradicción sobre contradicción, desde sus declaraciones a Ian Gibson en *Paracuellos, cómo fue* hasta sus desmemoriadas *Memorias* sobre su participación en la masacre, publicó De la Cierva *Carrillo miente*, desmontando las variantes, rigurosamente incompatibles, de su exculpación. Pero entonces ya triunfaba la línea de los Preston y Viñas, que no solo exculpan a Negrín y al Frente Popular de sus crímenes, sino que han desarrollado una política de asesinato civil y académico de los historiadores que les llevan la contraria.

Entrevisté a Ricardo de la Cierva muchas veces en mis once años en la COPE, cinco dirigiendo *La linterna* y seis *La mañana*, y creo que rompí el ostracismo a que lo condenaba la secta historiográfica progre, entonces comandada por Santos Juliá. Eso hizo que la nueva oleada de historiadores de la Guerra —Moa, Vidal, Martín Rubio, Palacios, Gallego, Esparza, Semprún, Alcalá— pudiera conectar a través de él y los de edad intermedia menos sectarios —Fusi, Cuenca Toribio— con los grandes preteridos, Ramón Salas Larrazábal y Diego Martínez Bande, historiadores de verdad frente a la Banda de la Trola de los Juliá y Preston, instalada *como cuota antifranquista* en el *ABC* de Anson.

Ricardo era muy católico pero poco vaticano, y tener acceso en mis programas a la COPE de entonces, que era, como señala en su reedición de *El catolicismo español* Stanley Payne, la referencia ideológica esencial en la derecha liberalconservadora, así como el hecho de poder relacionarse con los historiadores jóvenes y ser, de algún modo, reconocido por ellos le hacía enormemente feliz. En su editorial Fénix editó, además, *El terror rojo*, de Rafael Casas de la Vega. Si no llegó a escribir algo parecido fue porque, como en tantas familias, reabría una herida inexpugnablemente dolorosa.

Lo comprobé cuando Emilia Landaluce, que preparaba su gran libro sobre el duque de Alba, me pidió conocerlo, ya que su abuelo, don Juan de la Cierva, fue compañero del duque en el último gobierno de la monarquía y el único que pidió al rey que no abandonase la corona y huyera por Cartagena, al menos antes de contar los votos que dieron una victoria aplastante, cinco a uno, a las listas monárquicas. Su familia nos advirtió de que no estaba muy bien, pero que quería verme y pasamos con él en su casa una tarde larga y melancólica, junto a su mujer y su hija, tan amables como tristes, tratando de que no perdiera el hilo de la conversación.

Fue imposible. Nunca llegamos a hablar del duque de Alba y de su abuelo don Juan, porque aquella cabeza de memoria prodigiosa estaba casi perdida. Lo sorprendente era que, una y otra vez, obsesivamente, hablara de su padre, al que antes no se refería nunca, salvo de pasada. Supongo que con la edad y los desperfectos de la memoria, cada uno busca su sitio en la novela familiar, que en los De la Cierva es saga de telenovela. De hecho, uno de los últimos libros que editó en Fénix es una minuta de su abuelo Juan en los años de ministro de Gobernación con Maura, durante el apogeo del terrorismo anarquista en Cataluña. Pero en aquella tarde de Madrid, con la Castellana entre dos luces, el padre de Ricardo se nos aparecía, relevando en la memoria a su propio hijo, en la fantasmal lejanía del recuerdo imposible, el de los miles de víctimas del terror rojo.

## EL SÍNDROME DEL ESTRÉS POSBÉLICO, AZAÑA Y EL PROBLEMA NACIONAL DE 1978

Ese asesinato es, sin embargo, una de las pruebas más patéticas del desconcierto historiográfico en torno a la Guerra Civil, al papel en ella del comunismo en sus dos ramas (la marxista y leninista del PCE, el POUM y el ala izquierda del PSOE; la bakuninista, anarquista o libertaria de la CNT-FAI), del significado de Stalin en la guerra y de las razones del alzamiento de 1936 contra el gobierno del Frente Popular.

De la Cierva no fue una víctima más en la confusión de los primeros meses de la Guerra Civil. Su prisión fue ilegal, como la de todos los detenidos, que a veces lo eran voluntariamente para protegerse en la cárcel del terror indiscriminado de las patrullas que asaltaban los domicilios particulares para robar, violar y «pasear», léase asesinar, a cualquier persona «de derechas». Y hablamos de la media España que militaba o votaba básicamente a los partidos legales que no pertenecían al Frente Popular, sobre todo a la CEDA y al Partido Radical.

Conviene recordar ante la ola de historiografía antifascista que nos invade, que la Falange, único grupo propiamente fascista y nacido en plena República, apenas consiguió en las elecciones de 1936 cinco mil votos en Madrid. Su líder, José Antonio Primo de Rivera, reunía los ingredientes ideales para un liderazgo carismático: apostura física, formación intelectual y elocuencia. Una copla electoral madrileña del ala de Francisco Largo Caballero decía:

*La señorita cursi,*
*pollita pera,*

*votará por el lindo*
*Primo Rivera.*
*Mientras por don Francisco*
*y otros señores*
*votarán los obreros*
*de Embajadores.*

Sin embargo, la derecha española votó masivamente a Gil-Robles, Lerroux y Calvo Sotelo, que de lindos no tenían nada. Probablemente no había en la Europa de 1936 un partido fascista con menos fuerza electoral que la Falange, aunque, como en el caso del POUM en la izquierda, tuviera una élite dirigente tan brillante o más que los otros partidos de la derecha. La revolución nacional-sindicalista que predicaba José Antonio, su camisa azul mahón, que era el color del mono proletario, el rojo y el negro de su bandera, que se le ocurrió a Giménez Caballero ante una sede de la CNT-FAI en una tarde sin viento, viendo que la bandera anarquista, partida en diagonal, pendía en forma de tres barras verticales, negro, rojo y negro, o su eslogan obrerista «por la patria, el pan y la justicia» asustaban más que atraían a las clases medias y bajas españolas que lo que querían era protección para su vida y su propiedad, para su religión y sus ideas, no revoluciones.

El padre de Ricardo de la Cierva tampoco era falangista. Pero su secuestro, a diferencia de otros, que paralizaban de terror y silenciaban a sus familias, fue denunciado por el cónsul de Noruega Félix Schlayer, cuyos asuntos legales, no muy numerosos, atendía De la Cierva. Como los embajadores de Chile y Argentina, Schlayer desplegó una intensísima actividad para salvar a miles de víctimas de eso que historiadores malvados y periodistas iletrados llaman «legalidad republicana», pero no logró sacar de la cárcel ni impedir el asesinato de su amigo. Sin embargo, al seguir el rastro de su desaparición, para encontrarlo vivo o darle digna sepultura, acabó tropezando con las inmensas fosas de Paracuellos, que, según cuenta en *Matanzas de la guerra civil*, despedían un hedor insoportable.

Hay que decir que desde el mismo 18 de Julio, cuando el gobierno aún presumía de tener —y tenía— todos los resortes del poder, empezaron a aparecer en los descampados y las calles de Madrid cadáveres y más cadáveres. Las embajadas inglesa y francesa, con el recuerdo aún re-

ciente del asesinato de Calvo Sotelo, modelo del «paseo» del Frente Popular, pidieron hacerse cargo de todos los presos políticos y sacarlos de
España, garantizando que no se unirían al bando de los alzados, pero los
gobiernos del republicano Giral y del socialista Largo Caballero rechazaron cualquier mediación humanitaria. No temían una «quinta columna» inexistente. Lo que querían era asesinar en masa a sus enemigos políticos. Y lo hicieron.

A las angustiadas familias que se atrevían a preguntar por los *desapa-
recidos* —muchas no lo hacían por miedo de seguir la misma suerte— se
les decía cínicamente que los presos habían sido *trasladados*, se suponía
que a Valencia, «por su seguridad», aunque sin datos para corroborarlo.
Pero tras la masacre de la Cárcel Modelo, donde fueron asesinados Ramiro de Maeztu y otros intelectuales y políticos de la derecha, la huida
desalada del gobierno a Valencia dejó manos libres para matar a los verdaderos amos de la República, que eran —porque así lo quiso el gobierno Giral, disolviendo el Ejército y entregando decenas de miles de armas
cortas y largas a los que simplemente mostraban el carné de partido— los
socialistas bolchevizados del PSOE-UGT, el PCE y los comunistas libertarios o anarquistas de la CNT-FAI. Pero el número de víctimas fue tan
enorme que, inevitablemente, hubo muchos testigos y pronto corrieron
rumores sobre lo sucedido en Torrejón y Paracuellos, que era una masacre de presos como la de la Cárcel Modelo pero infinitamente mayor.

Después de la guerra, Schlayer publicó en alemán un libro en el que
cuenta su difícil indagación en los pueblos, a cuyos habitantes el gobierno de la República a través de los responsables de la Junta de Seguridad
había obligado a cavar las enormes fosas en que enterraron miles de cadáveres. También sus entrevistas con los responsables de la vida de los encarcelados sin juicio, en especial Santiago Carrillo, y el muro de silencio
con que tropezó en ese gobierno que se jactaba de defender la democracia y en realidad era una máquina de matar y robar, robar y matar, como nunca había existido en España.

Sin embargo, hasta 2004 la Hermandad de Víctimas de Paracuellos no
publicó en español el libro de Schlayer, que para mí es el testimonio más
valioso y conmovedor sobre el terror rojo en la Guerra Civil. ¿Por qué?
Solo se me ocurre que el hoy popular *estrés postraumático* de los soldados
fue *estrés postbélico* en las familias que durante la Guerra Civil tuvieron que

buscar muertos en las cunetas de un bando e incluso de los dos. El final del último discurso de Azaña «Paz, Piedad, perdón», fue el lema silencioso de la gran mayoría de los españoles, también los del bando vencedor. Eso fue lo que hizo posible la paz real de los hijos y nietos de los dos bandos y el tránsito pacífico a la democracia. Por eso, hoy, para destruir la democracia y acabar con la nación española se condena la paz, la piedad y el perdón que en las dos Españas permitieron el afloramiento cuidadosamente pactado de la libertad. La Agenda de Caín, disfrazada en medios intelectuales y políticos de Agenda del Bien, busca, quijada en mano, de nuevo a Abel.

## LA RENOVADA HISTORIOGRAFÍA CAINITA

Porque mentir y engañar, engañar y mentir es la forma que, en el ámbito de la mal llamada Ley de Memoria Histórica, ha adoptado el impulso criminoso de la guillotina y de la cheka. Lo esgrime una *harka* de historiadores cuya intención no es solo la de exculpar los crímenes *rojos* de ayer, pese a la autocrítica sincera de muchos de los que en su día los cometieron, sino la de volver al comunismo como canon de la izquierda de hoy. Y lo hacen a través de una prosa panfletaria, entre etarra y podemita, más propia de un Dzerzhinski que del funcionario —suelen serlo— de un régimen democrático, que cobra su sueldo de todos los españoles para enseñar, se supone, nuestra historia.

No es así. En los últimos tiempos, la tergiversación de las razones del alzamiento y la grotesca manipulación de la figura militar de Franco, al que se presenta como un memo integral que, no se sabe cómo, derrotó a los genios de la guerra republicanos y soviéticos (mucho más tontos que Franco, porque no le ganaron una sola batalla importante en tres años), ha dado paso a algo mucho peor, que coincide, y no por casualidad, con la bolchevización del PSOE de Zapatero y la hegemonía ideológica de Podemos. Se trata de una reivindicación de la Guerra Civil suscribiendo las mismas razones que, en la línea de Marx y Bakunin, Lenin y Stalin, esgrimían Largo Caballero, Prieto, Araquistáin, Nelken, Álvarez del Vayo, José Díaz o García Oliver.

Esta siembra deliberada del odio a una derecha intemporal, eterna, que era franquista antes de que naciera Franco y que para cierta izquierda sigue siéndolo cuarenta años después de enterrarlo y de que sus sucesores trajeran la democracia, es el fenómeno más terrible y letalmente liberticida en España desde 2004. La manipulación de la masacre del 11-M de ese año, cuya autoría nadie ha querido investigar, fue posible gracias a lo que García Oliver, y ahora Pablo Iglesias, llaman «gimnasia revolucionaria», la violencia callejera que, al estilo de la *kale borroka* de la ETA, readmitida con honores en el *bloque antifascista*, desarrolló la izquierda desde 2002 contra el gobierno de Aznar, acusado, cómo no, de fascista, franquista o, simplemente, nazi. Para qué matizar.

Pero tras ella estaba ya el discurso guerracivilista que *El País* y, a su rebufo, los medios de izquierda y nacionalistas habían actualizado desde 1989 para evitar la llegada al poder del PP de Aznar, que lo dirigió desde otoño de 1987. La fórmula de la izquierda para no perder el gobierno frente a los infinitos casos de corrupción que cercaban al cuasi régimen felipista, fue recrear la leyenda que la Komintern ideó al servicio de Stalin en 1936. La misma que viene justificando los crímenes del comunismo hasta hoy: un *fascismo* amenazante, que ya en la España de 1936 y muchísimo más en la de 1987, era absolutamente inexistente, frente a una *democracia amenazada*, que, para mantenerse en el poder, debía recurrir a la violencia, simbólica y real.

He escrito unos cuantos libros (*La dictadura silenciosa, Contra el felipismo, De la noche a la mañana, Con Aznar y contra Aznar, El linchamiento, España y libertad*) que pueden ayudar a los estudiosos futuros para establecer la cronología de esa estrategia del PSOE y el Grupo PRISA, su «intelectual orgánico», para mantenerse en el poder. Pero hay un libro de Felipe González y/o Juan Luis Cebrián, *El futuro no es lo que era*, que define con claridad este nuevo paradigma de legitimación de la izquierda, que la devuelve al agit-prop de la Komintern de los años treinta y a la alianza con los enemigos históricos de España: los modernos, como los separatistas catalanes y vascos, o los seculares, como el Islam. Un ejemplo: Tarik Ramadán, apuesto hermano del imán perseguido internacionalmente por terrorismo, fue el invitado de honor en la Fundación Atman que presidía la entonces esposa de Cebrián, mientras este condenaba en *El País* «la insidiosa Reconquista».

Si en 1936 el Frente Popular recurrió a los llamados «incontrolados», que nunca lo fueron, entre 1993 y 1998, el felipismo corrupto procedió a la relegitimación de ETA como *fuerza antifascista*, sucia tarea que dentro del guerracivilismo declarado desde su llegada al poder culminó Zapatero y refrendó Rajoy. Y se fueron sumando el populismo de Chávez, el narcocomunismo de La Habana y las FARC, y el nuevo comunismo bakuninista: la lucha *antiglobalización*. Ese nuevo *antifascismo*, el de Podemos, es el de hoy.

Curiosamente, esta derecha que no merece más que el exterminio es una clase social novísima, porque tiene una composición interclasista pero con predominio de las clases trabajadoras y medias. Pero los hijos de los pobres son para la izquierda académicomediática más «franquistas» que los hijos podemitas y cuperos de los ricos, que los desprecian.

A los que siguen este libro desde el principio, esto no les sorprenderá, ya que los bolcheviques rusos eran todos señoritos, salvo Stalin, ladrón de bancos; mientras que los más anticomunistas fueron los trabajadores, casi siempre organizados en sindicatos de signo socialdemócrata, sañudamente perseguidos y al final salvajemente exterminados por el régimen leninista.

En la proa del nuevo totalitarismo en España, que es la Cataluña actual, los votantes y militantes comunistas de las CUP son los jóvenes de mayor nivel social, mientras los de familias más humildes votan PP, PSC y Ciudadanos (v. Pérez Colomé, *El País* 21-9-2017).

Paralelamente, desde la omnipotencia mediática de *El País* y desde las trincheras corporativas y sectarias de los departamentos universitarios, cuyo fruto natural es Podemos, reina la manipulación, la tergiversación y la calumnia contra los historiadores que desde los años noventa del siglo pasado han actualizado y, en no pocos casos, establecido por primera vez, los datos reales del terror rojo. No es el propósito de este libro, pero es digna de estudio la cacería de los Juliá, Preston, Moradiellos, Viñas, Casanova y demás figurones de la Cheka historiográfica contra los Moa, Martín Rubio, Vidal, De la Cierva o Gallego en la última década del siglo XX. Y más aún en las dos primeras del XXI contra Julius Ruiz, Aceña o Álvarez Tardío, cuyos libros han cuestionado o dejado en ridículo las renovadas versiones neoestalinistas sobre la Guerra Civil, en la línea del archisoviético Tuñón de Lara. Por cierto, su delfín en los famosos cursos de verano de Pau era Antonio Elorza, autor con Marta Bizcarrondo de

*Queridos camaradas*, biografía canónica del PCE. ¿Habría llamado Elorza «queridos» a sus camaradas de haber sido nazis como Ribentropp y Hitler y no comunistas como Molotov o Stalin? Por supuesto que no. Como habría dicho Castro Delgado, gran cronista del Lux, el de Elorza es un título *Made in Moscú*.

## ESPAÑA Y AZAÑA: MIS BUENAS Y FRACASADAS INTENCIONES

Desde que en 1994 publiqué *La última salida de Manuel Azaña*, no había vuelto a lo que desde 1977 fui escribiendo sobre el que fuera ministro de la Guerra, presidente del Gobierno y de la II República. No me releo nunca, pero es que además ese es un libro maldito para mí. Lo escribí para mi madre, muy enferma, en recuerdo de mi abuelo Emeterio, votante de Izquierda Republicana, pero mi madre murió justo antes de que el libro ganara el Premio Espejo de España, así que no puedo verlo sin recordarla. Es un libro triste sobre la triste muerte del presidente de un triste régimen y la tristísima salida de cuatrocientas mil personas por los Pirineos, víctimas no de la derrota en la Guerra Civil sino de la incuria de sus dirigentes, que no habían preparado absolutamente nada para la evacuación de Barcelona. Solo faltaba que me recordara la noticia más triste de un escritor, que es la muerte de su madre, así que no había querido entristecerme más viéndolo. Hasta que empecé esta memoria del comunismo, sus víctimas y cómplices en el terror rojo, y tuve que revisar la persona y la obra política de Azaña.

En el epílogo, titulado «Mi vida con Azaña», que suena a esquela del interés por el literato y político alcalaíno —y lo es—, recuerdo el momento en que me deslumbró el escritor: los ensayos de *Plumas y palabras* en 1977, aunque ya en 1976, año en que me hice *anticomunista científico* en Pekín, había leído los *Ensayos sobre Valera* y su novela *El jardín de los frailes*.

Pero yo buscaba en la maravillosa Barcelona de la Transición una brújula literaria y política para salir de la secta de la izquierda y recuperar la idea de España como hecho cultural y político, que era lo que desde el principio estuvo en cuestión al llegar la democracia y que solo podía verse en Cataluña, porque como avisó Tarradellas, Pujol y toda la izquierda preparaban ya la Dictadura Blanca nacionalista, el huevo de la serpiente totalitaria que ha convertido el Nou Camp en el llano de Nüremberg. El problema político era el mismo de ahora: la deserción de la izquierda de la idea de España, que el nacionalismo catalán identificó con el franquismo, el PSUC asumió e impuso en el PCE y el PSC ha impuesto en el PSOE. Azaña, autor semidesconocido pero tótem sagrado de la II República, era, como defensor del Estatuto de Autonomía de Cataluña de 1932, el gran deslegitimador del nacionalismo, porque nadie lo ha criticado como él en *La velada en Benicarló* o los *Cuadernos de la Pobleta* en sus memorias.

Hubo pues, dos motivos para mi descubrimiento y deslumbramiento por Azaña: el estético, por ese peculiar estilo suyo, arcaico pero moderno, de *Plumas y palabras*; y el ideológico y político, porque desde la izquierda, pero ya «con las ansias de la muerte» había hecho a modo de penitencia por sus crímenes políticos una conmovedora apelación a la necesidad de los dos bandos en guerra de reconciliarse bajo la común idea de España. Era lo que en 1976 yo creía que intelectualmente era el deber de mi generación y tuve la suerte de encontrarme con gente extraordinaria y tan ilusa como yo: Alberto Cardín, Javier Rubio, Broto, Gonzalo Tena, Oscar Massotta, tantos personajes fabulosos, inverosímiles en la pestilente Cataluña actual, pero que fueron muy reales y como tal los he recordado en *La ciudad que fue. Barcelona años 70*. Con ellos me lancé a la creación de la revista *Diwan*, cuyo primer ensayo, dedicado a Azaña, se titula «El desdén con el desdén».

Lo había escrito durante el otoño de 1978, y mientras se votaba la Constitución y José Miguel Alcrudo editaba *Diwan* en Zaragoza continué reflexionando —o sea, tratando de aclararme— sobre el letal fenómeno de la identificación de la izquierda y el nacionalismo catalán, modelo de todos los demás. Escribí entonces *La cultura española y el nacionalismo*, que ganó el I Premio de Ensayo *El Viejo Topo*, la revista más influyente de la izquierda entonces, pero cuando en la primavera del 1979 iba a publicarse dentro del libro *Lo que queda de España* fue censurado por la misma y acreditada editorial que lo había contratado. Así empezó la represión desde la izquierda catalana contra todo lo español, de la que fui primera víctima, y por eso me atrincheré en Azaña y en lo que iba descubriendo y me parecía rescatable de la II República.

Con el respaldo de *El País* de José Miguel Ullán, Javier Pradera y Francisco Umbral, que presentó mi libro en Madrid, planté cara al PSC-PSOE y al PCE-PSUC de Vázquez Montalbán, padre del pujolismo-leninismo, sórdido ayuntamiento de Lenin y Banca Catalana para programar el odio a todo lo español, que, cuatro décadas después, ha reventado en el desafío más grave que ha sufrido España en muchos siglos.

Tras *Lo que queda de España* publiqué en dos tomos una antología de la obra de Azaña. Mi editor, que como prepago de derechos de autor me llevó a comer con Bergamín en El Alabardero, era Javier Pradera, para Alianza Editorial. Como antiguo comunista, del grupo de Sánchez Dragó y Enrique Múgica, detenidos con él en 1956, Pradera veía claro que en ese momento, el de la Constitución del 78, debía escribirse el relato de la Transición, y el lugar que en él debía ocupar la República, la guerra y el franquismo, que podían leerse en clave de reconciliación nacional o de venganza guerracivilista. El subtítulo de *Lo que queda de España* es «Una política de lecturas I», porque mientras escribía, leía y mientras leía, escribía. Improvisaba, pero actuaba.

En *Diwan* colaboraron supervivientes egregios de los dos bandos de la guerra: Pedro Sainz Rodríguez y José Bergamín, Ernesto Giménez Caballero y Rosa Chacel, a los que conocí gracias a los amigos que, tras pelearnos por cuestiones de pintura, hice en Madrid: Juan Manuel Bonet, Andrés Trapiello, Francisco Rivas, decididos también a rescatar, sin asomo de sectarismo, a aquellos abuelos brillantísimos y malísimos, todavía llenos de talento, del olvido a que parecían condenarlos los primeros años ochenta, los de los albores de la Movida. Hoy puede parecer raro, pero gente de lo más diverso —de Alaska a José María Marco, de El Zurdo y Paloma Chamorro a Dragó, Lluis Fernández y los Auserón— estábamos en lo mismo: salir de Raimon y los cantautores de pana y recuperar a Ramón y las vanguardias estéticas de antes de la guerra. Fue un ejercicio improvisado, generacional y nacional —ninguno llegaba a los treinta años— de generosa *memoria histórica*.

Por supuesto, el revanchismo estalinista, que buscaba deslegitimar la democracia condenando al franquismo y perdonando las checas, veía fatal aquella empresa nuestra. Pero aún no controlaba *El País* ni se imponía en el discurso mayoritario o común en los medios, ahora llamado *mainstream*. En 1982 salió el primer tomo, el de *Ensayos*, de mi *Antología* de

Azaña, dedicada a una imagen real y conmovedora de la reconciliación nacional:

> Quiero dedicar la Antología a Dña. Dolores Rivas Cherif, viuda de Azaña, que un día supo mostrar a muchos compatriotas de los antiguos bandos el camino de reconstrucción y renacimiento de nuestro país estrechando sincera y calurosamente la mano de Don Juan Carlos de Borbón en la Ciudad de México. A uno y otro lado del mar, muchos, muchos, sintieron aquella noche una emoción inolvidable. Con ese espíritu he creído entender y servir el sentido actual de la obra de Manuel Azaña: hacer de los españoles, demócratas, y de los demócratas, españoles.

La estupidez de la última frase tiene explicación, aunque no excusa. Entre el libro de *Ensayos* y el de *Discursos* de la *Antología* se produjo en España un intento de golpe de Estado que, desde Cataluña, se veía venir y guardaba profunda relación con la versión que sobre la Guerra Civil y el nacionalismo, incluido el terrorismo, reivindicaba la izquierda e imponía a la derecha. Y buena parte de la derecha, civil y militar, no franquista, se negaba a aceptarlo. El 23-F fue un intento manipulado desde el poder para rectificar el desnortado rumbo político español, desde que en 1978 votó en masa la Constitución hasta que en 1979 UCD volvió a derrotar al PSOE. Ahí es donde el PSOE entró en crisis interna y el rey creyó que había que echar a Suárez para que González relegitimara definitivamente la corona.

Estos movimientos de partido y de poder tenían detrás un debate muy de fondo sobre el papel de la soberanía nacional española y el de la legitimidad del regionalismo, el nacionalismo y el separatismo en el nuevo régimen constitucional, tanto en la derecha como en la izquierda. En los años ochenta y comienzo de los noventa lo que estaba en juego era si la izquierda era capaz de asumir la derrota de la República y el papel de los nacionalismos catalán y vasco en ella o si reeditaba el adanismo sectario del Pacto de San Sebastián, sin tener en cuenta el balance de las memorias de Azaña y otros.

Paradójicamente, mientras el PCE aceptaba a la monarquía en el debate constitucional frente a un PSOE que, hipócritamente seguro de perder la votación, se proclamaba republicano, el PSUC y el PCE en los medios periodísticos y académicos que controlaban, reivindicaban la II República como régimen legítimo, incluyendo, torticeramente, los estatutos de Autonomía de la II República y el nacionalismo que los inspiraba. Pero dentro del PSOE había un sector —Jorge Semprún, Múgica, los Redondo, Barrionuevo y, a ratos, Felipe González— anticomunista y antinacionalista, que quería fundar su legitimidad en las memorias de Azaña y la ruina soviética.

Los actos más importantes dentro esta línea de izquierda nacional, democrática y anticomunista fueron la exposición «Azaña» organizada en 1990 por José María Marco con Semprún en el Ministerio de Cultura y la presentación de mi libro *La última salida de Manuel Azaña* en 1994, por José Barrionuevo y el entonces jefe de la oposición José María Aznar. La campaña desatada entonces desde *El País* y los medios barceloneses ha durado hasta el 1 de octubre de 2017, fecha en que se pone en marcha un proceso revolucionario que no solo puede llevar a España a la disgregación sino a la implantación de un régimen comunista en toda o en partes de la nación.

El testimonio de Azaña era importante en esos años de crisis y renovación de la derecha, de hegemonía del PSOE y de auge del nacionalismo porque nada menos que su presidente constataba la deslegitimación de la II República y el fracaso del régimen autonómico que el propio Azaña había traído defendiendo el Estatuto de Autonomía catalán. Y esa crisis estatal y nacional es la que había ofrecido al comunismo español en sus dos ramas —Marx y Bakunin— la posibilidad de establecer un régimen de terror rojo, al modo de Lenin. En tres momentos —agosto de 1934, febrero y julio de 1936— lo intentaron y, parcialmente, lo lograron.

Pero, como ya dijimos, el PCE y Stalin no se hacen presentes en la política española hasta 1935, cuando la Komintern asume la táctica de frentes populares para evitar la guerra con Hitler enfrentando con el nazismo a las democracias... mientras pactaban con él por detrás. La Guerra Civil española fue una pieza en el juego de Stalin para enfrentar a Francia y Gran Bretaña con Alemania y reinar luego sobre sus ruinas.

El comunismo no esperó a Stalin para existir en España. Ni el gobierno del Frente Popular esperó la llegada de la NKVD para crear las checas del terror. La diferencia esencial con el terror que Lenin y Trotski imponen en Rusia tras el golpe de 1917 es que en España hubo partidos y líderes supuestamente democráticos que se unieron a los comunistas en la implantación del terror contra sus enemigos políticos. Azaña y Companys, sobre todo el primero, son las dos figuras que Stalin cuidó —lo hemos visto en el intercambio epistolar con Largo Caballero— para presentar ante las democracias europeas a la II República como una democracia a la que deberían ayudar Francia e Inglaterra, enfrentándose a Alemania y dejando así las manos libres a la URSS.

La propaganda académica todavía presenta a Stalin, el de los 40 millones de muertos tras las purgas, como defensor de esa democracia española que, de creer a los Preston y demás pandilla, era la II República. En realidad, el régimen del Frente Popular era tan amigo de la libertad en 1936 como Stalin. Pero Lenin nunca tuvo el apoyo del masón y socialista Kérenski o del socialdemócrata Mártov para crear la Cheka. Stalin tuvo a los masones Azaña y Martínez Barrio y a los socialistas Largo y Prieto como plataforma para dominar el bando llamado *rojo*, y con toda razón, porque su base esencial eran partidos y sindicatos comunistas (PCE, POUM, PSOE-JSU y CNT-FAI: o sea, dos moscovitas, PCE y PSOE-JSU; uno extrotskista, POUM; otro bakuninista, CNT-FAI, y el Partido Sindicalista de Pestaña). Sobre sus checas aterrizó la NKVD y España pudo ser para Stalin una pieza sacrificable en su partida de ajedrez bélico con Londres, París y Berlín.

## LA MASONERÍA Y EL TERROR ROJO

¿Por qué el masón Kérenski permitió el golpe de Lenin pero nunca colaboró con la Cheka, mientras en España los masones Azaña y Martínez Barrio, Vidarte y Companys participaban desde el 18 de Julio de 1936 en la creación o aceptación del terror rojo, tanto en Madrid, que tardó meses en ser asediado por los nacionales, como en Barcelona, que no corrió peligro en dos años?

Es costumbre tomar a broma la participación masónica en la política española, como una especie de chifladura grotesca de Franco. Lo grotesco es negar importancia a una sociedad secreta que con solo diez mil afiliados tuvo en las Cortes Constituyentes de 1931, representando a 27 millones de españoles, nada menos que el 40 por ciento de los diputados, 183 sobre 470. Para hacernos una idea de la sobrerrepresentación de la masonería tenemos las cifras de afiliados del Gran Oriente, logia mayoritaria que dirigía Martínez Barrio: en 1925, 2.750; en 1930, 2.446; a finales de 1931, 2.700; en 1934, 4.446.

En el Pacto de San Sebastián, promotor del golpe de Estado de Jaca y creador del régimen republicano tras huir Alfonso XIII, es abrumadora la presencia masónica: presidía el masón Martínez Barrio, asistían Galarza y Marcelino Domingo, masones, Azaña, que se hizo masón en 1932, los de Estat Catalá como Ayguadé, vaciado luego en ERC, donde casi todos eran masones, empezando por Companys. Masón era Ángel Rizo, fallido organizador del golpe del masón Fermín Galán en 1930, que acabó fusilado porque el masón Casares Quiroga se quedó dormido en Zaragoza y llegó tarde a advertirle que el golpe había sido aplazado, acaso en alguna logia.

La oposición contra Primo de Rivera fue sobre todo masónica y tuvo lugar en defensa del libre comercio internacional —con ventaja británica— frente a los nuevos monopolios alumbrados por Primo y Calvo Sotelo. El carácter anticatólico de la masonería es indiscutible, y fue condenada como doctrina gnóstica en encíclica papal, pero conviene no olvidar que en los cónclaves vaticanos han elegido Papa, hoy mucho más que ayer, cardenales masones, como recientemente me reconoció el cardenal Cañizares, que supongo que no lo es. En el XIX la masonería era el partido político, oculto o no, de una pequeña burguesía anticlerical, poderosa en cuarteles, aulas y periódicos. Pero su identificación con el poder en el medio siglo del régimen de la Restauración —Sagasta era masón— la convirtió en una formidable agencia de colocaciones.

En *El libro negro de la izquierda española*, irregular pero con capítulos interesantes, Ricardo de las Heras resume bien la evolución en la masonería hasta la II República, en parte favorecida por *Memorias* como las de Vidarte, socialista y masón de primera fila, y en parte ocultada en las del que realmente mandó en la masonería de la época: Martínez Barrio. Lo que De las Heras, que presenta a la masonería como una sola organización con unos fines definidos, no explica es por qué en 1934 masones como Vidarte se alzaban contra el gobierno del masón Lerroux, o en 1936 masones como Galarza y otros de Izquierda Republicana, cuyos jefes Azaña y Domingo eran masones, se convertían en verdugos de masones como López Ochoa.

Queda por explicar, en lo poco que permiten tan oscuras fuentes, lo que más allá de lo que Gómez Molleda, Vidal o De la Cierva han señalado y es indiscutible, el carácter ferozmente anticatólico de la orden, por qué no hubo forma de que los más de cien masones de las Cortes de 1931 formaran una logia parlamentaria o partido oculto para votar juntos, aunque Vidarte cuenta que se intentó un par de veces. ¿Cómo es posible que gentes que se supone tenían claro algo trascendente y moralmente superior a la política no fueran capaces de ponerse de acuerdo para votar cosas menos transcendentes, por encima de su partido político?

La hipótesis más razonable es que la masonería se escindió como toda la sociedad española, y que mientras una parte mantuvo su condición de agencia esotérica de colocaciones civiles (Partido Radical) y ascensos militares (la UMRA), otra se deslizó, en un movimiento paralelo al del PSOE hacia el bolchevismo, hacia un terrorismo de Estado al modo de Robespierre, modelo execrado por las logias de obediencia escocesa pero vigente en las francesas de «greña jacobina», que satirizó a medias Antonio Machado.

Ese movimiento se haría patente en la escisión más significativa del partido masón y republicano por excelencia, el Radical de Lerroux, que será el Partido Radical Socialista de Domingo, que se aliará con la Acción Republicana de Azaña y la Unión Republicana de Martínez Barrio, todos masones. Tras el golpe fallido pero impune de 1934 la izquierda masónica y republicana, en vez de volver a su partido matriz, el Radical, se unió al PSOE de Largo y Prieto en una línea que solo podía llevar a la dictadura o a la guerra civil. Cada sector pensaba en un tipo distinto de dictadura —el de Prieto y Azaña, masónica al modo mexicano; y el de Largo, soviética pura—, pero ninguno, salvo Besteiro, dudaba de que la guerra civil era buena para ellos y que la derecha, que pudo aniquilarlos en 1934, la perdería en 1936. En cuanto a los comunistas bakuninistas y trotskistas —CNT y POUM— siempre vieron a la República como un régimen burgués al que solo cabía combatir por la fuerza (alzamientos de la CNT en 1932, 33 y 34) y destruir.

## AZAÑA Y EL TERROR REPUBLICANO ANTES DE PARACUELLOS

Como ya he apuntado, la trilogía de Pío Moa sobre los orígenes de la Guerra Civil, con su apabullante documentación sobre la llamada revolución de Asturias, en realidad un golpe de Estado del PSOE para implantar un régimen soviético en España, cambió la idea que no pocos estudiosos o aficionados a nuestra historia teníamos sobre la II República y algunas de sus figuras; y nadie lo ha reconocido más noblemente que José María Marco en la última versión de su biografía de Azaña. Stanley G. Payne fue el único de los historiadores consagrados que resaltó y defendió la inapelable documentación de Moa frente a la campaña de los Viñas, Santos Juliá, Preston y demás pandilla. Pues bien, algo parecido sucede con el libro de Julius Ruiz *Paracuellos. Una verdad incómoda*, que obliga a reconsiderar sustancialmente la idea generalizada sobre el terror rojo en la retaguardia republicana, incluyendo las tesis de Moa sobre Paracuellos, la mayor masacre, al estilo soviético, de la Guerra Civil.

En *Paracuellos*, Julius Ruiz (no confundirlo con David Ruiz, autor de un libro muy sectario sobre el golpe de 1934) recoge buena parte del trabajo de su libro anterior *El terror rojo*, que en cierto modo venía a equilibrar el de 2004 sobre la represión franquista en la posguerra. La gran diferencia con Moa es que Ruiz parece casi asustado de lo que demuestra y se ve en la obligación de compensarlo haciendo alardes de antifranquismo que siembran en el lector la molesta impresión de que esa servidumbre ante lo políticamente correcto y académicamente obligatorio le haya llevado, tal vez, a no desarrollar lo que, sobre Paracuellos, demuestra con creces. Por ejemplo, algo que apunta (basándose en muchos, demasiados, testimonios) el capítulo «Lo de Paracuellos no era nada comparado con lo de antes». Algo que tampoco aclara mucho *El terror rojo*: ¿Qué era *lo de antes*?

En realidad, *lo de antes* corrobora y desborda la tesis central de Ruiz:

El presente libro sostiene que aquellos sucesos no pueden entenderse de manera adecuada si se los considera «una dramática excepción». El análisis contenido en estas páginas no toma como punto de partida la fecha del 7 de noviembre de 1936, que fue la primera saca masiva de la Cárcel Mo-

delo, sino la del comienzo de la Guerra Civil en sí, en junio de 1936 (...).
Los verdaderos autores de los asesinatos de Paracuellos —los líderes del
Comité Provincial de Investigación Pública (CPIP) el mortífero tribunal
revolucionario del Frente Popular, creado por el director general de Seguridad en agosto de 1936— aplicaron ya medidas de «profilaxis» mucho
antes de la llegada de la NKVD a la España republicana. Además, el PCE
era uno de los partidos representados en el CPIP; los estalinistas españoles
no necesitaban que sus camaradas rusos los asesoraran sobre cómo tratar a
los «fascistas» (Ruiz, 2015, pp. 69-70).

Por supuesto, ni los estalinistas del PCE-JSU, ni los leninistas del
POUM, ni los bakuninistas de la CNT-FAI, ni los socialistas bolchevizados del PSOE de Largo y Prieto necesitaban a los «asesorase» la NKVD
para matar *y robar* a sus enemigos «de clase», políticos o ideológicos (sobre todo religiosos). Lo habían hecho solo dos años antes, en 1934, el
PSOE, el PCE, el POUM y la Alianza Obrera CNT-UGT, que levantaron contra el gobierno legítimo y la República «burguesa» nada menos
que a 30.000 milicianos armados, más de los que tenían Lenin y Trotski
en Petrogrado en octubre de 1917. Por cierto, que el golpe de 1934 fue
muy aplaudido por Stalin, pese a no dirigirlo, ya que fue obra exclusiva
del PSOE de Prieto y Largo Caballero. No les sucedía a las izquierdas
del 34 y el 36 lo que a tanto historiador de la Guerra Civil, que disimula las continuas referencias al comunismo, como si no fuera precisamente un régimen de tipo soviético lo que los revolucionarios querían imponer y los otros impedir.

Volveremos a este asunto, pero lo importante del libro no es lo que
Ruiz teme de la izquierda universitaria actual, sino lo que demuestra sobre la izquierda política de entonces y la política de exterminio del gobierno del Frente Popular desde el 18 de Julio, o sea, la izquierda de Paracuellos.

Al explicar el CPIP, la Supercheca de ese Madrid que supuestamente defendía la democracia (la que Stalin impuso en Europa del Este en
1945), Ruiz plantea esta tesis:

El terror habría sido imposible sin la complicidad de las instituciones del
Estado. Esto se hace especialmente palpable en el caso de la creación del CPIP

el 4 de agosto de 1936. Este tribunal revolucionario fue idea de Manuel Muñoz Martínez, director general de Seguridad tras la dimisión de José Alonso Mallol el 30 de julio.

Y el enorme mérito del libro —por encima de las críticas parciales— es que lo demuestra. Nadie podrá mantener tras los datos que acopia, como el acta de la CNT-FAI descubierta por Martínez Reverte en 2004, que Moscú —o sea, la NKVD— organizó, inspiró o controló las masacres de Paracuellos. Ruiz se felicita por haber adelantado en su libro anterior que «el terror de Paracuellos fue *made in Spain*». Pero, como en el título de Castro Delgado, creador del Quinto Regimiento, perpetrado por «hombres made in Moscú».

Moscú, insistimos, no era solamente Stalin. Era el modelo soviético de sociedad que la gran mayoría de la izquierda española quiso imponer en 1934 y que estuvo a punto de implantar tras el fracaso del alzamiento militar en 1936. Y lo que, casi sin darse cuenta —salvo que lo reserve para otro libro— revela Ruiz es cómo la llamada «izquierda burguesa» (Izquierda Republicana de Azaña, los radical-socialistas de izquierdas Domingo y Galarza, la Unión Republicana de Martínez Barrio) se unió al aluvión comunista, abdicando de todas sus proclamas liberales y democráticas.

Lo que demuestra Ruiz es que, a diferencia del 34, cuando Azaña y los republicanos de izquierda imputaron al gobierno de Lerroux infinitos y falsos crímenes en Asturias, legitimando la revolución que ellos no habían desencadenado, en 1936 sí se unieron a ella, y que lo hicieron a través de lo que unía a los sedicentemente demócratas, socialistas y comunistas de todos los partidos: el odio al cristianismo. En el CPIP, la máquina de matar y robar del Frente Popular, estaban representados, a invitación de Manuel Muñoz, militar de carrera y hombre de Izquierda Republicana, todos los partidos del Frente Popular y los comunistas libertarios que lo habían combatido a sangre y fuego antes del 18 de julio: CNT, FAI, FIJL (las juventudes cenetistas), IR, UGT, PSOE, Partido Sindicalista, PCE y JSU (PCE-PSOE).

Que la función del CPIP era robar y matar a los enemigos políticos (los católicos y las derechas en general, o sea, media España) lo prueba el único caso, reseñado por Ruiz, de un azañista, Julio Diamante, que dimitió para no participar en aquel organismo carnicero, inspirado en Robespierre y Lenin, que fue conocido popularmente como *las checas*. Ya hemos visto cómo Lenin tenía como modelo al crear la Cheka a Robespierre y al fiscal del Gran Terror, Fouquier-Tinville. Eligió a Dzerzhinski seguro de que, como él, era un ser incapaz de compasión. No la tuvo tampoco el CPIP, ni antes ni después de Paracuellos, ni cuando el alzamiento militar fracasa ni cuando, meses después, se acerca a Madrid, en el que nunca llegó a entrar.

Ruiz revisa las escalofriantes llamadas a la matanza —la «limpia» de «parásitos contrarrevolucionarios», como también llamaba a sus víctimas Lenin— y las imputaciones de «paqueo» en los periódicos del Frente Popular, pero no saca la conclusión más evidente: no hay ni un solo «paco» documentado y probado en la retaguardia. Al revés: lo que prueba Ruiz es que en Madrid solo empezó a crearse la llamada Quinta Columna —que, y es otra de las aportaciones del libro, no inventó Mola, sino probablemente el PCE— cuando en el invierno de 1936 los 16.000 hombres de Franco se estrellaron contra los 50.000 del Ejército Popular de Miaja y, sobre todo, contra los aviones, tanques y militares soviéticos —Brigadas Internacionales incluidas—, que había enviado Stalin tras hacerse con el oro del Banco de España.

Pero si el terror rojo fue anterior a la llegada del Ejército Rojo, el GRU y la NKVD, ¿qué unía a la izquierda burguesa y a la proletaria para perpetrarlo en común? Porque Ruiz demuestra también que, en Madrid, los que más checas tuvieron fueron los comunistas libertarios, pero los que más mataron (y robaron) eran los de CPIP, y en él, cabal representación de todas las izquierdas, había mayoría del PSOE y de Izquierda Republicana, los dos partidos en el poder durante el primer bienio del nuevo régimen.

A mi juicio, lo que une a organizaciones totalmente dispares en sus programas políticos es el odio asesino contra los católicos y el catolicismo, algo que, usado hoy para exculpar al Islam, debemos llamar *cristianofobia*. Freud dijo, algo enigmáticamente, que «la sociedad reposa sobre un crimen cometido en común», y los psicoanalistas suelen interpretar que se refiere a la implacable represión de los instintos, sin la que la bestezuela infantil nunca llegaría a convertirse en un adulto más o menos civilizado.

En última instancia todas las persecuciones comunistas de la religión buscan imponer una fe, una religión, una ley por encima de cualquier ley natural. El papel de Dios es el del Líder; el del Evangelio, el marxismo-leninismo; el de la moral, la propaganda, el de la Inquisición, la Cheka, y el de verdugo, el Partido.

La matanza de católicos, inspirada por la prensa y defendida por los líderes más izquierdistas del Frente Popular acabó siendo aceptada u ocultada, esto es, compartida, también por los supuestos moderados. Fue un gigantesco *pogrom* contra la media España que no había votado a las izquierdas y había usado de las libertades de la Constitución republicana para afiliarse a la CEDA, al Partido Radical o a Acción Católica, cuyos archivos y carnés se convirtieron en sentencias de muerte. ¿Y por qué tantos españoles de izquierdas —no todos, claro— se empeñaron en matar a los españoles católicos, que no habían hecho ni pretendido hacer lo mismo con ellos? Hasta 1934, porque, ocupando el lugar de Dios, querían disponer de la vida y hacienda ajenas. Desde 1936, porque querían y porque podían.

Entrevisté y ayudé lo que pude, que en la COPE de antaño era bastante, al cura e historiador —o viceversa— Ángel David Martín Rubio cuando publicó *Paz, piedad, perdón…. y verdad*. Recuerdo que don Bernardo Herráez —Rouco al oído— me preguntó tras oír la entrevista si realmente era tan bueno el libro. Le dije que sí, aunque fuera de cura, y que demostraba, con la referencia al discurso de las Tres Pes de Azaña («paz, piedad, perdón», tomadas, como prueba Marco, de Montaigne) y la Verdad que el Evangelio afirma —y cien años de comunismo desmienten— que nos hará libres, que los católicos dejaban de pedir perdón a la izquierda por haberlos asesinado, como venía haciendo la Iglesia desde el Vaticano II y Tarancón.

Aunque en aquella época lo abyecto eran los curas y obispos etarras, ahora superados en vileza por los catalanes, la matanza de católicos me sigue pareciendo la clave ideológica para entender la guerra y también para asentar la democracia en España, tarea imposible si se olvida aquel pogrom de 8.000 curas, monjas y frailes, y decenas de miles de católicos, asesinados por el mero hecho de serlo… y en nombre de la libertad.

Yo no soy creyente, pero tampoco soy judío y pocas cosas me han conmovido tanto como el montón de zapatitos de niños asesinados en el gueto de Varsovia que se ve en el Museo del Holocausto de Jerusalén. En la estela de Martín Rubio, se ha publicado recientemente *Holocausto católico. Los mártires de la guerra civil*, de Santiago Mata (La Esfera de los Libros, 2017) con las biografías de los 1.500 clérigos asesinados que la Iglesia, por fin, declaró «mártires de la fe», entre los bufidos habituales de *El País* y otros órganos de la dictadura ideológica progre que padecemos.

¿Cómo puede Preston imputar un «Holocausto español» a las víctimas de este holocausto católico? ¿Cómo aceptamos la mentira sobre el terror? ¿Cómo pudo ser portavoz del Ayuntamiento de Madrid en 2017 una niñata cuyo gran mérito es haber asaltado una iglesia al grito de: «¡Arderéis como en el 36!». ¿Alguien se imagina en el Ayuntamiento de Berlín a un concejal que dijera: «¿Cómo caben cinco millones de judíos en un coche? ¡En el cenicero!». Pues en Madrid lo hay, se llama Guillermo Zapata, es okupa titulado, hizo ese chiste cuando era guionista entre Madrid y la Habana y sigue en el Ayuntamiento, acusando a las derechas de «delitos de odio».

Por eso es tan grave el problema teórico del comunismo: porque no es teórico. Al final, se reduce a reconocer o no que el comunismo roba y mata, en magnitud desconocida en la historia de la humanidad. Y que robar y matar está mal. No porque lo digan todos los códigos penales desde el de Hammurabi, sino porque es absolutamente incompatible con la civilización. Y sin embargo, esa ideología comunista y poscomunista para la que toda propiedad es mala y matar capitalistas, aunque sean modestos propietarios, es bueno o tiene alguna justificación, es la que hoy anega las redacciones de los medios, las cátedras universitarias y también, sí, los libros sobre la Guerra Civil, el último muro supuestamente romántico, o sea, justificador, del estalinismo.

Julius Ruiz explica prolijamente el papel de Carrillo en Paracuellos, que cabe resumirse en que heredó y amplió la máquina de matar de Muñoz, el CPIP, rebautizando los nombres para seguir haciendo lo mismo: asesinar sin juicio a los enemigos ideológicos por si podían llegar a serlo políticos y alguna vez militares. Las fechas, implacables, demuestran que las excusas de Carrillo y de la checa historiográfica exculpatoria o negacionista del terror rojo no se sostienen. Llevaban dos meses matando gente cuando en teoría los alzados seguían sin poder ganar la guerra, como proclamó Prieto, seguramente el que la provocó con el asesinato de

Calvo Sotelo —y el de Gil-Robles, al que no encontraron en casa— por sus guardaespaldas.

Méritos aparte, Julius Ruiz tiene pendiente demostrar su afirmación: «Es razonable suponer que el CPIP produjo más víctimas que Paracuellos». No lo dudo, pero ¿cuántas? ¿Cómo las cuenta? ¿Cuáles son sus fuentes? En *Paracuellos* prueba muchas cosas, entre ellas que la famosa cercanía del frente era lejanía y que las versiones de Giral, Largo, Negrín y sus sicarios son absoluta y minuciosamente falsas. El afán de matar, más que el de no ser matados, es certísimo en Madrid y todavía más, como veremos, en Barcelona, donde los comunistas, con Companys firmando personalmente las sentencias de muerte, asesinaron a 8.000 personas, sin frente a la vista. Pero es preciso que Julius Ruiz reconozca la naturaleza del comunismo si realmente asume el reto de investigar el «Paracuellos antes de Paracuellos». Y quitarse las anteojeras del antifranquismo posfranquista, que le lleva a tratar de forma disparatada el Caso Carrillo.

Todo parte, en el fondo, de considerar que los españoles somos tan románticos que no podemos considerar asesinos de masas a *nuestros* asesinos de masas, aliados además del mayor asesino de masas de la historia, que muerto Lenin y antes de llegar Mao al poder, era Stalin. En ningún momento se pone Ruiz en la piel de los españoles que recogieron a sus familiares de las cunetas o no quisieron sacarlos de la fosa común. Para él, que no vivió la Transición ni conoció el PCE, la imputación a Carrillo de la masacre de Paracuellos obedeció a una campaña «guerracivilista», que atrajo, cómo no, la atención de enviados extranjeros, qué raro, a comprobar que la Guerra Civil española todavía arrojaba chispas emotivas al mundo.


Sobre la persecución religiosa, cabe recomendar los libros fundamentales de Antonio Montero, Vicente Cárcel Ortí o el ya citado de Martín Rubio. Sobre el terror rojo y masacres como la de Paracuellos, que Negrín trató de ocultar incluso a las familias de los asesinados, el de Gibson; sobre las checas, los de César Vidal y César Alcalá. En cuanto a la persecución y crímenes contra el POUM, los libros de Gorkin, Víctor Alba, las actas del juicio contra el POUM, editadas por Andrade y, sobre todo *En busca de Andreu Nin*, de José María Zavala, con prólogo de Stanley

G. Payne, autor del mejor libro sobre Stalin en España y con bibliografía breve pero enjundiosa sobre el POUM y las andanzas de la NKVD del «insigne líder y gran amigo» Stalin, que así llamaba al mayor carnicero del siglo el ahora reivindicado Negrín.

Negrín como presidente del Gobierno fue el que difundió la especie de que a Nin lo habían liberado de la cárcel de Alcalá (en realidad, la casa de Hidalgo de Cisneros y Constancia de la Mora; los dos, agentes de Stalin) unos agentes de la Gestapo con uniformes de las Brigadas Internacionales, pero tan descuidados que dejaron en la lucha feroz contra el hombre al que liberaban, varias monedas del III Reich y algún recuerdo de Franco. Cuando los poumistas que quedaron y sus ocasionales aliados anarquistas pintaron en toda España «Gobierno Negrín, ¿Dónde está Nin?», los seguidores de Negrín (menos que ahora) y Stalin (algunos más) añadieron debajo: «En Salamanca o en Berlín».

No fue solo Bergamín, autor del prólogo del libro-montaje contra el POUM, el que calumnió al segundo líder del POUM —el primero era Maurín, en la cárcel y también calumniado por los otros comunistas— sino todo el gobierno de la República. Pero Negrín no se limitó a calumniar a Nin, detenido en Barcelona y despellejado vivo por los agentes de Stalin, rusos y españoles. Era un hombre de acción, así que borró personalmente las huellas que delataban lo que sabía sobre el caso. Zavala, resumiendo su trabajo de investigación para el título citado, cuenta en *El libro negro de la izquierda* que hasta el 4 de agosto, casi cincuenta días después del secuestro y asesinato de Nin, el gobierno de Negrín no quiso sacar una nota informativa sobre el caso. Y lo hizo por la presión de los medios extranjeros que, como demuestra Julius Ruiz en el caso de Paracuellos durante el gobierno de Largo Caballero, eran a los únicos que hacían caso los dirigentes del Frente Popular.

Zavala encontró en el Archivo Histórico Nacional el documento que coloca a Negrín entre los mayores falsarios y tapafosas de cualquier época. Poco antes de publicar el cuento sobre la Gestapo liberando a su *amigo* Nin el presidente del Gobierno tachó de la nota del Ministerio de Justicia, en manos de Irujo, que Nin había sido «secuestrado» en «Alcalá de Henares», dos datos que apuntaban a la responsabilidad del gobierno y al hecho de haber sido llevado de Barcelona a Alcalá para hacerlo desaparecer.

Expliquemos la fechoría. Más listo que el ministro de Gobernación Zugazagoitia —memorialista poco fiable y sucesor en el cargo del asesino vocacional Galarza, que, como muestra Ruiz, mintió sobre Paracuellos y lamentó dos veces en público no participar en el asesinato de Calvo Sotelo—, Negrín se dio cuenta de que si el gobierno reconocía que el líder poumista había sido secuestrado en Barcelona, negaba su secuestro-liberación por la Gestapo en Madrid gracias a un comando hitlero-francotrotskista, que es lo que llevaban mes y medio diciendo los voceros de Stalin. Pero esa, la de la NKVD, fue la versión que hizo suya el gobierno de la República, y lo que borra Negrín personalmente en la nota que el ministro de Gobernación pasa al de Justicia para engañar a la opinión pública internacional son esas dos referencias: «Secuestrado» (pone «Nin») y «Alcalá de Henares», que tacha. A eso se le llama encubrir un crimen.

Si antes no era —y por supuesto que lo era y lo fue hasta el final— el hombre de Stalin en España, esa vileza retrata a Negrín como abnegado siervo de Moscú, que ese año acometía los célebres juicios contra la vieja guardia bolchevique tras hacerle confesar públicamente —con aplauso del periodismo francés y la clase política europea— que siempre había formado parte de la misma conspiración hitlero-trotskista que Nin.

En las memorias de Azaña, hay una anotación del 28 de agosto de 1931 que arroja luz sobre el que, según sus abogados-biógrafos, era casi un desconocido en el PSOE y la política española, anonimato de estudioso del que salió para sacrificarse por España. Vale la pena transcribirla, ya que es la primera vez que le ofrecen a Azaña el gobierno y lo hacen dos hombres clave en el enfeudamiento del PSOE a Moscú: Araquistain, consejero clave junto a Álvarez del Vayo en la conversión de Largo Caballero en «el Lenin español» y el diputado Juan Negrín. Escribe Azaña:

> Araquistáin me ha invitado a comer en su casa con el doctor Negrín, también diputado socialista. Querían hablar conmigo de política. En suma: lo que desean es que yo forme gobierno al ser elegido presidente de la República don Niceto. De ninguna manera quieren a Lerroux. Los socialistas me apoyarían con lealtad fuera del gobierno. Yo digo que esos apoyos son precarios…
>
> Yo les pregunto si los socialistas estarían dispuestos a apoyar la política militar que tengo iniciada (…). Relaciono esto con el papel que España

puede hacer en la política internacional, y con lo que podría hacerse si en Portugal se instaurase una República como la nuestra; Araquistáin y Negrín dicen que la apoyarían mientras no se llegue al desarme en Europa…

Recuerdo a Araquistáin que yo no he hablado en Valencia, ni en parte alguna, de cortar cabezas. Lo que dije textualmente fue «que a las comisiones de sabios y juristas encargados de redactar una Constitución, preferiría trescientos hombres decididos que hiciesen caer el rayo de la responsabilidad sobra la cabeza de los culpables».

—Me sorprende —añado— que tenga yo ahora reputación de demagogo, habiéndola tenido casi siempre de autoritario y déspota.

—No son cosas incompatibles —replica Araquistáin.

—Primo de Rivera —agrego— ha desacreditado el sistema de dictadura. ¡Qué lástima! —y me echo a reír.

—Yo soy partidario de la dictadura —responde Araquistáin—, cuando conviene.

—Una dictadura personal sería un pensamiento ridículo, pero necesitamos una mayoría compacta que apoye ciegamente una política de profunda renovación.

Negrín asiente y añade que se necesita una dictadura bajo forma y apariencias democráticas que haga posible la preparación del pueblo para el futuro.

Este diálogo tiene, en mi opinión, un valor intelectual y político extraordinario, porque aquí están diseñadas, solo cuatro meses después de la llegada de la República, las tres formas dictatoriales que la izquierda desarrollará, sucesiva e implacablemente, desde 1931 hasta 1939.

La primera es una dictadura republicana apenas disimulada por los apoyos parlamentarios que debe prestar el PSOE («los gruesos batallones populares») que solo puede presidir Azaña, no Lerroux, pese a que este era republicano en 1914, cuando Azaña —como Ortega y toda la Liga para la Educación Política— aceptaban la legalidad monárquica y querían trabajar dentro del régimen a través del Partido Reformista de Melquíades Álvarez. Pero desde 1925 («Apelación a la República»), hostil a la monarquía y también a la democracia parlamentaria al modo inglés o francés, se incuba un *Azañapierre*, mezcla de Robespierre y Lenin, que no es solo el que ven como socio los socialistas a punto de bolchevización, sino también los que aún no habían fundado el fascismo español. Es el que adivina Giménez Caballero en su libro de 1932 *Manuel Azaña. Profecías españolas* (Turner), un año antes de la fundación de la Falange Española. Azaña fascina a la derecha antiliberal porque tras él ven una dictadura nacional española. Hasta 1936, José Antonio Primo de Rivera entrevé en Azaña el «cirujano de hierro» de Costa que solo realizó a medias la dictadura o dictablanda de su padre, Miguel Primo de Rivera.

Pero esas fantasías que la derecha regeneracionista y autoritaria proyectan en Azaña o en Indalecio Prieto no tienen nada que ver con las fantasías que Azaña proyecta sobre la derecha y sobre sí mismo. Marco explica muy bien en su biografía cómo ese aspecto casi psicótico de la personalidad de Azaña dibuja un cuadro alucinatorio sobre su experiencia personal en materia religiosa, que proyecta sobre la historia de España deformándola a niveles grotescos, tan sectarios que resultan antinacionales. Y ese sectarismo anticatólico se convierte, por las fantasías infantiles que reflejan *Fresdeval* y *El Jardín de los frailes* en una suerte de revancha de Riego, no en la continuación de O'Donnell y del canovismo-sagastismo de la Restauración, que supusieron cincuenta años de régimen civil y recuperación nacional.

Esa prevalencia obsesiva del sectarismo del siglo XIX en el siglo XX —el de Lenin, Stalin, Mussolini y Hitler— lleva a Azaña a dos alianzas que por fuerza resultarán trágicas. La primera, con el nacionalismo catalán, del que no sabe absolutamente nada, pero que le ayuda a alancear el fantasma de una monarquía española despótica que en realidad no existía en España desde un siglo atrás, con el triunfo liberal en la primera guerra civil contra los carlistas. Por mero oportunismo, como muestran sus diarios de 1931-32, Azaña hace que se apruebe un estatuto de autonomía que resultará una estafa monumental. Junto al acierto en la descripción del despotismo azañista, Moa comete a mi juicio un error monumental: llamarle *jacobino*, término que sugiere tanto sectarismo como centralismo nacionalista. Es al revés: Azaña, como García de Enterría demuestra en la edición de sus textos sobre el Estatuto (Tecnos, 2005) es el verdadero padre del régimen autonómico que reeditado en la Constitución de 1978, llega, con nefastas consecuencias, hasta hoy.

Tampoco yo lo supe ver en mi antología de *Discursos*, aunque no era fácil hacerlo en 1981, tras el golpe inducido-fallido del 23-F, cuando se le encargó precisamente a Enterría la redacción de la LOAPA (Ley Orgánica para la Armonización del Proceso Autonómico), que corregía la cesión autonómica de competencias del Estado como la educación. Curiosamente (lo que prueba la fascinación de la prosa de Azaña, que también sufre el propio Enterría en su libro), yo sí había denunciado en *Lo que queda de España* (1979) que en la destrucción de la idea de España, es decir, de la soberanía nacional y la solidaridad social, la lengua, tal como la entendía el nacionalismo catalán, era el arma más terrible. No supe ver en cambio, porque estaba en embrión (y se hubiera corregido si Pujol y González no se hubieran cargado la LOAPA) que el mecanismo legal autonómico es de por sí letal. Y fue el que, por simple oportunismo, como el del PSOE y el PP hasta hoy, puso en marcha Azaña con el Estatuto de Cataluña. Da para otro libro este asunto, del que me limito a mostrar su alcance.

Pero en esa conversación sobresale —aunque quedó enterrado— lo que convirtió de hecho a Azaña, pese a sus proclamas liberales, en factor clave del incivismo que nos llevó a la Guerra Civil. Y es que para alcanzar ese poder omnímodo *a la francesa*, entre Robespierre y Herriot, eligió como aliado al PSOE y no al Partido Radical de Lerroux, que era el único históricamente republicano y el que encarnaba un centro-izquierda ampliamente representativo de las clases medias, tenía una sólida organización y era un claro defensor de las libertades democráticas frente a un PSOE fascinado por la URSS.

Ello nos lleva a uno de los grandes tabúes sobre Azaña, que presume de haberlo leído todo: su absoluta, pavorosa ignorancia sobre el socialismo en general y el comunismo en particular. No recuerdo ver citado en toda su obra —oceánicos diarios, vitriólicos ensayos, encendidos discursos, novelas autobiográficas y muchísimas cartas— ni un solo libro de Marx, Engels, Bakunin, Kropotkin, Kautski, Lenin o Trotski, autores todos cuyas obras se leían y vendían abundantísimamente en España desde finales del XIX y muy en especial desde 1917. Eso supone que Azaña, tan presuntuoso de sí y tan despectivo con el resto, eligió para gobernar España el pacto con un partido marxista sin saber absolutamente nada de marxismo, y mucho menos de leninismo, que es la tendencia que se discute en los años veinte y treinta en toda Europa. En sus memorias se habla a menudo de los comunistas, pero genéricamente, sin aludir a su ideología, táctica o estrategia política.

Que yo recuerde, hay una sola referencia burlona en sus diarios a una noticia sobre Stalin, que ha sido recibido en un teatro de Moscú con una ovación de muchos minutos; al apagarse, se levanta un camarada y empieza otra ovación, otros veinte minutos, y al acabar esta, se levanta otro entusiasta y todos se desuellan las manos con media hora más de aplausos. Pero ni una palabra, ni una referencia al gran debate de la socialdemocracia alemana, con Kautski a la cabeza, contra Lenin y Trotski. Tampoco hay una sola referencia a los golpes armados comunistas en Alemania o Hungría, ni a lo que Mussolini, sobre el que sí hay referencias, tiene de socialista, que es mucho. No muy lejos del sueño de Azaña.

Tampoco hay referencias en sus diarios —y esto sí es sorprendente, porque su entrada en política en hábito republicano la hace en Alcalá, con una conferencia en la Casa del Pueblo— a la feroz disputa ideológica dentro del PSOE que opone el ala de Besteiro a la de Largo Caballero, con Prieto oscilando y decantándose finalmente por Largo y la bolchevización. Esa unión está reflejada en los dos comensales de Azaña que le ofrecen la Presidencia en nombre del PSOE. El más importante, aunque no el más relevante, es Luis Araquistáin, aunque Azaña conocía también al otro gran bolchevizador del PSOE, Álvarez del Vayo, del Ateneo, de la revista *España* —que fundó Ortega, heredó Araquistáin y cerró Azaña— y de *La Pluma*, revista de Azaña y su íntimo Rivas Cherif, en la que colabora buena parte de aquel brillantísimo magma literario madrileño, aún no poseído por la ferocidad guerracivilista. Del otro comensal, Negrín, no sabía apenas nada. Pero los términos en que se desarrolla la conversación, sobre las formas de dictadura, son diáfanos.

## LOS *DIARIOS* DE AZAÑA Y LA GUERRA DEL PSOE

Lo que se ha dado en llamar *Memorias* o *Diarios* de Azaña son —o me parecen— una soberbia obra literaria, pero también un monumento de ocultación y de simulación, un zigurat zoroástrico o zaratústrico, en el que la voluntad nietzscheana del autor se dobla de abulia, la exaltación se hace depresión y el ímpetu, abandono. El endiosado autor alaba de sí mismo tanto como esconde y niega a los demás aquello de lo que presume, sobre todo, leer y saber. Pero incluso cuando ha decidido ya que su vida van a ser los apuntes de su obra y su obra los apuntes de su vida, Azaña no habla de algo que sigue toda España durante dos años: el debate interno del PSOE sobre la guerra civil como vía al socialismo, que es lo que discuten Largo Caballero, a través de Araquistáin, Álvarez del Vayo y las JSU de Carrillo, y, enfrente, Besteiro, Trifón Gómez y Gabriel Mario de Coca.

Aunque el Azaña más sincero es el de los diarios de 1931, creo que el mejor y más político es el tardío de *La velada en Benicarló*, el discurso de «Las tres Pes» (Paz, Piedad, Perdón) de 1938, los diarios de 1938 y 1939, y algún artículo de *Causas de la Guerra de España*, de los que solo se publicó uno y que se parece mucho al *Anticaballero* de Gabriel Mario de Coca. En cambio, el Azaña de 1931, recién llegado al poder, tiene el tono implacable y cruel de *Claridad*, el órgano de Araquistáin, al que, por cierto, se parece horrores el diario *Política*, órgano del partido de Azaña y que desde el principio de la guerra adopta las posiciones que en la comida de 1931 apunta Negrín: la de un régimen de *democracia de nuevo tipo*. Es decir: las democracias populares que Stalin impone en Europa Oriental tras 1945, pero que ya se manifiestan como modelo institucional y propagandístico en Manchuria durante la guerra con Japón, que con diversas variantes, incluida la guerra chinojaponesa de 1937 se extiende, en la práctica, desde 1931 hasta 1945.

En 1931, ya en el exilio, Trotski hace un brillante análisis (CEIP León Trotski, *Escritos 1931-1940*) del naciente conflicto a tres bandas URSS-Japón-China, que forzosamente afecta a una cuarta, Gran Bretaña-Francia por su presencia colonial en Asia. Como leninista, el exjefe del Ejército Rojo es fanáticamente optimista respecto a la superioridad militar de la URSS sobre el Japón, por la hostilidad natural de los manchúes hacia sus vecinos japoneses y por la implicación necesaria de China, matriz cultural de lo que los japoneses rebautizan como *Manchukuo*, un estado títere, pero no más que el que buscarán imponer la URSS de Stalin y la China de Mao.

Cabe solo apuntar (porque nos aleja, como tantas cosas de la Guerra de España cuya sombra llega hasta hoy, del asunto central de este libro: la naturaleza del comunismo) que el concepto de *democracia popular*, antes *democracia de nuevo tipo*, se desarrolla en los tres escenarios bélicos de la URSS —y por tanto de la Komintern y los partidos comunistas— bajo Stalin: Manchuria, España y la Segunda Guerra Mundial, que termina en bucle, con la declaración de guerra a un Japón ya rendido y la toma de Manchuria y los inmensos territorios en disputa desde 1931. Sin embargo, esa curiosa democracia para liquidar la democracia a plazos, nace con la política de frentes populares en 1935 y se desarrolla en España desde la llegada de las armas soviéticas, a cambio del oro entregado a la URSS, en 1936, con los generales y comisarios de Stalin tutelando el gobierno de Negrín.

¿Era distinta la idea de Negrín sobre la República, tan pronto como en 1931, de la que llegó a tener Stalin, que entonces aún no la tenía clara? Recordemos su versión, copiada por Azaña, que luego llevó a la práctica en el gobierno: «Se necesita una dictadura bajo forma y apariencias democráticas que haga posible la preparación del pueblo para el futuro». No era muy distinto de lo que pensaban en el PSOE el obrerista honrado Besteiro, el astuto oportunista Prieto o el sólido y obtuso Largo Caballero. La diferencia es que la idea de Negrín podía acomodarse a la estrategia socialdemócrata de Besteiro, si no se lo hubieran cargado Prieto y Largo, a la resueltamente bolchevista de Largo, timoneado por Araquistáin y Vayo, o a la etapista u oportunista de Prieto, junto al que estuvo hasta el momento de ocupar su sitio. Negrín actuó de forma muy inteligente: se unió al grupo que siempre jugó a ganador en las crisis del PSOE, que era el de Prieto. Sin embargo, su idea del socialismo coincidía con la de Stalin al cien por cien, que era además genuinamente leninista, y antes, de Marx y Engels: buscar alianzas hasta acumular las fuerzas necesarias que permitan abandonarlas.

Que Stalin frenó la revolución en España es una solemne bobada: frenó la revolución que no controlaba él, como Lenin saboteó la revolución democrática de Febrero en 1917 y las alternativas socialistas o comunistas de mencheviques, socialistas revolucionarios y anarquistas. La prioridad de Stalin era la URSS (¡no iba a ser España!) y en primer lugar utilizó nuestra Guerra Civil como una baza en el juego de «¿a quién atacará Hitler primero: a la URSS o a Francia y el Imperio Británico?». No obstante, aunque esa era su prioridad supo aprovechar la situación del PSOE perfectamente, siempre gracias a Negrín: se hizo secretamente con el oro del Banco de España, de forma que tuvo en su mano, con dinero español, la entrega de armas y, con ello, la dirección de la guerra; y con *su* Negrín en el gobierno, eliminó en el mejor estilo comunista —terror y mentira, mentira y terror— al POUM y a la CNT-FAI, gracias a la traición de Companys, que se pasó al PSUC.

Pero aunque Stalin mantuvo, gracias a Negrín, la dirección y la continuidad de la guerra, estratégicamente se la ganó Franco, poco a poco y partiendo de una inferioridad absoluta, pero arrollándolo en el invierno del 37-38, tras retomar Teruel, llegar al Mediterráneo y conquistar íntegras las industrias del norte, gracias a la traición del PNV, que pactó secretamente no destruirlas. El problema del bando rojo —nada quedó de republicano en el Ejército Popular, que hasta saludaba con el puño en la sien— era que siempre subordinó, desde Moscú y desde todos los partidos del Frente Popular, lo militar a lo político, mientras que Franco, con el apoyo de todo el bando nacional, subordinó lo político a lo militar. Por eso, frente a la incomprensión de Hitler y Stalin, ganó todas las batallas, también la de la propaganda entre los suyos —la única que le importó— tras liberar el Alcázar de Toledo.

Aunque ahora está de moda decir que Franco era tonto, lo cual convierte a sus rivales en tontos de baba, extremo injusto en ambos casos, conviene señalar tres evidencias: fue audaz cuando tuvo que serlo: en el paso del Estrecho, que, gracias a la parálisis de la Armada republicana, estaba ya en marcha y conseguido a medias al llegar los aviones alemanes e italianos. Y fue prudente a partir de entonces, al no estrellar sus tropas en Madrid frente a unas fuerzas tres veces superiores, perdiendo la capacidad de ir sumando a su ejército a la media España que no había votado al Frente Popular. Recordemos que tanto Gil-Robles como Lerroux, las dos grandes fuerzas políticas del centro y la derecha, apoyaron el alzamiento, amén de la Renovación Española de Calvo Sotelo y la Falange de José Antonio. Si Franco era capaz de resistir, esa media España se le uniría y podía ganar.

También, Franco demostró un sentido estratégico que no tenían Hitler y Mussolini, que, en última instancia buscaban triunfos de escaparate, no militares.

Por cierto, conviene recordar que los italianos —los 70.000 voluntarios, muchos militares, del CTV (Corpo di Truppe Volontarie)— se comportaron en combate y en retaguardia infinitamente mejor que las famosas Brigadas Internacionales, cuya brutalidad y cobardía denunciaron sus propios jefes.

El mejor de los jefes militares de las Brigadas, Kléber, lamentaba que las Brigadas no aceptasen que venían a ayudar al ejército y al pueblo españoles, no a brutalizarlos, que se negaban a aprender español, pese a que los españoles llegaron a ser el 60 o 70 por ciento de la tropa, y que los despreciaban siempre. André Marty, «El Carnicero de Albacete», en carta al PC francés, o sea a Eugen Fried, que como muestra la magistral biografía de Kriegel y Courtois (*Eugen Fried. Le grand secret du PCF*. Seuil, 1997) era el que, a la orden de Stalin, dirigía el comunismo francés, describe así esta milicia que, como ha mostrado la apertura de los archivos soviéticos, era un ejército de leva organizado y dirigido por Moscú:

> En España, mezclados con magníficos militantes comunistas, socialistas, antifascistas (…) hemos recibido a muchos centenares de elementos criminales internacionales, y mientras algunos de ellos se han limitado a vivir a sus anchas sin hacer nada ni combatir, muchos han iniciado, aprovechándose de los primeros días, una innumerable serie de delitos abominables: estupros, violencias, robos, homicidios por simple perversión, hurtos, secuestros de personas, etc. No contentos con eso, fomentan sangrientas rebeliones contra las autoridades de Valencia (el gobierno), no ha faltado alguno que se ha dedicado a ser espía de Franco (…). En vista de ello, no he dudado en ordenar las ejecuciones necesarias. Esas ejecuciones, en cuanto han sido dispuestas por mí, no pasan de quinientas.

Bono, citando a Muñoz Molina, corregía a Marty: «Viajaron a un país que no conocían dispuestos a perder no solo su juventud, sino también, si era preciso, su vida, en defensa de la libertad». Y Zapatero los superaba: «Tomabais partido por la inteligencia contra la ignorancia». O sea, que los brigadistas, algunos «idealistas» con ganas de matar, otros aventureros y morralla del hampa, venían a alfabetizar a los franquistas, que eran todos analfabetos.

Alguna vez deberían aclararse estos propagandistas retrospectivos del bando rojo o republicano: ¿era la libertad burguesa o más bien la revolución comunista lo que defendían las brigadas de Stalin? ¿Se puede defender a la vez la libertad y la supresión de la libertad, la democracia y la negación de la democracia, la libertad de conciencia y las masacres de católicos? Por poder se puede. La izquierda, no solo española, viene haciéndolo desde 1936. ¿Era Stalin la democracia en 1936? De creer a los propagandistas de ayer y hoy, solo un fascista dudaría de que sí.

## ORWELL Y LA LEYENDA ROSA DEL POUM Y CATALUÑA

Naturalmente, los intelectuales, artistas y periodistas que viven y prosperan instalados en lo que Koch llama «La Agenda del Bien», es decir, la izquierda siempre satisfecha, moralmente superior, a menudo millonaria, han debido buscar una coartada para disfrutar el recuerdo de nuestra Guerra Civil como uno de los más felices avatares del «buen salvaje» de Rousseau, pasado por la «eterna vuelta a Lenin», inmaculado tesorero de la esperanza de un mundo sin opresores ni oprimidos, sin tuyo ni mío, etc. O sea, como la URSS y todos los regímenes comunistas desde hace cien años.

Paradójicamente, y para comprobarlo no hay sino asomarse al libro de Furet *El pasado de una ilusión* y a muchos de los libros que supuestos sabios extranjeros no dejan de escribir sobre un país del que lo desconocen todo y no están dispuestos a aprender nada que les prive de su fantasía roja, el libro-fuente en que beben los desinformados sobre la guerra que no quieren comulgar con las ruedas de molino estalinistas —y con los libros de Southworth, Towson, Tuñón, Santos Juliá, Viñas o Preston— es siempre Georges Orwell y su *Homenaje a Cataluña*.

¿Quién puede dudar, se preguntará el lector, del testimonio veraz y de la buena fe del fabuloso escritor que en *1984* y *Rebelión en la granja* hizo, pocos años después del *Homenaje*, los mejores alegatos contra la tiranía estalinista?

La respuesta es muy sencilla: cualquiera que, aparcando la admiración que merece su obra posterior, se ponga a leer hoy el libro del brigadista Orwell.

Al margen de las descripciones del frente, que sin llegar al nivel de *Adiós a todo eso*, del también inglés y amigo de España Robert Graves, son literariamente valiosas, lo mejor es citar lo que Orwell escribe de política en el capítulo V; aunque en alguna edición aparece como apéndice:

Sabía que había una guerra, pero no tenía ni idea de qué tipo de guerra era. Si me hubiesen preguntado por qué me habría alistado en la milicia, habría respondido: «Para combatir al fascismo», y si me hubieran preguntado por qué luchaba, habría respondido: «Por la honradez más elemental». Había aceptado la versión del *News Chronicle* y del *New Statesman* de que era una guerra para defender la civilización contra un descabellado levantamiento de una caterva de coroneles reaccionarios a sueldo de Hitler.

Bien está que Orwell reconozca que no sabía nada de esa guerra, pero, entonces, ¿por qué se alistó? ¿Para conservar la suscripción de la prensa *roja*? ¿Para jugar a la ruleta rusa con la cabeza de algún español? ¿O por el placer leninista de matar a los demás, seguro de hacer el bien, incluso al que matas? Yo creo que por esto último: porque era comunista.

Y como lo era, disfrutó horrores con las peculiaridades españolas, en las que hoza como uno de sus cerditos felices de *Rebelión en la granja*:

> El ambiente revolucionario de Barcelona me atrajo muchísimo, pero no traté de comprenderlo (…). Sabía que estaba sirviendo en algo llamado POUM (si me alisté en su milicia y no en cualquier otra fue solo porque llegué a Barcelona con los papeles del ILP, Independent Labour Party, escisión de izquierdas del Laborismo; desde 1931, afiliado al Centro Marxista Revolucionario Internacional, cercano al trotskismo. *N. del A.*), pero no reparé en que había enormes diferencias entre los partidos políticos.

Por supuesto que algo sabía. Por ejemplo, le encantaba que todos fueran vestidos o más bien disfrazados de proletarios, aunque había algo que le chirriaba y no acababa de entender. Era bien fácil: lo hacían por el terror rojo que reinaba en Barcelona, como en Madrid y demás foros de la civilización que Orwell dice que venía a defender. Y es falso: venía a implantar el comunismo, y seguía las consignas del *antifascismo* del Kremlin, contra las que tronaba Trotski, que era la momia de Lenin bramando en el exilio.

Por cierto, todo el análisis político del *Homenaje* de Orwell está calcado del de Trotski. Basta ver la excelente antología *La revolución española. 1930-1939* (Biblioteca de la República, Ed. Diario Público, 2011) con el sectario pero notable estudio previo de Juan Ignacio Ramos. Lo único que diferencia al Orwell que decía haber entendido lo que pasaba en España de aquel Lenin redivivo o redimuerto que era Trotski en los años treinta, son los feroces insultos que, al típico modo de Lenin, lanza contra todos los partidos de izquierdas. Las pobres víctimas de Paracuellos, muy poco trotskistas, nunca supieron que las asesinaba «la burguesía representada por sus lacayos los dirigentes estalinistas, anarquistas y socialistas». ¿Y el POUM? También era un agente de la burguesía. A pocos insultó Trotski tan salvajemente como a Nin, al que Stalin mandó matar... por trotskista.

Pero esta es la versión canónica del trotskista sonámbulo Orwell, luego universalmente aceptada, sobre lo que pasó en España:

> Cuando Franco trató de derrocar a un gobierno moderado de izquierdas, el pueblo español, contra todo pronóstico, se levantó en armas contra él (...). Pero había muchos detalles que casi todos pasaron por alto. Para empezar, Franco no era estrictamente comparable a Hitler o Mussolini. Su alzamiento era un motín militar apoyado en la aristocracia y la iglesia, y, sobre todo al principio, era una intentona no tanto de imponer el fascismo como de restaurar el feudalismo. Eso significaba que Franco tenía contra él no sólo a las clases trabajadoras, sino también a una parte de la burguesía liberal, justo quienes apoyan al fascismo en su versión más moderna.

He aquí al típico comunista inglés enarbolando la Leyenda Negra como si de Enrique VIII se tratara. España es, desde finales del siglo XV, el país menos feudal del mundo. Incluso en la Edad Media, la Reconquista hizo de Castilla una «tierra de hombres libres», y como todos los reinos cristianos, sus repoblaciones se hicieron mediante fueros o cartas pueblas que garantizaban unos derechos cívicos sin parangón en Europa. El primer Parlamento del mundo fue el de León. Nunca ha tenido España, desde la Constitución de 1812, Cámara de los Lores. ¿Para qué iban a querer «restaurar el feudalismo» los que se alzaron, con muy pocas posibilidades de ganar, contra el gobierno del Frente Popular?

Que el gobierno del Frente Popular no era «moderado de izquierdas» lo prueban sus actos desde 1936, que de hecho empezaron en el golpe contra la República de 1934. La definición del fascismo de Orwell es la misma de Trotski... y de Stalin. Y que Franco tuvo a su lado a tantos trabajadores como la República quedó probado, a lo largo de la guerra, con los que huían de un frente al otro: los que escapaban del terror rojo eran católicos y gente corriente que no votaba a los partidos del otro bando. Tan poco *feudales* como los *rojos*. ¿O es que para Orwell la libertad de conciencia es un signo del feudalismo?

Pero si Franco «no era comparable a Hitler y Mussolini», ¿qué hacía Orwell luchando contra ese fascismo que Franco no acaudillaba? Lo cierto es que Orwell vino a España a matar a gente que no conocía atribuyéndole ideas que no tenía, como Dzerzhinski en Rusia o el Che en Cuba:

> Cuando me alisté en la milicia me prometí matar a un fascista —al fin y al cabo, si cada uno de nosotros mataba a uno, no tardaríamos en acabar con ellos—, y no lo había conseguido porque no había tenido ocasión de hacerlo. Y, por supuesto, quería ir a Madrid. Todo el mundo quería ir a Madrid. Eso significaba pasarme a las Brigadas Internacionales, pues el POUM tenía muy pocas tropas allí y los anarquistas, muchas menos que antes.

El turismo revolucionario siempre ha tenido un público entusiasta, pero las tragaderas de los excomunistas con los excamaradas son dignas de Gargantúa. Pío Moa, sabueso implacable en la búsqueda de embustes y contradicciones en los diarios de los protagonistas de la época, que destapó en *Los personajes de la República vistos por ellos mismos*, dice:

> Orwell no alude, seguramente no pudo percibirlo, al terror organizado por las izquierdas contra los vencidos de julio del 36, pero sí vio, ya en diciembre, cómo las tiendas, en su mayoría, estaban vacías (Moa, 2000).

Pero claro que pudo percibirlo. El que no quiere percibirlo es Moa, que, a cambio de esa ceguera momentánea, nos da una cifra interesante: el boicot de la izquierda inglesa a *Homenaje a Cataluña* fue tan feroz que en diez años vendió 600 ejemplares. Lástima que fueran todos a historiadores, porque nunca tan pocos ejemplares tuvieron tanto y tan desafortunado eco. Todas las bibliografías sobre la guerra de autores no comunistas incluyen a Gerald Brenan y al Orwell de *Homenaje a Cataluña* como base creíble de datos, porque, a diferencia de Hemingway, *estaba allí*. Solo Furet prefiere a Malraux, otro publicista de sí mismo, y toma la romanticoide *L'Espoir* como base de datos para entender el comienzo de nuestra guerra y el papel en ella del comunismo. Cenagosa la fuente, el agua sale fatalmente turbia.

Ya me he referido a la desagradable impresión que tiene el lector español que no se identifique con la Leyenda Negra anglosajona sobre nuestro país al ver las valoraciones que de España y sus costumbres hacen personajes que, como Orwell, han visto tres ciudades, un río, cuatro piedras y varios camareros. Taxistas, limpiabotas y servicio de habitaciones suelen ser las amplias bases antropológicas —sobre ese decorado de tres calles, un castillo y en el caso de Orwell, los barrancos en las cercanías de Huesca— para valorar la forma íntima de ser de un pueblo tan sencillo para el turista y tan complejo para nosotros mismos como el español. Pero esa frívola superficialidad, levemente racista, le viene muy bien al marxista clásico, porque le permite aplicar, sobre un telón pintoresco, entre *Carmen* y Washington Irving, la plantilla de la lucha de clases. Así hacen, de creer las solapas de sus libros, «un análisis apasionado pero fidedigno, desde fuera y desde dentro, de la vida española en los días terribles de la Guerra Civil».

Pero Orwell ve esto:

> Los campesinos confiscaron las tierras, muchas fábricas y la mayoría de los medios de transporte acabaron en manos de los sindicatos: se saquearon las iglesias y se expulsó o asesinó a los curas. El *Daily Mail*, entre los vítores del clero católico, pudo presentar a Franco como un patriota que defendía a su país de las hordas de los «rojos».

«Confiscar» y «acabar en manos de» son los eufemismos habituales de los comunistas para «robar», de la finca al huerto y del camión al coche, luego utilizados para presumir y «pasear», o sea, asesinar a los ya robados. Pero a Orwell, que no es un malvado como Koltsov, le molesta disimular lo políticamente inconveniente:

> Algunos de los periódicos antifascistas extranjeros incluso se rebajaron a publicar la mentira piadosa de que las iglesias solo habían sido atacadas cuando se utilizaban como fortalezas fascistas. Lo cierto es que las iglesias se saquearon en todas partes porque todo el mundo daba por sentado

que la Iglesia española formaba parte de la engañifa capitalista. En los seis meses que pasé en España solo vi dos iglesias intactas, y excepto un par de iglesias protestantes en Madrid, hasta julio de 1937 no se permitió que ninguna iglesia abriera sus puertas y celebrase misa.

Y si habían quemado todas las iglesias y matado a todos los curas, como fielmente consigna Orwell, ¿no pensó que también habrían asesinado a los sacristanes, campaneros, monjas, frailes y cuantos iban a misa? «Todo el mundo daba por sentado que la Iglesia española formaba parte de la engañifa capitalista», dice Orwell, y se queda tan fresco. ¿Quién es «todo el mundo»? Pues lo que los leninistas llaman «el pueblo», para declarar a los que no lo son «enemigos del pueblo», es decir, materia asesinable. Basta rebautizarlo para rematar a cualquiera en nombre de la historia.

¿Y no vio Orwell las celdas de tortura y muerte para los enemigos políticos cuando fue en busca de Bob Smillie, secuestrado por los estalinistas del PSUC-NKVD? Pues claro que las vio. La descripción es implacable:

> Aquel que veía las improvisadas cárceles españolas, utilizadas para los presos políticos, comprendía qué pocas probabilidades había de que un hombre enfermo recibiera en ella atención adecuada. Estas cárceles solo podrían describirse como mazmorras; en Inglaterra habría que retroceder al siglo dieciocho para encontrar algo comparable. Los prisioneros estaban amontonados en pequeñas habitaciones donde casi no había espacio para echarse, y a menudo se les tenía en sótanos y otros lugares oscuros. No se trataba de condiciones transitorias, pues algunos detenidos vivieron cuatro o cinco meses casi sin ver la luz del día. Se los alimentaba con una dieta repugnante e insuficiente, que consistía en dos platos de sopa y dos trozos de pan diarios (algunos meses más tarde, la comida parece haber mejorado algo). No hay exageración en esto: cualquier sospechoso político que haya estado encarcelado en España podrá confirmar lo que digo.

¿Y no sabía Orwell quiénes eran los secuestradores y carceleros que metían a los presos políticos en esos agujeros inmundos, cuyas condiciones de hacinamiento tampoco encontrábamos en España desde el siglo XVIII? Pues claro que lo sabía:

Al principio, la Generalidad catalana se vio reemplazada por un comité de defensa antifascista, integrado principalmente por delegados sindicales. Luego el comité de defensa se disolvió y la Generalidad se reconstituyó para representar a los sindicatos y a los diversos partidos de izquierdas.

Y a pie de página, especifica:

El Comité Central de Milicias Antifascistas, cuyos delegados se elegían en proporción a los miembros de sus organizaciones. Nueve delegados representaban a los sindicatos, tres a partidos liberales catalanes y dos a los diversos partidos marxistas (el POUM, los comunistas y otros).

Esta descripción es la confesión involuntaria del régimen de terror rojo, nada incontrolado, sino dirigido con la Generalidad y luego dentro de la propia Generalidad de Companys, perpetrado por los partidos políticos de la «civilización» que venía a defender Orwell. Y que mataron, tras robo, tortura o violación, según criterio del antifascista de turno, a seis mil personas solo en Barcelona, mientras Orwell estaba allí. Andreu Nin era Consejero de Justicia de esa Generalidad cuando tuvieron lugar las mayores masacres, que en realidad no cesaron nunca.

Orwell ha sido el mejor propagandista de la mentira de los *incontrolados* que convirtieron a Barcelona, lejos siempre del frente, en un matadero. En Lérida, que, como cita Orwell, era donde el POUM tenía más fuerza, los crímenes fueron especialmente feroces, mediante listas confeccionadas antes de la Guerra Civil. Y Nin, luego despellejado vivo por sus antiguos camaradas, dijo, acerca de la matanza de católicos en agosto de 1936: «El problema de la Iglesia (...). Nosotros lo hemos resuelto totalmente, yendo a la raíz: hemos suprimido los sacerdotes, las iglesias y el culto».

Esa era la civilización de la que, en su libro, presumía Orwell.

## FURET, CONTAGIADO DE ORWELLISMO

*Orwellismo* ha llegado a significar, gracias a la inmensa popularidad de *1984*, la manipulación y el falseamiento de la realidad por un régimen totalitario, cuya producción esencial es la de «servidumbre voluntaria», en la definición con que Étienne de La Boétie, el gran amigo de Montaigne, se anticipó a Hegel y su dialéctica del Amo y el Esclavo, que tanto gustaba a estalinistas como Kojéve. «Amaba al Gran Hermano» es el principio, el resumen, el final y la moraleja de la magistral distopía de Orwell.

Pero hay otra forma de *orwellismo* en lo que se refiere a la guerra de España, y es el rapto del Orwell maduro por el joven, del liberal por el rojo, del anticomunista que recordamos por el comunista que intentamos olvidar. Víctima de ese síndrome fatal, abocado a la esquizofrenia, es Furet en su libro sobre el comunismo. Revel llamó la atención sobre la aceptación de *Le passé d'une illusion* entre los mismos que rechazaban *El libro negro del comunismo*, incluidos algunos de sus autores, como Werth y Margolin. Yo creo que, en parte, se debe a que conserva, como un insecto en ámbar, la mitología de la guerra de España. Y como el buen izquierdista de nuestro tiempo debe amar al comunismo y odiar a Stalin, España es la fórmula para disfrutar de esa bipolaridad: condenar al verdugo y defender su guillotina.

Todo parte de creer la propaganda estalinista, servida por Malraux, y desconocer o negarse a ver la realidad española. Furet tiene la peligrosa brillantez del ensayismo francés. Y hay una larga frase que resume bien el encantamiento de nuestra guerra.

> Su recuerdo sigue siendo el tesoro de los que lo han perdido todo salvo el honor de un combate justo: porque si la República española ha encarnado desde julio de 1936 los valores de la democracia, la insurrección franquista no ha sabido igualar su juego en el dominio simbólico. En el campo republicano, hemos visto, se encuentra, desgajado del tiempo, todo el repertorio del romanticismo revolucionario europeo, Bakunin y Marx, Sorel y Lenin: algo que viene del reencuentro tardío con la imaginación social de 1848 aureola la retórica de la izquierda española. A ese universo brillante pero fraccionado por la emulación de las ideas y la rivalidad de los hombres, Franco confiere con su golpe de Estado la apariencia de unidad: porque le deja todo el espacio de la democracia, colocado bajo la amenaza de una dictadura militar.

Pero ver así el alzamiento franquista es asumir el protectorado de Stalin sobre el concepto de democracia. Es como decir que Kornílov o

Denikin ponían la democracia en Rusia bajo la amenaza de una dictadura militar, cuando contra lo que se rebelan los blancos, rusos y españoles, es contra la democracia según Lenin y Stalin, es decir, contra la
dictadura comunista.

Pero el orwellianismo, ese romanticismo español que borra la sangre
española tras haberla derramado, se manifiesta en el viejo comunista Furet
asumiendo ese «feudalismo» que *Homenaje a Cataluña* imputa a Franco:

> Las tropas franquistas bombardean o asesinan en nombre de Dios; han
> inscrito en sus banderas, con la España eterna, la religión y la propiedad.
> Traen al siglo XX una Edad Media católica asociada al pánico social de los
> burgueses del siglo XIX. De golpe, sus masacres hacen revivir a menudo
> sentimientos de hostilidad más antiguos que el antifascismo: las opiniones
> públicas de tradición protestante, con Inglaterra y Estados Unidos a la ca-
> beza, reencuentran el fantasma de la Inquisición. En Francia, una parte de
> la inteligencia católica —cuya proa son Mauriac y Bernanos— considera
> con horror este enrolamiento de su fe al servicio del franquismo.

Por supuesto, Furet se olvida de otra parte de la inteligencia católica
francesa, la que, con Maurice Clavel al frente, se asombra ante el martirio
de sacerdotes, frailes y monjas españoles con esta frase: «¡Y ni una apostasía!». También de que la Leyenda Negra y la Inquisición son herramientas protestantes. Por ejemplo, Borkenau, en *El reñidero español*, observa la semejanza de las imputaciones luteranas contra Roma y las
anarquistas contra los jesuitas, como envenenar las aguas o dar caramelos
letales a los niños, que luego asume la masonería terrorista —Ferrer
Guardia— y hereda, a partir de la guerra de España y la II Mundial, la
propaganda soviética.

Furet cita con delectación el final de *L'Espoir*, con la descripción
costumbrista de los brigadistas internacionales camino del frente, versión *boulevardiére* de la farsa cinematográfica de Eisenstein en *Octubre*: «Y
por primera vez en el mundo, los hombres de todas las naciones mezcla-
das en formación de combate cantaban *La Internacional*».

De los españoles que iban a matar en su tierra estos pintoresquísimos
turistas de pistola al cinto, agavillados por Stalin, nadie se acuerda. Es que
no eran un ejército nacido por creer y para crear una alucinación totalita-

ria, sino gente muy parecida a la derecha de toda Europa y por tanto distinta de la «izquierda europea que seguía profundamente herida por los recuerdos de la guerra del 14-18» (y a la que) «la España republicana de *L'Espoir* restituye una guerra moral y un heroísmo democrático», como dice Furet. Pero los nacionales fueron a la guerra por razones morales y demostraron, por cierto, más heroísmo que sus compatriotas, en Toledo más que en Madrid. Tuvieron la suerte de que unos pocos militares supieron maniobrar hasta reunir a toda la España anticomunista, la media España que, con la CEDA, Renovación Española y el Partido Radical —siempre se olvida, y por eso lo recordamos, que Gil-Robles y Lerroux apoyaron a Franco— ganó realmente —y le robaron— las elecciones de 1936, aunque Furet muriese, como tantos españoles y extranjeros, sin enterarse.

Al que sí cita Furet es al propio Orwell que en 1937 escribe:

Mucha gente me ha dicho, con más o menos franqueza, que no hay que decir la verdad sobre lo que pasa en España y sobre el papel que juega el Partido Comunista. So pretexto de que eso suscitaría un prejuicio en la opinión pública un prejuicio contra el gobierno español, ayudando así a Franco...

Desde esa época se abate la capa de silencio y mentira que cubre a lo largo de este siglo la historia de la guerra de España.

Y cómo no iba a cubrirla si él mismo añade:

Eso no quiere decir que el antifascismo, incluso bajo su forma comunista e incluso en los militantes comunistas del aparato, no haya movilizado una pasión por la libertad.

Ahora resulta que cuando los chequistas torturaban, violaban monjas y robaban a los que asesinaban, como eran antifascistas, «movilizaban una pasión por la libertad». Pasión prohibida a los españoles que no eran rojos. La misión histórica de los *nacionales* era servir de blanco a los comunistas de todo el mundo para que, como Gustav Regler, citado por Furet, después de huir de la Lubianka y los Procesos de Moscú, dijeran: «Mientras haya fascistas, todos seremos españoles». O sea, que primero se inventaron el antifascismo, camuflaje propagandístico del comunismo, luego fueron a España a imponer el comunismo como antifascismo, y al fin, cuando Stalin se reparte Polonia con Hitler y André Marty y La Pasionaria elogian «la hermandad de los trabajadores alemanes y franceses en las aceras de París, frente a las plutocracias capitalistas», se reinventan una guerra de España, que siempre fue, en buena medida, una invención. Salvo para los españoles.

## EL HOMENAJE A LA VERDAD DE CATALUÑA

Si la guerra de España, como dijo Orwell al volver a Inglaterra, dio origen a la más aplastante colección de mentiras que cabía recordar, sobre nada se han acumulado tantas mentiras como sobre lo que precisamente describe Orwell: Cataluña en el primer año de la Guerra Civil, en especial los «Fets de Maig», es decir, los sucesos de mayo de 1937 que supusieron una guerra civil dentro de la Guerra Civil, entre anarquistas y comunistas del POUM por un lado y comunistas de Stalin y republicanos por otro, unos días de los que *Homenaje a Cataluña* ha sido referencia casi única en la historiografía internacional durante décadas. Y fuente de muchas mentiras.

Como siempre, lo que se oculta es la España *nacional*, las víctimas de lo que se presenta amablemente como «utopías» socialistas, de raíz bakuniniana (CNT, FAI) o marxista (PCE, POUM, PSOE-UGT). Para entender la magnitud de ese ocultamiento baste señalar que, al margen del aspecto político o ideológico, los muertos en cuatro días de lucha entre CNT y el POUM por una parte y el PSUC y ERC por otro, para controlar Barcelona fueron unos quinientos. Los mismos que, en media jornada, una mañana de noviembre, en Paracuellos.

Pero el mayor ocultamiento, que conviene iluminar cuando Cataluña se ha convertido, ochenta años después de los «Hechos de Mayo» de 1937, en el mayor problema para la democracia en España y la Unión Europea, es el de la complicidad del símbolo del nacionalismo, Companys, y los que una historiografía que presenta la Guerra Civil como un asunto interno de los españoles —a los que se vio fatalmente arrastrado el patriota Companys— llama «incontrolados» de la CNT-FAI, que habrían sembrado el terror sin conocimiento y menos aún autorización del presidente de la Generalidad.

La verdad es bien distinta. Barcelona se parece como una gota de agua a otra al Madrid que Julius Ruiz describe en *Paracuellos, una verdad incómoda*: el reino del terror comunista, en un caso de mayoría marxista (Madrid) y en otro bakuninista (Barcelona), pero en ambos presidido, si no organizado, legalizado y legitimado por partidos de izquierda «burguesa», en Madrid el de Azaña (Izquierda Republicana, al que pertenecía Giral, presidente del Gobierno) y en Barcelona el de Companys (Esquerra Republicana de Catalunya), que presidía la Generalidad, tras ser amnistiado de su condena a muerte, luego indultada, por el golpe de Estado de 1934.

Si en Madrid es el CPIP al mando de los hombres de Izquierda Republicana el que organiza el terror tras el reparto de armas de Giral a los comunistas de uno y otro signo —la CNT, aunque no tanta como en Cataluña, tenía cierta presencia en Madrid, y también UGT en Barcelona— en Barcelona se produce una situación totalmente distinta, mucho peor para los católicos y las derechas, término que para los anarquistas incluía la Lliga de Cambó, el gran partido catalanista conservador, y al Estat Catalá, integrado como nacionalista en Esquerra Republicana, pero cuyas simpatías por Mussolini y su organización paramilitar de *escamots* lo identificaban, de forma más lógica que a las demás organizaciones, como partido fascista. En el golpe contra la República de octubre de 1934, en el que se negó a participar la CNT, Dencás, el llamado *Duce catalá*, había huido a Roma. Y el racismo que exhibían personajes como el doctor Robert, medidor de cráneos, hacía aborrecible el nacionalismo para los anarquistas, a su vez despreciados por los catalanistas, como «xarnegos» y «murcianos», por los que fueron a trabajar en la Exposición Universal de Barcelona.

## CUANDO LAS AUTORIDADES ABRAZAN EL TERROR

El propio Companys el mismo 19 de julio de 1936 se negó a restaurar el orden republicano tras la derrota de los alzados, presidió la entrega de armas a las milicias de la CNT-FAI, abandonó a su suerte —o su muerte— a los dirigentes de su partido y a los miembros del gobierno de la Generalidad y del Parlamento de Cataluña y propuso a los dirigentes de la FAI, con García Oliver al frente, la creación del Comité de Milicias Antifranquistas de Cataluña, no para defender un frente que no existía, ni para reprimir a los alzados, que se rindieron todos el 19 de julio, sino para asesinar sistemáticamente a los previamente apuntados en *listas negras* elaboradas mucho antes de la Guerra Civil por la CNT-FAI y el POUM.

Companys tuvo un comportamiento totalmente distinto al de Casares Quiroga, que pese a sus amenazas parlamentarias y vil comportamiento tras el asesinato de Calvo Sotelo, dimitió antes de entregar armas a sindicatos y partidos de izquierdas, porque eso suponía liquidar el Estado y alentar las masacres. Aún más distinto del de Martínez Barrio, el masón encargado por Azaña, tras dimitir Casares, de pactar con los alzados, siendo rechazado por Mola, no porque confiara en la victoria, que confiaba poco, sino porque era «demasiado tarde». Tampoco se comportó igual que Giral, que si bien era partidario de entregar armas a los sindicatos y liquidar el Estado depurando, o sea, matando a los funcionarios no afectos a Frente Popular, se cuidó mucho de no firmar una sola sentencia de muerte. Como Azaña, Giral fingió que no sabía lo que se estaba haciendo.

Companys podía haber recompuesto el 19 de julio la IV División del Ejército y garantizar, si no en toda Barcelona, en el interior de buena parte de Cataluña las vidas de miles de personas que fueron asesinadas en los primeros meses de una guerra, cuyo frente más cercano, el de Aragón, estaba a 300 kilómetros de distancia. Lo que se ha llamado «revolución» en Cataluña solo lo fue en la parte económica, por la toma de casi todas las fábricas e industrias de la región. El resto fue una inmensa matanza, un gigantesco *pogrom* de católicos, especialmente sacerdotes y religiosos, que fueron asesinados sin que supusieran peligro alguno para los que habían tomado el poder, solo por el afán totalitario de comunistas «libertarios» y antiestalinistas, pero fieles al mismo guerracivilismo genocida de Lenin y Trotski.

La razón por la que Companys se puso al frente, simbólicamente, del terror rojo en Cataluña y, a diferencia de Giral en Madrid, firmó tantas sentencias de muerte, fue, básicamente, la de mantenerse en el poder e ir aprovechando los vaivenes de la guerra para reforzar su posición en un sentido separatista. Pero con García Oliver —el pistolero nombrado ministro de Justicia en el gobierno de Largo Caballero de septiembre— y Andreu Nin —consejero de Justicia de la Generalidad— hizo algo más: creó el modelo de represión que luego se siguió en Madrid. Y sin obstáculos, porque no hubo en Barcelona ningún Melchor Rodríguez que, aun siendo miembro de la FAI como Durruti y García Oliver, se negara a aceptar el genocidio como forma básica de construir una nueva sociedad.

El libro de Javier Barraycoa *Los (des) controlados de Companys. El genocidio catalán, julio 1936-mayo 1937* (Libros libres, 2017) resume, con valiosas aportaciones originales, todo lo que esta última década se ha publicado sobre el escaparate y la trastienda de la Guerra Civil en Cataluña, que, lejos de la mitología nacionalista y poumista, fue mucho más y muchísimo peor que lo que Orwell entrevió en mayo del 37 y, en consecuencia, que lo que con él se han limitado a ver tantos desde entonces.

## COMPANYS, LA BIOGRAFÍA ALUCINANTE DE UN ALUCINADO

Por la manipulación victimista que, como predijo y lamentó Cambó, nimba su figura de fusilado por el franquismo, Companys lleva décadas sin aparecer en los medios de comunicación como lo que fue: un saltimbanqui político que se apoyó en sucesivos grupos de pistoleros para conseguir lo que nadie lograba en aquellos años frenéticos: mantenerse en el poder. Nunca le importó el precio que pagó: la legalidad en la que no creía, los enemigos que liquidó, los amigos que traicionó y las explicaciones que nunca dio. Si Cataluña no fuera la mayor máquina de trolas del mundo, Companys sería lo que fue durante décadas, incluidas las del franquismo: el hombre del que todos se quejaban y con razón. Pero desde que el comunismo catalán (PSUC) hizo suya la mitología separatista, Companys es intocable. Y si en tiempos de Stalin y Comorera fue una marioneta que les ayudó a tomar el poder, en los de sus herederos —los del *pujolismo-leninismo* de Vázquez Montalbán— le rinden culto idolátrico desde Meritxell Batet, del PSC, en las Cortes, pidiendo la anulación de su condena, hasta la abadía de Montserrat, pese a que Companys permitió o avaló con su firma que miles de curas, frailes, monjas y *missaires* (los que iban a misa) fueran asesinados.

La dictadura de Companys antes y después de la guerra, a hombros de los comunistas de Bakunin y luego de los de Marx, ha dejado sin embargo un rastro indeleble, que en vano intentan borrar los descuideros de la historia. Son todos los decretos urdidos y firmados por él. Y hoy ocultados en vano.

Barraycoa resume en el libro citado las publicaciones de los últimos años sobre el cúmulo de mentiras que, para cimentar el relato separatista, ha conducido, cien años después de la llegada al poder con Lenin del terror y la mentira, a la esperpéntica declaración de independencia de 2017, remedo de la zarrapastrosa del propio Companys en 1934. Entonces fue condenado a muerte y amnistiado. Hoy se ha amnistiado a casi todos los golpistas sin siquiera condenarlos. Y se olvida que el resultado de la amnistía en 1936 del golpe de 1934 fueron las matanzas permitidas, si no promovidas, por el amnistiado.

No hay en toda la II República y la Guerra Civil un político relevante con un nivel intelectual y moral tan discutible como el de Companys. Fue el hijo indolente de una familia rica de Lérida que tardó dieciocho años en terminar Derecho y se dedicó a defender a los terroristas de la FAI, mientras iniciaba su carrera política en el Partido Radical de Lerroux, feroz antinacionalista. Debutó como concejal obligando a Carrasco i Formiguera, luego fundador de la democristiana UDC, a gritar ¡Viva España! antes de tomar posesión. Por eso, los que conocían sus orígenes nunca creyeron en su sinceridad separatista, sesgo que tomó al ventear —fue su única cualidad: el olfato— que la política catalana iba a evolucionar de la Lliga y el lerrouxismo, hegemónicos en las dos primeras décadas del siglo XX, al separatismo y el anarquismo, dueños de las urnas y las calles en los trágicos años treinta.

Barcelona, como testimonia *Luces de bohemia*, fue la ciudad más violenta de España desde finales del XIX. Los pistoleros comunistas de la tendencia de Bakunin compartían atentados sin cuento con los pistoleros de la patronal, respaldados por la policía y el poder político años antes de que Martínez Anido entrara en el gobierno de Primo de Rivera, al que la crema de la burguesía catalana acompañó entusiasmada a la Estación de Sants, de donde salió hacia Madrid para enterrar el régimen de la Restauración. *La rosa de fuego*, *La ciudad de las bombas* o *La ciutat cremada* son algunos de los nombres de la luego pacífica, o más bien pacificada, Ciudad Condal. La Semana Trágica, con las momias de las monjas expuestas en la calle, fue, en cierto modo, el ensayo general de las atrocidades de la Guerra Civil.

Companys dilapidaba la fortuna familiar y pasaba del lerrouxismo al separatismo, previa entrada en la masonería, sin abandonar su relación, que era protección, con los pistoleros más feroces y necesitados de abogados de la FAI. Pero su gran pasión era el espiritismo, que practicaba en familia hasta que se lo prohibió el partido porque hablaba con el cojo Layret y el anarquista asesinado Noi del Sucre y luego lo contaba, con la lógica irrisión y el inevitable descrédito. Pero un día se le apareció, entre pistolas, una pasión más carnal que la espiritista, que si luego no hubiera sido tan atroz su trayectoria política, hubiera inspirado una gran astracanada menestral: *L'auca del senyor Companys*.

Todo empezó cuando en 1933 dos jóvenes de Esquerra Republicana-Estat Catalá, Miquel Badía, ídolo del separatismo, y su amigo Carles Durán, tuvieron un accidente de tráfico a la altura de Manresa. Durán estaba casado con Carme Ballester, la mujer fatal de esta historia, que fue a verle al hospital. Pero se confundieron de hospital y llevaron a Badía al de Durán y viceversa. Cuando Carme vio a Badía en el lugar de su marido, quedó sorprendida pero gratamente. Tanto, que allí mismo iniciaron una tórrida relación que desembocó en el abandono de Durán y su instalación junto a Badía, y entonces la conoció Companys. Se enamoró de ella, abandonó a la esposa espiritista y acabó convenciéndola de que dejara a Durán y se fuera a vivir con él. Lo que no consiguió nunca fue apagar la hoguera de los celos.

Era Companys esmirriado y charlotesco, histriónico en los mítines y propenso a los ataques de nervios, con gran aparato de llanto y contorsión. El catalanista Joan Puig Ferrater lo retrata así en *Memòries polítiques*:

Companys era pequeño, voluble, caprichoso, inseguro y fluctuante, sin ningún pensamiento político, intrigante y sobornador, con pequeños egoísmos de vanidoso y sin escrúpulos para ascender. Su ignorancia enciclopédica y la poca profundidad del hombre no daban para más.

El comunista Miguel Serra Pámies, cuya hija Teresa, casada con Gregorio López Raimundo, secretario general del PSUC en los años setenta, lo beatifica en la crónica del exilio, *Quan érem capitans*, precisaba: «Le daban ataques, se tiraba de los pelos, arrojaba cosas, se quitaba la chaqueta, rasgaba la corbata, se abría la camisa. Este comportamiento era típico».

Joan Solé Pla, que fue diputado de ERC e íntimo del patriarca del separatismo Francesc Maciá, fanático en las ideas pero formal y afable de trato, hace este retrato que Barraycoa considera, con razón, el más duro de todos:

> Companys en el fondo es un enfermo mental, un anormal excitable y con depresiones cíclicas; tiene fobias violentas de envidia y de grandeza violenta, arrebatada, seguidas de fobias de miedo, de persecución, de agobio extraordinario y a veces ridículas. ¡Cuántas veces el señor Maciá, con energía, regañándolo, excitándole el amor propio le había tenido que sacar de ese aplanamiento en que lloraba y gemía como una mujer engañada!

En 1933, ya era Companys presidente de la Generalidad, pero en ERC lo despreciaban y creían que había heredado a Maciá solo porque su sucesor natural, Humbert Torres, diputado en las Constituyentes de la II República, redactor en ellas de la anticatólica Ley de Libertad Religiosa, promotor del Estatuto de Nuria, y adepto como Companys al espiritismo, le dejó el sitio.

Hay que entender a Torres: publicó *La religión futura*, teorizó el *espiritismo cristiano*, se dedicó a la telepatía, la *xenoglosia* (saber idiomas sin estudiarlos), la *criptestesia* (conocer cosas a través del tiempo y el espacio) y otras artes mágicas, sin duda más entretenidas que lidiar con Durruti, los Ascaso, Dencás y demás. Lo malo es que el candidato del separatismo radical al trono de Maciá era, precisamente, Miquel Badía, sucesor de Durán y predecesor de Companys en los favores de Carme Ballester. Y no se recató en decirlo ni en contarlos.

Companys hizo en 1933 una remodelación del gobierno para echar a su odioso rival del cargo de consejero de Interior. Calculó mal, porque la fuerza de los hermanos Badía en ERC le obligó a reponerlo y a hacer en público las paces. Imposible. Companys, por algún gesto del llamado *Capitá Collons*, saltó:

—¡Ese cargo no es para un hombre como tú!

—¡Qué quieres decir con eso!

—¡Ella es una santa!

Y entonces Badía, que no era un caballero sino un *escamot*, se puso a contar con lujo de detalles, su encuentro con Carme Ballester. Gritos, portazos y amenazas hicieron eco al *Decameronet*. Y el celoso Companys no tuvo mejor idea, en aquella Barcelona cuya industria del vicio, que empezaba en la calle del Carmen o Carré del Carme (!) y Bataille recuerda en *Le bleu du ciel*, era célebre en toda Europa, que hacerle jurar a Ballester que le sería fiel. El chisme sobre *la misa negra en la cama de Macià* corrió como la pólvora. No calmó al amante celoso y le inspiró una venganza criminal.

Pero antes se había cruzado en el camino de los amantes de aquella Carmen el golpe de Estado del PSOE-UGT en 1934, al que se sumó Companys proclamando el «Estado Catalán dentro de la República Federal Española». Como esta no existía ni la podía crear Companys, proclamar el Estat Català era un vulgar golpe de Estado, y el gobierno de Lerroux decretó el «estado de guerra» en toda España. Batet sometió fácilmente y puso en fuga a los golpistas, cuyos jefes técnicos —el político era Companys— huyeron de forma ignominiosa: Badía, el *Capitá collons*, a pie, y Dencás, *el Duce catalá*, por las alcantarillas.

Companys, apresado, condenado a muerte y luego amnistiado a petición de muchos catalanes a los que un año después él condenó a muerte o dejó asesinar, culpó entonces del fracaso del golpe a los hermanos Badía y, sobre todo, al *Duce* Dencás. Este publicó en Roma un folleto desmintiendo a Companys, pero la grieta abierta por esa disputa sobre quién había corrido más ante Batet, si el separatismo clásico o el advenedizo, nunca se cerró. Y eso explica que Companys se negara a tratar de mantener el orden público y entregara Cataluña a la CNT-FAI, con sus *listas negras* para el exterminio de católicos, derechistas y nacionalistas. Se fiaba más de García Oliver que de los Badía y Dencás, que se la tenían jurada. Y acertó.

La historiografía nacionalista y comunista presenta a un Companys indefenso y pacífico, pero atado a los incontrolados de la FAI. Eso es falso o verdadero solo a medias. Ambos se utilizaban mutuamente y Barraycoa lo demuestra con una plétora de datos y testimonios. Sin embargo, para entender las contradictorias relaciones entre los comunistas de cualquier signo y los separatistas catalanes, hay que recordar la doctrina leninista sobre las nacionalidades y que en el primer gobierno de Lenin el ministro o consejero para las nacionalidades era precisamente Stalin.

Andreu Nin, que fue con Joaquín Maurín, fundador del POUM, defendía en su libro de 1934 *El Marxismo y los movimientos sociales*:

> Enarbolar la bandera de la República catalana, con el fin de desplazar de la dirección del movimiento a la pequeña burguesía indecisa y claudicante, que prepara el terreno a la victoria de la contrarrevolución, y hacer de la Cataluña emancipada del yugo español el primer paso hacia la Unión de Repúblicas Socialistas de Iberia.

Es decir, lo que había hecho el régimen soviético: azuzar las querellas nacionalistas del antiguo Imperio Ruso y tras cuartearlo, recuperar los pedazos para el nuevo imperio soviético.

Los estalinistas eran tan leninistas como los trotskistas acerca de la idea de nación. José Díaz, secretario general del PCE, decía en la campaña de febrero de 1936:

> Queremos que las nacionalidades de nuestro país —Catalunya, Euzkadi, Galicia— puedan disponer libremente de sus destinos, ¿por qué no? Si ellos quieren librarse del yugo del imperialismo español tendrán nuestra ayuda.

Y Barraycoa rescata el informe de Comorera, secretario general del PSUC en la guerra y la dictadura (hasta que Carrillo lo delató a la policía franquista) de 3 de marzo de 1939:

> Popularización hasta el último momento del presidente Companys, con la finalidad múltiple de ligarlo a Negrín, de apartarlo de las filas de los claudicadores, de inmunizarse él contra las maniobras y las intrigas constantes de los elementos más turbios de ERC que ocupaban altos cargos políticos y gubernamentales.

Los nacionalistas catalanes pensaban, naturalmente, usar a los otros y no ser usados. Por eso Maciá fue a Moscú a pedir ayuda soviética para la independencia catalana, con un lema que repetían todos: «Prefiero una Cataluña comunista a una Cataluña española». En realidad, preferían que la URSS destruyera España y administrar su porción de escombros. El juego de Companys estaba claro, pero como lo tomaban por tonto, no todos lo veían entonces; y como lo toman por santo, no todos lo ven ahora: usó a la FAI contra la propia Generalidad y su partido, ERC, salvándose él; y luego cambió a los pistoleros de la FAI por los del PSUC, buscando asentar, bajo el protectorado comunista, una dictadura personal, que Azaña, en su estilo vitriólico, define así en sus memorias: «Se implantaba lo que Companys denominaba la democracia expeditiva, que viene a ser una demagogia irresponsable traducida por un arbitrio personal».

## LA DICTADURA DEL TERROR BAJO COMPANYS

La entrega de armas a las milicias comunistas, que en Cataluña eran mayoritariamente de la CNT-FAI, fue el gran dilema de las autoridades republicanas en las ciudades donde no triunfó el alzamiento, que fueron la mayoría y entre ellas cinco de las más importantes: Madrid, Barcelona, Valencia, Málaga y Bilbao. Los nacionales solo se impusieron en Sevilla y Zaragoza, en ambas de forma muy precaria. La capital aragonesa, sobre todo, se consideraba indefendible. Y Sevilla dependía del apoyo de Franco si conseguía cruzar el Estrecho, algo que logró audaz e inesperadamente. Pero capitales medianas como Oviedo o pequeñas como Toledo, Huesca y Teruel eran técnicamente imposibles de conservar ante una ofensiva seria, salvo que protagonizaran una resistencia numantina, por no decir suicida, a la espera de que el ejército de Franco incorporase a la media España que no había votado al Frente Popular. Pero todo lo tenían en contra.

En las ciudades en manos del Frente Popular sucedía lo contrario. Era tan clara la superioridad militar y económica sobre los alzados que los partidos se lanzaron a conquistar por la fuerza posiciones de poder, al margen de la legalidad que decían defender. En rigor, en la legalidad republicana, desde las elecciones de febrero, tras el fraude de las actas y la violencia generalizada de las izquierdas contra la propiedad y las personas de derechas —trescientos muertos y miles de robos y asaltos a propiedades— ni creían los partidos del Frente Popular ni los de la oposición; por eso no la defendió políticamente nadie.

Sin embargo, en la España republicana la superioridad de las fuerzas militares —los tres ejércitos y la Guardia Civil, más los guardias de asalto— hubiera permitido mantener el orden sin armar a las milicias, cuya función solo podía ser ilegal y violenta, o haberlo recuperado a los pocos días del 18 de Julio. No se hizo porque los partidos más fuertes del Frente Popular querían la guerra civil y querían empezarla por el exterminio rival en la retaguardia. Nunca Lenin tuvo tantos seguidores como en la España de julio de 1936. Pero Franco no los convirtió en leninistas. Eran leninistas los que querían serlo.

En Cataluña, la fuerza de los anarquistas era indiscutible. Desde 1932 protagonizaron, amén de infinidad de delitos contra la propiedad y las personas, tres alzamientos armados en la cuenca del Llobregat. Y aunque el nuevo régimen legalizó en 1931 a la CNT —e indirectamente a la FAI y otros grupos «específicos» o terroristas en su seno— consideraban que se trataba de formas distintas de Estado para una misma explotación burguesa, contra la que solo cabía la violencia revolucionaria. Y eso hicieron en julio.

Sin embargo, es falso que la Generalidad y el gobierno de Madrid tuvieran que resignarse al armamento de las milicias ante la deserción del ejército y la irrupción heroica de unas masas para defender la República. Por el resultado electoral de febrero era evidente que al menos la mitad de las masas españolas eran contrarias al Frente Popular. Y que esas masas no aceptarían más que un orden y una legalidad claramente representados por las fuerzas uniformadas clásicas: el Ejército y la Guardia Civil. Se optó deliberadamente por lo contrario: se disolvió al Ejército, aunque no se hubiera rebelado, se depuró a la Guardia Civil y se despidió a todos los funcionarios desafectos, creando interminables listas negras de asesinables. Ni había en julio legalidad republicana ni se hizo guardar después de julio. La propaganda izquierdista dirá hoy lo que quiera. La realidad habla por sí sola: el militar, funcionario, político o simple católico que pudo huir, huyó.

Hay una veintena de decretos firmados por Companys que legalizan el terror rojo y fundan una dictadura personal, de papel pero con intención de plomo, durante los tres años de la guerra. Veamos los fundamentales:

*21 de marzo de 1936*:
Decreto que declaraba ilegítimos todos los acuerdos municipales entre octubre de 1934 y febrero de 1936. Además de restaurar simbólicamente el régimen del fallido golpe de Estado, estableció la primera lista negra de los enemigos del régimen revolucionario, que no era solo el de julio de 1936 sino el de octubre de 1934, cuando Companys y la ERC, sin la CNT y contra la II República, proclamó el Estat Catalá.

*19 de julio de 1936*:
Orden de liberar todos los presos políticos de las cárceles —los que no habían sido amnistiados en febrero de ese año por haber cometido crímenes graves en 1934 o en los alzamientos anarquistas— y a todos los presos comunes, que se arman hasta los dientes como las milicias.

*20 de julio de 1936*:
Tras facilitar, incluso en persona y haciéndose fotos con los líderes de la FAI, armas largas de los arsenales a las milicias anarquistas y negarse a restaurar la IV División (además de las tropas leales a la República, tenía 8.000 policías autonómicos, la mitad procedentes de la Guardia Civil, experta en reducir motines), Companys disuelve el Ejército y ordena a la Guardia Civil de toda Cataluña ir a Barcelona. Esto deja a toda la Cataluña rural, además de las otras tres capitales, indefensa, a merced de los milicianos del POUM (Lérida) y la CNT-FAI. Se impone el terror rojo.

*21 de julio de 1936*:
Decreto que crea el Comisariado de Prensa y legaliza las «incautaciones» de los medios de comunicación de signo conservador. Desaparece por completo la libertad de prensa en Cataluña. El POUM requisa —roba— los talleres de *El Correo Catalán* y edita *La Batalla*; el PSUC requisa —roba— los talleres de *El Matí* (católico catalanista) para editar *Treball*; Estat Catalá —núcleo duro de ERC, el partido de Companys— requisa —roba— el *Diario de Barcelona* (conocido como *El Brusi*) para editar *Diari de Catalunya*; y ERC requisa —roba— *La Veu de Catalunya*, portavoz de la Lliga Regionalista de Cambó.

*24 de julio de 1936*:

Decreto por el que se crea el Comité de Milicias Antifascistas de Cataluña, para el «control y vigilancia» (de ahí el nombre de «patrullas de control»), para «establecer un orden revolucionario». También se decreta que «la circulación desde la una a las cinco de la madrugada» queda reservada a los «equipos de noche». Se oficializa así el horario de los «paseos», que seguían siempre este orden: entrar en una casa por la fuerza, robar todo lo que había, violar o aceptar que las mujeres se entregasen para salvar la vida del familiar, eventuales torturas y, al final, solo o con los miembros de la familia que se resistieran, secuestro y asesinato.

*24 de julio de 1936*:

Decreto para depuración de los funcionarios que hubieran participado en el alzamiento —militares y civiles ya estaban todos detenidos o muertos— y a «los que sean declaradamente desafectos a la República», que, en la práctica, dependía de la «declaración» del miliciano de turno o el colega rencoroso; y creaba la lista de funcionarios asesinables.

*28 de julio de 1936*:

Decreto de incautación de bienes artísticos, culturales, históricos y documentales. Ley calcada de la de la Revolución Francesa de incautación de bienes del clero sobre los cuales se levantó el ruinoso imperio inflacionario de los *assignats*, calcado a su vez por los bolcheviques y su «papel pintado», cuya historia ya contamos. En este caso, vigente aún la peseta, aunque pronto sujeta a devaluación, lo que hacía la Generalidad era expropiar por decreto, vulgo robar, las riquezas de tipo arqueológico, histórico o simplemente materiales (piedras y metales preciosos) del inmenso tesoro secular del catolicismo en Cataluña. Como asesinaron a los curas, frailes y monjas, tras incendiar todas las iglesias y conventos, eso supuso que los partidos, milicias y la propia Generalidad tuvieran, exactamente igual que los bolcheviques gracias al tesoro del zar y de la Iglesia ortodoxa, una inmensa fortuna que vender, malvender y disfrutar.

*29 de julio de 1936*:

Decreto por el que Companys crea el Comité de l'Escola Nova Unificada (CENU) en estos términos: «La voluntad del pueblo revolucionario ha suprimido la escuela de tendencia confesional. Es la hora de una nueva escuela, inspirada en los principios racionalistas del trabajo y la fraternidad humana. Hace falta estructurar esta nueva escuela unificada que no solo sustituya el régimen escolar que acaba de hundir el pueblo, que cree una vida escolar inspirada en el principio de solidaridad». O sea, que quedaban cerrados e incautados todos los centros de enseñanza católicos y sus arruinados gestores amenazados de muerte.

*30 de julio de 1936*:
Decreto del consejero de Gobernación de la Generalidad, José María España (que poco después huyó para no ser asesinado por la FAI) ordenando a los alcaldes de Cataluña que requisen todas las armas, incluidas las de caza, en poder de individuos «no afectos al Frente Popular». Es decir, que por ley, el gobierno de Companys impide defenderse a los que, de paso, se pone en las *listas negras* de asesinables.

*14 de agosto de 1936*:
Decreto para la depuración de jueces. «El pueblo catalán y los profesionales del derecho han pedido con insistencia una obra de depuración de la Justicia (…). Esta obra no puede demorarse un instante más (…) se impone abrir la justicia para dar entrada al pueblo». O sea, eliminación de profesionales y listas negras de depurados asesinables.

*20 de agosto de 1936*:
Decreto para la depuración de médicos y personal sanitario: «Todos los médicos, farmacéuticos y veterinarios, así como el personal auxiliar sanitario de Cataluña (…), se considerarán movilizado a las órdenes directas del Consejero de Sanidad». De nuevo depuración de profesionales y nuevas listas negras de asesinables.

*20 de agosto de 1936*:
Decreto de la Generalidad que permite a los ayuntamientos crear nuevos impuestos para el «esfuerzo incalculable» de la transformación social en Cataluña. Cálculo y esfuerzo: algunos abolían el dinero mientras otros eliminaban «trabas administrativas» para robarlo a discreción de las autoridades y con el respaldo elocuente del terror rojo. En la

práctica, esto se tradujo en el saqueo de cualquier propiedad privada en manos de «fascistas», que eran aquellos que tenían propiedades apetecibles.

*23 de agosto de 1936*:
Decreto llamado «de la plata» que instaura el «corralito» familiar —prohibido tener más de 300 pesetas en el domicilio— y la requisa de toda la plata en manos de particulares, que debe ser entregada si su valor excede de 300 pesetas para cambiarla por papel moneda (que se devalúa, mientras desaparecen del mercado los alimentos, como en Rusia).

*23 de agosto de 1936*:
Decreto para la depuración de los funcionarios del Departamento de Obras Públicas. Con nuevas listas negras de asesinables.

*26 de agosto de 1936*:
Decreto que crea los «jurados populares» y establece la delación obligatoria: «Todo ciudadano que tenga conocimiento de un hecho relacionado con el movimiento fascista o que conozca la actividad de alguna persona encaminada a debilitar la lucha contra el fascismo, estará obligado a poner en conocimiento de las autoridades» (cabía elegir checa).

*1 de septiembre de 1936*:
Decreto que crea los Tribunales Populares.

En realidad, aprovechando el terror rojo que legalizaba, Companys usurpaba todas las funciones del Estado Español en Cataluña, creando de hecho un Estado independiente que sobreviviera a la Guerra Civil, aunque necesitara por tiempo indefinido, al modo soviético, del terror rojo para seguir en el poder. Mientras los comunistas del POUM y la CNT robaban y mataban a mansalva hasta mayo de 1937, cuando fueron sustituidos por los comunistas del PSUC y la NKVD para hacer lo mismo, más discretamente, la Generalidad se arrogó, a través de infinidad de decretos, competencias que no le correspondían. Desde el derecho a ser acusación particular en los juicios militares —contra la lógica profesional misma de la institución y como abierta injerencia política directa en el juicio— hasta el nombramiento de jueces territoriales, competencia exclusiva del gobierno central.

Así, de una manera aparentemente caótica y dirigida solo a legitimar el terror rojo, Companys fue creando, mediante leyes ad hoc, sin pasar por el Parlamento Español ni Catalán y ejerciendo en la práctica una dictadura personal acordada por los demás partidos catalanes y a la que no prestaban demasiada atención, una situación de hecho, o de derecho revolucionario, que hubiera sido difícil de desmontar en caso de triunfo republicano. Bien es cierto que desde la llegada de Negrín al poder, justo después del cambio de hegemonía revolucionaria en mayo de 1937, la Generalidad mantenía su presencia simbólica mientras iba siendo arrinconada por el gobierno central, pero como en el mensaje de Aguirre y Companys a propósito de la entrega de los Sudetes a Hitler, cuanto menos mandaban, más enredaban. Y veremos más adelante que Azaña y Negrín, hartos de intrigas, acabaron viendo a los nacionalistas catalanes y vascos como lo que eran: traidores redomados.

## EL PRIMER TERROR COMUNISTA BAJO COMPANYS

Más que en ningún sitio de España y sin justificación militar o política, los diez primeros meses de terror rojo en Cataluña (julio 1936-mayo 1937) impuestos por los bakuninistas de la CNT-FAI y los marxistas-leninistas del POUM, con el respaldo legal de la Generalidad y la participación de otros partidos y sindicatos de izquierdas como ERC y UGT, son, sin duda, la manifestación más completa de terror comunista que haya tenido lugar en revolución alguna, incluida la leninista en sus primeros meses. Toda la propaganda buenista de izquierdas sobre nuestra Guerra Civil, que parte de Orwell y desemboca en Ken Loach, presenta a Cataluña como un caótico crisol de utopías rojas, lo que llama Furet «el repertorio del romanticismo revolucionario europeo, Bakunin y Marx, Sorel y Lenin». Vamos a ver en qué consistieron realmente esos «reencuentros tardíos con la imaginación social de 1848», que, dice, «aureola la retórica de la izquierda española».

Joan Peiró, hombre clave en la CNT catalana, decía en el implacable estilo de Lenin:

Cuando los individuos no se adaptan a los imperativos de la revolución (…) se les mata si es preciso (…) al estallar una revolución ha de haber un margen de tiempo donde el terrorismo tenga su papel (…). «La revolución es la revolución y es lógico que la revolución comporte derramamiento de sangre (…). Matar, sí, matar al que haga falta es un imperativo de la revolución (…). Siempre he creído que, en plena revolución, el enemigo ha de ser batido siempre, sin compasión, exterminado inexorablemente (Peiró, *Perill a la reraguarda*).

El 31 de julio de 1936, solo trece días después del alzamiento y siendo Cataluña totalmente roja, el diario comunista *Avant* (órgano del POUM) hacía suyas casi literalmente las tesis de Trotski en su libro de defensa del terror rojo en la Rusia soviética:

Terrorismo revolucionario y terrorismo contrarrevolucionario. Hay un tipo de terrorismo inevitable, necesario y fructífero para la causa de la revolución (…). Nosotros, marxistas revolucionarios, no somos enemigos del terror que es un instrumento de clase y una necesidad histórica. No podemos plantearnos este problema desde el punto de vista sentimental y abstracto, sino desde el punto de vista político y de acuerdo con las necesidades de la revolución.

Sin embargo, cuando los estalinistas, compartiendo el criterio del propio Trotski, que había llamado a Nin enemigo de la clase obrera, cipayo de la burguesía y demás lindezas del libro de estilo bolchevique, raptaron, torturaron y asesinaron al líder del POUM, el terror contra los suyos ya no lo vieron «desde el punto de vista político», sino «sentimental y abstracto». «Gobierno Negrín, ¿dónde está Nin?», decían las pintadas poumistas y anarquistas. Querían que lo devolvieran con vida, como cualquier familia de los que, siendo Nin consejero de Justicia del gobierno de Companys, eran raptados, robados, torturados y asesinados en la Cataluña del POUM.

Claudi Ametlla, cuyo testimonio como íntimo de Companys, al que trató de disuadir de entregar armas a la FAI, es esencial para seguir el sórdido calvario de muchos nacionalistas catalanes bajo la dictadura anarquista, dijo: «El imperio del espanto, del crimen y del miedo han empezado en Cataluña». En uno de los libros históricos más citados sobre el comunismo libertario, *Les anarchistes espagnols et le pouvoir (1868-1969*, César M. Lorenzo, citado por Barraycoa, hace esta descripción, casi idéntica a la de Orwell:

> La fiesta podía empezar: explosiones de júbilo, concierto de claxon, mar de banderas al viento, grupos de gentes con pañuelos rojos y negros al cuello, grandes letras con las siglas de la CNT-FAI, en muros y vehículos requisados, expropiaciones revolucionarias (...). Una extraordinaria atmósfera de libertad, pero también de ajustes de cuentas. Amenazas, ejecuciones sumarísimas de burgueses y de elementos de derechas, caza de curas, incendio de conventos e iglesias. Todo esto es lo que caracterizó los días que siguieron la triunfo del anti-fascismo (...) las corbatas y los bonitos sombreros desaparecieron como por arte de magia; casi todos se vistieron con monos de obreros. Era la aurora roja de la revolución (...). Una sociedad nueva surgía.

No creo que ningún historiador de la Alemania nazi haya utilizado este tipo de adjetivación tan complaciente con los asesinos y ladrones que tomaron el poder en la Cataluña de 1936. El término «fiesta» me parece un repugnante recurso folclórico, tan manido al tratar de nuestra guerra, para referirse al terror que más de la mitad de la población catalana sentía ante la impunidad absoluta de los que siempre habían sido considerados como lo que eran, terroristas y criminales, y que de pronto aparecían como un poder omnímodo, hacedor y destructor de leyes, dueño de vidas y haciendas.

Por lo visto, estos historiadores con ínfulas de paisajistas, no tienen en cuenta el terror y la angustia del que veía cómo le robaban la casa, las tierras, el coche o el camión con que trabajaba, pórtico de su asesinato. ¿Era una «fiesta» que los faístas se divirtieran echando a los curas al monte y cazándolos como alimañas? ¿Era «festivo» el rito, repetido cientos de veces, de golpearlos, torturarlos, castrarlos, meterles los genitales en la boca, sacarles los ojos, prenderles fuego con gasolina y reírse de su agonía? Lógicamente, ante esa «fiesta» del robo y el asesinato impunes se disfrazaban de obreros los que habitualmente presumían vistiéndose lo mejor que podían. ¿Cómo puede escribirse «una extraordinaria atmósfera de libertad, pero también de ajustes de cuentas»? ¿De quién era la «fiesta», quién disfrutaba de esa «atmósfera», desde cuándo la libertad incluye «ajustes de cuentas»?

En cuanto al «antifascismo», nada menos que el secretario general del Comité de Milicias Antifascistas, Jaume Miravitlles, decía:

> A pesar del nombre del comité del que formábamos parte, creíamos que no se había producido un «movimiento fascista» y que, por tanto, la represión no podía extenderse a unos estamentos que no habían participado. Ser de la Lliga no era ser fascista, y aún lo era menos ser miembro de la Federació de Joves Cristians, FJC, conocidos por la desafortunada fonética de los «fejocistas».

Se dice ahora que algunos confundían «fascistas» con «fejocistas». No lo creo. Se trataba de matar católicos, sin más, Pero sí que había un movimiento fascista en Cataluña. Lo que pasa es que estaba con Companys en 1934 y formaba parte del poder en 1936. Era el Estat Catalá del *Duce catalá* Dencás, del que Maurín, líder del BOC y del POUM decía:

> Dencás, jefe de la fracción de Estat Catalá, turbio en sus propósitos, no podía ocultar sus intenciones deliberadamente fascistas. Todo su trabajo de organización y toda su actividad política tendían hacia un objetivo final: un fascismo catalán. Su declaración de guerra a los anarcosindicalistas, sus «escamots» de camisas verdes regimentadas, todo eso tenía un denominador común: el nacional socialismo catalán.

Jacinto Torhyo, uno de los dirigentes importantes de la CNT y la FAI hace este retrato:

> José Dencás Puigdollers, (era) consejero de Gobernación, jefe de los servicios de Orden Público, también separatista y jefe de los «escamots», grupos armados a los que imprimieron una tónica mussolinesca. Dencás era un separatista que odiaba a España con fervor satánico. Poseía todos los rasgos que el psiquiatra halla en el paranoico. Con anterioridad a la República había militado en la Lliga, luego se pasó a la Esquerra y a Estat Catalá. Siendo diputado de las Cortes Constituyentes su pueril fervor antihispánico le llevó a desgarrar con una hoja de afeitar los escu-

dos de la República Española que habían grabado en los pupitres de los escaños correspondientes a Esquerra Catalana. Antes de la «proeza» de octubre, los «escamots» capitaneados por Badía practicaban el deporte de apalear obreros a los que previamente secuestraban para someterlos a torturas diversas, por la más férrea negativa de estos al menor contacto con ellos. Porque los trabajadores de Cataluña, originarios de tierra catalana o de otros puntos de la Península, jamás tuvieron nada en común con los catalanistas de la derecha (la Lliga) ni con los de la izquierda (la Esquerra), quienes en lo social no eran fracciones diferentes sino dos expresiones reaccionarias a las que solo separaba un matiz partidista electorero.

¿Por qué aceptaron los anarquistas, tras comprobar que tenían todo el poder, a Companys, representante de un catalanismo que odiaban a muerte, como presidente de la Generalidad? ¿Y por qué aceptaron los nacionalistas la sumisión de la Generalidad, que legalmente era suya, a esos anarquistas a los que poco antes apaleaban, torturaban y despreciaban como «murcianos»?

En realidad, ni unos ni otros se aceptaron del todo. O no todos. En la ERC, que se sabía condenada por la FAI, hubo un serio complot contra Companys encabezado por Joan Casanovas y dirigido por Rebertés, el gigoló de Cornellá cuya señora compartía juegos eróticos con Carme Ballester y su presidencial amante. Con Rebertés y Casanovas, estaba Torres Picart, que, descubierto y sometido a tortura lo contó todo, y José María Xammar, que cuenta así su reencuentro:

> Visité a Companys… le eché en cara la vileza de la dejación de poder para someterse al vilipendio de unas fuerzas incontroladas, enemigas de Cataluña e incompatibles con todo sentido de responsabilidad.

Pero lo que muestra la esquizofrenia del separatismo catalán es esta frase con que Xammar continúa sus Memorias:

> Me alejé de Companys con el convencimiento de que Cataluña no tenía un presidente sino un granuja dispuesto a mantenerse en su cargo aun a costa de la propia y ajena dignidad y sobre todo a costa de la dignidad de

su patria. Dignidad que no recuperó a mi entender hasta que se halló años después ante la picota de Franco.

O sea, que Franco, según Xammar obra el milagro de devolver la dignidad al «granuja» que la había arrastrado por el fango, al punto de urdir su asesinato. Uno de los conjurados para matarlo lo absuelve porque una docena de catalanes (todos, en el tribunal, en el pelotón, hasta el del tiro de gracia, fueron catalanes) lo juzgan y fusilan por los crímenes en la guerra que consideraban imperdonables Casanovas... y el propio Xammar.

El caso es que Rebertés apareció en una cuneta asesinado por la FAI y que los conjurados, ayudados por Tarradellas y Azaña, huyeron a Francia. En solo un par de meses, los Gasol, España, Casanoves y demás jefes de ERC seguían el mismo camino que la Cataluña de derechas que, huyendo de su propia Generalidad y con Cambó al frente, se puso a las órdenes de Franco. Ocho décadas después, gracias al filtro tribal, todos fueron antifranquistas.

También en las filas anarquistas, por las razones expuestas, muchos querían que Companys siguiera el mismo fúnebre camino que los Badía y Dencás. El llamado Dzerzhinski de la CNT-FAI, Manuel Escorza del Val, enano, tullido, deforme y sin duda el más astuto y cruel de los chequistas, defendía que había que acabar con la Generalidad «burguesa» y fusilar a Companys. Pero García Oliver y Federica Montseny prefirieron instalarse en el poder cambiando de nombre el cargo y llamando «consejo» al «gobierno», como Lenin en Rusia. Pero cuando el terrorista García Oliver, amparador de las masacres de Paracuellos, y al que Azaña, enemigo de la CNT desde lo de Casas Viejas, se negó siempre a saludar, fue nombrado ministro de Justicia, no rebajó el título de ministro al de consejero. Y cuando la afamada publicista del crimen fue nombrada ministra de Sanidad, tampoco.

## LA MUERTE DE DURRUTI, TAL COMO ME LA CONTARON

El único líder reconocido por todas las facciones de la CNT-FAI que podía decidir si el comunismo libertario participaba en el gobierno de la

Generalidad o la liquidaba como poder burgués era Buenaventura Durruti. Y Durruti, tras la toma del poder —pistola en mano y fusil al aire— de la CNT en Cataluña había formado su célebre columna y partido a retomar las capitales aragonesas. Huesca, Teruel y, sobre todo, Zaragoza formaban una misma línea de frente, casi imposible de defender en el Valle del Ebro. Sin embargo, los milicianos de Durruti se estrellaron contra unas defensas tan frágiles como resueltas a resistir. Y si las masacres generalizadas no le producían el menor problema moral, la corrupción generalizada, primero robando para matar, y enseguida matando para robar, y hacerlo junto a sus enemigos mortales de siempre, los catalanistas con Companys al frente, lo habían decidido, al estancarse el frente en Madrid, a volver a Barcelona.

El 4 de noviembre, tras entrar en el gobierno los cuatro ministros anarquistas (García Oliver, Montseny, Juan García y Peiró), Durruti anunció un gran discurso por radio. Quería mostrar su desconfianza a entrar en cualquier gobierno, sobre todo el de Companys, tal y como cuenta Abel Paz en *Durruti en la revolución española*:

> Cuanto más legalicemos, más reforzaremos al govern de la Generalitat, puesto que es él quien decreta y pone su sello; y cuanto más se refuerce el govern de la Generalitat, más se debilitará el Comité Central de Milicias Antifascistas. Esto significará que la CNT reforzará al govern de la Generalitat.

Una frase en su discurso, bien señalada por Barraycoa, preludiaba un ajuste de cuentas: «Después vendremos a Barcelona y os preguntaremos por vuestra disciplina, por vuestro orden y vuestro control, que no tenéis». Al día siguiente, prueba del pánico sembrado, Companys reunió al consejo o gobierno de la Generalidad. Y justo entonces, mientras unos afilaban los cuchillos y otros temían la puñalada, Durruti murió tras recibir un tiro cuando recorría el frente de Madrid, cerca de la Ciudad Universitaria. Por supuesto, desde entonces se ha achacado su muerte a los flamantes ministros de la CNT, a Stalin y, por el paralelo con Miquel Badía y Dencás, al propio Companys.

Contaré lo que por dos vías diferentes y sin buscar publicidad alguna me contaron a mí dos fuentes distintas. Una, en 1996, en Miami, era uno de los que acompañaban a Durruti en la tarde del 19 de noviembre. No sé si aún vive, y no me lo contó para publicarlo, «al menos de momento». Su relato es el siguiente: Durruti iba delante en el coche, junto al conductor. Detrás, Manzana, de su absoluta confianza. Durruti quiso que el coche parase para ver algo. Paró el chófer, y al salir, Durruti se enganchó en el coche y el que salía detrás de él, su asesor militar Manzana, cuyo fusil no llevaba puesto el seguro, tropezó con la espalda de Durruti y se le disparó. No fue un disparo recto sino en diagonal, por la trayectoria de abajo arriba al salir del coche. Y los mismos compañeros lo llevaron al Palace para operarlo.

Se dice que no se le operó porque era inútil. Pero el doctor Enrique de la Morena, investigador con Grisolía y el grupo de Severo Ochoa en los USA y la Jiménez Díaz, una de las figuras más prestigiosas de la medicina española, además de buen amigo, me contó lo que su padre, del mismo nombre, le contó a él, un secreto típico de cirujano, de los que mueren antes de revelar el error.

Era Enrique de la Morena (padre) médico del Palace, que, con el Ritz, fueron convertidos en hospitales de sangre al comienzo de la guerra. Tenía buena relación con los comunistas porque había atendido gratis, por caridad y sin hacer preguntas, a los que antes de la guerra le mandaba el Socorro Rojo, así que no pasó por las checas como otros médicos católicos. Y cuando se supo que llegaba Durruti «con una herida muy fea» se produjo una estampida de cirujanos, porque todos pensaban que si moría en la mesa de operaciones, al médico lo acusarían de haberlo matado o dejado morir y aparecería en una cuneta cualquier día.

Así que aunque se dijo que lo atendieron de inmediato pero tardó en morir, la verdad es que no lo operaron por falta de cirujanos, dado el terror que producían los hombres de la FAI. Según se dijo después entre los médicos del Hotel Palace, la herida de Durruti era realmente grave, pero un hombre tan fuerte tal vez hubiera podido sobrevivir de ser atendido en el sitio del accidente o haber sido operado. Y no se intentó. Tres doctores, como cuenta Rai Ferrer (onomatopeya) en su excelente libro-cómic sobre Durruti, certificaron su muerte. Pero ninguno explicó por qué, a la desesperada, no lo operaron. Rai Ferrer dice que en el coche iban el chófer, Manzana y Durruti. Si es así, mi fuente está identificada. Ramón Mestre (hijo) es testigo de esa entrevista en Miami, en 1996.

Naturalmente, cabe la hipótesis de que Manzana disparase a Durruti adrede, simulando un accidente. Pero su compañero de aquel día lo negaba no solo porque lo conocía, y todos ellos a Durruti, sino porque no hubiera disparado en la espalda de «aquel toro» que podía con las balas. Con lo que quizás no pudo fue con el azar, que le llevó a morir el mismo día que la figura más carismática del otro bando, José Antonio Primo de Rivera, y con el terror que, sembrado por suyos en Madrid y Barcelona, pudo paralizar a los que, tal vez, hubieran podido salvarle la vida.

## LA MÁQUINA DEL TERROR COMUNISTA

Durante la Guerra Civil, más de 8.000 personas fueron asesinadas en Cataluña, de ellas más de la mitad en los dos meses posteriores al 18 de julio. Más de siete mil lo fueron sin juicio o simulacro de juicio alguno y sometidas a feroces torturas rituales, a veces públicas, acompañadas siempre del robo y a menudo de la violación. No había en Cataluña ningún frente, como el de Madrid en noviembre, para justificar las masacres. Se hicieron porque ese era el plan de exterminio de católicos y gentes de derechas que habían preparado larga y minuciosamente los comunistas de línea bakuninista, mayoritarios en Cataluña desde que Fanelli, enviado de Bakunin, convenció a los afiliados en Cataluña de la I Internacional para romper con Marx. No obstante, como mostramos en otro capítulo, la supuesta y radical diferencia entre Marx y Bakunin es, a efectos políticos, vista desde la sociedad en su conjunto y sobre todo lugar sus víctimas, realmente mínima.

Los «libertarios» de la CNT-FAI y los «científicos» del PCE-PSUC y el POUM, coinciden en lo esencial: acabar con la libertad y la propiedad, asesinar a los «enemigos de clase», destruir la familia, la religión y la Iglesia —y de paso, casi todo el arte monumental en Europa—, prohibir la Justicia independiente, hacer de la Escuela un predio estatal, y de los niños, rehenes y propagandistas de la revolución. Lo que cada uno de los dos comunismos se atribuye, que en el «libertario» es la libertad y en los marxistas-leninistas el orden revolucionario, es mera propaganda: ambos aspiran a una dictadura que les permita a ellos en exclusiva, incluyendo los de Marx a los de Bakunin o viceversa, robar sin límite y matar sin tasa.

Si en la Asturias de 1934 se produjo, al hilo del golpe del PSOE contra la República, la mayor revolución comunista en Europa desde la Comuna de París, en Cataluña se produjo en 1936 la rebelión comunista mejor organizada desde la de Lenin en 1917. Y se organizó precisamente tras 1934, cuando los comunistas libertarios o anarquistas vieron el ridículo del golpe de Companys y las enseñanzas revolucionarias del de Asturias, que con participación de toda la izquierda revolucionaria y de la Alianza Obrera UGT-CNT, supuso un serio reto al Estado y al propio Ejército.

Según cuentan en sus memorias los líderes de la CNT-FAI, sin una sola contradicción, en 1934 empezaron a organizar sus «cuadros de defensa» según el patrón de las células terroristas de Netchaev (cuyos maestros en conjuras y sociedades secretas fueron Bakunin y Blanqui), pero con seis miembros en vez de tres o cinco, porque hacer el censo de objetivos del futuro y masivo terror rojo exigía un tipo de célula más amplia. Si la CNT tenía centenares de miles de afiliados en toda España, con su grupo más fuerte en Cataluña, y si la FAI tenía varios miles, cuyos jefes vivían también allí, y si comparamos el tamaño de Cataluña y Rusia, está claro que aquí había muchos más anarquistas que bolcheviques en 1917.

Josep Peirats, en su libro *Los anarquistas en la crisis política española*, describe así el poder anarquista (contradicción típicamente comunista: si es suyo, no es poder, es revolución, pueblo, etc.) al empezar la Guerra Civil:

> Éramos una potencia tan formidablemente organizada, usufructuábamos de una manera tan absoluta el poder político, militar y económico en Cataluña que, de haberlo querido, nos hubiera bastado levantar un dedo para instaurar un régimen totalitario anarquista.

Helmut Rüdiger, representante de la AIT en Barcelona, la defendía con este argumento, aparentemente imbatible:

> Los que dicen que la CNT tenía que establecer su dictadura en 1936, no saben lo que exigen (...) la CNT debía tener un programa de gobierno, de ejercicio de poder, un plan de economía autoritariamente dirigida y experiencia en el aprovechamiento del aparato estatal (...). Todo eso no lo tenía la CNT, pero los que creen que la CNT debía realizar su dictadura

tampoco poseen este programa ni para su propio país ni para España. No nos engañemos: de haber poseído semejante programa antes del 19 de julio, la CNT no hubiera sido la CNT, sino un partido bolchevique.

Lo cierto es que, más allá de la casuística sobre la diferencia entre marxistas y bakuninistas, leninistas y trotskistas, lo más parecido al terror bolchevique en Rusia fue el terror cenetista en Cataluña. Como Lenin en Rusia, Durruti y sus camaradas implantaron, a sangre y fuego, una «religión política» sobre los escombros de todas las iglesias y sobre miles de cadáveres de curas, frailes, monjas y católicos en general. La compatibilidad temporal entre ambos comunismos la prueba el leninista POUM que comparte con la CNT las listas negras y la estructura de «terror de Estado» montada de antemano por la FAI y legalizada por la Generalidad.

La herramienta básica para ese terror bi-comunista fueron las Patrullas de Control, formadas por la CCMA pero sobre la base de los Cuadros de defensa de la CNT. Según Jordi Albertí en *El silencio de las campanas*, hubo 200 comités de milicias y patrullas de control en toda Cataluña. Barraycoa da su organigrama e incluso un esquema en catalán (tal vez de la Generalidad) de la compleja estructura de las patrullas en Barcelona. Su sede estaba en Gran Vía de las Corts Catalanas, 617. Esta era su estructura:

> Jefe de Servicios, Secretario Pagador, Secretario Delegado de la Junta; Delegado del centro de detención de San Elías (checa oficial de la Generalidad, tan poco clandestina que la visitó oficialmente Tarradellas); Delegados y responsables del departamento de Denuncias e Investigaciones; Delegados y responsables del Departamento de Autorizaciones y pasaportes; Delegados y responsables de Vigilancias, Registros y domiciliaciones; Sección Central de Patrullas de Control; Secretaría de la Junta de Seguridad de las Patrullas de Control; Sección de Investigación; Sección del Puerto; Sección de Comarcas; Secciones de Barrio, chóferes, mecanógrafas, patrulleras de servicio y patrulleros ordinarios.

El 2 de agosto de 1936, se crea con 700 patrulleros el Departamento, que insistimos actuaba ya como Comités de Barrio a partir de los Cuadros de Defensa de la CNT. En abril de 1937, antes de la guerra civil entre comunistas, ya eran 1.300, solo en Barcelona. Y el POUM tenía 400 solamente en Lérida, actuando con el nombre de Brigada Social, desde el comienzo de la guerra. El tribunal revolucionario en Lérida lo presidía Josep Laroca, «El Manco», un sádico semianalfabeto cuyo «juzgado» ornaban un enorme paño rojo y una calavera en la mesa del juez, que era, naturalmente, «El Manco». Su gran hazaña fue condenar al alcalde Joan Rovira por haber permitido la Cabalgata de los Reyes Magos, fiesta de la chiquillería pero reaccionaria. No se permitía defensa: «El tribunal ha deliberado y considerándolo un enemigo del pueblo trabajador ha acordado condenarle a ser fusilado esta misma noche». Y con él, otros siete. Al día siguiente, diez más. El 1 de agosto, veintidós. Nadie diría leyendo al Gorkin maduro que en Lérida, predio del POUM, se ejercía la justicia revolucionaria con tan pocas luces. Pero es que el Gorkin de 1936 llamaba a sus camaradas del POUM a no ir al frente y quedarse en la retaguardia, haciendo la revolución... sin peligro

Las patrullas no eran *incontroladas*, sino controladoras, y tampoco iban zarrapastrosas, como recién llegadas del fango laboral de *Germinal*. Vestían uniforme de cazadora de cuero con cremallera, pantalones de pana, gorra miliciana y pañuelo rojo y negro, los colores de la CNT. Cobraban muy buenos sueldos —en Gerona, 50 pesetas diarias, cinco veces el sueldo de un soldado, que ya se consideraba alto; el jornal del campo era de tres o cuatro pesetas—, amén de lo que se quedasen de lo robado a los asesinados. Tenían una credencial acreditativa y lucían una insignia de la Generalidad, prueba de la total identificación de Companys con las patrullas de control.

Nunca hubo freno o represión del terror por parte de la Generalidad, que amparaba legalmente en Barcelona lo que lamentaba ante Madrid. Por otra parte, los comités o patrullas, desde que se disolvió el Ejército y se depuró o huyó un buen número de oficiales y guardias, obedecían al CCMA solo cuando les parecía que les daba aún más poder, no cuando una Generalidad «burguesa» se lo quitaba. La ERC tenía su propio centro de detención y tortura, pero Companys, como prueba su decreto para personarse en los juicios militares, tenía especial predilección, rodeado de algunos militares de su cuerda, por firmar las ejecuciones de los oficiales comprometidos en el alzamiento, o de eclesiásticos como Irurita, obispo de Barcelona, que había pedido que le conmutaran a él esa pena tras el golpe de 1934, o de mujeres que despertaban en él un instinto sádico: fue el caso de Sara Jordá.

Sucedió en 1938, la guerra ya estaba perdida y Azaña, aunque tarde, hablaba de «paz, piedad y perdón». Jordá había sido denunciada por ayudar a huir a Francia a los perseguidos por el terror, entonces ya estalinista pero siempre con el paraguas legal de la Generalidad. Era un caso de humanidad evidente, sin relevancia militar, y el cónsul británico le pidió expresamente que no firmara la sentencia de muerte. Pero Companys contestó: «Para los traidores no hay piedad», la firmó y fue fusilada.

Las últimas víctimas de Companys, fusiladas en Montjuich en agosto de 1938 fueron sesenta y cuatro, «entre ellas seis mujeres en avanzado estado de gestación». (Francisco Gutiérrez Latorre, *La república del crimen*; cit. en Barraycoa, 2016). Lo de matar embarazadas no impedía el celo revolucionario. Hay casos como el de Carme Clapés, de Vilobí (Gerona), con una niña de tres años y embarazada, que se empeñó en acompañar a su marido Vicenç Cornellá cuando una patrulla se lo llevaba «a declarar». Mataron a los dos.

Sara Jordá, que no tendrá una calle a su nombre, fue, sin embargo, fusilada tras un juicio, algo poco frecuente; y sin encarnizamiento ante la plebe, algo más que frecuente en condenados tras un juicio con visos de legalidad. Fue el caso de cuatro oficiales en el Campo de la Bota, el 23 de septiembre de 1936. Según cuenta en *Las catacumbas de la radio* Domingo de Fuenmayor:

> Hombres y mujeres, gente madura y mozalbetes de catorce años, con fusiles, pistolas, carabinas y navajas, se adelantaron al encuentro de las nuevas víctimas, las atraparon y sin formación de cuadro, sin ni siquiera una parodia de formalidad en el supremo trance, acribilló, despedazó en un instante a los cuatro caballeros oficiales.

Esa gran máquina de terror, perfectamente comparable a la de Lenin y Dzerzhinski, consiguió el letal resultado que solo una larga preparación hacía posible. Entre el 18 de julio de 1936 y el mes de septiembre fueron asesinadas 4.682 personas, según Barraycoa, número que acepta Federica Montseny en *Anarcosindicalismo y revolución en España (1930-1937)*:

*Es posible que nuestra victoria haya significado la muerte violenta de cuatro o cinco mil ciudadanos de Cataluña, catalogados como hombres de derechas, vinculados a la reacción política o a la reacción eclesiástica..*

La ministra de Sanidad del gobierno de Largo Caballero, o sea de la democracia según los propagandistas retrospectivos de la II República, nos habla del asesinato de cuatro o cinco mil personas como una especie de accidente, que no deja de ser un «hecho violento», o como si «cuatro o cinco mil», total nada, «reaccionarios políticos y eclesiásticos» se hubieran suicidado al ver ministra a «la Nena de los Urales», como la llama García Oliver. Podía haber dicho «lamento que hayamos matado a tantos miles de personas», «pensándolo bien no hacía ninguna falta» o «¡qué salvajes son los Ascaso, García Oliver y Durruti!» (a cuyo velatorio, por cierto, no fue). Pero esa piedad hubiera sido catolicona y poco revolucionaria. Se la ahorró.

Hans Magnus Enzensberger, en *El corto verano de la anarquía*, ligeramente menos sórdido que *El interrogatorio de La Habana*, en el que hace de Vichinski contra los presos anticastristas, describe así la política de la CNT en la guerra: «Fieles a sus principios, los anarquistas se proponían abolir el Estado como tal y erigir en España un reino de libertad».

En un anexo, porque son de difícil lectura, relatamos algunas de las torturas de los comunistas libertarios para imponer la libertad a los esclavos que no compartían las fantasías de Enzensberger. Cuando en mayo de 1937 fueron derrotados por los otros comunistas, les tocó padecerlas, y denunciarlas, con gran pesar antifascista internacional. Así aparecen en las historias de la Guerra Civil. De los que solo fueron víctimas, nunca antes verdugos, nadie se acuerda desde hace ocho décadas.

La crueldad en la masacre de católicos en Cataluña era totalmente innecesaria. El terror era tal y las víctimas estaban tan paralizadas, que solo defendían su honor en las violaciones y se ofrecían a morir, y morían en lugar de un padre o un hijo. Si las mujeres, y hay infinidad de casos documentados, se ofrecían sexualmente a cambio de la vida de un familiar, los patrulleros, tras saquear la casa (recuérdese que eran enemigos de la propiedad, si era ajena) y aprovecharse de ellas, solían matarlo igual. Y no hay ejemplo de indefensión como el del hermano del cura de Llampaires (Gerona), Josep Bertrán, que les dijo a los patrulleros que se lo llevaban: «Matadlo cerca, que al menos lo podamos recoger».

Además, había barcos-prisión y campos de concentración. De los primeros «sacaban» a casi todos los presos para asesinarlos. Los segundos, debían ayudar con mano de obra esclava, al más genuino modo estalinista, al esfuerzo libertario en la industria de guerra o en las labores del campo que, condenada la propiedad y sin un valor claro el dinero, había dejado de llevar comida a las ciudades. En el campo podrían haber trabajado y tal vez muerto de hambre o enfermedad, miles de católicos o simples ciudadanos no cenetistas o poumistas —«media Cataluña estaba en *listas negras*» escribe uno de los amigos desengañados de Companys—, ayudando al «esfuerzo de la retaguardia». ¿Qué necesidad había de torturarlos y asesinarlos a todos?

Exactamente la misma necesidad de todo régimen totalitario en el uso del terror: disfrutar los «elegidos» de un poder absoluto sobre vidas y haciendas y hacer que el terror generalizado, absurdo incluso, paralice y obligue a una obediencia ciega a las víctimas. La misma necesidad que tenían Lenin y Stalin provocando hambrunas y matando en masa a militares y civiles: matar, disfrutar haciéndolo y aprovechar políticamente el terror. El mismo año en que el comunismo libertario ejerció su salvaje dictadura en Cataluña Stalin mató a 750.000 personas y mandó a un millón al Gulag, mientras en Valencia la Falla Antifascista ardía en elogios hacia el Insigne. No le hacía falta el ejemplo de Hitler en «la noche de los cuchillos largos», aunque Stalin analizó acertadamente en un informe al Comité Central que eso suponía un reforzamiento de Hitler y su régimen y usó el Caso Kirov para hacer lo mismo con los viejos leninistas, que no le servían para nada. En realidad, hizo lo mismo, en hambrunas y depuraciones de la izquierda, que ya hemos visto hacer a Lenin.

Pero el comunismo, esa «pasión francesa», que tan bien ha estudiado Marc Lazar (Perrin, 2002) tuvo en Cataluña rasgos que Malraux hubiera llamado *románticos*, es decir, arcaizantes, que eso era y es el romanticismo político: un sentimentalismo desatado al servicio de una memoria novelada. En España, junto a las torturas de Dzerzhinski, retoñan las masacres de Fouché, «El carnicero de Lyon». De hecho, cabe definir a Cataluña hasta mayo de 1937 como una inmensa *Vendée interior.* Los cenetistas y poumistas eran más que los jacobinos, pero los católicos en Cataluña, de honda raigambre carlista, también eran muchos más que los campesinos de la Vendée masacrados *au nom de la Révolution.* En Cataluña, como en el resto de España, a media sociedad le tocó en la Administración de la

Lotería de la Historia, cuyo monopolio tiene el comunismo, el premio gordo: la Salvación Eterna (en esta vida o en la otra), eso que llama Enzensberger el «reino de la libertad».

La crueldad de los comunistas libertarios seguía patrones fijos. En una entrevista en *La Vanguardia* de 2008 que cita Barraycoa, Jordi Albertí, autor de *La Iglesia en llamas*, lo resume así:

> Antes de matarlos, a muchos les amputaban los brazos, les arrancaban los ojos, la lengua, los testículos… y se los metían en la boca. ¡La muerte simbólica precedía a la literal! Hubo verdaderas cacerías por calles y campos.

La castración de los hombres, la violación de las mujeres y la busca de oro en vivos o muertos definen, junto al exhibicionismo callejero y la participación de mujeres y niños en los asesinatos, el «reino de la libertad». Lourdes Rodés, enfermera del Clínico, se acercó al depósito por si reconocía a alguien, y vio «el cadáver del rector de San Juan de Gracia, acribillado y con los testículos en la boca». Como este, Barraycoa aporta infinidad de casos, agavillados en libros inencontrables o silenciados por la historiografía oficial y religiosa, ambas nacionalistas. Veamos algunos de los citados en su extraordinario libro:

Al párroco de Vinebre (Tortosa), Rafael Eixarch, le desnudaron, le acuchillaron por todo el cuerpo, le cortaron los genitales, le ataron una piedra al cuello y lo tiraron al Ebro. Logró salir a nado y volvieron a echarlo al río. Ya no salió. A Tomás Capdevila, de Forés (Tarragona), lo cogieron los del Comité de Conesa y Saral y lo martirizaron hora y media: le cortaron la lengua y los genitales, le sacaron los ojos y le rompieron la clavícula izquierda. Lo llevaron, mientras se desangraba, a Solivella. Allí, esperaron a que dieran las once para descerrajarle al cura agonizante un tiro por cada campanada. A Joan Marqués, vicario de Rosas, lo ataron a un árbol, le cortaron los genitales y lo quemaron.

Al obispo de Barbastro, Florentino Asensio, también fueron a matarlo desde Cataluña. Le cortaron los testículos porque, según dijo un miliciano, «así podremos comer cojones de obispo». Mutilado, lo hicieron andar hasta el cementerio, donde lo fusilaron junto a otros. Tardó en morir, tiempo que pasaron en quitarle la ropa y arrancarle, todavía vivo, los dientes de oro.

A Bartomeu Pons, ecónomo de Pacs (Penedés), lo llevaron atado, en viacrucis, por las calles del pueblo. Le daban latigazos mientras andaba y luego lo ataron al sol para deshidratarlo. Una mujer le echó a la cara una jarra de agua. Luego, lo llevaron a una presa de vino y allí lo aplastaron. «¡A ver qué vino sale!», decían los milicianos mientras reventaba.

Al dirigente de los Sindicatos Libres (donde hubo desde carlistas a miembros de Estat Catalá, pero todos antianarquistas) Ramón Sales Amenós, lo ataron a cuatro camiones y tiraron hasta descuartizarlo. A Juan Valle Valle, un agricultor de Guimaets (El Garraf), le arrancaron los ojos y lo colgaron boca abajo hasta que murió. Al padre Audí, superior de los Jesuitas de Tortosa, le arrancaron el pelo y la piel de la cabeza antes de matarlo.

Los barcos-prisión, *Río Segre* y *Uruguay*, eran lugares de tortura psicológica —los milicianos llegaban en canoa a «sacar» los presos para fusilarlos, sin que supiera nadie a quién le tocaría— y física, por hambre, que fue, durante muchas décadas, el sistema de tortura habitual en el Gulag. Eduardo Carballo describe en *Misión flotante*: «Casi todos estábamos atacados de los mismos síntomas: pérdida de memoria, sensible disminución auditiva, visión defectuosa en ambos ojos, naufragio de la vitalidad, hinchazón en las piernas». Pero aunque no cabía piedad con la reacción, la propaganda comunista no podía fallar. Había presos bien alimentados para mostrar a las visitas extranjeras. Nacionales, no las había.

Lo que hoy llamarían *feminicidio*, en sus variantes de abuso sexual, tortura y asesinato, era muy frecuente en el famoso «reino de la libertad». Uno de los mejores investigadores de las checas, César Alcalá, cuenta en su libro sobre las de Barcelona el caso de las hermanas Lasaga, descrito por Trinidad Mariner:

> Me presentaron a las hermanas Lasaga, una a una. Estaban las tres, sus padres, dos hermanos y una cuñada (…). Cuando las vi por primera vez, les acababan de dar una paliza horrible, echaban sangre por la boca y la nariz Margarita y Angelita; y a Patrocinio, que era la más joven, me la presentaron con palillos entre las uñas de los dedos de la mano y no sé si de los pies (…) no podía ni hablar del dolor que sentía.

En el *Uruguay*, pasaron de 400 presos a 2.200, tal era el volumen de la persecución política en Barcelona, tan lejos del frente. Cuando llegaron los presos del POUM y la CNT, unos se dedicaron a mortificar a los presos católicos. Otros, mostraron mejor condición. Pero el conjunto era infernal. De los 300 presos del barco *Río Segre* fueron *sacados* y asesinados 218. Se les mataba cada vez que había malas noticias del frente, o sea, casi siempre. Era una tradición establecida por Lenin y Trotski: el asesinato de rehenes.

En tierra, la crueldad con las mujeres, presas o familiares de presos, era idéntica. Josefa Nicolau Fabra había ayudado a huir a su marido, pero lo atraparon. La llevaron a las afueras de Tortosa y la quemaron viva. A Dolores Bartra le sacaron los ojos tras asesinarla. Dolors Bartí, de diecinueve años, era criada de un cura anciano y trató de atrancar la puerta para que no se lo llevaran. La tiraron por las escaleras y, maltrecha, la vejaron y asesinaron.

Las tres hermanas Fradera, Carmen, Rosa y Magdalena, eran monjas del Corazón de María y muy hermosas. Se empeñaron en violarlas y, al resistirse, les rompieron los dientes a golpes. A una ya le habían roto el tobillo con la puerta del coche. Luego las violaron con sus revólveres y les metieron palos que les destrozaron las vaginas. A Magdalena le clavaron también astillas afiladas. Tras disparar sobre sus órganos sexuales, las rociaron con gasolina y las quemaron lentamente. Luego las ametrallaron. La persecución de las monjas y, en general, de las mujeres que ayudaban en las parroquias, fue sistemática y feroz, al margen de su edad y condición. Normalmente, les proponían tener relaciones sexuales y si se negaban, como sucedía siempre, las violaban y las mataban; o las mataban, sin más.

Según Antonio Montero en su monumental *Historia de la persecución religiosa en España*, a la madre Apolonia Lizárraga, de las Carmelitas de la Caridad, la aserraron y echaron sus pedazos a los cerdos de la checa de «El Jorobado», seguramente Manuel Escorza del Val. Este es el chequista más célebre por su crueldad, denostado luego por todos, pero en el «corto verano de la anarquía», de Enzensberger, el año del «reino de la libertad», es decir, el de la libertad de robar y matar que se concedieron a sí mismos los comunistas bakuninistas, nadie le tosió ni le puso un pero.

Y motivos había, aunque ayer ocultados por sus herederos de checa y hoy por sus herederos políticos de la Memoria Histórica. Uno entre tantos: «Antonia Pau Lloch, de Alfarrás (Lérida) —cuenta Francisco Picas en sus artículos sobre la persecución de mujeres católicas en Cataluña—, tenía setenta años y era madre de dos sacerdotes jesuitas. El Comité Revolucionario la detuvo y la maltrató vergonzosamente en los locales del Ayuntamiento. Después la llevaron a un lugar llamado La Plana del Magí; allí la estrangularon y dejaron su cuerpo en la cuneta». Pero Barraycoa precisa más: «La forma de ahogarla fue clavándole el propio crucifijo, que siempre llevaba colgado, en la boca». En más de una autopsia el médico tropezó con lo mismo: un crucifijo incrustado en los maxilares hasta el ahogamiento. Es otro patrón de crueldad anticatólica, junto a la castración y al arrancamiento de la lengua y los ojos al clérigo, cuando aún estaba vivo.

Otro patrón fue refusilar al fusilado. Fueron muchos los casos —¡eran tantos los fusilamientos!— en que un herido escapaba entre los cadáveres y trataba de salvarse. Se le buscaba concienzudamente y se le volvía a fusilar. La inmensa mayoría de los fusilados y refusilados no tenían significación política alguna. Se hizo por crueldad y para mantener el prestigio del terror. La búsqueda de pisos donde se escondían monjas se convirtió en un deporte para las Patrullas de Control.

Lo importante es que todas estas hazañas fueron legalizadas y aprobadas por la Oficina Jurídica de la Generalidad, creada por Ángel Samblancat, de la CNT y que pasó luego a manos de Eduardo Barriobero. Con Andreu Nin, comunista al cabo, en la Consejería de Justicia se amplió la burocracia judicial con los ya citados Tribunales Populares y Jurados Populares, formados por miembros de partidos del Frente Popular, que se superponían a los comités, patrullas y demás. Así que Barriobero se dedicó a vender salvoconductos y sacar presos mediante la entrega de grandes sumas de dinero. Como todos robaban, tardó mucho en ser denunciado. Y, naturalmente, no se le aplicó la misma justicia que a las pobres monjas.

La impunidad en el «reino de la libertad» era, para los libertarios, absoluta. *L'Autonomista* publica el 10 de marzo de 1937 una noticia sobre varias chicas de Lierca (Gerona), que, aterrorizadas, habían callado durante meses:

Requeridas por el consejero de Defensa del Pueblo con tal de que se avinieran a permitir abusos deshonestos de carácter sexual con este, prometiéndoles que así salvarían la vida de sus familiares que debían de ser condenados a muerte y que él como Jefe de defensa, podía evitarlo.

Lo que no contó *L'Autonomista* es que tras condenar un tribunal a siete miembros del Comité de Lierca, prueba de que la violación era en cuadrilla, a la semana los dejaron libres.

De creer las supercherías de la «Memoria histórica», y pese a las evidencias del más gigantesco *pogrom* anticatólico desde Diocleciano, diríase que los «rojos» nunca violaron a nadie, o bien que las mujeres o hijas de los fascistas no merecían otro trato. En las infinitas publicaciones que, desde la pionera de Mary Nash, han proliferado sobre «Mujeres Libres», no he hallado un solo caso en que, por solidaridad de sexo o género, una feminista de la CNT impidiera la violación de una mujer por ser familiar de un enemigo político, o denunciara a un camarada por hacerlo. Miles de casos. Ni una denuncia.

No es achaque solo español. En su libro *Atrapados en la revolución rusa* (2017), Helen Rappaport cuenta la visita de Emmeline Pankhurst y Jessie Kenney a la formidable María Bochkareva, creadora del Batallón Femenino de la Muerte, al que pertenecían las mujeres que en la noche del Golpe de Octubre, defendieron al Gobierno Provisional, legítimo de Rusia. Varias fueron violadas, pese a la rendición formal de esas tropas y una se suicidó. Ni Alexandra Kollontai, ni Emma Goldmann, ni siquiera Sylvia Pankhurst que, como el frívolo y siniestro Bernard Shaw, se convirtió en fervorosa defensora del terror rojo, se acordaron nunca de esas mujeres.

Si en la izquierda historiográfica se ha embellecido o camuflado el terror rojo, en la izquierda nacionalista catalana, tras una época en que se le atribuyó a *incontrolados* anarquistas —y españoles— contra cuya ferocidad no pudo hacer nada el compasivo y amable Companys, ahora, directamente, se niega. Josep Benet, senador en 1977 en la Entesa dirigida por el PSUC, tuvo la debilidad de contar la verdad sobre el famoso gesto de Companys de descalzarse antes de ser fusilado, que es mentira. Se derrumbó ante el trance supremo, al que él había enviado a tantos, y tuvieron que arrastrarle al lugar de ejecución, perdiendo una de las zapatillas blancas que llevaba cuando lo detuvo la Gestapo. Luego se rehízo y dijo: «Per Catalunya!». Ni descalzo, ni «visca», ni mártir. Vuelto a la fe, tal vez se arrepintió de haber sido el verdugo de muchos mártires de verdad.

Todo eso se oculta ahora y Benet, nacionalista antes que nada, y la tiranía mediática separatista suscriben lo que dice Pelai Pagés en *La Pre-*

só *Model de Barcelona*: a diferencia de Madrid, «en Catalunya no se produjeron episodios de violencia inusitada». Pero si en toda la zona republicana fueron asesinados 6.850 eclesiásticos y en Cataluña unos 2.400, es matemáticamente evidente, salvo para un magín nacionalista, que en Cataluña se asesinó al 35 por ciento del clero español, que era tres veces más de lo que en población y, por así decir, le «correspondía».

Las cifras por diócesis en *La gran persecución* de Cárcel Ortí son estas:

— 4 obispos asesinados: Irurita (Barcelona), Huix (Lérida), Borrás (Tarragona) y Polanco (Teruel, pero asesinado en Gerona en 1939).

— Diócesis de Lérida: 270 clérigos asesinados (el 66 por ciento del clero; en la de Barbastro, dependiente de Lérida, aún fueron más: el 88 por ciento).

— Diócesis de Tortosa: 316 asesinados (62 por ciento del clero).

— Diócesis de Vic: 177 asesinados (27 por ciento del clero).

— Diócesis de Barcelona: 276 asesinados (22 por ciento del clero).

— Diócesis de Gerona: 194 asesinados (20 por ciento del clero).

— Diócesis de Urgel: 109 asesinados (20 por ciento del clero).

— Diócesis de Solsona: 60 asesinados (13 por ciento del clero).

Hay una diferencia esencial entre las diócesis del norte, de las que se pudo huir (Barcelona y las fronterizas con Francia), y las del sur, sin salida. Las más castigadas fueron Tortosa, Lérida (por el POUM) y Barbastro, que dependía de Lérida y por la que además pasaron los milicianos de la CNT, como la Columna Durruti, hacia el frente de Aragón, fusilando a mansalva.

A los curas hay que añadir frailes y monjas, de allí u otra parte de España, por el gran número de conventos y casas de órdenes religiosas en Cataluña.

Aunque en 1936, antes del 18 de julio, ya habían sido asesinados 17 curas y religiosos, el gran salto se da al empezar la guerra: Del 18 de julio al 1 de agosto, 861 clérigos asesinados. En el mes de agosto, 2.077, más de 70 asesinatos al día. El 14 de septiembre, entre religiosos y sacerdotes, iban 3.400. El resto, doblando esa cifra, se produjo en los años siguientes.

Barraycoa se pregunta si en el caso catalán, y español en general, cabe hablar de genocidio de católicos. La definición de la Corte Penal de Roma es esta: «Aniquilación o exterminio sistemático y deliberado de un grupo social por motivos raciales, políticos o religiosos». Justo lo que pasó.

## LA DESTRUCCIÓN DEL PATRIMONIO ARTÍSTICO

La destrucción de patrimonio artístico y religioso, sin contar lo que se robó, fue ingente. Y la mayor parte, en las dos primeras semanas de guerra. En la diócesis de Barcelona, de 500 iglesias, ardieron todas menos 10, entre ellas la Catedral y la Abadía de Montserrat de gran significado nacionalista. Fueron incendiados 464 retablos —más de dos kilómetros si se alinearan juntos—, todos los órganos, a veces de varios siglos, y todas las campanas, que eran objeto de especial inquina, más un número incalculable de pinturas, esculturas, orfebrería sagrada, reliquias y joyas o donaciones seculares.

Lo que no se quemó se desenterró. Volvieron las escenas de la Semana Trágica de principios de siglo, con las momias de las monjas expuestas a la puerta de los conventos e iglesias quemados. Profanaron la tumba de Gaudí, destruyeron las maquetas de la Sagrada Familia y estuvieron a punto de quemarla, como adivinando a los yihadistas de 2017. Los comités, sin que la Generalidad se opusiera, dictaron esta orden: «El poseedor de cualquier objeto religioso deberá deshacerse del mismo en 48 horas; de lo contrario será considerado faccioso y tendrá que atenerse a las consecuencias».

Buena parte de las piezas sagradas fueron, sencillamente, robadas, y aparecieron en México y los Estados Unidos, acreditando la fortuna de los ladrones. Pero tal fue el afán incendiario, que en la mismísima Plaza de San Jaime, ante el Palacio de la Generalidad, se hizo una gran hoguera con objetos religiosos. Companys tuvo en ese momento un gesto que lo define a la perfección: salió al balcón gritando: «¡Orden, orden, orden!»; y al ser abucheado, se volvió adentro diciendo: «¡Orden... dentro del desorden!».

Si esta destrucción de vidas, propiedades y obras de arte se produjo tan velocísimamente fue porque desde partidos y periódicos se azuzó a los que, como la CNT, tenían ya preparadas sus *listas negras* de católicos y derechistas por asesinar y las de iglesias y conventos a saquear e incendiar. Según *L'Autonomista* el POUM, objeto de tanta piedad historiográfica, homenaje póstumo a Orwell, decía el 18 de agosto de 1936 en un mitin en Gerona: «El proletariado español ha solucionado en un momento de justa ira el problema de la religión, extirpándola de raíz». El *ABC* incautado llamaba a la «guerra santa» contra la religión. Barraycoa cita a Lluis Badía y su *Martirologi Solsoní*: «Recordamos aún con horror aquella consigna del anarquista García Oliver desde Barcelona: ¡luchad, matad, destruid… que no quede ni un burgués ni un clerical con vida, que sus cobijos e iglesias sean destruidas!».

El 26 de julio de 1936, solo ocho días después de que el alzamiento fracasara en Cataluña, Diego Abad de Santillán, director de *Solidaridad Obrera*» y, decían, más moderado que García Oliver, estaba intranquilo: «No queda ninguna iglesia y convento en pie, pero la hidra religiosa no ha muerto. Conviene tener esto en cuenta y no perderlo de vista para posteriores objetivos».

Ese mismo día fueron asesinados 72 sacerdotes. Eran pocos. El 15 de agosto, insistía: «La Iglesia ha de desaparecer para siempre (…). No existen covachuelas católicas, las antorchas del pueblo las han pulverizado (…). Hay que arrancar a la Iglesia de cuajo (…) las órdenes religiosas han de ser disueltas. Los obispos y cardenales fusilados. Y los bienes eclesiásticos han de ser expropiados».

Y aunque el 18 de octubre ya se había quemado casi todo y matado a casi todos, preguntaba: «¿Pero y en los pueblos? No solo no hay que dejar en pie ningún escarabajo ensotanado, sino que debemos arrancar de cuajo todo germen incubado por ellos. ¡Hay que destruir! ¡Sin titubeos! ¡A sangre y fuego!».

La revolución de Asturias en 1934, primer acto de la Guerra Civil, ya mostró una ferocidad contra lo católico digna de Robespierre o Fouché: en Oviedo, Turón y Mieres fueron asesinados 33 religiosos; volaron con dinamita la pared de la Catedral que protegía la Cámara Santa de Oviedo, reliquia de la Reconquista; destruyeron una de las maravillosas iglesias del románico ramiriense y robaron, entre muchas joyas, la Cruz de la Victoria. El discurso comunista en todas sus tendencias era idéntico al de Lenin.

José Díaz, del PCE, decía en marzo de 1937: «En las provincias que dominamos, la Iglesia ya no existe. España ha sobrepasado con mucho la obra de los soviets, porque la Iglesia, en España, está hoy día aniquilada». Andreu Nin, del POUM, pensaba lo mismo en agosto de 1936: «Había muchos problemas en España… El problema de la Iglesia, nosotros lo hemos resuelto totalmente, yendo a la raíz: hemos suprimido los sacerdotes, las iglesias y el culto». En mayo de 1937 lo *suprimieron* a él.

Companys, masón, espiritista y, al final de sus días, férvido creyente, se reía del socialista Vidarte cuando supo que viajaba con un fraile, por cierto, familiar de Negrín: «De esos ejemplares aquí no quedan!».Y ante sus íntimos decía: «¡Todavía arden iglesias! ¡Ya me dijo Comorera (secretario general del PSUC) que tenían mucha materia combustible!».

Indalecio Prieto en *Informaciones* y el órgano del partido de Azaña *Política*, difundían continuamente el bulo de los curas que disparaban desde los campanarios, no se sabía por qué ni a quién. Era la justificación para que mataran realmente curas y quemaran realmente iglesias. En Barcelona se hizo filmar a unos milicianos vestidos de curas subiendo y bajando las escaleras de un campanario con unos fusiles para publicar las fotos en *Solidaridad Obrera* con este pie: «Los representantes de Dios en la Tierra también emplean las armas».Y con curas de verdad, presos, a los que se dio armas y se hizo subir y bajar las escaleras se rodó una película en Igualada. Pese a que no hay un solo caso acreditado, películas recientes sobre la Guerra Civil, como *Tierra y libertad* y *Las bicicletas son para el verano*, incluyen al cura disparando desde el campanario. Raro es que no los saquen repartiendo caramelos envenenados.

En octubre de 1936, con sellos de la CNT y la FAI, apareció en una comisaría de Bilbao un documento que decía así: «Al portador de este salvoconducto no puede ocupársele en ningún otro servicio, porque está empleado en la destrucción de iglesias». En Madrid, con difusión nacional, *El Heraldo de Madrid*, *El Socialista*, *El Pueblo* o *El Crisol*, cuatro de los 146 diarios antirreligiosos que, según Vicente Cárcel Ortí, se publicaban en España, aplaudían la quema de conventos. De 1931 es la frase terrible de Azaña: «Todas las iglesias de Madrid no valen la vida de un republicano». Nunca explicó por qué había que elegir entre dos cosas tan compatibles. En la Francia masónica que él adoraba, lo eran.

Y cuando dijo en las Cortes, con ánimo provocador de tertuliano de café, «España ha dejado de ser católica», ¿no anunciaba o enunciaba el deseo de lo que vino después? Al margen del rencor en la autobiográfica *El jardín de los frailes*, peripecia personal que jamás debió guiar una política, el tratamiento que en sus memorias da a los frailes de El Escorial, especialmente a uno que lo protegió en aquellos días de sombría orfandad, y va a verlo a Presidencia, es despectivo, soberbio, repugnante. Mataron a setenta de los ochenta frailes de su *Jardín*. No les dedica un solo párrafo.

En cuanto a Companys, el mejor balance de su trayectoria real, no alucinada o alucinatoria, es el del socialista y masón Juan Simeón Vidarte en *Todos fuimos culpables*, aunque no todos; sus víctimas no lo eran:

> En medio de tanta locura individual y colectiva hay que reconocer que Companys, desde su perspectiva inmediata y corta de vista, procedió, en apariencia, habilidosamente, aun a costa de millares de cadáveres, ya que su alianza con la FAI le hizo ganar la partida del 18 de Julio, y a los dos años él había aplastado a la FAI. Ni siquiera al sentarse, triunfante, sobre el enorme montón de víctimas, ni él ni su Generalidad eran nada, ni nadie les hacía caso. ¡Triste y bochornoso final, para haber llegado a él a través de océanos de sangre!

Más triste aún es no haber sacado las enseñanzas de ese fracaso sangriento y repetir, uno a uno, cuarenta años después de la guerra y durante cuarenta de democracia (escasa en el País Vasco y Cataluña) los pasos de la traición del nacionalismo catalán y vasco al común de los españoles.

## LA IZQUIERDA ESPAÑOLA DESCUBRE EL SEPARATISMO

Es verdad que la compañía nacionalista impuesta por Stalin acabó por resultarle insoportable a Negrín, y antes a Azaña, pero no es menos cierto que los anarquistas y poumistas les sobraban a los estalinistas, los republicanos a los socialistas y comunistas, y buena parte de los socialistas a los demás socialistas. Faltos de una idea nacional, por su extremado sectarismo que excluía a la media España católica o liberal de la República, en la guerra, sin embargo, se redescubrieron españoles ante el comportamiento de los separatistas vascos y catalanes.

En abstracto, el que mejor lo expresa es Azaña:

> Lo que me ha dado un hachazo terrible, en lo más profundo de mi intimidad es, con motivo de la guerra, haber descubierto la falta de solidari-

dad nacional. A muy pocos nos importa la idea nacional (...). Ni aún el peligro de la guerra ha servido de soldador.

El nervio de *La velada en Benicarló* y las *Memorias* es ese: la falta de una idea de España que uniese al bando republicano como lo hacía en el nacional. Pero la guerra no trajo el sentimiento de unidad que el sectarismo republicano —Azaña el primero— había proscrito de la II República al legislar y gobernar en el primer bienio contra la media España católica, luego al oponerse mediante la violencia a la alternancia en el poder, que deriva de la idea nacional, y finalmente al convertir al Frente Popular en una trituradora de católicos, anticomunistas o, simplemente, liberales.

Rara vez hay un personal *mea culpa*. Abundan las críticas de un partido a otro o de una facción de partido a otra. Curiosamente, el resentimiento antiseparatista, la nostalgia de la idea nacional en los líderes republicanos lo encontramos en las memorias de unos con las frases de otros. Así, en las de Zugazagoitia dice Negrín:

> No estoy haciendo la guerra contra Franco para que nos retoñe en Barcelona un separatismo estúpido y pueblerino. De ninguna manera. Estoy haciendo la guerra por España y para España. Por su grandeza y para su grandeza. Se equivocan los que otra cosa supongan. No hay más que una sola nación: ¡España!

La indignación de Negrín, según un informador de Voroshilov que cita Moa en *Los mitos de la guerra civil,* era con Companys, la ERC y la Generalidad. Sus frases resultan actualísimas:

> Ha prohibido el español en las escuelas (...)[hace] propaganda antiespañola en el campo (...) el gobierno catalán no se ocupa de los hijos de los refugiados de otras regiones (...) no quiero que el dinero que le paso al gobierno catalán sirva para la propaganda antiespañola de la burguesía catalana.

En las memorias de Azaña, el mismo Negrín que prolongó la guerra un año y ciento cincuenta mil muertos más, como quería Stalin, se duele:

Aguirre no puede resistir que se hable de España. En Barcelona afectan no pronunciar ni siquiera su nombre. Yo no he sido nunca lo que llaman españolista ni patriotero, pero ante estas cosas me indigno. Y si esas gentes van a descuartizar España, prefiero a Franco. Con Franco ya nos las entenderíamos nosotros, o nuestros hijos, o quien fuere. Pero esos hombres son inaguantables. Acabarían por darle la razón a Franco.

Pero Negrín no se la daba. Como Azaña, el gran responsable del Estatuto Catalán, de cuyas consecuencias abomina luego, prefería ignorar sus antecedentes, cuando ofrecía la autodeterminación a los nacionalistas. E ignora, sobre todo, que el desprecio por la izquierda de la idea nacional es una de las razones esenciales del alzamiento de 1936. Está en la filmación de José Antonio para la *BBC*; en la frase de Calvo Sotelo en San Sebastián «prefiero una España roja a una España rota» (no imaginaba que, tras su asesinato, tendríamos las dos); en las protestas de la CEDA y otros grupos por el incumplimiento del Estatuto Catalán en educación; o en el decreto de estado de guerra de Lerroux contra el golpe de Companys en 1934.

Prieto, que siempre presumía de español —y en la Falange lo creían— le dice a Azaña, según sus memorias: «Companys está loco, pero loco de manicomio». Pero olvida también que el golpe del 34 lo dieron juntos. El odio a media España, que ERC extendía a toda ella, lo manifestaba en igual medida la izquierda desde que perdió las elecciones del 33. Por otra parte, el desprecio a las urnas de la izquierda catalanista era como el de toda la izquierda: PSOE-UGT-JSU (largocaballeristas), PCE, POUM y CNT-FAI.

De lo que Prieto nunca tuvo que arrepentirse fue de su odio al PNV, minuciosamente documentado por Jesús Laínz en su libro *Adiós, España. Verdad y mentira de los nacionalismos* (Encuentro, 2004), que se remonta a los orígenes del PNV y su sindicato ELA-STV, cuyas bases proclaman: «Las Agrupaciones de Obreros Vascos (...) pueden integrarlas todos los obreros que tengan algún apellido vasco hasta el cuarto y profesen la religión católica».

Esta sórdida mezcla de lo católico (que salvo para el nacionalismo vasco, clérigos incluidos, significa *universal*) y el indisimulado racismo del PNV lo hicieron odioso a liberales y socialistas, que veían en él un retorno del carlismo pero antiespañol, para construir lo que Prieto llamaba «un Gibraltar vaticanista».Y como prueba la pieza dramática —lo es— del propio Sabino Arana *De fuera vendrán… que de casa te echarán*, se trata de una xenofobia no exenta de rapacería, ya que aspira a quedarse con todos los cargos públicos del Estado Español en la región. Piadoso detalle que, como casi todo en los hermanos Arana, está copiado de las Bases de Manresa, origen del catalanismo político. Es igual en todas las rebeliones nobiliares o feudales desde hace siglos. Contra la corona o contra España, siempre se busca lo mismo: privilegios económicos, eludir la ley común, hacer rancho aparte y quedarse el rancho.Y quejarse mucho, que es la base del negocio.

Lo insufrible para los socialistas —e incomprensible, cien años después, viendo al PSE (ya ni PSOE) como aliado incondicional del PNV y amigado con la ETA— era cómo los insultaban Arana y su tribu. El padre fundador del bizcaitarrismo los llama «hez del pueblo maketo».A los empresarios que contratan obreros de toda España —no hubiera podido desarrollarse sin ellos la gran industria vizcaína— les acusa de «pervertir la sociedad vizcaína… pues cometa es ese que no arrastra consigo más que inmundicia y no presagia más que calamidades: la impiedad, todo género de inmoralidad, la blasfemia, el crimen, el libre pensamiento, la incredulidad, el socialismo, el anarquismo… todo es obra suya». El vasco no nacionalista «bastardo es, y digno de ser arrastrado desde la cumbre del Gorbea hasta las peñas del Matxitxako».Y en consonancia con tan cristiano sentimiento, que rechaza la abolición de «lo tuyo y mío», Arturo Campión decía en el Centro Basko de Bilbao el 27 de abril de 1901:

> Entre el genio eúskaro y el socialismo media repulsión absoluta e irreductible. Así se explica que los propagandistas, los fautores, los secuaces de esas ideas, oprobio de Bizcaya, sean los advenedizos, los nómadas de la inmigración servil. Esta es la última invasión del extranjero que padecemos.Y de igual suerte que atenta contra la pureza de nuestra raza y la integridad de nuestra fisonomía castiza con sus oleadas de detritus étnico, masa híbrida de celtas bastardeados, de latinos decadentes y de moros corrompidos, todavía pretenden, señores, causarnos un daño mayor, envenenándonos las almas con un grosero ideal, propio de envidiosos esclavos.

Unamuno, al que el PNV le quitó en 1980 su calle en Bilbao, explicaba así su afección al PSOE, más humanitarista que marxista:

El Bilbao el único valladar frente a la barbarie del exclusivismo local es el socialismo. Los dos polos son allí el llamado bizcaitarrismo de un lado y el socialismo del otro. Cuanto más este se depure y eleve, haciéndose más consciente de su ideal y ensanchándolo a la par, más menguará aquel (…). Los socialistas de Bilbao saben de sobra que el desdén al maqueto no es en el fondo más que el desprecio al pobre, y saben qué repugnante injusticia lleva a inculpar de que va a matar el hambre —cosa natural y nobilísima— al que va a vender su trabajo: saben hasta qué punto deben a maquetos su bienestar y su fortuna algunos de los que más les insultan. (Laínz, 2004).

Sobrecoge leer hoy, con unos socialistas que han hecho suyo —sacristías mediante— el ideario nacionalista desde los años sesenta del siglo XX, ver cómo aquel PSOE se opuso frontalmente al Estatuto de Autonomía Vasco de 1933 y, con Portugalete al frente, catorce municipios de la Ría del Nervión elaboraron por su cuenta el «Estatuto de las Encartaciones o Estatuto de la Libertad (…) contra el espíritu reaccionario y faccioso del Estatuto vasco aprobado en Estella».

En Estella, antigua corte del carlismo y rebautizada Lizarra por los separatistas, se firmó, no por casualidad, tras el asesinato de Miguel Ángel Blanco y la movilización en toda España, el pacto de sangre del PNV y la ETA, apoyado, tampoco por casualidad, por la Generalidad de Pujol. Y allí nació y murió el Estatuto de 1931, hermano del catalán de Nuria. Fueron los carlistas de entonces los que se opusieron frontalmente a la destrucción de la idea de España del PNV. Y los insultos de 1933 fueron tiros en 1936.

En 1932 se propuso el citado Estatuto de las Gestoras, sometido a votación en los ayuntamientos vascos y navarros, que rechazaron la unión con las provincias vascas. Y los socialistas, el 11 de mayo, se opusieron así a esa unión, apenas disimulada anexión, que se arrastra hasta el día de hoy:

Nos parece equivocado el interés mantenido en el estatuto sobre la unidad étnica del país vasco navarro. Atendiéndonos solamente a Navarra, existen dos zonas profundamente diferenciadas: la Ribera y la Montaña. Entre ellas no hay más que una comunidad de intereses: el cupo y la Diputación. Pretender convertir esa unidad económica en otra inexistente de carácter étnico hasta con idioma propio, es una grave equivocación que provocaría luchas localistas, incluso escisiones territoriales y una exacerbación nacionalista opuesto en absoluto a los fines que el socialismo persigue. Para el socialismo —en tanto no hay una ciudadanía universal— no puede haber más que un solo tipo de ciudadanía en España, la nacional, sin privilegios regionales concedidos por el nacimiento o la residencia.

Enrique de Francisco, uno de los dirigentes históricos del PSOE y diputado por Guipúzcoa, decía en 1931: «La enseñanza del eusquera en Vasconia es de un perjuicio notorio. Solo servirá para robustecer a las fuerzas reaccionarias de la extrema derecha». Pero en ese mismo año, el de las Cortes Constituyentes de la II República, el anticlericalismo de la Constitución rompió la alianza natural de liberales, socialistas y carlistas en la cuestión nacional, clave en el País Vasco y Navarra, y se creó un grupo unido por la defensa de la religión y que ayuntaba a carlistas, peneuvistas, monárquicos, Partido Agrario y los conservadores que recalarían en la CEDA.

Al final, la idea nacional unida a la religiosa, se demostró más fuerte, y los socialistas se encontraron en Vizcaya y Guipúzcoa combatiendo junto a un PNV que al mismo tiempo comulgaba y luchaba junto al carlismo en Álava y Navarra. Tras la victoria de las derechas en 1933, el PNV se orientó hacia las izquierdas, que lo acogieron dentro de la estrategia justificatoria del golpe del 34, pero nunca se fiaron de él. Sin embargo, solo durante la Guerra Civil los políticos de la izquierda entendieron la malicia, no exenta de idiocia, de PNV… y ERC.

El famoso ideal eúskaro —el PNV siempre presumió de nobleza— se plasmó en el Pacto de Santoña, cuando los gudaris del PNV se rindieron a Mussolini tras sabotear la lucha en el frente y entregar a Franco las rutas para copar al ejército republicano. En la gran trilogía de Carlos María Olazábal Esteche *Pactos y traiciones. Los archivos secretos de la guerra en Euzkadi* (Fundación Popular de Estudios Vascos) se documentan minuciosamente todas las fechorías políticas y militares —algunas tan retorcidas que, sobre jesuíticas, resultan churriguerescas— del gobierno de Aguirre, siempre aliado a Companys.

Juntos protagonizaron en 1938, en plena batalla del Ebro, una de las traiciones más sórdidas de toda la Guerra Civil: felicitaron a Chamberlain y Daladier por rendirse ante Hitler, ya que, al reconocer la independencia de la región de los Sudetes (tan independiente que de inmediato fue anexionada al III Reich), estaban reconociendo, según Companys y Aguirre, el principio de autodeterminación al que aspiraban sus pueblos, o sea, los separatistas vascos y catalanes que ellos representaban en exclusiva. Y se ofrecían, soberanísimamente, a convertirse en protectorado anglofrancés.

Como ya Maciá se había ofrecido a Moscú, Dencás a Mussolini, Casanoves a Rosenberg, o sea, a Hitler, y Aguirre también a Mussolini si incluía el Vaticano, no es de extrañar que la oferta *sudete* de Companys y Aguirre tuviera poco eco en Londres y París. Por otra parte, Prieto había ofrecido a los británicos, siendo ministro de Defensa, Cartagena, las Canarias y las Baleares, que de no estar los archipiélagos en manos de Franco, era un saldo mucho mejor. Pero todos sabían que la Republica era casi un protectorado militar de Stalin.

San Sebastián cayó casi sin lucha ante Mola y Bilbao tampoco resistió por el empuje de los nacionales, ayudados por la reseñada traición del PNV, que provocó la caída del Norte y decidió la guerra. Así que Azaña y Negrín tuvieron que aguantar las andanzas de Aguirre, solo o junto a Companys, que tras los Hechos de Mayo de 1937 fue convirtiéndose en mera figura decorativa del poder negrinista, que en todo lo militar y en casi todo lo político era el de Stalin. Las memorias de Azaña reseñan pasmosas iniciativas de Aguirre en la retaguardia del campo al que su vanguardia había traicionado, pero que, aun así, pretendía dirigir. Es lo más parecido en español a esa obra maestra sobre la estupidez humana que es el *Bouvard y Pecuchet* de Flaubert:

Me pregunta (Aguirre) qué tal estaría traer unas divisiones vascas a Huesca, para emplearlas en esa zona. Sin pararme a examinar los motivos de la propuesta —si es que tales divisiones no hacen falta donde están, cosa poco creíble— le opongo la imposibilidad de realizarla: «¿Por dónde iban a venir? Por mar, es imposible, y por Francia, no lo consentirían». «¿Qué sé yo…! Como heridos…». «¿Heridos? También son combatientes, si no quedan inútiles. Y a nadie le haría usted creer que vamos a transportar quince o veinte mil heridos de una región a otra». «Pues es lástima. El cuerpo de ejército vasco, ya reorganizado, rehecha su moral, se batiría muy bien poniéndolo sobre Huesca. Se enardecería en cuanto le dijéramos que íbamos a conquistar Navarra». ¿Navarra? (...). Recordé las frívolas expresiones de Irujo, este invierno, cuando para después de tomar Vitoria y Miranda, me prometía la conquista de Navarra (...). Y ahora este gobiernito vasco, derrotado, expulsado de su territorio, sin súbditos, apenas con tropas, y desmoralizadas, se encandila y cree que encandilaría a sus gentes (...) pensando en la «conquista» de la provincia limítrofe y rival.

Aguirre cuenta en sus memorias que Azaña le dijo, acaso en esa misma charla: «Para comprenderle a usted, no hace falta más que saber geografía». ¡Y lo reseña como elogio! ¡Bouvard, agradecido a Flaubert!

Pero el Bouvard vasco era un cuco. Firmado ya el pacto de Santoña con Mussolini, lo disimula yendo a despedirse, muy educadamente, de Azaña:

Ayer por la tarde vino Aguirre a despedirse. Ha estado en Madrid (...). Naturalmente, las obras de fortificación que ha visto son muy inferiores a las que habían hecho ellos en Vizcaya (...). Asegura que Prieto ha encontrado bueno el proyecto de traer al frente de Aragón y que le ha autorizado para que busque los medios de realizarlo (...). Se ha mantenido en el terreno de las generalidades vagas, superficiales. No me ha dicho más que una mínima parte de lo que sabe, y nada de lo que realmente piensa.

En ese momento, se combatía ferozmente en el Norte y el bando republicano conservaba una clara superioridad en material y hombres sobre el nacional, aunque las tropas de Franco, desde el principio de la guerra, les superaban defendiendo cualquier posición y atacando en campo abierto. No obstante, la duración de la guerra había curtido ya a los soldados de los dos ejércitos, cada uno cerca del millón de hombres —lo alcanzaron ambos en la batalla del Ebro— y su capacidad de ataque y resistencia era mucho mayor. Lo esencial era la moral de victoria, que en el bando republicano suponía lealtad por encima de las divisiones de distinto origen político.

Para tratar de llegar al invierno, que hubiera paralizado o ralentizado la ofensiva franquista, el republicano Gámir Ulibarri ordenó a sus cien mil hombres atacar en dos direcciones para recuperar Oviedo y Vizcaya. Pero en este frente, el que debía «enardecerlos», los nacionalistas (cerca de treinta mil) se negaron a combatir con los demás. Moa cita en *Los mitos…* este informe de los comisarios Ugarte y Lejarcegui:

> La operación se inició pero, preparados oportunamente nuestros batallones de hacer que hacían y no hacer nada, fracasó (…). Al día siguiente se pretendió seguir la operación pero nosotros nos opusimos a ello decididamente, y pasara lo que pasara dimos orden a nuestros batallones para que no actuasen, cumpliéndose la misma y haciendo fracasar completamente los intentos de lucha.

La parte más seria o sovietizada del Ejército republicano trató de compensar esta deserción mediante el terror en retaguardia, al modo de Trotski, poniendo ametralladoras tras los soldados con orden de disparar si retrocedían. Pero el tiempo perdido fue precioso. Franco supo maniobrar y contaba con la mejor ruta de ataque, que los gudaris le dieron a Mussolini:

> El ejército de Franco y las tropas legionarias para tomar Santander no atacarán por el frente de Euzkadi (…). Ofensiva por Reinosa y el Escudo para ocupar Torrelavega y Solares, los dos puntos estratégicos de las comunicaciones con Santander y Asturias, y de esta forma copar al ejército de Euzkadi en su demarcación territorial.

En realidad, como cita Moa, ya le había avisado Aguirre a Azaña: «Si los rebeldes consiguen dar un corte, por ejemplo hacia Reinosa, se producirá un desastre incalculable». No es que a Franco no se le ocurriera, pero no conocía la obscenidad de la traición.

Como buenos nacionalistas, esa traición que cometían la endosaron a los traicionados. Las justificaciones de Aguirre y Telesforo Monzón (que aún llegó con su *makila* a representar a la ETA en las Cortes de 1977) sobre la rendición que firmó Ajuriaguerra, son pasmosas. Por esto dicen que desertan sus tropas:

1.   «Porque entienden que meterlas en Santander sin salida hacia Asturias es un caso de traición combinado con el enemigo».

O sea, que republicanos y nacionales se habían puesto de acuerdo para traicionar a los heroicos *gudaris*, que se vieron forzados a entregarse a las tropas de Mussolini... como, adivinándolo, habían pactado antes.

2.  Que eso parece dirigido contra los vascos, que son los destinados a sufrir las consecuencias de la confusión (...). Que confían, en vista de que todo está perdido, en que se envíen barcos que les recojan para llevarles a Francia. De lo contrario, se impone la capitulación...

O sea la misma que habían firmado, con Franco y Mussolini, Vaticano mediante.

Como el pacto era entregarse en Santander, se niegan a ir a Asturias. Los citados Ugarte y Lejarcegui reciben esta orden de Euzko Gudarostea: «Aparentar cumplir un deber, oponer la mínima resistencia y aprovechar el momento oportuno para replegarse hacia Euzkadi, evitando a todo trance derivar ninguna fuerza hacia Asturias».

Franco tenía el País Vasco, así que «replegarse» era rendirse; e ir a Asturias, luchar. No era lo pactado con Franco. Colofón: Aguirre le pide informes a Irujo, porque «no estoy dispuesto a tolerar que los insignes fracasados intenten manchar nuestro nombre, respetado por todos». Por todos los que no los conocieran, claro.

Pero fue Azaña el creador del Estado de las Autonomías, al convertir la Constitución, como explica Enterría, en el edificio normativo capaz de aplicarla o *modularla*, según anduviera el equilibrio político y lo que se ha llamado «patriotismo constitucional». Un Estado en el que, de hecho, la Nación es sustituida por la Constitución como base de la soberanía, que eso suponía el régimen autonómico ya en 1932, aunque esta atrocidad solo se ha llevado a sus últimas consecuencias en la segunda década del siglo XXI. Por eso mismo es del máximo interés o lo hubiera sido al redactar la Constitución del 78, y ese es el Azaña que traté de rescatar en mis antologías, ver qué pensaba Azaña en 1938 del resultado de su invento de 1932, y cómo lo comentaba con Negrín, que en sus *Memorias*, y en *La velada en Benicarló*, se convierte en alter ego del omnisciente dialogador.

Negrín le confía a Azaña —y este a sus memorias— sus ideas sobre Companys:

> Que no puede admitirse que la autonomía se convierta en un despotismo personal, ejercido nominalmente por Companys, y en realidad por grupos irresponsables que se sirven de él. Que al desaparecer el sistema autonómico, no puede admitirse que surja una dictadura mediante la absorción de los poderes atribuidos a la democracia, y la usurpación de otros que no le correspondían, y se mantenga un despotismo a pretexto de que Cataluña era o debe ser autónoma.

Y se añade este paréntesis, de Azaña, de Negrín o de ambos: «(Lo cual demuestra que Companys no estaba tan débil como se nos ha querido hacer creer)».

Aunque es ridículo que Negrín, el justificador del asesinato de Nin y de todas las tropelías de los comunistas de Stalin, hable de la *democracia* que representa su gobierno frente a la *dictadura* embozada de Companys, lo interesante es que el gobierno que sale de los Hechos de Mayo (y de la expulsión del gobierno de Largo Caballero, con Azaña y Prieto sirviendo, sin saberlo, al designio más a largo plazo de Stalin y su hombre, Negrín), tiene claro en 1938 que ya no existe el régimen autonómico... ni sus justificaciones.

Azaña no le discute algo tan fundamental porque lleva la cuenta mucho mejor que el presidente del gobierno del *golpe a cámara lenta* (los términos no han cambiado ochenta años después, los hechos tampoco) que ha perpetrado el nacionalismo catalán, que es siempre y cuanto puede, separatista. Ya en el exilio, en sus artículos *Causas de la guerra de España*, escribe:

> Véanse ahora algunas de las situaciones de hecho creadas en Cataluña: todos los establecimientos militares de Barcelona quedaron en poder de las *milicias antifascistas* (la cursiva irónica es de Azaña), controladas por los sindicatos. El gobierno catalán se apropió la fortaleza de Montjuïc; con qué autoridad efectiva sobre ella, es punto dudoso (posteriormente se formalizó la entrega del gobierno de la República a la Generalitat). La policía de fronteras, las aduanas, los ferrocarriles y otros servicios de igual

importancia fueron arrebatados al Estado. La Universidad de Barcelona se convirtió en *Universidad de Cataluña*. Hasta el Teatro del Liceo, propiedad de una empresa, se llamó Teatro Nacional de Cataluña. El gobierno catalán emitió unos billetes, manifiestamente ilegítimos, puesto que el privilegio de emisión estaba reservado al Banco de España. Los periódicos oficiosos de Barcelona comentaron: «Ha sido creada la moneda catalana». También el gobierno publicó unos decretos organizando las fuerzas militares de Cataluña. Los mismos periódicos dijeron: «Ha sido creado el ejército catalán». Tales creaciones y otras más (que no son un secreto, porque constan en las publicaciones oficiales del gobierno catalán y en la prensa de Barcelona) respondían a la política de intimidación que ya he mencionado.

A esta recapitulación ya se había adelantado en sus memorias: «La defección de Cataluña (porque no es menos) se ha hecho palpable. Los abusos, rapacerías, locuras y fracasos de la Generalidad y consortes, aunque no en todos sus detalles de insolencia, han pasado al dominio público».

Y termina así: «Lo mejor de los políticos catalanes es no tratarlos».

## JUAN NEGRÍN, EL MAYOR LADRÓN DE LA HISTORIA DE ESPAÑA

No hay en la Historia de la Cleptocracia Universal un caso como el de Juan Negrín, sobre todo porque ninguno de los grandes afanadores de lo público para su bolsillo o sus propósitos ha tenido un centón de historiadores —los Álvarez, Viñas, Moradiellos y demás— justificando sus robos y desfalcos. Pero esa justificación solo se entiende por la exculpación del comunismo como ideología contra la propiedad. Y nadie lo ejemplifica como Negrín.

Resumamos: tras ser captado, según el testimonio de Krivitski, por Stachevski, hombre clave de Stalin en España antes del desembarco militar soviético en la guerra, a principios de noviembre, Negrín, como ministro de Hacienda, entrega tres cuartas partes —la otra la usa el gobierno en Francia— del Oro del Banco de España a la URSS a cambio de armas. Lo hace a espaldas de las Cortes, del gobierno y con el conocimiento de solo dos personas: Prieto y Largo Caballero. Al jefe del Estado,

Azaña, se lo dan como cosa hecha y a tapar, para evitar el escándalo de las democracias.

Los términos de esa entrega a escondidas y sin garantía alguna han sido estudiados minuciosamente por Olaya Morales en *El expolio de la República*, última versión del trabajo investigador de toda su vida, cuya primera versión en la pequeña editorial anarquista Nossa y Jara descubrí por casualidad y aireé en la prensa y la radio. Lo invité a un seminario en la Universidad de Verano de la Complutense titulado «Las siete muertes de la República», incluida, claro está, la Guerra Civil; y me pareció un hombre honrado, un español muy a la antigua, y que salvo en el valor militar de las armas entregadas por Stalin, que considera escaso, ha hecho el estudio definitivo sobre esa parte de la vida delictiva de Negrín.

Se dirá que no fue latrocinio porque no se llevó ningún lingote. Pero se llevó nada menos que el lingote de la Presidencia del Gobierno, a la que, traicionando a Largo y de acuerdo con Prieto, su mentor, llegó en 1937, tras la liquidación por su gran padrino, Stalin, de la CNT y el POUM en Cataluña. Hasta ahí, su trayectoria fue la misma de Largo y Prieto: apoyarse en la URSS y el PCE para llegar al poder, pensando estos luego en controlarlos. La gran diferencia de Negrín es que nunca puso en duda ese vasallaje político. Y desde el áureo lingote de la Presidencia robó a manos llenas y sin control.

Para empezar, convenció a todos de que las cuentas del Estado no debían conocerse, porque entorpecían la compra de armas e influencias, de forma que él y solo él fue dueño, en Hacienda y Presidencia (dejando a su pupilo Méndez Aspe encargado del Tesoro y luego del Ministerio), la tarea de afanar cuantos bienes públicos y privados pudiera. Junto a la entrega del oro, que siempre cabe discutirla políticamente, aunque yo creo que así compró la confianza de Stalin, vino el descerrajamiento y robo de las cajas de seguridad privadas del Banco de España, para llevárselas a Valencia o adonde quisiera Juan Negrín.

Si Olaya, comunista libertario, resulta tan antipático a los comunistas soviéticos y sus justificadores actuales es porque no limitó su denuncia al expolio del Oro sino que censuró el robo de las cajas particulares. Y no solo las del Banco de España, sino las de los demás bancos y del Monte de Piedad, donde, como luego denunció hipócritamente Líster, guardaba sus anillos de boda y sus modestas alhajas gente humilde «y afecta a nuestra causa». Pero Negrín no investigó antes de robar las cajas de seguridad si el dueño era «afecto». Las robó ecuménicamente, sin discriminación ideológica. Alcalá-Zamora perdió así todo lo que tenía, incluida una mantilla antigua. Eso sí: tuvo el gesto, como Azaña, de no aceptar una peseta de Negrín o Prieto, que en la SERE y la JARE, tenedurías de todo lo robado, pusieron sueldazos a los políticos de la República y la Generalidad, olvidando a los necesitados.

Porque Prieto, tan castizo, aplicó el refrán de que «el que roba a un ladrón tiene cien años de perdón» y le robó un barco, el yate *Vita*, antes de Alfonso XIII y llamado *Giralda*, con los tesoros particulares robados por el gobierno de Negrín, que dio órdenes a los ciudadanos, igual que los anarquistas de Cataluña, de entregar todo el oro, la plata y las joyas. Dijeron que «para el esfuerzo de guerra». Pero lo *expropiado* nunca se empleó en compras militares. Se convirtió en el inmenso botín que, ya desde el principio de la guerra, había empezado a apiñar Negrín.

No solo se quedó con el oro y las cajas de pobres y ricos. También atracó el Museo Arqueológico Nacional para llevarse un tesoro numismático que, como las reservas de oro, las cuartas del mundo, tenía valor universal y, para la historia de España, sencillamente inapreciable. Pero había allí oro y plata y allá que fue Wenceslao Roces y a punta de pistola lo robó. Volveremos a este atraco, que, entre los organizados por Negrín, era de menos valor cambiable —sobre todo tras ser robado por Prieto—, pero es el que mejor refleja la avaricia y la miseria moral de los dos sacamantecas.

Los cuadros del Museo del Prado y el Tesoro Artístico Nacional de los que se hizo cargo el gobierno, siempre bajo control, de Negrín, siguen siendo uno de los latrocinios con mejor prensa de la historia Universal. La imagen del Cristo de Velázquez, estremecidamente cantado por Unamuno, cayendo por un barranco durante el traslado desde la mina de La Vajol a Francia, es lo que me llevó a escribir *La última salida de Manuel Azaña*.

¿Había necesidad de llevar los cuadros del Prado y otras grandes obras del arte español en el equipaje del gobierno de Largo y de Negrín? Como explicó Madariaga, absolutamente ninguna. Al revés: todo aconsejaba dejarlas, en el caso de los cuadros, en la cripta del Banco de España, ya sin el oro y la valiosa plata portuguesa. Ni eso habría hecho falta:

hubiera bastado, como en el caso de los presos políticos, ponerlos al amparo de una comisión internacional. Pese a lo que diga la propaganda comunista, el bando nacional estuvo siempre mucho más preocupado por el patrimonio histórico y artístico español que el republicano. Ni una sola obra de arte vendió Franco para comprar armas. ¿Y era esa la intención última, acaso inconsciente en Largo y Azaña, pero absolutamente consciente en Negrín y Prieto? Sin duda. Azaña tal vez imaginó al empezar la guerra un empréstito con los cuadros como garantía. Prieto y Negrín, más astutos que el alcalaíno, irían a por el préstamo… mientras vendían obras bajo mano.

Esa es la tesis de Sánchez Cantón, historiador del arte y conservador del Prado, que hace suya Pío Moa en *Los mitos*, la misma que vislumbra Olaya y no me parece rebatible. Preferiría otra que no dejara en ridículo mis juveniles fantasías simbólico-históricas, pero es la más lógica. Y lo que la hace aún más verosímil es el atraco al Estado que Negrín somete a la firma de Azaña al terminar la guerra y que este se niega a firmar porque, según Rivas Cherif, vivía obsesionado «con que nadie pensara que era un bandido».

Lo que Negrín presenta a la firma de un Azaña ya muy enfermo fueron dos decretos aparentemente similares pero con significado distinto. Uno era el de la enajenación de varios barcos y material militar, para tener fondos con que asistir a lo que ya empezaba a ser una dantesca desbandada, con cientos de miles de soldados y civiles que se refugiaron en Cataluña y fueron abandonados, sin defensa militar, camino de la frontera francesa. Es el paso trágico que cuento en mi libro: los cuatrocientos mil derrotados, los cuadros del Prado a hombros de los milicianos, Antonio Machado y su madre bajo la lluvia acercándose a la muerte, Azaña y todas las autoridades republicanas cruzando la frontera… y Negrín de vuelta, a seguir ganando la guerra.

El otro era más propio de un atracador que del estadista que ahora nos presentan. Negrín quería la autorización del jefe del Estado para enajenar todos los bienes del Estado Español en el extranjero en favor de una sociedad anónima, controlada por él, que a su vez podría venderlos: desde los edificios de las embajadas a toda clase de valores públicos, que a esas alturas, solo Negrín sabía cuántos eran —o quedaban— y dónde estaban.

Culminaba así la hazaña cleptocrática más asombrosa de todos los tiempos: las reservas de oro del Banco de España; las monedas de oro y plata del Museo Arqueológico; los cuadros del Prado y todas las obras del Tesoro Artístico confiscadas o robadas a iglesias y asesinados; las cajas del Banco de España, las de todos los bancos privados y las de las Cajas de Ahorros y Monte de Piedad; y de remate el patrimonio de España en el extranjero. Si Bakunin creía que el ladrón era el revolucionario más genuino, porque atacaba la raíz de todos los males, que es para él la propiedad, Negrín habría sido, aunque a la sombra de Stalin, el más destacado bakuninista de la historia.

La mejor revisión de los mitos o la falta de datos, fuente de tantos mitos, sobre la trágica década de los treinta, tan amputada que empieza en 1931 y acaba en 1939, es *La república y la guerra civil, setenta años después*, coordinada por Alfonso Bullón de Mendoza y Luis Togores (Actas, 2006), que luego han hecho obras semejantes sobre la Guerra, en época más fosca, y han convertido el CEU en una referencia cívica e intelectual encomiable. En ella participan tantos historiadores de verdad y tantos buenos aficionados a nuestra historia (a veces más fiables, porque no defienden cátedras o parcelas de singularidad investigadora) y lo hacen con un espíritu de honradez intelectual tan generoso que, una década después, sigue siendo fuente de sugerencias. Y una de las comunicaciones más sorprendentes es la de Martín Almagro-Gorbea sobre «El expolio de las monedas de oro del Museo Arqueológico Nacional».

A partir de las memorias de Felipe Mateu y Llopis, seguramente el numismático español más importante del siglo XX, recogidas por Carmen Alfaro, otra gran erudita que tuvo acceso a los papeles de Felipe Mateu, el autor, Almagro-Gorbea, hace una descripción amena y escalofriante del atraco, por orden de Negrín, de la colección de monedas de oro y plata que, entre otras joyas, guardaba el Gabinete Numismático, que había ido creando, pacientemente, un verdadero archivo amonedado de la historia de España.

La orden de hacerse con los fondos del museo en vez de defenderlo, que podían hacerlo de sobra, es del Ministerio de Instrucción Pública con fecha de 23 de julio de 1936, solo seis días después del alzamiento, lo que prueba que había otro alzamiento en marcha, el de todos los bienes de la nación. En un acto genuinamente comunista, el gobierno que supuestamente se sustenta en la legalidad «burguesa», constituye la Junta de Incautación y Protección del Tesoro Artístico. Ese mismo día, recuerda Almagro-Gorbea, el gobierno de Giral expropia por decreto todos los edificios de órdenes religiosas, de obras pías o de beneficencia, poco antes de clausurar todas las iglesias y despedir a los funcionarios «no simpatizantes» del Frente Popular. Había empezado el terror rojo; y el rojo saqueo de la propiedad, privada o pública.

Sin tener dentro ni fuera el menor problema militar en Madrid, y sin más peligro que el de los milicianos, cuyos robos y asesinatos legitimaban, las autoridades de la República se lanzan a una especie de carrera a ver quién roba más o roba antes lo que en teoría era de todos, del pueblo español, en cuyo nombre dicen combatir y en el que fusilan a los alzados y apresan enemigos políticos, que irán masacrando en sucesivas «sacas». Por supuesto, hay estudiosos como Álvarez Lopera que justifican lo que roban unos por lo que podrían robar otros. Pero en un libro sobre el comunismo lo esencial es determinar si se trataba o no de robar, de atentar contra la propiedad, que es parte indisoluble de la libertad individual. Y sí: se trataba de robar.

Mientras infinidad de objetos y antigüedades, públicos, religiosos o saqueados a particulares, se acumulaban en el Museo Arqueológico «que se convirtió en un inmenso almacén» (Marcos Pous, 1993, cit. en Almagro-Gorbea) los funcionarios del Gabinete Numismático, en especial Felipe Mateu y Felipa Niño, ven venir el latrocinio y empiezan a esconder piezas, no tan valiosas por el oro o la plata como por su significación histórica, en ranuras de muebles, dobles fondos, y hasta, de noche, cavando en el jardín. Lo harán, con riesgo de sus vidas y sin beneficio personal alguno, durante toda la odisea. En octubre, cuando Franco se acerca a Madrid, el Museo Arqueológico y la Biblioteca Nacional cerraron sus puertas, tras despedir a los funcionarios «desafectos», detener a muchos y fusilar a algunos tan notables como Ricardo Aguirre Martínez-Valdivieso, secretario del Museo.

El 6 de noviembre, el gobierno decide abandonar Madrid, y Negrín, que ya se llevaba el Prado y un montón de valiosas obras artísticas, ordena también llevarse la colección de monedas de oro del Museo Arqueológico. Se esconden muchas de valor histórico, pero aun así Wenceslao

Roces y Antonio Rodríguez Moñino se llevaron 2.796 monedas: 60 griegas antiguas, 830 romanas, 297 bizantinas, 322 hispanovisigodas, 585 árabes, 94 españolas medievales y modernas, 543 extranjeras y 67 medallas, todas ellas de oro.

Roces era uno de las figuras más relevantes del PCE y traductor de Marx, Engels y Lenin —entre otros, del *Manifiesto comunista* en 1932 y de *El capital* (FCE) en 1947 (por cierto, la edición que yo leí). Pertenecía al Socorro Rojo, a la Alianza de Intelectuales Antifascistas, a la Asociación de Amigos de la Unión Soviética y demás tinglados de la Komintern. En 1934 participó en la revolución de Asturias, y fue a la cárcel. Salió en 1935 y se fue a la URSS. En 1936, su camarada y amigo Jesús Hernández, ministro de Instrucción Pública, lo nombra subsecretario de Instrucción Pública y Bellas Artes. Fue el hombre clave en el saqueo de las monedas de oro del museo, pistola al cinto y con milicianos al lado, para amedrentar, sin éxito, a los heroicos Felipe Mateu y Felipa Niño. Nunca un enemigo teórico de la propiedad tuvo mejor ocasión para atropellarla en la práctica.

Roces llamó al Ministerio a Felipe Mateu y Felipa Niño, para que le entregaran los tesoros del Museo, en especial las monedas de oro y plata. Remolonearon estos, mientras escondían piezas que acuñaban siglos: el cuaternión de Augusto, la Gran Dobla de Pedro I, el centén de Felipe IV, que al terminar la guerra fueron rescatadas, de creer la Ley de Memoria Histórica, por los «enemigos de la civilización». En un secreto de un arca se escondió el oro medieval y el de los Reyes Católicos. En otra caja de zinc escondieron diversas piezas de valor histórico, y así, todo lo que pudieron.

Pero Roces, como buen hijo de Stalin —seminarista y atracador de bancos—, era tenaz en la caza del oro. Así que Mateu, como un Guzmán el Bueno de aquella Tarifa Numismática, tuvo que entregar a su criatura artística e instalar en el vestíbulo, a la luz de las linternas, una mesa, una pesa y demás órganos de su martirio. Roces pesó al principio, pero aquello tardaba, y como se trataba de robar, no de consignar, empezó a vaciar en los gorros de los milicianos los cartones de monedas. Todos los detalles de aquel atraco en tinieblas están en el texto de Almagro-Gorbea.

También relata cómo el ladrón Negrín fue robado por el ladrón Prieto. Había el primero afanado los tesoros citados, monedas de oro incluidas, que pensó meter en ciento veinte maletas. Debió intervenir la célebre probidad de las izquierdas en el manejo de lo ajeno, porque a Veracruz llegaron cien. Muchas, no obstante, así que Prieto decidió aligerar la carga moral de su compañero de partido —todo tenía lugar entre jerarcas del PSOE— y se hizo con el yate *Vita* y su millonario alijo aprovechando que Puche, que debía recibirlo por Negrín, se retrasó. Casualidad nada casual fue que el ladrón del ladrón fuera Puente, uno de los asesinos de Calvo Sotelo, de la mafia de Don Inda llamada «la Motorizada». Así castigaba el jefe el crimen del empleado: conservándole en el puesto y acreditando la sospecha de que no lo echó por una sola pero importante razón: si mató a Calvo Sotelo fue por orden suya.

## *NEGRINETE Y PRIETADILLO* EN LA REPÚBLICA DE MONIPODIO

La fechoría de Prieto, soborno mediante a Lázaro Cárdenas y su logia, fue fundir en el crisol del Banco de México las monedas de oro del museo en lingotes corrientes, que valían treinta veces menos pero tenían la ventaja de que no dejaban rastro en coleccionistas, anticuarios y subastas. Todos los datos apuntan a que esa y las noventa y nueve maletas más de Don Negrín que robó Don Inda, fueron a parar al círculo prietista, que de pronto se pobló de empresarios rumbosos, rápidamente arruinados por derrochones. La JARE, luego CAFARE, que creó para competir con la SERE de Negrín, se dedicó a la compra de voluntades y bolsillos de políticos, no a ayudar a exiliados.

La hazaña de Prieto tuvo en Roces testigo excepcional, al tanto de todo el proceso. Pero sucedió que en 1977 fue elegido senador por Asturias en candidatura conjunta PCE-PSOE, y de inmediato, el entonces director del Museo Arqueológico Nacional, Martín Almagro Basch, se dirigió a él para preguntar por las monedas desaparecidas. No dio noticia alguna ni quiso saber nada de España. Se volvió a México y, sin dar explicaciones, murió.

Sin embargo, los aspirantes a presidir lo que, evocando al príncipe cervantino de los ladrones, cabría llamar República de Monipodio, o sea, *Negrinete* y *Prietadillo*, tuvieron un intercambio epistolar que retrata para siempre a los dos líderes del socialismo, el *utópico* Prieto y el *científico* Negrín. El *Don* canario trató de entrevistarse personalmente con el *Don* bilbaíno, pero este, que vivía atrincherado con su mafia «Motorizada» en una finca que se unía por un subterráneo con otra donde guardaba el tesoro, se negó, porque el amigo de Stalin también podría tener sicarios motorizados. Así que se escribieron. O mejor, escribió, y delató a ambos, *Don* Negrín:

> En marzo de este año, el ministro de Hacienda (Méndez Aspe), de acuerdo conmigo y conforme a un plan minuciosamente estudiado y preparado desde hacía mucho tiempo, trató de asegurar en países, o por procedimientos en que nuestro derecho sobre los recursos del Estado republicano no pudieran ser puestos en peligroso litigio, todos los medios utilizables para remediar, en lo posible, el infortunio de nuestros compatriotas en la emigración (…). Gracias a nuestra previsión y diligencia han podido salvarse elementos tales que en su cuantía no lo hubieran soñado quienes hace dos años aseguraban que la guerra estaba a punto de terminar por agotamiento de nuestros recursos y daban el insensato consejo, cuando la guerra podía y debía ganarse, de situar fondos en el extranjero, por estimar seguro un desenlace contrario, sin reflexionar que el sigilo de tales movimientos (…) es muy difícil guardarlo y que el conocimiento de tal medida hubiera tenido resultados catastróficos.

O sea, que Negrín y Prieto ya habían debatido antes cómo llevarse al extranjero el inmenso botín: cuatro mil cajas de seguridad y dos mil depósitos de alhajas del Banco de España, más las cajas de los demás bancos, las del Monte de Piedad, lo requisado por orden del gobierno supuestamente para la guerra y lo robado a los particulares por las bandas del terror. Pero como nada era suyo y podía reclamarse, había que hacerlo en secreto, y eso solo sabía hacerlo Negrín, que llevaba las cuentas de la República en el bolsillo. Prieto era muy bruto y le contaba todo a Azaña, que se lo hubiera contado a Cipriano y este al resto del mundo. Así que se lo quedó Negrín.

Y presume de cómo perpetró el delito de disponer de lo que no era suyo:

Por fortuna, la decisión sobre esta materia estuvo en manos de hombres (…) no impulsivos, precavidos, además, contra improvisación incompetente y amantes de la cavilación, del estudio y del asesoramiento técnico. Así, con cautela y rapidez, sin precipitaciones ni atolondramientos, se ha podido salvar lo que se ha salvado, resguardado por una posición jurídica, la más sólida dentro de lo viable (…). Nunca se ha visto que un gobierno o su residuo, después de una derrota, facilite a sus partidarios, como lo hacemos, medios y ayuda que ningún Estado otorga a sus ciudadanos después de una victoria.

Efectivamente, ningún gobierno, victorioso o derrotado, que no sea una banda de ladrones, «facilita a sus partidarios» el dinero que es de todos, y menos si el país está destrozado porque ese gobierno quiso continuar dos años una guerra perdida para seguir en el poder y favorecer a la URSS. Los hechos le daban la razón a Prieto: Franco podía ganar la guerra y la ganó. La ayuda soviética no bastaba para compensar la debilidad estructural del campo republicano, en liderazgo, programa y sentido nacional de la lucha. Y de haber podido enlazar con la Segunda Guerra Mundial, como quería Negrín, ¿con quién se habría alineado el PCE, base de su poder? El PCF francés lo hizo con Hitler, cuando Stalin pactó con él el reparto de Europa. ¿Hubiera sido más independiente de Moscú La Pasionaria que André Marty? ¡Ahí están sus artículos elogiando el pacto Molotov-Ribentropp!

En fin, nunca se ha retratado tanto un ladrón, ni ha tenido uno tanta tentación de simpatizar con el que le robó. Lo impide leer qué fue lo que del inmenso tesoro, reliquia viva de la historia de España, fundió en lingotes Don Inda:

Desaparecieron importantes monedas griegas, como un estátero de electrón de Cícico, un «dárico» de oro y el triple shekel de electrón de Cartago con leyenda BeARZaT, las monedas de oro ptolemaicas, las republicanas romanas y casi todas las imperiales. Entre las monedas de Egipto salieron las octodracmas de oro de Arsinoe, Ptolomeo II, Berenice, Ptolomeo IV y Ptolomeo V. En moneda republicana (de Roma) se incautaron los áureos de 60, 40 y 20 ases con cabeza de Marte en anverso y águila sobre rayo en reverso, acuñados hacia el 209 a. C., así como otros 19 áureos de las familias Antonia, Barbatia, Caecilia, Claudia, Durmia, Hirtia, Julia, Munatia, Norbana, Numonia, Pompeia y Servilia. En cuanto a moneda romana imperial, el Catálogo-Guía de 1925 daba la cifra de 996 monedas de oro. Se perdieron casi todas, salvo unos pocos áureos de Trajano y Adriano fundamentalmente y el cuaternión de Augusto, escondido junto con otras piezas importantes de la colección, como la gran dobla de Pedro I y el centén de Felipe IV en los días anteriores a la incautación.

Leyendo estos nombres tan extraños, pero que parecen sonar en el metal del tiempo, eco de la fortuna de nuestra antiquísima nación, uno se reafirma en la necesidad de luchar contra esa doctrina contra la propiedad que es el comunismo. Porque nos quita, nos funde, como Don Inda para sus lingotes, el valor de nuestra civilización, que es de nuestra propiedad, que solo si es nuestra podemos conservar y compartir con los que nos la legaron y legarla nosotros a los que vengan. El comunismo no solo arrebata la propiedad a sus dueños, sino el tiempo, la memoria de los días, la gracia de lo fugaz, que eterniza el arte. Todo ese oro era nuestro y nos lo robaron. Si nos robaran la historia, la memoria viva de ese robo, no tendríamos perdón.

# 5

# EL ESLABÓN PERDIDO DEL PCE:
# VALENTÍN GONZÁLEZ *EL CAMPESINO*

La historia del PCE tras la Guerra Civil es particularmente sórdida. El pacto germano-soviético lo acabó de enfrentar con los demás partidos que perdieron la guerra y con los que de hecho libró dos pequeñas guerras civiles: en mayo de 1937 contra la CNT y el POUM, que ganó, y en marzo de 1939 contra el coronel republicano Casado, los socialistas Besteiro y Wenceslao Carrillo —su hijo Santiago renegó de él en una carta pública al estilo moscovita— y la única división no estalinista de las cuatro de Madrid, la de Cipriano Mera, dirigente histórico de la CNT.

Se especula mucho sobre la supuesta traición de Stalin a la España republicana, sobre todo tras la publicación de *España traicionada* y del informe al PCUS de Stepánov, uno de los agentes más importantes de la Komintern, sobre «Las causas de la derrota en la guerra de España». Por lo general, estas interpretaciones obedecen al intento de culpar a Stalin de las fechorías civiles y las derrotas militares ante Franco, sea para quitarle mérito al bando nacional, sea para mantener intacto el divino prestigio de la izquierda toda: comunistas leninistas del POUM, comunistas libertarios de la CNT-FAI, socialistas de Largo, Besteiro y Prieto, republicanos de Azaña y, últimamente, hasta Negrín, que habría sido también engañado por Stalin.

Pero Stalin no engañaba a nadie. Y el régimen soviético, muy bien conocido en España y el resto del mundo desde finales de 1917, tampoco. Los que jugaron la carta de Stalin en la guerra —Largo, Prieto y Negrín— lo hicieron en beneficio propio, como palanca para llegar al Poder a través del control de armas, previamente compradas con el oro del Banco de España. Stalin no los usó más de lo que ellos usaron a Stalin, pero este antiguo ladrón de bancos para Lenin junto al bandolero Ter *Kamó* Petrossian, no robó el oro del Banco de España: se lo entregaron a escondidas Largo Caballero, Prieto y Negrín.

Lo que sucedió es que, pese a que ahora lo pinten como un estúpido campesino, Stalin era más inteligente que los tres distinguidos atracadores del PSOE.Y se apoyó en ellos porque ellos le dieron ocasión. Luego se quejaban: Largo, por la insolencia del embajador soviético; Prieto, por la traición de Negrín y sus consejeros soviéticos. Pero el primero que tuvo consejeros soviéticos fue Largo: Álvarez delVayo y Araquistáin; y el que fundó el siniestro SIM a imagen de la NKVD fue «Don Inda» Prieto. El único que nunca se quejó de Stalin fue Negrín, y no solo por sus servicios a Stalin, sino porque su escandalosa vida privada le hacía vulnerable a los soviéticos. Prieto le cuenta a Azaña y este *a* sus *Memorias,* cómo cenaba hasta tres veces en una noche, de cabaré en cabaré, vomitando, según rito aprendido en Alemania, para volver a comer.Y cómo desaparecía con dos prójimas los fines de semana en París.Todo, con los fondos del Estado que administró durante la guerra como le dio la gana. Anécdota curiosa es que su adicción al sexo le facilitaba a Negrín excelente información sobre el nuncio Tedeschini, que compartía con él a una oronda meretriz madrileña. La corrupción del nuncio explicaría sus puñaladas a los católicos españoles.

Lo sucedido en marzo del 39 fue tanto y tan vertiginoso que se presta a varias interpretaciones, pero sobre todo a una: Franco estaba ganando. En la obra monumental de Bolloten *La Guerra Civil Española,* culminada por Stanley G. Payne, se siguen al detalle las andanzas militares y políticas de los soviéticos en el frente de Madrid en las últimas semanas de la guerra. A ella me remito.

En cuanto a la interpretación de la «traición» de Stalin, hay que valorar, como hace Payne en su libro *En defensa de España* (2017), un factor militar de gran efecto político: la fulminante ofensiva, para Payne el movimiento más brillante de la guerra, de Franco en Cataluña, que había ido aplazando ante la posibilidad de una intervención militar de Francia hasta el Ebro, propuesta por Blum y aprobada en Consejo de Ministros, y otra de Hitler hasta Gibraltar, movimientos que no tenían nada que ver con nuestra Guerra Civil española y sí con la inminente Segunda Guerra Mundial. Al ocupar Cataluña tras la batalla de Lérida y clausurar la frontera francesa, Franco conjuró las dos intervenciones. Y cuando proclamó la neutralidad de España en una posible guerra europea, calmó a Gran Bretaña y ganó la batalla diplomática. Hitler lo entendió bien y lo explicó así a su círculo íntimo: «Es una cerdada, sí; pero ¿qué iban a hacer los pobres diablos?».

Pero Stalin no dejó de jugar la baza española, ayudando a un régimen satélite tras las espaldas de las democracias, enemigas de su aliado Hitler. El mayor envío de armas de la URSS, como consigna Negrín en su reyerta de hampones con Prieto, se quedó en los Pirineos porque Franco, de forma inesperada, copó la frontera en vez de ir tomando a su estilo, cauto y con pocas bajas, las regiones de Madrid y Valencia, conectadas por La Mancha. Sin embargo Negrín —y Stalin— aún tenían un ejército de 800.000 hombres, un tercio del territorio, puertos como Cartagena y Alicante y suficientes recursos.

Las tropas comunistas, superiores sobre el papel, no pudieron con Mera tras la batalla de tanques en el centro de Madrid. Pero no es que se rindieran, porque lucharon varios días y los dos bandos se fusilaron bastante. Es que, sencillamente, se estaban quedando sin ejército. Tras la caída sin lucha de Barcelona, para resistir había que creer en la causa más que en la victoria, como los nacionales hasta mediado 1937. Y salvo el PCE, los partidos del Frente Popular, no creían posible ganarle a Franco; prefirieron rendirse antes que seguir haciendo la guerra de Stalin.

Además del hecho incontrovertible del gran envío de armas, me parece evidente lo que dice Michael Yevzlin en su comunicación para *República y Guerra Civil setenta años después* (2006): «España representaba una buena posibilidad (quizá la única) para crear finalmente un estado de tipo soviético en Europa occidental».

Y más importante que el dato estratégico y militar era el político. España se había convertido en el escaparate del «antifascismo», y ganar en España era triunfar contra la única alternativa «de masas» temible para Stalin: «La obsesión de la propaganda comunista por el antifascismo se puede interpretar como signo de pánico y como medida preventiva contra la popularidad del fascismo, y más tarde se convertirá en la práctica habitual (hasta nuestros días) para demonizar a los adversarios políticos».

Yevzlin hace suya otra observación de Payne: en relación con sus poblaciones, el PCE de 1936 era mayor que el Partido Bolchevique de 1917. Más aún: a comienzos de 1939 dominaba un ejército de un millón de hombres, mayor, comparando poblaciones, que el Ejército Rojo.

Stalin y sus sucesivos hombres en España —Largo, Prieto, Negrín— crearon, calcando el modelo soviético salvo, tal vez, las brigadas mixtas en la defensa de Madrid, el poderoso Ejército Popular de la República. Pero se encontraron con unos generales «blancos» mejores que los rusos, que también fueron capaces de crear y de administrar mucho mejor otro ejército de un millón de hombres. Pese a lo que se diga, las bajas de la guerra no fueron muchas teniendo en cuenta la magnitud de las dos fuerzas militares.

Aunque tanto los comunistas como Franco y Mola abordaron la guerra como una lucha de exterminio militar, Franco hizo de la necesidad virtud y no libró batallas de desgaste, salvo para desgastar al contrario. Se pegó al terreno, entendió mejor la guerra y, finalmente, se la ganó a Stalin. Y de este se podrá decir cualquier cosa excepto que no fuera rencoroso. Al invadir Hitler Rusia, Stalin volvió al *antifascismo*, hizo que el PCE montara una guerrilla, el maquis, que duró varios años y produjo varios miles de muertos. Y, por supuesto, encabezó la campaña internacional para aislar a Franco, algo que, visto hoy, resulta pasmoso. El que más pactó con Hitler, y no por necesidad sino por ambición de dominio, era Stalin. Entre los enigmas absurdos o incomprensibles de la Guerra Fría, el del aislamiento de España es uno de los más estúpidos. Y solo se explica por la obsesión de Stalin de vengar su derrota en España.

El PCE, durante los dos años de pacto germano-soviético, aplaudió a los nazis como el PCF. Y luego obedeció a Stalin: maquis y clandestinidad. El resultado fue, otra vez, favorable a Franco. Han tenido que pasar más de cuarenta años de su muerte para que los comunistas españoles crean que pueden ganar la guerra que perdieron, con todo merecimiento, hace ochenta.

Pero no todos los comunistas. La historia de los grandes disidentes del PCE está por hacer, y puede ser fascinante. De entre ellos, por encima de Jesús Hernández (*Yo fui un ministro de Stalin*) y Enrique Castro

Delgado (*Yo perdí la fe en Moscú*, *Hombres made in Moscú*), el personaje más novelesco del comunismo español es Valentín González, «El Campesino».

Empecé a interesarme por él cuando en el *Archipiélago Gulag* de Soljenitsin, uno de los *zek* dice que está escribiendo o quiere escribir una biografía de El Campesino, que ha sido su compañero en la Vorkutá, el inmenso osario helado de cientos de miles de víctimas del comunismo. Y la curiosidad de ver a uno de los grandes caudillos militares comunistas de la Guerra Civil condenado a la muerte en vida de los campos del Círculo Polar, dio paso a la estupefacción, porque es el único ser vivo que escapó tres veces del Gulag, y, a la tercera, consiguió pasar a Occidente gracias a uno de sus enemigos políticos, Julián Gorkin, otro «maldito» del comunismo español.

Con Nin, Maurín, Andrade y Víctor Alba, Julián Gorkin formaba el núcleo dirigente del POUM, el verdadero partido comunista de España, si atendemos a la formación intelectual y política de sus dirigentes, muy por encima de la de los *dirigidos* del PCE: Bullejos, Díaz o La Pasionaria. El libro de Gorkin *El revolucionario profesional*, me parece el mejor testimonio de los jóvenes revolucionarios que, como Nin, viajaron a Moscú deslumbrados por «la Luz de Octubre», se convirtieron en funcionarios del Kremlin y, por respetar a Trotski, que nunca se lo agradeció, acabaron asesinados o encarcelados por la NKVD de Stalin en España, después de mayo de 1937.

*El Campesino* ha sido y es objeto de un minucioso silenciamiento por la inmensa brigada de la Memoria Histórica del siglo XXI, cuya tarea parece ser la de reescribir la Guerra Civil hasta que los comunistas de hoy ganen en la universidad lo que los comunistas de ayer perdieron en las trincheras. Esta leyenda comunista mundial, al que en la URSS de 1939 se le dio rango de general —en la guerra llegó a teniente coronel—, es el único militar de su rango que escapó del Gulag y dedicó su vida a denunciar el régimen soviético. Pues bien, el libro de la rumana Luiza Iordache *En el Gulag. Españoles republicanos en los campos de concentración de Stalin* (RBA- 2014), prácticamente ni lo menciona.

Más conmovedor, si su fin último no fuera el de legitimar, pese a todo, al comunismo sería *El espejo blanco* de Andreu Navarra (2016), que proporciona abundante material y fuentes bibliográficas sobre las andanzas de los españoles en la URSS y sus reacciones ante la Rusia roja. Podría decirse que el libro es hijo del academicismo de Luiza Iordache y del negacionismo de Manuel Vázquez Montalbán, el gran embalsamador de Lenin.

A mi juicio, el de Navarra es mejor que el libro de Iordache, porque facilita suficientes referencias para que el lector se haga su propio mapa de las vías seguidas por los testigos, víctimas y beneficiarios españoles del sistema soviético. Sin embargo, ese trabajo de acarreo documental se ve lastrado por la checa interior del camarada Vázquez Montalbán. Lo recuerdo como el más votado para el Comité Central del PSUC cuando este dio su giro «afgano» o retro-estalinista, en el que logró ser al mismo tiempo un Parvus y un Lunachartski, un tragaldabas del capitalismo, y un comunista irredento que pasó sus últimos años llevándole chorizos al Subcomandante Marcos, injuriando a Aznar, defendiendo al pujolismo como modelo de honradez y atacando a los que osaran atacar a la URSS, tarea de deconstrucción que se atribuyó en exclusiva y que alcanzó el cénit de su nadir en el prólogo al *Lenin* de Volkogónov, que dedica a combatir el neoliberalismo, no la sangrienta epopeya de Lenin.

Navarra, como Iordache, excluye hasta de la bibliografía el libro sobre el Gulag de El Campesino. En cambio cita a Pelayo de Hungría —como Iordache—, que conoció a El Campesino en la prisión de Burtrirki. Pero la idolatría por Vázquez Montalbán se delata en el último capítulo, dedicado a su libro *Moscú de la revolución*, un intento, como el de la comunista catalana Montserrat Roig, de entrar en Rusia sin mancharse con la sangre vertida por el comunismo. Vázquez, más cuco, lo hace hablando de comunistas pero no del comunismo. Lo pasmoso es que el timo ideológico perdure en 2016. Así termina su libro Navarra:

> *Moscú de la revolución* (Planeta, 1990) es un adecuado receptáculo de finales. Algunos felices, algunos agridulces. Terminaba el ciclo soviético, termina este libro, con un ejercicio nostálgico que indagaba en lo que no pudo ser, justo en el preciso instante en que dejaba de ser, o pasaba a ser otra cosa, quizá únicamente a medias…

Pero, ¿qué libro termina? ¿El de Vázquez, el de Navarra o el que viene escribiendo la izquierda en las dos últimas décadas: *Cómo seguir siendo rojo después del Gulag sin que se te caiga la cara de vergüenza*?

## EL BOLCHEVISMO EN SIERRA MORENA

La vida y la novela de El Campesino, porque todo en su biografía es, casi a la vez, realidad y ficción, no se parece a la de los ilustrados del POUM o a la de los funcionarios del PCE.

Nació en Malcocinado, en la Sierra Pajarera, rincón de Sierra Morena. Su padre, Manuel González, era militante de «La Idea», que es como en la CNT llamaban al comunismo libertario, bakuninista o anarquista. Aquel rincón de la España profunda y la imagen de su hijo más popular, Valentín González, es ideal para alimentar la fantasía del «buen salvaje» revolucionario que cultivan tantos hispanistas extranjeros. El aspecto exótico y brutal de aquel «Chapaiev» o «Pancho Villa» español, como lo llamaron los propagandistas soviéticos como Ilya Ehrenburg y Koltsov, no desmerece del futuro modelo barbudo, feroz pero más estilizado, del Che.

Sin embargo, la actividad intelectual de los anarquistas de la comarca era cualquier cosa menos analfabeta. A Valentín lo llevaba su padre en mula, monte arriba y abajo, salvando con los límites provinciales el acecho de la Guardia Civil, para vender libros y periódicos de «La Idea» anarquista. Era Manuel González devoto del líder cenetista José Sánchez Rosa, autor de un libro de mucho éxito, *El obrero sindicalista y su patrono*, y una de las fuentes de Juan Díaz del Moral, notario y terrateniente de Bujalance, para su obra «Las agitaciones campesinas andaluzas» (1929).

Resulta emocionante repasar los periódicos que repartían Manuel González y su hijo por aquellas anfractuosidades magníficas. *La voz del cantero* y *La voz del campesino* eran los de más tirada, aunque en ningún centro de «obreros conscientes» podían faltar *El abogado del obrero*, *Tierra y libertad*, *El productor*, *El productor libertario*, *El rebelde*, *El porvenir del obrero* y los libros escogidos de la Biblioteca Proletaria. Desde finales de 1917 y durante el 1918, el gran año de las «agitaciones», la actividad cultural, asociativa y propagandística se disparó.

Los centros sociales, con bar y tertulia, hemeroteca y una pequeña biblioteca, surgieron de pronto o robustecieron los existentes. En Castro del Río, el «Centro Instructivo y Sociedad de Oficios varios»; en Carcabuey, «El Porvenir»; en Dos Torres, «El porvenir obrero»; la «Sociedad de Obreros de Palma del Río», donde su nombre indica, y así en todas partes. Entre los socialistas, «La parra productiva» de Montilla, la «Sociedad de Obreros» de Pedroche, y «La Vegetación» de Puente Genil, donde había un Grupo Femenino Socialista. Y tres centros consiguieron ser bakuninistas y marxistas: «Fraternidad Obrera» de Posadas; «El porvenir del trabajo», de Monturque, y «Germinal» de la Rambla. Que en aquellas zonas de frío y quinqué abundasen tantos «Armonía», «Luz», «Amanecer» o «Despertar» prueba que el anarquismo urdía el Apocalipsis pero soñaba con el Génesis.

Lo que nunca fue es lo que la actualización roja de la Leyenda Negra cuenta sobre España. En *Los mitos de la guerra civil*, Pío Moa extrae algunas joyas de *Armas para España*, de Howson, libro canónico para los desmemoriadores foráneos. A una hora de Madrid, dice Howson, «había aldeas que apenas habían evolucionado desde la caída del imperio romano (…) más deprimidas que en el 431 de la era cristiana». Otra precisión de historiador en la fecha y la distancia: a 90 kilómetros de Salamanca «había aldeas montañesas cuyos habitantes habían esperado al siglo XX para abandonar sus prácticas paganas y convertirse al cristianismo». Sorprendentemente, la educación, «patrimonio exclusivo de los ricos», estaba en manos de la Iglesia, que lo toleraba.

Los hispanistas buensalvajistas como Howson olvidan a Teodosio (347-395), último emperador de Oriente y Occidente, hispano de Cauca (Coca, Segovia), no demasiado lejos de Salamanca, que impuso en todo el imperio el catolicismo de Nicea. Pero esa Hispania selvática y pagana que dicen que esperó al siglo XX para convertirse al cristianismo (quizás a 1931, para darse el gusto antiguo de quemar iglesias nuevas) tenía la misma pasión teológica que las demás provincias del Imperio.

A 90 kilómetros de esa aldea pagana descrita por Howson estaba, pues, Salamanca, sede de la universidad más famosa de España y entre las grandes de Europa, cuyos maestros en Teología, Moral, Economía y Derecho recuerdo en el epílogo de este libro. En la piadosa tradición ilustrada que llevó a los españoles a fundar universidades en América ya en el siglo XVI, los miembros más preclaros de la Iglesia tenían, desde antes de Cisneros, el gran reformador de la Iglesia española, orígenes muy humildes o conversos. Todo lo contrario que el moderno luteranismo bolchevique adjudica a una Iglesia española que promovería la educación «solo para ricos». Fray Luis de León y Teresa de Ávila, entre cientos de grandes talentos, prueban justo lo contrario. ¿E iba a irse Castilla abajo a fundar conventos la futura madre de la Iglesia Teresa de Ávila, teniendo en la provincia de al lado, Salamanca, a tanto pagano sin bautizar?

Howson desconoce, evidentemente, la literatura, la historia y hasta la geografía de España, que están al alcance de cualquier curioso. Y lo agrava con fantasías socioeconómicas delirantes. Los aristócratas, amén de sus fincas, «probablemente poseían, además, un palacio, tres casas solariegas, una casa en Madrid, un piso en Montecarlo, dos aeroplanos privados y seis rolls-royce, y tenían unos ingresos de aproximadamente 25.000 pesetas al día». Vamos, que los ricos españoles, los más opulentos del mundo, ataban los perros con longaniza... y regateaban al servicio. ¿Cabe mayor majadería?

Aunque parezca que nos alejamos de El Campesino, este excurso por los arrabales de la historiografía retroprogre que padecemos permite siquiera apuntar algo sobre la naturaleza del comunismo libertario, en el que se crio física y políticamente Valentín González. Cuando Richard Pipes terminó su monumental trabajo sobre la revolución bolchevique, quiso ir más allá de los hechos y sacar las consecuencias teóricas de la liquidación por el comunismo de los dos principios básicos. *Propiedad y libertad*» (Ed española Turner-FCE, 2002) es el resumen de su reflexión, que, por acotarla en el tiempo, limita a dos tradiciones opuestas sobre la propiedad: la rusa y la inglesa. Pero eso es materia de otro ensayo.

## LA ATRACCIÓN DE FALANGISTAS Y ANARQUISTAS

José Antonio Primo de Rivera dijo de la CNT-FAI: «¡Qué lástima que no nos comprendan!». Y la bandera de Falange, como dijimos, tomó sus colores de la bandera anarquista pero en vertical, porque Giménez Caballero la vio así en una tarde de sol en Madrid, sin un soplo de aire. No llegó a cuajar, pero se intentó, una alianza de la Falange con el Partido Sindicalista de Ángel Pestaña, y el *nacional-sindicalismo* fue la fórmula de la Falange, distinta de la nacional-socialista de Mussolini y, sobre todo, del racismo anticatólico de Hitler. Su oposición al parlamentarismo y a la democracia representativa, que ya vimos en el capítulo sobre la entrada del comunismo en España, acercaba a esos dos movimientos que tenían en común el corporativismo, lo que el franquismo llamó *democracia orgánica*, con la Familia, el Municipio y el Sindicato como cauces representativos. La fascinación de la derecha autoritaria por el anarquismo, al que consideran nacional, pese a esgrimir la lucha de clases, ha sido y es absoluta.

Sin duda, se debe a su resistencia a Moscú, pero también a un sustrato moral más hondo. Y acaso de puro antiguo, más moderno. Porque en la forma de pensar de ciertas organizaciones libertarias (no todas, claro) se observa ese afán de libertad y perfeccionamiento interior, que renuncia a matar y robar, que protege la propiedad comunal y respeta la individual, eso sí, modesta o, volcada en ayudar los demás, pero todo libremente.

Es el anarquismo pacifista de las ligas anti-alcohólicas para acabar con el maltrato a mujeres y niños; es el amante de la naturaleza, panteísta, nudista y vegetariano; es el que busca la mejora y perfeccionamiento cultural de los «trabajadores conscientes» que no tuvieron educación y el acceso a ella para los hijos de todos, asegurando la igualdad de oportunidades en la vida, al margen de la cuna, la clase, el sexo, la raza o la religión. Ese anarquismo suave en las formas pero férreo en lo moral e individual, era el que siempre chocaba con el leninismo, que supone la autoridad omnímoda del Estado y la falta absoluta de libertad personal.

Eso es, en última instancia, lo que llevó a El Campesino a ser, como reza el título del segundo de sus libros en español, *Comunista en España y antiestalinista en la URSS,* aunque el fondo de su testimonio, y también el de Gorkin, queda más claro en la versión española de *La vie et la mort dans la URSS*, que evocando el reciente éxito *Yo escogí la libertad*, de Viktor Kravchenko, se titula *Yo escogí la esclavitud*. Es un intento de expiación política mediante la confesión de un pecado atroz y de una penitencia personal a la altura de ese pecado. Más católico, imposible.

El «hombre nuevo» que sale de la Lubianka y del Gulag no se llama demócrata o liberal, sino continua y obsesivamente *individualista o anarquista*. ¿Por seguir en la izquierda, garantía comercial de legitimidad política? Sin duda. Pero también porque en España, dentro de la izquierda, la resistencia más berroqueña al comunismo fue la del anarquismo. No todo el anarquismo y no todos sus líderes, insisto, la mitad de los cuales acabaron ministros, pero ese trasfondo anti-autoritario siempre estuvo ahí. Y el Campesino es el encuentro, más bien tropezón, de un temperamento anarquista y una ideología comunista al soviético modo, o sea, estalinista.

## LAS LEYENDAS DE VALENTÍN GONZÁLEZ

Hay varias fechas oficiales del nacimiento de Valentín González, pero puede fijarse en 1905. Y sobre su juventud se han tejido varias leyendas, entre ellas que voló un puesto de la Benemérita matando a cinco guardias civiles. No fue así: voló un camión de dinamita para hacer méritos ante la FAI y entrar en ella. Por entonces tenía dieciséis años, y no se fue a las montañas sino que pasó año y medio en la cárcel. Al cumplir los dieciocho años desertó del Ejército, no de la Legión, y fue confinado en la prisión de Larache. Allí se radicalizó gracias a otro preso comunista y se pasó al PCE. En 1929 sabemos que entra en el Partido, está unido a Juana Rodríguez, con la que ya tiene familia y trabaja como picapedrero y pequeño contratista en las carreteras de Quijorna y Brunete.

Por tres fichas policiales sabemos también que fue detenido en 1932, 1933 y 1935. Dos, por propaganda ilegal; y otra, por violencia sindical. En una de las fichas se le llama «anarquista», seguramente por su pasado faísta en la explosión del camión de dinamita, pero los folletos y sellos del Socorro Rojo que se le incautan son del PCE.

Aunque la biografía oficial dijera que Valentín era analfabeto y que se presentó voluntario en el Quinto Regimiento al empezar la guerra, no era analfabeto del todo porque un gallego llamado David Díaz y un andaluz de Pueblonuevo llamado Aquilino Medina le habían enseñado a leer, firmar y escribir en torno a 1920. Y tampoco se hizo comunista al empezar la guerra por súbita iluminación.

Valentín, junto a su íntimo enemigo Enrique Líster, formó parte de las MAOC —Milicias Antifascistas Obreras y Campesinas—, organizaciones paramilitares del PCE que se dedicaron al pistolerismo contra falangistas y anarquistas durante la II República. Pero a la hora de enviarlos a la Academia Frunzé de Moscú para recibir formación militar, el PCE eligió a Líster y a Modesto, no a Valentín. De entre los cinco comunistas que llegaron a generales de división móvil de choque (Líster, Modesto, Tagüeña, Merino y El Campesino), siempre hubo una rivalidad feroz entre Líster, secundado por Modesto, y El Campesino, disculpado por Merino. Lo que le hizo destacar rápidamente en el Quinto Regimiento fueron la confianza del partido y el pistolerismo de las MAOC. A lo que Valentín añadía una total confianza en sí mismo, un valor temerario y una gran fotogenia.

Porque Valentín González era muy fotogénico, dentro del género populista brutal, al gusto soviético del Chapáiaev de *La ametralladora*. Y la máquina de propaganda de la Komintern enseguida vio que aquel hombre capaz de asaltar una trinchera y de aterrar a sus soldados, en el mejor estilo del Ejército Rojo, era justo lo que se necesitaba en Madrid. Se le rebautizó oficialmente como El Campesino y se le creó una aureola de valor y crueldad, que obedecía más al estilo ruso que al español, y él se sintió a gusto en ese personaje.

Tras las primeras escaramuzas en Castuera, fue llamado al frente de Madrid y participó en todas las grandes batallas, entre ellas las del Jarama, Brunete y Guadalajara. Al frente de su división, tomó Teruel y lo perdió, luchó sin fruto en la Batalla del Ebro y, al final, su división, famosa por su valor, se desbandó en Caballs. Lo recuperaron para dar la última batalla de la guerra, la de Lérida, donde no pudo con Yagüe.

Participó también en dos operaciones fundamentales y puramente soviéticas: la escolta del oro del Banco de España de Madrid a Cartagena para llevarlo a Odessa, y el asesinato de Andreu Nin en un chalé de Alcalá de Henares, propiedad del matrimonio de agentes soviéticos formado por Hidalgo de Cisneros y Constancia de la Mora. Ambas tareas, absolutamente secretas, muestran que era de total confianza no solo del PCE, sino de la NKVD. De hecho, hasta Teruel, no dejó de ascender. Tras su defensa y desalojo, Líster y Carrillo quisieron fusilarlo, pero ya lo habían dado por muerto tres veces y había resucitado. Matar de verdad a un fantasma tan popular era excesivo. Así que se salvó.

Se salvó también, al huir a Orán tras la Guerra Civil, de responder por las atrocidades en las checas o en la retaguardia que le atribuían sus propios compañeros, en especial Líster. Hay referencias a crímenes de los hombres de El Campesino en checas del PCE como la de La Guindalera y a ejecuciones de prisioneros, como la de 400 moros que cita la nota editorial de Libros Libres en la reedición de *Yo escogí la esclavitud*.

## LA REAPARICIÓN TEATRAL DE EL CAMPESINO

David Rousset publicó en 1945 *L'Univers concentrationnaire*, sobre su experiencia en el campo nazi de Buchenwald. Ganó el Premio Renaudot y se le abrieron las puertas de la fama, porque, méritos aparte, seguía siendo de izquierdas. Su libro termina advirtiendo de que los campos nazis no son un fenómeno exclusivamente alemán y pueden darse en cualquier país que pase por una crisis similar, ya que «la existencia y mecanismo de esa crisis tiene que ver con los fundamentos económicos y sociales del capitalismo y el imperialismo».

Pero aunque famoso y de izquierdas, David Rousset era un hombre honrado que no dejó de pensar en las víctimas y su injusto olvido. Al comienzo del último capítulo, dice:

> El universo concentracionario se cierra sobre sí mismo. Continúa ahora viviendo en el mundo como un astro muerto cargado de cadáveres.
>
> Los hombres normales no saben que todo eso es posible. Aunque los testimonios le fuercen a admitirlo, los músculos no les creen. Los concentracionarios saben.

Esa conciencia moral del preso que no renuncia a su saber llevó a Rousset a denunciar en *Le Figaro* en 1949 la existencia de los campos de trabajos forzados en la URSS, que aún no se conocían como Gulag. Y *Les Lettres Françaises*, semanario comunista dirigido por Luis Aragon, que ya había perdido un juicio anterior contra el disidente Victor Kravchenko, lo llevó a los tribunales por calumniar a la Patria del Proletariado, la Luz que viene del Este y otras letanías islamo-marxistas de los muecines de Moscú. El semanario del PCF, que era en Francia un Estado dentro el Estado, quiso escarmentar y humillar a Rousset diciendo que achacaba a los soviéticos su experiencia en los campos nazis, dejando la duda de si esta era tan mala, ya que la soviética, si existía, solo podía ser buena. Y alineó un ejército de abogados junto a Daix y los redactores que llamaban mentiroso a Rousset.

El día 25 de noviembre de 1950 empezó el juicio. Tras el sonado Caso Kravchenko había una gran expectación mediática. Indro Montanelli, por ejemplo, cubría el juicio para *La Stampa*. Gorkin fue su intérprete y en *Comunista en España* reproduce en anexo el acta del juicio. El abogado de Rousset, Gerard Rosenthal, lo presenta de pronto en el turno de los testigos:

—*El hombre excepcional que el tribunal va a escuchar ahora, el general El Campesino, ha sido una figura extraordinaria, como existen en las guerras civiles y en las revoluciones...*

Y tras el recuento de sus hazañas en la guerra, entra, pisando fuerte, Valentín González. Estallan fuertes rumores: «¡Está muerto! ¡Es un impostor!».Y rompe a hablar. He aquí algunos pasajes:

## UNA DECLARACIÓN ESPECTACULAR

El Campesino: *A los pocos meses de mi evasión y mi liberación de la Unión Soviética me enteré de que David Rousset pedía la constitución de una comisión de encuesta sobre los campos de concentración de la Unión Soviética. Inmediatamente me ofrecí con toda espontaneidad (....), como me ofrezco a todos aquellos que estén dispuestos a esclarecer la verdad en torno de estos terribles problemas universales y humanos, sobre todo por aquellos que sufren en los espantosos campos de concentración soviéticos. Cumplo así la promesa sagrada que les hice a millones de deportados de esos campos de concentración, sobre todo a los viejos bolcheviques, pocos ya con vida, que me ayudaron a reunir mi documentación e incluso a evadirme. Pongo todos mis materiales, no solo a disposición del tribunal, sino de todos aquellos que quieran obtener testimonios verídicos sobre esta situación de la URSS.*

El Presidente: *Recomiéndele que declare con calma y moderación.*

Rosenthal: *Él no es un magistrado.*

El Campesino: *¡Yo soy español!*

*En España fui quizá el general comunista más fanático de la Guerra Civil. No lamento ni lamentaré nunca haber derramado mi sangre en la lucha contra el fascismo nacional y extranjero. Pero lamento profundamente, con toda mi alma, el haber querido imponer en la zona republicana española la hegemonía del Partido Comunista, del comunismo... De los 6.000 militantes comunistas españoles que llegamos a la URSS, en 1948, cuando me evadí, no quedaban con vida más que apenas 1.200, comprendiendo a los niños.*

Claudio Morgan: *¡Mentiroso!*

El Campesino: *1.200 apenas, comprendiendo a los niños, y los otros no porque hubieran sufrido condena delante de los tribunales, sino condenados por medida administrativa de la NKVD. Podría dar todos los detalles (…). En mi libro doy algunos informes sobre la forma como se les hizo desaparecer y sobre los responsables de su desaparición. En todo caso, todos esos hombres llegaron a la Unión Soviética convencidos de que era su patria y la patria del proletariado internacional…*

Morgan: *¡El proceso de la Unión Soviética por un Kravchenko español!*

Rosenthal: *¡Ustedes han estado de rodillas ante este hombre!*

Morgan: *Desfilan por aquí una serie de bandidos y traidores que quieren hacer el proceso de un gran país aliado…*

El presidente: *Queda suspendida la audiencia.*

Al terminar, los abogados comunistas de *Les lettres françaises,* de los que Morgan es *l'agent provocateur,* tras una zaragata legal con el presidente, le hacen una pregunta capciosa a El Campesino que nada tiene que ver con los trabajos forzados en la URSS: qué le parece que a su compañero en el Ejército de la República, Enrique Líster, lo hayan confinado en Córcega. Y Valentín González responde:

—*Yo ignoro cómo se encuentran esos hombres en Córcega; pero si me pidieran un consejo les diría: no vayáis en ningún caso a Rusia, pues iréis derechitos a Siberia. Por mi parte, yo preferiría diez años de cárcel en Francia a cinco años ahora de libertad en Moscú.*

El éxito de Valentín González en su vuelta a la vida pública es absoluto. Los comunistas franceses han sido desautorizados, ridiculizados incluso, por el gran mito «antifascista» de la izquierda mundial: la Guerra Civil española y la encarnación fotogénica del «pueblo en armas», que es El Campesino. Todos los periódicos tienen sus fotos de archivo. Todos las sacan. Todos contra el comunismo. En *La Stampa,* escribe Montanelli: «El verdadero protagonista del proceso Rousset-Lettres françaises, que aún se está desarrollando, ha sido y es Valentín González, el héroe rojo de la revolución española».

## EL TESTIMONIO DE EL CAMPESINO SOBRE EL GULAG

Aunque no sea fácil separar la parte del «representante» Gorkin de su representado, el zek rebautizado como *Komisaro Piotr Antónovitch,* cuando llegó a Moscú, el testimonio de Valentín González es impresionante, como lo son todos los del Gulag. El hecho de que fuera una figura política la que denunciaba el infierno de la Vorkutá y muchos otros campos que padeció, visitó o de los que tuvo noticia, aumentó la repercusión del libro al salir en 1950, con el aliciente añadido de presentarse, por así decirlo, en el *Proceso Rousset*.

Pero a diferencia de otras denuncias, la de El Campesino cayó pronto en el olvido, al menos en Europa. En Cuba tuvo una gran recepción por parte del presidente Prío Socarrás y su valedor, el sindicalista Eusebio Mujal León, y precisamente en el *Diario de La Habana* publicaron, porque hay que hablar del dúo Gorkin-Campesino, la historia de su escolta del oro de Moscú. Y en Méjico le apoya su antiguo amigo Jesús Hernández, que rompe con el partido y publica *Yo fui un ministro de Stalin*, donde confirma casi con demasiados detalles cómo fue el asesinato de Nin.

Prácticamente todos los datos que da El Campesino se han probado ciertos, desde los lujos asiáticos de los gerifaltes comunistas en la casa Monino al llegar a Moscú hasta el abandono de los refugiados y de los niños, muy semejante al de tantos millones en la URSS, pasando por las torturas en los nueve meses en la Lubianka, y los transportes de presos que morían enlatados tras cuatro días en pie en un furgón sin poder salir ni hacer sus necesidades. En todo o en parte lo han confirmado otros *zeks*.

Más original es su descripción del contrabando y el mercado negro dentro de los campos, la degradación de las mujeres a manos de los capos del Gulag o la vileza de La Pasionaria con los miembros poco importantes del PCE.

El problema es que en España los franquistas no le perdonaban las muertes de la retaguardia y, fuera de ella, Moscú mandaba una barbaridad. Lo importante es lo primero, porque de ello dependía tener noticia de la mayor atrocidad del sistema comunista contada precisamente por un jefe comunista. Y cuando tras el éxito de su libro llega a Roma para apoyar la campaña electoral contra el PCI de Togliatti, El Campesino tropieza con Cortés Cavanillas, de *ABC* y otros corresponsales. Antes de la rueda de prensa, Valentín González le pide disculpas a uno de ellos porque los suyos le habían fusilado a un familiar, y el corresponsal lo manda a freír espárragos. Las crónicas del *ABC* son devastadoras. Del libro, ni caso. Solo duras consideraciones sobre el carácter de pícaro y barbián de Valentín, como si la denuncia del Gulag no tuviera tanta importancia como la Guerra Civil. Lo trataban como si se hubiera inventado aquel infierno para sacar dinero, que es lo mismo que decían los soviéticos.

Si la derecha no entendió bien la naturaleza del comunismo antes de la guerra, once años después de terminada seguía sin enterarse. ¡Bastantes checas hemos tenido en España —se lee entre líneas— como para que nos cuentes tú, precisamente tú, cómo son las de Rusia! Y sin embargo, debió pasarse de lo particular a lo general. La consecuencia de no hacerlo fue que, como vimos a propósito de Paracuellos y Fernández de la Mora, la guerra se convirtió en una peripecia familiar, sin alcance ideológico. Y eso ha durado los cuarenta años de franquismo y los cuarenta de democracia.

El atentado de Orbaiceta acabó de hundir dentro de España a El Campesino. Fue en 1961, y se trataba de inventarse una guerrilla contra Franco para que la publicara *París Match*. El famoso general El Campesino volvía más de dos décadas después a reverdecer el mito de la Guerra Civil. Pero era un timo. A los jóvenes «guerrilleros» los nombró ministros de su futuro gobierno tras la victoria del Ejército de la Reconquista de España. Pero una noche en uno de los bares de la frontera, un guardia vio a un joven raro, le pidió la documentación, el joven se puso nervioso y le disparó. Del puesto cercano salieron más guardias y también los del grupo del pistolero, que se liaron a tiros con el balance de un muerto y dos heridos graves.

Ahí se acabaron las simpatías por el anarquista que derrotó a Stalin. Al menos, hasta 1968, cuando *Pueblo* republicó su libro reportajeado con el título de «Yo, El campesino» además de una entrevista en su ambiente, que era mísero. Se sugería que estaba alcoholizado y que no distinguía la realidad y la ficción, algo probablemente cierto. En Metz se casó con Juana Rodríguez y reunió a su familia. Con la democracia volvió a España, pidió el voto para Felipe González, grabó *Rasgos* con Mónica Randall en TVE, y en 1985, murió.

Cuando empecé a investigar la vida de El Campesino acababan de abrirse los archivos del KGB y Olga Novikova tuvo la generosidad de buscarme lo referente a El Campesino. El informe que halló y reproduzco en el Anexo, es una parte de lo que sin duda habrá en otros archivos, pero ni es fácil bucear allí, ni que la gente se interese por las figuras de la Guerra Civil si no es para reafirmar juicios y prejuicios. Sobre el Gulag, después de Soljenitsin, hay mucha mala literatura y mucha, demasiada confusión.

Sin embargo, El Campesino era el único español que hubiera podido contrastar su experiencia de zek con el famoso y admirable zek ruso. Desde la famosa entrevista a Soljenitsin de José María Íñigo en 1976, tan importante en mi vida, porque fue en vísperas del viaje a Pekín, nadie lo intentó. La campaña contra el autor de *Archipiélago Gulag* fue tan feroz que ha logrado estigmatizar la memoria de los más interesantes anticomunistas españoles de izquierdas. El «antifascismo» de Stalin, recauchutado como «antifranquismo», reverdeció en la Transición, y criticar el Gulag fue como alabar a Franco, incluso peor.

Vale la pena repasar aquella campaña contra las víctimas del Gulag, desde Soljenitsisn a El Campesino, cuyo eco suena y avergüenza todavía hoy. El mejor resumen es el de *Los mitos de la guerra civil*, de Pío Moa (La Esfera de los Libros, 2003).

## LO QUE DIJO SOLJENITSIN

*«Sus progresistas llaman dictadura al régimen vigente en España. Hace diez días que yo viajo por España (…) y me he quedado asombrado. ¿Saben ustedes lo que es una dictadura? (…) He aquí algunos ejemplos de lo que he visto con mis propios ojos (…). Los españoles son absolutamente libres de residir en cualquier parte y de trasladarse a cualquier lugar de España. Nosotros, los soviéticos, no podemos hacerlo en nuestro país. Estamos amarrados a nuestro lugar de residencia por la* propiska *(registro policial) Las autoridades deciden si tengo derecho a marcharme de tal o cual población (…)*

*También he podido comprobar que los españoles pueden salir libremente de su país para el extranjero. Sin duda se han enterado ustedes por la prensa de que, debido a las fuertes presiones ejercidas por la opinión mundial y por los EEUU, se ha dejado salir de la Unión Soviética, con no pocas dificultades, a cierto número de judíos. Pero los judíos restantes y las personas de otras nacionalidades no pueden marchar al extranjero. En nuestro país estamos como encarcelados.*

*Paseando por Madrid y otras ciudades (…), más de una docena, he podido ver que se venden en los kioscos los principales periódicos extranjeros. ¡Me pareció increíble! Si en la Unión Soviética se vendiesen libremente periódicos extranjeros, se verían inmediatamente docenas y docenas de manos tendidas y luchando para procurárselos. Pues bien, en España, su venta es libre.*

*También he observado que en España uno puede utilizar libremente las má-
quinas fotocopiadoras. Cualquier individuo puede hacer fotocopiar cualquier documento, depositando cinco pesetas por copia en el aparato. Ningún ciudadano de
la Unión Soviética podría hacer una cosa así en nuestro país. Cualquiera que em-
plee máquinas fotocopiadoras, salvo por necesidades de servicio y por orden superior, es acusado de actividades contrarrevolucionarias.*

*En su país —dentro de ciertos límites, esto es verdad— se toleran las huel-
gas. En el nuestro, y en los setenta años de existencia del socialismo, jamás se autorizó una sola huelga. Los que participaron en los movimientos huelguísticos de
los primeros años de poder soviético fueron acribillados por ráfagas de ametralladora, pese a que solo reclamaban mejores condiciones de trabajo (…).*

*Si nosotros gozásemos de la libertad que ustedes disfrutan aquí, nos queda-
ríamos boquiabiertos (…). Hace poco que han tenido ustedes una amnistía. La
calificaron de «limitada». Se ha rebajado la mitad de la pena a los combatientes
políticos que habían luchado con armas en la mano (alude a los terroristas). Puedo decirle esto: ¡ojalá a nosotros nos hubiesen concedido, una sola vez en veinte
años, una amnistía limitada como la suya! (…). Entramos en la cárcel para morir
en ella. Muy pocos hemos salido de ella para contarlo».*

## LO QUE DIJERON DE SOLJENITSIN

—Juan Benet, en *Cuadernos para el Diálogo*: «Todo esto ¿por qué? ¿Porque
ha escrito cuatro novelas (las más insípidas, las más fósiles, literariamente
decadentes y pueriles de estos últimos años)? ¿Porque ha sido galardona-
do con el premio Nobel? ¿Porque ha sufrido en su propia carne —y
buen partido ha sacado de ello— los horrores del campo de concentración? (…). Yo creo firmemente que, mientras existan personas como
Alexandr Soljenitsin, los campos de concentración subsistirán y deben
subsistir. Tal vez deberían estar un poco mejor guardados, a fin de que
personas como Alexandr Soljenitsin no puedan salir de ellos hasta que
no hayan adquirido un poco de educación. Pero una vez cometido el
error de dejarle marchar, nada más higiénico que el hecho de que las autoridades soviéticas (cuyos gustos y criterios sobre los escritores rusos
subversivos comparto a menudo) busquen la manera de librarse de semejante peste».

—Eduardo Barrenechea, en *Informaciones* contra el «hombrecillo Soljenitsin»: «Lo seguro es que muchos telespectadores debieron enrojecer de vergüenza».

—Soledad Balaguer en *Por favor*, tras elogiar a la URSS, ataca al «premio Nobel barbudo que daba gato por liebre diciéndonos que los rusos eran muy malos porque eran comunistas, sin conseguir que nadie le creyese».

—*Triunfo*, procomunista y de gran tirada, denuncia el «escándalo» de «la operación Soljenitsin»: «Aprovechar el enorme público de este programa del sábado para acometernos de esta manera por medio de una disertación fanática y apasionada (...). El señor Soljenitsin llega con retraso de una guerra fría, y la televisión española, de una guerra civil renovada».

—*Personas*: «Soljenitsin es un paranoico clínicamente puro (...). La voz del viejo patriarca zarista penetró en los campos y en las ciudades españolas como un viento glacial. Fue una vergüenza». En la misma revista se preguntaban «¿quién habrá pagado el *spot* de don Alexandr? (...). Don Alexandr no es político. Es folklore, nada más».

—Arturo Rubial, en *Posible*, sobre el «Soljenitsin Show»: «Ese Soljenitsin es un Nobel por nada (...). Miente a cada instante: ha perdido decididamente la brújula. Habrían debido hacer de manera que Soljenitsin contase todo esto al estilo de *music-hall*, rodeado de lindas muchachas del Ballet Set 96; este caballero tiene pasta de *showman*».

—Monserrat Roig, en *Mundo*: «La barba de Soljenitsin parece la de un cómico de pueblo, la de un cómico ambulante pagada por una alianza de señores feudales. El escritor ruso hace reír al gallinero (...). Un día le arrancarán las barbas postizas».

—Camilo José Cela, futuro Premio Nobel: «Soljenitsin no está solamente contra España, nuestro pequeño y amado país, lo cual no sería nada. Soljenitsin está contra Europa (...). Está contra la libertad (...). Heraldo de tristeza (...). No tenemos necesidad de pájaros de mal agüero».

—Francisco Umbral, futuro Premio Cervantes: «Payaso».

—Manuel Jiménez de Parga, futuro ministro de UCD: «Uno pierde la calma delante de quien, sirviéndose de las pantallas de la TV, pretende tomarnos por imbéciles, permitiéndose explicar precisamente en España lo que es una dictadura».

—Más dicterios contra Soljenitsin en la prensa española: «*enclenque*», «*chorizo*», «*mendigo desvergonzado*», «*famélico*», «*espantajo*», «*bandido*», «*hipócrita*», «*multimillonario*», «*siervo*», «*aprueba las ejecuciones de Chile*», «*mercenario*», «*delirante*», «*perdió la chaveta*». Y el remate en *Le Monde*: «*Soljenitsin considera que los españoles viven en la "libertad más absoluta"*».

En realidad, Soljenitsin nunca usó esa frase entrecomillada por el entonces canónico diario izquierdista francés. Pero es que nadie ha perseguido a las víctimas del comunismo, rusas o españolas, tan sañudamente como la izquierda francesa. La «ceguera voluntaria» de Jelen se ha actualizado con Melenchon y su reivindicación del Terror de Robespierre, que es, ha sido siempre, la justificación del de Lenin.

España, que en 1936, justo cuarenta años antes, había estado muy cerca de convertirse en la segunda dictadura comunista del mundo, y solo lo evitó al precio de una larga guerra civil, se empeñaba en ignorar el significado del comunismo cuando estaba a punto de inaugurar la democracia. La mayor tragedia del siglo en pérdida de vidas humanas y aplastamiento de toda libertad, el Gulag, se convirtió en críticas al uso de la televisión. Hace poco, el propio entrevistador de Soljenitsin, Íñigo, dijo que el famoso programa fue repetido en TVE por presión de Franco, que llevaba un año muerto. Y la grabación ha desaparecido del archivo de TVE con la eficacia tenebrosa que borraba a los disidentes de las fotos de Stalin.

La legalización del PCE, unos meses después, se fundamentó en la reconciliación de los dos bandos de la Guerra Civil, pero no debió hacerse al precio del silenciamiento de vidas tan ejemplares, en el sentido cervantino del término, como las de El Campesino y Soljenitsin. El partido Podemos, resurrección del más rancio leninismo, es el fruto podrido de aquella censura a voces. También del proceso de *rebolchevizacion* del PSOE de Zapatero, cuya herramienta básica, la llamada Memoria Histórica, se basa en la Desmemoria Programada de la Checa y el Gulag.

# 6

# EL PCE HACIA LA DEMOCRACIA

## RECUERDO DE SANTIAGO CARRILLO Y LA OBLIGACIÓN MORAL DE LOS EXCOMUNISTAS

Mi primer encuentro y única charla política con Santiago Carrillo tuvo lugar en los jardines del Campo del Moro, bajo el Palacio Real, el día de San Juan de 1984, en la recepción que clausuraba el curso político. Era ya de noche, hacía mucho calor y todos habíamos tomado varias copas. En el hacerse y deshacerse de los grupos, yo había acabado junto a Miguel Boyer, cuyo romance con Isabel Preysler le había costado el ministerio y se me estaba quejando de que Alfonso Guerra «había convertido el partido en un cuartel», cuando Carrillo se nos sumó, supuse que movido por la curiosidad del hombre del momento, soberbiamente caído y, en el fondo, envidiado.

Desde que el PSOE llegó al poder, Carrillo era, en cambio, un caído cuya suerte no envidiaba nadie, porque solo podía ser la de seguir cayendo. Había sido uno de los hombres clave en la Transición, aliado con Suárez y contra Felipe, pero nunca supo qué hacer con el PCE, porque no se resignó a que los Tamames y Sartorius sucedieran a las figuras de la Guerra Civil, y la barrida socialista lo había dejado políticamente muerto. Pero no venía a quejarse de su suerte, sino de una columna reciente que yo había publicado en *Diario 16* o *Cambio 16* poniéndolo verde. Y va y dice mirando a Boyer:

—Ya sabes, Miguel, que no hay peor cuña que la de la misma madera.

Boyer, que nunca había sido del PCE y vio que la cosa iba por mí, se me quedó mirando, con cara de interrogación y una sonrisita de príncipe destronado o heredero de algún aristócrata guillotinado. Y yo, claro, salté:

—Pues mira, Santiago, yo siempre tendré que agradecerte una cosa.

—Hombre, eso sí que es novedad.

—Pues sí. Que cuando eras mi jefe político, digámoslo así, aunque yo no estaba con el partido por ti, sino contra Franco, no nos embarcaste en el terrorismo. A los dieciocho años, a saber qué hubiera hecho, y hoy me arrepentiría.

Entonces, Carrillo se me quedó mirando de esa forma peculiar suya, a la vez de arriba abajo pero de lado o de través, y como si en la caliginosa tarde se hubiera hecho el silencio, masticando mucho las palabras, me dijo:

—Pues, nada, a ver si me lo agradeces, y escribes algo bueno sobre mí.

Y vi que no tenía nada que agradecerle. Siempre guardaré gratitud a la gente del PCE que yo conocí, tan distinta del guerracivilismo podemita, porque el discurso político que allí escuché por primera vez nunca fue el de volver a la guerra, sino el de la reconciliación, que al socialismo solo podía llegarse respetando las reglas de la democracia y que lo esencial era el fin de la dictadura y la libertad política. Pero Carrillo creyó que yo le reprochaba, como entonces hacían muchos, haber sido el mayor defensor del terrorismo en la guerra o el maquis, luego hacerse eurocomunista y, en el fondo, no creer más que en el poder, sobreviviendo a la manera de la nomenklatura de Moscú.

No había sido mi intención, pensé entonces. ¿O tal vez sí lo era? Lo cierto es que cuando me lo encontraba en la COPE, donde Antonio Herrero había montado una tertulia semanal, «La Tarántula», con Ernest Lluch y Herrero de Miñón, apenas nos saludábamos. Ricardo de la Cierva, cuyo padre fue asesinado en Paracuellos, había publicado un libro demostrando las mentiras que sobre aquella matanza decía Carrillo en una de sus muchas «Memorias», porque publicaba libros según perdía escaños. Y entonces no tuve duda de la responsabilidad de Carrillo o de su culpabilidad, porque en vez de pedir un perdón que hubiera obtenido en el clima de la época, la negaba.

Sucedía al revés cuando veía en la radio a Marcelino Camacho, líder de CCOO, y coincidía con él en la tertulia de Antonio, que le tenía afecto porque había sido amigo de su padre. Yo siempre le preguntaba por su mujer, Josefina, que le tejía unos jerséis de lana gruesa para la cárcel, los *camachos*, que hasta se pusieron de moda. Y aunque era pesadísimo escribiendo en *ABC* y no había forma de quitarle la palabra, técnica de asambleario, discutíamos siempre cordialmente como si hubiéramos hecho una guerra juntos. Sobre todo él, claro. Y tuvo su momento de grandeza al pronunciar, como expreso político, un gran discurso en defensa de la amnistía, del mutuo gesto de amnistiarse los dos bandos de la Guerra Civil, las dos Españas, en las primeras Cortes democráticas. También era difícil olvidar que cuando Camacho, el de la Perkins (aquellos sindicalistas trabajaban), estaba preso, Carrillo sufría la clandestinidad en una dacha del Mar Negro, junto a Ceaucescu.

## LA SORPRESA DE LA LEGALIZACIÓN DEL PCE Y TAMBIÉN DEL ANTICOMUNISMO

La prueba de que la estrategia de la reconciliación nacional y la salida pactada de la dictadura, que era la oficial del PCE, fue acertada, es que el franquismo dispuesto a traer la democracia la hizo suya. Y conservando la iniciativa, vació pronto el vino viejo en odres nuevos, como manda el Nuevo Testamento.

Aunque hoy se enhebran disparates sobre la continuidad del franquismo en la democracia y otras siniestras tesis etarras asumidas por Podemos y, a su cola, por un PSOE desnortado y bolchevizado, lo cierto es que la clave para las primeras elecciones democráticas, que fue la legalización del PCE y del PSUC, fue una sorpresa tan grande para los comunistas como para los franquistas. Es verdad que los herederos de Franco, dos años después de la muerte del dictador, ganaban todas las batallas políticas que, paradójicamente y con mucha incertidumbre, llevaban fatalmente al desmantelamiento del régimen. Pero como nadie en el antifranquismo creía posible que los herederos de la dictadura y de su enorme fuerza represiva, que estaba intacta, renunciaran pacíficamente al poder, votaran su disolución y fueran a elecciones o a su casa, nadie seguía los pasos de Juan Carlos I «El Breve» (Carrillo dixit) y de Adolfo Suárez, que se autodefinía, con humor, como «un chusquero de la política».

El paso más importante había sido el Referéndum para la Ley de Reforma Política que defendió Fernando Suárez contra Blas Piñar en una brillantísima sesión parlamentaria y fue votada en las Cortes el 18 de noviembre de 1976, cuando aún faltaban dos días para el primer aniversario de la muerte de Franco. Y fue sometida, casi de inmediato, a referéndum nacional, el 15 de diciembre, con una participación del 77 por ciento del censo y el 94,17 por ciento de votos a favor. Eso demostró que toda la oposición, unánime en su rechazo al referéndum, no había logrado que se abstuviera ni el 20 por ciento del cuerpo electoral. Y que el «búnker» franquista que pidió el «no» tenía poco apoyo popular en la España *nacional*.

En aquellos turbios días que hoy queremos recordar luminosos, en la semiclandestinidad recelosa de la oposición —que solo recibía la respiración asistida de los periódicos—, la actividad obsesiva, única, era el análisis de la relación de fuerzas, que con absurdo latiguillo, dio en denominarse «correlación de fuerzas». Para ello, el primer banco de datos políticamente importante tras la Guerra Civil —el sociológico fue el informe FOESSA de Amando de Miguel, que apuntaba ya una clara predisposición popular favorable a la transición a la democracia si era pacífica y no nos devolvía a la República y la Guerra Civil— era el de esos sorprendentes datos del Referéndum de diciembre de 1976.

Lo que reflejaban era que, a efectos de movilización electoral, la oposición solo existía en la prensa, era irrelevante en la radio —desde 1972, gracias a la Ley Fraga, además del Parte de Radio Nacional, solo cabía oír a las 11 en al SER *Hora 25*, de Martín Ferrand, luego de Miguel Ángel Gozalo, «con las noticias que nos brinda Radio Nacional», después José María García y al final unos comentarios con más intención. Esa agitación era inexistente en TVE, de la que había sido director general el propio Adolfo Suárez. Y eso significaba que la sartén, el mango, el fuego y la cocina para cualquier cambio político estaban en manos de los franquistas «reformistas», que habían echado a correr por un camino hasta entonces inimaginable.

Pero no todo el mundo veía bien ese ritmo de cambio. El nuevo PSOE de un desconocido Felipe González y del conocidísimo Willy Brandt no quería ir a elecciones con el PCE. Y eso preferían también los

USA tras la Revolución de los Claveles en Portugal en 1974, que entregó a la URSS sus colonias africanas —Angola, Mozambique, Guinea— y estuvo en un tris de convertirse en una dictadura comunista bajo el gobierno de Vasco Gonçalves, con el respaldo del *almirante rojo* Rosa Coutinho, del autor técnico del golpe, Otelo Saraiva de Carvalho —el jefe político, pronto sacrificado, había sido Spínola— y del PC de Alvaro Cunhal, un estalinista irredento que, en adusto, vertical e hirsuto era clavado a La Pasionaria.

En el partido, totalmente despistado tras el referéndum, se creía que, si el Ejército iba a permitir elecciones, solo podrían presentarse el PSOE y algún otro socialista (PSP de Tierno), los reformistas Fraga y Suárez, el búnker (Girón y Blas Piñar), los carlistas, que se llevaban a tiros, y los democristianos, que incluían a los nacionalistas vascos y catalanes, muy protegidos por la Iglesia. O sea, todos menos el PCE.

## EL PCE DEL INTERIOR Y EL DE RUMANÍA

La cuestión más importante que se planteaba ante este panorama era si, en el remoto caso de su legalización, la dirección histórica —La Pasionaria y Carrillo— podría presentarse a las elecciones y, de poder, si eso era lo que más le convenía al partido. Tenía líderes conocidos y que no tenían que ver con Stalin sino con —o sea, contra— Franco, como Ramón Tamames, un economista que venía del exitosísimo Plan de Desarrollo franquista, y Nicolás Sartorius, un abogado laboralista de Comisiones Obreras, pero de rancia cuna aristocrática, descendiente nada menos que del conde de San Luis. Ambos apuestos y elocuentes, en especial Tamames, parecían mucho más indicados que dos vetustos líderes de la Guerra Civil para representar en las urnas —si las había— el mensaje del Eurocomunismo, que solo un mes antes, en marzo, habían presentado en Madrid Carrillo, el italiano Berlinguer y el francés Marchais, para presionar en favor de la legalización del PCE y funcionar como quitamiedos electoral a votar comunista.

El proceso lógico y deseable desde el punto de vista interno era este: 1/ legalización; 2/congreso extraordinario; y 3/ nueva dirección del interior. Se trataba de hacer lo mismo que el PSOE en Suresnes dos años antes, cuando relevó a los viejos masones de Toulouse dirigidos por Rodolfo Llopis, cuyo sucesor por el Pacto del Betis —el del PSOE del interior, de Sevilla y Bilbao— debía ser Nicolás Redondo Urbieta, líder de UGT. Sin embargo Redondo cedió el liderazgo a «Isidoro» —Felipe González— por verlo más adecuado que él para la liza electoral. Pero el PSOE contó en Suresnes —ida y vuelta— con la protección de los servicios de inteligencia franquistas (SECED), con la CIA y el SPD detrás, según contó luego en sus memorias el coronel San Martín, su jefe. Era la izquierda de fiar.

De Carrillo, financiado por Ceaucescu y Kim Il Sung y dentro de España por Teodulfo Lagunero, no se fiaba nadie. Pero del PCE, sí. La clave de la legalización, según contó luego el propio Suárez, fue comprobar en muy trágicas circunstancias la disciplina interna del partido solo dos meses antes. En un último intento para que descarrilara la Reforma Política promovida por Suárez y respaldada por el rey, un grupo de ultraderechistas había asesinado a cinco abogados laboralistas del PCE en su despacho de la calle de Atocha. Era una copia de la «estrategia de la tensión» de la extrema derecha italiana que llevó a masacres como la de Piazza Navona y al golpe fallido del neofascista Giorgio Almirante, que ante una posible victoria electoral —il sorpasso del PCI— creía contar con apoyo militar y también de los servicios secretos italianos y la CIA.

A la hora de la verdad, los golpistas italianos no tuvieron a nadie detrás. Y ello porque, tras el golpe de Chile y el susto de Portugal, el PCI de Berlinguer vio claro que ni los USA ni Europa admitirían un régimen prosoviético en Europa. Así que, llevando mucho más allá del Toglatti de 1956 la doctrina del «policentrismo» comunista, el PCI aseguró que su gobierno seguiría dentro de la OTAN y frente al Pacto de Varsovia, verdugo de Praga, y que todas sus reformas «socializantes» se harían dentro del Mercado Común Europeo. Esa evolución del PCI hacia Occidente y la economía de mercado es la que en las áreas ilustradas del PCE y el PSUC se veía como la más favorable para que los comunistas fueran parte de la democratización de España. La primera vez que yo oí defender a la OTAN como la garantía última de un socialismo democrático fue a gente del PSUC.

En el verano de 1976, poco después del viaje a China, estuve con los pintores de TRAMA en la Bienal de Venecia, junto a Tápies y otras *patums* del PSUC y el discurso dominante era el «no a Moscú». Al mes siguiente, en Roma, tuvo lugar el Congreso del PCE, con La Pasionaria de estantigua, Carrillo mandando y Tamames brillando. Era lógico pensar que la deseada legalización del partido supondría un cambio generacional en la dirección.

## CARRILLO SE LEGALIZA A SÍ MISMO

Pero ahí es donde dos pícaros de la política, uno por lo civil y otro por lo criminal, se encontraron. Lo ha contado Luis Herrero, con Suárez como fuente. El presidente está dispuesto a legalizar el PCE, no a Carrillo. Y este se niega. Los términos de su diálogo son no solo verdaderos sino verosímiles.

—Si yo no me presento, las elecciones carecerán de legitimidad y su reforma hacia la democracia no será creíble.

—Y si yo no le legalizo, no tendrá presencia en las instituciones y no podrá influir en el proceso constituyente.

—Si no nos legaliza desacreditaremos las elecciones, aunque sea colocando urnas de cartón con nuestras candidaturas en los colegios electorales. Movilizaremos a todos nuestros apoyos para hacer fracasar el cambio.

—¿Y aceptaría usted presentarse como independiente? Esa fórmula nos ahorraría muchos problemas a corto plazo.

—¿Presentarme como independiente? Ni así, ni vestido de lagarterana. Aquí hemos venido a hablar de política con pe mayúscula.

—¿Aceptarán la bandera nacional, la monarquía y la unidad de España?

—Nosotros somos republicanos, pero aceptaremos la monarquía siempre y cuando esta apueste por la democracia. Lo importante ahora no es el debate entre monarquía o república, sino la elección entre dictadura o democracia, y nosotros estamos claramente con la segunda. Si el rey asume la monarquía parlamentaria y constitucional, nosotros le apoyaremos. Me consta que él ya lo sabe.

(Luis Herrero, *Los que le llamábamos Adolfo*, La Esfera de los Libros)

No sabemos lo que Juan Carlos, a través de Nicolás Franco-Pascual de Pobil o Manuel Prado (que se vieron con él en Rumanía) había hablado con Carrillo. Pero nótese que él no dice «si el Partido no se presenta» sino «si yo no me presento», ni como independiente «ni de lagarterana». Es que entonces el candidato hubiera sido Tamames. Y Carrillo se hubiera quedado en Santi Paracuellos. Pero Suárez tenía prisa y eso a Carrillo le venía al pelo. Para el PCE resultaría letal.

Para mí, lo importante de la legalización del PCE era que podía ya declararme anticomunista, cosa que moralmente me vetaba la existencia de cientos de militantes en la cárcel, a algunos de los cuales había conocido y apreciado. Por eso —no fui el único— acepté el carné del PSUC meses antes y lo devolví al día siguiente de su legalización. También por la convicción de que los comunistas (y anticomunistas) del partido iban a ser útiles para implantar la democracia en España.

## EL PAÍS, CON LA LEGALIZACIÓN Y CONTRA EL COMUNISMO

Al día siguiente de la legalización, *El País* publicó un editorial que resumía muy bien mi pensamiento de entonces, no en balde estaba escrito por el excomunista Javier Pradera. Era un apoyo crítico a la legalización y también una profesión de fe nítidamente anticomunista. Empezaba así: «El Partido Comunista Español es legal desde ayer tarde. Esta es una buena noticia, sobre todo para los no comunistas...».

Aparentemente, el diario creado por Fraga, que luego respaldó a Areilza y entonces oscilaba entre Suárez y el PSOE, siempre dentro de una línea liberal y nacional, exageraba mucho. Los 338 militantes del PCE que salieron de la cárcel tras la legalización eran más que los militantes de todos los partidos antifranquistas juntos en la clandestinidad. Y el alarde de organización tras la matanza de Atocha había convencido a la propia policía de que el PCE era un partido capaz de autocontrol y disciplina. Sin embargo, Pradera decía en su editorial algo rigurosamente cierto:

La situación de ilegalidad del PCE, además de una injusticia, era una torpeza bien aprovechada por el propio partido, que supo sacar de ella una rentabilidad adicional. Desde ahora va a terminar la tregua tácita que grupos de la derecha democrática y del socialismo le habían concedido, en virtud de su especial situación.

Y a continuación abordaba el problema de fondo: ¿era creíble la aceptación de la democracia por el PCE y el eurocomunismo en general?:

¿Es la postura democrática de los comunistas meramente táctica, o realmente sentida? ¿O es simplemente una imperiosa y forzada necesidad, asumida ante la imposibilidad práctica de convencer en las pugnas electorales a los europeos a que renuncien a una tradición liberal de casi dos siglos, jalonados de luchas y esfuerzos que dejaron huella indeleble? (…) La libertad es un bien colectivo demasiado importante como para permitir su destrucción o su cercenamiento en un futuro democrático que parece estar a la vuelta de la esquina. La experiencia histórica resulta desfavorable para los comunistas. Allí donde detentan el poder, la libertad, entendida al modo occidental, no existe. (…) Por el contrario, han establecido sistemas totalitarios de gobierno, que, más o menos suavizados, representan la única práctica comunista conocida experimentalmente. Europa occidental es, ciertamente, un ámbito muy diferente del Oriente Extremo. Y ello, en el análisis marxista, es o debe ser determinante a la hora de adoptar una estrategia política. De ahí, quizá, cabe deducir que en los países europeos los partidos comunistas habrán de comportarse democráticamente.

Sin embargo, una cosa era reconocer la necesidad de que el PCE fuera legalmente a las elecciones, que compartían casi todos los partidos —PRISA no ponía entonces en duda la voluntad democrática de la AP de Fraga y los 7 Magníficos ni del PP predemocrático de Pío Cabanillas, que desembocó en UCD— y otra muy distinta legalizar el PCE de Carrillo y La Pasionaria:

También deben tener presente que son una de las muy pocas formaciones políticas que acuden a las urnas con líderes y cuadros protagonistas en la guerra civil, y que ello supone un rechazo adicional en algunos sectores de la población.

Y lo que empezaba como aprobación terminaba en censura:

Pero si esta deducción (la aceptación de la democracia en el PCE) es lícita, también lo es la duda de aquellos sectores de la población que no tienen que acudir al recuerdo de la guerra civil, pues les basta la experiencia del comportamiento reciente de los comunistas portugueses —por ejemplo— para alimentarla. Corresponde precisamente a los propios comunistas tratar de despejar esta duda sin dejar sombras de sospecha.

Cuarenta años después, este editorial parece absurdo de puro contradictorio. Pero así es muchas veces la realidad: tan contradictoria y enrevesada que parece absurda. Entre dos ilegitimidades podía alumbrarse una nueva legalidad que no rompiera pero cambiara la anterior. Y se hizo. El PCE prometió asumir públicamente la bandera nacional. Y lo cumplió. Había anticomunistas, sobre todo excomunistas, que queríamos su legalización por cierta lealtad biográfica pero también porque lo creíamos más fiable democráticamente que los socialistas y nacionalistas. Si el PCE se arrepentía del eurocomunismo, sería más fácil combatirlo legalmente. Y hasta que el PSOE de Zapatero dinamitó la Transición en 2004, así fue.

En resumen, que el Sábado Santo llegó el día de la legalización y a todos nos cogió con el pie cambiado, ni fue todo lo santo que hubiera querido la derecha, ni todo lo rojo que hubiera querido la izquierda, pero fue sábado. Y la historia de España, algo sobresaltada, continuó.

Yo no creo que si el PCE de mis dieciocho años hubiera defendido el terrorismo como forma de llegar al poder, hubiera participado en él, pero Dostoievski habla de «los múltiples y variados motivos por los que incluso personas purísimas de corazón y cándidas de ánimo pueden verse envueltas en actuaciones de una locura tan monstruosa. El horror está precisamente en el hecho de que uno llegue a cometer la acción más repugnante y abyecta sin ser un imbécil (...) en Rusia y cualquier país, en una época de dudas y negaciones, escepticismo y precariedad en los valores sociales básicos».

O sea, en la juventud. Por eso, porque nos libramos de ser los monstruos que ahora conocemos, debemos darlos a conocer a los demás.

Los que hemos tenido la experiencia, teórica y práctica, del comunismo, aunque fuera en su forma más civilizada o democrática, como es mi caso, debemos evitar la justificación de sus mentiras, el olvido de sus infinitas tumbas, la aplastante máquina justificatoria no solo de los neocomunistas sino, como siempre, de los no comunistas, sean socialistas o conservadores. Lo que une a todos los países caídos bajo el yugo comunista es que estaban seguros de que allí no podía pasar. En la Rusia de 1917 cabía la sorpresa, pero lo mismo se decía en China, en Cuba, en Nicaragua, o en Venezuela: «eso aquí nunca pasará». Y como no se hizo nada para evitarlo, pasó. Es preciso, pues, no perder esa memoria borrada del comunismo: nadie lo esperaba.

Hay, además otro mandato moral. Incluso los ex-comunistas que nunca hicimos nada de lo que arrepentirnos, estuvimos chapoteando en una ideología criminal. Y en otro momento, tal vez no muy lejano en el tiempo, pudimos llegar a ser verdugos felices, como los leninistas, maoístas o castristas. Dostoievski, el hombre que en *Los demonios* mejor ha descrito las bases psicológicas del terrorismo comunista a partir de Netcháev, de cuyo *Catecismo Revolucionario* tomó Lenin el modelo de revolucionario profesional bolchevique, calcado por todos los partidos comunistas, decía a los medios que les llamaban a él y los suyos locos, bobos o ignorantes:

> Entre los netcháev puede haber personas suficientemente tenebrosas (…) con una avidez, de raíz extremadamente compleja, de intriga y poder, con un afán pasional y morbosamente precoz de resaltar su personalidad, pero ¿por qué habrían de ser idiotas? Al contrario, dan prueba de ser personas muy evolucionadas, extremadamente astutas y a menudo cultas.
>
> Yo mismo soy un viejo netchaeviano y he estado al pie del patíbulo, condenado a muerte. Los miembros del círculo de Petrachevski ¿no podrían haberse hecho netchaevianos, si las cosas hubieran tomado ese rumbo? Es verdad que entonces era imposible siquiera imaginar que las cosas pudieran tomar ese rumbo. Eran otros tiempos. Pero permitidme que diga solo sobre mí: un Netcháev, probablemente nunca habría podido serlo, pero un netchaeviano, no pongo la mano en el fuego, quizás habría podido serlo en mis años de juventud.

## LA VERDADERA HISTORIA DE LA LEGALIZACIÓN DEL PCE

Para los que habíamos estado dentro o en las cercanías del partido, y por tanto, sujetos a las represalias que por asociación ilícita y propaganda ilegal podían acarrear hasta cuatro años de cárcel, su legalización no era solo un hecho político, sino simbólico y sentimental. Por eso, aunque antes y después de mi viaje a China ya había demolido «mi conciencia política anterior», por usar la frase de Marx sobre Hegel, acepté el único carné del partido que he tenido, uno del PSUC, en la campaña para su legalización. Obviamente, en la ilegalidad no se repartían carnés. Pero ahora podían legalizarlo. Y efectivamente, lo fue.

Al día siguiente de la legalización, comuniqué al camarada carnetista del Instituto «Joanot Martorell», donde había empezado a trabajar, que me borraran de la lista. Ya no era comunista, todo lo contrario, ni aceptaba la política de colaboración con el separatismo catalán y el trabajo sucio contra la idea de España de la izquierda «española»: PCE-PSUC y PSC-PSOE. Mi libro Lo que queda de España, denuncia justamente esa traición. Sin embargo, aparte de cuestiones sentimentales, había una razón política: un cambio pacífico a la democracia solo podía basarse en las dos fuerzas —de muy distinta envergadura— realmente existentes: el Movimiento y el PCE.

En la primavera de 1977, el PCE, dejando aparte si su proyecto de reconciliación nacional era creíble o no (yo creía que sí) era la fuerza más disciplinada y, por tanto, menos manipulable por la extrema derecha, que trataba de impedir «in extremis» la transición a la democracia. Su falta de base social —revelada en el Referéndum para la Reforma Política— la hacía más peligrosa. Su presencia en la policía y grupos parapoliciales facilitaba la organización de atentados, propios o ajenos, que obligaran al Régimen a la represión y a frenar la democratización. Por eso, los grupos terroristas de izquierda eran el problema más serio en la transición a la democracia.

Entonces los grupos terroristas de extrema izquierda y ámbito nacional eran tres: el FRAP, el GRAPO y grupos anarquistas catalanes, hijos de la FAI. A todos los dábamos por infiltrados por la policía y, en efecto, lo estaban. Pero la policía (Brigada Político-Social) y el SECED (inteligencia) estaban divididos sobre el desmantelamiento del Régimen y la democratización: la mayoría, que se miraba siempre en el Ejército, aceptaba disciplinadamente cualquier cambio, siempre que fuera pacífico y dentro de la ley. Pero una minoría estaba sinceramente convencida de que legalizar al PCE y a los separatistas no iba a acabar con la dictadura, sino con España. Una facción de esta minoría reticente, no toda, fue la que organizó asesinatos como el de una estudiante comunista y los cinco abogados laboralistas del PCE, en su bufete de Atocha, buscando una respuesta de la izquierda que arrastrase a la derecha y echara del gobierno a los reformistas dentro del franquismo, que eran sus verdaderos enemigos.

Las organizaciones terroristas separatistas eran más peligrosas, no por su tamaño, sino porque, aunque cabía infiltrarlas, tenían apoyo exterior y contrainteligencia. Eran básicamente cuatro: la ETA, con respaldo de la URSS a través de Cuba, Palestina y Argelia; el canario MPAIAC (Movimiento por la Autodeterminación e Independencia del Archipiélago Canario), a cuyo jefe Cubillo, que tenía una potente radio que emitía desde Argelia, agentes españoles dejaron paralítico; EPOCA (siglas de Ejército Popular Catalán, luego Terra Lliure, ligado a la ETA) y UPG, que quería ser la ETA gallega. La más fuerte era la ETA, que, pese a lo que aún hoy se dice, no asesinó a Carrero como símbolo de la dictadura. De hecho, la inmensa mayoría de sus crímenes se han cometido en democracia. Y entonces buscaba a toda costa impedir que el cambio de régimen acabara con su santuario francés.

El más incontrolable —de ahí el atentado— era o parecía el MPAIAC. La razón era muy clara: detrás, dispuestos a conseguir la ventana atlántica en el Sahara español y las Canarias, estaban la URSS y todos sus aliados, con campos de entrenamiento para terroristas como el libanés Valle de la Bekáa, en manos de la OLP, los argelinos y todas las guerrillas americanas, dirigidas por Cuba. La ETA y el MPAIAC no se veían solo como hechos nacionales o antinacionales, sino como piezas en el ajedrez de la Guerra Fría, que en los setenta iba ganando claramente la URSS.

Por eso, después de la Revolución de los Claveles en Portugal, era tan importante la evolución de España tras la muerte de Franco. Y si comunista era el peligro general, también comunista, pero particular, era la solución: que el PCE se integrara legal y lealmente en el nuevo sistema democrático.

Siempre creímos que su legalización fue un acto de audacia por parte de Suárez, que el rey aceptó con reservas, aunque lo respaldó frente al Ejército, al que Suárez había engañado sin necesidad. Pero esa solo era la guinda. El pastel lo habían cocinado, antes de que Suárez fuera presidente, el rey y Carrillo en el Obrador Ceaucescu y con anuencia de Washington.

## LA VERSIÓN DEL ANFITRIÓN RUMANO SOBRE CÓMO SE LEGALIZÓ REALMENTE EL PCE

La prueba, a mi entender definitiva, es una larguísima entrevista, aún iné-dita, que Juan Carlos Vidal le hizo al exministro de Exteriores rumano Stefan Andrei, y que me llegó a través de un amigo común: Gabriel Albiac. La intermediaria fue Ana Badeanu, hispanista, traductora, gran amiga de la aristocracia roja del exilio, secretaria y transcriptora de las *Memorias* de Ignacio Hidalgo de Cisneros, que con su esposa Constancia de la Mora, La Pasionaria y la plana mayor del PCE, tuvieron el privilegio canibalesco de ser recibidos por el mismísimo Stalin en el Kremlin. Y hasta sobrevivieron.

La entrevista, que, con notas, daría para un libro, nació de una charla «in artículo mortis» con Javier Pradera, que por esas casualidades de la vida o el «seguro azar» de Salinas, fue con José Miguel Ullán, que me descubrió en *Diwan*, mi padrino en *El País* cuando publiqué *Lo que queda de España* y me convertí en eterno maldito por partida triple: por haber sido comunista, por haber dejado de serlo y por ser antinacionalista, que es la forma más execrable para la fauna sociopodemita de ser anti-izquier-dista (recordaba a *El honorable colegial* de Le Carré). Pradera, desmañada-mente gentil y paternalmente afectuoso, me llevaba a Barajas cuando yo vivía en Barcelona y me presentó en El Alabardero a Bergamín y a otras figuras de la izquierda histórica. A comienzos de los ochenta, en la línea que entonces era la del periódico, de recuperar a la izquierda con un dis-curso nacional, editó en Alianza Bolsillo mis antologías —*Ensayos* y *Dis-cursos*— que, hasta hoy, cuando tanto se le cita por Wikipedia, siguen sien-do las únicas que existen de Manuel Azaña. Y se encuentran baratas en librería de viejo. Señal de que ni se vendieron ni se leyeron, ni ayer ni hoy.

Pero como buen excomunista, Pradera, amigo de Jorge Semprún desde que este se llamaba Federico Sánchez y era uno de los dirigentes del PCE en la clandestinidad, seguía intrigado por los grandes enigmas del partido, que son casi infinitos. Y el que le confió a Juan Carlos Vidal era uno de los más sabrosos. ¿Llegó a volar Juan Carlos en secreto a Ru-manía, para entrevistarse con Carrillo y pactar allí la legalización del PCE?

Vidal, que dedica la entrevista, fruto de varias reuniones con Stefan, precisamente a Javier Pradera, ha conseguido un testimonio que, en buena parte, cambia la idea que se ha transmitido sobre la legalización del PCE. Por supuesto, el «Kissinger» de la política exterior rumana mide mucho sus respuestas y no habla de sus responsabilidades en el monstruoso régimen de Ceaucescu. Es una apología de sí mismo y de lo que llaman la «Edad de Oro de la diplomacia rumana», que consistía (como el Méjico del PRI, pero mucho peor) en una diplomacia de izquierda pluralista y una represión interior de un salvajismo estremecedor, de la que dan prueba los libros de Marta Heller o *El diario de la felicidad*, de Nicolae Steinhard.

Sin embargo, Stefan está más preocupado por contar lo importante que fue que por cualquier otra cosa y no tiene ningún motivo para mentir sobre algo en lo que intervino pero en lo que, en el fondo, no participó. Y su detallada información sobre la financiación del PCE, directa o a través de empresas-tapadera, la villa que tenía Pasionaria o los tratamientos geriátricos de Carrillo con la doctora Aslan son de primera mano. Como la transcripción de lo que se refiere al PCE sería demasiado largo, resumo aquí lo que se refiere a su legalización:

*Stefan Andrei*: Ceaucescu se encontró en Persépolis, en Irán, con el Rey Juan Carlos, cuando aún era príncipe. El Sah celebraba los 2.500 años desde Darío (….). Ceaucescu le comentó al Rey que tenía muy buenas relaciones con Carrillo. Cuando D. Juan Carlos y sus colaboradores comenzaron a analizar el problema del Partido Comunista de España, él recordó su conversación con Ceaucescu en Irán. Y decidió mandar a Bucarest a un enviado especial para que le dijera a Ceaucescu que le transmitiera a Carrillo que deseaba que los comunistas españoles no crearan dificultades cuando fuese nombrado rey… Ceaucescu me llamó y me pidió que invitara a Carrillo a Bucarest. En aquel momento, Carrillo estaba en Francia. Carrillo vino a Bucarest y en la discusión con Ceaucescu en la que yo también participé, le transmitió el mensaje del Rey.

Carrillo dijo que no se iba a oponer a la llegada del Rey, que iba a cambiar de posición, ya que hasta entonces había estado en contra del Rey. Hasta entonces, había considerado, además, que el Rey no iba a durar, por eso le llamaba «Juan Carlos el Breve». El mensajero del Rey nos había dicho que, después de que Juan Carlos tuviera el poder, legalizaría a los demás partidos y que, en un plazo de dos o tres años, legalizaría también al Partido Comunista de España. Carrillo nos dijo que reconocería al Rey, que iba a dar por terminada la campaña en su contra, pidiéndole, a cambio, al Rey, que legalizara al Partido Comunista junto a los demás partidos. A renglón seguido, y una vez hubimos recogido el planteamiento de Carrillo en respuesta a lo que nos dijo el enviado del Rey, enviamos a Madrid al jefe de la Seguridad rumana, el general Doicaru, quien le transmitió el mensaje al Rey.

El Rey aceptó la propuesta de Carrillo. Carrillo suspendió la propaganda en contra del Rey y el Rey decidió que el Partido Comunista de España fuera legalizado junto a los demás partidos comunistas. Y los comunistas, tal como se habían comprometido en Bucarest, actuaron en consecuencia y cuando fueron legalizados no salieron a la calle, no desfilaron con la bandera roja y el puño cerrado y hubo tranquilidad. Cumplieron con lo prometido. Suárez fue informado por el Rey de lo que le había comunicado Carrillo a Ceaucescu, informó también a varios generales influyentes del Ejército y preparó la legalización para el Sábado Santo, cuando la gente iba a la iglesia (sic).

*Juan Carlos Vidal:* Todo este proceso empieza antes de la muerte de Franco, cuando el Rey era príncipe, en Persépolis. Y mantienen reuniones previas con el enviado del rey que era Manuel de Prado y Colón de Carvajal. Hubo varias reuniones previas con el enviado del rey…

*SA:* Dos. Eso lo decide Carrillo antes de la llegada de Suárez a la Presidencia del Gobierno. En la época de Arias Navarro.

*JCV:* O sea que la iniciativa de la legalización del Partido Comunista es del Rey.

*SA:* Es un pacto entre el Rey y Carrillo. Porque el rey pide que no se le opongan con manifestaciones y Carrillo pide que se legalice el Partido Comunista junto a los demás partidos.

*JCV:* Aquí entran en juego Estados Unidos y su papel con Kissinger.

*SA:* Cuando fui a Estados Unidos de América, en 1976, me encontré con el presidente Ford y con Kissinger. Tengo aquí mismo, en la casa, su foto con dedicatoria, después del encuentro. En esa ocasión, tal como había pedido Ceaucescu, planteamos el problema de que Estados Unidos de América no se opusiera a la legalización del Partido Comunista, que no se opusiera al deseo del Rey y de Felipe González *(sic)* de legalizar el Partido Comunista. Dijimos que teníamos buenas relaciones con Carrillo, con el Partido Comunista de España, que era un partido independiente, que decidía por sí mismo y que no estaba subordinado a Moscú. Kissinger me dijo: «Señor ministro, a mí me interesa menos que sea independiente. Me interesa más cuán comunista sigue siendo el Partido Comunista de España».Y me autorizó para transmitirle a Carrillo y a Dolores Ibarruri, quien era la abanderada del Partido Comunista, que los Estados Unidos de América no se iban a oponer y no iban a aconsejar a las autoridades españolas que aplazaran la legalización del Partido Comunista.

## EL MÉRITO OCULTO DEL REY

Pero si esta es la verdad sobre el acto clave de la Transición española y su mérito corresponde exclusivamente al rey —Carrillo se limita, en realidad, a aceptar una oferta, que le permite mantener la jefatura del partido frente a cualquier otro candidato del PCE del interior, como Tamames—, ¿por qué se ha dejado que ese mérito le sea adjudicado, casi íntegramente, a Adolfo Suárez?

En mi opinión, se debe a las complicadas relaciones de Juan Carlos con el Ejército, que fue el auténtico respaldo de la Transición, hoy olvidado. La relación del rey con los militares del que seguía siendo el Ejército de Franco se basaba en una lealtad de tipo castrense, campechana y campamentera, de la que existen pruebas documentales inéditas y que hoy resultarían sonrojantes.

Pero los militares veían al rey como uno de los suyos. Unos, por ser, al fin y al cabo, militar, que esa fue su carrera. Otros como heredero de Franco, cuyo testamento mandaba expresamente obedecer al rey que él había puesto. De saberse que, con Franco recién enterrado, Arias Navarro en el gobierno y Rodríguez de Valcárcel en las Cortes tratando de salvar las esencias del régimen, Juan Carlos había pactado la legalización del PCE con el mismísimo Carrillo, el asesino de Paracuellos, la imagen del rey hubiera quedado muy mal parada.Y hay que recordar que hasta la llegada del PSOE al gobierno, incluido el 23-F, el poder del rey radicó en la lealtad del Ejército. Solo con los socialistas en el poder se sintió libre Juan Carlos de esa herencia, que fue la verdadera base de su capacidad de actuación en varios escenarios a la vez.

En la compleja psicología de Juan Carlos, que merece un libro aparte, la angustiosa búsqueda de legitimidad fue siempre un imperativo categórico. Traicionar a su padre, matar a su hermano y engañar a su mujer eran, por así decirlo, gajes del menester dinástico. O así lo veían en el Ejército, no solo por ser el de Franco y, por tanto, juancarlista, sino porque el padre del rey, don Juan, había estudiado en Sandhurst pero no para venir a España como Alfonso XII, a presidir un régimen liberal y nacional, sino para hacer carrera de marino en la Navy británica. O sea, en un ejército secularmente enemigo.

En cambio, su hijo se había formado nada menos que en la Academia Militar de Zaragoza, dirigida —y cerrada— disciplinadamente por Franco durante la II República. Lo único que Juan Carlos no podía mostrar ante sus compañeros de armas era que, al final, era un Borbón como su padre: ajeno a toda lealtad que no fuera la de conservar la corona. Por eso nunca habló mal de Franco, pero firmó la infame Ley de Memoria Histórica que deslegitima al régimen de Franco y a la Transición, o sea, a él mismo doblemente. Pero él se ha declarado «bastante republicano». A su hijo Felipe VI le ha tocado gestionar esta importante pero complicadísima herencia.

# 7

# CHE GUEVARA O EL BUITRE FÉNIX

*Che l'alma viva, i che qui morto sono*
*or ne son certo e che, vivo ero morto.*
MIGUEL ANGEL BUONAROTTI,.
epitafio, 1544

Sería injusto achacar a la izquierda un desdén universal por los cadáveres. Por algunos de los suyos siente confesada debilidad y les rinde culto fervoroso. Podría creerse que esa devoción está unida a la cantidad de muertos que produjeron y eso indicaría el culto a las momias de Lenin y Mao, fundadores de los dos mayores Estados genocidas del siglo XX. Pero en general su valor estético y simbólico les garantiza una consideración muy por encima de sus hazañas letales. Así sucede con el más fotogénico de todos los líderes comunistas muertos: Ernesto Guevara, más conocido como el Che.

Otros despertaron mayor algazara, como su cofrade Castro. Los hay que han pasado a mejor vida asociando su nombre a una hazaña imborrable para la izquierda como Ho Chi Minh, de quien se recuerda su lucha contra el imperialismo francés o las tropas norteamericanas, pero no su complicidad con Stalin, ni el millón de muertos que produjo su represión tras la conquista de Vietnam del Sur, ni los cientos de miles de *boat people* que huyendo de su *ejército de liberación* perdieron la vida en el Océano Pacífico. Pero nadie como el Che ha conseguido unir una estética de rockero *heavy* y una trayectoria de revolucionario confesional y profesional, nadie ha llevado a más soñadores y aventureros de todo el mundo a creerse bolívares con boina. Y nadie ha conseguido tampoco, en la abundosa galaxia de estrellas del marxismo-leninismo, sobrevivir y superar al Mao de Andy Warhol en la iconografía *pop*. Solo el Che.

Su figura yacente se convirtió en icono el 9 de octubre de 1967, cuando tras ser descubierto y delatado a la policía por un campesino del altiplano fue hecho prisionero y ametrallado en un pueblo de Bolivia llamado La Higuera. Murió cuando faltaban pocos días para cumplirse cincuenta años de la toma del poder por Lenin. Es seguro que en sus últimos días, cuando confiaba a su diario los negros presagios de derrota y muerte, pensaba en la coincidencia. Y es posible que, junto al ataque de asma, su escasa combatividad en el último enfrentamiento se debiera al círculo que en su vida de aventurero revolucionario cerraba aquel aniversario redondo, el medio siglo de la primera revolución comunista de la historia.

Un año después de su muerte, el Mayo del 68 en París y la Revuelta de Berkeley convirtieron una foto suya tomada por el fotógrafo Korda en 1960 y convertida en póster por el famoso editor y terrorista italiano Giacomo Feltrinelli, en signo de toda una época, los años sesenta, junto a los Beatles y la minifalda. La diferencia esencial es que los diseños de Mary Quant no han matado a nadie ni tampoco las canciones de Lennon y MacCartney han convencido a ningún adolescente de la necesidad de matar por razones o con excusas políticas. En cambio, el Che, sí. Su periplo vital no debería ilustrarse con *A hard day's night*, *Ticket to ride* o *Yesterday*, sino con ciertos temas de los Rolling Stones: *Under my thumb*, para la vida de Guevara, y *Sympathy for the Devil* o todo el álbum *Their Satanic Majestic Request*, para su culto póstumo.

Y es que al cumplirse los treinta años de su muerte (ahora cincuenta) coincidentes con los ochenta años del Octubre bolchevique (ahora cien) la figura del Che recibió en el mundo occidental —con excepción de los países excomunistas— el tratamiento de un ídolo *pop*, más que el de uno de los símbolos del comunismo que ha ensangrentado nuestro siglo. Había pasado casi una década desde la caída del Muro y no eran demasiados los jóvenes europeos fascinados por un marxismo que tiene más de guía turístico-miserabilista por el Tercer Mundo que de socialismo científico. En los países anglosajones habría quinceañeros que tal vez asociaran vagamente al Che con el grupo de Carlos Santana en Woodstock o Monterrey. Mientras, en América, el guevarismo se había hecho universitario, chavista o chiapaneco.

En la superstición boliviana, el Che es hoy un santo muy popular, «San Ernesto de la Higuera», aunque atraiga menos devotos que turistas al lugar de su desaparición, equivalente al de la aparición de otros santos. En la santería cubana ocupa también un lugar impreciso, si bien secundario, algo así como el de un sobrino de Yemayá. El traslado de sus restos desde Bolivia a La Habana aumentó solo ligeramente su poder metafísico. Ni comparación con Wojtila en La Habana. La única iglesia que se mantiene firme en sus devociones es la de la izquierda occidental, que celebró en 1997 el trigésimo aniversario de su mortal fracaso andino con un aluvión de publicaciones. En cualquier kiosco madrileño se podía comprar por mil pesetas (seis euros) un CD con su famosa efigie sobre fondo rojo que, según rezaba al dorso (y era cierto), contenía:

— 13 canciones dedicadas al Che (Silvio Rodríguez, Carlos Puebla, Pablo Milanés...).
— 2 horas de audio con discursos del Che, la carta de despedida a Fidel (leída por este).
— Más de 200 fotos que ilustran toda su vida y obra. 12 vídeos de la época (el combate guerrillero, el Che estadista...).
— Los textos de sus obras completas (*La guerra de guerrillas*, el *Diario en Bolivia*...).
— Una completa cronología de más de 200 páginas.
— Un glosario que incluye los nombres y lugares más significativos de su trayectoria.
— Una descripción de la ciudad de Santa Clara y del Museo del Che.

Ni Aristóteles, ni Cervantes, ni Ramón y Cajal alcanzaban en 1997 la democrática gloria de que toda su vida y su obra se ofreciera al transeúnte por tan modestísima suma, el equivalente a siete dólares. ¿Qué ha hecho más o mejor que ellos este benefactor de la humanidad llamado Ernesto Guevara para ser objeto de tan generosa divulgación?

Para entenderlo se han publicado también varios libros biográficos, entre los que, en la misma semana que salía a la venta el CD ROM, la crítica de prensa consagró tres: *Che. Ernesto Guevara, una leyenda de este siglo*, de Pierre Kalfon, *La vida en rojo. Una biografía del Che Guevara*, de Jorge G. Castañeda y la edición de bolsillo de *Ernesto Guevara, también conocido como el Che*, de Paco Ignacio Taibo II, que se había adelantado unos meses al aniversario en la edición normal. Los tres sellos más poderosos del mundo en lengua española —Planeta, Plaza & Janés, Alfaguara— compitieron en la edición y distribución de un mismo personaje. Ni Felipe II en vísperas del tercer centenario de su muerte logró tanto. Y no se trata de obras leves, escritas a voleo, como las que vimos de encargo sobre Lady Di o la Madre Teresa de Calcuta. Estos tres volúmenes son producto de un trabajo de varios años y, supuestamente, desde distintos puntos de vista. Aparte del tema central, los une sin embargo el que muchas de sus páginas parecen escritas como decían que pintaba el Cielo Fra Angelico: de rodillas. Otras, en cambio, diríanse escritas de espaldas, cerrando los ojos o, al menos, entornándolos, cegaditos, ante los hechos.

Veamos el fundamental: Ernesto Guevara fue un político comunista que ocupó los más importantes cargos en el gobierno cubano tras el triunfo de la guerrilla y la toma del poder por Fidel Castro. De cualquier político en cualquier época se valora lo que hace al llegar al gobierno, porque en la oposición, pacífica o violenta, pueden hacerse grandes discursos y hermosas promesas, pero solo en el poder se prueba la veracidad de unos y otras. Por sus actos se juzga a quienes pretenden y consiguen dirigir los destinos de todo un país. Bien, pues ¿qué fue lo primero que hizo el Che al triunfar una revolución que se decía democrática contra la dictadura de Fulgencio Batista?

## UNA «CHEKA» EN LA HABANA

Lo primero que hizo Ernesto Guevara en La Habana, después del triunfo de la revolución, fue matar. Instalado en el fortín militar de La Cabaña, su primera tarea fue la dirección de los fusilamientos de presos batistianos. Durante la guerrilla se habían llevado a cabo ejecuciones por razones disciplinarias o de represión en la retaguardia, pero no solía fusilarse a los militares capturados. Esa fue sin duda una de las razones para que el grueso del ejército de Batista se rindiera sin apenas lucha ante fuerzas irregulares militarmente muy inferiores. Guevara no tomó La Cabaña por asalto, sino que pidió permiso por teléfono para hacerse cargo de ella al coronel Barquín, favorable a los guerrilleros y que fue quien entregó personalmente Columbia a Camilo Cienfuegos. La fortaleza se la entregó también en persona el coronel Varela, recién sacado de la prisión de Isla de Pinos, la misma donde estuvo Fidel Castro, en la que había sido recluido por sus actividades contra Batista. Y al poco de hacerse cargo del sombrío cuartel del siglo XVIII, convertido en prisión, empezaron los fusilamientos.

Pero antes hay tres hechos significativos, que no ocultan sus recientes y brillantes biógrafos: Guevara arenga a los dos mil soldados —tres mil según otros— que se presentan con brazaletes del Movimiento 26 de Julio en La Cabaña y dice a los profesionales que pueden ser un ejemplo de disciplina para sus propios guerrilleros (Taibo, p. 338), pero ante sus oficiales «Guevara no vacila en hablar de Lenin, de marxismo, de octubre de 1917, de la URSS» (Kalfon, p. 269). Y ante la prensa internacional el Che declara: «Llamar comunistas a los que se niegan a someterse, es un viejo truco de los dictadores, el 26 de Julio es un Movimiento democrático» (Taibo, p. 341).

O sea, que Guevara miente sobre sus ideas, miente a todos los que no son de los suyos y se prepara para comenzar de inmediato una represión perfectamente innecesaria, que habían prometido no realizar y que prohibía expresamente la Constitución anulada por Batista y que los revolucionarios prometían restablecer.

Castro declara capital provisional a Santiago de Cuba para evitar que en La Habana se forme un gobierno antibatistiano conciliador. Los fusilamientos de Raúl Castro en Santiago —más de un centenar— horrorizan a los demócratas de la guerrilla y al Directorio Estudiantil Revolucionario, que había llevado el peso de la lucha, del reclutamiento guerrillero y sufrido la represión. Fidel Castro sigue proclamando su anticomunismo mientras prepara una espectacular entrada en La Habana, verdadero prodigio de manipulación de las masas. Y a la vez, sin perder tiempo, Guevara supervisa los fusilamientos en La Cabaña. Todo, «en esos primeros días candorosos y memorables de la victoria» (Castañeda, 199). ¡Cuánto candor!

Desconocemos si Guevara, al hablar de Lenin y 1917 a los oficiales de La Cabaña les habló de su mano derecha en la ejecución del terror a través de la Cheka: Félix Dzherzinski, «Félix de hierro». Su paralelismo con él es, sin embargo, evidente: los dos son extranjeros, polaco en Rusia el uno y argentino en Cuba el otro; eso les impide aparecer en el primer plano del nuevo poder revolucionario, pero también eso les permite dedicarse a matar rusos o cubanos con mayor frialdad, eficacia y falta de escrúpulos. No es una venganza pasional, azuzada por disculpables motivos particulares o patrióticos, sino una aniquilación metódica de enemigos reales o posibles. A Lenin le convino el polaco tanto como a Castro el argentino, los dos compartían una austeridad rayana en el exhibicionismo y una ferocidad en los métodos digna de su fanatismo ideológico. Ambos actúan en la sombra pero desde el principio. Ambos ponen en marcha la pareja inseparable de todo régimen comunista: el terror y la mentira.

Ambos reciben también, a cuenta de sus jefes, la disculpa de los «observadores» de la izquierda democrática. Hoy, la de sus biógrafos. Ayer, en el momento de la toma del poder y la represión inmisericorde, la de firmas no menos prestigiosas. Escribía Claude Julien en *Le Monde*: «Las doscientas personas ejecutadas son criminales de derecho común que han matado por sus propias manos». Y Herbert Matthews, distinguido «tonto útil» del comunismo en la guerra de España y al que Castro hizo creer en Sierra Maestra que mandaba a centenares de guerrilleros haciendo desfilar una y otra vez ante él a dos docenas, admitía en *The New York Times* seiscientos fusilados «criminales de guerra», pero inmediatamente aseguraba: «No conozco ningún ejemplo de un inocente ejecutado». ¿Conocía ya a algún culpable antes de ser fusilado? ¿Y Claude Julien? Seguramente ni a uno, no digamos a seiscientos, pero había que mentir por la «buena causa». Y mentían.

Sus herederos ideológicos, también. Al cabo, se trata de no poner a la Verdad en el incómodo trance de desvirtuar una bonita postal humanista de la Revolución, con mayúscula. Taibo, Kalfon y Castañeda reconocen que los juicios no tuvieron ninguna garantía jurídica: «Juicios demasiado rápidos que adolecen de todas las garantías necesarias, claro que los hubo. En Estados Unidos, sobre todo, se levantaron protestas» (Kalfon). Lo que no dice es que las protestas provenían no solo de los batistianos derrotados sino de los antibatistianos exiliados que hacían sus maletas para volver a una Cuba democrática, de los familiares de fusilados sin derecho a juicio y de los propios guerrilleros contra Batista que trataban de implantar una democracia y no un régimen de terror comunista y dictatorial. También les horrorizaba la publicidad dada a los fusilamientos y que no solo se televisaran ejecuciones sino hasta el tiro de gracia levantándole la tapa de los sesos al fusilado. A esa hazaña dedicó su discutible talento el Che. Todavía muchos lo disculpan.

Bien es verdad que las disculpas son contradictorias. Por una parte, se asegura que la represión no fue grande, pero la guerra fue muy poquita guerra: entre los dos bandos llegaron a dos mil quinientos muertos en dos años de lucha, evidentemente pocos. Cerca de mil batistianos y unos mil quinientos antibatistianos, según cifras de Barquín, el militar «puro» que ayudó a los alzados a entrar en La Habana sin tener que disparar más que al aire. Sobre esa cifra y con los principales responsables del régimen huidos, seiscientos fusilados eran muchísimos y sin ninguna necesidad. Al menos para los cubanos. Los intelectuales de izquierda, como Sartre tras entrevistarse con el Che, podían escribir: «Se fusila muy poco». A ellos, no. A los enemigos de Castro y el Che, sobre todo revolucionarios, sí; a esos se les fusiló bastante.

En los primeros días de enero del 59 bastaba la denuncia, comprobada o no, de haber pertenecido a alguno de los cuerpos represivos de Batista para ser fusilado. Pero en La Cabaña no se trató de venganzas incontroladas, sino de la eliminación sistemática, tras juicio sumarísimo, de militares y civiles ya rendidos. Las acusaciones solían ser de torturas a detenidos revolucionarios, pero es difícil discernir las ciertas de las dudosas y las falsas porque no hubo garantías legales para los juzgados. El gobierno de Castro eliminó por decreto la prohibición de la pena de muerte que estaba en la Constitución de 1940, precisamente la que había prometido restaurar. Y desde entonces la aplicó por motivos políticos junto a diversas formas de tortura.

El Che supervisaba todo el proceso represivo, tanto los fusilamientos como las torturas y las inhumanas condiciones de encarcelamiento de los presos. Los *engavetados*, llamados así por estar encerrados en celdas pequeñas como cajones, sin luz y sin sumidero para sus detritos, podían correr también la dudosa suerte de ser fusilados con salvas, método de castigo que ya había empleado el Che y del que presume en *Pasajes de la guerra revolucionaria*, que creó tradición en el aparato represivo cubano. ¿Qué siente el agraciado con esa especie de lotería macabra? Un ex-preso político de Castro la relata así:

A las cuatro de la mañana nos sacaron, nos amarraron los pies, y me llevaron a mí primero al campo de tiro de San Juan. Me unieron al «palo» (de fusilamiento) por las esposas a la espalda, me pusieron un esparadrapo para que no gritara y me «fusilaron» con balas de salva (...). No sabía qué pasaba, no podía saber qué pasaba. Sí recuerdo que la lengua se me cuarteó, y parece que le di un fuerte apretón con los dientes al oír los disparos, y me la destrocé, aunque no sentía dolor en ese momento. Tuve una sed insaciable durante varios días. La boca permanentemente reseca. Tomaba agua y agua y como que me hinchaba pero no se me quitaba la sed, produciendo una saliva espesa, como espuma, y la boca pastosa. Y durante días, muchos días, estuve como un bobo en la celda. No entendía nada. Vaya, sabía que aún estaba vivo, claro, pero no pensaba en un truco, sino en un error, un fallo, qué sé yo, y que volverían de nuevo a intentarlo. No se puede descansar, y los recuerdos dando vueltas, en espera del fusilamiento definitivo.

Las detenciones arbitrarias, los malos tratos, las torturas y fusilamientos no se limitaron a los batistianos acusados, con razón o no, de haber sido torturadores. En realidad, desde enero de 1959 se trató aún peor a los revolucionarios democráticos y a cualquier disidente de la línea cambiante pero siempre obligatoria de Fidel Castro. Guevara tiene el dudoso honor de haber sido el Dzerzhinski del Lenin caribeño, incluyendo en su condición de chequista mayor, algo que su predecesor apreciaba mucho: la apostura física, la belleza masculina. «Los buenos mozos», «los guapos chicos» llamaba Isaak Babel a los chequistas, cuya saga novelesca había empezado a escribir cuando sus modelos literarios lo detuvieron, encarcelaron y torturaron, le hicieron firmar diversas «confesiones» de «crímenes contrarrevolucionarios» y, finalmente, le volaron la cabeza en la Lubianka con el revólver reglamentario.

Pero ningún «guapo» de ninguna Cheka —luego GPU, NKVD y KGB en la URSS, Stasi en Alemania Oriental, Securitate en Rumanía, Seguridad del Estado en la Cuba castrista, etcétera— ha igualado en apostura al Che, salvo acaso Ramón Mercader, el asesino de Trotski por orden de Stalin, con el que Guevara guardaba sorprendente semejanza en su juventud y cuyos caminos se cruzaron en La Habana de 1960. Por allí pasó Mercader, protegido por el régimen castrista, al salir de la prisión mejicana camino de Moscú. Y en Cuba murió en 1978, trabajando para el Ministerio del Interior como asesor para «operaciones especiales».

## MORIR Y CERRAR LOS OJOS

Mercader mató o mandó matar mucho menos que Guevara, pero no ha tenido tanta fortuna biográfica como él. Taibo defiende así su actuación en La Cabaña:

> Sin ninguna duda, el Che estaba a favor de los juicios sumarísimos, pero resultan absolutamente irreales las versiones generadas en el exilio cubano que lo convierten en «El Carnicero de La Cabaña», a cargo de la mayoría de los fusilamientos que se produjeron en La Habana. En La Cabaña funcionaban los Tribunales revolucionarios 1 y 2, el primero juzgaba policías y militares, y el segundo (que no dictó penas de muerte) civiles. El TRI sancionó con pena de muerte varios casos; al menos durante el mes de enero, dos docenas de ellos. El Che no fue miembro de ninguno de los dos tribunales pero en su condición de comandante de la guarnición revisaba las apelaciones. No debe haber tenido dudas al ratificar las condenas, creía en su justicia y en los últimos años había sacado de sí mismo una tremenda dureza ante situaciones así. (Taibo, pp. 347-348).

Es decir, que, de creer a su biógrafo, el Che era alérgico al fusilamiento pero estaba acostumbrado a «situaciones así»; no estuvo a cargo de la mayoría de los fusilamientos pero revisó todas las apelaciones, no dudaba de «su justicia» y estaba a favor de los juicios sumarísimos, pero «las versiones generadas en el exilio cubano» son «absolutamente irreales». ¿Cuál es entonces la realidad? ¿La de quienes no estaban en el exilio sino con los Castro? ¿Ha revisado el castrismo en casi cuarenta años alguna de las muertes supervisadas por el Che? ¿Lo hace Taibo? No. Pero en diez líneas refuta sin un solo dato las evidencias que acusan a su héroe.

No menos generoso es Kalfon:

> Es probable que Guevara, con su radical intransigencia a lo Saint Just, velara sin demasiados remilgos por el buen desarrollo de las ejecuciones. La revolución no es un galanteo. Su buena conciencia es absoluta. El padre franciscano que asiste a los futuros fusilados reconoce, además, que los condenados confiesan crímenes peores que los que les han valido el paredón. «La justicia revolucionaria es de verdad justicia —declara el

Che— y no rencor ni desbordamiento insano. Cuando aplicamos la pena de muerte lo hacemos correctamente». Puesto que es un «trabajo sucio», exige que todos los oficiales, incluso los que se desempeñaban en cuestiones de intendencia, se turnen para encargarse de las ejecuciones, con el fin de evitar la «profesionalización», hacer que la responsabilidad sea colectiva y evitar que se estimulen eventuales «impulsos sádicos». Por otra parte, un gringo, el estadounidense Herman Mark, asistente del Che, es quien dirige los pelotones. No hubo baño de sangre por parte de los fidelistas, como sostiene con ligereza el senador demócrata norteamericano Wayne Morse. (Kalfon, p. 267).

La revolución no será un galanteo, pero Kalfon es muy galante con Guevara. Es «probable» (entiéndase: es seguro) que «velara sin demasiados remilgos» (sin ninguno,) «por el buen desarrollo de las ejecuciones». ¿Habrá alguno «malo» para Kalfon? Parecería incluso que el «desarrollo» les resulta estupendo a las víctimas porque confiesan espontáneamente al cura que son mucho peores de lo que creen los que les matan. Aciertan hasta equivocados.

La «intransigencia» de Guevara no lo convierte en criminal sino que lo equipara a Saint Just, un héroe del Terror de 1893, el «Ángel de la Revolución» que no les parecía tan angélico a los guillotinados ni a sus familias. De hecho, le aplicaron el buen desarrollo de la guillotina en cuanto pudieron. En una reflexión sobre los asesinatos etarras, Gabriel Albiac recordaba esta frase de Saint Just: «Un gobierno republicano tiene la virtud como principio y, si no, el terror». Pero ¿qué falta hacía el terror en la Cuba de 1959, donde al parecer sobraba la virtud? ¿O no sobraba? «El terror ejemplifica la virtud ausente», dice el filósofo. ¿No sería precisamente el terror, el paredón en La Cabaña, la única virtud revolucionaria del Che, aunque no precisamente innovadora en el comunismo? Los hechos alimentan, al menos, esa duda.

Pero nuestro biógrafo es inmune a la sospecha. El fino detalle de obligar a todos los oficiales, incluso a los de intendencia, a llevar muertes sobre su conciencia, no le parece un acto «sádico» por parte del Che. Sin duda se trata de un ejercicio de benignidad ampliar los responsables del «trabajo sucio». ¿Y por qué ha de ser «sucio» matar? Al Che no se lo parece, puesto que tiene «perfecta buena conciencia». Además, para refutar las acusaciones del senador demócrata Morse, es otro «gringo», Herman Mark, asistente de Guevara, quien dirige los pelotones de ejecución. Al final, fusilar cubanos parece casi un asunto entre norteamericanos, perfecta fantasía de izquierdas. ¿Quién dijo Che?

Pese a que la competencia es durísima, el biógrafo que llega al virtuosismo en la justificación de Guevara, al tiempo que ratifica los datos conocidos y añade otros, es uno de los más brillantes teóricos de la izquierda mexicana, Castañeda. Reconoce que el Che «deberá supervisar, directamente o desde su ventana en La Cabaña, los fusilamientos de los esbirros de la dictadura: ejecuciones justas pero desprovistas del respeto obligado a proceso debido».

Y corrobora los datos sobre la represión:

Las estimaciones varían sobre el número exacto de ajusticiamientos totales, y en particular en La Cabaña durante los primeros días del año. Cables de la embajada de los Estados Unidos, fechados el 13 y 14 de enero, proporcionan la cifra de doscientas ejecuciones. Historiadores y biógrafos ofrecen cálculos que varían entre las mismas doscientas y hasta setecientas víctimas del «paredón». Fidel Castro después, y a propósito del número de fusilados en 1959 y 1960, señaló que sumaron quinientos cincuenta. Algunos casos fueron claramente ubicados fuera de La Habana: más de cien prisioneros fueron ejecutados por Raúl Castro en Santiago a principios de enero.

Pero aclara:

La mayoría de las ejecuciones sobrepasó el ámbito de responsabilidad del Che. A mediados de enero, en parte con motivo de la oleada de protestas de la prensa y el Senado norteamericanos, Castro decide celebrar juicios públicos en el estadio deportivo de La Habana. Dichos tribunales adquirieron notoriedad a raíz del proceso realizado a mediados de enero al mayor Jesús Sosa Blanco, un vicario batistiano de Oriente particularmente sanguinario y a los coroneles Grau y Morejón. Si bien esta determinación fue desastrosa desde el punto de vista de la imagen del régimen, eximió al Che de toda decisión sobre la vida o muerte de varios de los presos de La Cabaña. Esta potestad se había traducido en decenas de ejecuciones, extrañamente consumadas por otro «internacionalista», el norteamericano

Herman Marks, un prófugo de Milwaukee que se unió a Guevara en el Escambray.

En fin, sopesa:

Prevalecen varias interpretaciones encontradas sobre el papel del Che en los fusilamientos de La Cabaña. Algunos biógrafos que pertenecen a la oposición exiliada al régimen castrista acusan al argentino de disfrutar las ceremonias fúnebres y de haberlas efectuado con delectación, aun cuando reconocen que las órdenes provenían de Fidel Castro. Otros refieren que Guevara sufría con cada ajusticiamiento y que perdonó a cuantos pudo, aunque no vaciló en acatar las instrucciones cuando estaba convencido de ellas.

Y remata:

La responsabilidad guevarista por los actos de La Cabaña —si bien intransferible, ya que en ningún momento trató el Che de esquivarla— debe ser vista en el contexto de la situación del momento. Ni se trató de un baño de sangre, ni se exterminó a un número significativo de personas inocentes. Después de los excesos de Batista, y en vista de la exacerbación de las pasiones en Cuba en esos meses invernales, más bien resulta sorprendente que el número de muertes y de abusos haya permanecido tan pequeño. También es cierto, sin embargo, que el Che no albergaba mayores dudas internas sobre el recurso a la pena capital, o a los juicios sumarios y multitudinarios. Estaba dispuesto a dar la vida por sus ideales y opinaba que los demás habían de actuar en consecuencia. Si la única manera de proteger la revolución era fusilando a delatores, enemigos y conspiradores, ningún argumento humanitario podía disuadirlo. Despreció las críticas —indudablemente hipócritas— provenientes de los Estados Unidos aduciendo el imperativo superior de la defensa de la revolución. Nunca permitió ni el atisbo de una reserva sobre la vinculación entre medios y fines, entre precedentes y acciones futuras, entre antecedentes históricos previos y consecuencias nefastas por venir. (Castañeda, pp. 182-184).

Si no fuera, como digo, uno de los más brillantes intelectuales de la izquierda mexicana, le sería difícil a Castañeda justificar tal acumulación de contradicciones y unos juicios tan exculpatorios que resultan casi su-perfluos. Debe admitir que el Che no tenía el menor empacho en fusilar a cualquier enemigo, con lo que resulta absurdo que acepte las versiones —no procedentes, claro, del exilio anticastrista— de que el Che «sufría» con cada ejecución. En realidad carecía de toda discriminación moral al disponer de vidas ajenas, puesto que no distinguía entre medios y fines. Por eso mismo sorprende que limite su aceptación de los fusilamientos a que le parecieran «justos». Nunca le pudieron parecer injustos los de La Cabaña por la sencilla razón de que los decidía él. Claro que algún exi-liado obtuso preguntará cómo podía juzgar y matar en La Habana al-guien que no conocía a nadie allí. Absurda pregunta.

Sorprende, por otra parte, que Castañeda olvide un pequeño detalle: la revolución que imponía el Che no era precisamente la que quería buena parte del pueblo cubano y habían proclamado los guerrilleros, es decir, democrática y no comunista. A los que fusilaba el Che o veía bien que fusilaran era a los que mantenían esa idea de revolución que era la indudablemente legítima. Lo era hasta el punto de que el Che y Castro debieron mentir dos años para ocultar que estaban perpetrando una trai-ción completa a los objetivos declarados por el Movimiento 26 de Julio. Utilizar términos como «soplones, enemigos y conspiradores» para quie-nes fueron públicamente fieles a sus ideas de libertad no muestra preci-samente respeto por los que lucharon contra toda tiranía y lo pagaron con su vida. No hace Castañeda una cosa ni la otra.

Todavía asombra más que suscriba el desprecio del Che por las protes-tas norteamericanas ante las ejecuciones y los juicios en estadios deportivos, a las que llama «indudablemente hipócritas». ¿Todas? ¿No hubo ninguna protesta sincera entre los cubanos ni entre los norteamericanos? ¿No había alguna razonable o justificada? ¿Ni siquiera una sola movida por el afán de libertad, por la resistencia a los juicios arbitrarios y la tiranía comunista?

El propio Castañeda, contaminado acaso por su frecuentación de las universidades norteamericanas, participa de esa hipocresía cuando habla de «ejecuciones justas pero desprovistas del respeto obligado a proceso debido». ¿Cómo puede ser justo matar tras un proceso injusto? ¿O cómo puede considerarse obligado un respeto y debido un proceso cuando una ejecución sin ellos es justa? No hubo baño de sangre, dice Castañeda an-te los centenares de ejecuciones sin garantías procesales; desconocemos

dónde empieza su noción de baño y termina la de salpicadura o chapu-
zón. Pero tal vez requiera alguna precisión su frase de que «no se exterminó a un número significativo de personas inocentes». Vamos, que se
asesinó a personas inocentes, sí, pero que su número no fue suficiente
para resultar significativo.

Tengo una sospecha sin demasiada significación: los esposos Rosenberg, condenados a muerte por espías soviéticos, eran solo dos y barrun-
to que el número le resulta significativo a Castañeda, lo mismo que el de
Sacco y Vanzetti. ¿Tal vez solo se asesinó en Cuba a una persona inocente y por eso su número no es significativo, por singular? Es una lástima
que el biógrafo del Che no nos diga los pocos inocentes que mató el
Che, porque así podríamos saber también el amplio número de culpables
que ultimó. Pero ni una cosa ni la otra. Como en las demás biografías izquierdistas de Guevara, sus víctimas no tienen derecho a nombre, ni a
número, ni siquiera a «significación». Son como todos los muertos del
comunismo para la izquierda inmutable: numerosísimos y molestos. Como insectos, a los que se aplasta y se olvida.

Pero hay seres extraños, inconcebiblemente inmunes a la estética revolucionaria, que se resisten a olvidar y que sobreviven a cualquier aplastamiento. El 28 de diciembre de 1997 publicaba *El Nuevo Herald* en Miami esta carta firmada por Pierre San Martín:

> Eran los últimos días del año 1959; en aquella celda oscura y fría 16 presos
> dormían en el suelo y los otros 16 restantes estábamos parados (de pie)
> para que ellos pudieran acostarse, pero nadie pensaba en esto, nuestro úni-
> co pensamiento era que estábamos vivos y eso era lo importante; vivíamos
> hora a hora, minuto a minuto, segundo a segundo sin saber qué depararía
> el segundo siguiente.
>
> Fue como una hora antes del cambio de turno cuando el crujiente
> sonido de la puerta de hierro se abrió, al mismo tiempo que lanzaban una
> persona más al ya aglomerado calabozo. De momento, con la oscuridad,
> no pudimos percatarnos que apenas era un muchachito de 12 o 14 años a
> lo sumo, nuestro nuevo compañero de encierro. Y tú qué hiciste, pregun-
> tamos casi al unísono. Con la cara ensangrentada y amoratada nos miró
> fijamente, respondiendo: por defender a mi padre, para que no lo mataran,
> no pude evitarlo, lo asesinaron, los muy hijos de perra.

Todos nos miramos como tal vez buscando la respuesta de consuelo para el muchacho, pero no la teníamos, eran demasiado nuestros propios problemas. Habían pasado dos o tres días que no se fusilaba y cada día teníamos más esperanzas que todo aquello acabara, los fusilamientos son inmisericordes, te quitan la vida cuando más necesitas de ella para ti y para los tuyos, sin contar con tus protestas o anhelos de vida.

Nuestra alegría no duró mucho más, cuando la puerta se abrió, llamaron a diez, entre ellos al muchachito que había llegado último; nos habíamos equivocado, pues a los que llamaban nunca más los volvimos a ver. ¿Cómo era posible quitarle la vida a un niño de esa forma; sería que estábamos equivocados y nos iban a soltar? Cerca del paredón donde se fusilaba, con las manos en la cintura, caminaba de un lado al otro el abominable Che Guevara. Dio la orden de traer al muchacho primero, y lo mandó arrodillarse delante del paredón. Todos gritamos que no hiciera ese crimen, y nos ofrecimos en su lugar. El muchacho desobedeció la orden, con una valentía sin nombre le respondió al infame personaje: si me has de matar tendrás que hacerlo como se mata a los hombres, de pie, y no como a los cobardes, de rodillas.

Caminando por detrás del muchacho le respondió el Che: con que sois un pive (*sic*) valiente. Desenfundando su pistola le dio un tiro en la nuca cercenando casi su cuello. Todos gritamos: asesinos, cobardes, miserables y tantas cosas más. Se volteó hacia nosotros y vació el peine de la pistola, no sé cuántos mató e hirió; de esa horrible pesadilla, de la cual nunca logramos despertar, pudimos darnos cuenta que aunque heridos estábamos en aquella clínica del estudiante del hospital Calixto García, por cuanto tiempo no lo sabríamos, pero una cosa sí estaba clara, nuestra única baraja era la de escapar, única esperanza de supervivencia.

La transcripción es literal, incluidas las faltas de ortografía y sintaxis y también la confusión del relato. No sobreviven muchos a las celdas de condenados a muerte y no todos salen lúcidos de la experiencia, ni se convierten en prosistas. Sin embargo, en estos últimos treinta años, ¿cuántas cartas así se habrán publicado sobre el Che? ¿Por qué sus biógrafos no han dedicado a una sola de ellas la mitad de los esfuerzos que a sus hazañas infantiles? Quizás alguna vez se haga una biografía del «guerrillero heroico» desde el punto de vista de las víctimas, pero seguramente se hará esperar. ¿A quién le importa comprobar si ese muchacho asesinado existió de verdad, cuál era su nombre, su edad real y cómo acabó ante el paredón? Es mucho más atractivo el personaje del verdugo. En eso coinciden Guevara y sus biógrafos.

Sin embargo, el apodo de «Carnicero de La Cabaña» no se lo pusieron por casualidad. Alina Fernández, la hija de Fidel Castro y Nati Revuelta, declaraba poco después del trigésimo aniversario guevarista:

> Lo recuerdo en su oficina y lo recuerdo en sus discursos televisivos y lo recuerdo cuando oficiaba los fusilamientos de los supuestos «desafectos a la revolución», junto a Raúl Castro, que es por ello uno de los hombres más odiados de Cuba (...). Tengo muchas cartas que hablan de padres, hijos y hermanos fusilados por Raúl o por el Che, como no podían entregárselas a Fidel me las entregaban a mí por las rejas del jardín de mi casa.

Por supuesto, el entrevistador, Jesús Quintero, que es un añejo defensor de la dictadura castrista, responde con una pregunta exculpatoria: «¿La mayoría de los ejecutados eran torturadores y asesinos?». Han pasado casi cuarenta años de las alegaciones de Matthews y Julien defendiendo la legitimidad de los fusilamientos. Ni ellos sabían realmente entonces a quiénes ni por qué fusilaban, ni, mucho menos, lo conoce hoy Quintero. Pero así se hace la historia de los millones de asesinados por el comunismo: una interrogación en favor del criminal es la definitiva cruz sobre sus tumbas.

## HUNGRÍA, ESPAÑA Y OTRAS NOCHES TRISTES

En el mismo 1997 publicó la revista *Debats* un ensayo de Hanna Arendt «Reflexiones sobre la revolución húngara» escrito en 1958, cuando Castro y Guevara enfilaban su camino hacia el poder, en recuerdo de la insurrección democrática de 1956 contra la dictadura comunista. La autora de *Los orígenes del totalitarismo* comienza preguntándose:

> ¿Quién puede olvidar el gesto político postrero de la revolución, la procesión silenciosa de las mujeres de luto que en público lloraban a sus muer-

tos por las calles de Budapest ocupada ya por las tropas rusas? Y ¿quién podrá dudar del vigor del recuerdo cuando, un año después de la revolución, el pueblo derrotado y aterrorizado tuvo aún valor para conmemorar en público, una vez más, la muerte de su libertad, abandonando de forma espontánea y masiva todos los lugares de entretenimiento público, los teatros y los cines, los cafés y los restaurantes?

La respuesta a su pregunta es obvia: Ernesto Guevara, por ejemplo, no solo había olvidado todo eso en 1956, sino que no quiso enterarse de lo que sucedió en Hungría ni de lo que revelaba sobre la naturaleza despótica de ese sistema. Todo lo contrario: al año siguiente se embarcó con Castro en su primera aventura de guerrillero comunista internacional, dispuesto a emular, no a las víctimas de la revolución húngara, sino a sus verdugos. Y cuarenta años después, que sin duda es más grave, sus biógrafos de izquierda siguen celebrando tan heroico derrotero, tan luminoso ejemplo de utopía tópica.

Continúa Arendt:

Lo ocurrido en Hungría no ocurrió en ninguna parte, y los doce días de la revolución encierran más historia que los doce años anteriores desde que el Ejército Rojo «liberó» el país de la dominación nazi. Durante doce años todo sucedió como era de esperar: la larga y penosa historia de engaños y promesas rotas, de esperanza contra toda esperanza y de decepción final. Así fue desde un comienzo, con las tácticas frentepopulistas y un simulado parlamentarismo, pasando luego por la dictadura de partido único, que rápidamente liquidó a los líderes y miembros de los partidos políticos antes tolerados, hasta el último escalón, en que los líderes de los partidos comunistas nacionales de los cuales Moscú desconfiaba, con o sin motivo, fueron encausados bajo acusaciones falsas, humillados en procesos ficticios, torturados y asesinados, mientras pasaban a gobernar el país los elementos más despreciables y corruptos del partido, ya no comunistas sino agentes de Moscú (...). Era como si los gobernantes rusos repitiesen a un ritmo más vivo todos los pasos de la Revolución de Octubre hasta llegar a la dictadura totalitaria. Por ello esta historia, aun siendo innominadamente terrible, carece de suyo de un interés notable y lo ocurrido en un país satélite difiere muy poco de lo que casi al mismo tiempo ocurría en todos los demás, del Báltico al Pacífico.

Pues de nada sirvió en otras aguas: las del Caribe. Allí se repitió desde enero de 1959 esa historia ya sin valor en Hungría porque simplemente repetía la rusa de 1917. Poco alivió la suerte de los cubanos que los húngaros hubieran pagado recientemente tan caras sus ansias de libertad. Una gigantesca máquina de mentir y de matar se había puesto en marcha en la isla y sus aspas en forma de guillotina debían girar durante muchas décadas, con el aplauso de infinidad de manos acostumbradas a escribir y empeñadas en jalear el éxito definitivo de lo que había fracasado sangrientamente ya en muchos países. La izquierda no había sacrificado suficientes víctimas en el altar del socialismo. Hacían falta unos millones más y les tocó a los cubanos.

Les seguía tocando en el treinta aniversario de la muerte del Che, porque a la obligada devoción oficial se sumaba y se suma la de esa innumerable y al tiempo selecta cofradía intelectual que intenta salvar como mito lo que no resiste como historia, aunque sea historia y no precisamente mítica la de la revolución cubana. Todo es camuflaje. Los últimos biógrafos de Guevara se esfuerzan en no calificar de típicamente comunista el proceso de consolidación de la dictadura castrista en Cuba, tal vez por el destacadísimo papel del Che en ese proceso, pero salta a la vista. Los datos son abrumadores.

## LA VIDA PRIVADA Y REGALADA DEL CHE

Cuando aún no se extingue el eco de los fusilamientos de La Cabaña, Guevara tiene un ataque de asma, que no de conciencia, y se traslada a una bonita mansión en Tarará. Publicada en la prensa su afortunada mudanza, este hombre que no se preocupa por las comodidades, pero sí y mucho por su imagen pública (y con duradero éxito), protesta mediante una nota que es la enfermedad y no el vicio la que lo lleva a ese espléndido aislamiento. Salvo que contemos como vicio el del poder y como frutos la mentira y el crimen.

Porque lo que Kalfon cuenta, Taibo no desmiente y Castañeda documenta al detalle es que en Tarará se constituyen dos instituciones fatídicas para el futuro de millones de cubanos: la policía política, Seguridad del Estado o G-2, cuyo jefe será la mano derecha del Che, Ramiro Valdés, y un gobierno —o soviet— secreto, paralelo al legal del presidente Urrutia y el primer ministro Miró Cardona. A las reuniones de ese gobierno en la sombra, bajo la tutela de Castro y con la participación de un núcleo casi totalmente marxista —Alfredo Guevara, Núñez Jiménez, Raúl Castro, el Che, Camilo Cienfuegos, Ramiro Valdés— solo son invitados a los conciliábulos nocturnos en casa del Che los comunistas ortodoxos: Carlos Rafael Rodríguez o Blas Roca. Allí se organiza la liquidación de todos los elementos democráticos del Movimiento 26 de Julio y la represión de quienes denuncien la farsa y se atrevan a combatirla. Mentira sobre mentira. Terror sobre terror.

El Che está rodeado ya en La Cabaña de comunistas que a los propios revolucionarios eufóricos les resultan siniestros. Martha Frayde retrata así a su jefe de seguridad, Osvaldo Sánchez.

> Era responsable de seguridad de los dirigentes en el Partido Comunista Cubano (PSP). Había sido formado en la URSS. Era la caricatura del hombre del KGB, casi mudo, sobrio, grave, vestido siempre de civil con el clásico sombrero blando.

Frase que recoge Kalfón junto a otra que le parece «insólita» sobre su biografiado:

> El Che se sentía muy orgulloso de hablar francés y le gustaba demostrar que era brillante y culto. Creo que se consideraba superior a Fidel, más cáustico, mejor estratega. Adoraba hablar. Nosotros, boquiabiertos, lo escuchábamos horas enteras. (Kalfon, p. 270)

¿Es insólito que una vieja amiga de Castro perciba la vanidad del Che? Lo insólito en realidad es el afán de sus biógrafos por ocultar lo que durante un lustro será, más que evidente, cegador. Por de pronto, junto a Sánchez, un hombre efectivamente de los soviéticos, Kalfon destaca a Fabio Grobart, «el polaco», también considerado del KGB desde hacía muchos años y al que atribuye el grado de coronel, aunque su fuente, Juan Vives, que trabajó para Grobart, no le parece fiable a Castañeda. A cambio, coincide en documentar la llegada y consolidación en torno al Che de un grupo de oficiales soviéticos directamente venidos de Moscú, entre los que destacan varios españoles y singularmente Ángel Ciutah, que será el mentor principal de Ramiro Valdés.

Al leer el apellido Ciutah, que no es español ni por el forro, me asaltó la razonable duda de que escondiera o camuflara alguno de los agentes de Stalin en la guerra española. Y en lo primero que pensé era en un pariente, si no el propio Francesc Ciutat, jefe de Operaciones en el Ejército de Levante a las órdenes del General Menéndez, uno de los seis seleccionados por los soviéticos al final de nuestra guerra para entrar en la Escuela de Estado Mayor del Ejército Rojo y miembro del Comité Central del PCE.

Y es que la flor y nata del viejo estalinismo español llega a Cuba desde Moscú: Líster, Ibárruri, Caridad Mercader. El Che puede presumir de resucitar políticamente a los españoles de la facción que sirvió a Stalin durante la Guerra Civil, ya que no a Nin y demás víctimas. Como buen mitómano de izquierdas, Guevara los identifica con la República, la Libertad, España y otras mayúsculas, pero esa identificación es tan falsa como la de Ciutah.

Porque si Kalfon y Castañeda hubieran dedicado a investigar a este creador del terror estatal en Cuba solo la milésima parte de tiempo que a su héroe, lo habrían encontrado en un lugar tan público como las Memorias de Santiago Carrillo. En 1960, durante el Congreso del PSP, el comunismo cubano ortodoxo, se reencuentran en La Habana Carrillo y Francisco (o Francesc) Ciutat de Miguel, que pertenecía al círculo íntimo de asesores de Castro y el Che. Y junto a él Román Soliva, al que Gregorio Morán describe como oficial escogido por la NKVD —luego KGB— desde, al menos, 1939 (Morán, 2017).

Si Ciutat estaba ya con el Che en enero de 1959, junto a Sánchez y Grobart, no hace falta señalar hasta qué punto la URSS podía manipular a quienes se sentían hambrientos de manipulación. Pero Ciutat, desconocido en España entonces y ahora, tenía que ser un hombre de absoluta confianza de los soviéticos porque Carrillo cuenta también cómo viaja con él y con Líster a visitar a Bumedian, ministro entonces de Ben Bella y luego gran ingeniero del catastrófico socialismo argelino. El régimen castrista tenía entonces ya destacada una pequeña unidad militar en Argelia, así que el periplo de Ciutat por los despeñaderos del socialismo internacional alcanza los tres continentes que lo han padecido. Dudosa hazaña, aunque digna de investigación.

Pistas sobran. Germán Sánchez, coautor con Luis Mercader del libro sobre su hermano Ramón, ha proporcionado algunas en un breve reportaje que recordaba en el XXX Aniversario a los «hispanosoviéticos» amigos del Che. Aunque, lamentablemente, evita señalar la naturaleza real de la colaboración de Ciutat con Guevara —la creación del aparato de terror que los ha sobrevivido a ambos— cuenta con la memoria del yerno de Ciutat, Damián Pretel, profesor de Filosofía en La Habana con Régis Debray e instalado ahora como profesor de Historia de la Civilización Rusa y su Filosofía en Granada.

Pretel conoció a Guevara a comienzos de los años sesenta en un acto de la Asociación de Amistad Hispano-Cubana en La Habana, con motivo de la visita de Líster. La anciana viuda de Ciutat, Sofía Kokuína, recuerda que la relación epistolar de Guevara con su marido se mantenía aún durante su aventura congoleña. Sánchez añade otros nombres de estalinistas españoles relacionados con el Che. Por ejemplo, Anastasio Mansilla, que le dio clases particulares de economía marxista cuando dirigía el Banco Nacional de Cuba; también el intérprete de los soviéticos José Fernández Sánchez y el hijo de otro José Fernández, Colino, periodista del PCE, que se llamaba José Fernández Meana y que según su familia murió con nombre falso en Bolivia mandando el segundo grupo guerrillero, el de Inti Peredo. Según Germán Sánchez, su madre, Carmen Meana, regresó a España, donde murió destrozada sin poder contar la verdadera historia de su hijo, porque Cuba la quería ocultar a toda costa. La oculta aún. Incluso a los biógrafos del Che.

Dos detalles curiosos más acerca del nombre oficial de Ciutah. Ángel se llamaba efectivamente su hermano, abogado madrileño, pero además Francisco tenía un apodo que descubrimos en un pie de foto del reportaje: «El Angelito». Significativo. Cuenta emocionado Pretel, según Sánchez, que en su encuentro con Líster el Che dijo que le habría gustado mucho ir voluntario a España durante la guerra. No sabía hasta qué punto iba a seguir las huellas de Pablo de la Torriente Brau, el apuesto escribidor y comisario político de El Campesino al que en 1936 mandaron a España sus jefes del partido, para quitárselo de en medio. Hablaremos de él.

Carrillo cuenta también que en ese viaje a Cuba, cuando Guevara era el factótum de la moneda cubana, discutió con él por el empeño que tenía en estatalizar el comercio. El jefe del comunismo español, tras su experiencia, dice, en la guerra española y en los países del socialismo real, intentó convencer al Che de que haciendo eso no solo continuaría el mercado negro sino que impondría para siempre la escasez de productos básicos. Puede dudarse del acaloramiento de Carrillo en defensa de la libertad de mercado, sobre todo en 1960, pero no de la obstinación con que, según el secretario general del PCE, rechazó todos sus argumentos Guevara.

Y es que, con la misma fiera convicción que empleó en los fusilamientos de La Cabaña o en la creación de la Cheka cubana y la usurpación del gobierno mediante un gobierno Soviet paralelo, tres hazañas con las que su hoja de servicios a la humanidad en Cuba quedaba más que cumplida, el Che también se dedicó a arreglar la economía de una isla rica y próspera. Hasta que el comunismo la arruinó.

Sus amables biógrafos, obviando la significación de las tres fechorías liberticidas anteriores, se recrean en esta etapa como algo más simpático y meritorio, menos espinoso que lo anterior. Y ciertamente no es lo mismo el terror que la ruina, aunque si ambos forman parte de la implantación de un régimen comunista es normal que sus arquitectos cambien de ministerio, presidiendo una catástrofe tras otra.

El Che, no obstante su oceánica ignorancia en asuntos económicos y su absoluta falta de experiencia como empresario y como trabajador, aceptó del Líder Máximo y ostentó con su gallardía habitual los cargos más importantes: Agricultura, Banco Central e Industria; la economía en fin, pasó por sus manos; la propiedad, la tierra, la moneda, las máquinas y el comercio estuvieron a su merced. Se convirtió en lo que podríamos llamar un vicepresidente económico del castrismo y en el artífice más ferviente de la socialización del campo, de la industria luego y, finalmente, de todo el aparato productivo. Curiosamente, los devotos del Che, que execran los consejos del FMI como intromisiones intolerables en la soberanía nacional y se pasan el día condenando el embargo comercial de los USA al castrismo, no ven anormal ni censurable que un argentino analfabeto en materia de números *embargara* a punta de pistola toda la economía de Cuba.

Pero una de las ventajas de la política económica es que, en líneas generales, puede juzgarse por sus resultados. Los del régimen castrista pueden resumirse en uno solo: Cuba estaba en 1959 en el tercer lugar de Iberoamérica por índices de bienestar social, incluyendo la sanidad y la enseñanza, solo superada por Argentina y, en ciertos ámbitos por Chile y en otros por Uruguay. Cuba tenía también en 1959 una renta per cápita superior a Portugal, Grecia y España. Después de tantas décadas de disfrutar del sistema comunista y a pesar de los gigantescos préstamos-regalos de la URSS, los cubanos siguen ostentando el tercer lugar de Iberoamérica, pero ahora por la cola, solo superados en deficiencias por Haití y, en algunos aspectos, Nicaragua, otro país que también disfruta de un gobierno de discípulos del Che.

Sin embargo, los errores en la política económica no revisten, a mi juicio, el mismo valor moral que los crímenes contra la libertad. Sería fácil entretenerse con los detalles de soberbia ignorante y de ignorancia soberbia de un hombre que, sin el menor conocimiento de la materia en general y del país en particular se atrevió no solo a firmar sus billetes de banco con su apodo, Che, sino a organizar, o sea, a desorganizar su comercio, su industria y su agricultura. La cantidad de disparates cometidos por Guevara da para una enciclopedia, pero finalmente la escasez e incluso la ruina no tienen en el Che a un fautor mágico ni único. Pertenecen a la monótona serie de catástrofes económicas que ha supuesto la implantación del comunismo en todos y cada uno de los países que lo han padecido, sin excepción. Ni siquiera tiene Guevara el dudoso privilegio de haber sigo el epígono de estos ingenieros del desfalco y la hambruna capaces de arruinar cualquier país. Detrás de él otros han matado más y han arruinado más. Incluso con más estudios y más experiencia, véase Pol Pot.

Quizás lo peor de su actividad en el campo de la Economía es que no le impidió dedicarse también a la literatura política, con resultados igualmente letales. Si de economía no sabía nada, de otras cosas aún sabía menos, pero sin duda el asma y el sueño escaso favorecían el magisterio sonámbulo. A estas alturas, nadie, ni siquiera sus más coriáceos admiradores, duda del terrible error que supuso generalizar su única experiencia guerrillera en Cuba como guía para cualquier otro país. Lo que no suele remarcarse es que eso que los piadosos llaman voluntarismo, los marxistas ortodoxos «blanquismo» y los ortodoxos menos piadosos simple aventurerismo, no fue producto de la ceguera del triunfo, sino fruto de una temprana y osada ignorancia.

Quizás hoy Guevara resulta más aburrido que ofensivo. Es difícil tomarlo en serio, por más daño que hiciera a millones de cubanos y por más que su nefasto ejemplo sedujera a miles y miles de jóvenes que siguieron su ejemplo de mesías a punta de pistola y se echaron al monte para acabar matando y muriendo, arruinando la libertad de sus países cuando la había, provocando o consolidando dictaduras en casi todo el hemisferio que venían a «liberar».

Pero el personaje del Che, si dejamos aparte su fotogenia, que no parece índice suficiente para concluir valor intelectual o político en nadie, resulta poco más que un fatuo aventurero totalitario, un adolescente perpetuo, amigo de las armas, fascinado por la pólvora y adicto a la guerra, con el desprecio por la vida ajena propio de esa edad. Su adoración miope por la URSS y luego por la China maoísta, su desprecio por las urnas, su irresponsabilidad en los cargos públicos, su sectarismo... no son originales. En sus ideas no hay nada nuevo que sea bueno ni bueno que sea nuevo. Pocas cosas más antiguas que ese «Hombre nuevo» suyo que ya en 1959 se había jubilado en la URSS. Pero ha habido y hay tantos dispuestos a creer esa bobada que Guevara es solo uno más. Lo realmente irritante es que durante treinta años los niños cubanos hayan tenido que gritar diariamente en la escuela: «¡Seremos como el Che!». Guevara no es ejemplo de nada. Simple fotomatón.

Tampoco me parece especialmente interesante su fracaso guerrillero en África ni la sucesión de trampas que culminaron en su muerte, porque ambas cosas son responsabilidad de Castro y este es, en buena parte, obra del Che. Tanto en lo intelectual como en lo moral y en lo político, nada del Che resulta sobrecogedor, salvo los que ayer y hoy —temo que también mañana— lo presentan como un modelo a seguir. Que durante su juventud se firmase «Stalin II», que escribiera el célebre poema a Fidel llamándole «ardiente profeta de la aurora», que suprimiera la contabilidad por reaccionaria, que se atreviera a escribir que el guerrillero —o sea, él— era «el escalón más alto de la especie humana», sería simplemente ridículo si no lo hubiera hecho después del descubrimiento del inmenso cementerio fabricado por Lenin y Stalin. Por desgracia, se empeñó en aumentar tanto el número de héroes como el de tumbas, y aunque produjo finalmente más muertos entre sus seguidores que entre sus enemigos, el comunismo ya había costado demasiados millones de cadáveres para entonces. Por eso ofende intelectualmente que se promueva el culto a quien no valía mucho como ser humano y a las ideas de quien no tenía otras que las de Lenin, Stalin o Mao, incluyendo el culto a su personalidad.

Lo peor del Che en Cuba no fue la ignorancia sino la petulancia, la crueldad sobre la vanidad. No vaciló en ocupar el puesto del primer economista cubano, Felipe Pazos, que dirigía el Banco Central de Cuba en el gobierno revolucionario. Ni el departamento de Agricultura, que dirigía Sorí Marín, también guerrillero antibatistiano y con las mismas o mejores credenciales políticas que pudiera tener el Che, además de su cubanía y sus conocimientos técnicos. Ambos, como Huber Matos, dimitieron de sus cargos por el rumbo totalitario que seguía una revolución supuestamente democrática. Fidel encarceló a Matos por dimitir y acabó fusilando a Sorí Marín cuando este, consecuente con sus principios democráticos, lo combatió por las armas, aunque la víspera de matarlo le aseguró a su madre —«mirá, viejita...»— que no lo iba a hacer. Es responsabilidad de Castro haber nombrado al Che para ocupar esos cargos, pero Ernesto Guevara los asumió sin vacilar. Hasta media docena de primera importancia ocupó simultáneamente. ¿No había cinco personas en Cuba capaces de desempeñarlos mejor? Dudo que se lo preguntase siquiera.

Tampoco parece extrañarle a Castañeda la elección del ya dictador cubano, aunque todavía no desembozado:

Fidel Castro sabía perfectamente que el Che carecía de conocimientos económicos, pero los economistas a su disposición no eran confiables para las tareas a realizar. De la gente en la que Castro podía depositar su confianza, el Che era quien poseía mayores conocimientos de economía. Había leído algo, y en el INRA había tenido un par de meses de experiencia. Su viaje en misión relativamente comercial también le aportó alguna pericia. La decisión de encomendarle la oferta de dinero y la política de financiamiento de las nuevas empresas creadas por el INRA no era, pues, del todo descabellada desde el punto de vista político. La desaparición de Camilo Cienfuegos en noviembre y la designación de Raúl en la defensa le vedaban otras opciones al caudillo. Para la economía quedaba el Che y punto. (Castañeda, p. 212).

Mejor punto y seguido: si haber «leído algo», «un par de meses de experiencia» y «un viaje en misión relativamente comercial» son bagaje suficiente para suscitar confianza política en quien debe desempeñar una

tarea técnicamente cualificada, está claro que el bienestar de la población
ha dejado para Castañeda de ser objeto de preocupación política.

En realidad, el hecho de que solo tres personas, un hermano, un
muerto y un extranjero, puedan optar a la dirección económica de un país
relativamente desarrollado, sin tener ninguno capacidad para ello, demuestra la tragedia que se le venía encima a Cuba. Pero a ello contri-
buía la facundia del Che, capaz de decir a los expertos destacados en el
FMI «nos vamos a retirar del Fondo Monetario eventualmente porque
nos vamos a unir con la Unión Soviética, que está 25 años por delante de los Estados Unidos en tecnología», todo para eludir una deuda con el FMI... que en realidad Cuba tenía con el Banco Mundial
(Castañeda, 215).

Los técnicos del Banco, tras la detención de Huber Matos y la destitución de Pazos, fueron abandonando sus puestos, a lo que no sería ajeno ver cómo el sustituto de Pazos desconocía tanto los rudimentos económicos como las normas de urbanidad —recibía con los pies encima
de la mesa a ciertos visitantes o les hacía esperar durante horas— y además dedicaba su tiempo a otros asuntos además de la minucia del Banco
Central: junto a cursos de matemáticas y economía marxista también los
recibía de aviación y de ruso. Y se enfadaba con los que huían del Banco
amenazando con sustituirlos por campesinos. Lo que se dice un prodigio
de irresponsabilidad. Bien es cierto que los intelectuales que lo visitaban
no le hacían precisamente reflexionar sobre sus límites. Sartre, Simone de
Beauvoir, Sábato, Bettelheim y otros muchos acudían en romería a admirar devotamente a aquel genio de la economía política. Sobre literatura y revolución, su irresponsabilidad intelectual y política era indudablemente mayor que la del Che.

Aunque difícilmente nadie, salvo Castro, hubiera igualado su fatuidad al afirmar en Punta del Este, en el Consejo Interamericano Económico y Social:

La tasa de crecimiento que se da como una cosa bellísima para toda América es de 25 por ciento. Nosotros hablamos de 10 por ciento de desarrollo sin miedo alguno... ¿Qué piensa tener Cuba en 1980? Pues un
ingreso per cápita de 3.000 dólares, más que estados Unidos actualmente.
(Castañeda, 255).

Entre el voluntarismo y la fanfarronería hay términos medios que, evidentemente, el Che desconocía. Pero eso, lejos de suponer un obstáculo en su carrera, la aceleraba. Cada vez fue teniendo en sus manos más sectores productivos, que bajo su égida dejaban de serlo:

La magnitud del aparato burocrático colocado en manos de Guevara (cuando dejó el Banco Nacional de Cuba y se dedicó a la Industria) era descomunal: toda la industria azucarera, las compañías telefónica y eléctrica, la minería, la industria ligera; más de 150.000 personas y 287 empresas en total, incluyendo fábricas de chocolate y de bebidas alcohólicas, imprentas y constructoras. (Castañeda, 268).

Tras arruinar todos los campos de la vida económica cubana el Che se dispuso a salvar al resto del mundo. Nada menos que en la Asamblea General de las Naciones Unidas, el 9 de diciembre de 1964, dice que

Nuestra condición de esclavos coloniales nos ha impedido ver en otras ocasiones: que la «civilización occidental» disimula, tras su suntuosa fachada, una banda de hienas y de chacales. (Kalfon, 422).

Para entonces, tres años después de que Fidel Castro se proclamara «marxista-leninista de toda la vida», el régimen cubano podía exhibir algunas cifras dignas de consideración: miles de muertos en enfrentamientos con los que trataron de derrotar por las armas al régimen comunista en Bahía de Cochinos o guerrillas como la del Escambray, doscientos mil prisioneros en campos de concentración tras 1961 y más de medio millón de exiliados. No habían pasado más que cinco años desde que el Che entrara en La Habana. Podía estar satisfecho de su aportación a la libertad y al bienestar del pueblo cubano. Pero eso no le bastaba. Tenía que seguir salvando a la humanidad y como paso previo apostrofaba a las «hienas y chacales» de Occidente. El angelito

No hace falta señalar que ni el Che ni Castro habían sido nunca «esclavos coloniales», aunque ambos estaban dispuestos a convertir a Cuba en colonia de cualquier potencia socialista, a ser posible la URSS, y en reducir a la esclavitud a los cubanos que no se adhiriesen a la dictadura o tomasen el camino del exilio. Tampoco hay que insistir en las masacres soviéticas de Berlín y Budapest o la que entonces estaba llevando a cabo Mao en China. La vida humana, el respeto a los derechos del individuo le importaban muy poco al Che. Peor aún: cuanto más tropezaba con la incapacidad de los suyos para dirigir la economía cubana y cuanto más conocía los países socialistas y comprobaba que estaban mucho más atrasados que la Cuba batistiana, más se acentuaba en él ese fanatismo típicamente comunista que desprecia la realidad para aferrarse a un discurso demagógico y falso de cabo a rabo, una teodicea de la historia que se basa en la negación de los hechos comprobables y las realidades históricas, una prédica de misionero para un proyecto funeral.

Ese daltonismo ético, esa esquizofrenia que reclama libertad para acabar definitivamente con ella, nacía de una convicción: la superioridad del régimen comunista sobre cualquier régimen capitalista, sea democrático o dictatorial. Políticamente, el Che no fue nunca otra cosa que un fiel devoto de Stalin capaz de celebrar en verso *«El impacto difuso de la canción de Marx y Engels/ que Lenin ejecuta y entonan los pueblos»*. Versos dignos de su objeto.

## UN CADÁVER EN LA SELVA

Quizá la mejor prueba de hasta qué punto el hombre que apostrofaba a medio mundo desde Nueva York vivía ya instalado en la mentira, en la desesperada simulación de una logorrea revolucionaria que su propio caso hacía siniestra, es recordar algo que los tres biógrafos reconocen y documentan con detalle: la defunción del Che proclamada por su camarada y jefe Fidel Castro cuando el Che aún vivía. Haciendo el ridículo en una guerrilla congoleña de la que no querían saber nada los congoleños ni los propios guerrilleros, pero vivía.

Cuando se entregó a la vibrante denuncia de los males que hienas y chacales infligían a la humanidad, Guevara ya sabía que su carrera en Cuba había terminado y que el enfeudamiento de Castro a los soviéticos lo había convertido en lo que siempre fue: un aventurero peligroso. Con el agravante de que ni la URSS ni, por supuesto, Castro, toleraban más aventuras que las propias. Por eso, después de levantar tanto la voz al cielo raso de la ONU, el Che se fue al Congo, del que nada sabía, a proporcionarle una salvación al modo cubano, que si no acabó en desastre es porque no pasó del ridículo.

La ignorancia del Che en materia antropológica, sociológica y política del llamado Tercer Mundo era solo comparable a su profundo desconocimiento de los rudimentos de la economía. La que demostró acerca del Congo, donde los iluminados habaneros pensaban empezar a crear la URSA, Unión de Repúblicas Socialistas de África, es patética. Pero nada rara. Enrique Meneses, uno de los primeros reporteros que subió a Sierra Maestra y que dormía en la misma tienda que el Che, cuenta que Guevara le insistía en que los españoles debían empezar en los Pirineos la lucha guerrillera contra Franco. Vamos, que se sorprendía de que no lo hicieran, con las ganas que él tenía de ganar la Guerra Civil del 36. Meneses quiso hacerle ver inútilmente que los Pirineos no son precisamente Sierra Maestra y que el ejército de Franco no era tampoco el de Batista. Haber vencido al frente de un millón de hombres a otro ejército de otro millón después de tres años de sangrienta guerra, con las aportaciones de Stalin, Hitler y Mussolini, tiene un poco más de enjundia militar que la modestísima epopeya castrista. Si entre los dos bandos de Cuba en dos años y medio murieron dos mil quinientos combatientes, solo en la batalla de Brunete cayeron cuarenta mil soldados regulares en menos de un mes, unos veinte mil en cada bando. Pequeña pero significativa diferencia que todo un teórico de la guerra debería contemplar.

Pero además da la pequeña casualidad —ignorada por Guevara— de que los comunistas españoles ya intentaron la invasión guerrillera por los Pirineos al terminar la Segunda Guerra Mundial. Y lo hicieron con un ejército ligeramente superior al de Castro y el Che: unos cuatro mil hombres veteranos de la Guerra Civil entraron por Navarra y Lérida, perfectamente armados y pertrechados. No eran precisamente inexpertos ni en absoluto cobardes, pero en quince días habían sido totalmente aniquilados por la Guardia Civil y el Ejército franquista.

En su artículo «Qué es un "guerrillero"», publicado en *Revolución* el 19 de febrero de 1959, Guevara dice en el primer párrafo:

> Todos saben que fueron guerrilleros aquellos simpatizantes del régimen de esclavización española que tomaron las armas para defender en forma irregular la corona del rey de España.

Lo sabrán todos, pero alguno parece desconocer el origen mismo del término internacional «guerrilla», utilizada precisamente así, en español, por los anglófonos desde la Guerra de la Independencia contra Napoleón, entre 1808 y 1814, que los ingleses llaman Guerra Peninsular. Los guerrilleros españoles defendían la corona legítima de un rey legítimo, por siniestro que resultase luego, llamado Fernando VII. Y la mayoría lo defendían en tanto que rey constitucional, porque los españoles de ambos mundos, peninsulares y americanos, con la natural presencia cubana, votaron en la asediada Cádiz una Constitución liberal, la de 1812. Y algunos de los guerrilleros más famosos, como El Empecinado, murieron precisamente por no aceptar que el rey la derogara al ocupar de nuevo el trono tras la derrota de Napoleón.

Se comprende que un experto como Guevara, tras su larga y descomunal experiencia antillana, desdeñe minucias como combatir al frente de algunos miles de hombres, de ellos doscientos o trescientos a caballo, contra el primer ejército del mundo, el de Napoleón. Seguramente El Empecinado hubiera fracasado ante Batista. También cabe la hipótesis de que la mala redacción supere a la pésima información y Guevara hable de oídas de los «guerrilleros» cubanos opuestos a los independentistas, pero no eran más «irregulares» que Maceo ni combatían por la legitimidad de un rey.

La preparación teórica y dilatada experiencia práctica llevaron a Guevara, decíamos, al Congo. Pero ese es solo un acto de la tragicomedia de Fidel Castro en África. Lo verdaderamente singular del Che en la selva congoleña fue morirse y seguir vivo. Mejor dicho, enterarse por la prensa de que Castro había anunciado su desaparición mediante un ingenioso ardid: leer la carta que le había dejado el Che para el caso de morir en combate.

Kalfon es el que detalla mejor los pasos de Castro, que en plena luna de miel con los soviéticos aprovecha la presentación del Comité Central del nuevo Partido Comunista de Cuba para leer la carta de despedida del Che con su esposa Aleida al lado y vestida de negro. La prensa internacional se hace eco de la tragedia. Y Carlos Puebla cumple el encargo de componerle una guajira al Guerrillero Heroico, la célebre *Hasta siempre*, que Guevara entiende perfectamente en la selva como «hasta nunca». Lo que para muchos es un ejercicio conmovedor de afecto hacia el héroe caído —«Aquí se queda la clara/ la entrañable transparencia/ de tu querida presencia/ Comandante Che Guevara»— fue en realidad un epitafio sin difunto, un féretro vacío, una letra de obligado vencimiento, en el Congo o donde fuese. Es una verdadera joya en la larga historia de la propaganda comunista. Tan buena, que pocos la tienen aún hoy por falsa. ¡Como luego realmente murió! El único, pequeño y molesto inconveniente es que murió dos años después de su funeral.

Tras el fracaso en el Congo y sendas estadías en Tanzania y Praga, Castro se niega a resucitarlo. A todos los efectos, el Che está muerto y nunca más aparecerá en público. Lo único que se le ofrece es elegir dónde. Y él elegirá absurdamente Bolivia. Pero cuando pasa por Cuba para elegir el grupo que lo acompañará en la última aventura debe hacerlo en la más absoluta clandestinidad. Es un rehén del Ministerio del Interior que entra y sale de la isla con nombres falsos. Castro aparece en la finca donde se entrena clandestinamente con sus hombres y hasta tiene el gesto teatral de cronometrar sus carreras. Guevara no quería volver a Cuba, razonablemente enfadado porque Castro hubiera decretado su defunción en vida, pero para poder parecerse a su imagen o simplemente porque prefiere morir matando en alguna sierra americana a que lo mate cualquier Ramón Mercader en un piso anónimo, acepta pasar por muerto, estar muerto para casi todo el mundo. ¡Él, que un año antes daba lecciones a la humanidad occidental desde la ONU! No hay un caso similar en toda la historia del comunismo.

Pero sí hay casos parecidos de gente que acepta su propia muerte a manos del Líder porque este decreta que es conveniente para el partido y la causa de la revolución que muera. En el Moscú estalinista hubo muchos casos, y algunos fueron de los jefes de la Cheka. Yehzov, el que entre 1936 y 1938 acometió al frente de la NKVD la gigantesca purga contra los propios bolcheviques y el Ejército Rojo, cayó en desgracia, y al ir al paredón de la Lubianka, tras haber firmado una confesión disparatada de sus crímenes, aunque no más que las que él mismo había hecho firmar a tantas otras víctimas, dijo a sus verdugos, antes subordinados: «Díganle a Stalin que muero con su nombre en los labios».

Por si acaso Guevara no llegaba a ese extremo de devoción, Castro leyó en público la carta del presunto muerto con esta frase: «Mi única falta de alguna gravedad es no haber confiado más en ti desde los primeros momentos de Sierra Maestra y no haber comprendido con suficiente claridad tus cualidades de conductor y revolucionario».

Para ser la única falta, la pagó bastante cara.

Pero los que lo presentan como modelo para los jóvenes de hoy tendrán la misma dificultad para explicar la aceptación de la mentira, de la inmolación en medio de un embuste de envergadura internacional por parte de ese prodigio de sinceridad llamado Ernesto Guevara. Tampoco original en su sumisión al partido: los condenados en los Procesos de Moscú confesaron cosas menos ciertas y mucho más atroces. Sorprende, sin embargo, que se haga poco hincapié en este largo episodio de la vida del Che, que ejemplifica como pocos la monstruosidad moral del régimen que trató de implantar en todo el mundo a tiro limpio. Y a mentira sucia.

La muerte fingida del Che —la condena a muerte camuflada de canonización, para ser exactos— presenta poca novedad y, quizás no tenga demasiado interés intelectual. Pero sí lo tiene que tres intelectuales de fuste, a los treinta años de su muerte, volvieran a embalsamar ese cadáver exquisito para su culto juvenil izquierdista. Porque lo grave no es que el personaje fuera lo que fue, sino que siga siendo lo que es, y que no lo sea por lo que realmente hizo sino exclusivamente por esa imagen que la intelectualidad de izquierdas quiere salvar a toda costa, aunque sea mediante la mentira o la ocultación sistemática, peor que la mentira misma.

Vázquez Montalbán, el más asiduo y eficaz justificador en España del totalitarismo comunista fuera de ella, titula su prólogo a la biografía de Kalfon «En defensa del romanticismo» y lo inaugura recordando una manifestación de estudiantes argentinos en 1996 que enarbolaba iconos del Che y exhibía el cartelón de «¡Venceremos!» contra la Junta Militar que asesinó a nueve escolares de enseñanza media en 1976. ¿Cómo puede exhibirse la imagen del Che para protestar por el asesinato de nueve muchachos cuando él justificó el asesinato de generaciones enteras? ¿Cuánto ha tenido que manipularse su imagen, cuánto ha tenido que mentirse sobre el terror promovido por el Che y sus compañeros hasta equivocar así a esos jóvenes?

«Una pesadilla para el pensamiento único, para el mercado único, para la verdad única, para el gendarme único, el Che...», dice Vázquez Montalbán. Pesadilla, sí, pero conceptual. ¿Qué más pensamiento único que el del marxismo-leninismo que impuso el Che? ¿Qué mercado único sino el que obligó a aceptar el Che a los agricultores cubanos? ¿Qué Verdad única sino la que él identificó con su revolución particular, imponiéndola en Cuba y exportándola a América? ¿Qué más gendarme único que la policía política, el G-2 o Cheka cubana que el Che ayudó a crear? Cuando George Orwell escribió *1984*, debió adivinar el futuro y nombrar ministro de la No-verdad a Vázquez Montalbán, perito romántico. Porque si el fusilamiento, la cárcel, la depuración, el control de periódicos, libros y universidades, la sumisión de toda actividad económica, social y política al único poder considerado legítimo es nada más y nada menos que «romanticismo revolucionario», ¿qué será el realismo socialista?

Y ya lo de adjudicarle al idolillo del Che la representación de todos los cambios de los años sesenta, como hace Castañeda en el epílogo de *La vida en rojo* (nunca más cerca del original *La vie en rose*), es un abuso de la inteligencia, la propia y la ajena. Nada tiene que ver Guevara con la música rock (su sordera no le permitió pasar de bailar tango, y aun eso de oídas), el choque generacional (estuvo siempre devotamente unido a su madre), el rechazo de la violencia (la predicó como remedio de los males del mundo), el odio a las armas (las adoró desde niño, vivió para ellas en cuanto fue adulto), la apertura a sabidurías orientales (fue un rígido marxista-leninista, monago del que llamaba San Carlos Marx) , la experimentación con drogas psicodélicas (no pasó del tabaco puro) y el desaliño colorista (prefirió la suciedad uniformada verde olivo).

El Che fue todo lo contrario de lo que recordamos con benevolencia de esa época. Y en cuanto a la lucha contra la Autoridad, no solo fue autoritario hasta la crueldad en el castigo y el paredón, sino que promovió doblemente el culto a la personalidad: la suya y la de Castro. ¿Eso es lo que debemos recordar del Che: que hizo todo lo contrario de lo que hoy nos parece interesante en los sesenta del siglo pasado?

Lo único típico del Mayo del 68 podría ser este párrafo de Guevara:

La iniciativa parte en general de Fidel o del alto mando de la revolución y es explicada al pueblo, que la toma como suya. Utilizamos el método casi intuitivo de auscultar las reacciones generales frente a los problemas planteados. Maestro en ello es Fidel. Fidel y el pueblo comienzan a vibrar en un diálogo de intensidad creciente hasta alcanzar el «clímax» en un final abrupto coronado por nuestro grito de lucha y de victoria. (Kalfon, 441).

Pese a las apariencias, probablemente el Che nunca leyó el clásico de Wilhem Reich *La función del orgasmo*. No era necesario.

## FRASES MORTALES DEL CHE

La figura del Che valdría lo mismo si no hubiera dicho ciertas cosas además de haber hecho las que hizo. Pero las dijo. Y hay una continuidad terrible y siniestra entre lo que anota como una especie de sueño político con poco más de veinte años y lo que escribe cerca de los cuarenta. Veamos algunas frases:

1952, en los Andes: «Teñiré mi arma con sangre y, loco furioso, degollaré a todos los vencidos (...) me veo caer, inmolado en la auténtica revolución».

1959, en la India, carta a sus padres: «Tengo ahora el sentido de mi deber histórico (...). No tengo casa, ni mujer, ni hijos, ni padres, ni hermanos. Mis amigos no son mis amigos si no piensan políticamente como yo. Sin embargo estoy contento; me siento algo en la vida».

1960, a Pablo Neruda: «La guerra. Siempre estamos contra la guerra, pero cuando la hemos hecho no podemos vivir sin la guerra. En todo instante queremos volver a ella».

1962, en La Habana, siendo ministro de Industria: «Puedo decir que no conozco no solamente un cabaret, ni un cine, ni una playa, es que no conozco una casa de La Habana, nunca, prácticamente nunca he estado en la casa de una familia de La Habana, no sé cómo vive el pueblo de Cuba. Solamente sé cifras, números y esquemas, pero llegar a lo que es el individuo y sus problemas no lo he hecho nunca y hay momentos en que uno se da cuenta de lo importante que es esto (...). He considerado a la gente como soldados de una guerra encarnizada que había que ganar».

1965, en El Cairo, para publicar en *Marcha* de Montevideo: «Nuestros revolucionarios de vanguardia (...) no pueden descender con su pequeña dosis de cariño cotidiano hacia los lugares donde el hombre común lo ejercita (...). Nuestra libertad y nuestro sostén cotidiano tienen color de sangre y están henchidos de sacrificio (...). El revolucionario (...) se consume en esta tarea ininterrumpida que no tiene más fin que la muerte...».

1966, en Cuba (leído como «Mensaje a los pueblos del mundo a través de la Tricontinental» el 17 de abril del 57): «El odio como factor de lucha, el odio intransigente al enemigo, que impulsa más allá de los límites naturales del ser humano y lo convierte en una eficaz, violenta, selectiva y fría máquina de matar».

1967, en Bolivia: «La base campesina está sin desarrollarse; aunque parece que mediante el terror planificado lograremos la neutralidad de los más, el apoyo vendrá después».

1967, en Bolivia: «En cualquier lugar que nos sorprenda la muerte, bienvenida sea, siempre que ese nuestro grito de guerra haya llegado hasta un oído receptivo, y otra mano se tienda para empuñar nuestras armas y otros hombres se apresten a entonar los cantos luctuosos con tableteos de ametralladoras y nuevos gritos de guerra y de victoria».

Se podría hacer un nuevo *Libro Rojo* con frases de Guevara mucho peores que estas, pero seguramente nuestros biógrafos y prologuistas encontrarían manera de encuadrar su pensamiento en las coordenadas históricas del momento que le tocó vivir, de la tarea liberadora ímproba que le tocó realizar. Que los presuntos liberados no le hubieran dado permiso ni le hubieran pedido nunca que los liberase tiene poca importancia. Se trata de salvar al Che del mismo modo que se trata desde hace muchos años de salvar a Lenin, achacándole todos los males del sistema comunista a la desviación o degeneración de Stalin. Que Guevara considerase execrable esta crítica a su ídolo no impedirá a sus hagiógrafos salvarlo de sí mismo, aunque sea a costa de endilgarle a Castro el papel de Stalin. ¡Todo *déjà vu*!

Pierre Kalfon confiere al Che el dudoso honor de propiciar «el encuentro mágico entre Marx y Rimbaud». La referencia al poeta francés es más adecuada de lo que parece, y no por el «romanticismo» que invoca Manuel Vázquez Montalbán, sino porque resulta razonable evocar a propósito de Guevara tanto su obra última, las *Iluminaciones,* como la tarea a la que, tras abandonar la lírica, se dedicó el poeta: el tráfico de esclavos. ¿Pensaba Kalfón en esa actividad ético-financiera al recordar la prisión y el paredón de La Cabaña, la creación de la policía política, los campos de trabajos forzados de la UMAP para homosexuales, la liquidación de la propiedad individual, la centralización y control total de la economía, el control total de la información, la sumisión del individuo a una autoridad que es ley, hitos todos que definen la *poesía* guevarista? ¿O solamente en su demoledora actuación en Cuba durante su estadía en el poder al evocar al autor de *Una temporada en el infierno*? En todo caso, voluntario o involuntario, es un hallazgo soberbio. Nadie como el Che, devoto discípulo de Stalin, para ilustrar la actualización marxista-leninista de la esclavitud. Nada tampoco como el culto a Guevara para demostrar la pervivencia de la superchería como auténtica religión oficial de la izquierda.

# 8
## PODEMOS O EL COMUNISMO DESPUÉS DEL COMUNISMO

Igual que suele decirse, y es verdad, que la guerra es algo demasiado importante para dejársela solo a los militares, yo creo que el comunismo es algo demasiado grave para dejárselo solo a los historiadores. Y como hecho moral y político, ideológico e histórico, temo que lo que más oscurece hoy la comprensión del comunismo es la plaga de langosta de los historiadores especializados en él. No porque todos sean malos, sino porque son, en su mayoría, una plaga vampírica, cuya oscura y aleteante bandada sume en la oscuridad lo que debería iluminar.

El mismo día en que se cumplían los cien años del Golpe de Octubre de 1917, Richard Pipes decía en una entrevista en Libertad Digital: «El comunismo tiene historia, pero no tiene futuro». No puedo estar más en desacuerdo, y este capítulo del libro pretende demostrarlo, frente a alguien a quien no puedo admirar más. De los historiadores vivos, creo que Pipes, sobre Figes, Service, Applebaum y otros meritísimos, sigue siendo el gran cronista, entre Herodoto y Tácito, de la implantación del comunismo en Rusia. Pero su frase muestra el irrefrenable afán necrológico de los historiadores en hacer la autopsia de un cadáver sin comprobar si está muerto. Y el comunismo no lo está. Si el mayor éxito del Diablo (o del Mal), es convencer a la gente de que no existe, la supervivencia del comunismo, pese a ser el peor monstruo político de todos los tiempos, con más de cien millones de víctimas, se basa en el acta de defunción y el consiguiente indulto moral que como cadáver exquisito, infinitamente investigable, le han extendido tantos historiadores.

En *El Pasado de una ilusión*, Furet —que no conocía bien España pero sí Chicago— critica ya la tendencia de cierta historiografía anglosajona sobre el comunismo que diluye su ideología en una sociología de época y su naturaleza genocida en una violencia que sería la de la especie humana, un atavismo intemporal. Los comunistas recalcitrantes más cínicos, como el eviterno Vázquez Montalbán —no en balde, el intelectual favorito de Pablo Iglesias— en su prólogo-vacuna al libro de Volkogónov sobre Lenin, coloca las masacres comunistas entre otros muchos episodios de una «futura Historia Universal de la Intolerancia». Como si el Gulag fuera una especie de impedimento moral o tabú religioso para el sexo antes del matrimonio. Pero el fin de unos y otros, en los sesenta y los noventa del siglo XX, y en este siglo XXI, es el mismo: no hablar, y así evitarse condenar la singularidad histórica, ideológica, política y criminógena del comunismo. Y por una razón: sigue siendo su ideología.

Antes de la Caída del Muro, los USA, a diferencia de Europa, tenían para estudiar y combatir el comunismo, dos cosas que iban juntas antes de la dictadura de lo políticamente correcto (correctísimamente complaciente siempre con el comunismo y sus variantes exóticas y posmodernas); algo que para un español, en realidad para cualquier europeo, era un sueño: grandes universidades privadas con cuantiosos fondos particulares para investigar científicamente, pero siempre con un fin ético, la historia y naturaleza del comunismo. Nunca olvidaré mi visita a la torre-biblioteca de la Hoover Institution, dentro de la Universidad de Stanford, para consultar el Legado Bolloten. Era 1996: el tiempo de Solidarnosc y Wojtila, de la Guerra de las Galaxias y la Contra nicaragüense, del anticomunismo moral, político y militar de Reagan, que contaba entre sus asesores a Pipes.

Aquella torre, al fresco sol de la primavera californiana, me parecía un zigurat del pensamiento contra la tiranía, un Camelot anticomunista cuya sala de armas era el millón largo de libros que entonces albergaba y el conmovedor archivo de nuestras penas de guerra y exilio que Burnett Bolloten fue juntando, y pagando de su bolsillo, a lo largo de su vida. En ausencia de Reagan, un rey Arturo destacado en Norgales para la Guerra de las Estrellas, Pipes era un Merlín que hablaba con el difunto Struve; y

Conquest, un Lancelot que luchaba incansablemente contra el dragón de *The Great Terror* luciendo la bruñida armadura de su *Ressassement*.

Ahora, los historiadores liliputienses de la eterna guardia roja universitaria alancean a Pipes por sus ideas y a Conquest por los datos revisables de *The great terror* de 1937, justo cuando los intelectuales «antifascistas» de todo el mundo, hoy intocables, se arrodillaban en España ante Stalin. Aparte de blindar su cátedra o corralito departamental, lo que los historiadores liliputienses buscan es demoler en estas grandes figuras el impulso ético que hay tras su obra intelectual. Antes de la Caída del Muro, al menos estaba claro que al comunismo se le combatía desde la libertad y en todas sus trincheras, salvo, ay, en la universidad, donde entonces anidaban los marxistas irreductibles y hoy mandan los gurús de la diversidad, para los que todas las ideas son válidas; y el comunismo, más.

Europa es una gran construcción democrática en peligro y un enorme cementerio intelectual, en buena parte porque como sociedad entregada a la ley del mínimo esfuerzo, se niega a combatir el islamismo del mismo modo que se negó a combatir el nazismo hasta que no tuvo más remedio; y se ha negado a combatir el comunismo porque el liberalismo no *se lleva* en la universidad. Sin embargo, en Francia y en España, el comunismo reivindicado parcial o totalmente por Melenchon y Pablo Iglesias demostró en las elecciones de 2016 una fortaleza extraordinaria, del todo inimaginable pocos años antes, que resultaba harto deprimente en vísperas del centenario del sangriento belén leninista y que obedece a la re-bolchevización de los medios y las aulas. Los necrófilos universitarios prefieren abrir un archivo nuevo y clasificar como «populismo» el «socialismo del siglo XXI» de Chávez, y no lo que está detrás: Cuba, es decir, Lenin, cuya propaganda era tan «populista» como la actual y exhibía idénticos señuelos pacifistas, multinacionales y multiculturales. Si el comunismo está muerto, es sin duda un *walking dead,* al que se debe combatir como especie resucitada, porque mata de verdad.

## EL CASO FRANCÉS O *LES INVALIDES DE LA GAUCHE HISTORIQUE*

Francia sigue siendo el caso desesperante de «ceguera voluntaria» ante la URSS que ya estudiamos en los primeros capítulos, porque marcó la idea del comunismo que ha dominado este Siglo Rojo que empezó en 1917 y al que solo los archivos, no los vivos bajo su dictadura, pueden verle fin. Cien años y cien millones de muertos después, deberíamos poder acudir a la edición actualizada de *El libro negro del comunismo* (1997), éxito de ventas cuyo único precedente es *Archipiélago Gulag*, para mí el mejor libro sobre el comunismo, porque habla con la verdad de los muertos. Pero el *Libro negro*, en parte por la guerra que le hizo la izquierda, era y es la referencia más notable y accesible para las nuevas generaciones que llevan la estrella roja soviética en el gorro y la imagen del Che en la camiseta, sin saber cuánta muerte van anunciando y cuántos muertos dejan atrás.

Cualquier editor habría estado encantado de reeditarlo, actualizado, y sin duda su coordinador Stephane Courtois, que no ha dejado de trabajar para esclarecer la naturaleza del fenómeno comunista, estaba dispuestísimo a hacerlo. Pero hacía años que el libro más popular sobre la mayor matanza de la historia, la perpetrada en nombre del marxismo-leninismo, había sido enterrado en la cripta censora de Les Invalides de la Gauche Française. Es una historia tan penosa que ni siquiera un libro sobre el «Libro», el titulado *Un pavé dans l'Histoire*, lo explica con claridad, y la única referencia, que ya dimos, es la de J. F. Revel en *La grande masquerade*. Al parecer, fue el terror rojo universitario en el caso de Werth, con amenazas de despido y hasta físicas, y la metástasis ideológica trotskista, un piolet en la conciencia de Margolin, el que les hizo publicar unas autocríticas sobre su trabajo, no sobre sus datos, incontrovertibles, dignas de los procesos de Moscú. Así que esa gran obra, necesitada de continuos revoques y actualizaciones, murió a orillas de la Rive Gauche.

Por supuesto, Stéphan Courtois sigue publicando grandes libros, el último su biografía de Lenin. Y los estudiosos del comunismo en Francia, los mejores del mundo, no dejan de trabajar. El centenario del Gran Crimen leninista ha visto nacer la monumental trilogía de Thierry Wolton y reeditarse algunos de los grandes trabajos de Heléne Carriére d'Encausse, Annie Kriegel y otros sovietólogos, que en la estela de Aron y Revel, decisivos para la conciencia liberal de mi generación, defienden la libertad y la memoria de las víctimas del comunismo contra esa Francia erizada de cátedras de guillotina y cuya capital intelectual sigue siendo el Moscú de 1917 o de 1937. Con vacaciones pagadas en la España de 1936.

# EL COMUNISMO TRIUNFANTE, DE CHINA A CUBA PASANDO POR WASHINGTON

El comunismo no ha muerto, ni morirá mientras a los regímenes comunistas y a sus representantes internacionales les vaya tan bien. A los cien años justos de la implantación a sangre y fuego del primer régimen comunista, Donald Trump, presidente de la democracia más poderosa del mundo, rendía visita a Xi Jinping, autoproclamado presidente, bajo la hoz y el martillo y con el telón rojo más brillante que pudo soñar Mao, de la dictadura comunista china, la más poblada y tal vez poderosa del mundo.

Antes de la rendida visita de Trump, Washington se había rendido al comunismo de rodillas en Cuba, oficiando Obama, con el Papa de sacristán y el elenco acosador de Hollywood como monaguillos. Todos saludaron, no condenaron, la dictadura comunista más larga del mundo, camino ya de la sesentena. La causa anticastrista es la mía desde 1978. En Miami y en España, he aprendido sobre el comunismo lo que hay que saber: que muchos salían de la cárcel cuando no podían salir o morían en la misma cárcel o en el Estrecho de la Florida cuando no debían morir. He publicado tantos artículos en favor de Cuba y contra los Castro, que darían para otro libro. En este, me he limitado al ensayo inédito sobre el Che. También he visto fracasar, entre la indiferencia internacional, todos los intentos de derrocar o democratizar esa cursi y sangrienta tiranía. Pero aquel homenaje mundial a su continuidad, con Juan Carlos I de sumiller tras tener que abdicar por corrupción, me produjo un asco biográficamente indeleble.

No solo por los presos políticos que he visto liberar, por los familiares con los que he hablado, por las *damas de blanco* a las que he entrevistado, por la memoria de tantos cubanos admirables que pueblan los cementerios de Miami y Madrid. Es que además de ver cómo se despreciaba en los USA de Obama y en la España de Rajoy a los heroicos resistentes de la tiranía castrista, he asistido a la reconversión, a plena luz del día, de esa dictadura gorrona en un poderoso sistema narco-comunista cuya cabeza está en Cuba, sus pies ensangrentados en Venezuela, sus manos indigenistas y xenófobas en Bolivia y Ecuador, y su espíritu en Managua, donde Daniel Ortega, el abusador de su hijastra, cuenta junto a su Evita Murillo con la bendición del cardenal Obando, al que, por desgracia, recuerdo muy bien cuando era la cabeza moral de la Contra militar y de todo el anticomunismo político.

Viajé a Honduras y Costa Rica en aquella guerra, me entrevisté con los líderes de la Contra para un libro que al final no salió y para un reportaje y muchísimos artículos que sí salieron en *Diario 16*, *Cambio 16*, *ABC*, *El Nuevo Herald* y otros diarios americanos. Fui a comer con Alfonso Robelo, uno de los cinco de la Junta de Gobierno presidida por Violeta Chamorro, dos días antes de que en mi asiento, ocupado por su novia, los sandinistas pusieran una bomba. Y cuando volvía de Costa Rica a España, tras haber visto el aeropuerto de Managua con cartelones rojinegros y ametralladoras antiaéreas, en un avión lleno de brigadistas alemanes, que venían de matar *nicas* con el mismo afán juerguista de sus ancestros de 1936, pasé el trago de aterrizar involuntariamente en la guarida del monstruo: La Habana.

Aquello no estaba previsto ni yo hubiera hecho esa ruta, porque llevaba las fotos de los jefes militares de la Contra en la frontera de Honduras. Por cierto, que antes de viajar a conseguirlas a la frontera, en el hotel de Tegucigalpa en que yo estaba, también había estallado una bomba. Antes de sentarme a sudar con aquel centenar de leninistas malolientes en el aeropuerto habanero, pensé que los que revisaban nuestro equipaje las encontrarían y yo conocería de primera mano y no por referencia, las cárceles castristas. Pero recordé *La carta robada* de Poe y escondí las fotos en una bolsa de viaje que dejé abierta, con las fotos a la vista pero boca abajo. Tras dos horas horribles, subí por fin al avión. Las fotos salieron en *Diario 16* y yo guardé a beneficio de inventario aquella desagradable experiencia, porque luchar contra el comunismo, incluso en una democracia, suele serlo.

Las guerrillas comunistas de los sesenta y setenta del siglo XX en la América de lengua española fueron la plasmación física de la fantasmagoría del Che, que sigue siendo el banderín de enganche de todos los reclutas comunistas y por eso le he dedicado un capítulo en este libro. Pero hubo una época en que alimentamos la esperanza de su fracaso. Parecía el fin del comunismo con barba y sin desodorante, y tan higiénico horizonte alumbró el libro político de más éxito en décadas: *Manual del perfecto idiota latinoamericano*, de Carlos Alberto Montaner, Plinio Apuleyo Mendoza y Álvaro Vargas Llosa, con prólogo de Mario Vargas Llosa. Todos ellos fueron parte, algún año o todos, de las Jornadas de Albarracín, donde nació *La Ilustración Liberal* y el grupo Libertad Digital y Carlos Alberto es mi guía en el laberinto de la inmensa desgracia cubana. Son amigos a los que quiero y admiro desde siempre.

Sin embargo debo constatar su fracaso, ya que lo hicieron ellos mismos con *El regreso del idiota*, cuando el chavismo y sus ramificaciones dieron nueva vida a la muerte andante del castrismo. Asomarse a ambos libros, sobre un ejercicio de humor negro, es la mejor prueba de la derrota del historicismo. Nada está nunca garantizado por la historia o el paso del tiempo, salvo la costumbre de los errores de repetirse.

Sin embargo, siguen vivos y dignos de leer, por su insomne amor a la libertad, los libros de Carlos Rangel, los de Montaner sobre Cuba, los de Álvaro Vargas Llosa sobre Fujimori, *La contenta barbarie* y *El reino del espanto*, el de Roncagliolo sobre Sendero Luminoso *La cuarta espada*, cuyo equivalente, al modo de Dostoievski en *Los demonios*, sería *La historia de Mayta*, de Mario Vargas Llosa. Es magistral *Subcomandante Marcos. La genial impostura*, de Bertrand de la Grange y Maite Rico; e inolvidables los artículos de Gabriel Zaid en *Letras Libres* en los años ochenta sobre la guerrilla salvadoreña, donde pululaban los etarras. Por cierto, que el que Arrabal llamaba, con razón, «El Partido Comunista ETA» aparece en la serie *Narcos* como eslabón explosivo en la unión de rojos y narcos, cuyo origen real es el fusilamiento de los Ochoa por Pablo Fidel Escobar Castro.

En vez de infinitas parodias de *Narcos* a cuenta del «Chapo» Guzmán, zafiamente enaltecedoras del narcotráfico, uno querría ver en Netflix o HBO lo que Victoria Villarroel lleva muchos años explicando: la verdad sobre el terrorismo comunista montonero en Argentina, que tras llegar al poder se asoció al terrorismo islamista (Caso AMIA) y al narcotráfico que acaba en España, como muestra *El puñal*, de Jorge Fernández Díaz, y su reciente continuación *La herida* (Destino, 2018).

Pero sobre todo, haría falta novelar y llevar al cine la resistencia de gran parte del pueblo de Colombia, con los expresidentes Uribe y Pastrana a la cabeza, contra el ya citado intento, promovido por Obama, el Papa y el Grupo español Prisa, de convertir aquella hermosa república en el primer narco-país del mundo. En YouTube hay una larga entrevista que le hice a Uribe en el momento más difícil, donde explica la alianza de *narcos* y *rojos*. Y al ver al terrorista Timochenko convertido en candidato presidencial vuelvo a comprobar que la batalla contra el comunismo no está ganada. Hora es, pues, de volver a China.

## TRUMP, OTRO «IDIOTA INTERNACIONAL»

«No puede haber un asunto más importante que la relación China-Estados Unidos (...), la colaboración de ambos países puede solucionar los problemas mundiales», dijo Trump al llegar a Pekín en 2017. Y en Instagram agradeció, con filmación ad hoc, el saludo de niños, que cuidadosamente alineados tras las banderitas, gritaban «¡Bienvenido! ¡Te queremos!».

Trump en Instagram: *President Xi, thank you for such an incredible welcome ceremony. It was a truly memorable and impressive display!* Xi dijo que las relaciones se encontraban «en un nuevo punto de partida histórico» y que «China está dispuesta a trabajar en conjunto con los Estados Unidos bajo el respeto mutuo, para buscar el beneficio de ambos, y centrarse en la cooperación y gestionar y controlar las diferencias».

La prensa —resumo *El Mundo*— señaló cinco claves en la visita:

1.   Trump cree la promesa de Xi Jinping de que China apoyará su política de presión sobre Corea del Norte. Cree que «puede solucionar fácil y rápidamente» la crisis que sufre la península y que han acordado «aumentar la presión económica hasta que Corea del Norte abandone la senda temeraria y peligrosa». La verdad es que aunque China parece haber dejado de suministrar combustible a Corea del Norte, no quiere perder una de las piezas clave en su partida de ajedrez con Washington.

2.   Trump cambió su discurso sobre el déficit comercial de Estados Unidos con China —347.000 millones de dólares en 2016—, del que culpó a Obama: *«No culpo a China. ¿Quién puede culpar a un país por aprovecharse de otro para beneficiar a sus ciudadanos? China tiene mucho mérito».* Xi dijo que su economía será más «transparente y abierta». Las empresas que acompañaban a Trump firmaron acuerdos —declaraciones de intenciones— por 253.400 millones de dólares.

3.   Trump no habló del conflicto sobre la expansión de Pekín en el Mar del Sur de China, que llevó a su secretario de Estado, Rex Tillerson, a abogar por un bloqueo de esos enclaves con la consiguiente tensión

militar. Xi dijo que el Pacífico es suficientemente grande para acomodar los intereses de los dos países, que intensificarán su relación a nivel militar. China invitará muy pronto al secretario de Estado de Defensa James Mattis y desplazará una amplia delegación militar china a USA.

4.   China ha tirado la casa por la ventana para agasajar a Trump y su esposa, que han agradecido mucho la recepción de niños entusiastas y demás muestras de afecto oficial tradicionales en el comunismo chino.

y 5.   Trump eludió cualquier mención a las violaciones a los derechos humanos y, según la prensa china, ratificó su apoyo a la política de «una sola China», anulando cualquier discusión a causa de Taiwán.

En resumen: Trump, a cambio de *no hablar de comunismo*, obtuvo promesas económicas y militares; unas imprecisas, otras improbables. Culpó a su país —del que Obama era presidente— de sus problemas, exactamente igual que Obama en Cuba, tras obtener varias promesas económicas, culpó a Bush y a todos los presidentes anteriores de la política anticastrista. Seguramente, Trump hubiera sido mejor secretario de Estado de Obama que Hillary, porque a cambio de palabrería diplomática y fábulas de economía mafiosa y proteccionista, ha cosechado buenos titulares en la prensa de izquierdas, ha salido en televisión en plan pacifista y no ha hablado de libertad, algo que celebran los medios políticamente correctos, como si el comunismo fuera una antigua y vergonzosa enfermedad de las democracias, no una tragedia para los pueblos que lo sufren y una fuente de inseguridad internacional.

El comunismo después del comunismo es esto: el capital ya no está en contra, sino dentro; las democracias no son enemigos, sino cómplices.

## LA ELEGÍA DE LIU XIABOO

En julio de 2017 murió Liu Xiaboo, convertido en esqueleto por las enfermedades y la desatención médica de su verdugo, el partido único, el de la dictadura de Mao y de Xi. Era el símbolo de la disidencia china desde la masacre de Tienanmen. Y su esposa Liu Xia desapareció con él. Era como si Soljenitsin hubiera muerto en la Vorkutá o Sajarov en la Lubianka, con Elena Bonner secuestrada por la policía política, en este caso de la dictadura china. En mi columna de *El Mundo* escribí:

La verdadera historia del comunismo es la de sus víctimas. Sus verdugos son la historia real de su Mentira, la que les permite matarlas. Pero la verdadera historia de la banda comunista ETA se resume en la de Miguel Ángel Blanco. Y la del comunismo chino, el más poderoso del mundo, se actualiza cada día en la muerte de sus presos políticos. Ayer, tras un mes desahuciado —no era Bolinaga, síntesis de la verdadera historia de Rajoy y la ETA— murió Liu Xiaobo, el más famoso disidente del régimen comunista chino, que ha logrado unir lo peor de Occidente y de Oriente en el Capitalismo de Camaradas, el mismo que rige en Cuba, Venezuela o la antigua URSS, y que es lo que aquí llamamos «capitalismo de amiguetes» pero con un seguro de retorno: Gulag, Laogai, La Cabaña o Ramo Verde.

Tras leer un antiguo artículo sobre Liu Xiaboo de Gina Montaner en Libertad Digital —hemos escrito tantos textos, durante tantos años, sobre los mismos presos— me animé a hacer para Libertad Digital un resumen de esa Elegía que impresiona de un modo extraño, porque tiene algo intemporal: la dignidad desesperada de los grandes textos de los presos políticos del comunismo. Reproduzco aquí unos párrafos:

La estancia en prisión para mí, para los activistas que trabajan contra un sistema autoritario, no es algo de lo que alardear, es un honor necesario al vivir a merced de un régimen inhumano, donde hay pocas opciones para los individuos excepto la resistencia. Puesto que la resistencia es una opción, el encarcelamiento es simplemente parte de esta elección: la inevitable vocación como traidores de un Estado totalitario, así como un campesino debe ir al campo, o un estudiante debe leer libros. Puesto que la resistencia es una opción para descender a los infiernos, uno no debe quejarse de la oscuridad.

(…).

Durante una estancia en prisión de tres años, mi mujer hizo treinta y ocho viajes desde Beijing a Dalian para verme, y en dieciocho de esas ocasiones no pudo realmente aguantar verme frente a frente y rápidamente dejó algunas cosas y se apresuró de vuelta. Atrapada en una gélida soledad, incapaz de preservar la mínima cantidad de privacidad cuando era seguida y espiada, esperó sin descanso y luchó sin descanso, con su cabello encaneciéndose en su perseverancia nocturna. Estoy castigado por la dictadura en forma de prisión; castigo a mi familia al crear una prisión informe alrededor de sus corazones.

(…).

Mi mujer y yo somos los más agraciados por esta víspera del milenio —el aniversario del Cuatro de Junio (Tienanmen, 1989)— que estará grabada en nuestras memorias por el resto de nuestras vidas. Por supuesto que esa noche no fue extraordinariamente significativa para nosotros, siendo una entre incontables noches y, sin embargo, poseída por el amargo dolor de la tumba que continúa confrontando la memoria de los espíritus que han partido. Los vivos deberían, realmente, cerrar sus bocas y dejar hablar a las tumbas; dejar a las almas de los muertos enseñar a los vivos lo que significa vivir, lo que significa morir, lo que significa estar muerto pero todavía vivo.

Esto es el anticomunismo. Esta es su razón moral. Esta es la razón por la que toda persona que aspire a vivir en una civilización libre, debe compartirlo. ¿Pero qué queda del anticomunismo «de Estado» en los USA de Obama o de Trump? La incomodidad. Las víctimas vivas del Terror Rojo son, para el político occidental, fundamentalmente incómodas. Nos parece oír al diplomático de turno rezongando: «¿Pero no había acabado ya el comunismo? ¿De qué se quejan? ¡Ahora querrán que lo canjeemos por algo, como si fuera tan fácil! ¿Es que no comen ya todos en China?».

Mi artículo sobre Liu Xiaboo terminaba así:

EcuRed, una de las infinitas páginas de propaganda castrista, dice de Xiaobo: «En entrevista concedida en 2006 manifestó que celebra la guerra estadounidense contra Irak como medio de exportación de la democracia. O sea, estamos en presencia de un personaje que invoca directamente la dominación colonial contra su propio país y también, indirectamente, la guerra de agresión, esas palabras evidencian el verdadero carácter de sus sueños. Un sueño que le ha valido tanto para hallarse detenido en las prisiones chinas como para recibir el "Premio Nóbel de la Paz"».

Los sepulcros blanqueados del comunismo (los podemitarras) están condenados a injuriar eternamente a sus muertos.

Un comunismo con grandes fuentes de financiación relativamente propias, como el narco-castrismo que en 2016 estuvo a punto de entregar Colombia a las FARC, también con el beneplácito de Washington y El Vaticano, exige una reflexión más amplia pero que se hará, sin duda, sobre la marcha, de memoria y con material de aluvión, tal y como Souvarine, fiado en su gran memoria y su papel de testigo, hizo en los años treinta la primera biografía de Stalin y la definición de su régimen. En el anexo de este libro hay bastante bibliografía al respecto. Cuba es, de todos los países bajo la bota comunista, el más entrañable, así como España es el que más me preocupa que pueda caer bajo la bota de Podemos. Pero este régimen de Xi, el nuevo Mao, que pocos meses después de dejar morir como a un perro a Liu Xiaboo recibe a Trump en viaje de negocios, reviste una dimensión que escapa a la curiosidad intelectual común y corriente.

## LA HAMBRUNA DE MAO SEGÚN DIKÖTTER

Lo esencial del comunismo nunca es lo que tiene de diferente, sino de semejante. Pocos libros lo demuestran mejor que *La gran hambruna en la China de Mao* (2010), de Frank Dikotter, traducido al español por Joan Josep Mussarra y excelentemente editado por Acantilado en 2017.

Dikötter es un gran especialista en lo propio del comunismo, que son sus cadáveres, y este libro me ha impresionado mucho más que el clásico de los setenta *Los trajes nuevos del Presidente Mao*, de Simon Leys, o el diario del médico de Mao, que es el de su infinita corrupción moral y física, o el que sobre la corrupción y caída de Lin Biao dictó Deng Xiaoping, o los de la española Mercedes Rosúa, que vivó allí la Revolución Cultural. Incluso más que las novelas policíacas de Qiu Xiaolong, que salió con Liu Xiaboo de China tras la masacre de Tienanmen.

El formidable libro de Dikötter me ha devuelto a la China que yo vi —y tanto me marcó— en la primavera de 1976, que rendía culto a la mayor masacre comunista de la historia: la hambruna de 1958 a 1962. Es posible que, cuando se vayan contrastando los datos aquí apuntados, deba revisar los que doy, de fuente rusa o exsoviética, al comienzo de este libro sobre los millones de muertos achacables a los grandes tiranos comunistas. Sugiero empezar a leer el libro de Dikötter por el final, porque el relato de cómo iba agavillando los datos para su obra es tan apasionante como la obra misma. Una de las últimas novelas de Qiu Xiaolong discurre en el mundo de las redes sociales, objeto preferente de la represión política del régimen de Xi, y Dikötter nos muestra otra cara de ese caos, con los infinitos documentos de la burocracia maoísta apilándose en los mercadillos a medida que se van vaciando oficinas, y que pueden comprarse para estudiar o quemar, en una especie de versión astrosa del *Blade Runner* de Ridley Scott.

Hay algo en el contenido de este libro que resulta escalofriante, y es la total semejanza de la gran hambruna de Mao con la primera hambruna de Lenin. El mecanismo voluntarista del comunismo, con su total desprecio por la economía de mercado y la libertad individual, provoca la misma espiral: falta de abastecimiento sin precios fiables, carencia de cereales, hambre, requisas, falta de cereal para la siembra, hambruna, más requisas, protestas, más represión, división del partido, mucha más represión, hambruna general, todavía más represión, y, al final, millones de muertos. Cinco, en la hambruna de Lenin; no menos de 45, según Dikötter, en la de Mao. Yu Xiguan eleva ya el número de muertes a los 55 millones. ¡Y subiendo!

Todo el mundo es culpable del desastre del sistema comunista, excepto el Partido Comunista. Y el mecanismo de información y ocultamiento del régimen es el mismo en la China del 58 que en la Rusia del 18. Todos los minuciosos informes sobre la trágica verdad de lo que pasa no sirven para buscar remedio, porque eso implicaría renunciar al poder absoluto del comunismo, sino para culpar a alguien de lo que es culpa de todos y liquidarlo, hasta el próximo chivo expiatorio.

Como en el informe secreto de Kruschev al XX Congreso del PCUS, los datos son verdad o no según convengan al poder. Pero hay que tenerlos. Así que cuando Zao Ziyang llegó a presidente encargó a Chen Yizi y unos 200 expertos un informe completo y secreto sobre la Gran Hambruna. Tras la masacre de Tienanmen, Chen Yizi huyó a los USA con los documentos y así se pudo constatar que lo que se suponía, siendo terrible, se quedaba muy corto. Remito a Dikötter y a las páginas de bibliografía que completan el libro, y que abren un verdadero universo para el profano. Pero el único cambio de Mao con respecto a Lenin y Stalin es que había más chinos que rusos y, haciendo lo mismo, mató mucho más. Y, también como ellos, siguió matando hasta el final.

Lo trágico, porque ni su cursilería permite considerarlo ridículo, es que el comunismo, con tragedias en su haber como estas hambrunas de Rusia, Corea del Norte o China y checas en su recuerdo como las de España, pueda, precisamente en nuestro país, convertirse en lo que hoy es Podemos: la fuerza más peligrosa de Europa, obra de un líder totalmente leninista, Pablo Iglesias, a cuyo nacimiento televisivo, por suerte o por desgracia, no solo asistí, sino que, por así decirlo, coasistí.

## IGLESIAS, UN HIJO POLÍTICO DE LA TELEVISIÓN

El 25 de abril de 2013, yo no tenía muchas ganas de ir al programa de Intereconomía *El gato al agua*, una tertulia política de tres horas que acababa a medianoche —mi programa empieza a las seis de la mañana— y era entonces la más viva del panorama mediático de la derecha muy derecha. Lo que me obligaba a trasnochar antes de madrugar era una contraprestación técnica: Intereconomía emitía *Es la Mañana* de esRadio por TV, con lo que rompía el cerco socialista y nacionalista a la cadena; y como, según Julio Ariza, yo funcionaba muy bien en *El gato*, debía ir todos los jueves.

Pablo Iglesias Turrión llevaba mucho tiempo queriendo ir al *Gato*, y finalmente lo invitaron, porque Ariza creía que el 15-M era un fenómeno espontáneo y antisistema pero regenerador de la democracia, y gastó una fortuna televisándolo en directo. Aunque Pablo Iglesias nunca estuvo en el 15-M, tenía un programa llamado *La tuerka* en una televisión de Vallecas, donde decía cosas atroces contra la democracia. Por la vil audiencia, un señor tan del Opus como Ariza se prestó a promocionar a un enemigo de Dios, de España y de la Libertad como Pablo Iglesias. Y esa noche lo echó a discutir conmigo únicamente por lo mismo: por la vil y fugaz audiencia.

El 25 de abril, según cuenta Pablo Rodríguez Suanzes en *Podemos. Deconstruyendo a Pablo Iglesias*, el profesor de Políticas y presentador de *La tuerka*, tuiteaba, alborozado: «Parece que se adelanta mi debut en Intereconomía. Será esta noche en #elgatoalagua». El tuit prueba que el acuerdo con Intereconomía era anterior al debate de esa noche, y que me tocaba, sin saberlo y por presión de Ariza, servir a esa estrategia siniestra, que es la que ha tenido siempre la derecha mediática con Iglesias: buscar audiencias altas echando a reñir —en televisión no hay debate— a alguien de derechas que parezca brillante con un comunista indudablemente rabioso.

Aquel día, Iglesias llegó con el guion puesto. Al preguntarle por el tema del día, que era la violenta manifestación contra las Cortes *#rodeaelcongreso*, sus primeras palabras fueron para dar las gracias por dejarle cruzar «las líneas enemigas» y entrar «en territorio comanche».

Como a mí esa retórica violenta me repugna, porque es la leninista, pronto nos enzarzamos en una pelea que encantó a la empresa y que a mí me convenció del peligro que tenía aquel bolchevique con aire nazareno. En el libro citado, Suanzes, que fue discípulo de Iglesias y se nota, no se refiere al fondo del debate, que fue ni más ni menos que la oposición entre la democracia parlamentaria y la algarada totalitaria en nombre del pueblo. No obstante, la transcripción de lo fundamental que puede verse completa en YouTube, con el ruido y las interrupciones de rigor, aparece en los anexos de este libro.

La presencia de Iglesias en Intereconomía obedecía a un último deseo: cerrarla. Su idea de la libertad de expresión es la de Lenin: prohibirla. No hay una sola frase suya que no declare la guerra a la libertad y a la propiedad:

«Un periódico que es propiedad de una empresa ataca, por su mera existencia, la libertad de expresión. Ataca la democracia».

(Pablo Iglesias ante las Juventudes Comunistas en Zaragoza el 1 de marzo de 2013).

«Lo que ataca la libertad de expresión es que la mayoría de los medios sean privados (...) donde hay propiedad privada hay corrupción».

«La cultura sirve para convencer a la gente y para que asuma ciertas formas de organizar el poder por su propio consentimiento».

«¿Pedagogía o propaganda? ¡Propaganda! Ya educaremos cuando controlemos el Ministerio de Educación».

«Si el gobierno depende de ti, tú tienes que exigir un mínimo de horas. Eso vale más, con todos los respetos, que la consejería de Turismo... Pa ti la Consejería de Turismo. A mí dame los telediarios».

«Hacen falta intelectuales que tengan acceso y sepan hacer bien el trabajo de producción ideológica a través de libros y de películas. Un director de cine es un intelectual y si sabe para qué tiene que escribir, funcionará bien».

«Que en la televisión nos den la ocasión de ser uno de los bandos con los que los espectadores se puedan posicionar es el mejor regalo político que te pueden hacer».

(Universidad de Verano Anticapitalista. Septiembre de 2013)

Y se lo hicieron. Tras las elecciones europeas, el gobierno y sus televisiones Atresmedia/La Sexta y Telecinco/Cuatro apoyaron a Iglesias para hundir al PSOE y asustar al votante del PP, evitando la fuga de voto a Ciudadanos. Y Podemos pasó de 1.200.000 a 5.000.000 de votos.

## UNA CONTINUA APOLOGÍA DE LA VIOLENCIA

La estrategia política de Iglesias, elemental hasta lo caricaturesco, consistió en exhibir una voluntad de derrocar por la violencia el sistema constitucional y democrático español... hasta las elecciones europeas de 2014. Al ver posible llegar al gobierno, disimuló y hasta negó todo lo que había dicho. Para su desgracia, YouTube no lo permite. El mero repaso de algunas de sus frases prueba su condición violentamente liberticida, esto es, genuinamente comunista y fidelísimamente leninista.

«Yo no he dejado de autoproclamarme comunista nunca. Creo que ser comunista es mucho más importante que decirlo. Hay veces en que el nombre te puede ayudar, y hay veces en que no».

(Comunicación política en tiempos de crisis. Zaragoza, 1/III/2013)

«Lenin fue genio bolchevique, la llave política para abrir las puertas de la historia, y producir orden, construyó una teoría política para ganar (...). La política puede ganar a la historia (con) una ciencia política para los de abajo más potente que la de los de arriba (…). Lenin es un genio de la conquista del poder político».

(Presentación con García Linera, vicepresidente de Bolivia, del libro *1917: La revolución rusa, cien años después*, VII/2017)

«Los comunistas tienen la obligación de ganar. Un comunista que pierde es un mal comunista. Y Lenin no dijo en 1917 "comunismo, comunismo, comunismo" sino "paz y pan". Y eso le sirvió para agregar fuerzas».

«Podemos desear lo que queramos, pero la política tiene que ver con la fuerza, no con los deseos ni con lo que se dice en una asamblea».

(Valladolid, 17/II/2014)

«Cuando definimos un enemigo —la lógica capitalista—, ese enemigo solo entiende un lenguaje, el lenguaje de la fuerza».

«Me gusta quien moviliza a los ejércitos para decir "cuidado que las pistolas ahora las tengo yo"».

«La decisión moral de destruir la comunidad tiene que ser una decisión necesariamente violenta como toda decisión política».

«El derecho a portar armas es una de las bases de la democracia (…). Si la base del poder es la violencia, el pueblo no puede delegar el fundamento de la soberanía».

(*La tuerka*, 7/XI/2011)

«El acontecimiento fundacional de la democracia moderna es la Revolución Francesa, que inauguró las bases ideológicas de la modernidad que todos los demócratas compartimos: libertad, fraternidad y, por supuesto, igualdad. ¿Y saben cuál es el acto que simboliza esa proclamación histórica de la democracia? Cuando a un rey, Luis XVI, le cortan la cabeza con una guillotina (…). El bueno de Jean Paul Marat llamó a la máquina "Louision", Luisito, en honor a Luis XVI. ¡Cuántos horrores nos habríamos evitado los españoles de haber contado a tiempo con los instrumentos de la justicia democrática! Y es que, como dijo Robespierre, castigar a los opresores es clemencia; perdonarlos, es barbarie. Qué actual, la reflexión de ese gran revolucionario. Bienvenidos a *Fort Apache*».

(«La guillotina es la madre de la democracia», Hispan TV, 2013)

## LA AFINIDAD DE COMUNISMO Y FASCISMO

Iglesias puede parecer tonto, de puro vanidoso, pero no lo es. Sucede que, con una cultura superficial, su instinto de poder, que es extraordinario, le lleva a veces por vías inconvenientes. Tiene arraigada una idea: la base del poder es la violencia, nunca el Derecho. ¿Lenin otra vez? No: Carl Schmitt:

> La verdad de la política es la excepción. Por eso es tan fascinante lo que decían los juristas del Tercer Reich, con Carl Schmitt a la cabeza, que señalaban qué es el derecho: la voluntad del Führer. Y en el caso del III Reich era la excepción convertida en norma permanente, es la verdad de cualquier sistema político. La fuente del derecho tiene que poder sustraerse de la fuente del derecho.

En la presentación de su libro *Maquiavelo ante la gran pantalla*, Iglesias se relajó y alcanzó un grado de sinceridad casi absoluto, o sea, revelador:

> Hay una cosa que tenemos en común los comunistas y los fascistas: entramos en el peligroso terreno de los extremos se tocan… Pero es verdad que compartimos la excepcionalidad. Los comunistas, entendiendo los comunistas en un sentido muy amplio, como la definición que hacía Marx, esos que son capaces de asaltar los cielos, asaltar los cielos básicamente significa asaltar los centros de poder y pasar a cuchillo a los detonadores del poder.
>
> Imaginad lo que significa para un Lord inglés la revolución bolchevique. Cuando le llega una carta y le dice que ya no hay familia Real en la Unión Soviética, que han abolido la propiedad privada y que en el ejército votan. La alteración de todas las bases estructurales del poder, eso solamente puede ocurrir en momentos de excepción. Los comunistas y alargando esto a la izquierda solo puede tener éxito político en los momentos de excepción en los momentos de tempestad. Y creo que la historia lo ha demostrado.
>
> ¿Cuál es la máquina histórica que ha salido en estos momentos de excepción? El fascismo, que también se mueve como pez en el agua en la excepcionalidad y dice: nosotros también somos populares pero somos alemanes o españoles, italianos y nosotros aunque defendemos un pro-

yecto de clase lo defendemos en clave nacional. La excepción también, que tiene que ver con la movilización de masas. Hay una cosa que dice Schmitt que es verdad y que tiene que ver con el asalto al cielo: El asalto al cielo es la verdad en política, es cuando dices: amigo, si los soldados los tengo yo, si como decía Mao Tse Tung, el poder descansa sobre la boca de los fusiles las cosas pueden cambiar.

La verdad la establece el que tiene las armas, y eso solo ocurre en los momentos de excepción, en los que se fijan esas claves. Y que abren paso después al mundo de la tranquilidad que es el mundo de la normalidad, el mundo en el que desaparecen los comunistas y los fascistas y son sustituidos por burócratas o por gestores mejor o peor intencionados. ¿Alguien puede pensar que los dirigentes de los países del Este eran revolucionarios? Pues claro que no. El arquetipo de un dirigente de países del Este es Angela Merkel que era un cuadro del comunismo de la RDA. ¿Alguien puede pensar que los mediocres cuadros del franquismo eran exaltados falangistas aunque hicieran el saludo franquista? Eran burócratas. Que se hicieron todos de Alianza Popular y se hicieron de lo que hacía falta hacerse porque eran gente del poder, de la gestión de la normalidad. Pero yo creo que de alguna manera la desgracia en la que vivimos los comunistas es la de prepararnos continuamente para esos momentos de excepción en los que podemos ser mayoritarios o podemos acumular poder.

Esta es la clave del pensamiento de Pablo Iglesias: la toma del poder como sea, provocar el Diluvio Universal para pescar en el charco. Como en el caso de Lenin, su liderazgo es inseparable de la existencia de su partido. No hubiera habido revolución en Rusia sin Lenin y no hubiera habido Podemos sin Pablo Iglesias. Pronto veremos su vertiginosa carrera, que en apenas tres años puso el sistema patas arriba. Y si cae, será como Ícaro, por acercarse demasiado al sol del poder. Pero él sigue un designio político que, como en Lenin, traduce un destino personal. Por eso es un líder. Y por eso puede llegar al poder... Y también acabar en el paro. O en otra universidad, dirigiendo tesis sobre sí mismo.

Iñigo Errejón, el Robin de Batman Iglesias hasta que se quedó en el Trotski de Vistalegre, quiso dirigir la conquista del poder de Podemos a través del «significante vacío» de Laclau. Bescansa, antes de su depuración en el Politburó de Iglesias, recordó el mejor «significante vacío»: la nación. Pero ahí también se ha impuesto el liderazgo intransferible, sencillamente leninista, de Pablo Iglesias. Por su pobreza cultural, hija del sectarismo de la izquierda postfranquista, Iglesias ha sido incapaz de hacer un discurso nacional español, vehículo mediante el que yo creo que sí podría haber alcanzado, apocalípticamente, el poder.

## LA ANTI-IDEA DE ESPAÑA

Pocas veces ha sido tan sincero y breve Pablo Iglesias como al decir: «Yo no puedo decir España. Yo no puedo utilizar la bandera rojigualda, yo puedo pensar y decir: yo soy patriota de la democracia y por eso estoy a favor del derecho a decidir».

La cosa venía de lejos. En realidad, de siempre. El 27 de agosto de 2008, Pablo Iglesias, que firmaba «Doctor en Ciencia Política», escribía en el portal *Rebelion.org* un larguísimo artículo, «La selección de baloncesto y la lucha de clases», en que explicaba el problema nacional:

> Los catalanes, los vascos y todos aquellos que sufren de emociones nacionales no representadas en forma de Estado deberían tener derecho a disfrutar, al menos, de sus colores, himnos y demás parafernalia patria. Vaya eso por delante.
>
> Los que somos de izquierdas y sufrimos un irredentismo particular soportando día tras día el nacionalismo español (por definición de derechas) y su bandera monárquica y postfranquista deberíamos también ser objeto de una solidaridad similar, o al menos de una cierta compasión. Ya me gustaría a mí ver a los jugadores de la selección de básket con uniforme tricolor y escuchar un himno como «La Marsellesa» y no la cutre pachanga fachosa, antes de los partidos o cuando se gana algo.
>
> Pero esto es lo que hay, y si te gusta el baloncesto y quieres emocionarte con un equipo que conoces (yo hasta que el baloncesto boliviano no llegue las olimpiadas paso de cambiar de equipo), te tienes que tragar la infame pompa nacional.
>
> (...).
>
> El caso es que a mí, a pesar de que me revienta el nacionalismo español (mucho más que el vasco o el catalán, qué le voy a hacer), el básket

me vuelve loco desde chico y esta mañana, desde las ocho y pagando con un cruel dolor de cabeza los excesos nocturnos y la falta de sueño, he disfrutado de la final olímpica como nadie.

El resultado final en el marcador en nada empaña estas enseñanzas revolucionarias. De hecho, nos ha librado de aguantar el himno, de las celebraciones de exaltación nacional, del orgullo de ser español (yo preferiría sentirme orgulloso de algo un poco más meritorio) y de la sucesión de infames actos protocolarios que acompañan los éxitos de los héroes de la patria. Ya tuvimos esta suerte en el pasado europeo de Madrid, con el extra añadido de escuchar los acordes del viejo himno soviético y poder recordar esa final mítica de Múnich 72 en que la Unión Soviética, con canasta de Sergei Belov en el último segundo a pase de Ivan Edeshko, hizo morder el polvo a los estadounidenses, en plena guerra fría.

## LA RESISTENCIA A UN COMUNISMO NACIONAL

Criticando a los que luego, de forma muy coherente, ha depurado (Errejón, Bescansa), Iglesias se sinceraba así:

> Si de lo que se trata es de conquistar el Estado, nacionalismo e izquierda serán perfectamente compatibles y altamente recomendables, como siempre tuvieron claro los revolucionarios periféricos. Sin embargo, a día de hoy, quizá la cuestión que debieran plantearse los patriotas vascos de izquierda (a los socialistas vascos entiendo que difícilmente se les puede aplicar ese calificativo) es si un Estado propio iba a representar un avance en clave socialista. (P. Iglesias, «Repeating Lenin. Del 68 a los movimientos globales», 2008).

Esta será, muy probablemente, la gran cuestión que decidirá el futuro de Pablo Iglesias y su partido: la idea de España o de la anti-España que comparte con sus socios separatistas. No obstante, me parece absurdo considerar ingenua la estrategia de Iglesias apostando por una crisis revolucionaria general en España, a partir de la crisis separatista catalana.

Él, según hemos visto antes en su idea de la «excepcionalidad» como única puerta para que un partido comunista pueda llegar al poder, no cree, o ya no cree, en la capacidad de Podemos para ganar unas elecciones al PSOE y llegar a La Moncloa a través de las urnas y un pacto de izquierda. Iglesias solo confía en una crisis política general y una serie de carambolas en el Parlamento. Por eso ha metido a su partido en un callejón de difícil salida. Como odia a España no pudo ver venir la reacción popular de la nación. Como solo confía en la destrucción del sistema, debe aliarse con fuerzas antisistema, básicamente separatistas, y en arrastrar al PSOE a esa alianza. ¿Lo conseguirá? Lo único indiscutible es que en ningún país europeo un partido comunista o un líder más comunista que su propio partido ha podido llegar tan lejos en solo tres años.

Es el momento de recordar la cronología de un milagro, nefasto, pero milagro al cabo, como el del triunfo de Lenin en Rusia, que es, ojalá haya sido pretérito perfecto, el de Podemos.

## CRONOLOGÍA DE UN VÉRTIGO

Año 2010. Iglesias empieza su aventura televisiva con el programa *La tuerka* en Tele K, una emisora local de Madrid.

21 de octubre de 2010. Iglesias, todavía un desconocido, lidera el violento boicot a Rosa Díez en la Universidad Complutense de Madrid.

15 de mayo de 2011. Manifestaciones en la Puerta del Sol de Madrid contra la clase política en plena campaña de las municipales del día 22. Rubalcaba, líder entonces del PSOE, permite dos meses y medio de acampada. Podemos se estructura como «círculos» a partir del 15-M.

6 de abril de 2013. Pablo Iglesias presenta un acto en memoria de Hugo Chávez en el auditorio de Comisiones Obreras en Madrid, para las que trabaja su madre. Lo convoca la Embajada de Venezuela.

25 de abril de 2013. Primera aparición de Iglesias en Intereconomía TV, donde se produce el mencionado debate conmigo.

13 de enero de 2014. Presentación del manifiesto fundacional de Podemos: «Mover ficha: convertir la indignación en cambio político».

14 de enero de 2014. Se anuncia que el candidato de ese partido sería Pablo Iglesias, hasta entonces un polemista en tertulias de televisión.

11 de marzo de 2014. Inscripción de Podemos en el Registro de Partidos.

Campaña de las elecciones europeas y del culto al líder. Una encuesta demuestra que nadie conoce a Podemos pero muchos conocen a Iglesias por sus apariciones en televisión. Se decide pues, que su rostro —y no un logotipo o unas siglas— será el emblema que figurará en la papeleta del partido. Es ilegal, pero, con la protección del PP, la Junta Electoral lo permite.

26 de mayo de 2014. Elecciones europeas: el partido de Pablo Iglesias consigue cinco eurodiputados con 1,2 millones de votos. Nace el «fenómeno Podemos» y se desata el delirio mediático.

Octubre-noviembre de 2014. Presentación de documentos para la Asamblea Popular. Tras varios choques con la supuesta alternativa de Echenique, Iglesias es confirmado como líder de Podemos. Se presenta la nueva dirección.

12 de enero de 2015. Apoyo de Podemos a una marcha de respaldo a presos de la banda terrorista ETA.

22 de marzo de 2015. Elecciones andaluzas: Podemos se convierte en tercera fuerza con 15 diputados y el 14,84 por ciento de los votos. El resultado está por debajo de las expectativas.

27 de mayo de 2015. Elecciones municipales y autonómicas: Podemos se presenta a través de plataformas ciudadanas y gracias al PSOE logra alcaldías como Madrid, Barcelona o Cádiz. También decide autonomías como la Comunidad-Valenciana, Baleares y Aragón, donde, a cambio, entrega el poder al PSOE.

27 de septiembre de 2015. Elecciones catalanas: Podemos se presenta bajo la marca «Cataluña Sí que es Pot», junto a ICV. Resultado decepcionante: 11 escaños.

20 de diciembre de 2015. Elecciones generales: Podemos se convierte en tercera fuerza, con el 20,47 por ciento de votos y 69 escaños.

13 de enero de 2016. Llegada circense de Podemos al Congreso: la diputada Carolina Bescansa amamanta a su bebé en el escaño, pese a que el Congreso dispone de guardería. A los nuevos diputados se les permiten fórmulas ridículas, además de contrarias a la ley, de acatar la Constitución.

22 de enero de 2016. Pablo Iglesias propone a Pedro Sánchez «hacerlo Presidente», a cambio de ser vicepresidente y quedarse con los principales ministerios. Sánchez prefiere un pacto con Ciudadanos. Po-

demos vota «no» y mantiene a Rajoy. Comienza el idilio parlamentario y televisivo PP-Podemos contra el PSOE y Ciudadanos.

23 de abril de 2016. En Pamplona, Iglesias alaba al terrorista Arnaldo Otegi: «Sin él no habría paz».

10 de mayo de 2016. Acuerdo de Podemos e IU para concurrir juntos a las nuevas elecciones generales. Se constituye el partido Unidos Podemos que supone la desaparición de Izquierda Unida, formación heredera del PCE.

22 de junio de 2016. Enésimo gesto de Iglesias hacia la banda terrorista ETA al condenar lo que denomina «trágica dispersión» de sus presos.

26 de junio de 2016. Elecciones generales repetidas tras el fracaso en la formación de gobierno. Podemos e Izquierda Unida no logran el *sorpasso* al PSOE. Pero el partido de Iglesias es tercera fuerza: 21,1 por ciento de los votos y 71 escaños.

12 de febrero de 2017. Asamblea de Vistalegre II. Se enfrentan el sector de Iglesias y el de Íñigo Errejón. Iglesias arrasa.

18 de febrero de 2017. Íñigo Errejón, purgado. Irene Montero se convierte en la nueva portavoz en el Congreso. Tania Sánchez, la antigua novia de Iglesias, es desplazada al «gallinero» del Congreso, detrás de una columna y fuera del alcance de las cámaras de televisión.

13 y 14 de julio de 2017. Moción de censura contra Rajoy impulsada por Iglesias. La pareja del partido —Pablo Iglesias e Irene Montero— dedica más de cinco horas a formularla. La moción estaba abocada al fracaso pero supone una exhibición pública del poder de ambos en Podemos. Terminan con un abrazo ovacionado por sus filas.

7 de julio de 2017. Piruetas de Iglesias con el referéndum catalán. Podemos Cataluña llama a votar; Iglesias dice aprobar «la movilización» pero no llama al voto.

Octubre de 2017. Referéndum ilegal, proclamación de la República Catalana y aplicación del artículo 155 de la Constitución, que destituye al gobierno catalán y convoca elecciones inmediatas como improvisada solución. Gigantescas e inéditas manifestaciones en Barcelona en defensa de la unidad nacional tras un firme discurso del rey Felipe VI. Crisis en Podemos por su apoyo al separatismo.

La cronología de escándalos de Podemos resulta tan vertiginosa como su irrupción en la política. Sin embargo, la ceguera voluntaria ante el comunismo sigue intacta en los medios de comunicación y en los tribunales que han archivado, casi siempre, todo atisbo de flagrante delito.

Empezaron con la propia financiación del partido, vía Venezuela e Irán, gracias a la época en la que tanto Iglesias como Monedero fueron asesores oficiales —con despacho— del tirano Hugo Chávez. Es el episodio más importante pero no el único. En poco tiempo saltó la noticia de la beca de Íñigo Errejón, que disfrutaba de un sueldo sin ir a trabajar; del caso Ramón Espinar, diputado regional y senador que vendió una casa de protección oficial adquirida sin tener derecho a ello y ganó 30.000 euros; del caso Carmena, denunciada junto a su marido por alzamiento de bienes en un despacho de arquitectos de su propiedad que no pagaba a sus empleados; del caso Echenique, que pagaba poco, mal y en negro a su asistente personal; del caso Open de Tenis, por el que los concejales Carlos Sánchez Mato y Celia Mayer fueron imputados por malversación de caudales públicos, prevaricación y delito societario…

Una comisión de investigación parlamentaria —prueba inequívoca de la escasa intención de aclarar nada— preguntó a Monedero sobre el medio millón de euros procedentes de Caracas. Adornando su respuesta con muecas de desprecio, terminó admitiendo que cobró, pero que trabajar, trabajó «poco». Dos confesiones por el precio de una y ninguna consecuencia. Hacienda evitó que fuera a la cárcel.

De la coherencia intelectual de algunos miembros de este partido tampoco han faltado pruebas: Montserrat Galcerán apoyó a los «okupas» mientras disfrutaba de una decena de propiedades inmobiliarias; Jorge Lago afloró un patrimonio de 800.000 euros y una docena de bienes inmuebles; Andrés Bódalo, de puño fácil contra hombres —un concejal del PSOE en 2012— y mujeres —una heladera de Huelva que no quería secundar una huelga en 2002— fue condenado a prisión mientras su partido propugna «feminizar la política». Otro podemita, Guillermo Zapata, se dedicó a hacer chistes sobre el número de judíos que caben en el cenicero de un coche o las «piezas» que una víctima de ETA mutilada, Irene Villa, tendría que buscar en el cementerio donde yacen tres niñas asesinadas, las niñas de Alcasser.

Delitos, infinitos. Impunidad, total. ¡Y mandan mucho en España!

## POSDATA. ESPAÑA SEGÚN GALDÓS

Si alguna vez la izquierda en España tiene remedio, será leyendo a Galdós. Esta es la descripción del sentimiento patriótico en *Trafalgar*, el primero de los *Episodios nacionales*, cuando el héroe de la primera serie, Gabriel Araceli, ya muy viejo, recuerda su mocedad, y el descubrimiento del significado de la nación española.

> Por primera vez entonces percibí con completa claridad la idea de la patria, y mi corazón respondió a ella con espontáneos sentimientos, nuevos hasta aquel momento en mi alma (...). En el momento que precedió al combate, comprendí todo lo que aquella divina palabra significaba, y la idea de nacionalidad se abrió paso en mi espíritu, iluminándolo, y descubriendo infinitas maravillas, como el sol que disipa la noche, y saca de la obscuridad un hermoso paisaje.
>
> Me representé a mi país como una inmensa tierra poblada de gentes, todos fraternalmente unidos; me representé la sociedad dividida en familias, en las cuales había esposas que mantener, hijos que educar, hacienda que conservar, honra que defender; me hice cargo de un pacto establecido entre tantos seres para ayudarse y sostenerse contra un ataque de fuera, y comprendí que por todos habían sido hechos aquellos barcos para defender la patria, es decir, el terreno en que ponían sus plantas, el surco regado con su sudor, la casa donde vivían sus ancianos padres, el huerto donde jugaban sus hijos, la colonia descubierta y conquistada por sus ascendientes, el puerto donde amarraban su embarcación fatigada del largo viaje, el almacén donde depositaban sus riquezas; la iglesia, sarcófago de sus mayores, habitáculo de sus santos y arca de sus creencias; la plaza, recinto de sus alegres pasatiempos; el hogar doméstico, cuyos antiguos muebles, transmitidos de generación en generación, parecen el símbolo de la perpetuidad de las naciones; la cocina, en cuyas paredes ahumadas parece que no se extingue nunca el eco de los cuentos con que las abuelas amansan la travesura e inquietud de los nietos; la calle, donde se ve desfilar caras amigas; el campo, el mar, el cielo; todo cuanto desde el nacer se asocia a nuestra existencia desde el pesebre de un animal querido hasta el trono de reyes patriarcales; todos los objetos en que vive prolongándose nuestra alma, como si el propio cuerpo no le bastara.

Mirando nuestras banderas rojas y amarillas, los colores combinados que mejor representan al fuego, sentí que mi pecho se ensanchaba; no pude contener algunas lágrimas de entusiasmo; me acordé de Cádiz, de Vejer; me acordé de todos los españoles, a quienes consideraba asomados a una gran azotea, contemplándonos con ansiedad (...). Un repentino estruendo me sacó de mi arrobamiento, haciéndome estremecer con violentísima sacudida. Había sonado el primer cañonazo.

Ese cañonazo es el que suena siempre en los grandes momentos históricos. En la España actual sonó en las elecciones europeas, de donde nació un posible presidente de Gobierno que odia a España. Tal vez adivinándolo, con su último aliento, Gabriel Araceli dice:

Cercano al sepulcro, y considerándome el más inútil de los hombres, aún haces brotar lágrimas en mis ojos, ¡amor santo de la patria! En cambio, yo aún puedo consagrarte una palabra, maldiciendo al ruin escéptico que te niega y al filósofo corrompido que te confunde con los intereses de un día.

Tal vez, lo que a finales de 2017 pasó en España fue que resurgió el sentimiento nacional español, contra el que el comunismo, esperemos, no prevalecerá.

# EPÍLOGO

## DEL AUSTRIA DE MISES
## A LA ESPAÑA DE JUAN DE MARIANA

Cuando, en 1918, Lenin firmó el Pacto de Brest-Litovsk, que entregaba un tercio de Rusia al káiser, liberó de sus obligaciones militares al profesor Ludwig von Mises, nacido en un rincón del Imperio Austrohúngaro llamado Lemberg y, hoy, dentro de Ucrania, Lvov. Mises pasó cuatro años en el frente ruso, interrumpiendo una brillante carrera universitaria en la ciudad que, hasta la Primera Guerra Mundial, era, sin duda, el centro de reflexión económica más importante del mundo: Viena.

Hasta el comienzo de la Guerra que supuso el fin del Imperio Austrohúngaro y de toda la asombrosa época que Stephan Zweig salvó para la posteridad con el título *El mundo de ayer*, Mises, antes de cumplir los treinta años, había publicado su *Teoría del dinero y el crédito*, en la estela de Menger, creador de la llamada Escuela Austríaca y su brillante continuador, prematuramente desaparecido, Bohm-Bawerk. Probablemente, sin la guerra, nos habríamos ahorrado cien años de comunismo y de plomazos económicos marxistas, ridiculizados por la escuela vienesa. Pero hubo guerra. Y como las desgracias nunca vienen solas, el liberalismo fue doblemente aplastado: en la práctica política y en la teoría económica.

A la vuelta de la guerra, Mises se puso febrilmente a escribir y en 1922 publicó un libro, *El Socialismo* (1922), que sigue siendo la mejor refutación económica y sociológica del sistema soviético de Lenin, pero también la mejor prueba de la debilidad política del liberalismo académico.

El efecto del libro en la élite intelectual de la Viena de posguerra fue extraordinario. Un joven socialista llamado Friedrich Von Hayek, que tenía a Mises por un simple «profesor retraído» lo contó así en el prólogo de 1978:

> Sentíamos que la civilización en la que nos habíamos criado se había derrumbado. Estábamos decididos a construir un mundo mejor, y este deseo de reconstruir la sociedad fue el que nos condujo a muchos al estudio de la economía. El socialismo prometía satisfacer nuestras esperanzas de conseguir un mundo más racional y justo. Y entonces llegó este libro. Nuestras esperanzas se desvanecieron. *El Socialismo* nos decía que estábamos buscando nuestras mejoras en una dirección equivocada. (Mises, 2003).

Hay que insistir en el hecho de que Mises escribe *El Socialismo* al mismo tiempo que Lenin está implantando el régimen bolchevique, que lo publica en 1922, antes de que sufriera su primer derrame cerebral, y lo había terminado en 1921, cuando Lenin estaba en posesión de todas sus facultades físicas e intelectuales. También que la reflexión de Mises no se basa en los testimonios de las víctimas políticas de la naciente tiranía comunista, sino en el análisis teórico de un sistema sin precedentes históricos. Y que no sigue un relato histórico del fulminante proceso de liquidación de la propiedad privada que hoy conocemos mejor, sino que aborda la idea misma de socialismo, de la que Lenin no es árbol —salvo para ahorcar gente— sino paradójica rama que permite revivir el marxismo seco.

> Nunca doctrina alguna obtuvo en la historia un triunfo tan rápido ni tan completo. A menudo se desconoce la amplitud y duración de su éxito, porque estamos acostumbrados a no considerar como marxistas sino a los inscritos en partidos marxistas (...) quienes se han dedicado a observar a la letra las doctrinas de Marx y Engels y a interpretarlas conforme a las interpretaciones que les da la secta y a considerarles como la suma de toda ciencia social y como norma suprema de acción política. Pero si se designara con el nombre de marxistas a todos los que admiten el pensamiento condicionado por el espíritu de clase, la inevitabilidad del socialismo, el carácter no científico de los estudios sobre la naturaleza y el funciona-

miento de la sociedad socialista, se encontrarían muy pocos individuos no marxistas al este del Rin, y bastantes más amigos que adversarios del marxismo en Europa Occidental y los Estados Unidos.

¿Cuál es la base, según Mises, del éxito del marxismo?

El éxito incomparable del marxismo se debe al hecho de que promete realizar los sueños y viejos deseos de la humanidad y saciar sus resentimientos innatos. Promete el paraíso terrenal, una Jauja llena de felicidades y de goces, y el regalo más apetitoso para los desheredados: la humillación de todos aquellos que son más fuertes y mejores que la multitud. Enseña cómo eliminar la lógica y el pensamiento, debido a que hacen ver la estupidez de tales sueños de felicidad y venganza. El marxismo es la más radical reacción contra el dominio del pensamiento científico sobre la vida y la acción establecido por el racionalismo (…). Por otro lado, su principio más notable es la prohibición de pensar e investigar científicamente la organización y el funcionamiento de la economía socialista. (Mises, 2003).

A diferencia de los «revisionistas» Bernstein y Kautski, albaceas de Engels, o de los comunistas *espartaquistas* como Rosa Luxemburgo, Mises no tiene dudas sobre la filiación marxista del leninismo, porque Marx y Lenin comparten una misma esquizofrenia: aseguran que el advenimiento del socialismo es científicamente inevitable y que cualquier interferencia en la mejora de los derechos de los trabajadores es, por ineficiente, indeseable; pero, al tiempo, desarrollan una actividad política frenética y proclaman la necesidad de que la lucha de clases se convierta en guerra civil.

La Comuna de París fracasa, según Marx, por no haberse atrevido a implantar el Terror al estilo de Robespierre (sí lo predicaron e intentaron, pero a Marx le parece poco) y llevar la guerra civil hasta el último rincón de Francia. Lenin basa en ese análisis, al que vuelve muchas veces entre 1905 y 1917, su justificación de la guerra civil como estrategia y del terror rojo como único instrumento para llegar a ese socialismo que, en cualquier caso, Marx y Lenin consideran científicamente inevitable. Pero, si lo es, ¿para qué es necesario el terror, que cuesta infinitas vidas y mueve a las víctimas a resistir, en vez de esperar que la historia lo imponga? Ni Marx ni Lenin lo explican. La razón es que *les gusta* matar.

Pero en los años 1919-1921, el análisis de Mises sobre el régimen leninista no se basaba en datos que él y casi todos sus coetáneos ignoraban. No hay referencias a lo que la izquierda y la derecha perseguidas estaban denunciando desde el principio sobre la destrucción minuciosa del orden económico, ni tampoco al Terror Rojo, del que los bolcheviques de 1917 todavía se jactaban, aunque luego lo ocultaron o negaron categóricamente.

Sin embargo, en la «Conclusión», titulada «El papel histórico del socialismo moderno», Mises entiende que estamos ante un fenómeno apocalíptico:

> Si el socialismo continúa ejerciendo su dominio sobre los espíritus, no tardará en derrumbarse todo el sistema de cooperación de la cultura europea, laboriosamente edificada en el transcurso de siglos. Porque el orden socialista es irrealizable. Todos los esfuerzos que se hacen para instaurarlo conducen a la destrucción de la sociedad. Las fábricas, las minas, los ferrocarriles, se paralizarán; las ciudades quedarán desiertas. La población de las ciudades está condenada a morir o emigrar. El campesino retornará a la economía doméstica autárquica. Sin propiedad privada de los medios de producción solo existirá a la larga una producción al día para las necesidades personales del individuo.

Insistimos en que, al redactar el libro, Mises seguramente desconocía datos tan esenciales en la implantación de la dictadura leninista como la expropiación de todos los bienes (privados e institucionales, como los de la Iglesia y el zar), el despido de los jueces, la anulación del valor del dinero mediante la inflación, la caída de la población de Petrogrado a la mitad o la quema de cosechas y reses por los campesinos, que rechazaban el «papel pintado» de la Cheka. Pero acertaba al asegurar la imposibilidad de que el socialismo funcionara, ni tras la forzada marcha atrás de Lenin en la NEP, que ya anunció como «temporal», ni tras el nuevo «salto adelante» de la industrialización forzosa y la criminal *deskulakización* de Stalin. Era el sistema, el que, sin mercado libre ni precios reales, privaba de cualquier posibilidad de cálculo económico a los particulares y al propio Estado. Eso es lo que lo convertía en ruinoso, y para el racionalista Mises en *imposible*.

El sistema solo podía mantenerse temporalmente —y Mises tampoco podía conocer entonces a Willi Münzenberg— mediante la propaganda y una ciega agitación intelectual. Anticipándose varias décadas al *Opio de los intelectuales* de Raymond Aron, dice Mises:

> Los bolcheviques no dejan de repetir que la religión es el opio del pueblo. Lo cierto, sin embargo, es que el marxismo es el opio de la alta clase intelectual, de quienes podrían pensar y a quienes desea mantener al margen del pensamiento.

Y esa voluntad la imponen «los matones de la literatura del odio»:

> Aquel que participa en la lucha en favor de las medidas socialistas pasa por ser amigo del bien, de lo noble, de lo moral, por campeón desinteresado de una reforma necesaria; en pocas palabras, pasa por hombre que sirve a su pueblo y a la humanidad entera y, por encima de todo, por sabio intrépido y verdadero. Aquel que llega a estudiar el socialismo con criterio científico es proscrito como defensor de malos principios, como malhechor, mercenario a sueldo de los intereses particulares, egoístas, de una clase social nociva para el bien público, como ignorante. Porque —y esto es lo curioso de en tal manera de pensar— las conclusiones de la indagación, esto es, si el socialismo o el capitalismo sirve mejor al bien público, están decididas desde el principio como cosa resuelta, por un acto de fe puro y simple en favor del socialismo y en reprobación del capitalismo.

En las tres ediciones de *El Socialismo* (1922, el prólogo de 1932 y el epílogo de 1947) Mises vuelve una y otra vez al que considera el factor básico en la fuerza del socialismo, pese al desastre económico que trae su implantación: el empeño de la mayoría de los intelectuales en propagarlo. Pero es asombrosa la forma en que se define a sí mismo y a su tarea:

> Mi libro es una investigación científica y no una obra de disputa política. En cuanto ha sido posible, esquivo deliberadamente tratar cuestiones económicas de actualidad y discutir la política de los gobiernos y los partidos, con objeto de consagrarme al estudio de los problemas de principio. Sin embargo, creo que precisamente de este modo trato de preparar, para la

política de los últimos años y todavía más para la de mañana, una base seria de observación y de conocimiento. Quien haya pensado y repensado, desde el punto de vista crítico, las ideas socialistas en todas sus consecuencias, es el único que se halla capacitado para comprender lo que sucede en nuestro derredor (p. 29).

¿Cabe mayor contradicción que decir que *El socialismo* «no es un libro de disputa política» y que trata de «preparar la política de mañana». ¿Qué *mañana*, si el *mañana* era ya el *hoy* de Stalin, heredero y continuador del Lenin cuyo sistema ataca desde 1922? Mises muestra una gran sutileza al criticar el uso *fetichista* de ciertas palabras en Marx que, como el de *revolución*, se convierte en el concepto que a sus exegetas les conviene en cada momento. Pero Mises tiene sus propios fetiches: *serio, profundo, científico...* de los que presume siempre pero muchas veces prescinde. Ya suponemos que su análisis será tan serio y profundo como pueda. Lo que repele es verlo atrincherarse en La Ciencia Económica, con mayúsculas, para eludir la política, con minúsculas... que, al final, no puede eludir. Nos parece estar viendo a Mises, llevándose la contraria a sí mismo, al leerle:

Sé muy bien que puede tener la apariencia de un acto incomprensible pretender hoy, por medio de una demostración lógica, convencer a los adeptos de la idea socialista del absurdo y de la locura que entrañan sus concepciones. Sé muy bien que no quieren oír, que no quieren ver y que, sobre todo, no quieren pensar, inaccesibles a todo argumento. Pero están formándose nuevas generaciones, con la inteligencia y los ojos muy despiertos. Ellas considerarán las cosas sin parcialidad, sin sesgado partidismo, para obrar según su leal saber y entender. Este libro se dedica a ellas (p. 31).

Faltaba solo un año para la llegada de Hitler al poder. Pero en las elecciones de 1930 el partido nacionalsocialista había sido la segunda fuerza, y el comunista, la tercera. Y las «nuevas generaciones» austríacas, a excepción del socialista Hayek, acogieron con entusiasmo... el *Anschluss* ¿En qué basaba Mises la alta consideración de su obra, que la merecía, y su eficacia política en las jóvenes generaciones, que ni buscaba ni podía tener? En esto:

Las ideas pueden vencerse únicamente con las ideas. Solo los principios del capitalismo y del liberalismo pueden triunfar contra el socialismo. Solo la lucha de las ideas puede permitir que se llegue a una decisión.

El liberalismo y el capitalismo apelan a la fría razón. Proceden con estricta lógica y evitan deliberadamente cualquier apelación a los sentimientos. El socialismo, por el contrario, trata de obrar suscitando pasiones. Busca violentar la reflexión lógica excitando un sentido de interés personal y procura acallar la voz de la razón despertando los instintos más primitivos. Este método parece dar ya ventaja al socialismo en lo que respecta los hombres de un nivel intelectual superior, que son la minoría capaz de reflexión individual.

Pero si la gran mayoría de los intelectuales se empeña en propagar el socialismo, ¿debemos deducir que solo Mises, minoría de uno, se le opone?

Es un error pensar que las experiencias desgraciadas hechas con el socialismo pueden ayudar a vencerlo. Los hechos mismos no bastan para probar o refutar nada; todo depende de la interpretación que se les dé, esto es, de las ideas y de las teorías.

El socialismo ve hambrientos, desocupados, ricos, y ejerce una crítica fragmentaria; el liberalismo jamás pierde de vista el conjunto y la interdependencia de los fenómenos. Sabe que la propiedad privada de los medios de producción no es capaz de transformar el mundo en un paraíso. Se ha limitado siempre a sostener que la sociedad socialista es irrealizable y, por tanto, menos apta que la sociedad capitalista para asegurar a todos el bienestar.

Los partidarios del socialismo continuarán atribuyendo a la propiedad privada todos los males de este mundo y esperando esa doctrina de salvación. Sus partidarios imputan los fracasos del socialismo ruso a todas las causas posibles, menos a la insuficiencia del sistema. Desde su punto de vista, el capitalismo es el único responsable de las miserias que ha sufrido el mundo durante el curso de los últimos años. Solo ven lo que quieren ver y fingen ignorar lo que pudiese contradecir su teoría.

Supongamos que eso fuera cierto, que no lo es, porque jóvenes como Hayek abandonan el socialismo al leer los argumentos de Mises contra su eficacia para proporcionar un mayor bienestar a los más humildes, es decir para ser moralmente defendible. Pero, ¿y en qué queda la experiencia de las víctimas corrientes, molientes y molidas del socialismo? Diríase que Mises se ve como un Wellington sin ejército en Waterloo frente a Napoleón Ilich, con las infinitas tropas intelectuales socialistas, De ahí su condescendencia:

> Ciertos pueblos han emprendido la tarea de poner en práctica, de un solo golpe y hasta sus más extremas consecuencias, el programa socialista. El bolchevismo ruso ha realizado a nuestra vista una obra cuya significación puede discutirse, pero que, aunque no fuese por otra razón que su propósito grandioso, se contará entre los acontecimientos más notables que ha registrado la historia. En otras partes no se ha ido tan lejos. En los demás pueblos, la ejecución de los planes socialistas se ha visto entorpecida únicamente por las contradicciones internas del socialismo y por la imposibilidad de su realización.

Pero esto es, sencillamente, falso. El pueblo ruso y todos sus partidos políticos representativos se opuso al «grandioso propósito» bolchevique y sufrió por ello una represión brutal. Lenin, entre la Cheka y la hambruna, había asesinado a más de cinco millones de rusos en 1922, cuando sale el libro de Mises, precisamente porque los rusos no aceptaban el socialismo.

Y el socialdemócrata Kautski, tan despreciado, era el que más estaba luchando en favor de esos heroicos opositores a la dictadura leninista. No es de recibo que cuando se distingue, como hace Mises muy acertadamente, entre socialismo e intervencionismo, colocando a este último dentro de una economía de mercado mientras el comunismo la destruye por principio, no recuerde una diferencia fundamental entre el socialismo intervencionista y el comunismo: el asesinato de masas. Si el comienzo del libro buscaba con su ditirambo a Lenin la *captatio benevolentiae* de la oratoria clásica, la más mínima consideración moral debería buscarla entre esos lectores socialistas que, con Kautski, apoyaban a las víctimas de la Cheka y el Ejército Rojo. Pero uno tiene a veces la impresión de que a Mises le molesta más el error teórico socialista que los verdaderos crímenes para implantar el socialismo.

Se trata de un déficit puramente moral. Porque Mises ve claramente la tiranía comunista en Rusia y el futuro de sus intelectuales vanguardistas:

> La estatización de la vida intelectual, que el socialismo tiene que contemplar, haría imposible cualquier progreso intelectual. Cabe engañarse quizás sobre el alcance de este sistema, porque en Rusia ha tenido éxito para afianzar el predominio de nuevas tendencias artísticas. Pero los innovadores existían antes de que el régimen soviético llegara al poder. Si se han adherido al mismo, es porque esperaban que, al darle ánimos, el nuevo régimen aseguraría su consagración. Se trata de saber si las nuevas escuelas que surjan podrán desplazar a los que actualmente dominan (p. 196).

También se muestra sumamente perspicaz al ver que la libertad sexual que predica el socialismo es el atractivo más poderoso para la juventud. Son notables las páginas dedicadas a la liberación de la mujer, a partir del libro más vendido de la época: *La mujer y el socialismo*, de August Bebel, una especie de *La perfecta casada* para Lenin, que en él halló el argumentario moral, reciamente bolchevique, para compartir los cuidados de su celosa esposa Krupskáia y su devota amante Inés Armand.

## LA INHIBICIÓN MORAL DE MISES

Aunque Mises no se extiende sobre las neurosis de la época, tan dramáticamente presentes en millones de combatientes psicológicamente destrozados por la Primera Guerra Mundial, su cita de *Tótem y tabú*, obra de 1907, lo muestra como un lector tempranísimo de su compatriota Freud. Pero este zahorí de novedades intelectuales frena de golpe su reflexión sobre lo que más domina, y le domina, la economía, al tratar de la libertad.
Dice Mises:

> Cuando se habla del lugar que corresponderá al individuo en el Estado socialista, ordinariamente se dice que en él faltará la libertad; la comunidad socialista será una casa de reclusión. No es asunto de la ciencia juzgar del valor de este juicio. Tampoco es papel de la ciencia conocer si la libertad es un bien o un mal o algo indiferente. La ciencia solo puede preguntarse: ¿qué es y dónde está la libertad?

El súbito repliegue a lo académico de la actividad intelectual cuando tropieza con la política produce las páginas más toscas de *El Socialismo*:

> El concepto de libertad es un concepto sociológico, y es una tontería aplicarlo a situaciones que se hallan fuera de la estructura social. La mejor prueba de ello son las faltas de entendimiento a que ha dado lugar el famoso debate sobre el libre albedrío. La vida del hombre depende de condiciones naturales que nadie puede cambiar (…) en presencia de la naturaleza y en ella no existe libertad (p. 197).

La frase es sobrecogedora. Va más allá de la «tontería» denominar simple «concepto sociológico» a una idea milenaria, un valor moral que a lo largo de los siglos ha marcado la acción humana, por el que en ese 1922 miles de rusos estaban dando voluntaria y heroicamente la vida y por cuya ausencia, en lo económico y lo político, la habían perdido varios millones. Por supuesto, luego Mises entra en detalles que se convierten en matices y luego en cambios, pero el lector se queda helado ante tanta frialdad. Uno tiene la impresión de que Mises se limita a la descripción económica del socialismo como el que observa la dentadura de un cocodrilo disecado; con la tranquilidad del que, desaprobando las fauces, sabe que no corre peligro.

¿Por qué oponer el valor de las ideas al de la experiencia? ¿Por qué han de ser excluyentes, cuando el capitalismo se ha ido imponiendo en el mundo a los demás modelos económicos por la continua puesta a prueba de su eficacia económica en la asignación de recursos y por su capacidad de producir más bienes para el mayor número de personas? ¿Quién puede tener más claridad de ideas sobre el socialismo que el campesino al que no le dejan vender lo que produce, le pagan con rublos sin valor sus reses y su trigo y él prefiere matarlas y quemar el trigo? ¿Quién está viendo mejor el mercado de trabajo que el sindicalista que arrostra la muerte por defender contra Lenin el derecho a la huelga, como en tiempos del Zar? ¿Cómo puede decir Mises que la experiencia del socialismo no tiene valor teórico?

Durante quinientas páginas, Mises demuestra que la realidad es inasequible a las ideas equivocadas, que el socialismo acarrea ruina. Pero no es capaz de sacar la conclusión lógica, la que sí sacan los socialistas de la Segunda Internacional: son los trabajadores, el mundo de la experiencia, lo que desmiente los axiomas socialistas. Si en los años ochenta del siglo pasado la Escuela Austríaca se convirtió en una alternativa al socialismo de todas las cátedras fue porque los muchos millones de personas que padecieron la experiencia del socialismo real contribuyeron con su testimonio disidente o con su hambre y su desengaño a la caída del Muro y la ruina de la URSS. El socialismo había fallado desde el principio. Pero costó ocho décadas —en otros países, sigue vivo, matando— llevar a ese muerto a su funeral. Fue la experiencia del socialismo la que desprestigió la idea. Salvo, claro está, en eso que Mises llama «la clase media intelectual». Lo que no dice en *El Socialismo* es que ese camino lo asfaltó antes la aristocracia del gremio:

> Como cualquier otra gran idea, el socialismo ha penetrado en las masas a través de la clase media intelectual. No es el pueblo, no son las masas las que primero han sido ganadas para el socialismo y por lo demás incluso hoy las masas, propiamente hablando, no son socialistas, sino socialistas agrarias y sindicalistas. Son los intelectuales los que han sido conquistados por el socialismo. Son estos y no las masas quienes sirven de apoyo al socialismo.

¿En qué quedamos, entonces? ¿Son tontas o listas las masas? ¿Y qué significa la palabra «masa», salvo una concesión a la moda terminológica de los años veinte? Pocos términos más imprecisos y nefastos, precisamente por su imprecisión. Sucede con las *masas* como con las *clases sociales* de Marx: se explica su efecto pero no lo que son. El lector de *La rebelión de las masas* de Ortega sacará una idea deslumbrada por la chisporroteante prosa del pensador español, pero ninguna definición de qué son *las masas*.

En Mises, el término nebuloso y arrojadizo *masas* recuerda toda la palabrería académica y periodística que se adueñó de Europa tras la quiebra del liberalismo político en 1918. Pero no era inevitable aquella guerra; ni el leninismo que vino tras ella y pudo ser militarmente destruido; ni lo eran tampoco el fascismo y el nazismo, copias genuinamente antiliberales del leninismo. Sin embargo, el término *masa* sugiere algo oscuro, fatídico, contra lo que no se puede luchar. Y por supuesto que se podía. Pero se luchó poco —o pocos— y mal. Y cuando el diagnóstico de la enfermedad está equivocado, la cura falla.

## VOLVIENDO A LENIN, HITLER, MUSSOLINI... Y FRANCO

Tras su huida a Suiza, llegada a los USA y el fin de la Segunda Guerra Mundial, Mises escribe en 1947 *Planned Chaos*, que aparecerá como epílogo en todas las ediciones de *El Socialismo*. Y en él se describe a Lenin de forma muy distinta a la académica y vacilante de 1922, que puede encontrarse unas páginas más adelante. La propiedad ya no es *le vol* o el fruto de la violencia. Hay que estudiar la legitimidad de esta usurpación:

> Lenin no fue el primer usurpador, pues muchos tiranos le habían ya precedido. Pero sus antecesores estaban en conflicto con las ideas sostenidas por sus contemporáneos más eminentes (…). Lenin se vio bajo una luz diferente. Era el superhombre brutal cuyo advenimiento era anhelado por los aspirantes a filósofos. Era el espurio salvador elegido por la historia para traer la salvación por medio del derramamiento de sangre (…).
>
> ¿No era acaso el discípulo más ortodoxo del socialismo «científico» de Marx? ¿No era el hombre destinado a realizar los planes socialistas para cuya ejecución los débiles estadistas de las decadentes democracias eran demasiado tímidos? Todas las gentes bienintencionadas pedían el socialismo; la ciencia, por boca de los profesores infalibles, lo recomendaba; las iglesias predicaban el socialismo cristiano; los trabajadores suspiraban por la abolición del sistema de salarios. Aquí estaba el hombre capaz de satisfacer esos deseos y lo suficientemente cuerdo para saber que no se puede hacer una tortilla sin romper los huevos.

Lógicamente, como hombre nacido a la cultura en la lengua alemana y nostálgico del «mundo de ayer» del Imperio Austrohúngaro, Mises piensa en la Prusia militarista —aunque no agresora en 1914— y por un momento nos parece que vuelve al fracasado pacifismo de Zweig y de él mismo en 1922:

> Medio siglo antes, toda la gente civilizada había censurado a Bismarck cuando declaró que los grandes problemas de la historia deben resolverse por medio de la sangre y el hierro. Ahora, la inmensa mayoría de hombres cuasi-civilizados se inclinaba ante el dictador, dispuesto a derramar mucha más sangre que toda la que pudo haber derramado Bismarck.

Pero pronto vuelve a la raíz del problema, soviético y no prusiano:

Este fue el verdadero significado de la revolución de Lenin. Todas las ideas tradicionales en materia de derecho y legalidad fueron arrojadas por la borda. La regla de violencia irrestricta y usurpación sustituyó al régimen de Derecho. El «estrecho horizonte de la legalidad burguesa», según la apodó Marx, se abandonó. En adelante ninguna ley podría ya limitar por más tiempo el poder de los elegidos. Eran libres de matar *ad libitum*. Los impulsos innatos del hombre de exterminar por la violencia a todos aquellos por quienes siente aversión, reprimidos por una evolución larga y pesada, brotaron abiertamente. Los demonios fueron desencadenados. Se inauguró una nueva era, la era de los usurpadores, Los malhechores fueron llamados a la acción y escucharon la voz.

## REIVINDICANDO *EL SOCIALISMO* Y OLVIDANDO EL GULAG

En las páginas 574-576 de este epílogo entrevemos una vuelta al impulso moral que, un cuarto de siglo antes, llevó a Mises a escribir *El Socialismo*. Es una reivindicación —cátedra obliga—, de su acierto al prever el desastre económico del socialismo, pero también una descripción de sus efectos contra la libertad de las personas y la civilización occidental. Y lo hace cuando, con Stalin vivo y triunfante tras la Segunda Guerra Mundial, muchos intelectuales quieren cegarse de nuevo ante «la luz que viene de Rusia»:

Nada de lo sucedido en Rusia desde 1917 contradice ninguna de las afirmaciones de los críticos del socialismo y el comunismo. Aunque se base el propio juicio en los escritos de comunistas y propagandistas, exclusivamente, no puede descubrirse en las condiciones rusas circunstancia alguna que hable en favor del sistema social y político de los soviets. Todos los adelantos tecnológicos de la última época se originaron en los países capitalistas. Y aunque es cierto que los rusos han tratado de copiar algunas de estas innovaciones, lo mismo han tratado de hacer los pueblos atrasados de Oriente.

Algunos comunistas están interesados en hacernos creer que la cruel opresión que sufren los disidentes y la abolición radical de la libertad de pensamiento, palabra y prensa, no son rasgos inherentes al control público de los negocios. Son, alegan ellos, solo fenómenos accidentales del comunismo, su rúbrica en un país que nunca gozó de libertad de pensamiento y de conciencia, como fue el caso de Rusia, Sin embargo, estos apologistas del despotismo totalitario no saben explicar la forma en que podrían salvaguardarse los derechos del hombre bajo un gobierno omnipotente.

En un país donde las autoridades son libres para expatriar a quienquiera que les desagrada, ya sea a las regiones árticas o al desierto, y donde se le puede destinar a trabajos forzados toda la vida, la libertad de pensamiento y de conciencia resultan una farsa. El autócrata puede siempre tratar de justificar los actos arbitrarios de esta especie con la excusa de que los motivan exclusivamente consideraciones de bienestar público y de conveniencia económica. Él es el árbitro único y supremo que decide todos los asuntos relacionados con la ejecución del plan.

La libertad de prensa es mera ilusión cuando el gobierno es propietario y director de todas las fábricas de papel, las imprentas y las casas editoriales, y el que decide, en última instancia, qué debe y qué no debe imprimirse. El derecho de asociación se frustra si el gobierno es el propietario de todos los lugares de reunión, y si tiene la facultad de determinar para qué propósitos deben utilizarse. Lo propio ocurre en el caso de todas las demás libertades. En uno de sus intervalos lúcidos, Trotski —naturalmente, el Trotski perseguido en el destierro y no el comandante implacable del Ejército Rojo— vio las cosas con realismo y declaró: «En un país donde el único patrón es el Estado, la oposición equivale a una muerte lenta por inanición. El viejo refrán de que el que no trabaja no come, ha sido sustituido por otro: el que no obedece no come. Esta confesión pone punto final a la discusión».

Es importante comprobar cómo Mises, tan aparentemente abstraído por la economía de cátedra, seguía en 1947 el debate político comunista:

Todos los puntos esenciales del programa de Trotski concordaban perfectamente con la política de Stalin. Trotski era partidario de la industrialización de Rusia, que constituía el objetivo de los planes quinquenales de Stalin. De igual modo, Trotski se declaró en favor de la colectivización de la agricultura y Stalin estableció los koljoses y liquidó a los kulaks. Aquel favorecía la creación de un ejército poderoso y Stalin lo organizó. Tampoco fue amigo de la democracia mientras estuvo en el poder, pues, al contrario, se constituyó en sostenedor fanático de la opresión dictatorial contra todos los «saboteadores». Es cierto que no pudo prever que el dictador lo consideraría a él, Trotski, autor de opúsculos marxistas y veterano del glorioso exterminio de los Romanov, como el más perverso de los «saboteadores».

La verdad de todo esto es que Trotski le encontraba a Stalin un único defecto: que era el dictador en vez de que lo fuera Trotski, En su rivalidad ambos tenían razón: Stalin al sostener que su régimen era la encarnación de los principios comunistas, y Trotski, al asegurar que el régimen de Stalin había convertido a Rusia en un infierno.

## EL «PELIGRO ROJO»: LOS PROFESORES, NO LOS TANQUES

De pronto Mises se animó:

En la actualidad, en grado no menor que después de la Primera Guerra Mundial, la amenaza real que se cierne sobre Occidente no radica en la pujanza militar de Rusia (...). La amenaza no está en los ejércitos rusos, sino en las ideologías comunistas, cosa que ellos saben muy bien y por eso descansan en sus partidarios extranjeros más que en sus mismas tropas. Desea vencer a las democracias desde dentro, no desde afuera. Su principal arma consiste en las maquinaciones a favor de Rusia a que se dedican las quintas columnas. Estas son las verdaderas divisiones selectas del bolchevismo.

Mises, que presume siempre de científico, va más allá que el más radical de los anticomunistas cuando dice que Stalin no ha decidido ocupar Europa Oriental por razones militares, económicas y políticas —como hizo— sino para contentar a sus huestes intelectuales. Pero en esta distorsión hay algo «y aun algos» de cierto. Este es el panorama de la enseñanza superior:

Las universidades están dominadas, en su mayor parte, por pedantes socialistas e intervencionistas, no solo en Europa Continental, donde esos centros del saber pertenecen a los gobiernos, que las administran, sino también en los países anglosajones. Los políticos y los estadistas, ansiosos de mantener su popularidad, se mostraron tibios en la defensa que hicieron de la libertad. La política de apaciguamiento, tan aplaudida cuando se aplicó al caso de los nazis y fascistas, se practicó universalmente durante varias décadas en el caso de todas las sectas del socialismo.

No es cierto que las masas pidan con vehemencia el socialismo y que no haya medios para resistirlas. Las masas están a favor del socialismo porque confían en la propaganda socialista de los intelectuales. Son estos y no el populacho quienes forman la opinión pública (…). Ningún proletario ni hijo de proletario ha contribuido en algo para elaborar los planes del intervencionismo y el socialismo, ya que todos sus autores son de extracción burguesa. Los escritos esotéricos del materialismo dialéctico, de Hegel, el padre tanto del marxismo como del agresivo nacionalismo alemán, de Georges Sorel, de Gentile y de Spengler, no han sido leídos por el hombre común y no son ellos los que han movido directamente a las masas. Fueron los intelectuales los autores de su popularización.

El contacto con el sindicalismo americano, AFL-CIO, enemigo de la URSS desde sus orígenes, cuando Lenin ordenó exportar madera siberiana barata, fruto del trabajo esclavo de los presos políticos, cambió la idea del obrero o las masas que Mises traía de Europa y que aparece una y otra vez en el libro. Pero la gran coartada intelectual de los comunistas en Occidente era la alianza de los países capitalistas con la URSS y contra Hitler, lo que hacía de Stalin, sobre todo tras la Guerra de España, el verdadero campeón del antifascismo.

Para ello hay que admitir el tópico de la propaganda soviética de que el nazismo y el fascismo fueron modelos que adoptó el Estado capitalista para defenderse de la revolución socialista, auténtica democracia real. La fórmula ha tenido tanto éxito que reciclada por Poulantzas y Harnecker a finales de los sesenta, todavía era esgrimida en abril de 2017 por Pablo Iglesias Turrión en su programa de televisión *La tuerka* —financiado por la democracia ayatolá— contra Antonio Escohotado, autor de la trilogía *Los enemigos del comercio*, que, evidentemente, Iglesias no había leído ni, de hacerlo, habría entendido. No más, desgraciadamente, que la mayoría de diputados del PP y Ciudadanos.

Mises expone con absoluta contundencia el carácter socialista de los regímenes de Mussolini y Hitler, su relación con el socialismo y la filiación directa del nazismo y el fascismo con el modelo de Estado de Lenin. Pero hace una diferencia esencial: Mussolini no pasó de ser un dictador con retórica totalitaria, pero básicamente socialista e intervencionista, sin más. En cambio, Hitler llevó mucho más allá el parecido con su modelo italiano:

La filosofía de los nazis, del Partido Nacional Socialista Alemán del Trabajo, es la manifestación más pura y completa del espíritu anticapitalista y socialista de nuestro tiempo. Sus ideas esenciales no tienen origen alemán o «ario», ni son típicos de la época actual. En el árbol genealógico de la doctrina nazi sobresalieron, más que cualquier autor alemán, escritores latinos como Sismondi y Georges Sorel y anglosajones como Carlyle, Ruskin y Houston Stewart Chamberlain. Incluso la vestimenta ideológica más conocida del nazismo, la fábula de la superioridad de la raza aria, no era de origen alemán, dado que su autor fue el francés Gobineau. Otros alemanes de ascendencia judía, como Lassalle, Lasson, Stahl y Walter Rathenau, contribuyeron más a los dogmas esenciales del nazismo que hombres como Sombart, Spann y Ferdinand Fried.

La fórmula en que los nazis condensaban su filosofía económica, a saber, *Gemeinutz geht vor Eigennutz* (el bien de la comunidad está por encima de la ganancia privada) es igualmente la idea que sirve al New Deal americano y la forma en que los soviets manejan los asuntos económicos. Presupone que los negocios que buscan obtener utilidades dañan a los intereses vitales de la gran mayoría y que es deber sagrado de cualquier gobierno popular impedir la obtención de ganancias mediante el control público de la producción y la distribución (…). Muchos partidos proclaman la igualdad de la renta como cosa principal. Los nazis hacían lo mismo (…). Pretendían una distribución más equitativa de los recursos naturales de la tierra, y como nación carente de ellos, veían la riqueza de las naciones prósperas con el mismo resentimiento con que las masas ven los mayores ingresos de algunos de sus conciudadanos en los países occidentales. Los progresistas de los países anglosajones afirman que la libertad carece de valor para aquellas personas a quienes lo reducido de sus ingresos coloca en un estado de injusticia. Los nazis decían exactamente lo mismo con respecto a las relaciones internacionales y, en su opinión, la única libertad que importa es la *Nahrungsfreiheit* (libertad para importar alimentos).

Pero lo más importante del análisis de Mises en 1947 —lejos quedan sus propias fatuidades universitarias, la limitación al cálculo económico de la crítica del socialismo, sus dudas sobre la duración del Estado soviético— es la filiación directa del nazismo con el leninismo, de las SS con la Cheka:

> Cuando la política soviética de exterminio en masa de todos los disidentes y de violencia despiadada suprimió las inhibiciones contra el asesinato al por mayor que todavía inquietaban a ciertos alemanes, nada pudo detener por más tiempo el avance del nazismo. Esta doctrina se apresuró a adoptar los métodos soviéticos e importó de Rusia el sistema de partido único y el predominio de este partido en la vida política, la posición principalísima que se asignó a la policía secreta; los campos de concentración; la ejecución o el encarcelamiento administrativo de todos los adversarios; el exterminio de las familias de los sospechosos y de los desterrados; los métodos de propaganda; la organización de partidos filiales en el extranjero y su utilización para combatir sus propios gobiernos, así como para llevar a cabo trabajos de espionaje y sabotaje; el empleo de los servicios diplomático y consular para fomentar la revolución; y muchas otras cosas más. En ninguna parte hubo discípulos más dóciles de Lenin, Trotski y Stalin que los nazis.

Si todavía hoy continúa —y continuará— la polémica sobre cuál fue el factor clave en la construcción del nazismo, si la personalidad de Hitler o la disposición a seguirle del pueblo alemán, es imposible que en 1947 Mises no entrara en ella. Aunque este análisis parece hoy más certero que ayer:

> Hitler no fue el fundador del nazismo sino producto de este. Como la mayoría de sus colaboradores fue un criminal sádico. Era inculto e ignorante y había fracasado en los primeros grados de la escuela secundaria. Nunca tuvo un trabajo honrado y es fábula que alguna vez haya sido

empapelador de paredes. Su carrera militar en la Primera Guerra Mundial fue más bien mediocre, y al fin de ella se le entregó al Cruz de Hierro de primera clase en recompensa de sus actividades como agente político. Era un maníaco poseído de megalomanía. Sin embargo, los profesores eruditos alimentaron su vanidad y Werner Sombart, que alguna vez hizo alarde de que su vida estaba consagrada a la tarea de combatir en favor de las ideas de Marx, (*Das Lebenswerk von Karl Marx*, Jena, 1909), Sombart, a quien la Asociación Americana de Economía eligió como miembro honorario y a quien muchas universidades no alemanas le confirieron grados honorarios, declaró inocentemente que la Fürhertum entraña una revelación permanente y que el Führer recibe sus órdenes directamente de Dios, que es el Führer supremo del universo.

## LA EUGENESIA NAZI Y SUS ORÍGENES INTELECTUALES

Hay un aspecto del nazismo, el de la eugenesia, el exterminio en masa de las razas «inferiores», que Mises aborda con su claridad habitual, pero frena a la hora de aplicar el mismo paralelismo político y económico que ha hecho antes entre nazis y comunistas. Es el único aspecto en el que como todos los intelectuales de su época vacila, tal vez porque eran muchos los judíos que reflexionaban o tal vez porque el racismo estaba demasiado cerca y demasiado dentro de Europa como para no caer en la tentación de exorcizarlo en la *excepción* nazi. Solo Escohotado, en el último tomo de *Los enemigos del comercio,* defiende que el exterminio por razón de clase o ideología (burgueses, kulaks, kadetes, mencheviques, anarquistas, eseristas, socialistas, trotskistas, calmucos, chechenos, alemanes del Volga, bálticos, georgianos, etc.) en la URSS fue tan eugenésico como el de los judíos, que tras el montaje del complot de los médicos judíos, justo antes de morir Stalin, iba a exterminar con la misma o mayor devastadora saña que Hitler.

El plan nazi abarcaba más y era, por tanto, más pernicioso que el de los marxistas. Trataba no solamente de abolir el *laissez-faire* en la producción de bienes sino en la producción de los hombres. El Führer no solo era el director general de todas las industrias; también era el director general del criadero destinado a producir hombres superiores y a eliminar a los de calidad inferior. Debía ponerse en práctica un plan grandioso de eugenesia conforme a principios «científicos».

En vano protestan los adalides de la eugenesia que no inspiraron lo que los nazis llevaron a la práctica, la eugenesia busca entregar el control absoluto de la proliferación humana a ciertos individuos, apoyados por el poder de la policía (…). La única objeción que un eugenista serio puede presentar es la de que su plan difiere del de los sabios alemanes, y de que trata de crear otro tipo de hombre diferente al de los nazis. Del mismo modo que todo partidario de la economía dirigida se propone la ejecución únicamente de su propio plan, asimismo todo defensor de la dirección eugenésica busca ejecutar su propio plan y ser el criador de seres humanos.

«Las matanzas en masa perpetradas en los campos del horror nazis son tan ignominiosas que no pueden describirse adecuadamente por medio de la palabra», termina Mises tras reprochar a muchos científicos que antes habían aprobado las técnicas luego aplicadas. Sin embargo, los científicos como él, especialmente en lo que se llama Ciencias Sociales, no tienen hoy derecho a ignorar las matanzas atroces perpetradas por todos los regímenes comunistas, entre las cuales si no se ha llegado, solo por falta de capacidad técnica, a la cadena de montaje de exterminio de Auschwitz, se ha repetido algo que los nazis nunca hicieron: matar deliberadamente de hambre a millones de personas, de su país y otros, para alcanzar el paraíso de la raza superior comunista: vivir sin propiedad. ¿Libertad, para qué *ya*?

## EL PROBLEMA ESENCIAL DE LA LIBERTAD ES LA PROPIEDAD

La libertad entendida como un hecho al margen de su valor moral y el rechazo de la experiencia como factor comparable a la lucha de las ideas puede también parecernos hoy una forma claudicante de cómo Mises y otros liberales europeos, judíos o no, afrontaron el reto de sobrevivir al totalitarismo comunista: en su interior, poniendo límites a su reflexión para no asumir un activismo político que les aterraba; en lo físico o exterior, huyendo del nazismo —del comunismo era más difícil— para salvar la vida. ¿Quién se lo reprochará?

Sin embargo, hay algo más allá del error teórico inducido por lo biográfico que contradice el desarrollo del conjunto del libro y que puede sorprender a los que piensan, de forma muy simplista, que toda reflexión liberal parte de la defensa de la propiedad. En realidad, ese es el problema esencial de Mises en *El Socialismo*: el concepto de propiedad, para la que asume la atribuida al socialista Proudhon *«la proprieté c'est le vol»*, que, en rigor, está en la base de la literatura socialista de todos los tiempos.

Mises ya había definido el capitalismo según la imprecisa fórmula de Marx «la propiedad privada de los bienes de producción», concepto que, como siempre en Marx, suprime todo lo que estorba a su definición: los diversos tipos de propietarios y de propiedad, desde la herencia al hallazgo tecnológico, y del capital propiamente dicho, el beneficio en la empresa y el reparto de su éxito, el crecimiento gracias al crédito bancario y el dinero entendido como valor de uso, una mercancía intercambiable con todas las demás y que también está sujeta a beneficio, mediante el interés que paga el empresario al que le prestó el dinero para su proyecto. Pero al asumir la definición de que «la propiedad es el robo», Mises llega a este extremo:

Toda propiedad dimana de una ocupación y una violencia. Hagamos abstracción de los elementos que se deben al trabajo y que están incluidos en sus bienes, y consideremos en ellos solamente los elementos naturales; remontémonos hacia atrás para buscar el título jurídico de cualquier propietario, y llegaremos forzosamente al momento en que la propiedad nace porque alguien se apropió parte de un bien asequible a todos, a no ser que encontremos una expropiación llevada antes a cabo en la propiedad del poseedor precedente, mediante el uso de la violencia, propiedad que, en último análisis, hubiese sido a la vez una expropiación o robo. Se puede conceder esto a los adversarios de la propiedad, que parte de consideraciones que se fundan en el derecho natural. Por lo demás, estas consideraciones no aportan la menor prueba a favor de la necesidad, la oportunidad y la justificación moral de la supresión de la propiedad.

¿Y por qué «conceder esto a los enemigos de la propiedad»? ¿Por la fatuidad intelectual de refutarlos? Esa *fatal arrogancia de cátedra* lleva a Von Mises a dos conclusiones erróneas: la primera, que el socialismo busca su origen en el derecho natural —falso, puesto que entiende todo derecho, a la vida, la libertad y la propiedad, como una construcción ideológica *de clase* cuyo fin único es la dominación de otra u otras clases sociales—; la segunda, que el derecho natural es el de Santo Tomás, el *ius* medieval como justo *derecho a*, no como el *derecho de* (Lepage, 1986) que Juan de Mariana y la Escuela de Salamanca desarrollan desde los siglos XVI-XVII y de la que parte la reflexión de Menger, fundador de la Escuela Austríaca. Mises no entiende la diferencia entre Mariana y el tomismo, por eso dice:

> La doctrina de los derechos naturales ha cometido el error de considerar el paso de un estado de caos y lucha animal hacia una sociedad humana como si fuera resultado de una acción consciente de los fines que se deben alcanzar y de los medios para lograrlos. Por ese camino se llegaría al contrato social que dio origen al Estado y al derecho. El racionalismo no podía encontrar otra explicación posible después de haberse desprendido de la vieja concepción que hace provenir las instituciones sociales de una intervención divina o de una inspiración divina en el hombre.

Esto pasa cuando, displicentemente, se aceptan las categorías de los adversarios para recrearse refutándolas: el discurso queda contaminado por su origen polémico. Así, el Mises capaz de mostrar que todas las personas están continuamente haciendo análisis económicos (p. 27) no entiende que es una interminable y complejísima serie de decisiones, basadas científica y dramáticamente en la prueba y el error, en el logro de la prosperidad o en el deslizamiento a la ruina, el hambre y la muerte, lo que ha desembocado en dos construcciones esenciales, teóricas y prácticas: el Derecho y el Estado. Su alumno Hayek lo muestra en *Derecho, legislación y libertad* y *La Constitución de la libertad*, las dos obras clave de la Escuela Austríaca. Hayek no habría podido escribirlas sin el magisterio de Mises, pero qué lejos quedan de este sumario y violento enunciado:

> Cualquier violencia tiene por objeto la propiedad de otro. La persona, es decir, la vida y la salud, no es objeto de ataque si no se opone a la obten-

ción de la propiedad. (Los crímenes del sadismo, cometidos sin otro fin, son excepción; para evitarlos no habría necesidad de instituciones jurídicas. En la actualidad es el médico y no el juez quien los combate).

Perdonemos a Mises esa idea, digna del «idiota internacional» que domina los tres últimos siglos y desemboca en el «perfecto idiota latino-americano» o el tontiprogre contemporáneo, según la cual el que hace el mal porque disfruta haciéndolo es solo un enfermo que debe ser tratado y se supone que curado por el médico y algún que otro sociólogo, nunca por el juez. El individuo sería irresponsable porque la sociedad es responsable de todo, hasta de sus crímenes, por eso hay que administrarle su libertad, o sea, quitársela, y junto a su propiedad, porque a saber qué haría con ella. Pero la ley no debe nunca estropear este rousseauniano belén de la bondad natural de los hombres, que solo la propiedad y la loca libertad del individuo perturba.

En su comentario sobre Hitler de 1947, dentro del «Planned chaos» que sirve como epílogo de las últimas ediciones de *El Socialismo*, Mises dice que el empeño genocida nazi no debe confundirse con el fascismo y que, aunque sea peor por su factor racista, es hijo del comunismo soviético. Pero el racismo, como el mal, no es exclusivo de Hitler, que copia casi todo de la dictadura soviética. ¿Y no era evidente ya a finales de 1921, cuando Mises concluye *El Socialismo*, que el objeto político de Lenin no era solo apropiarse violentamente de lo ajeno, sino la negación misma de lo ajeno y el disfrute que le produce, que desde el instante en que llega al poder es el Doctor Muerte de la eugenesia de clase, el Mengele de la eutanasia de masas, el Ángel Exterminador de todos los millones de rusos que sobraban en la sociedad comunista? ¿Y no era evidente que Lenin, Trotski, Dzerzhinsky, Kámenev, Zinóviev, Bujarin, Stalin y demás bolcheviques, todos verdugos y muchos luego víctimas, disfrutaban sádicamente de la Cheka, su máquina de matar?

Este es el meollo del asunto, el gran problema teórico del comunismo tras cien años de existencia como Estado soviético y más de cien millones de muertos, víctimas de la implacable máquina genocida de la hoz y el martillo: para Lenin y sus infinitos hijos propiedad y libertad son una y la misma cosa. Y es cierto: lo primero —y último— de lo que es propietaria una persona es de sí misma, incluyendo, como cerebro, brazos y piernas, lo que puede hacer libremente con sus capacidades. Y no se le puede quitar su propiedad sin arrebatarle moralmente su libertad y físicamente su vida.

Por eso el comunismo es la forma moderna de *esclavismo* más atroz, dada su asombrosa popularidad, en la historia de la humanidad. Porque el trabajador en un régimen comunista es un esclavo, sin derecho a ejercer la propiedad de sí mismo, sea para moverse físicamente, sea para trabajar en lo que quiera o pueda, sea para contratar y contratarse con quien quiera, sea para establecer el precio de su trabajo y comprar o vender lo que es suyo.

El comunismo es la negación de «el tuyo y el mío», la antiquísima obsesión de una Edad de Oro que no había existido nunca, hasta que los regímenes comunistas del siglo XX la impusieron a sangre y fuego en dos tercios del planeta. De la eliminación de «el tuyo y el mío» en nombre del «Todos» se encarga el Yo comunista, el partido, que como sujeto colectivo, intelectual colectivo, ejército de clase, policía del pueblo, verdugo insomne, particular y general, singular y plural, líder de las masas dirigido por ellas, lo que se dice un milagro teórico de la resolución de la contradicción poshegeliana al estilo chequista, con un tiro en la nuca, debe impedir la vuelta al tuyo y mío e imponer el *omnia sunt communia* de Müntzer.

No por casualidad, esa tenebrosa divisa de la rebelión campesina del XVI en Alemania fue usada al jurar sus cargos en el Ayuntamiento de Madrid en 2015 por los concejales de Podemos, cuyo *hacendista* Sánchez Mato felicitó el Año Nuevo de 1917 exaltando el golpe de Estado leninista. La violencia de Müntzer, criticada por Marx, produjo cien mil muertos; la guerra del leninismo contra las personas, cien millones. Sin duda, el *omnia okupa* de Madrid prefiere el modelo de Lenin —el terror rojo— para imponer su *todo es de todos*, de su *omnia*, contra todo *yo* y *mío* aún no *okupado*. Pensarían que balbuciendo un latinajo se les notaría menos.


## LA LIBERTAD, EN PROPIEDAD

Para los socialistas de todos los partidos, desde los socialdemócratas vegetarianos a los comunistas antropófagos, la propiedad supone siempre la falta de libertad de todos, o de casi todos. Cien años después de que Lenin inaugurase la implantación a sangre y fuego del comunismo en más de medio mundo, y un cuarto de siglo después de la caída del Muro y la comprobación de sus infinitos daños morales y materiales, leemos, oímos y vemos los mismos latiguillos contra la propiedad que en el siglo XIX. Y el más repetido por políticos, clérigos, profesorzuelos y papagayos mediáticos es que solo el 5 por ciento de los habitantes del mundo detenta —tiene ilegalmente u ostenta ilegítimamente— el 95 por ciento de todas las propiedades del mundo.

Esa prueba de supuesto desequilibrio en una supuesta balanza moral de la propiedad universal se basta para no explicar tres cosas: la primera, desde cuándo todo el mundo es propietario de todas las cosas y, de serlo, por qué hay que abolir precisamente ese derecho de propiedad de todos sobre todos; la segunda, en qué mejora el socialismo real o comunismo, donde el cien por cien de la propiedad pertenece a Uno, el Estado, en cuyo nombre la disfruta y administra el Partido Comunista, la falta de propiedad que, en la denuncia se considera escasa y que el comunismo hace forzosa y eterna; y la tercera, si la propiedad de unos pocos perjudica el nivel de vida de la mayoría de la humanidad o la mejora.

Durante un siglo, la parte de la humanidad que, siempre a la fuerza, ha tenido la experiencia del comunismo, el sistema en el que teóricamente todo es de todos, aunque solo Uno —el Estado-gobierno-partido— dispone de ello en la práctica, han tratado de huir, jugándose la vida, de ese paraíso de la igualdad teórica a la mediocre realidad del capitalismo. ¿Por qué en todos, absolutamente todos los países comunistas está prohibido escapar y en todos sus vecinos capitalistas, víctimas de esa desigualdad que tan atroz parece a los socialperiodistas, socialprofesores y socialpolíticos, tratan de impedir que entren? ¿Por qué todos huyen del fabuloso sistema comunista —que viene de fábula— al sórdido capitalismo de poseedores y desposeídos?

Evidentemente, porque en el comunismo, salvo los comunistas, todos son desposeídos. Y en el capitalismo, dentro del Estado de Derecho, todos son o pueden ser poseedores. El comunismo no acaba con la propiedad: la roba y la convierte en botín de los enemigos de la propiedad de los demás. El capitalismo, para defender la propiedad de cada uno, necesita proteger, mediante las leyes, la propiedad de todos, así como su sagrado derecho a mantenerla y acrecentarla, según su talento, su suerte o su capacidad.

Nadie ha admitido libremente la famosa diferencia de Marx entre ser y tener. Todo el que es, tiene; empezando por sí mismo, por su propio ser. Todo el que tiene, debe ser antes. La negación de esa relación indisoluble entre ser y tener solo puede darse en el régimen esclavista, cuando el ser humano no se tiene a sí mismo, y el que tiene, anula el ser, abriendo la posibilidad de que otro Amo aplaste su capacidad de tener y lo esclavice. Pero justamente por eso es esencial la idea de que todos los seres son iguales en derechos, al margen de su estar, del estado social o material en que vienen al mundo. Y por qué todos los humanos deberían, por razones morales y materiales, luchar contra la esclavitud, que supone la anulación de un ser para convertirlo en tenencia de otro.

En todas las civilizaciones encontramos historias de cómo un Amo se convierte en Esclavo y viceversa; o un Príncipe en Mendigo y al revés; o la frágil Cenicienta en Princesa por el mérito de su piececito, símbolo de ese sufrido ahorro en centímetros que sus despóticas hermanas no conocen y desparraman en kilos y juanetes, desvelados por el sabio zapato de cristal. Todos esos cuentos transmiten a los niños, a través del miedo y la pena, la necesidad de ser buenos y respetar a los demás, porque todos somos el otro de otro, y porque la friki que hoy es objeto de *bullying* escolar, mañana puede ganar La Voz Kids, y el rarito del instituto se llamaba Bill Gates. No se debe quitar el almuerzo al pequeño Stevie, ni reírse de su apellido: Jobs.

Probablemente los cuentos, que tratan de evitar la crueldad natural de los niños, seres sin civilizar, son la primera expresión de lo que, andando el tiempo, encontramos como derecho natural. Y todos pasan por el respeto a la propiedad de otro niño. Desde su integridad física, que es la propiedad de su cuerpo, a la de sus posesiones, sean pocas o muchas, de rico o de pobre.

Siempre se ha propugnado en las escuelas el reparto de los bienes, el dar al que se ha olvidado el bocadillo una parte del tuyo, al tiempo que se prohíbe y se castiga al que quita el bocadillo a otro. Solo algunos zotes con título de enseñantes pueden pensar que los niños deben entregar todos sus bocadillos para repartirlos equitativamente, en vez de asegurar un mínimo suficiente a todos, los que tengan y los no tengan, y dejar que se reparta el resto según la voluntad o el interés, el criterio egoísta o altruista del niño. A cada escolar debe enseñársele, como aprendizaje de la libertad, el de la responsabilidad; y el mecanismo es que comprendan cómo administrar el derecho de propiedad, indisolublemente unido al de la dignidad del otro.

## ESCOHOTADO Y LOS ORÍGENES DE LA PROPIEDAD

A finales de 2016, Antonio Escohotado publicó el tercer y último tomo de su monumental *Los enemigos del comercio. Una historia moral de la propiedad*, quijotesco pero exitoso intento personal de sobrevivir a la era del encantamiento comunista, que nace en Mayo del 68 y que, como cuento en el prólogo, se nutre de jóvenes católicos dispuestos a cambiarlo todo en la España próspera y despistada del tardofranquismo, hasta 1977.

En febrero de 2017, a los cien años de la verdadera revolución rusa, la democrática, hice para Libertad Digital TV una entrevista a Escohotado de casi hora y media que me temo es la única introducción seria a su libro, sobre todo comparada con la que le hizo Pablo Iglesias meses después en *La tuerka*. Condenado por mis limitaciones, que a diferencia del líder podemita me obligan a leer un libro para hablar de él, tuve la recompensa de disfrutar el excelente español de esta obra que, como confiesa en la entrevista, nació de una insatisfacción personal tras una juventud «católica y roja».

A Escohotado le repugnaba la deriva terrorista de grupos nacidos del Mayo del 68, como las Brigate Rosse en Italia, o la Baader-Meinhoff en Alemania, y sobre todo el apoyo mediático que, por ser comunistas los asesinos, tenían sus crímenes. El mismo que hoy disfrutan las FARC y el chavismo, antes el subcomandante Marcos, luego Ben Laden y siempre el Che y Fidel, anfitriones de todo el terrorismo internacional, comunista e islámico (OLP), en la Conferencia Tricontinental de La Habana en 1965.

Pero en un intelectual el catalizador del cambio suele ser un libro; y en Escohotado, que pasaba un año sabático en Tailandia, fueron estos tres párrafos del *Tratado de economía política* de Carl Menger, creador de la Escuela Austriaca, redescubridor de la de Salamanca y maestro de Mises:

Lo antiguo y primigenio es el monopolio. El primer efecto de una competencia es que ninguno de los agentes económicos pueda extraer ventajas de destruir o retirar de la circulación parte de sus mercancías o de los medios productivos (…). Estimulado por esa competencia, el número de mercancías crece y se abarata, quedando asegurado con mayor plenitud el abastecimiento de la sociedad entera (…). Muchas ganancias pequeñas y un alto grado de actividad económica conducen a una producción masiva, pues cuanto más pequeño sea el margen de ganancia en cada uno de los bienes más antieconómica resulta la rutina comercial, y menos posible sacar adelante un negocio con métodos anticuados y poco imaginativos (Menger, 1997).

Animado por el economista vienés, Escohotado se dispuso a «ajustar cuentas con su conciencia anterior», como Marx decía sobre su ruptura con el hegelianismo. Y con esa misma raíz, porque se doctoró en Filosofía con una tesis sobre la filosofía de la religión en Hegel, publicada como *La conciencia infeliz* (Escohotado, 1971), se embarcó en una investigación sobre los orígenes del odio a la propiedad y el comercio en la izquierda, que él no llevaba más allá de *La conspiración de los iguales* de Babeuf, el hijo más explícitamente comunista de Robespierre y el *Gran Terror* de 1792.

Pero lo que pensaba sustanciar en un par de años hasta llegar a la Isla del Doctor Guillotin, se convirtió en una década larga de investigación para descubrir que «los enemigos del comercio», y de su verdadera raíz, que es la propiedad, son casi tan antiguos como la civilización… y su negación.

Las dos ideas-fuerza del libro de Escohotado son que el esclavismo no es, como suele creerse, el estado primigenio de la sociedad hasta la llegada del cristianismo, sino, al revés, un fenómeno que coincide con su expansión en el Imperio Romano; y algo que lo lleva a su propósito primero: el estudio del comunismo y su sangriento fracaso, que partiría de la ruinosa tradición del control de precios y desembocaría en la forma de esclavismo típicamente soviética que se sustancia en el Gulag y la economía dirigida.

Pero mientras llega a esas ideas, Escohotado nos ofrece un erudito y fascinante vagabundeo por la infinita complejidad de religiones, filosofías, imperios y civilizaciones que en los últimos dos mil quinientos años, desde la Grecia que alumbra todo lo que Occidente ha entendido y extendido por el mundo como civilización hasta estos últimos cien años de comunismo, bautizados con sangre rusa por Lenin. Y como si del polvo se alzaran una y otra vez los ejércitos muertos, una lucha sin fin, como la de *Los duelistas* de Conrad, enfrenta dos concepciones de la vida: la que disfruta con todo lo que da el comercio y la que condena ese disfrute y el comercio que lo trae.

Entre los hallazgos de esta zahorística, destaca la exhumación de esta orden de Ciro el Grande, que para el autor de *Los enemigos del comercio* lo convierte en el primer gran defensor de los derechos humanos:

> Las personas serán libres en todas las regiones de mi imperio para moverse, adorar a sus dioses y emplearse, mientras no violen los derechos de otros. Prohíbo la esclavitud, y mis gobernadores y subordinados quedan obligados a prohibir la compraventa de hombres y mujeres» (Escohotado, 2008).

Menos diligente, en mi opinión, está al acercarse a la Escuela de Salamanca, en realidad al nacimiento del pensamiento liberal europeo que tiene lugar en España desde mediados del siglo XVI y se extiende por toda Europa, buena parte de la cual estaba dentro de la corona española con la dinastía de los Habsburgo, para los españoles, la Casa de Austria. Y sin embargo, en esa tradición minuciosamente borrada por políticos y obispos, que otros obispos y políticos han tratado también secularmente de rescatar, está la raíz de la afirmación de la libertad frente al totalitarismo, cuyo más conseguido y duradero avatar es el comunismo.

# EL CATOLICISMO ESPAÑOL DEL SIGLO DE ORO Y LA LUCHA POR LA LIBERTAD

*Tal vez lo que muchos pretenden expresar al hablar de Dios
es justamente una personificación de esa tradición de la moral
o de los valores que hizo que su grupo pudiera sobrevivir.*
FRIEDRICH A. HAYEK

Si algo desazona desde el principio en el *El Socialismo* es la ausencia o negación casi darwiniana de la moral, la nula consideración de los dos valores básicos, libertad y propiedad, que facilitan o impiden el desarrollo benéfico de la actividad económica. En ese sentido, Mises se aparta radicalmente de su maestro Menger, el gran redescubridor de la Escuela de Salamanca del siglo XVI como fuente de la moderna reflexión económica, tan católica como España y Austria y muy anterior al mito del «capitalismo y el espíritu del protestantismo» que con tanto e injustificado éxito ha impuesto Max Weber en la «clase media intelectual». Y en la alta.

Sin embargo, es la inquietud moral e intelectual ante los novísimos fenómenos que alumbra la primera globalización, el Descubrimiento de América, lo que alumbra esa reflexión económica que parte de Aristóteles y Tomás de Aquino, pero que se desarrolla en un sentido universalista y da lugar, desde Francisco de Vitoria, al derecho de gentes y a una reflexión sobre los aspectos éticos de la actividad económica que se aparta, no sin polémicas que hoy resultan actualísimas, del clásico *pobrismo* cristiano,

Es la ética del pensamiento católico español — no solo español: la reforma teológica en España viene desde antes de los Reyes Católicos y Cisneros, aunque estos asienten las grandes instituciones universitarias, pero es inquietud europea— la que impulsa toda la reflexión sobre la naturaleza de los indios y sus derechos como seres humanos. Es la moral católica la que aborda los efectos en la moneda de la plata y el oro que, en los versos de Quevedo *«nace en las Indias honrado, / donde el Mundo le acompaña; / viene a morir en España / y es en Génova enterrado»*. Son los mercaderes y cambistas que al ir a confesarse piden la opinión de la Iglesia sobre la legitimidad de su trabajo con letras y pagarés en la feria de Medina del Campo. Son los campesinos que sufren el «bastardeamiento del valor de la moneda» para devolver los ingentes préstamos del Imperio los que llevan a un teólogo a justificar el regicidio contra el «príncipe cristiano» capaz de «robarles en sus bolsillos a los pobres».

Es la moral católica la que impulsa una reflexión teológica sobre el valor real del dinero, el precio justo de las cosas y el nefasto papel de los monopolios, que impiden saber el valor real de las cosas por falta de la competencia de mercaderes, tan conveniente para el bien común. Es una compleja y sutil reflexión de más de un siglo sobre la economía global lo que Menger rescata del olvido. Y lo que Hayek, que se convirtió en el mejor alumno de Mises tras leer *El Socialismo*, y Grice-Hutchinson, la mejor alumna de Hayek, devolvieron a las bibliotecas de Oxford y otros centros del saber.

Y muchos desconocen que profesores y políticos franquistas, como Larraz y Ullastres, en la línea de Balmes, se adelantaron en esa recuperación de la Escuela de Salamanca. Son los que, como Erhard y el grupo de la revista *Ordo* en Alemania, forjaron el «milagro económico» español de los sesenta.

Nada de eso sabía Mises, cuyas ideas de España son, sobre escasas, minuciosamente equivocadas. Baste citar su ataque a Madariaga por *Spain* y su ridícula defensa del separatismo racista catalán y vasco en el libro, con razón no publicado en vida, *Gobierno omnipotente*, cuyo centro es la crítica del antisemitismo nazi. No sabía el sabio Mises que el *lauburu* es la esvástica del PNV, ni que el doctor Robert medía los cráneos catalanes para demostrar que no eran semitas. En cuanto a la definición del régimen de Franco en 1947 como «una especie de dictadura aristocrática», sin duda se trata del hallazgo de la primera *aristocracia chusquera* de la historia.

Pero que Mises asuma la propaganda británica más burda contra Alemania, víctima y no agresora de la Primera Guerra Mundial, y desconozca la España del siglo XX es menos grave que su desconocimiento de la España del XVI, la de la Escuela de Salamanca. Porque su origen es una profunda inquietud intelectual y moral. Y en su estudio sobre el régimen leninista, el primero —insistimos— y más importante en su género, lo que desazona es una especie de *objeción de conciencia académica*, que hoy insertaríamos en lo «políticamente correcto», en dos aspectos: la descripción sociológica y política del leninismo así como de la propiedad como hecho moral.

## LA ESCUELA DE SALAMANCA Y LA ESCUELA AUSTRÍACA

Hoy se entiende que la obra de Mises y su larguísima trayectoria profesoral constituyen el factor central, entre Menger y Hayek, de la Escuela Austríaca, que desde los *Principios de Economía Política* de Menger rescata como base teórica del llamado «marginalismo» a la entonces casi totalmente olvidada Escuela de Salamanca (ver las obras de Menger, Hayek, Belda, Huerta de Soto, Grace-Hutchinson, Rothbard y Cubidu).

Aquellos brillantes teólogos españoles de los siglos XVI y XVII adelantan muchos de los fundamentos conceptuales que desarrollan cuatro generaciones de teóricos vieneses (las de Menger, Bohm–Bawerk, Mises y Hayek) pero fueron más allá y por eso siguen siendo actuales. Reivindican el derecho natural clásico frente al moderno; y el subjetivismo en el análisis económico frente al objetivismo neoclásico —más tarde socialista—, pero lo hacen sobre esta base moral, intemporal: el ser humano, al nacer, tiene unos derechos naturales, una dignidad sagrada por haber sido creado «a imagen y semejanza de Dios». Y está dotado de libre albedrío, luego la libertad es uno de esos derechos sagrados.

Sucede que, para ejercerla, para hacer su «cálculo económico» precisa de datos ciertos, contrastados en la realidad y esos datos solo se los proporciona el mercado, la libre circulación de todas las mercancías y la libre fijación de los precios. El gran debate teológico y moral es actualísimo: el del *precio justo de las cosas,* que si lo establece o decide cualquiera, no importa cuál sea su intención, aboca a la arbitrariedad planificada por el poder político. Es la del régimen leninista cuando fija los precios de todo por razones políticas, los impone a la fuerza destruyendo el mercado y provoca el caos, el desabastecimiento, la hambruna y la muerte.

Juan de Lugo decía que el «precio de equilibrio» (o justo) dependía de tal cantidad de circunstancias específicas que solo Dios podía saberlo: *pretium iustum mathematicum licet soli Deo notum*; y Juan de Salas que ningún gobernante podía conocer toda la información que se va creando continuamente en el mercado, de forma que no debería jugar a Dios: *quas exacte comprehendere et ponderare Dei est non hominum.* Casi cuatro siglos antes, he aquí lo que el último Hayek llamará «la fatal arrogancia» del socialismo y del constructivismo racionalista, huérfano de humildad intelectual, y, por ello, ayuno del necesario conocimiento de la realidad.

Para los que se interesen en este origen católico y español de las ideas económicas más compatibles con las nuevas tecnologías del siglo XXI, estos son los diez puntos en que, según Huerta de Soto, la Escuela de Salamanca adelanta los grandes principios de la Escuela Austríaca:

1. La teoría subjetiva del valor (Diego de Covarrubias y Leyva).

2. El descubrimiento de la correcta relación que existe entre los precios y los costes (Luis Saravia de la Calle).

3. La naturaleza dinámica del mercado y la imposibilidad de alcanzar el modelo de equilibrio (Juan de Lugo y Juan de Salas).

4. El concepto dinámico de competencia entendida como un proceso de rivalidad entre los vendedores (Castillo de Bovadilla y Luis de Molina).

5. El redescubrimiento del principio de la preferencia temporal (Martín de Azpilcueta). Esto es lo que desarrolla en su *Teorema* Mises.

6. El carácter profundamente distorsionador de la inflación en la economía real (Juan de Mariana, Diego de Covarrubias y Martín de Azpilcueta).

7. El análisis crítico de la banca ejercida con reserva fraccionaria (Luis Saravia de la Calle y Martín de Azpilcueta).

8. El descubrimiento de que los depósitos bancarios forman parte de la oferta monetaria (Luis de Molina y Juan de Lugo).

9. La imposibilidad de organizar la sociedad mediante mandatos coactivos, por falta de la información necesaria para dar un contenido coordinador a los mismos.

10. La tradición de que toda intervención injustificada sobre el mercado viola el derecho natural (Juan de Mariana).

Esta última es la más actual de todas, porque une el aspecto moral de la lucha contra el socialismo y el real de evitar la ruina que provoca. A ella volveremos más tarde.

Aunque Escohotado señala como los grandes enemigos del comercio a los ebionitas o pobristas, cuyo «programa máximo» sería el «Sermón de la Montaña», aclara que la condena del interés, demonizado como usura, que paralizó la economía occidental casi mil años, lo toman Jesús y los suyos de la tradición judía que permite prestar con interés a los gentiles, pero no a otros judíos Y lo cierto es que el cristianismo, y en especial el catolicismo, han oscilado, según las épocas y las ideas en boga, y de la institución, laica o misional de que se trate, entre apoyar y condenar la propiedad y el dinero.

Victorino Martín ha rescatado en su discurso de ingreso en la Academia de Doctores acerca de la tradición monetaria medieval y de Juan de Mariana, figura máxima del pensamiento católico del XVI-XVII, una bula del papa Inocencio III, *Quanto personam tuam*, nada menos que de 1199, contra Pedro IV de Aragón, por alterar el contenido metálico de la moneda.

La bula cuestiona su legitimidad en términos idénticos a los de Mariana cuatro siglos después: el rey ha roto el juramento prestado al asumir la corona, porque no ha consultado al pueblo sobre el cambio de valor y debe «restituir la moneda legítima al peso legítimo usurpado». No es un caso único: la bula *Quia vir reprobus* de Juan XXII (1329) dice de la propiedad que es «natural al hombre, mantenida por ley divina y no puede eludirse» (F. Álvarez, 2017, 106-112). ¿Cuántos casos similares podrán encontrarse?

A mi juicio, este tipo de hallazgo arqueológico (¡una bula de 1199!) es la evidencia de que siempre ha habido una corriente dentro del catolicismo totalmente opuesta a la doctrina oficial, *pobrista* y contraria al dinero y al comercio, puesto que prohíbe el interés. Esta tendencia actuaría al más alto nivel jerárquico e intelectual, como prueba el que sea una bula papal la que critica —en rigor, deslegitima— a un rey por su fraudulenta alteración del valor de la moneda. Y es éticamente lógico que así fuera, antes incluso de Alberto Magno, Santo Tomás y los escolásticos de nuestro Siglo de Oro.

Hay que recordar que España es el primer solar de la recuperación de Aristóteles a través de las traducciones árabes de los Omeya de Bagdad, que llegan por los Omeya de Córdoba e incluyen lecturas racionalistas de la fe insólitas en el Islam, como la de Averroes.

Pero por debajo o por encima de la filosofía, el clero católico tenía una valiosísima experiencia cotidiana: la confesión, con los problemas morales que la gente del común, incluidos comerciantes y mercaderes que querían ejercer su oficio sin perjudicar su alma, consultaban a sus confesores. Esta es la razón que aducen explícitamente para justificar muchas de sus obras los teólogos y moralistas —y economistas y politólogos, añadiríamos hoy— de la Escuela de Salamanca, creada en torno a Francisco de Vitoria.

Ahora bien, si toda la orfebrería intelectual de nuestro Siglo de Oro se mueve entre dos cumbres, Vitoria y Mariana, lo más importante son las instituciones que desde los Reyes Católicos y Cisneros convierten no solo la Universidad Española, sino las propias órdenes religiosas en algo

que no tiene nada que ver con las eclosiones pobristas, clásicas en el catolicismo. Nacidas de una regla severa, previa a Lutero, el rigor moral
apremia a estos frailes a extremar el rigor intelectual. Y la base desde la
que se cultiva esa inteligencia está en la continuidad de los maestros, en
la plétora de libros y en esa auténtica globalización del saber que desde
el «otoño de la Edad Media» y el Renacimiento viven las grandes capitales europeas, y, gracias a España y Portugal, los centros del saber del
Nuevo Mundo. Esa Ilustración, superior a la del XVIII, tardó dos siglos en
llegar a la América anglosajona.

Es evidente que, igual que la gran literatura española muere con el
siglo XVII, el pensamiento español, sin el que no se entienden la hondura y sutileza de Cervantes, que no era erasmista sino un español de su
tiempo, se agosta al morir Felipe II y va extinguiéndose tras la luminaria
de Trento, el llamado Gran Concilio Español. Lo fue porque los mejores
teólogos de la época, como los soldados, los escritores, los pintores, los
arquitectos y los ingenieros solían ser españoles. Si Voltaire, casi dos siglos
después de que el verdugo de París quemase en público el *De Rege* de
Mariana por orden del Parlamento, dijo en su momento más necio, ampliamente compartido por la deslustrada Ilustración francesa, que España
no había aportado nada al pensamiento europeo era porque no solo los
franceses sino los propios españoles nos habíamos ocupado ya de enterrarnos, borrarnos y olvidarnos.

Es cierto el eclipse de este pensamiento humanista español, que alcanza su cumbre en Juan de Mariana y al que bien podemos llamar preliberal o plusquamliberal, porque la idea del Gobierno Limitado será
siempre la que anime a todas las sociedades libres, se eclipsa y muere ante el auge de las monarquías absolutas en los grandes países europeos. Y
el *pactismo* de origen medieval, extraordinariamente fuerte en España por
las necesidades de la Reconquista y por el papel clave en ella de Castilla
y sus instituciones «de hombres libres», se disuelve en favor del absolutismo, que al destruir los cuerpos intermedios —Iglesia, ciudades— que
eran lo que hoy llamaríamos contrapoderes con respecto a la corona,
identificada sin más con el Estado, aplasta la libertad de expresión, de imprenta y pensamiento.

Pero esa tradición, aunque arrinconada, no se extinguió. Lo vemos
en la Ilustración y en esa «Constitución Histórica de España» que de

semboca en la de Cádiz. Y ahí sigue, en este siglo XXI, esperando a ser conocida por los que, como Cánovas, quieran venir a «continuar la historia de España».

En el ámbito intelectual eso significa *pensar el comunismo*, que es el fenómeno más grave —y, en ese sentido, el más importante— del siglo XX. Y hacerlo desde la base, desde la reivindicación de todo lo que Lenin y los suyos —bolcheviques, trotskistas, maoístas, guevaristas, podemitas; siempre despóticos, fabricantes de miseria y peritos en terror— destruyeron y siguen queriendo destruir: la trilogía que, en el mejor pensamiento español, define la dignidad del hombre: libertad, propiedad e igualdad ante la ley.

El comunismo no es sino la culminación monstruosa, gigantesca, de todas las tendencias liberticidas de la historia. Pero siempre ha habido, frente a los tiranos, amigos, incluso héroes y mártires, de la libertad. Y como no se piensa sin idioma para hacerlo, el mejor antídoto para combatir la desmemoria, el olvido en que se fundan todos los despotismos, es el que va apareciendo, rescatado del polvo de los archivos y las bibliotecas, con la fuerza y la gracia del maravilloso Siglo de Oro español. Al leerlos, es como si oyéramos a algún tatarabuelo hacernos las cuentas de su vida y dárnoslas como *detente* o *ayudamemoria* de la nuestra. Veamos algunas.

Sobre el valor de la propiedad privada frente a la comunal:

> La comunidad de bienes requiere muchas otras cosas que no suelen hallarse en la sociedad. Requiere modestia, la concordia, la debida sujeción y la justa distribución, las cuales no existirían si todas las cosas fueran comunes, pues apenas se dan entre los religiosos quienes entre sí con dificultad viven en común, (…) no conviene tener todo común, porque el hombre malo, no solo avaro sino también ladrón, se llevaría más cosas que el buen varón (Vitoria, 1937, p. 325).

La propiedad como promotora del trabajo, la caridad y la gratitud:

> Es indecible el amor que se tiene por las cosas propias y lo desidioso y flojo que es para las comunes (…) si hubiera comunidad de bienes desaparecería la virtud de la liberalidad; lo cual no es pequeño esplendor para la nación (…) y de esta manera desaparecería la virtud de la hospitalidad,

ni se atendería a los peregrinos, ni se socorrería a los necesitados; y como consecuencia desaparecería la virtud del agradecimiento por los beneficios recibidos (Domingo de Soto, en F. Álvarez, 2017).

Defensa de la propiedad como hecho natural, de Aristóteles a Mercado:

Hay en el hombre dos grandes móviles de solicitud y amor que son la propiedad y la afección; y en la República de Platón no tienen cabida ni uno ni otro de esos sentimientos (…) en semejante República el ciudadano no puede mostrarse nunca liberal, ni ejercer ningún acto de generosidad, puesto que esta virtud solo puede nacer del destino que se da a lo que se posee (…). Por lo demás, es poco todo cuanto se diga de lo gratos que son la idea y el sentimiento de propiedad. El amor propio, que todos poseemos, no es un sentimiento reprensible; es un sentimiento completamente natural. (Aristóteles, *Ética a Nicómaco*).

Al amor es muy anexa la propiedad y el no querer partir ni comunicar lo que se ama. No se ama más una cosa de cuanto se tiene por propia. Si amo a Dios, es mi Dios, criador y salvador; si al que me engendró, es mi padre; si el padre a los hijos, son suyos; si la mujer al marido porque lo tiene por suyo; y al contrario el marido a la mujer. Así vemos que comúnmente se dejan de querer luego que entienden se enajenan y se conceden a otro. Y si se ama el bien ajeno es por ser de mi amigo, o de mi pariente, o de mi vecino, o de mi prójimo. Si se quiere o desea el bien común, o es para mi religión, o para mi orden, o para mi patria o para mi república. Trae inseparable siempre consigo el amor este vocablo «mío» y le es entrañable y natural la propiedad (Tomás de Mercado).

La propiedad y el origen del derecho natural, de gentes y civil:

El derecho natural es simplemente necesario, es decir, independiente de toda determinación humana; en cambio el derecho de gentes obliga porque pareció bien así, es decir, porque así lo juzgaron los hombres; nunca hubiera habido propiedades, si los hombres no hubieran convenido que unos posean estas y otros aquellas (…) el derecho de gentes se deduce por vía de conclusión de los principios naturales de las cosas consideradas en orden a un fin en determinadas circunstancias. Como por ejemplo: los campos deben cultivarse. Mas los hombres suelen ser más indolentes para lo común que para lo propio; por consiguiente, es mejor que se posean privadamente (...) el derecho civil se deduce de un principio natural y otra premisa que añade la voluntad humana (Domingo de Soto, ed. 1968).

La propiedad, lo lícito y lo necesario en el derecho de gentes:

La división de los campos y tierras, de los campos, emplazamientos y términos comunales se dice que es derecho de gentes, división que supone la institución de las sociedades humanas; supuesta esta, en virtud de sola la razón natural, todas esas cosas son lícitas, aunque no sean sencillamente necesarias (Suárez, ed. 1967).

La propiedad el derecho de gentes y la partición de las cosas:

En primer lugar, es derecho de gentes la división de las cosas; esta es una opinión común a todas las razones, y para hacer esta división fue necesario el consentimiento de los hombres de dividir lo que antes había sido dado por Dios a todos en común (Luis de Molina).

Un falso debate: propiedad individual y soberanía nacional:

Aun cuando en el derecho natural y de gentes primitivo, toda la tierra era común para todos los pueblos en cuanto al uso, y no era absolutamente de ninguno en cuanto a la propiedad o dominio, sin embargo, en el derecho de gentes secundario, comenzó a dividirse y separarse de aquel uso común en todos los pueblos, de suerte que, por ejemplo, España fuera de los españoles, Francia de los franceses y lo mismo de las demás regiones respecto a los pueblos que las habitan (Vázquez Menchaca).

Ángel Fernández Álvarez, siguiendo a Grice-Hutchinson y a los que podríamos llamar hayekianos rigurosos, como Huerta de Soto, ve en esta frase de Vázquez Menchaca y en el propio Tomás de Mercado una vía que se aparta del derecho de gentes como derivado del derecho natural, que defiende la propiedad en términos más netos. No me parece infundada la objeción, pero sí algo rebuscada, o sea, académica. Indudablemente, hay una evolución de Vitoria a Mariana al valorar la relación entre propiedad y derecho y en ella brotan pasajes que hoy pueden sonar a intervencionistas. Pero, en mi opinión, plantea un problema más complejo y rabiosamente actual: la relación entre propiedad y Estado, en su forma constitucional.

Es también el fondo del debate sobre la soberanía nacional en las Cortes de Cádiz. ¿Es España *propiedad* del rey o de la nación? Al final, la Constitución de 1812 dice y creo que dice bien: «La nación española es libre e independiente y no puede ser propiedad de ninguna familia ni persona». ¿Supondría tan rotunda frase un triunfo colectivista sobre la idea de propiedad? ¿Es hijo del derecho natural o solo del de Gentes, nieto de la costumbre, el derecho de propiedad que sobre un país esgrime su rey?

Me parece imposible establecer el derecho de propiedad privada como moral y legalmente indiscutible si está supeditado a otra propiedad mayor y anterior, como la del rey. Y si Mariana, como muestra Fernández Álvarez, es la inspiración no confesada de Locke y la confesada de John Adams, es precisamente porque no acepta ninguna hipoteca histórica sobre la propiedad. Menchaca puede ser leído dentro de la justificación que cierta teología hará desde el XVII de la monarquía absoluta, pero también como el origen de la reivindicación de la propiedad privada, frente a los reyes y aristócratas que hacen gala de no respetarla en sus súbditos.

No se pasa —de hecho no se ha pasado nunca— de súbdito a ciudadano sin traspasar esa soberanía, esa propiedad, del rey a la nación, bien como monarquía constitucional bien como república constitucional con división de poderes, no república popular o despótica como la comunista o similar. Solo cuando la nación es propietaria de sí misma puede proteger o, mejor, devolver ese derecho de propiedad a cada uno de sus ciudadanos; solo así puede regir una ley igual para todos, sin privilegios, capaz de proteger la propiedad individual como algo sagrado, natural, inalienable. Los maestros de nuestro Siglo de Oro lo llamaban *pasar del derecho de gentes primario al secundario*. Pero lo de menos es el término: lo importante es el hecho y la lección: todas las mejoras en materia de libertades son fruto de dos árboles: las ideas y la experiencia. Solo así se convierten en instituciones duraderas, fruto de una idea moral, la dignidad humana y la cautela histórica contra el abuso de poder, frente al que la propiedad privada es el valladar esencial.

## LA ESCUELA ESPAÑOLA DE ECONOMÍA, ANTES DE SALAMANCA

La recuperación de la Escuela de Salamanca en el picajoso mundo universitario, tan alejado de los centros de transmisión de conocimientos que, yerta la educación, son los medios de comunicación, es un fenómeno asombroso. En «La Escuela Española de Economía I», se reseñan varios libros recentísimos, a veces aún en la forma larvaria de tesis doctorales, que abren un horizonte casi infinito para los estudiosos presentes y futuros. Y yo creo que la razón última es la crisis nacional de España, el peligro evidente de su voladura y descomposición.

Yo creo que no es casualidad que Ángel Fernández Álvarez me regalara ese libro, *La Escuela Española de Economía* (Unión Editorial, junio 2017), recién salido de la imprenta, al terminar un acto público sobre «El fortalecimiento de España», promovido por la fundación de Jaime Mayor Oreja Valores y Democracia, y la de María San Gil, Fundación Cisneros, defensores ambos de la maltratada memoria de las víctimas de la ETA. En el acto, presentado por Isabel San Sebastián, hablamos Fernández Galiano (*El Mundo*), Bieito Rubido (*ABC*), Carlos Herrera (COPE) y yo (Libertad Digital/esRadio) ante un auditorio abarrotado y razonablemente espantado ante el negro porvenir de nuestro régimen constitucional, el que garantiza o debería garantizar la libertad, la propiedad y la igualdad ante la ley.

Y tampoco es casualidad que, en la abundantísima letra pequeña de las notas a pie de página de LEE, a veces aún más interesantes que las de letra grande, nos enteremos de la existencia de dos libros, el de Barrientos y el de Perdices y Revuelta, que se publicaron a la vez en 2011 y sin tener ninguno conocimiento del otro, haciendo una clasificación que F. Álvarez considera complementaria de la Escuela de Salamanca... y de su Escuela.

¿Por qué, si no es por esa oscura inquietud nacional en todos los que saben algo de la historia de España, se han puesto a trabajar al mismo tiempo, sin saber unos de otros, tres catedráticos de Salamanca, la Complutense y la Universidad de Santander en la mena, vena o veta de metal precioso de los maestros del Siglo de Oro español, que por simplificar y, de paso, rendir justo homenaje a Francisco de Vitoria llamamos Escuela de Salamanca? Es verdad que, como siempre en el ámbito académico y para desesperación del lector común, los descubrimientos parecen importarles menos que su orden, taxonomía y clasificación, como si las ideas fueran mariposas alfileradas: los que son y no son de la Escuela de Salamanca, los que erróneamente se dice que son pero no son, los que no se dice y son, en fin, el escorial (que viene de escoria) de la maldita necesidad universitaria actual de investigar para hacer carrera y no para ilustrar lectores y compartir descubrimientos.

No es achaque reciente y agrava uno anterior: el de los que quieren separar lo económico de lo religioso o teológico, como si eso fuera posible sin traicionar a la gente que pensó lo que pensó y escribió lo que escribió. En el ámbito de los economistas, son los que siguen la escuela de Hayek y su anarcodiscípulo Rothbard, en cuya *Historia del pensamiento económico* tuve yo, por cierto, la primera elogiosa noticia de la Escuela de Salamanca. En el ámbito de los teólogos, esfuerzos monumentales como el de Juan Belda Plans en su descomunal *La escuela de Salamanca* (Belda, 2000), que relega a un par de páginas y muchas notas al pie, con evidente peligro de perecer por venir en letra de hormiga, para dar cuenta —fidedigna, eso sí— del eco internacional que esa parte de la reflexión religiosa y moral que es la económica, tiene hoy en todo el mundo, gracias a la Escuela Austríaca.

El resultado de esos compartimentos estancos en que se mueve la memoria del pensamiento de nuestro Siglo de Oro, que unos quieren solo con la cruz a cuestas y otros crucificarían por venir en hábito talar, es que los pocos amigos que la libertad tiene en el ámbito seglar y clerical viven incomunicados y sus esfuerzos, siendo enormes, tienen ecos minúsculos. Y menos mal que ahora, aunque sea de rebote, suelen citarse. Antes, ni eso.

## *LAS CURVAS DE ALBARRACÍN*

La memoria, aunque los neocomunistas la llamen histórica, siempre es individual. Pero debería ser más sencillo acceder a lo que buscamos que tener que andar a tientas, dando tumbos y acertando casi por casualidad. Ya he dicho que tuve noticia del pensamiento económico de la Escuela de Salamanca leyendo a Rothbard, que afortunadamente no aparca su aspecto político. Y a Rothbard había llegado tras una cura de desintoxicación de socialismo económico en las clínicas de Hayek y Mises.

Hablando del caso con Alberto Recarte, mi mentor en lecturas de economía política, me prestó la antología de Oxford de Marjorie Grice-Hutchinson. Como se declaraba discípula de Larraz, por ella supe de este olvidado maestro. Lucas Beltrán, el gran traductor de Mises en España, me dijo una noche que había una gran injusticia política en la valoración de Larraz porque su *Discurso* en reivindicación de la Escuela de Salamanca lo hizo en 1943, el franquismo primero, cuando en realidad nada más opuesto al estatalismo frenético de esa primera época de la Dictadura que las ideas de Vitoria o de Mariana.

Todo este deambular, compartir hallazgos, prestar libros y revelar escondites tenían lugar en las Jornadas Liberales de Albarracín, la cuna de *La Ilustración Liberal, Libertad Digital, Libertad Digital TV* y *esRadio*. Y paseando un día con Germán Yanke, que murió en 2017, mientras las doradas hojas de los chopos caían revoloteando a orillas del Guadalaviar, me dijo que a él era Alberto Ullastres, el otro joven y docto reivindicador en los años cuarenta de los maestros salmanticenses, el que realmente le impresionaba.

Ullastres, voluntario como alférez provisional en la Guerra Civil, en la que ganó las máximas condecoraciones por su valor en combate, fue un hombre religioso, reflexivo, cultísimo y con mucha sorna, aunque sin la afición venusina de Sáinz Rodríguez, máximo erudito en mística, primer ministro de Educación de Franco y autor del mejor bachillerato que en materia de Humanidades ha tenido España.

Fue un hombre clave en el Plan de Estabilización de 1959, eminencia gris, aunque no la única, de los opusdeístas que acabaron con la autarquía e imprimieron un giro liberal a la política económica del franquismo. Ministro de Comercio y embajador de España ante el Mercado Común Europeo, supo negociar un tratado muy favorable para nuestro país y también para la integración de la España democrática en la Unión Europea, a la que económicamente ya pertenecía. Sin embargo, el hecho de haber sido un brillante ministro de Franco hizo de él casi un apestado, incluso entre sus píos colegas del Opus.

—¡No iba a ser ministro del Frente Popular! —se indignaba Germán.

El caso de José Larraz es aún más notable: examinándose por libre, a los veintiún años terminó derecho e ingresó con el número 1 en el Cuerpo de Abogados del Estado. A los dieciocho ya había entrado en política, en el primer partido democristiano, el Partido Social Popular. Siempre en esa línea, su evolución le llevó a la Asociación Católica Nacional de Propagandistas, colaborando como jefe del área de Economía en *El Debate* de Herrera Oria. Antes, había sido captado por Calvo Sotelo, el hacendista de la Dictadura de Primo de Rivera y cabeza del partido Renovación Española hasta su asesinato en julio del 36, que desencadenó la Guerra Civil. Al estallar esta, pudo escapar de Madrid tras asilarse en la embajada de Chile y se unió a la Junta Técnica de Burgos, el primer gobierno de Franco. Como pertenecía desde 1930 al Servicio de Estudios del Banco de España, asumió la jefatura del servicio y desde 1938 fue director general de Caja, Moneda y Cambio.

Logró allí un milagro: la repatriación del oro del Banco de España depositado en Francia —del entregado a la URSS por Negrín jamás se recuperó una onza— y Franco le nombró presidente del Comité de Moneda Extranjera y en 1939, en el primer gobierno tras la victoria, ministro de Hacienda. Allí restauró la unidad monetaria, aseguró el pago de la Deuda y puso en marcha una reforma tributaria para conseguir los fondos que precisaba toda la reconstrucción física de España, para lo cual ordenó y aclaró la base tributaria y reunió los dispersos impuestos indirectos. Y entonces, en 1941, dimitió. Franco no había perdido la confianza en él, puesto que le nombró personalmente procurador en la primera legislatura de las Cortes, en 1942. Todos entendieron que se iba, en un momento de prestigio indudable, por la dirección que tomaba la política económica del régimen, en las antípodas de su idea ortodoxa y nada intervencionista de la política en esa materia.

Si dimitirle a Franco fue un rasgo de valor, seguir siendo respetado tras su discurso en la Academia de Ciencias Morales y Políticas de 1943 sobre la Escuela de Salamanca, cuya defensa de la rebeldía ante el tirano se suponía sacrílega, resultaba asombroso. En 1950 fue más allá y creó la sociedad «Estudios Económicos Españoles y Europeos», que al otro gran estudioso de Vitoria y Mariana, Alberto Ullastres, en cierto modo suce-

sor de la ortodoxia truncada de Larraz, le supuso un gran respaldo intelectual.

Por eso me choca que en el prólogo de Fernández Álvarez, uno de
los meritorios zahoríes académicos de la nueva generación, Perdices, diga:

En el siglo XX, la época imperial fue utilizada por Franco y sus ideólogos
de forma torticera para ensalzar los valores católicos y totalitarios junto
con una iconografía cursi llena de yugos y haces de flechas inspirada en el
reinado de los Reyes Católicos, lo que contribuyó aún más a desprestigiar
la historia española de los siglos XVI y XVII como hemos señalado que
atisbó Marjorie Grice-Hutchinson.

Este panorama descrito ha cambiado gracias a la labor de numerosos hispanistas (Defourneaux, Elliot, Grafe, Grice-Hutchinson, Hamilton,
Kamen, Klein, Lynch, J. Pérez, Prescott, Trevor Davies. Vilar y Villar Breo-
gaín, entre otros), grandes maestros españoles (Anes, Carande, Domínguez Ortiz, Fernández Álvarez, Larraz, Maravall y Sureda, entre otros) y
discípulos de todos ellos que ha dado considerables frutos en los últimos
cuarenta años.

He aquí interiorizada hasta el tuétano la Leyenda Negra, que algunos
historiadores extranjeros, menos mal, han condescendido a matizar para
alegría de los indígenas, que pueden rescatar a nuestros grandes maestros,
al parecer encerrados en las cárceles franquistas. ¿Qué significa eso de que
«la época imperial fue utilizada por Franco y sus ideólogos de forma torticera para ensalzar los valores católicos y totalitarios»? Y atención a la
«y». ¿Es lo mismo *católico* que *totalitario*? ¿Era, en fin, católico Franco o ateo
como Hitler y engañó *torticeramente* a los católicos tras salvarles arterame-
te del terror rojo? ¿No son católicos los maestros de la Escuela de Salamanca y sus discípulos? ¿Y cabe decir sin sonrojo que esa reflexión de siglo y medio sobre la libertad y los derechos humanos es *totalitaria*?

¿Hace ahora falta en la universidad española el «nihil obstat» de una
recua de hispanistas de tan diferente calidad que juntarlos los desprestigia
a todos? ¿No es parte de la «época imperial» ese discurso teológico, político y económico que aventaja en tiempo y hondura a sus contemporáneos? ¿No es un hecho definidor de aquella España el debate de los
teólogos ante el emperador Carlos V sobre la legitimidad de la actuación

española en las Indias, antes el testamento de Isabel La Católica y después la consulta de Felipe II al Papa sobre la posible devolución de sus tierras a los indios? ¿Es mejor la obra de Menéndez Pidal o de Sánchez Albornoz que la de Kamen?

«Cursi», y algo peor, es hablar de la «iconografía llena de yugos y haces de flechas inspirada en el reinado de los Reyes Católicos». El yugo es emblema de Isabel, las flechas de Fernando. Y nada de «inspiración»: son signos de la época más gloriosa de la historia de España. Los «haces de flechas» eran solo haces en el fascio (haz) romano y mussoliniano, no en el franquismo. El símbolo de la Falange, que superpone el yugo y las flechas, es un signo típico de la época, menos siniestro que el martillo y la hoz, o que la esvástica y el lauburu, signos solares de los racistas nazis y del PNV. Y vuelvo a mi pregunta anterior, ¿hace falta en la universidad española el «nihil obstat» antifranquista para hablar del padre Mariana?

Con todo, lo peor es la frase «desprestigiar la historia de España». ¿Cabe «desprestigiar» la historia, «deslegitimar» lo sucedido? Este libro sobre el comunismo demuestra que esa es justamente la técnica totalitaria: atar a los pies de la historia el cemento de la ideología y echar su cadáver al fondo del río del pasado, reescrito en función del interés político presente. ¿Y qué tiene que ver eso con la verdad, o, mejor, con la búsqueda de la verdad que debería guiar toda tarea intelectual? Absolutamente nada.

Eso no excluye la controversia. Por ejemplo, Pedro Schwartz (2003) piensa, al revés que Grice-Hutchinson, que la gran aportación de la Escuela de Salamanca es más de orden jurídico que económico, y proclama primer rescatador a Ullastres por delante de Larraz. Es una opinión sólida. Pero yo insisto, con la única autoridad de haber estado en mayo de 1993 junto a Schwartz, Cabrillo y otros mártires liberales en el homenaje al nacimiento de Von Mises que auspició Esperanza Aguirre en el auditorio de la Plaza de Colón, que lucía un lleno hasta la bandera gracias a los alumnos de Huerta de Soto, en lo mismo que decía antes: los economistas austríacos ven en nuestros clásicos lo jurídico, los juristas lo económico, los historiadores lo católico y los teólogos lo profano. Y los lectores, lo literario. Y todos tenemos razón.

Lo inaceptable es borrar a Ullastres de ese friso de autoridades «políticamente correctas» por extranjeras, o «hispanistas» y decir que el franquismo «desprestigiaba» la época imperial española. Ullastres sabía más de Salamanca y su época que todos los citados por Perdices, por no hablar de las groseras manipulaciones izquierdistas que llevaba sufriendo Mariana a manos o pies de Pi i Margall desde la mitad del XIX. ¿No debe ya la universidad española ir reconociendo, junto a la grandeza de Vitoria, De Soto, Mercado y Mariana (o de Balmes, harto mejor economista que Marx) que ese denostado primer franquismo —en el que andaba Maravall en su época de historiador mayor, no de sociólogo literario menor— tenía una categoría intelectual que esta infatuada historiografía de los cuarenta años de democracia (ojo: justo 40; ni 30 ni 50), esta «Movida» de Cátedra no alcanza ni de lejos? ¿Es preciso decir —y mentir— que el franquismo hundió la historia de España al reivindicarla, para que puedan «rescatarla» estos antifranquistas de cátedra que la temen, cuando no la detestan? El peor gulag intelectual es el que algunos llevan dentro e imponen a los demás. O reina fuera y se interioriza mediante genuflexiones académicas tan cómodas como ridículas.

## DIMENSIÓN DE LA ESCUELA ESPAÑOLA DE ECONOMÍA

Pero estoy cayendo en lo que critico, así que vuelvo a elogiar la tarea que Barrientos, Perdices, Revuelta y Fernández Álvarez, como antes Reig, Raga, Beltrán, Schwartz y Huerta, y luego De la Nuez, Rallo y otros van haciendo contra viento y marea para recuperar esa historia de libertad cuyo centro ponemos en Salamanca, como capital intelectual de España.

Los que creemos que son las instituciones y no las ocurrencias las que aseguran la civilización de la libertad solo podemos admirar la vida intelectual en el siglo XVI. Según Barrientos, había tres formas de aprender y enseñar: La primera es la copia manuscrita (por ejemplo, apuntes de alumnos de Vitoria) que corre por Roma, Lisboa, Coímbra, Valencia, Madrid, Toledo, El Escorial, Sevilla, Oviedo, Burgos, León, Palencia, Valladolid, Gerona o Barcelona. La segunda, son las obras impresas que se exportaban a París, Lyon, Roma, Maguncia, Venecia, Brescia (allí imprime Tomás de Mercado su obra más famosa), Amberes o Colonia. La tercera, que atestigua una tradición de esfuerzo intelectual y académico es la enseñanza en escuelas religiosas y universidades. En nuestra península:

Alcalá, Toledo, Valencia, Valladolid, Ávila, Santiago, Granada, Baeza, Gandía, Sevilla, Madrid, Segovia, León, Burgos, Lisboa, Oporto o Braga; en Francia: París Burdeos, Dole, Moulins, Pont-à-Mousson o Reims; en Italia: Roma, Bolonia, Milán, Venecia, Siena, Nápoles, Padua, Montecassino, Palermo o Messina; en los Países Bajos: Lovaina, Lieja o Duai; en Alemania: Colonia, Múnich, Münster, Ingolstadt, Dillingen, Hildesheim, Palatinado o Würtzbusg; en Austria: Viena, Innsbruck o Graz; y en América: México, Bolivia, Perú, Guatemala, Paraguay o Argentina.

Como con los restos de Colón, hoy se disputan Perú, Bolivia y la República Dominicana cuál fue la primera universidad creada por los españoles en América, en tiempos de Carlos I de España y V de Alemania. Más Imperio, imposible. La educación, inseparable de la evangelización y de la creación de élites criollas, era esencial. Recuerdo un viaje a Bolivia con el entonces rey Juan Carlos I en el pluricentenario de una de esas doctas, venerables, antiquísimas universidades, creadas a 4.000 metros de altitud, cuando faltaba siglo y medio para la llegada de los *Pilgrims* a Nueva Inglaterra. Era imposible ante aquel monumento grandiosamente modesto no admirar el afán de saber de aquella España y su empeño en transmitirlo; y no lamentar, al paso, el empeño estúpido y suicida de los españoles de hoy en borrar o emborronar aquel tiempo y su enseñanza.

Por cierto, en nuestro escudo figuraban ya el yugo y las flechas, que ahora achaca alguno a «cursilería» franquista, o, como el cineasta Vicente Aranda, borra de un palacio en que rodaba una película sobre Juana la Loca como vestigio de la Falange, no de los padres de aquella desdichada reina de España. Sin los Reyes Católicos y Cisneros, creadores, con la Iglesia de entonces, la jerárquica y las órdenes religiosas nacidas en la Reconquista, del molde cultural del XVI, ¿es posible imaginar la Escuela de Salamanca, hito mayor, que no único, de nuestro Siglo de Oro? Se puede tener Fe o no. Lo que no se debe es abdicar de la sagrada obligación de la memoria y por abominar del jesuita Bergoglio borrar la obra del jesuita Juan de Mariana.

Stalin tenía en su mesa los *Ejercicios Espirituales* de San Ignacio, reliquia de sus tiempos de seminarista. ¿Tendríamos que expulsar por ello a los jesuitas, Mariana incluido, de los anales del saber, como los déspotas ilustrados del XVIII expulsaron a su competencia en el ámbito intelectual?

## VIDA DE JUAN DE MARIANA

Por lo demás, si Mariana en vez de español hubiera sido ruso, Struve lo habría reclutado sin vacilar en sus antologías *Jalones* y *De profundis*, como hombre siempre dispuesto a defender la libertad y combatir la tiranía. Por su biografía, hubiera podido acompañar a lo mejor de la *intelligentsia* rusa en el barco en que los echó de su patria el tirano de los tiranos: Lenin.

Nació Mariana en 1536, cerca de Talavera de la Reina y murió en Toledo, la antigua capital de España, en 1624. Dotado de extraordinario talento, a los once años ingresó en la Universidad de Alcalá de Henares, donde estudió Filosofía y Teología. Había entrado en la Compañía de Jesús en 1550, con catorce años, y tras dos de noviciado en Simancas, se ordenó y volvió a Alcalá para terminar sus estudios. A los veinticinco dio clases de Teología en Roma y luego en Palermo. Se doctoró en Teología por La Sorbona en 1569 y durante cinco años dictó clases en Clermont, época en la que visitó Flandes. En 1574, volvió a Toledo, donde vivió hasta su muerte, entregado al estudio y a su ingente producción intelectual sobre historia, teología, filología y economía. Está enterrado en la casa de los Jesuitas de Toledo.

Como experto en latín, griego, hebreo y otras lenguas orientales (el arameo, lengua en la que hablaba Jesús) participó de la formidable empresa intelectual que durante un siglo, entre los finales del XV y del XVI, llevan a cabo cuatro generaciones intelectuales, desde Nebrija y Arias Montano a Fray Luis de León y el propio Mariana. Se trata de la traducción y revisión crítica de las fuentes judías, griegas, latinas y árabes del cristianismo, así como de los clásicos del pensamiento griego, romano y medieval europeo.

Se trata de un proyecto cultural inseparable del aspecto militar, político y religioso de la Reconquista, cuyo fin es la restauración y mejora de la España visigoda que durante dos siglos, hasta la invasión árabe de 711, fue un reino independiente hijo de Roma y de la Cruz. Ya en la era visigoda, cuando Europa se hunde en los siglos oscuros y ágrafos del Medievo, San Isidoro de Sevilla (560-636) hace un intento de recopilación de todas las fuentes o «saberes» que, tras la caída de Roma, se barruntaban.

Esa reparación, en su sentido más amplio, de «la pérdida de España» tras la invasión musulmana de 711 y la conquista y devastación del Reino, está siempre presente en las empresas militares de los reinos cristianos, si bien su obra se advierte con más claridad bajo la égida militar y política de Castilla y Aragón desde la victoria conjunta de los Reinos cristianos contra la última invasión fundamentalista islámica, la de los almohades, en 1212, en Las Navas de Tolosa. La figura más importante es la de Alfonso X, que tras la reconquista con su padre Fernando III del Valle del Guadalquivir y el Estrecho (Córdoba, Sevilla, Cádiz) a la que añade Murcia, crea la famosa Escuela de Traductores de Toledo. En realidad, continúa, con Castilla como primera potencia peninsular, la tarea de Don Juan Manuel y Alfonso VIII.

El último gran movimiento militar que, tras la época de Fernando III, Alfonso X de Castilla y Jaime I de Aragón (s. XIII), realizan Isabel I de Castilla y Fernando II de Aragón a finales del siglo XV —reconquista de Granada, conquista de Canarias, reintegración de Navarra, toma de las grandes plazas del Norte de África por Cisneros— va unido a una sincera y profunda ambición cultural. Cuando Isabel, ya con hijos y reinos, se pone a estudiar latín, lengua de la Biblia y de la diplomacia, con Beatriz Galindo, una de las grandes mujeres de su corte, dice Nebrija: «Estudia la Reina, agora todos somos estudiantes». El ejemplo de la corona —apoyo moral y material— arrastra al reino, en una continuidad institucionalizada, como la monarquía misma, que produce desde las gramáticas latina y castellana de Nebrija a la *Historia de Rebus Hispaniae libri XXX* de Juan de Mariana.

En las instituciones, eso se traduce en la creación de La Universidad Complutense por Cisneros y de obras como su Biblia Políglota, en la estela de la Escuela de Traductores de Toledo. Pero, sobre todo, va a suponer la exigente continuidad intelectual en la que, casi sin querer, se ha convertido en primera potencia europea. La obra de la Escuela Económica Española, a la que, por su origen, llamamos Escuela de Salamanca, es su ejemplo.

Los especialistas, en su variante universitarista, que no universitaria o universalista, pondrán hoy las bardas y límites que convengan a su interés, pero lo que de valioso y actual ve el profano en esos clásicos, lo que nos ayuda, por ejemplo, a pensar el comunismo y la razón de su criminal vigencia, es esa continuidad creativa, ese alarde de pensamiento libre ante lo nuevo, desde los derechos humanos por los indios a la moneda tras el aluvión de plata de Indias. Y, ante todo, el empeño incansable en la defensa de la libertad, de la dignidad de la persona, de su defensa ante el poder, que va del magistral Vitoria oral al Mariana escrito, cuya obra es impensable sin sus predecesores y sin el afán común de servir a la humanidad desde una idea civilizadora cristiana, y por supuesto a su España en la era que alumbró, la de América y el Imperio Europeo, en aquel milagroso —y olvidado salvo para injuriarlo— siglo XVI.

Tal era el prestigio de Mariana que se le encargó revisar la Biblia Regia o Políglota de Arias Montano (que recibió de Francisco de Aldana los versos de la Epístola en que tantos sabios del XVI refugiaron su soledad, cuando la vida se torcía: «Entrarme en el secreto de mi pecho/ y platicar en él mi interior hombre/ dó va, dó está, si vive o qué se ha hecho»). La misma Inquisición que, ya anciano lo procesó y condenó a la soledad de la celda, sin libros ni escritos, le encargaba entonces los trabajos más delicados: el *Manual de administración de Sacramentos,* el *Índice Expurgatorio,* las *Actas de los Concilios Diocesanos de Toledo* y las obras de San Isidoro: *Historia de Godos, Vándalos y Suevos* y las *Etimologías.*

Del Isidoro que quiso resumir todo el saber grecolatino a su alcance en *Etimologías* y la historia española en la citada obra gótica, sin olvidar la orgullosa filiación romana del *Laudes Hispaniae,* tomó sin duda Mariana el impulso para la *Historia de rebus Hispaniae* en treinta tomos, de los que se publicaron veinte en 1592, cinco más en 1595 y otros cinco en 1606 (Crespo, 2014). Fue un encargo, pagado, de Felipe II para instrucción del príncipe de Asturias, el futuro Felipe III, que en realidad Mariana había terminado en 1586 y revisaban sus colaboradores.

Con la intención de establecer hechos indiscutiblemente probados, aunque luego las fuentes reputadas indiscutibles no lo hayan sido tanto, Mariana agavilló todas las referencias griegas y latinas sobre los orígenes de la civilización en el solar ibérico (Plinio, Pomponio Mela, Justino, Solino, Sexto Rufo, Estrabón, Ptolomeo, Appiano y Apiano, Plutarco, Tucídides, Varrón, Virgilio, Herodoto, Filón, Tito Livio, Dion, Lucilio, Cicerón, Tácito, Dextro y Suetonio, amén de las hispánicas posteriores), pasando luego a fundar el relato de la historia de la patria que amaba en las crónicas góticas, altomedievales y bajomedievales. Termina en 1516, año de la muerte de Fernando el Católico, ante cuyo pequeño retrato en

El Escorial y para que cuantos le rodeaban supieran que, a sus ojos, compartía toda la gloria de Isabel, dijo un día Felipe II: «A él debemos todo».

Se publicó la primera edición en latín y español, en traducción del propio Mariana, en 1592, Centenario del Descubrimiento de América, Tuvo dos ediciones en latín y español, una tercera en latín en Maguncia y la cuarta en 1621, año de la muerte de Felipe III.

## EL PROCESO CONTRA JUAN DE MARIANA

Su éxito fue extraordinario y le permitió acometer sus obras mayores: en 1599 *De Rege et Reges Institutione* (Sobre el rey y la Institución Real), reflexión moral sobre la política, la economía y el derecho en los Estados, a la que añadió en 1605 *De Ponderibus y mensuris* (Libro de pesos y medidas) y en 1609 la que muchos creen la obra de economía política más importante de su siglo y los tres siguientes: *De monetae Mutatione* (Sobre la alteración de la moneda) que él mismo tradujo como *Tratado y discurso sobre la moneda de vellón,* dentro de su antología *Tractatus Septem.*

Son siete obras levíticas más que canónicas, fruto de varios encargos:

1. *De adventu Jacobi apostoli in Hispania* (Sobre la venida del apóstol Santiago a España).
2. *Pro editione Vulgata* (Acerca de la edición de la Vulgata).
3. *De Spectaculis* (Sobre los espectáculos).
4. *De monetae mutatione* (Sobre la alteración de la moneda).
5. *De die mortis Christi* (Sobre el día de la muerte de Cristo).
6. *De annis Arabum* (Sobre los años árabes).
7. *De morte e inmortalitate* (Sobre la muerte y la inmortalidad*).*

Es digno de notar que la breve obra económica parece camuflada a mitad del libro, a la sombra de Santiago y de la Vida más allá de la vida. Pero de nada le valió. El elogio del regicidio en *De Rege*, a cuenta del de Enrique III de Francia, caló en España, aunque cuando el monje Ravaillac mató a Enrique IV, fue el Parlamento de Francia el que la mandó quemar en público, se publicaron *L'Antimariana* (Roussel) y libros similares, y quemar el *De Rege* se convirtió en un rito de las monarquías absolutas, mientras los republicanos lo convirtieron en el libro político más popular de comienzos del XVII. A final del XVIII, aún lo buscaban y leían Jefferson, Hamilton y John Adams.

Pero fue aparecer, aun escondido y breve, *De monetae mutatione* y de inmediato fue apresado Mariana y enjuiciado por vía inquisitorial y civil. Fernández de la Mora (otro de esos ministros franquistas ignaros, al margen de Paracuellos, a los que tan valerosamente combaten hoy los retroantifranquistas de cátedra) ha estudiado a fondo el proceso del anciano Mariana, que tenía ya setenta y tres años cuando fue recluido en una celda sin derecho a leer ni escribir. Era víctima del duque de Lerma, valido del rey, que se había visto, con razón, directamente aludido por la condena de Mariana de la política inflacionaria.

Resume así Fernández de la Mora la gravísima situación de Mariana:

> Después de un interrogatorio preliminar, al que fue sometido Mariana por la Inquisición toledana, Decio Caraffa, arzobispo de Damasco y nuncio de Paulo V en Madrid, nombró, el 8 de septiembre de 1609 al franciscano Francisco de Sosa, obispo de Canarias y miembro del Consejo Real y del Consejo Supremo de la Inquisición, juez apostólico para incoar proceso contra el jesuita. La resolución del nuncio, que dice actuar «a instancia de su Majestad», ya era acusatoria, pues en ella se afirmaba que el libro de Mariana era «perjudicial y escandaloso» y que implicaba «muy grande delito digno de punición y castigo» y se autorizaba al juez para que, si fuera necesario, «prenda y ponga en prisión segura al acusado» (De la Mora, 1994; cit. en F. Álvarez, 2017).

Aunque la prisión por orden del rey fuera fulminante, en España había leyes y garantías para cualquier acusado en un juicio civil o religioso. La embestida de lo que hoy llamaríamos Ministerio Fiscal fue tremenda:

> El primer auto del juez, el mismo día 8 de septiembre, fue encargar al canónigo de Canarias, Miguel Múgica, de prender y poner «a buen recaudo» al acusado. El segundo auto, de 2 de octubre de 1609, fue ordenar la «información sumaria de testigos y personas graves» sobre el «escándalo que de su publicación (Tractatus VII) se ha seguido en esta Corte y en otras partes contra la Persona real, Gobierno y Ministros destos Reinos».

En esta requisitoria —dice Fernández de la Mora—, ya se descubre a Lerma tras la persona del monarca. El mismo día se empezó a tomar declaración a los testigos de la acusación».

Mariana, preso y acosado en su celda del convento de San Francisco, hace un escrito de defensa y exculpación, aunque admite algunos errores formales, en los que alude a los servicios prestados a la corona y a España:

Dice el Fiscal que en la plana 381, con la misma descomposición, digo «quid rapiñas inter privados et fraudes dicam magistratum sordes, etc», de donde concluye que si un enemigo quisiera tratar descompuestamente de las cosas de la Majestad Real y de las destos reinos no pudiera haber palabras más atrevidas ni más descompuestas ni afirmaciones más falsas con las que el dicho Mariana se atrevió a todo. Respondo que si considera con atención el título del capítulo que es «Vitae molestia» se advirtiera que en aquellas palabras no se habla particularmente de España, ni de estos reinos, sino de todo el mundo, que donde quiera hay los males que en aquellas palabras se dicen más o menos, y para todos se escribió, y para el francés, y para el italiano, como también todos los capítulos que preceden y el que sigue son generales y para todos, y no sé cómo se atrevió a decir que traté descompuestamente las cosas de su Majestad real, pues en todo el discurso ni por sueños se habla mal ni toca al Rey nuestro señor ni a sus cosas.

Al rey, no, al duque de Lerma, sí; y ya solo puede salvarlo el rey:

Acabo estos descargos con acordar lo que dije al principio de este papel: que yo imprimí con la debida licencia y que lo que noté era público, a lo menos yo lo tuve por tal, y bien se hecha (sic) de ver que no le pareció bien a Su Majestad, pues lo castigó.

Yo soy de edad de setenta y tres años, tengo de religión cincuenta y seis, comencé a leer Teología en los mejores puestos de Europa, a saber, en Roma y en París hace cuarenta y ocho años. Toda la vida he gastado en servir a la Iglesia, algunos servicios de consideración he hecho a esta corona de que presento un papel aparte, y otro de lo que las naciones juzgan de mis trabajos. Y por todo esto, cuando pudiera esperar alguna remuneración, me hallo puesto en prisión de que doy gracias a Dios y lo bendigo por todo.

Por tanto a V. S. suplico se sirva absolverme y darme por libre de la acusación del dicho Fiscal sobre que pido justicia y para ello declárome y ofrézcome a probanza siendo necesaria. Y que las personas que informaron que yo quería poner lengua en el gobierno con otros encarecimientos no tengan parte alguna en esta causa pues está claro que querrán llevar adelante lo que una vez informaron y dijeron.

Además digo que confieso hay en mi libro algunas palabras o cosas que hoy no las pusiera y que no se consideraron bien, y así conozco que he excedido en algunas cosas y modo de decir que desdicen la modestia religiosa con que he dado ocasión de ofensión a algunos; pero afirmo y certifico que no han salido de mal ánimo, ni se escribieron con intención de ofender a nadie, sino de advertir a los que pudieren remediarlo. Véase el remedio que yo lo pondré cualquiera cosa que se me ordenare. El que a mí se me ofrece es hacer otra impresión quitando o enmendando todo lo que ofende, lo cual sería de mucho efecto porque la impresión de Colonia salió muy mentirosa por estar yo ausente, y, luego que saliera otra buena y correcta, decaerá que no quede de ella memoria.

Fecha en este convento de San Francisco de Madrid, a 3 de Noviembre 1609 años, Juan de Mariana.

Puede decirse que aquí se quebró, si no la sabiduría, la voluntad del anciano, porque desde que fue apresado en septiembre estuvo casi un año sin poder leer ni escribir. Y ya libre, tampoco lo fue del todo, porque solo hizo tareas encargadas (protegidas) por la orden. La más importante, un análisis crítico de la *Traducción griega del Antiguo Testamento*.

Cuatro de los siete libros del *Tractatus septem* fueron prohibidos por la Inquisición: los de Santiago, la Vulgata, la Inmortalidad y la Moneda. Sin embargo, Mariana, que murió en 1624, legó a la posteridad una curiosa venganza: el *Discurso sobre las enfermedades de la Compañía de Jesús*. Algunos lo ven hoy como un texto sobre dirección de empresas, y es cierto que los jesuitas eran una poderosa, gigantesca y complicada multinacional. Pero si sus superiores no se portaron bien en el momento de su caída en desgracia, recibieron un castigo en forma de pagaré a un siglo, porque los defectos que él quiso remediar fueron considerados irremediables por los reyes ilustrados que expulsaron a los jesuitas de sus reinos desde el XVIII.

Está por estudiar el impacto que el escandaloso procesamiento de Mariana y lo que podríamos llamar su absolución condenatoria tuvo en la Escuela Española de Economía, en sus orígenes Escuela de Salamanca. En su ámbito, era Mariana el más popular y prestigioso de los intelectuales. El atreverse con él por su libro más puramente económico, aunque las ideas básicas están ya en *De Rege*, mostraban el ocaso de una generación, cuyo talento y libertad de opinión fueron protegidos por los *Austrias mayores* —Carlos V y Felipe II— pero los validos de los *menores* —Felipe III, Felipe IV y Carlos II— se empeñaron en liquidar.

No fue por razones de rigidez doctrinal, ya que en Trento fueron los teólogos y moralistas españoles los que definieron la ortodoxia católica. Fue un triunfo de la Razón de Estado sobre los ámbitos de libertad e independencia tradicionales en la monarquía hispánica, con la Iglesia a la cabeza. España siguió el camino despótico de Francia y condenó los libros de que antes presumía. La libertad desapareció del claustro y del estrado. Y con ella las ideas de gobierno moderado que, de Vitoria a Mariana, constituyen la mejor heredad intelectual de España.

## TRAS LA PROHIBICIÓN, LA TERGIVERSACIÓN

Ya nos hemos referido a la pervivencia de esa tradición humanista o preliberal, que, a veces por vía extranjera, como la obra de Locke, vemos reaparecer en las Cortes de Cádiz. Sin embargo, a mediados del XIX, cuando más falta hacía, por la aparición de los diversos socialismos, casi todos despóticos, tras las revoluciones europeas de 1848, se produce una tergiversación fatal de la obra de Juan de Mariana. De la que nunca se ha recuperado una obra llamada a ser referente clásico del liberalismo español.

Lucas Beltrán resume así lo que, evocando la de España por Don Rodrigo o, más tardíamente, la del Romancero (*«en la grande polvareda / perdimos a Don Beltrane»*), podríamos llamar *La Pérdida de Mariana*:

Pi i Margall presenta a Mariana como partidario de la teocracia; Joaquín Costa como colectivista agrario; Diego Mateo del Peral lo caracteriza como agitador en favor de los pobres, tal vez, podríamos decir, con lenguaje moderno, como socialdemócrata; nosotros, limitándonos al libro que ofrecemos al público (*De monetae mutatione*, Sobre la alteración de la moneda de vellón), lo calificaríamos de economista liberal (Mariana, 1987).

Todo empieza por Pi. Al benemérito editor de Clásicos Rivadeneyra se le ocurrió encargarle un prólogo para reeditar las Obras de Mariana, antes de que llegara al poder como presidente de la I República (1873), donde acreditó una letal incompetencia intelectual —el «pacto federativo» y el «sinalagmático» como base social y constitucional— y una letal necedad política, concretada en la caótica República cantonal, que supuso la primera aparición del comunismo —facción bakuninista— en la historia de España.

Ni siquiera puede achacarse a fariseísmo la fatuidad de este escriba:

> Mariana no es aún conocido ni en su patria. Escribió de filosofía, de religión, de política, de economía, de hacienda; sondó todas las cuestiones graves de su época; emitió su opinión sobre cuanto podía lastimar sus creencias y la futura paz del reino; pero, como si no existiesen sus obras ni quedase de ellas memoria es considerado aún no como un hombre de ciencia sino como un zurcidor de frases, como un literato que apenas ha sabido hacer más que poner en buen estilo los datos históricos recogidos por sus antecesores. Llevó indudablemente un plan en cuanto dio presa, y este plan no ha sido aún de nadie comprendido; tuvo, como pocos, ideas, al parecer demasiado adelantadas para su época, y estas son aún el secreto de un círculo reducido de eruditos. (Obras del Padre Juan de Mariana. Discurso preliminar, 1854).

Hemos repasado ya los datos que demuestran que Mariana fue el intelectual español —literatos y dramaturgos aparte— más famoso en España y todo el mundo. En su primer medio siglo, contó con el favor de Felipe II, de su orden, de las mejores universidades europeas, o sea, del mundo, y la estima y confianza de la propia Inquisición. Sus obras se imprimieron tanto y con tanta repercusión que no hallamos en su género, fama como la suya. ¡Que no era «conocido ni en su patria» el protegido de Felipe II, perseguido por el Duque de Lerma, su libro *De Rege* quemado en París por orden del Parlamento y citado por Cromwell en su discurso de condena a Carlos I! «¡Reducido círculo de eruditos!» ¡Locke, John Adams, Jefferson y Hamilton! Está claro que Pi quiere presumir de haber encontrado un valor que todos ignoran, pero solo un necio puede jactarse de descubrir a una celebridad.

¿Ignora el —en mala hora— escogido por Rivadeneyra para la reedición de Mariana que este era, como se dice ahora, «autor de culto» entre liberales y republicanos de todo el mundo, incluso después de prohibirse sus obras más importantes en España? Sí y no. Poco sabe de la época de Mariana, de Vitoria o la llamada Escuela de Salamanca. Pero no puede desconocer la popularidad del *De Rege* en todo el mundo. Lo que pasa es que no le gusta. Así, el encargado de encomiarlo, que solo quiere encomiarse a sí mismo, ataca al autor. Y tras decir que Mariana «ha convertido la historia de los pueblos en una serie cronológica de biografías de príncipes y reyes» (sin duda menos interesante que un óleo de pastores, marmitonas y labradores) se refiere a alguien que, tras larguísimo párrafo, nos parece... el propio Pi:

Han subido aún de punto los cargos cuando algún crítico, entre tantos, queriendo hacerse superior a sus predecesores, ha vuelto los ojos al libro *De Rege* o a otra de sus obras político-sociales. ¿Dónde está, ha dicho, el sentimiento monárquico de un hombre que deriva el poder real del consentimiento de los pueblos, consigna el derecho de insurrección y da hasta a los particulares la facultad de atentar contra la vida de un monarca? ¿Qué reglas nos ha dado para distinguir de los reyes a los que él llama tiranos? (...). ¿Qué razón habrá para castigar al que mate a otro hombre cuyos crímenes, cometidos a la sombra de la hipocresía, escapen a la acción de la justicia? El regicidio, por buenos que sean sus resultados, ¿no será siempre un delito en el que lo cometa? ¿Por qué, pues, ha debido guardar el autor las más bellas flores de su elocuencia para esparcirlas hasta con amor sobre el sepulcro de Jacobo Clemente, matador de Enrique III de Francia, vengador de los Guisas? Ese libro *De Rege* armó indudablemente la mano de Ravaillac contra Enrique IV; es hasta un borrón para nuestra patria que (se) haya escrito y comentado por plumas españolas.

¿Habla de alguien Pi, o, como de costumbre, habla de Pi? Es difícil saberlo; fácil deducirlo. Ravaillac no conocía *De Rege* ni lo que Mariana dice sobre el regicidio: que hace falta un acuerdo de todos, no de uno, antes de advertir al rey que, al atropellar las leyes, está vulnerando su propio juramento, léase legitimidad, y solo si persistiera en su tiranía, deponerlo. De hecho, el sentimiento monárquico de Mariana está tan enraizado en las leyes históricas españolas que en el juramento de los reyes de Aragón, la lealtad del súbdito depende de que el rey se someta a la ley, «y si no, no».

Mariana, siguiendo a Vitoria, que a su vez seguía a Aristóteles y Santo Tomás, pero yendo más allá, en la idea de libertad que a mediados del XIX llevaba medio siglo de plenitud constitucional, defiende la limitación del poder por la moral, la protección del derecho natural de todos a la vida, la libertad y la propiedad, que la ley está siempre sobre el rey, porque su poder es derivado del consentimiento del pueblo, y que no son aceptables sus abusos, empezando por la alteración del valor de la moneda, que sirve para pagar las deudas reales a costa de agujerear el bolsillo de sus súbditos. Todo lo explica Mariana. Lo que pasa es que Pi no lo entiende ni comparte:

> Tenemos, en verdad, ideas filosóficas distintas a las suyas, ideas y políticas distintas de las suyas, ideas económicas distintas de las suyas; mas, ¿quién por eso llegará a creer que pretendemos juzgarle al través de opiniones que no tuvo ni pudo tener en modo alguno?

Evidentemente, el que lea que «tiene ideas distintas de las suyas». Y el que lea esta diatriba contra el autor por su prologuista y presunto editor:

> Mariana, sobre todo en política, no solo no inventó, no propuso siquiera una reforma que no fuera la restauración de una práctica, más o menos antigua, caída en desuso o por la mala fe de los gobernantes o por la negligencia de los gobernados. Partidario acérrimo, más que del derecho racional, del derecho histórico, estudió al parecer las instituciones y costumbres patrias, hecho lo cual procuró recogerlas en un solo cuerpo de doctrina, tal vez por el deseo de que se conservasen y vinieran a servir de leyes fundamentales al Estado que por el afán de lanzar una teoría más en

el ya tan removido campo de la ciencia del gobierno. Fue indudablemente audaz al sentar el principio de la soberanía del pueblo; mas es preciso advertir que la sola existencia de nuestras instituciones lo implicaba, y que, si quería ser lógico, o había de establecerlo como punto de partida o habría de negar legitimidad de aquellas y por consiguiente rechazarlas.

Como demostrará al aplicar la «ciencia del gobierno» en la presidencia de la I República, Pi no entiende absolutamente nada de lo que defiende Mariana: ni los derechos humanos como previos a las leyes, ni la primacía de la ley sobre el rey, ni el valor *racional* del *derecho histórico*, que recoge la inestimable experiencia de cómo evitar el abuso de poder, ni que la soberanía del pueblo tampoco puede degenerar en tiranía, y de ahí la importancia que tiene el régimen legal y su subordinación al orden moral.

Pero cuando empezamos a dudar si la estolidez de Pi es fruto de una falta continuada de oxigenación cerebral o de no haber leído o entendido una palabra de su obra es cuando dice que Mariana dice lo contrario de lo que dice:

Donde empero estuvo más acertado Mariana fue en las cuestiones económicas. Comprendió perfectamente de dónde proceden los malísimos males que aquejan a los pueblos; atribuyó el origen de la propiedad a la tiranía, partió del principio que la comunidad había sido el estado primitivo de la especie. Circunscribiéndose por de contado a hablar de la propiedad territorial, única compatible, no solo en su origen y en sus funestos resultados; dejó a un lado e intacta la de los frutos del trabajo, legitimada y hasta exigida por la misma organización del hombre. La división de la tierra, y sobre todo la acumulación de vastas haciendas en pocas manos, he aquí, dijo, el motivo principal de los desórdenes sociales; si se distribuyese más la propiedad, si se procurase templar a sí los males que habían de nacer forzosamente de romper con la comunidad impuesta por la razón y la justicia, no veríamos como ahora, crecer numerosas familias de pobres junto a los mismos palacios de los poderosos, en el seno de la abundancia y la riqueza. Estos pobres lo son por un vicio de la sociedad y deben ser socorridos por esta misma sociedad, de cuya mala organización es la culpa de su hambre y de su miseria. La sociedad no ha sido creada para la defensa mutua de los que la componen, lo ha sido también para garantizar la existencia de todos y cada uno de sus individuos... Estuvo Mariana en cambio irrefutable al hacerse cargo de si podía alterarse o no el valor de la moneda... Mariana, con todos sus defectos, es uno de los hombres más notables de su siglo.

Lo es. Pero por escribir exactamente lo contrario de lo que dice Pi, que o no lo ha leído, o no lo ha entendido o pretende que nadie que pueda entenderlo lo lea. Su fanatismo anticatólico le impide ver —o leer— que pocos años antes de su edición de 1857, exactamente el 7 de septiembre de 1844, publicó su *Verdadera idea del valor o reflexiones sobre el origen, naturaleza y variedad de los precios* (Balmes, OCV, 1949) el también jesuita Jaime Balmes, del que dice Huerta de Soto:

El primer teórico en enunciar completamente la ley de la utilidad marginal, siguiendo la tradición subjetivista de los escolásticos españoles de los siglos XVI y XVII, fue el español Jaime Balmes, que 27 años antes que el propio Menger no solo resolvió la paradoja del valor de los economistas clásicos ingleses, sino que además expuso con todo detalle la teoría subjetiva del valor basada en la utilidad marginal. (Huerta, 2004).

El retrato que Balmes hace, años antes de la birriosa introducción de Pi a la obra de Mariana, es un modelo de prosa, admiración y civilidad:

Es bien singular el conjunto que se nos ofrece en Mariana: consumado teólogo, latinista perfecto, profundo conocedor del griego y de las lenguas orientales, literato brillante, estimable economista, político de elevada previsión; he aquí su cabeza; añadid una vida irreprensible, una moral severa, un corazón que no conoce las ficciones, incapaz de lisonja, que late vivamente al solo nombre de libertad, como el los fieros republicanos de Grecia y Roma; una voz firme, intrépida, que se levanta contra todo linaje de abusos, sin consideraciones a los grandes, sin temblar cuando se dirige a los reyes, y considerad que todo esto se halla reunido en un hombre que vive en una pequeña celda de los jesuitas de Toledo y tendréis ciertamente un conjunto de calidades y circunstancias que rara vez concurren en una misma persona (Balmes, O.C. t. XII, 1950; cit. en F. Álvarez, 2017).

¡Cuánto tiempo habríamos ahorrado y cuánto más aprendido los que huyendo del comunismo y en búsqueda de unas ideas que se basaran en la realidad de las cosas y no en el mesianismo marxista, zigzagueamos años y años entre Rothbard y Grice-Hutchinson, Menger y Mises, hasta recalar en ese Siglo de Oro de las Ideas que inaugura Vitoria y clausura Mariana!

¿Pero cómo saber nosotros, hijos políticos de la revuelta de 1968, lo que ignoraban sobre Mariana los hijos de la Gloriosa Revolución de 1868, extraviados por las necedades de la edición perpetrada por el cabecilla federalista Pi? Tiene razón el jesuita Antonio de Paula Garzón cuando dice:

Doloroso, pero preciso, es confesar que jamás ha sido ni tan extranjero ni tan desconocido Mariana en su tierra como después que se ha empeñado el señor Pi en hacerse su intérprete y casi su apoderado universal, y hasta el adivino de sus pensamientos más recónditos. Antes, a lo más, no se conocería a Mariana; ahora, merced a los estudios del Sr. Pi, se le conoce al revés, y el Mariana del siglo XIX es la antítesis y casi diríamos que la ignominia del Mariana del siglo XVI...

Y lo más donoso o lo más triste del caso es que en el célebre *Discurso preliminar*, por una figura retórica que no tiene nombre en ningún tratado de elocuencia, se ponen en boca del P. Mariana las doctrinas más atrevidas y absurdas, y jamás fueron ni pudieron ser de nuestro católico escritor.

Tan cierto es lo que dice este jesuita y los otros dos que, Balmes aparte, sacaron del olvido y la tergiversación la obra de Mariana (John Laures, en su tesis de la Universidad de Tokio de 1928, entre la primera y la segunda edición de *El Socialismo* de Mises; y Cirot en la de París), que basta citar íntegramente lo que dice Mariana sobre lo que dicen que dijo (y no dijo jamás) para que su doctrina en los asuntos fundamentales, que son el origen de la sociedad, la libertad individual, la propiedad, la igualdad de todos ante la ley, la sumisión del poder político al orden legal, la libertad de comercio, el valor de la moneda, la dignidad de los humildes y el derecho y aún la obligación de luchar contra la tiranía, quede diáfana. En apenas diez fragmentos cabe resumir sus ideas fundamentales.

## DECÁLOGO DEL PADRE JUAN DE MARIANA

1.  El origen de la sociedad y la ley es la propia debilidad humana:

    La vida del hombre no estaba segura ni contra las muchas fieras que poblaban la tierra cuando esta estaba aún sin cultivos y no se habían arrasado los bosques por los incendios, ni contra muchos de sus mismos semejantes, que como esas bestias solitarias que temen a las más fuertes y atropellan a las menos feroces, se precipitan impunemente sobre la vida y la fortuna de los hombres débiles. Y todavía estuvo menos segura, asociados los más fuertes, desbastaban los campos, robaban los ganados y arrasaban las aldeas, cometiendo toda clase de atropellos con crueldad a los que se atrevían a resistirles; robos, saqueos y matanzas eran realizados con impunidad y no había lugar seguro para la inocencia y la debilidad...

    Y es así como el hombre, que en un principio se veía privado de todo, sin tener siquiera armas con que defenderse ni un hogar en que protegerse, está hoy en día rodeado de bienes por el esfuerzo realizado en sociedad con otros, y dispone de mayores recursos que todos los demás animales, que desde su origen parecían dotados de mejores medios de conservación y defensa.

    Así pues, los derechos humanos que nos constituyen como hombres, y la sociedad civil en que gozamos de tantos bienes y tanta paz, deben atribuirse a la carencia de muchas cosas necesarias para la vida, al temor y a la consecuencia de nuestra debilidad...

2.  Defensa de la propiedad frente al poder:

    En primer lugar, es necesario afirmar que el príncipe no tiene derecho alguno sobre los bienes muebles e inmueble de sus súbditos, de tal forma que pueda tomarlos para sí o transferirlos a otros. Los que sostienen lo contrario son los charlatanes y aduladores, que tanto abundan en los palacios de los príncipes. Y de ello se infiere que el príncipe no puede poner nuevos tributos sin que preceda el consentimiento formal del pueblo. Pídalo pues, y no despoje a sus súbditos tomando cada día algo por su propia voluntad y reduciendo poco a poco (disminuyendo el peso de la plata en la moneda de vellón) a la miseria a quienes hasta hace poco eran ricos y felices.

3.  El origen del dinero:

En los primitivos tiempos no se conocía el origen del dinero y las cosas
se permutaban recíprocamente, como una oveja por una cabra, un buey
por una cantidad de trigo. Después pensaron y entendieron que era más
cómodo el cambio de las mercancías y del trigo por los metales preciosos,
como el oro, la plata, el cobre. Y por último, para no tener necesidad de
llevar siempre consigo el peso del metal, para el comercio y demás usos, les
pareció muy oportuno dividir los metales en porciones, y ponerles alguna
señal que indicase su peso, o su valor; este es el legítimo y natural uso del
dinero, como enseña el mismo Aristóteles en el libro primero de *Política*.

4.  El dinero como base de la actividad comercial:

No hay duda sino que el peso, medida y dinero son el fundamento en que
estriba toda contratación y los nervios que no ella todo se traba, porque
las cosas se venden por peso y medida, y todas por dinero. Lo que quiero
decir es que así como el cimento del edificio debe ser firme y estable, así
los pesos, medidas y moneda no se deben mudar porque no bambolee y
se confunda todo el comercio.

5.  El valor del dinero como intocable y sagrado:

Algunos son del parecer que el siclo (judío) era una moneda como de
cuatro reales; se guardaba en su puridad y justo precio en el templo para
que todos acudiesen a aquella muestra y nadie se atreviese a bajarla de ley
ni de peso. Es cosa tan importante que en estas cosas no haya alteración,
que ninguna diligencia tenían por sobrada.

6.  Por qué la alteración de la moneda acarrea la ruina:

Y no hay duda sino que en esta moneda concurren las dos causas que
hacen encarecer la mercaduría, la una ser, como será, mucha sin número
y sin cuenta, que hace abaratar cualquier cosa que sea, y por el contrario,
encarecer cualquier cosa que por ella se trueca; la segunda, ser la moneda
tan baja y tan mala, que todos la querrán echar de su casa, y los que tienen

las mercadurías no las darán sino por mayores cuantías. De aquí se sigue el cuarto daño irreparable, y es que vista la carestía, se embarazará el comercio forzosamente, según que siempre que este camino se ha tomado se ha seguido. Querrá el rey remediar el daño con poner tasa a todo, y será enconar la llaga, porque la gente no querrá vender alzado al comercio, y por carestía dicha gente y el reino se empobrecerá y alterará. Visto que no hay otro remedio, acudirán al de siempre, que es quitar del todo o bajar el valor de la dicha moneda y hacer que valga la mitad que el tercio que hoy vale, con que de repente y sin pensarlo, el que en esta moneda tenía trescientos ducados se hallará con ciento o cincuenta, y a esta proporción todo lo demás.

7.  El poder debe ser limitado por la ley:

Podrán los reyes cuando lo exijan las circunstancias, proponer nuevas leyes, interpretar o suavizar las antiguas, suplirlas en los casos que se haya previsto; más nunca, como pienso que haría un tirano, cambiarlas a su antojo y acomodarlas a sus caprichos y a sus intereses sin respetar nada las instituciones y las costumbres patrias. Los príncipes legítimos no deben obrar jamás de modo que parezcan ejercer una soberanía absoluta desvinculada de la ley.

8.  Limitación del papel del rey:

Concedo de buena gana que existe una soberanía regia en todas estas cosas y que, bien por las leyes del reino bien por la costumbre de las naciones, se ha autorizado un cierto arbitrio para asuntos tales como hacer la guerra, administrar la justicia y establecer los magistrados o nombrar los jueces (...); creo, sin embargo, que en otras materias, la autoridad de la comunidad cuando todos han llegado a un acuerdo común, es mayor que la del príncipe.

9.  Razón del regicidio como último recurso:

No hemos de mudar fácilmente de reyes, si no queremos incurrir en mayores males y provocar disturbios (...). Se les ha de sufrir lo más posible, pero no ya cuando trastornen la república, se apoderen de las riquezas de todos, menos precien las leyes y la religión del reino, y tengan por virtud la soberbia, la audacia, la impiedad, la conculcación sistemática de lo más santo. Entonces es preciso pensar en la manera cómo podría destronársele, a fin de no se agraven los males ni se vengue una maldad con otra. Si están permitidas las reuniones públicas, conviene consultar el parecer de todos, dando por lo más fijo y acertado lo que se estableciere de común acuerdo; si condescendiere, si satisficiere los deseos de la república, si se mostrase dispuesto a corregir sus faltas, ni hay para qué pasar más allá ni para que se pongan remedios más amargos; si empero rechazare todo género de observaciones, si no dejare lugar alguno a la esperanza, debe empezarse por declarar públicamente que no se le reconoce como rey, que se dan por nulos todos sus actos posteriores».

10.  Contra la pobreza, bajos impuestos y libre comercio:

Ante todo, debe estar persuadido (el rey) de que no conviene agobiar a España con graves contribuciones; primero, porque una gran porción de ella está llena de fragosidades, peñas y montañas áridas, especialmente a la parte del Norte, pues la meridional goza de un clima más benigno. Muchas veces por la sequedad del aire y la falta de lluvias en el verano, padecemos tal escasez de cosechas, que apenas bastan para cubrir los gastos de la labor; por lo que sería demasiado grave aumentar tanta calamidad del tiempo, con nuevos y grandes tributos.

Además, en España los labradores, pastores y otros que cultivan el campo, todos pagan religiosamente la décima de sus productos a las iglesias; por lo que si después de esto, los que no tienen tierras tienen que pagar otro tanto a los señores de las tierras, muy poco debe ser lo que les quede a los miserables para vivir y para que contribuyan al erario: cuando por otra parte parece justo que debían ser aliviados y más atendidos aquellos de cuyo trabajo e industria se alimentan todos los ciudadanos (…). Lo primero porque cesará el lucro por efecto de las escasas compras y ventas, con el que vive la mayoría de ellos, a los que seguirán en la misma suerte los artífices con especialidad, pues estos cifran únicamente su sustento y esperanzas en sus manos y en su trabajo diario.

## EL VALOR AÑADIDO DEL ESPAÑOL DEL SIGLO DE ORO

Sin necesidad de contrastarlo con el plúmbeo estilo habitual entre los economistas, que en el caso del Marx de los *Grundisse* o *El capital* es de pestiño rancio, son muchos los que desde Balmes a Sánchez Agesta han señalado la garra y la gracia del estilo de Mariana, esa forma suya, llana e imperativa, popular y culta, de llamar la atención del lector.

No es mérito exclusivo de Mariana. Toda la gran literatura española, desde el XV al XVII, tiene la cualidad de ser a la vez popular y culta, sin que una avergüence a la otra. La poesía anónima del Romancero recogida en el XV es siempre el modelo a que vuelven los barrocos, como Góngora y Quevedo. Y vuelven a hacerlo —y a hacer escuela—, Bécquer en el XIX y Juan Ramón Jiménez, la Generación del 27 y el 36 y todas en el siglo XX.

Esa llaneza nervuda del castellano cuando se hace español, pasado pero no triturado por el tamiz renacentista del latín y aderezado por el italiano de Petrarca, la vemos en la poesía de Garcilaso, de Fray Luis, de Aldana, en la prosa del *Lazarillo*, *La Celestina*, *La Lozana Andaluza*, Santa Teresa y, por supuesto, Cervantes. Y ese afán de todos los grandes de no cortar nunca la relación de la lengua escrita con la oral de un pueblo que, como todos los de la época, podía no estar alfabetizado, pero no era en absoluto ignorante, es lo que hace la grandeza y le da esa fuerza especial y duradera al español.

En nuestros clásicos, sean poetas, novelistas, dramaturgos, teólogos o economistas, hay un empeño casi obsesivo en legitimarse volviendo a la raíz, que es el uso de la lengua por la gente, el reconocimiento de que la lengua es propiedad de todos y que, como en el primitivo reparto de tierras, de todos pasó a cada uno, pero que la libertad de expresión, tan admirable en nuestro Siglo de Oro, incluso en los escritos de defensa en la cárcel, de Fray Luis a Mariana, apela consciente o inconscientemente al respaldo de la historia y del pueblo, al derecho de la costumbre, para que la protejan. Es como si cada obra se presentara voluntariamente a las elecciones para defender en el fuero de la mayoría el derecho individual del escritor.

Y hay razones históricas que lo justifican. El castellano nace, crece y se expande no solo por la fuerza de las armas de Castilla, que de tener solo las armas y no las instituciones de hombres libres que le dieron su fuerza, bien podía haber desarrollado y codificado el romance leonés, sino porque es la *lingua franca*, el mejor instrumento de relación y comercio de todos los grupos sociales y lingüísticos españoles de la península en la Reconquista. Aparte del latín, que como lengua universal coexistirá con él hasta el siglo XVIII, solo el árabe culto y los dialectos yemeníes o norteafricanos de las distintas invasiones islamistas entre los siglos VIII y XII lo rechazan.

Pero no el árabe vulgar, que desde el principio se contagia de castellano, como prueban las jarchas y moaxajas, que son versos o estribillos de coplas recogidas como poesía popular en árabe culto y en las que hallamos los primeros vagidos escritos del español en el sur. Mientras, en el norte, en la Rioja, un estudiante que no podía con el latín se ayuda con el romance que se hablaba en aquel rincón entre Álava, Burgos y La Rioja. Se cree que el estudiante era de origen vascón porque el castellano en cierto modo lo es, ya que se convirtió en el romance o lengua más popular entre los españoles mucho antes de finalizar la Reconquista, y no por su semejanza, sino por su diferencia, ya que toma algunas consonantes y las cinco vocales de la única fuente lingüística no latina de la Península Ibérica, los dialectos vascos, que en el siglo XX, cuando se unificaron artificialmente en el *eusquera batua,* aún eran, según los expertos, siete o nueve: siete dialectos y dos hablas o subdialectos (Gregorio Salvador, *Lengua española y lenguas de España*).

Pues bien, la Escuela de Salamanca o Escuela Española de Economía —madre e hija, como el castellano y el español— no es un ente abstracto por más que sean las abstracciones o ideas que produjo las que le dan su valor. Es un conjunto de autores, de títulos y textos, frases y referencias, disputas y acotaciones que para los legos en los aspectos científicos, cuando no simplemente matemáticos, de la economía, tiene un enorme valor añadido.

La parte de él más evidente es que une la reflexión moral con la observación de la economía real, que piensa siempre como un todo lo que constituye la sociedad y el orden político: la dignidad de la persona, su libertad, su propiedad y el valor de la ley ante el poder. Pero hay otra parte más sutil: que está escrita en la lengua española del Siglo de Oro, en un español en sazón, legible hoy por un hispanohablante culto, pero que tiene el valor añadido del tiempo, la pátina de la lengua de nuestros antepasados, el sentimiento de que estamos leyendo por encima de su hombro al Juan de Mariana encorvado sobre sus papeles en la mesa de su celda. Y esa fuerza de la lengua, cuando se ayuda de la gracia del autor, proporciona al texto una legitimidad invencible, una suerte de valor normativo inconsciente, una especie de derecho consuetudinario verbal. En fin: una autoridad familiar.

Porque cuando uno pasa de Menger, Mises, Hayek o Rothbard a Vitoria, Mercado, Azpilcueta o Mariana, al leer esos títulos suyos tan cercanos y tan antiguos —*Suma de tratos y contratos, Tratado y discurso sobre la moneda de vellón, Del Rey y de la Institución de la Dignidad Real, Los seis libros de la Justicia y el derecho, Tratado de las Leyes y de Dios Legislador, Instrucción de mercaderes, Manual de confesores y penitentes*— se siente de pronto en casa, se ve de vuelta de Viena a Salamanca, a la antigua España, siempre dentro, y piensa que aunque el viaje valió la pena, llega más hondo lo que Quevedo llamó «leer con nuestros ojos a los muertos». Pero, ¿está muerto lo escrito? ¿No nos parece estar oyendo a esos sabios y geniudos retatarabuelos nuestros advirtiéndonos sobre su experiencia con las mismas cosas que hoy nos preocupan, y que son ni más ni menos que las de toda la vida? Al cabo, ¿de qué nos hablan? De cómo ser alguien y no algo, de cómo ganarnos la vida, de cómo labrar nuestra libertad, guardar nuestra propiedad, tener una ley que nos proteja, de cómo, en fin, poder decir lo que pensamos sin temer las consecuencias.

Pero esa letra nos llega más hondo por la música de la lengua en Mariana:

El maravedí vale hoy dos blancas, seis cornados, diez dineros, setenta meajas. La diferencia entre el sueldo y el maravedí era poca; así en las Leyes Góticas se advierte que donde los emperadores penan sus delitos en tantos sueldos de oro, ellas ponen maravedís que se entienden de oro. Las más monedas de hoy se hallan de godos de muy bajo oro, son medios maravedís que llamamos blancas, y en latín semises, o la tercera parte, que llamamos tremises...

... Mas hablando en rigor, yo entiendo que el maravedí viejo no fue siempre de un valor sino de diferentes conforme a los tiempos de que las leyes hablan, porque si las leyes hablan del tiempo de los Reyes Católicos, como las más se recopilaron entonces, y las leyes de don Juan II, el maravedí viejo valdrá como dos maravedíes y medio de los nuestros, que son los mismos que los de los Reyes Católicos; si fuese el rey Don Enrique III valdrá cinco; si de don Alfonso XI, diecisiete. Cuando la moneda se bajaba, los maravedíes de reyes precedentes siempre se llamaban viejos.

Tiene tal poder la lengua española en manos de Mariana y es tal la claridad con que percibe y maldice la tiranía que una frase retrata a Lenin:

*Tirano, que podemos decir en resumen, subvierte todo el Estado* (Golpe de Estado contra el Gobierno Provisional, disolución por la fuerza de la Asamblea Constituyente) *se apodera de todo por medios viles* (su asalto al poder se basa exclusivamente en la fuerza, y sus instrumentos para mantenerse en él son la delación, la difamación, el secuestro de ciudadanos y sus familias, el linchamiento, la tortura y el asesinato), *y sin respeto alguno por las leyes* (despide a todos los jueces, prohíbe todos los derechos de reunión, asociación y sindicales) *, porque estima que está exento de la ley* (proclama que el terror rojo y la voluntad de su partido son la única ley). *Y cuando se ocupa de los asuntos públicos, obra de tal manera que todos los ciudadanos se sienten oprimidos por toda clase de males* (instaura la censura de prensa contra todos los periódicos excepto los suyos, declara «enemigo del pueblo» al partido liberal KDT y prohíbe posteriormente a los demás partidos políticos de oposición) *con una vida miserable* (al prohibir la propiedad, el comercio y el dinero, al que una política de inflación monstruosa convierte en «papel pintado», se desata la carestía y la hambruna, con cinco millones de víctimas), *y los despoja de su patrimonio para dominar él solo los destinos de todos* (Ese es el poder personal e ilimitado que impone Lenin en 1917 y que hasta 1991 disfrutan sus sucesores: un Tirano de tres cuernos —Partido-Gobierno-Estado— y una cabeza, la del secretario general del PCUS, que mediante el terror implacable, absoluto, se convierte en dueño de personas y cosas, vidas y haciendas, como el peor déspota de la historia).

## RECUERDO DE LOS LIBERALES DE ALBARRACÍN

Al terminar este libro, pienso en los cuarenta años pasados desde la noche en el campo de concentración de Pekín y en los veinte últimos, que desde aquella promesa que me hice de combatir el comunismo, he dedicado a la propagación de las ideas liberales como el mejor medio para derrotarlo. En este tiempo, han sido muchos de los que he aprendido, alguno al que he orientado y no pocos los que van desapareciendo. El que más he recordado al escribir este libro es Germán Yanke, muerto en mayo de 2017 y con el que hablé muchísimo —siendo mi subdirector en *La linterna* de la COPE y cofundador de *La Ilustración Liberal* y Libertad Digital— sobre los autores y temas de este epílogo: Mises, Hayek, la Escuela de Salamanca, el papel del antifranquismo retrospectivo y las carencias políticas del liberalismo.

Aunque él no estaba vacunado de comunismo por no haber pasado por el PCE, conocía bastante bien el marxismo porque trataba mucho a los socialistas vascos, los más leídos en un partido para entonces casi ágrafo. Nos conocimos físicamente en Israel, pero coincidíamos ideológicamente en la Escuela Austríaca de Viena y nos encontramos en Albarracín. Los dos éramos menos de Mises que de Hayek, aunque los considerábamos como lo que son, padre e hijo, y no podíamos ver a los economistas «libertarios» de cátedra que parloteaban sobre un mercado sin Estado, o sea, sin ley. Los dos sabíamos lo que era el terrorismo y no tragábamos esas frivolidades.

Al hablar de Salamanca, él veneraba a Ullastres y su figura de pío aguilucho colgado en Bruselas reivindicando la idea del derecho de Juan de Mariana; a mí me atraía más Larraz y la defensa del mercado del fiero jesuita; y a ambos nos asombraba que coincidieran, tan jóvenes, en sus tesis sobre Mariana a comienzos de los cuarenta, en el cogollo intelectual del primer franquismo y cuando Europa y casi todo el mundo repudiaban la libertad. Nos dijimos que en la revista de pensamiento que íbamos a fundar una de nuestras primeras reivindicaciones sería la de esa escuela de libertad que, a diferencia de las traducciones «austríacas», escribía en un soberbio español.

Lo hicimos, y cuando Lucas Beltrán o Juan Velarde publicaron en *La Ilustración Liberal* artículos sobre los «franquistas de Salamanca» o cuando encontramos en Málaga a Marjorie Grice-Hutchinson, lo disfrutábamos como niños completando su álbum de cromos. Los dos veníamos de la poesía, así que nos encantaba el estilo literario en los textos de la Escuela de Salamanca o Española de Economía. Y como los que subían anualmente a Albarracín solían ser economistas o juristas y no tenían esa sensibilidad —los americanos, sí—, los mirábamos con un poco de pena. Casi veinte años después, el libro de Fernández Álvarez muestra que aquella pertinaz sequía ideológica está ya dando paso a un régimen regular de lluvias académicas.

Lo que nos preocupaba, sin embargo, era que el economicismo, pese al mérito de los catedráticos del ramo que habían preservado esos tesoros, convirtiera en romo el filo político de ese impulso teleológico de libertad. Y hablamos de escribir un libro titulado *El liberalismo y sus enemigos*; «y sus adversarios», matizaba Germán pensando en Redondo Terreros; «y sus demonios», decía yo, por nuestra admiración al libro de Dostoievski. Pasó el tiempo, cambiaron muchas cosas y un día me llamó Germán para pedirme el prólogo a un libro que le había encargado una editorial y que era una versión breve del que habíamos pensado en Albarracín.

—El título no te va a gustar, eh —me dijo—, pero es que sale con otro de izquierdas de Pérez Royo, y se llama *Ser de derechas*.

—Hay cosas peores— le dije.

No supuse que tantas. De saber que su obituario iban a convertirlo los chacales de PRISA en ocasión para atacar a los liberales y que Iglesias Turrión, ese Leninín con alma de Netchaev, haría su elogio fúnebre, él habría cambiado de título o de editorial. Porque ni vivo ni muerto citaron su libro.

Yo quiero, en homenaje a su memoria y a la de los que en todos estos años de desescombro comunista y reivindicación liberal me han precedido, acompañado o seguido, rescatar la parte de ese prólogo que plantea el gran problema del liberalismo del siglo XXI, la idea vertebral de este libro sobre el comunismo: la propiedad como parte inseparable de la libertad, el olvido fatal que ha permitido, cien años y cien millones de muertos después, que el comunismo siga siendo la ideología hegemónica sobre el liberalismo en los medios y en la educación, más incluso que antes de la Caída del Muro.

LIBERTAD, IGUALDAD, PROPIEDAD

Este libro de Germán Yanke es una síntesis sencillamente extraordinaria —la mejor que yo conozco en estos momentos— de lo que piensa la derecha liberal acerca de sí misma, de las otras derechas, de las izquierdas y del mundo que nos toca vivir en los comienzos del siglo XXI, ese que a efectos políticos comienza con la masacre de las Torres Gemelas el 11 de septiembre de 2001. No es un libro particularmente español ni solo para españoles, aunque desde aquí está escrito y pensado, sino que en estos tiempos de crisis (si algún tiempo no lo fuera) plantea las grandes cuestiones teóricas y prácticas que los liberales, —en el sentido español y europeo del término—, creemos que la humanidad ha sabido afrontar con cierto éxito a lo largo de los siglos. Y que en el siglo XIX sintetizaron en una tríada famosa: libertad, igualdad, propiedad.

Libertad, obviamente, individual, porque no hay otra. Los liberales no creemos en esas fantasías tribales de «la libertad de los pueblos» ni en los «derechos colectivos», arrendados siempre a un déspota que los gestiona indefinidamente, llámese Lenin, Stalin, Hitler o Fidel Castro, sino en la protección del individuo frente los abusos de los poderosos, sean del género maleante, mafioso o monopolista, sean del género despótico que habitualmente producen el Estado, el gobierno y la Administración a través de cualquier tipejo provisto de un cargo público, un mandato electoral o un galón cualquiera. Como algunas religiones, singularmente la cristiana que está en los orígenes de las instituciones de libertad desarrolladas en Europa y América a lo largo de los siglos, los liberales creemos en la dignidad del ser humano, uno por uno, pero sabemos también por secular experiencia que la naturaleza humana puede ser inhumana, que lo propio de nuestra especie es abusar del poder cuando lo tiene, sobre todo cuando tiene mucho, de ahí que nuestro principio básico es el de proteger la libertad personal.

Igualdad ante la ley, precisamente porque los liberales no somos anarquistas y propugnamos la necesidad del Estado, pero con límites precisos y siempre dentro de una legalidad cuya raíz moral e intemporal encuentran muchos en el derecho natural y el derecho de gentes y cuyas normas —entendemos nosotros— deben estar al alcance de todos y a todos servir por igual. Igualdad ante la ley, sí, porque los liberales aceptamos que los humanos somos distintos, radicalmente desiguales, pero con el mismo derecho a «la búsqueda de la felicidad», es decir, a labrar nuestro propio destino sin que otros lo decidan por nosotros. Por eso entendemos que la ley, respaldada por una fuerza proporcionada y legítima, debería ser el ámbito natural de las relaciones humanas civilizadas. Y que cuando las circunstancias requieran el uso de la violencia o incluso de la guerra contra los que quieren atropellar la vida, la libertad y la propiedad de los ciudadanos, hasta el uso de la fuerza debe estar siempre bajo la ley.

Esto no quiere decir, obviamente, que cualquier ley sea aceptable para un liberal, antes al contrario: debe rechazarse y combatirse, a ser posible de forma pacífica, cuando de forma inmoral o ilegítima promueve, protege o favorece la tiranía y la opresión. En este libro de Germán Yanke se plantean los casos más candentes y debatidos —singularmente en la guerra contra el terrorismo— que hoy debe afrontar el mundo. Siempre desde esa perspectiva de la derecha liberal que Germán Yanke hace suya o que nosotros hacemos nuestra al leerlo, porque pocas veces se ha explicado con tal nitidez, lo que queda claro es que no hay ley por encima de la moral, o lo que es lo mismo: que el sentido moral no puede estar ausente de la legalidad y de la fuerza en que se sustenta. Los liberales no creemos que las leyes estén bien en sí o bien para siempre, puesto que entendemos la falibilidad esencial del ser humano y el carácter de prueba de la idea ante la realidad que reviste cualquier fórmula legal, pero sí que lo propio del ser humano es tener derechos, y que eso, desde Roma, equivale a tener derecho y buscar el continuo perfeccionamiento de la ley en su aplicación a los hechos concretos que la motivan. Y también creemos que un régimen político es inaceptable si admite, tolera o acepta la existencia de poderes fácticos, personales o institucionales, por encima de la propia ley.

Y la propiedad. Esta es sin duda la institución más importante e intelectualmente distintiva del liberalismo con respecto a otras ideas de la derecha y todas las de la izquierda. Y Germán Yanke la defiende en la última parte del libro con absoluta claridad, decisión y precisión, como algo indisociable de la propia libertad del ser humano, que podría entenderse en principio como el derecho de propiedad del individuo sobre sí mismo. Es indudable que la gran crisis de la civilización liberal durante el siglo XX, lo que la llevó prácticamente a la aniquilación ante el totalitarismo comunista y su émulo nazi, proviene de la crisis de la idea de propiedad en aquellos estamentos políticos, religiosos e intelectuales que debían defenderla.

La idolatría del Estado que es característica de todos los socialismos premodernos, modernos o posmodernos, impone renunciar, desde el

principio, a la propiedad individual o a la propiedad sin más. Y los efectos
morales de esa renuncia han sido y son incalculables, aunque sus efectos
están bien a la vista: cien millones de personas asesinadas y miles de millones medio muertos de hambre es el balance del comunismo, sin duda
la fórmula intelectual que más ha cautivado y aún cautiva a los intelectuales, artistas, profesores, periodistas, mistagogos y demagogos de nuestro
tiempo. Que, como queda patente en este libro, no parecen dispuestos a
escarmentar en cabeza ajena, tal vez porque no suelen arriesgar la propia.
Y el comunismo es, por principio, la negación de la propiedad. Conviene
no olvidarlo.

La crisis de la idea de propiedad ha sido y es una crisis de orden intelectual y moral que hoy se promueve desde los estamentos más protegidos
de las sociedades liberal-capitalistas, de los funcionarios de la Educación
Pública a los gestores de la Seguridad Social, sostenidos todos por las aportaciones de la propiedad privada de los ciudadanos a través de los impuestos. Y sin olvidar a los periodistas, intelectuales y artistas instalados en los
medios públicos de comunicación y buena parte de los privados, cuya fervorosa búsqueda de dinero, popularidad y comodidades materiales coexis-
te con un fervorín retórico que desprecia el obtenerlas. Los millonarios de
la telebasura suelen ser de izquierdas, tanto más radicales cuanto más y más
rápido se hayan hecho millonarios. En vez de la limosna que antaño daban
por piedad o cautela los ricos y los que no lo eran, los que tenían y tenían
menos, pero siempre más que alguno, ahora reina el espectáculo de una
especie de socialismo universal intransitivo. Se impone la Barbie Solidaria.

Esta dichosa Solidaridad que a fuerza de manoseada y repetida empieza a no significar nada, o por lo menos nada bueno, es la legítima heredera conceptual de aquella Fraternidad con que los jacobinos guillotinaron el concepto de propiedad y descarriaron a buena parte del liberalismo
europeo por las trochas del colectivismo y abrieron las grandes alamedas
del terrorismo de Estado, desde Robespierre a Pol Pot. Hoy es una gigantesca multinacional de la palabrería que usa y abusa de la imaginería
tercermundista, un timo de la razón a cuenta de los sentimientos que
suele acabar financiándose a costa del Estado, es decir, de la propiedad de
todos cuando ya no pueden defenderla. Pero su raíz está en esa crisis de la
idea de propiedad que, como bien señala Germán Yanke, está en el origen
de todos los complejos de todas las derechas.

Es un sarcasmo intolerable que cuando los miles de millones de «pobres del mundo» que buscan en la propiedad y en la seguridad legal de conservarla su modo de acercarse al bienestar de las sociedades que con ella como piedra angular más han prosperado, se les predique precisamente desde esas sociedades que renuncien a lo que tanto anhelan. Ni en las fantasías más tronadas de los revolucionarios del siglo XIX puede encontrarse un ejemplo más desvergonzado de extravío de los pobres a manos de los ricos, de engaño de los ignorantes por los listos. Y es que conviene recordar que los intelectuales como gremio han sido y son los enemigos más activos e implacables de la derecha liberal.

Entrado el mes de junio de 2017, al funeral de Germán en Madrid no fue nadie de los de Albarracín. No ha habido grandes rupturas o altercados de verdadera importancia. Simplemente, todos seguimos nuestro camino, muchas veces impensado e impensable. Pero hay agrupaciones humanas, que por su brillo parecen constelaciones, que, sencillamente, se apagan. James Salter, en su mejor media novela, los llama «años luz», ese tiempo dorado, de felicidad afectiva e intelectual, que agradeces haber vivido para recordarlo, aunque el precio del recuerdo sea, fatalmente, el de la pérdida.

## EL COMUNISMO ES UNA DESMEMORIA

El comunismo es una desmemoria. No un olvido, sino la destrucción de la historia, de todo lo que nos recuerde lo que hemos sido o venido a ser, para poder imponernos lo que, como una página en blanco que llenarán nuestros amos, vamos a ser, querámoslo o no. El leninismo, ese prestigioso engendro de mentira y terror, pretende inventar el mundo como si nunca hubiera habido mundo y crear un «hombre nuevo» que, para no estropear su utopía de diosecillo sanguinario, no pueda, como es natural en la especie, hacerse viejo. De ahí que el «hombre nuevo» del comunismo nazca muerto pero cuidadosamente amortajado y embalsamado, memoria borrada de sí mismo, hijo de todos y de nadie, futuro sin pasado, fotograma mudo de la momia, reducida tras tanto afeite y remiendo a puro celuloide, de Lenin.

El comunismo es una película de terror que solo puede verse en los cines pequeños de versión original con subtítulos. Para los grandes quedan las grandes producciones sobre el nazismo o sobre la tremenda represión de los comunistas en Hollywood, cuya función esencial es la misma que la del antifascismo o el antifranquismo desde Stalin hasta hoy: ocultar el terror comunista. Dejo aparte las dignificaciones documentales del Che, Castro, Chávez y demás sanguinaria patulea porque es la forma endémica en que famosos multimillonarios del mundo del espectáculo se convierten en algo así como rebeldes de cualquier causa, roja como la alfombra de los Oscar.

El asunto es esencial, porque de esas imágenes se abastece ya más de una generación desde la caída del Muro en 1989 y la implosión de la URSS en 1991. Con los archivos abiertos o entreabiertos del KGB y la confesión oficial rusa de los más de cien millones de personas que han sido víctimas del sistema político instaurado por Lenin, ¿cuántas películas se han hecho sobre el comunismo y cuántas se han seguido haciendo sobre el nazismo?

El dominio de la izquierda en los medios de comunicación es mayor que en ninguna otra época de la historia, especialmente en España. Eso se traduce en una hiperlegitimidad aplastante, absoluta, de la izquierda totalitaria, so pena de excomunión en nombre de la democracia, que por otra parte se condena. El aparato ideológico, por usar la vieja expresión althusseriana, del comunismo militante y el socialismo adjunto han hecho del franquismo la única dictadura conocida, visible y condenable, pese a haber desaparecido voluntariamente hace más de cuarenta años, mientras se sigue glorificando la resistencia comunista al franquismo y a la democracia, ayuntadas en unas libertades más que discutibles y un capitalismo criminal, cuyos héroes son la ETA, Terra Lliure o el FRAP de Álvarez del Vayo y el padre de Pablo Iglesias, citado elogiosamente por su vástago en Las Cortes.

Para saber si un país está enfermo de totalitarismo, si está incubando el huevo de la serpiente leninista, que solo cambia de camisa para seguir venenosamente viva, hay que comprobar su relación con la historia, que es como decir con su memoria. Si se borran, en nombre del multiculturalismo, los géneros gramaticales para satisfacer el sexismo feminista o LGTB; si se oculta la referencia racial en la noticia del delito de una banda criminal; si se condena la Reconquista para no molestar al Islam o caer en el horrendo delito de islamofobia, para cuya ocultación se disimulan todos sus alardes femicidas y homocidas, si, en fin, los libros clásicos, de Cervantes a Mark Twain, en los que durante siglos aprendieron a leer los niños occidentales, se vetan en todos los centros educativos, y si hasta en Oxbridge se censuran, por ser solo de raza blanca, a los filósofos griegos, que no se ajustan a los criterios multiculturalistas que la izquierda impone y la derecha acata, el comunismo sigue vivo y está macerando a esa sociedad para tiranizarla.

El populismo, marbete periodístico para designar los movimientos de izquierda y derecha que se han enseñoreado del mundo occidental, es una de las formas que el socialismo, en su vertiente ludita o comunista, utiliza para acceder a unas sociedades que ya no pueden extasiarse ante la «luz que viene del Este», porque saben que en el Este sigue habiendo cortes de luz. El populismo es siempre proteccionista, enemigo de la libertad de comercio y de todas las formas de globalización. Y eso une a Le Pen y Melenchon, a Trump y Pablo Iglesias, a May y Merkel, a Beppe Grillo y hasta a Macron.

Hay una forma de populismo adolescente que hace de MacDonalds su Satán y recuerda a los luditas que destruían las máquinas de la primera revolución industrial. Es el que hoy sonríe en los emoticonos de los jóvenes urbanos que imaginan, como los hippies del 68, una vida en comunión con la naturaleza y guitarra al atardecer, sin la tensión de buscar trabajo ni el agobio de poderlo perder. Y sin llegar a Woodstock, hay viejos de todas las edades que sueñan con un campanario que dé la hora del almuerzo, la del Ángelus. En fin, hay populismos sindicalistas de izquierdas y populismos nacionalistas de derechas. Lo que nunca veremos es un populismo liberal.

El comunismo es la destrucción del individuo suelto, la prohibición del Yo por un Nosotros en el que el Yo puede matar a otros yoes, a cualquier otro. Por eso, en la lucha contra el comunismo, como idea y práctica, es inapelable el testimonio individual. Ante la salvación en nombre de Todos, el gran obstáculo es el «no» de Uno. Por eso en este libro he tratado de rescatar, en sus propias palabras, lo que tantos de sus disidentes han firmado con su nombre, su sangre y su vida. En el momento de más éxito, de mayor aplastamiento de la oposición, de más triunfos en el interior y el exterior, el comunismo siempre ha tropezado con una persona que negaba a decir «sí», y a veces, insistía en decir «no».

Y eso sucedió desde el primer día del imperio del terror leninista, desde el primer diputado secuestrado, el primer liberal asesinado, el primer sindicalista preso, el primer manifestante muerto, el primer periódico clausurado, el primer libro prohibido, el primer campesino robado, el primer proletario fusilado, el primer juez despedido, el primer funcionario caído, el primer niño muerto de hambre, entre los cinco millones de víctimas de la primera gran hambruna soviética, deliberadamente provocada por Lenin. Siempre hubo Oposición, siempre hubo disidentes, siempre, en el último rincón del mundo, quedó una víctima del comunismo que un día dijo «no».

ANEXOS

# MAPA DE LOS CAMPOS DE CONCENTRACIÓN (GULAG) EN LA URSS

# Algunos métodos de tortura en la Cataluña de 1936

Estos son algunos de los métodos usados con sus prisioneros por la «civilización» que venía a defender Orwell. Es un extracto del libro de Barraycoa, que a su vez resume otros testimonios.

*La banderilla.* Inyectar en manos y pies agua mezclada con heces, para provocar abscesos y parálisis en los miembros, con terribles dolores.

*El empetao.* Atada boca abajo sobre un banco la víctima (el fascista), se le introducía el cuello de una botella por el ano. Introducida la mitad, se tiraba y el vacío succionaba la víscera. Si era mujer solía hacerse por la vagina.

*La ratonera.* Reflejada por Orwell en *1984*. La víctima era sentada desnuda y atada sobre una cacerola con una rata. Se calentaba la cacerola hasta que la rata, buscando escapar, desgarraba el recto de la víctima.

*La silla eléctrica.* Sobre una silla pesada de madera se instalaba el armazón metálico de un sillón de automóvil. La víctima, mojada, era atada al sillón, cegada por unos focos, y se le suministraban descargas eléctricas.

*La argolla.* La víctima era colgada por un pie de una argolla y, cabeza abajo, se le metía la cabeza de un cubo con excrementos mientras lo azotaban. Para respirar, debía contraerse y sacar la nariz, hasta agotarse.

*El quebrantahuesos.* A la víctima, con una tenaza de punta hueca, le luxaban la falangeta de cada dedo de la mano, luego la falangina y después la falange. También se hacía en los dedos de los pies. Una variante era el «talón de Aquiles», que luxaba todas las falanges de la mano a la vez.

*El gomazo.* A la víctima le ponían sobre la frente una cinta ancha de goma elástica, con una campanilla, de la que tiraban y soltaban contra el cráneo durante el interrogatorio.

*Echar a los cerdos.* En los patios de muchas checas, como la oficial de San Elías, se criaban cerdos, hasta trescientos llegó a tener Escorza. Una de las técnicas de tortura era hacer profundos cortes en las piernas a los presos hasta que sangraran, para que al olor, los cerdos fueran a morderles hasta comérselos vivos. Era también un mecanismo para hacer hablar a otro preso, que debía contemplar la ejecución porcina mientras los verdugos se reían. Los muertos, una vez despedazados, también acababan en los cerdos.

*El depósito.* La víctima era introducida en una pequeña habitación donde se apilaban cadáveres de amigos o familiares del preso, en diverso grado de descomposición. Si entre el hedor y el horror no enloquecía o se suicidaba, el preso podía pasar varios días encerrado.

*La bañera.* La víctima, con las manos atadas a la espalda, era interrogada dentro de una bañera con agua fría jabonosa, por la que se deslizaba hacia el fondo, lleno de trozos de vidrio. Así se desangraba.

*El dentista.* A la víctima se le ponía una cuña de madera entre las muelas para que no pudiera cerrar la boca y se le iban limando las piezas delanteras, finalmente arrancadas con tenazas. Si eran de oro, iban antes.

De hecho, se convirtió en costumbre arrancar las piezas de oro a los fusilados que no habían sido torturados antes, y también desenterrar a los muertos para quitárselas, junto a alguna cruz de plata o alhaja de valor. Y además de las citadas, aplicar las técnicas de tortura de todos los tiempos eran el único homenaje del comunismo libertario a la tradición: arrancar las uñas o clavarles astillas, golpear los pies, celdas heladas que chorreaban agua, luz potentísima que nunca se apagaba, sonido estridente durante las veinticuatro horas, tormentos, en fin, poco originales.

En cambio, la URSS había perfeccionado en la Lubianka un tipo de celda-tortura psicológica a partir de la cual la inventiva mediterránea hizo aportaciones escalofriantes:

*La verbena.* Tres cajones de 50 centímetros de ancho por 40 de profundidad y altura normal, pero con techo graduable e inclinado para obligar al preso a estar agachado. Como asiento, un saliente de 13 centímetros. Para apoyarse sin sentarse, una tablita de 13 centímetros. El suelo cóncavo para no poder apoyar bien los pies. A la altura de los ojos, una luz muy fuerte, y un timbre estridente que sonaba sin cesar.

*El huevo.* Celda cilíndrica con ángulos redondeados, llamada «la esférica». De 1,20 por 1,20 metros, las paredes y el suelo estaban alquitranados, en el centro había una luz muy fuerte, protegida por rejilla metálica. El calor de la lámpara y la falta de ventilación producían mareos y alucinaciones, por la reverberación continua de la luz en el negro brillante del alquitrán.

*Celdas de castigo.* De origen soviético, para una tortura científica, tanto física como psicológica. El suelo era de ladrillos de canto en forma de laberinto.

La cama de cemento, alta y en un nicho de la pared, estaba inclinada y con estrías afiladas que se clavaban en el cuerpo al dormir. Tenía 1,50 de largo, 0,50 de ancho y 0,60 de altura, con una inclinación del 20 por ciento. En la oscuridad absoluta, sonaba continuamente un metrónomo.

*Celdas psicotécnicas.* Obra de Alfonso Laurencic, que vigilaba su eficacia. Además de los ladrillos de canto en el suelo, las paredes muy iluminadas, estaban completamente pintadas con círculos o cuadrados de colores vivos, además de un cuadro ajedrezado, una espiral, cubos blancos y negros y rayas de amarillo brillante por la pared, cortadas por diagonales. «Las figuras de ilusión óptica, decía Laurencic, están destinadas a captar constantemente la atención del recluso, produciendo un enorme desgaste de la voluntad».

Hubo una auténtica *emulación socialista* en las técnicas de tortura de la URSS y de España, sobre todo las de Cataluña. La celda del reloj, por ejemplo, añadía a los colores y la luz cegadora un reloj sin muelle que atrasaba las horas, para que el preso perdiera la noción del tiempo. Tras la Guerra Civil española, la tortura en la Lubianka, que junto al castigo físico imponía la privación del sueño, siguió perfeccionándose.

Valentín González «El Campesino» cuenta en *Yo escogí la esclavitud* que en su celda, para desestabilizarlo mentalmente, ya que no lo rompían las palizas, en vez del carcelero entraba de pronto un camarero con la misma bazofia alimentaria pero en servicio de plata. El camarero llevaba, sin embargo, un brazo desnudo porque al elegante uniforme le faltaba una manga. Otra vez, en lugar de afeitado, el celador-camarero le atendía con idéntica cortesía, pero llevaba una barba de varios días y vestía camisa verde hecha pedazos. Los dos comunismos, marxista y bakuninista, compitieron en imaginación.

# CHECAS EN MADRID

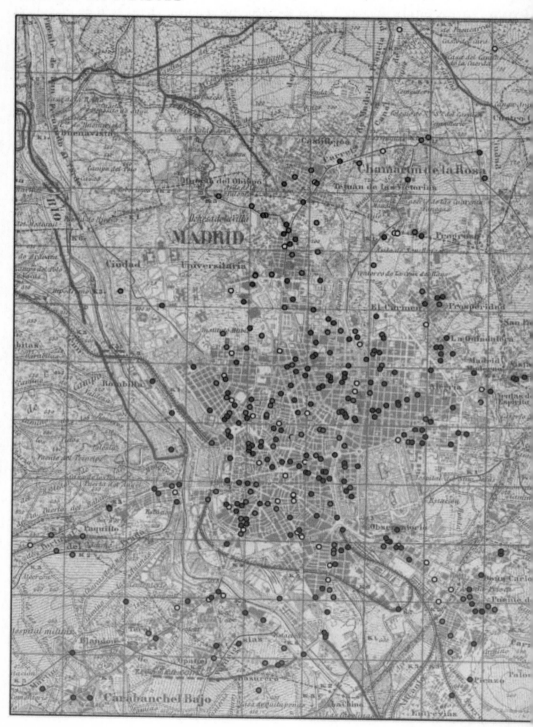

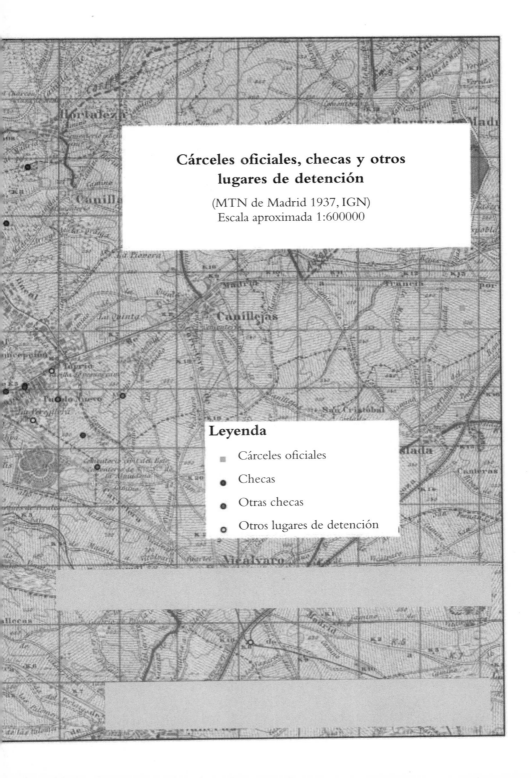

**Cárceles oficiales, checas y otros lugares de detención**

(MTN de Madrid 1937, IGN)
Escala aproximada 1:600000

**Leyenda**

■ Cárceles oficiales

● Checas

● Otras checas

○ Otros lugares de detención

# CLASIFICACIÓN DE LAS CHECAS

| Checas de la lista «oficial» (la dominación roja) | |
|---|---|
| **Grupo** | **Número de checas** |
| Anarcosindicalistas | 53 |
| Comunistas | 46 |
| Socialistas | 34 |
| Milicias y Ejército Popular | 33 |
| IGMP | 28 |
| DGS, Brigada de Investigación Criminal y checa policial | 9 |
| Comités del FP | 4 |
| Ministerio de la Guerra | 3 |
| POUM | 3 |
| Izquierda Republicana | 1 |
| MVR | 1 |
| SIM | 1 |
| Filiación política sin determinar | 9 |
| **Total** | **225** |

| Otras checas | |
|---|---|
| **Grupo** | **Número de checas** |
| Anarcosindicalistas | 30 |
| Milicias y Ejército Popular | 28 |
| Comunistas | 25 |
| Socialistas | 7 |
| DGS | 5 |
| Izquierda Republicana | 5 |

→

| | |
|---|---|
| Partido Republicano Demócrata Federal | 2 |
| Comités del FP | 1 |
| Izquierda Radical Socialista | 1 |
| Partido Sindicalista | 1 |
| Filiación política sin determinar | 15 |
| **Total** | **120** |

## Otros lugares de detención

| Grupo | Número de checas |
|---|---|
| Comunistas | 18 |
| Milicias y Ejército Popular | 12 |
| Socialistas | 8 |
| Anarcosindicalistas | 7 |
| Izquierda Republicana | 2 |
| Comités del FP | 1 |
| Partido Republicano Demócrata Federal | 1 |
| Unión Republicana | 1 |
| **Total** | **50** |

# Censo total de las checas de Madrid, Barcelona y algunas de la Comunidad Valenciana

Inventario de las 225 checas de Madrid procedentes de la lista oficial. Posteriormente la lista se amplía hasta 340 añadiendo «Otras checas, otros lugares de detención y cárceles oficiales» gracias al estudio de la Universidad San Pablo CEU.

## MADRID

1. Alcalá, 40 (edificio del Círculo de Bellas Artes). Checa oficial del Comité Provincial de Investigación Pública.
2. Alcalá, 82. Secretaría Técnica de la Dirección de Seguridad y Escuadrilla del Amanecer.
3. Alcalá, 11 (edificio del Ministerio de Hacienda). Checa de los Servicios Especiales del Ministerio de la Guerra.
4. Alcalá, 53 (Ministerio de la Guerra). Checa de los Servicios Especiales del Ministerio de la Guerra.
5. Alcalá, 138. Círculo Socialista del Este.
6. Agustín Durán, 22. Centro socialista.
7. Ávila, 9. Centro comunista.
8. Alburquerque, 18. Casa Máximo Gorki del Radio Comunista de Chamberí.
9. Almagro, 27. Ateneo Libertario del Puente de Toledo.
10. Almagro, 38. Checa de las Milicias de Vigilancia de Retaguardia.
11. Alfonso XII, 14. Checa de los guardias de Asalto.
12. Alonso Heredia, 9. Checa comunista de El Castillo.
13. Antillón, 4. Checa comunista-socialista del Puente de Segovia.
14. Amor de Dios, 1 (Palacio de Somosancho). Círculo socialista.
15. Antonio Vicent, 57. Del Radio de las Juventudes Socialistas Unificadas.

16. Arenal, 8 (Palacio de Revilla). CNT.
17. Arturo Soria (Hotel Mi Huerto). Ateneo Libertario de Ventas.
18. Carretera de Aragón, 40 (Capilla del Carmen). Radio Comunista de Ventas.
19. Carretera de Aragón, 117. Ateneo Libertario de Ventas.
20. Carretera de Aragón, 129. Radio Comunista de Ventas.
21. Carretera de Aragón, 151 (Villa Topete). Radio Comunista de Ventas.
22. Ronda de Atocha, 21 y 23 (Escuelas Salesianas). Checa del Batallón Pasionaria.
23. Estación de Atocha. Salón Rojo y Pabellones. Milicias Ferroviarias.
24. Atocha, 131 (Cine San Carlos). Milicias de la FAI.
25. Ayala, 47. Checa autónoma.
26. Valencia, 5. Círculo Socialista del Sur.
27. Blasco de Garay, 53 y 55. Ateneo Libertario de Vallehermoso.
28. Bola, 2. Dinamiteros de la CNT.
29. Velázquez, 50. Círculo Socialista del Sur.
30. Bombilla (Restaurante Niza). Ateneo Libertario.
31. Bravo Murillo, 150. Ateneo Libertario de Cuatro Caminos y cuartel de milicias de la CNT. Checa anarquista del Cinema Europa.
32. Bravo Murillo, 234 (Salón Guerrero). Cuartel de la Columna de Del Rosal y checa de la CNT. 33. Caballero de Gracia, 28. Sindicato de Tramoyistas de la UGT.
34. Cáceres, 10 y 12. Círculo socialista y después checa de la 36 brigada.
35. Cadarso, 6. Centro de las Juventudes Socialistas Unificadas.
36. Calatrava, 9. Ateneo Libertario de Barrios Bajos.
37. Camino Alto de San Isidro, 8. Ateneo Libertario del Puente de Toledo.
38. Caracas, 17. Sucursal de la checa de la calle del Marqués del Riscal.
39. Concordia, 6 (Puente de Vallecas). Casa del Pueblo del Partido Socialista.
40. Carmen, 10 (Iglesia del Carmen). Checa de un grupo de la CNT.
41. Plaza de doña Carlota (Iglesia parroquial del barrio). Sucursal del Ateneo libertario del Puente de Vallecas.
42. Cartagena, 137. Checa comunista de la Guindalera.
43. Casa de Campo. Establecida por las milicias de Mangada en la casa del guarda.
44. Ayuntamiento de Carabanchel.
45. Casa del Pueblo de Carabanchel.
46. Convento de las Clarisas de Carabanchel Bajo.
47. Checa del Hospital Militar de Carabanchel.
48. Checa de la Escuela de Santa Rita de Carabanchel. Comité del Frente Popular.
49. Carabanchel Bajo. Checa del Salón Rojas.

50. Carril del Conde (Hotel de don J. Gutiérrez). Checa socialista-comunista de Ventas.
51. Castelló, 50. Checa de milicias.
52. Claudio Coello. 112 (Convento de Santo Domingo el Real). Milicias andaluzas de la CNT.
53. Plaza de Colón, 1 (Palacio de Medinaceli). Brigada Motorizada Socialista.
54. Colegio de Huérfanos de Telégrafos. Comité Regional de Defensa de la CNT.
55. Plaza de las Comendadoras, 1. Radio 8 de las Juventudes Socialistas Unificadas.
56. Claudio Coello, 47 (Teatro Beatriz). Prisión del Consejillo del Distrito de Buenavista.
57. Comité del Cuartel del Conde Duque.
58. Cuarenta Fanegas de Chamartín (Colegio Infanta María Teresa). Comité rojo de la Guardia Civil.
59. Checa del Cuartel de la Montaña.
60. Paseo de las Delicias (Iglesia de las Angustias). Sucursal del Ateneo Libertario de Delicias.
61. Paseo de las Delicias, 156. Ateneo Libertario de Legazpi.
62. Hermosilla, 24. Consejillo del Distrito de Buenavista.
63. Don Pedro, 10. Círculo socialista Latina-Inclusa y checa de milicias de retaguardia.
64. Don Ramón de la Cruz, 53. Checa de milicias.
65. Doña Sabina, 5 (Barrio de doña Carlota). Centro comunista del Puente de Vallecas.
66. Embajadores, 116 (Cine Montecarlo). Círculo Socialista del Sur.
67. Emilio Ortuño, 13. Ateneo Libertario del Puente de Vallecas.
68. Hermanos Orozco, 3. Radio comunista de Ventas.
69. Españoleto, 17 y 19. Checa comunista.
70. Espronceda, 32. Radio de las Juventudes Socialistas Unificadas.
71. Carretera del Este, 39. Radio comunista de Ventas.
72. Paseo de Extremadura, 36 (Iglesia de Santa Cristina, de la Puerta del Ángel). Milicias voluntarias de Mangada.
73. Paseo de Extremadura (Palacio de Bofarull). CNT.
74. Eugenio Salazar, 2. Socialista.
75. Ezequiel Solana, 2 y 4. Socialista.
76. Felipe IV, 7. Batallón extremeño «Nosotros».
77. Fernández de la Hoz, 7 (Palacio de Oquendo). Sucursal de la checa de Marqués de Riscal, 1.
78. Fernández de la Hoz, 57. Servicios Especiales de la CNT.

79. Fernando el Santo, 23. Servicios Especiales de la CNT.
80. Fernanflor, 10. Checa y brigadilla del capitán Ramírez.
81. Ferraz, 16. CNT.
82. Florida, 10. Ateneo Libertario del barrio del Lucero.
83. Fomento, 9. Comité Provincial de Investigación Pública.
84. Francisco de Rojas, 4. Dependencia del Radio comunista número 9.
85. Fuencarral, 95. Checa autónoma.
86. Fuencarral, 101 (Colegio del Servicio Doméstico). Comité de la CNT.
87. Fuencarral, 103. Comisión Electoral de la Agrupación Socialista Madrileña.
88. Ferrer del Río, 32. Comunista.
89. Paseo de la Florida. (Ermita de San Antonio). Checa autónoma socialista-comunista.
90. Fuencarral, 126. Checa de Campo Libre. Comité Regional de Defensa de la CNT.
91. Francos Rodríguez, 5. Cuartel y checa del quinto regimiento de milicias populares comunistas.
92. Fuenterrabía, 2. Checa comunista del Pacífico.
93. García de Paredes, 37. Ateneo Libertario de Chamberí.
94. General Martínez Campos, 8. Círculo socialista del Norte.
95. General Martínez Campos, 23. Milicias Leones Rojos, ligadas a UGT.
96. General Ricardos, 15 (Iglesia de San Miguel). Cuartel Pasionaria y Radio del Puente de Toledo.
97. Génova, 29. Checa de la CNT, dirigida por Avelino Cabrejas.
98. Goya, 10. Sindicato de Transportes de la UGT.
99. Granada, 4. JSU, dependiente de la checa de Zurbano, 68.
100. Goya, 80. Radio Este del partido comunista.
101. Guillermo Rollán, 2. Ateneo Libertario del Distrito del Centro.
102. Guttenberg, 8 y 18. Izquierda Republicana.
103. Guzmán el Bueno, 31. Milicias vascas del comandante Ortega.
104. Imagen, 1 (Hotel de don Carlos), en el barrio de Picazo del Puente de Vallecas. Sucursal del Ateneo Libertario de la calle de Emilio Ortuño.
105. Avenida de José Antonio, 37, (Chamartín). Ateneo Libertario de Chamartín de la Rosa.
106. Avenida de José Antonio, 37, provisional. Sucursal de Radio comunista de las Cuarenta Fanegas.
107. Convento de las Damas Apostólicas de Chamartín. Radio comunista de las cuarenta Fanegas.
108. Convento de las Pastoras de Chamartín. JSU.
109. Checa del Ayuntamiento de Chamartín.

110. Iglesia de la Pilarica, del barrio de Usera. Checa de la barriada.
111. Isabelas (Plaza). Partido Comunista de Ventas y cuarto batallón.
112. Jordán, 5 y 16. Radio Comunista de Chamberí.
113. Jorge Juan, 65. Checa de milicias.
114. Jorge Juan, 68. Ateneo Libertario del Retiro.
115. Julián Gayarre, 6 y 8. Radio 2 del Partido Comunista de la barriada del Pacífico.
116. Final de la calle de Jorge Juan. Ateneo Libertario de La Elipa.
117. José Picón, 6 y 8. Milicias comunistas.
118. Juan Bravo, 12 (Falsa Embajada de Siam). Servicios Especiales de la CNT.
119. Lavapiés, 46. Radio comunista del Sur.
120. Cine Legazpi. Ateneo Libertario de Legazpi.
121. Lista, 25 y 29. Checa comunista de las milicias de Líster.
122. López de Hoyos, 96 (Convento de los Padre Camilos). Ateneo Libertario Guindalera-Prosperidad.
123. Glorieta de Luca de Tena, 10. Ateneo Libertario de Delicias.
124. Luna, 11. Central de la CNT.
125. Yeserías. Checa del batallón Octubre.
126. María de Molina. Comité Local de Defensa de la CNT.
127. Magallanes, 93. POUM.
128. Mayor, 85. Checa comunista.
129. Marqués de Cubas, 19. Checa de Elviro Ferret.
130. Marqués de Monistrol, 1 y 3. Checa comunista del Puente de Segovia.
131. Marqués del Riscal, 1. Checa del círculo socialista del Sur.
132. Martínez de la Rosa, 1. Checa socialista de García Atadell, de las Milicias Populares de Investigación.
133. Méjico, 6. Checa de las milicias y Radio comunista de la barriada de Guindalera.
134. Mendizábal, 24 Radio 7 de la JSU.
135. Mesón de Paredes, 37 (Convento de Santa Catalina de Sena). Ateneo Libertario de Barrios Bajos.
136. Mesón de Paredes, 76. Círculo socialista del Sur.
137. Miguel Ángel, 1. Sindicato de Dependientes Municipales de la UGT.
138. Miguel Ángel, 29. Sindicato de Actores de la CNT.
139. Montalbán, 2. Ministerio de Marina, checa militar y después Jefatura del SIM rojo.
140. Montesquinza, 2. CNT.
141. Paseo de Moret. Comité del Cuartel del Infante don Juan, de la Moncloa.
142. Montera, 22. Checa de los Lísteros de la UGT.
143. Moreto, 17. Checa de milicias.

144. Narváez, 18. Ateneo Libertario de Retiro.
145. Núñez de Balboa 62. Juventudes Socialistas Unificadas (JSU).
146. O'Donnell, 8 (Hotel de Alejandro Lerroux). Círculo Socialista del Este.
147. O'Donnell, 22 y 24. Radio Comunista del Este.
148. O'Donneli, 57. Ateneo Libertario de la Elipa.
149. Avenida de Julián Marín (Fundación Caldeiro). Checa de las milicias socialistas del Este.
150. Pacífico, 37. Radio 2 del partido comunista.
151. Navarra, 20. Checa comunista del barrio del Norte.
152. Nicasio Gallego, 19. Sindicato de la Piel de la UGT y checa de milicias.
153. Nuestra del Señora del Carmen, 20 (Huerta del obispo). Checa autónoma.
154. Plaza de Oriente (Palacio Nacional). Puesto de mando militar y checa de los tenientes coroneles Mangada y Romero.
155. Palafox, 21. Checa de milicias.
156. Palermo, 15. Radio comunista de las Ventas.
157  Paloma, 19 y 21. Círculo Socialista Latina-Inclusa.
158. Pedro Heredia, 5 (Convento de Santa Susana). Radio Comunista de Ventas.
159. Peironceli, 1 y 2 (Puente de Vallecas). Checa del barrio de Entrevias.
160. Pez, 5. Ateneo Libertario del Centro.
161. Palacio, de Esquilache, en la calle del Prado. Checa autónoma.
162. Pizarro, 14. POUM.
163. Princesa, 13 y 15. Radio 7 de la JSU.
164. Princesa, 29. Radio comunista del Oeste.
165. Puente, de Toledo 1. Ateneo Libertario del Puente de Toledo.
166. Puebla, 1. Hospital-prisión.
167. Raimundo Lulio, 8. Radio 9 de las JSU.
168. Paseo de Recoletos, 23. Federación Española de los Trabajadores de la Enseñanza.
169. Rollo, 2. Círculo socialista del Distrito Latina-Inclusa.
170. Sacramento, 1. Círculo socialista.
171. Salas, 1. CNT.
172. Seminario, Conciliar. Círculo socialista Latina-Inclusa.
173. San Leonardo, 9. Checa comunista.
174. San Isidro, 5. Checa socialista-comunista del Puente de Segovia.
175. Toledo, 52 (Convento de la Latina). CNT.
176. San Jerónimo, 32. Milicias vascas.
177. Santa Engracia, 18. Checa Spartacus de la CNT.
178. Santa Engracia, 46. Dependencia del Radio 9 del Partido comunista.
179. Calle de Santa Engracia. Batallón Octubre.
180. Paseo de Ramón y Cajal. Comité del Cuartel de María Cristina.

181. Cuesta de Santo Domingo, 6. Comité Depurador de la Guardia Civil.
182. Plaza de Santo Domingo, 13. POUM.
183. Santa Isabel, 46 (Palacio de Cervellón, del Duque de Fernán Núñez). JSU.
184. Serrano, 43. Checa de milicias.
185. Serrano, 108. Checa de la Brigada Especial.
186. Serrano, 111. Comité Regional de Defensa de la CNT.
187. Carretera de Toledo, 23. Checa Casablanca.
188. Plaza de Toros de Tetuán de las Victorias. Checa de la barriada.
189. Toledo, 98. Círculo socialista Latina-Inclusa.
190. Torrijos. Batallón Octubre.
191. Los Requenas, 9. Ateneo Libertario del Puente de Vallecas.
192. Ventura de la Vega, 1. Servicios Especiales de la CNT.
193. Ayuntamiento del Puente de Vallecas. Frente Popular.
194. Carretera 70 (Escuelas Cristianas). Checa socialista.
195. Carretera de Valencia, 68 (Colegio de las Hermanas del Ave María). Checa comunista.
196. Teresa Llorente, 9 (Hotel Piqueras). Juventudes Libertarias y Comité de Defensa de la barriada del Puente de Vallecas.

Checas especiales de vigilancia de la Inspección General de Milicias Populares, dependientes del comandante Barceló y del teniente de asalto Barbeta (uno de los implicados en el asesinato de José Calvo Sotelo):

1. Ríos Rosas, número 37. Inspección General de Milicias.
2. Pasaje de Bellas Vistas, 7.
3. Escuela de Ingenieros Agrónomos de la Ciudad Universitaria.
4. Instituto Geográfico de la calle de Blasco de Garay.
5. Raimundo Fernández Villaverde, 44.
6. Ricardo Fuentes, esquina a Gómez Ortega (Altos del Hipódromo).
7. Blasco de Garay, esquina con Cea Bermúdez.
8. Alberto Aguilera, 70.
9. Trafalgar, 31.
10. Abascal, 20.
11. Príncipe de Vergara, 44.
12. Cartagena, 93.
13. Carretera del Este, 25.
14. Paseo de la Canalización (talleres de Vicente Rico).
15. Plaza de España (edificio de la Dirección de Sanidad).
16. Plaza de San Martín, 4.

17. San Lorenzo, 15.
18. Duque de Medinaceli, 2.
19. Alarcón, 23.
20. Plaza de Colón, 3.
21. Doctor Esquerdo, esquina con Jorge Juan.
22. Estación de Goya.
23. Paseo de los Pontones, 31.
24. Carrera de San Francisco, 4.
25. Paseo de Santa María de la Cabeza (Perfumería Floralia).
26. Méndez Álvaro, 66.
27. Antonio López, 68.
28. Paseo de las Delicias, 114.
29. Ramón y Cajal, 6.

## COMUNIDAD VALENCIANA
### Provincia de Castellón

1. Convento de las Dominicas de Villarreal.
2. La Desesperada, de la Izquierda Republicana.
3. Los Inseparables. CNT-FAI.
4. Onda.
5. Checa del Partido Comunista.
6. Checa GPU del POUM.
7. El Amanecer.
8. La Guapa.

### Provincia de Valencia

1. Monasterio de Bernardas Fons Salutis Algemesi.
2. Cueva en Alcudia de Crespins.
3. Foyos.
4. Colegio Hijas de Cristo Rey de Picasent.
5. Ontinyent.
6. Escuelas Pías de Gandía.
7. Casa Abadía de Villanueva de Castellón.
8. Seminario de los Trinitarios de Quart de Poblet.
9. Xirivella.
10. Gobierno Civil.
11. Colegio de los Escolapios de la calle Carniceros. SIM.
12. Checa de la calle Nicolás Salmerón, 9.

13.  Seminario Conciliar.
14.  Iglesia de los Santos Juanes.
15.  Checa de la calle Sorní, 7, del DEDIDE y del SIM.
16.  Casa Mustieles.
17.  Hotel Europa.
18.  Hotel Alambra.
19.  Radio Museo.
20.  Salesa.
21.  Iglesia de San Agustín.
22.  La Alameda.
23.  Convento de las Hijas de María.
24.  Puente del Real.
25.  Checa de la calle Sagunto.
26.  Convento de San Julián.
27.  Plaza de Na Jordana.
28.  Chalé Villa Rosa.
29.  Grao. Avenida del Puerto, 249, dependía del Comité Metalúrgico.
30.  Colegio del Sagrado Corazón de Jesús en la calle Navellos, del DEDICE y del SIM.
31.  Checa de la calle Grabador Esteve, del DEDIDE.
32.  Checa de la calle de la FAI, fundada por Angel Pedrero.
33.  Checa de la calle Aparisi y Guijarro, de la FAI.
34.  Baylia, del DEDIDE.
35.  Santa Úrsula, del DEDIDE.

## Provincia de Alicante

1.   Cocentaina. CNT-FAI.
2.   Crevillente.
3.   Círculo Industrial de Alcoy.
4.   Círculo Alcireño de Alcira.
5.   Convento de las Clarisas en Oliva.
6.   Iglesia Convento de las Esclavas.
7.   Monóvar.
8.   Elda.
9.   Villena.
10.  Checa de la CNT-FAI de Alicante.
11.  Santa Faz, del PSOE.
12.  Casino de Alicante.

## BARCELONA

1.  Anglí. Calle Anglí 46, esquina con el Paseo de la Bonanova. CNT-FAI. En mayo de 1937 pasó al SIM.
2.  Avenida del Tibidabo 32. «Torre del Terror». Fue tribunal revolucionario y cuartel general de Aurelio Fernández, de la CNT-FAI. Desapareció en mayo de 1937.
3.  Banco de España. Plaza de Cataluña. Agrupación y Sindicato del Transporte y de los milicianos del Puerto de Barcelona.
4.  Bar Términus. Paseo de Gracia 54, principal 1. Dependía de miembros del PSOE venidos de Madrid.
5.  Barco Argentina. Puerto de Barcelona. Del SIM.
6.  Barco Uruguay. Puerto de Barcelona. Del SIM y del PCE. Capacidad para 425 pasajeros. Bautizado inicialmente como Infanta Isabel de Borbón, cambió de nombre con la llegada de la República. En 1934 fue requisado por el Gobierno republicano y usado como cárcel en Barcelona. Hundido en 1939 por un bombardeo, fue reflotado en 1942 y desguazado en Valencia.
7.  Barco Villa de Madrid. Puerto de Barcelona. Del SIM.
8.  Bonanova. Avenida de la Bonanova 45, esquina con la calle Vilana. Controlada por la UGT y las patrullas de control de la sección 6. Desapareció en mayo de 1937.
9.  Bonavista. Calle Bonavista. CNT-FAI. En 1937 pasó al SIM.
10. Busutil. Plaza de Berenguer el Grande 1, Vía Layetana. Dirigida por afiliados del PCE y del PSOE de Madrid. En 1937 pasó al SIM.
11. Campoamor. Calle Campoamor 49, convento de madres Dominicas. De la CNT-FAI.
12. Canet. Calle Canet 1 y 3. Fue de la CNT-FAI y de las patrullas de control de los barrios de Sarriá y Bonanova. Desapareció en mayo de 1937.
13. Carolinas. Calle Carolinas 18, colegio de San Vicente Paúl. Dirigida por las patrullas de control de la sección 7. a, con militantes de ERC y la CNT. Desapareció en mayo de 1937.
14. Círculo ecuestre. Entre las calles Balmes y Avenida de la Diagonal.
15. Claris. Calle Pau Claris 110. CNT-FAI.
16. Córcega. Calle Córcega 304, 4.° 2. a y terraza. CNT-FAI. Tras los fets de maig de 1937 pasó a los carabineros.
17. Deu i Mata. Calle Deu i Mata 55. CNT-FAI. Desapareció en mayo de 1937.
18. Diputación. Calle Diputación 321, 2°, esquina con la calle Bruc. CNT-FAI. Desapareció en mayo de 1937.

19. Ganduxer. Entre las calles Ganduxer, Vía Augusta, Modolell y Mariana Pineda. CNT-FAI y SIM.

20. Gran Vía. Gran Vía 621. CNT-FAI y patrullas de control sección 12. Desapareció en mayo de 1937.

21. Hermanos Maristas. Calle San Olegario número 10. CNT-FAI.

22. Horta. CNT-FAI. Desapareció en mayo de 1937.

23. Hotel Colón. Sótanos en la Plaza de Cataluña. Fue sucursal de la checa de la Puerta del Ángel.

24. Hotel Falcón. Plaza del Teatro, en las Ramblas. Dirigida inicialmente por el POUM pasó a ser cuartel general de los Guardias de Asalto.

25. La Pedrera. Paseo de Gracia de Barcelona.

26. La Tamarita. Entre las calles San Gervasio, Avenida del Tibidabo y Nueva Belén. SIM. Según César Alcalá estuvo dirigida por agentes estalinistas de nacionalidad rusa.

27. Maristas. CNT-FAI. Desapareció en mayo de 1937.

28. Mas Pujó. Calle Mas Pujó 35. CNT-FAI. Desapareció en mayo de 1937.

29. Mercé. Calle de la Mercé 8, 1°. CNT-FAI. Desapareció en mayo de 1937.

30. Muntaner. Calle Muntaner 321. Prefectura del SIM y del jefe de la Brigada Criminal del Gobierno de la República.

31. Moulin Rouge. El Paralelo. CNT-FAI. Desapareció en mayo de 1937.

32. Padre Claret. Entre las calles San Antonio María Claret y la Rambla Volart. Central de la CNT-FAI. En mayo de 1937 pasó al SIM.

33. Palacio de Arte Moderno. Montaña de Montjuic. SIM.

34. Palacio de las Misiones. Montaña de Montjuic. SIM.

35. Paseo de Gracia. Esquina con la calle Aragón. Del director general de Seguridad y del PSOE de Madrid.

36. Paseo de San Juan. Paseo de San Juan 104. Era una fábrica de Nestlé. SIM (Servicios de aviación).

37. Provenza. Calle Provenza 389, entre las calles Nápoles y Sicilia. Primero fue controlada por las Juventudes Libertarias. En mayo de 1937 pasó al Cuartel de los Guardias de Asalto.

38. Puerta del Ángel. Puerta del Ángel 24. Pasó de ser centro de detención de los miembros del Centro Federal a ser controlada por agentes soviéticos y, después, por los carabineros.

39. Rambla de Cataluña. Rambla de Cataluña 26, esquina con la calle Diputación. Centro de detención del Estat Català.

40. Ronda de San Pedro. Ronda de San Pedro 52. FAI. En mayo de 1937 pasó al SIM.

41. San Elías. Entre las calles Tavern, Vía Augusta, Alfonso XII y San Elías. Centro de detención de las patrullas de control. En mayo de 1937 pasó al SIM.

42.   Seminario. Calle Diputación 231. FAI. En 1937 pasó al SIM y al Gobierno central.
43.   Vallmajor. Calle Vallmajor 1. CNT-FAI. En mayo de 1937 pasó al SIM.
44.   Vallvidrera. Avenida de Vallvidrera 10. SIM.
45.   Vila Vilá. Entre las calles Vila i Vilá y Unión 3. CNT-FAI.
46.   Zaragoza. Entre las calles Vallirana, Francolí, Sanjuanistas y Zaragoza. SIM.

# CARTA DE OLGA NOVIKOVA SOBRE «EL CAMPESINO» EN EL GULAG

Querido Federico:

Con la brevedad a que me obliga el correo por fax voy a contarte lo que he podido averiguar sobre «El Campesino» durante mi estancia en Moscú. Antes debo pedirte que me excuses por haberme retrasado tanto en redactar esta carta, pero tuve que ausentarme de Madrid y no me fue posible hacerlo antes. Paso sin más a contarte los datos más importantes que he conseguido:

En el capítulo 28 de sus memorias El Campesino contaba que se había encontrado en el campo de concentración de Vorkutá (que compartía con Kolima la nefasta fama de ser uno de los peores Gulags) con un antiguo conocido suyo de los tiempos de la guerra española, cuyo nombre se abstenía a indicar, diciendo solo que se trataba del ayudante del general Lukasz. Yo sabía que el ayudante de Lukasz fue el escritor y poeta ruso Alexéi Vladimirovich Eisner (hace unos años Alexéi Vladimirovich publicó un libro muy interesante sobre sus vivencias en la guerra civil española). Eisner, que procedía de una familia aristocrática, a los doce años combatió en la guerra civil rusa en el bando de los blancos, emigró con sus padres, vivió y escribió poesía en Praga y París, fue amigo de una de las mejores poetisas rusas de este siglo, Marina Tsvetaeva, colaboró junto con el marido de ésta, Serguéi Efron, en el movimiento de la joven diáspora rusa que deseaba volver a la patria y redimir con su propia sangre los «pecados» contra el pueblo, se enroló en las Brigadas Internacionales, luchó en España, regresó a Rusia en 1939, fue detenido de forma inmediata y pasó veinte años más allá del Círculo Polar en los campos de trabajos forzados.

Alexéi Vladimirovich murió hace unos quince años, pero hablé con su viuda, Inesa Ressovskaya. Ella recuerda lo siguiente: cuando su marido estaba en el campo de concentración, alguien le dijo que con el último convoy había lle-

gado un famoso general español que había combatido en la guerra civil. Eisner
sintió un vivo interés y preguntó cómo era el hombre, a lo que respondieron
tenía una barba negra. «No puede ser "replicó Alexéi Vladimirovich", en España solo El Campesino llevaba barba, y es imposible que sea él. Este español no
es más que un embustero». Su interlocutor le comunicó que podía presentarle
al nuevo interno, y al día siguiente fue conducido al lugar donde se encontraba
el español barbudo.

El Campesino reconoció a Eisner, le abrazó y le dijo: «Hombre, ¡qué tragedia!» (estas palabras me las dijo en español Inessa Ressóvskaya, pese a que desconoce el idioma). Eisner se sintió muy emocionado por este encuentro con
un hombre que venía de su vida anterior, irremediablemente pasada, un encuentro que transcurría en el irreal escenario de las tierras eternamente heladas
del Círculo Polar, de las tormentas de nieve y las temperaturas de 50 grados bajo cero.

Alexéi Vladímirovich y El Campesino estuvieron en contacto durante la
estancia de este en Vorkutá, pero luego, según Inessa Ressovskaya, González fue
liberado como consecuencia de un turbio asunto. A este respecto, puedo añadir
que, en efecto, hay algo extraño en la versión de El Campesino sobre su liberación. En Rusia existe una enorme literatura sobre lo que nosotros llamamos
el «tema del lager» (campo de concentración). Entre los presos hubo hombres
tan atractivos, inteligentes y emprendedores como él, y tampoco faltaron los
aventureros. Sin embargo, no conozco ninguna historia de liberación parecida.
Las leyes de esa época eran muy severas y creo que nadie habría osado liberar
a un preso político basándose en sentimientos de amor o de simpatía, ya que
en este caso el liberador arriesgaba su propia libertad e incluso la vida. La liberación antes de la fecha prevista por la sentencia podía producirse solo en el
caso de que intervinieran instancias muy poderosas. En los primeros años del
terror (a finales de los veinte y principios de los treinta) solo en contadas ocasiones fueron liberados presos que padecían alguna enfermedad incurable y estaban a punto de morir. A partir de la década de 1930 las manifestaciones de
este «humanitarismo abstracto» fueron mucho más excepcionales. Es por esto
por lo que parece inverosímil la historia tal como la cuenta El Campesino.

Fui al Archivo Histórico de Memorial y me mostraron las fotos que poseen. No hay fotos de los campos de concentración ya que los presos no podían
hacerlas y los carceleros no estaban interesados en hacerlas. Hoy en día también
es difícil fotografiar los campos que se han conservado, ya que suelen estar en
lugares de difícil acceso, adonde ya no llegan los ferrocarriles, a quinientos u
ochocientos kilómetros de cualquier lugar habitado. Los que sí tienen en Memorial son las fotos propagandísticas que hacía la administración de los campos:
presos estajanovistas junto a un enorme retrato de Stalin, el paisaje de Vorkutá,

la vía ferroviaria, los presos trabajando, etc. En su mayoría estas fotos no fueron hechas por profesionales y no son de muy buena calidad pero, aun así, resultan muy interesantes. He encargado que me copien unas cuantas que me parecieron especialmente siniestras e impresionantes. En Rusia todo es muy lento, así que espero tener las copias a mediados de enero.

Si la editorial escribiera una solicitud al KGB, quizá sería posible conseguir las fotos de su dossier de El Campesino (este tipo de «retratos» suelen impresionar por lo poco que se parecen los retratados a su imagen conocida). En el caso de que te interese esto, puedo decirte la dirección a la que hay que escribir y cómo hay que proceder.

Fui al KGB, que ahora ostenta un nuevo nombre: Servicio Federal de la Seguridad. Me dijeron que, según la ley, es necesario tener el poder expedido por un hijo para poder acceder a los documentos, pero que podía solicitar la información sobre el caso. Formulé la solicitud y me aseguraron que me contestarían en el plazo de tres o cuatro meses, la contestación llegará a nombre de mi madre, que se ocupará de enviármela.

Fui al Centro de Almacenamiento y Estudio de los Documentos de la Historia Moderna de la República Rusa, es decir, al antiguo Archivo del PCUS, donde se guardan todos los documentos del Komintern. Allí, por medio de sonrisas, pequeños sobornos y ayudas desinteresadas de algunos colaboradores pude averiguar que tienen la documentación referente a Valentín González. Pude verla: son dos enormes dosieres repletos de documentos manuscritos. Por desgracia, a casusa de un reciente decreto del presidente ruso la mayor parte de estos documentos es inaccesible hasta dentro de setenta años. A mí me enseñaron solo dos documentos: un cuestionario y una autobiografía escritos por el Campesino. Todo esto gracias a algunas colaboradoras temerosas que me buscaban por los pasillos y, mirando a hurtadillas a su alrededor, me comunicaron con un susurro rápido algunos datos adicionales, como la fecha de nacimiento de la mujer de González (dato imprescindible para localizar su dirección) o las cartas de Líster y otros miembros del PCE sobre sus memorias, publicadas en el periódico checo Rude Pravo de 4/1/1951 y en Le Figaro de 5/8/1950.

He copiado el cuestionario, cuya traducción te adjunto. Tengo fotocopia de la autobiografía manuscrita, que te entregaré cuando estés en Madrid.

El cuestionario está escrito en ruso, con letra caligráfica y por una mano probablemente femenina. Está fechado el 3 de marzo de 1944 y tengo motivos para pensar que lo pudo escribir la propia mujer de El Campesino cuando fueron a ver a los dirigentes del PCE, ya que ambas cosas, la autobiografía y el cuestionario, formaban parte de la obligatoria rutina burocrática de aquellos años.

## Cuestionario

| | |
|---|---|
| Apellido, nombre y patronímico | Komissárov Petr Antonovich, Valentino González, «Campesino», al entrar en la Unión Soviética el apellido fue modificado. |
| Año de nacimiento | 1909, 9 de noviembre |
| Lugar de nacimiento | España |
| Origen social | |
| Profesión o especialización | Maestro de campesinos |
| Militancia en partidos políticos, fecha de ingreso en las filas del hermano del partido comunista | España, 1930 |
| Antigüedad en las Juventudes Comunistas | Sin respuesta O.N. |
| Si antes formó parte del Partido, dónde y por qué causa fue expulsado | No |
| Si militó en otros partidos | Milité en el partido anarquista |
| Si ha tenido dudas en cuanto a la línea del partido comunista y si ha participado en las oposiciones | No |
| Lo mismo en cuanto a sus parientes más cercanos | No |
| Si ha sido sancionado por el partido, por qué razón, cuándo y por qué organización del partido | He sido sancionado por el Partido Comunista de España por falta de disciplina |
| Qué lenguas conoce | El español |
| Educación | 6 años de escuela y en las escuelas obreras en lo referente a mi profesión, también estudié en la escuela militar especial en España, en la URSS estudié en la Academia Frunze |
| Título académico | Sin respuesta |
| Si ha publicado trabajos académicos | No |
| Si ha servido en un ejército extranjero | Estuve en el antiguo ejército español y en el ejército de la República |
| Si ha servido en el antiguo ejército | No |
| Si ha servido Vd., o sus familiares, en los ejércitos o en las instituciones de los gobiernos blancos de Rusia | No |
| Si estuvo Vd., o sus familiares en el territorio de los gobernantes blancos de Rusia | No |
| Si ha servido en el Ejército Rojo | En 1940 fui oyente de la Academia Frunze con el cargo de comandante |

| Su relación con respecto al servicio militar | Exento de servicio |
|---|---|
| Si ha sido juzgado, procesado, detenido o castigado por la vía administrativa o judicial, cuándo, dónde, por qué razón, tanto en la URSS, como en el extranjero | No |
| Antes de Revolución de Octubre de 1917 | No |
| Después de la Revolución de Octubre de 1917 | No |
| Lo mismo en cuanto a sus familiares más próximos | No |
| Si ha sido privado Vd. O sus parientes del derecho de voto en la URSS, dónde y por qué razón | No |
| Estado civil (casado, soltero); si es divorciado indicar el apellido, el nombre, patronímico y el lugar de residencia de la anterior esposa | Casado |
| El apellido, el nombre y el patronímico de la esposa (antes de casarse), su pertenencia al partido y lugar de trabajo | Djan Ariadna Nikoláevna, miembro de las Juventudes Comunistas, no trabaja |
| Pertenencia étnica de la esposa | Rusa [tacahado], español; rusa |
| Nacionalidad de la esposa | URSS [tachado] española, URSS |
| Si Ha vivido Vd. en el extranjero | Viví en España todo el tiempo. Después de la derrota de la República española estuve en el campo de prisioneros de guerra en Francia, de donde llegué a la URSS en mayo de 1939 |
| A qué se dedicó en el extranjero | Trabajé en mi profesión y en las organizaciones del partido |
| Quién entre sus parientes o sus conocidos próximos estuvo fuera de la URSS, dónde estaba, a qué se dedicaba y cuál es su dirección | No |
| Si tiene Vd. parientes o conocidos en las misiones o consulados extranjeros y sus apellidos | No. Todos mis parientes fueron fusilados por los fascistas |
| Qué condecoraciones y premios gubernamentales tiene | Órdenes y otras condecoraciones |
| Participación en órganos electivos | [sin respuesta] |
| Padres. Apellido, nombre y patronímico del padre y de la madre | González Antonio. González Consuelo |
| Lugar y fecha de nacimiento del padre/de la madre | ------ |
| Si poseyeron alguna propiedad inmobiliaria | No poseyeron |
| A qué se dedicaba entes y despúes de la Revolución de Octubre el padre/la madre | Trabajaba/Trabajaba |
| A qué se dedican ahora el padre/la madre | Fusilado/Fusilada |

→

| | |
|---|---|
| Padres de la esposa. Apellido, nombre y patronímico del padre/de la madre | Djan Nikolái Nikoláevich/ Cherkásova María Petrovna |
| Lugar y fecha de nacimiento del padre/de la madre | 1896, pueblo de Lobinskaya/1902, ciudad de Omsk |
| Si poseyeron alguna propiedad inmobiliaria. El padre/la madre | No/No |
| A qué se dedicaban antes y después de la Revolución de Octubre el padre/la madre | (padre) En el antiguo ejército, después de 1917 en el Ejército Rojo, militar profesional. Tiene el rango de coronel. Ahora está en el frente. (madre) Trabajaba en la Dirección Principal Sanitaria del Kremlin |
| Apellido, militancia en partidos políticos, lugar de trabajo, cargo y dirección de sus hermanos o hermanas, hijos o hijas mayores de edad | No |
| Su dirección | Moscú, Bol'shaya Kalújskaya 25, piso 37 |
| 3 de marzo de 1944 | |

Al dorso de la casilla de la Actividad Laboral hay una relación de trabajos, escrita en español y con la letra de El Campesino. No la copié porque no contenía ningún dato nuevo frente a la autobiografía que también escribió él y que, como ya te he dicho, tengo fotocopiada.

Por otra parte, supe que hay un expediente dedicado al Campesino en el archivo de TASS, pero por falta de tiempo no pude verlo. Tampoco me dio tiempo a escribir a Vorkutá, Kokand o Ashjabad, donde, con toda seguridad, es posible conseguir más información sobre la estancia de El Campesino. También me faltó tiempo para intentar encontrar a la mujer de El Campesino, que nació en 1921 y, por lo tanto, bien puede seguir viviendo en Moscú. Sería muy interesante, a mi juicio, oír su versión de esta historia; es posible que pueda tener fotografías, documentos, cartas de la época, etc.

Nada más. La verdad es que he seguido, dentro de mis limitaciones, con un interés creciente el rastro de la peripecia personal e histórica de El Campesino. Espero que mis indagaciones te sirvan de ayuda.

Un abrazo

# Dificultades para la legalización del PCE. Informe de Inteligencia para La Zarzuela

Transcripción literal, incluidas las faltas de ortografía y sintaxis, del documento sobre la finca de Teodulfo Lagunero dedicada al PCE. En el encabezado del documento aparece la indicación manuscrita: «Entregada por Pablo el 22/6/76». Archivo privado.

## LUGAR DE REUNIONES DE LOS MANDOS DEL PCE

Fincas situadas en la provincia de Ciudad Real, Término de Almodóvar del Campo.

Denominadas: Minguillán El Escalon.

Figura como propietario Teodulfo Lagunero.

Finca arrendada.- El Cepero que linda con la anterior. Arrendada en 1.000.000 de ptas. durante 12 años.

Finca que piensan comprar "Las Ballesterinas" también lindando.

Características- terreno propio para coto de caza. Lo están cercando con mallas de 2,5 ms. Con propósito de meter 500 ciervas y hacer gran coto de caza.

Hay construida una edificación suntuosa de unos 3.000 m2, que consta de unos 20 dormitorios con baño individual y distinta decoración cada uno. Salones, comedor expléndido, gran biblioteca con 5.000 volúmenes, toda clase de servicios, decorado en madera y con varios cuadros de Goya y de Picasso. En el exterior pistas de tenis, frontón y piscina y ahora se termina la construcción de la pista de aterrizaje.

El Señor Lagunero es hombre de paja del PCE, abogado, listo y de familia comunista (su hermano está al frente de la librería Rafael Alberti, de Madrid, los que le conocen le conceptúan como gánster, que no repara en medios, y por allí se las da de banquero).

En esta finca han celebrado reuniones de altura del PCE, pasan por el pueblo cercano llamado La Viñuela grandes coches, sobre todo Mercedes. Santiago Carrillo ha estado allí varias veces, antes y después de la legalización del partido. Después de ésta se presentó con su mujer a los obreros que trabajaban en las pistas diciéndoles que ya podían saber quien era, y hablándoles de las «delicias comunistas». Se interesó por la vida del alcalde rojo de La Viñuela y al día siguiente le envió como regalo un televisor en color y un cheque.

Parece ser que entre otros jerifaltes ha estado también el embajador de Rumanía en España.

El lugar, y una vez que compre las demás fincas lindantes con las que están en trato, es ideal para desarrollar cualquier acción de tipo reunión, o instrucción o entrenamiento, pues es un valle sin otra comunicación y aislado.

Gasta el Sr. Lagunero sin tasa.

Los servicios interiores de la casa es de portugueses.

LOCALIZACION: Distancia a Puertollano a 25 Kms.

# El nacimiento de Pablo Iglesias como estrella de televisión. Debate con el autor en *El gato al agua*, el 25 de abril de 2013

*Esta es la transcripción de lo fundamental, que puede verse en YouTube con el ruido y las interrupciones de rigor, porque él venía preparado para reñir y yo no soy novato en televisión y no me gusta que me tomen el pelo. Todo empezó por la supuesta brutalidad impune de la policía en las Cortes:*

PI: Dame un ejemplo de un solo policía que haya sido condenado en los últimos diez años.

FJL: ¿30 has dicho? Hombre, Amedo y Domínguez. Dos por el precio de uno.

PI: Sí, pero ya no es policía.

FJL: Era policía.

PI: O sea, ¿que desde Amedo y Domínguez no ha sido condenado ningún policía?

FJL: La demagogia tiene unos límites, siquiera de pulcritud.

PI: Que me digas tú eso…

FJL: Te lo digo. Decir que es la policía que defiende el Congreso la que lo asedia es llevar más allá de la lógica, incluso de la provocación retórica, la realidad de los hechos. Decir que en España nunca hay una manifestación que no sea violenta cuando Guipúzcoa está en manos de la ETA es una tomadura de pelo. Decir que no es violenta esta panda, que lo primero que ha hecho es dar, tirar la bengala y asaltar la valla… ¿Eso qué es? ¿Un gesto pacífico, un gesto navideño, un villancico? Si tu casa te la rodean y te la cercan las Nuevas Generaciones del PP y no te dejan dormir ni a ti ni a tu familia ni a tus hijos, ¿lo considerarías un acto de violencia fascista o un acto de autodefensa revolucionaria?

Los que tenéis un problema con la democracia sois los que queréis estar al plato y a las tajadas, en la procesión y repicando; quieres estar contra la Policía pero al mismo tiempo que la ley que execráis os defienda. Pues, hijo, no se puede tener todo a la vez.

PI: Con respecto a la Policía, deberías ser prudente. Fuiste tú quien dijo, después de los atentados del 11-M, vinculaste a sectores de la Guardia Civil relacionados con el Partido Socialista y hablaste de los servicios secretos marroquíes y franceses. Barbaridades con respecto a la Policía si alguien las ha dicho acá has sido tú. Con respecto al problema con la democracia y los escraches, yo creo que es terrible que tenga que haber escraches, es terrible que un dirigente político protesten alrededor de su casa...

FJL: (interrumpo) ¿Cómo «que tenga que haber»?

PI: Pero es la violencia social quien genera la crisis. Felipe González dijo: «Es que el hijo de un político no tiene por qué aguantar que haya una protesta alrededor de su casa», y eso es terrible. ¿Pero qué pasa? ¿Que los hijos de los políticos valen más que los hijos de los ciudadanos que están desahuciando injustamente? Y no digo yo que sean desahucios injustos, lo ha dicho un tribunal europeo.

FJL: No, perdona. No ha dicho eso, no es verdad.

PI: ¿Tiene que haber desahucios para que en este país se pueda decir que la ley hipotecaria es injusta? Si la PAH no se hubiera movilizado, no se hubiera discutido en el Congreso. El 80 por ciento de los ciudadanos, y lo dicen las encuestas, dicen que los escraches son legítimos, no lo digo yo.

FJL: No es el 80 por ciento, eso es mentira. Primero, habría seis millones. Si fuera por gente afrentada o afectada, habría seis millones y no los hay. Son cuatro gatos de extrema izquierda...

PI: (interrumpe) Convoquemos elecciones mañana, a ver quién vota al PP.

FJL: ... Que desprecian la legalidad, los mismos que quieren apropiarse de la legalidad cuando les conviene. Asaltan el Congreso, que está poblado de gente manifiestamente mejorable... Yo critico la democracia para que se mantenga y funcione, no para que nos pongan una checa en el Palacio de las Cortes que es a lo que vamos con grupos de extrema izquierda violenta que justifican una cosa por la otra: «Voy a romperle la cabeza a un policía porque han desahuciado a este». ¡Y la que lo dice no ha tenido una hipoteca en su vida! Hay gente que va de abogado del diablo, o de diablo de abogado, y que luego se asombra de que haya llamas, pero se han acostumbrado a vivir muy bien en la protesta contra el sistema garantizándose los beneficios del sistema. A mí me da asco ver a la izquierda, que yo he conocido en tiempos de Franco, convertida en una mezcla de banda de la porra y de banda del Pernales, que o roban en Andalucía o apedrean a la Policía en Madrid. Decir que Cristina Cifuentes es la que rodea el Congreso y que el gobierno tiene un problema con la democracia... No, el problema lo tiene la izquierda, que jamás ha tragado la democracia. Que sigue pensando que una minoría violenta tiene derecho a tomar el poder y a mandar.

PI: Déjame decir algo. En este país tenemos un gobierno que gobierna, que toma decisiones en favor de una minoría de privilegiados mientras hay millones de parados y mientras muchísimos jóvenes se tienen que ir, y estamos viendo que el sistema financiero, que tiene responsables políticos precisos, y uno es Rodrigo Rato, está siendo defendido por unos gobernantes que gobiernan manifiestamente en contra de lo que decían en su programa electoral. Eso es violencia social.

FJL: ¿Pero a ti te gustaba su programa electoral?

PI: A mí no, pero quizás a sus votantes sí. No han cumplido nada de lo que han dicho.

FJL: ¡Pues gracias por defender a los votantes del PP!

PI: Tenemos un gobierno con gestos, con talante autoritario, y es normal, porque lleva el ADN del franquismo en sus entrañas. Hemos visto cómo se despedía con honores de Estado a Manuel Fraga, que fue un ministro de Franco que firmó sentencias de muerte y era el presidente honorario del partido que gobernaba en este país. Nadie de la derecha española puede dar lecciones de democracia. Mal que me pese, no existe una derecha civilizada.

FJL: Ya está bien de que la izquierda se arrogue la autoridad moral de juzgar a la derecha. La izquierda ha despedido en hedor de multitud, que no en loor, a Santiago Carrillo. Ese no firmó sentencias de muerte, ese mandó directamente asesinar a 5.800 personas en Paracuellos y al servicio de uno de los grandes defensores de los derechos sociales, que se llamaba Iosif Stalin. ¿Qué problema tiene la izquierda con la democracia, que ni siquiera dominando los medios de comunicación, dominando la universidad, sois capaces de aceptar que la gente a la hora de votar elija a otros? ¿Pero tú te crees que ocupando un sitio como ocupas en la universidad, que podría ocupar cualquiera de esos jóvenes que se fueron al extranjero y no tendrán ocasión de optar a unas oposiciones a quitártelo, tienes autoridad moral para hablar del franquismo? ¿En nombre de quién? ¿En nombre de la Pasionaria? ¿En nombre de Fidel Castro? ¿En nombre del Gorila Rojo o de su sucesor? ¿En nombre de Corea del Norte? ¿En nombre de quién? Hablas de la Declaración de los Derechos del Hombre y del Ciudadano, inmediatamente seguida por la guillotina. Si me hablaras de la declaración de independencia de Estados Unidos, de cuidarse del poder, todavía, pero ¿en Francia, donde se llegó a masacrar a 300.000 personas porque molestaban al directorio revolucionario? ¿Pero de qué habláis en la izquierda? ¿Pero qué cosa, qué es eso del ADN? Sois racistas ideológicos: la gente nace y muere de derechas, y tú, como eres Pablo Iglesias, nacerás y morirás de izquierdas. No evolucionas, no cambias; el mundo no ha cambiado para ti, tú tienes ya tu opinión: toda la derecha será siempre mala, la izquierda es siempre buena. Pues chico, no es así.

PI: Hay una cosa que me sorprende. Vamos a poner las cartas encima de la mesa, Federico. Tú hablas de posición de privilegio en la universidad; yo no llego a cobrar mil euros por mi trabajo de profesor, con un contrato de interinidad. Para mí la universidad pública es una cuestión de principios. Hay muchos que con nuestros currículum podríamos habernos ido a otros lugares y estamos en la universidad pública, ganando seguramente la octava parte de lo que ganas tú, que lo desconozco. Estamos en 2013; que en 2013 tengas que debatir con alguien de izquierdas y le hables de Carrillo, de Paracuellos, de la Pasionaria, de Fidel Castro, y que cuando le preguntas…

FJL: ¡Pero si tú hablas de Franco!

PI: Yo hablo del ADN franquista de la derecha de este país.

FJL: ¡Peor todavía!

PI: Cuando le preguntas cuándo se ha condenado a policías en los últimos diez años, me habla de Amedo y Domínguez… Renueva tu vocabulario, renueva tu argumentario. Podemos discutir sin que yo te diga «Federico, eres un fascista» y tú me digas «Pablo, vete a Cuba». Podemos discutir con argumentos de lo que se está viviendo en este país en que la democracia se le ha robado a los ciudadanos. Cuando Rajoy dice «esto no depende de mí, lo deciden en Bruselas», se está robando la democracia a los ciudadanos.

FJL: ¿Y tú se la vas a devolver? Se la vas a devolver a pedradas.

PI: ¡La iniciativa privada tuya te la va a devolver! Venezuela: yo he escuchado lo que habéis dicho después de las elecciones del 14 de abril, una fecha preciosa en que se proclama la república. Ese día los venezolanos eligieron a su Jefe del Estado —aquí no podemos elegirlo porque, otra vez vuelve Franco, fue él quien dijo que el actual jefe del Estado debe ser el Jefe del Estado—. En esas elecciones, que observadores internacionales, incluidos cargos públicos del PP, del PNV, han reconocido como legítimas y justas, hemos escuchado a la derecha mediática española diciendo «qué barbaridad que el pobre Capriles ha tenido que desconvocar una marcha, que no le dejan protestar las terribles autoridades chavistas», después de que había diez muertos, qué casualidad, todos militantes chavistas…

FJL: (interrumpo) ¡Pero bueno, que te vas a condenar!

PI: Que se asaltaban centros de salud, se asaltaban sedes de partidos políticos, pero esas intentonas golpistas a la derecha mediática española le parecen muy bien y después pretenden que los ciudadanos se crean…

FJL: ¡Con ese aspecto de nazareno, estás hecho un Barrabás!

PI: No me faltes al respeto. Esa misma derecha que se escandaliza de que la oposición venezolana tenga que renunciar a una protesta después de poner diez cadáveres encima de la mesa resulta que ahora dice que tiene que haber 1.500 policías que nos protejan a todos de ese terrible asalto al Congreso.

FJL: Lo que no es creíble es que una dictadura de muchos años, de Chávez...

PI: ¿Dictadura? ¿Dictadura? ¿Una dictadura con elecciones, con observadores electorales de todos los países, reconocidas por todos los países? Que llames dictadura...

FJL: Este señor ganó las elecciones según la junta electoral que él había nombrado. Si a ti José Bono te parece una persona creíble para dar autenticidad a los resultados...

PI: Y del PP.

FJL: El del PP será otro como Bono. Los negocios de las fragatas con Chávez los hacía Bono. Y las comisiones se repartirían. A Capriles le prometió este Maduro, que es un sicario de la Cuba castrista, que seguramente encuentras tú muy social y muy simpática, le prometió, admitió, que habría tres días de recuento electoral. Cómo vería el avance, que es lo único que se ha dado a conocer, una especie de israelita moderna, que a las cuatro horas se proclamó presidente. Y la ministra de prisiones le ha dicho a Capriles que ya tiene preparada la celda para que purgue sus crímenes. No se han recontado los votos. Y dices que la derecha mediática... Si hubiera una izquierda democrática en España estaría pidiendo el recuento en Venezuela.

PI: No seas imprudente, Federico. La prueba del algodón: no decís absolutamente nada del fraude en Paraguay, donde todos los medios han reconocido que se han comprado votos por doce dólares.

FJL: Te lo cambio; si quieres te doy Paraguay por Venezuela.

(Vídeo de disturbios frente al Congreso)

PI: Lo que llama la atención de España es lo poquito que pasa. Llama la atención que no haya enfrentamientos todas las noches y disturbios y cócteles molotov y estas cosas que ocurren cuando las crisis se convierten en crisis políticas. Yo no voy a entrar en un elemento de juicio, cualquiera que comete un delito en una manifestación sabe que lo va a pagar porque en este país hay dos varas de medir. Si a uno de estos jóvenes que está empujando las vallas le cogen, la va a pagar. A quien no van a coger nunca es a Urdangarin ni al señor Bárcenas ni a los corruptos que nos roban a todos. (Mención a Pastrana). Si es un corrupto estaré feliz de que le detengan y le pongan a disposición judicial.

FJL: Ya lo han puesto.

PI: No solamente del PP, el señor José Blanco, es que no tengo ningún problema con eso. ¿Me puedes dar algún caso de algún manifestante de estos que haya sido condenado y le indulte el gobierno? No, ¿verdad? Pero a los banqueros, qué curioso, sí que les indulta y a los mossos torturadores, también.

FJL: ¿Pero cómo vamos a conocerlo, Pablo? Un momento: vas a perder tus contactos internacionales. Dices que hay cinco millones de parados en España y eso es de tiempos de Zapatero, y Rajoy nos ha llevado a seis millones doscientos mil. Yo creo que tienes que actualizarlo, si no dirán que les vendes mercancía falsa, y me preocupa.

(Vídeo de imágenes de violentos disturbios en la Facultad de Políticas).

PI: Creo que si estas imágenes estuvieran en manos del juez, creo que el juez podría hacer pocas cosas, no prueban demasiado. Por desgracia no he estado en la facultad, no tenía clase. Conozco los comunicados que se han hecho públicos, el de la Asamblea de Estudiantes, que lamentaba algo que es muy triste, la presencia de antidisturbios en un campus. A los que somos demócratas nos entristece muchísimo ver agentes de policía con equipamiento antidisturbios que no van vestidos de gris, van vestidos de azul, pero que nos retrotraen esas imágenes desgraciadas que ojalá no se repitan nunca. Porque no las queréis poner. Insisto, si ha habido encapuchados con bates de béisbol... Yo no sé quién ha hecho esa declaración. En cualquier caso, si hay un señor que es detenido con un bate de béisbol, con una capucha, después de decirle esas palabras tan agresivas a un agente de policía, va a ser conducido a dependencias policiales, va a ser sentado delante de un juez y va a ser juzgado. Aquí la gente normal no se va de rositas. Si es así, ¿usted cree que quien ha agredido a un vicedecano se va a librar de que el peso de la ley caiga sobre esa persona?

FJL: Por supuesto que se librará, pero por supuesto, porque habrá un juez tan progre como tú que dirá que no hay pruebas o que estaba justificado en el ardor del momento.

PI: ¿Qué jueces son esos?

FJL: Gonzalo Moliner, presidente del Supremo y del Consejo (General del Poder Judicial), que considera que lo de rodear la casa de un señor, siempre que sea del PP, eso es una manifestación y está protegido por la libertad de expresión. ¡Que te vas a quedar sin vicedecano, hombre!

PI: ¡Federico, por favor...!

# Datos básicos del régimen del 78 que quiere liquidar Podemos

| | 1977 | 2017 |
|---|---|---|
| **Población total** (personas) | 36.255.708 | 46.443.249 |
| **Población inmigrante** (personas) | 159.924 | 4.549.858 |
| **Esperanza de vida** (años al nacer) | 74,13 | 82,8 |
| **Mortalidad infantil** (x 1.000 nacidos vivos) | 16,03 | 2,6 |
| **Tasa de fecundidad** (nº promedio de hijos por mujer) | 2,65 | 1,3 |
| **Renta per cápita** (euros) | 1.657 | 25.028 |
| **Renta per cápita real** (dólares constantes, 2010) | 17.261 | 31.449 |
| **Inflación** (variación interanual) | 26,3% | 1,5% |
| **Tipos de interés** (Mibor – Mercado interbancario) | 22% | –0,149% |
| **Deuda pública** (% PIB) | 13% | 100% |
| **Gasto sanitario per cápita** (dólares corrientes y PPA) | 204 $ | 2.300 $ |
| **Gasto educación per cápita** (dólares corrientes y PPA) | 115,78 $ | 1.569,84 $ |
| **Gasto social** (% gasto total) | 42% | 63% |
| **Universitarios** (% población > 16 años) | 3,6 | 28,2 |
| **Tasa analfabetismo > 16 años** (% de población > 16 años) | 9% | 1,75% |
| **Tasa analfabetismo > 65 años** (% de población > 65 años) | 30% | 5,4% |
| **Población activa total** (millones personas) | 13,3 | 22,7 |
| **Población activa femenina** (% de la población > 16 años) | 28% | 53% |
| **Red de autopistas y autovías** (km) | 1.100 | 15.048 |
| **Parque móvil** (automóviles) | 8.269.311 | 30.122.681 |
| **Mortalidad en accidentes de tráfico** (personas) | 4.500 | 1.160 |
| **Exportaciones de bienes y servicios** (% del PIB) | 13,3% | 33,1% |
| **Entradas de turistas** (millones) | 34 | 75,3 |
| **Inversión extranjera directa** (millones $) | 608 | 26.727 |
| **Líneas telefónicas** (millones) | | |
| Fijas | 5,6 | > 20 |
| Móviles | – | 44,3 |

*Nota*: el dato para 2017 es el último disponible o estimación.

# FIRMAMENTO DE LOS MAESTROS OLVIDADOS DE LA ESCUELA DE ECONOMÍA ESPAÑOLA
## (ESQUEMA DE ÁLVAREZ, *OP. CIT.*)

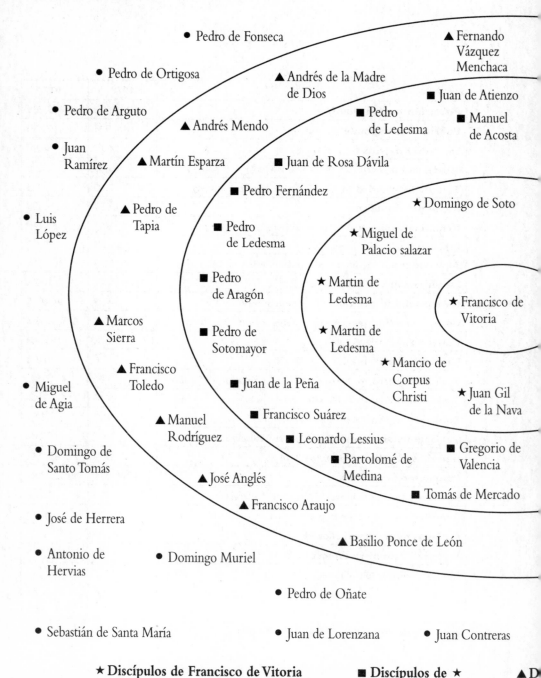

● Pedro de Fonseca

▲ Fernando Vázquez Menchaca

● Pedro de Ortigosa

▲ Andrés de la Madre de Dios

■ Juan de Atienzo

● Pedro de Arguto

■ Pedro de Ledesma

■ Manuel de Acosta

▲ Andrés Mendo

● Juan Ramírez

▲ Martín Esparza

■ Juan de Rosa Dávila

■ Pedro Fernández

★ Domingo de Soto

▲ Pedro de Tapia

■ Pedro de Ledesma

★ Miguel de Palacio salazar

● Luis López

■ Pedro de Aragón

★ Martin de Ledesma

★ Francisco de Vitoria

▲ Marcos Sierra

■ Pedro de Sotomayor

★ Martin de Ledesma

▲ Francisco Toledo

■ Juan de la Peña

★ Mancio de Corpus Christi

★ Juan Gil de la Nava

● Miguel de Agia

▲ Manuel Rodríguez

■ Francisco Suárez

■ Leonardo Lessius

■ Gregorio de Valencia

● Domingo de Santo Tomás

▲ José Anglés

■ Bartolomé de Medina

▲ Francisco Araujo

■ Tomás de Mercado

● José de Herrera

▲ Basilio Ponce de León

● Antonio de Hervias

● Domingo Muriel

● Pedro de Oñate

● Sebastián de Santa María

● Juan de Lorenzana

● Juan Contreras

★ **Discípulos de Francisco de Vitoria**      ■ **Discípulos de** ★      ▲ D

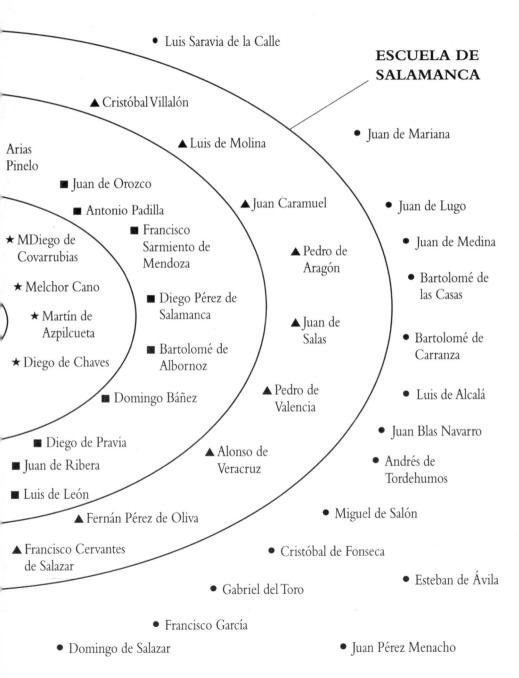

**ESCUELA DE
SALAMANCA**

• Luis Saravia de la Calle

▲ Cristóbal Villalón

▲ Luis de Molina

Arias
Pinelo

■ Juan de Orozco

■ Antonio Padilla

▲ Juan Caramuel

• Juan de Mariana

• Juan de Lugo

★ MDiego de
Covarrubias

■ Francisco
Sarmiento de
Mendoza

• Juan de Medina

▲ Pedro de
Aragón

• Bartolomé de
las Casas

★ Melchor Cano

■ Diego Pérez de
Salamanca

★ Martín de
Azpilcueta

▲ Juan de
Salas

• Bartolomé de
Carranza

★ Diego de Chaves

■ Bartolomé de
Albornoz

■ Domingo Báñez

▲ Pedro de
Valencia

• Luis de Alcalá

• Juan Blas Navarro

■ Diego de Pravia

■ Juan de Ribera

▲ Alonso de
Veracruz

• Andrés de
Tordehumos

■ Luis de León

▲ Fernán Pérez de Oliva

• Miguel de Salón

▲ Francisco Cervantes
de Salazar

• Cristóbal de Fonseca

• Esteban de Ávila

• Gabriel del Toro

• Francisco García

• Domingo de Salazar

• Juan Pérez Menacho

ulos de ■          • **Otros autores de la Escuela Española de Economía**

# BIBLIOGRAFÍA

AA.VV., *El libro negro del comunismo*, Ediciones B, Barcelona, 2010.

AA.VV., *¿Hacia dónde, Cuba?*, Grupo de Observadores Latinoamericanos.

AA.VV., «Karl Marx, 150 aniversario», *Revista de la Universidad de la Habana*, 1968.

AA.VV., *La revolución española. 1930-1939*, Biblioteca de la República, *Diario Público*, Madrid, 2011.

ABELLÁN, José Luis, *Historia crítica del pensamiento español*, Espasa, Madrid, 1979.

ALARCÓN RAMÍREZ, Dariel «Benigno», *Memorias de un soldado cubano*, Tusquets, Barcelona, 1997.

ALBA, Víctor, y ARDÉVOL, Marisa (eds.), *El Proceso del POUM. Documentos judiciales y policiales*, Laertes, Barcelona, 1989.

ALBEROLA, Octavio, y GRANSAC, Ariane, *El anarquismo español y la acción revolucionaria. 1961-1974*, Ruedo Ibérico, París, 1975.

ALBERTÍ, Jordi, *El silencio de las campanas*, Proa, Barcelona, 2007.

—, *La Iglesia en llamas. La persecución religiosa durante la guerra civil*, Destino, Barcelona, 2008.

AMALRIK, Andrei, *L'Union Sovietique, survivra-t-elle en 1984?*, Fayard, París, 1970.

ANDRÉIEV, Leonid Nikoláievich, *Obras escogidas*, Editorial Aguilar, Madrid, 1955. Traducción de Rafael Cansinos Assens.

ANDREW, Christopher, y GORDIEVSKY, Oleg, *KGB, The inside story. From Lenin to Gorbatchev*, Harper-Collins, Nueva York, 1991.

APPLEBAUM, Anne, *Gulag. Una historia*, Debate, Debate, 2004.

ARENAS, Reinaldo, *Antes que anochezca*, Tusquets, Barcelona, 2001.

ARENDT, Hanna, *Los orígenes del totalitarismo*, Taurus, Barcelona, 1974.

ARON, Raymond, *Mémoires, 50 ans de réflexion politique*, Julliard, París, 1983.

—, *El opio de los intelectuales*, RBA, Barcelona, 2011.

AYGUALS DE IZCO, Wenceslao, *María o la hija de un jornalero*, Imprenta de D. Wenceslao Ayguals de Yzco, Madrid, 1847.

AZAÑA, Manuel, *Diarios completos*, Crítica, Barcelona, 2000.

—, *Sobre la autonomía política de Cataluña*, selección de textos y estudio preliminar de Eduardo García de Enterría, Tecnos, Madrid, 2005.

AZNAR SOLER, Manuel, *I Congreso Internacional de Escritores para la defensa de la Cultura (París, 1935)*, Generalitat Valenciana, Valencia, 1987.

—, y SCHNEIDER, Luis Mario, *II Congreso internacional de escritores para la defensa de la Cultura (1937)*, Generalitat Valenciana, Valencia, 1987.

—, *S.O.S*, cuatro artículos escritos entre de 1917 y 1919, en los que solicita que las potencias aliadas acudan en ayuda de Rusia.

BABEUF, Gracchus, *El sistema de despoblación. Genocidio y Revolución Francesa*, Ed. De la Torre, Madrid, 2008.

BADÍA I TORRAS, Lluis, *Martirologi Solsoní*, Delegació Diocesana de Mitjans de Comunicació Social, Solsona, 1988.

BAKUNIN, Miguel, *La libertad*, selección de Carlos Díaz, Júcar, Gijón, 1977.

BAKUNIN, Mijaíl Alexandrovitsch, *Escritos de Filosofía política. Crítica de la* Sociedad (Trad. Antonio Escohotado), El Libro de Bolsillo, Alianza Editorial, Madrid, 1978 (segunda edición, 1990).

—, *Estatismo y anarquía*, Ediciones Folio, Barcelona, 2002.

—, y NETCHAEV, Sergéi, *El catecismo revolucionario*, La Felguera Editores, Madrid, 2014.

BARBUSSE, Henri, *Le Feu*, Le Livre de Poche, París, 1988.

BARRAYCOA, Javier, *Los (des) controlados de Companys. El genocidio catalán. julio 1936-mayo 1937*, Libros Libres, Madrid, 2017.

BAYNAC, Jacques, *El terror bajo Lenin*, Tusquets, Barcelona, 1978.

BEBEL, August, *La mujer y el socialismo*, Akal, Madrid, 1977.

BELDA PLANS, Juan. *La escuela de Salamanca*, Biblioteca de Autores Cristianos, Madrid, 2000.

BERDIAEV, Nicolas, BOULGAKOV, Serge, GUERSHENZON, Mikhaïl, IZGOEV, Alexandre, KISTIAKOVSKI, Bohdan, STRUVE, Piotr, y FRANK, Semën, *Jalones*, Moscú, 1909.

BERLIN, Isaiah, *Russian thinkers*, Penguin Books, Londres, 1994.

—, *Cuatro ensayos sobre la libertad*, Alianza Editorial, Madrid, 1988.

BERNGÁRDOVICH RÁDEK, Karl, *Los senderos de la Revolución Rusa* (1922) *https://www.marxists.org/espanol/radek/1922/senderos/3.htm*.

—, *León Trotski, el organizador de la victoria* (1923), *https://documentslide.org/leon-trotsky-el-organizador-de-la-victoria-karl-radek-docx*.

BERUVIDES, Esteban M., *Cuba y su presidio político*, 12th Avenue Graphics, 1992.

BLANQUI, Auguste, «El terrorismo como único medio de renacimiento moral y social en Rusia», revista *Ni dieu ni Maître*, s.f.

BOLLOTEN, Burnett, *La Guerra Civil española*, Alianza Editorial, Madrid, 1989.

BUBER-NEUMAN, Margarete, *Milena*, Tusquets, Barcelona, 1979.

—, *Prisionera de Hitler y Stalin*, prólogo de Antonio Muñoz Molina, Galaxia Gutenberg, Barcelona, 2005.

BUENACASA, Manuel, *El movimiento obrero español 1886-1926*, Júcar, Gijón, 1977.

BULLÓN DE MENDOZA, Alfonso, y TOGORES, Luis (eds.), *Revisión de la Guerra Civil Española*, Actas, Madrid, 2001.

—, *La República y la Guerra Civil, setenta años después*, Actas, Madrid, 2006.

—, (eds.), *La República y la Guerra Civil, setenta años después*, Actas, Madrid, 2008.

BURKE, Edmund, *Reflexiones sobre la Revolución francesa*, Alianza Editorial, Madrid, 1978.


CABRERA INFANTE, Guillermo, *Mea Cuba antes y después*, Galaxia Gutenberg, Barcelona, 2015.

CABUS, José Domingo, *Sartre, Castro y el azúcar*, Editores Mexicanos Unidos S. A., 1965.

CANETTI, Elías, *Masa y poder*, Alianza Editorial, Madrid, 2010.

CANGUILHEM, Georges, *La formación del concepto de reflejo en el siglo XVIII*, Avance, Barcelona, 1975.

CÁNOVAS CERVANTES, S. *Proceso histórico de la revolución española*, prólogo de Jacinto Toryho, Júcar, Gijón, 1978.

CÁRCEL ORTÍ, Vicente, *La gran persecución. España 1931-1939*, Planeta, Barcelona, 2000.

CARR, Edward Hallett, *La revolución rusa*, Alianza Editorial, Madrid 1984. Trad. Ludolfo Paramio.

CARRILLO, Santiago, *Memorias*, Planeta, Barcelona, 1993.

CASANOVA, Sofia, *La revolución bolchevista*, Akron, Astorga, 2013.

CASAS DE LA VEGA, Rafael, *El terror. Madrid 1936*, Ed. Fénix, Madrid, s.f.

CASTAÑEDA, Jorge G., *La vida en rojo. Una biografía del Che Guevara*, Alfaguara, Madrid, 1997.

CHAVES NOGALES, Manuel, *El maestro Juan Martínez que estaba allí*, Libros del Asteroide, Barcelona, 2007.

CHENTALINSKI, Vitali, *De los archivos literarios del KGB*, Anaya & Mario Muchnik, Eds., Madrid, 1994.

CHERNYSHEVSKI, Nikolái, *¿Qué hacer?*, Júcar, Gijón, 1984.

CIERVA, Ricardo de la, *Carrillo miente*, Fénix, Madrid, 2009.

CLARK, Christopher, *Sonámbulo*, Galaxia Gutenberg, Barcelona, 2014.

CLARK, Juan, *Cuba, mito y realidad. Testimonios de un pueblo*, Saeta Ediciones, Madrid, s.f.

COCA, Gabriel Mario de, *Anticaballero*, Ediciones del Centro, Madrid, 1975.

COLLINS, María Antonieta, *Fidel y Raúl, mis hermanos. La historia secreta*, Aguilar, Madrid, 2009.

CONQUEST, Robert., *El Gran Terror*, Ed. Luis de Caralt, Barcelona, 1974.

COURTOIS, Stéphane (ed.), *Du passé faisons table rase! Histoire et mémoire du communisme en Europe*, Robert Laffont, París, 2002.

—, *Communisme et totalitarisme*, Tempus, 2009.

CRUZ VARELA, María Elena, *Dios en las cárceles cubanas*, Martínez Roca, Madrid, 2002.

DEUTSCHER, Isaac, *El profeta armado: Trotsky, 1879-1921*, (1957), Libros Arces-Lom, Santiago de Chile, 2007.

—, *El profeta desarmado: Trotsky, 1921-1929* (1959), Libros Arces-Lom, Santiago de Chile, 2007.

—, *El profeta desterrado: Trotsky, 1929-1940* (1963), Libros Arces-Lom, Santiago de Chile, 2008.

DÍAZ GARCÍA, Elías, *La libertad, «Legalidad-legitimidad en el socialismo democrático»*, Antología de Bakunin, Civitas, Madrid, 1978.

DICKENS, Charles, *Historia de dos ciudades*, Cátedra, Madrid, 2013.

DIKOTTER, Frank, *La gran hambruna en la China de Mao*, Acantilado, Barcelona, 2017.

DOSTOIEVSKI, Fiódor, *Los demonios*, Alianza Editorial, Madrid, 2004.

EDWARDS, Jorge, *Persona non grata*, Debolsillo, Barcelona, 2013.

EHRENBURG, Ilya, *Corresponsal en la Guerra Civil Española*, Júcar, Gijón, 1979

ELIOT, T. S., *Cuatro Cuartetos*, Cátedra, Madrid, 2006.

ELORZA, Antonio, y BIZCARRONDO, Marta, *Queridos camaradas*, Planeta, Barcelona, 1999.

ENCINOSA, Enrique, *Cuba en Guerra*, Endowment for Cuban Amer Studies, 1993.

ENGELS, Friedrich, *La situación de la clase obrera en Inglaterra*, Akal, Madrid, 1976.

—, *Del socialismo utópico al científico*, Fundación Federico Engels, Madrid, 2006.

—, *Anti-Duhring*, Fundación Federico Engels, Madrid, 2014.

—, *Dialéctica de la naturaleza*, Akal, Madrid, 2017.

—, *El origen de la familia, la propiedad privada y el Estado*, Akal, Madrid, 2017.

ENZENSBERGER, Hans Magnus, *El corto verano de la anarquía. Vida y muerte de Durruti*, Anagrama, Barcelona, 2002.

ESCOHOTADO, Antonio, *La conciencia infeliz. Ensayo sobre la filosofía de la religión de Hegel*, Ediciones de la Revista de Occidente, Madrid, 1972.

—, *Los enemigos del comercio*, 3 vols., Espasa-Calpe Madrid, 2008, 2013 y 2017.

ESPARZA, José Javier (ed.), *El libro negro de la izquierda española*, Chronica, Madrid, 2011.

ESTRUCH, Joan, *Historia oculta del PCE*, Temas de hoy, Madrid, 2000.

FERNÁNDEZ, Alina, *Alina. Memorias de la hija rebelde de Fidel Castro*, Plaza & Janés, Barcelona, 1997.

FERNÁNDEZ, Frank, *El anarquismo en Cuba*, Fundación Anselmo Lorenzo, Madrid, 2000.

FERNÁNDEZ AGUADO, Javier, *¡Camaradas! De Lenin a hoy*, LID, Madrid, 2017.

FERNÁNDEZ ÁLVAREZ, Ángel, *La Escuela Española de Economía*, Unión Editorial, Madrid, 2017.

FERNÁNDEZ DE LA MORA, Gonzalo, *Río arriba*, Planeta, Barcelona, 1995.

FERNÁNDEZ DÍAZ, Jorge, *El Puñal*, Destino, Barcelona, 2015.

FERNÁNDEZ-SANTOS, Francisco y MARTÍNEZ, José, *Cuba una revolución en marcha*, Ruedo Ibérico, París, 1967.

FERRER, Rai, *Durruti 1896-1936*, Libertarias-Prodhufi, Madrid, 1985.

FERRETTI, María, *Pensare il Gulag: la Russia, la modernitá, la rivoluzione bolscevisca*, https://www.rivisteweb.it/doi/10.7375/71491.

FIGES, Orlando, *La revolución rusa: la tragedia de un pueblo*, Edhasa, Barcelona, 2001.

—, *El baile de Natacha*, Edhasa, Barcelona, 2006.

—, *Los que susurran. La represión en la Rusia de Stalin*, Edhasa, Barcelona, 2017.

FITZPATRICK, Sheila, *El equipo de Stalin*, Crítica, Barcelona, 2016.

FRANQUI, Carlos, *Cuba, la Revolución: ¿mito o realidad?*, Península, Barcelona, 2006.

FREUD, Sigmund, *Psicología de las masas y análisis del yo*, Alianza Editorial, Madrid, 2010.

FUENMAYOR, Domingo de, *Las catacumbas de la radio. Treinta meses ante el altavoz*, Juventud, Barcelona, 1939.

FUENTES, Norberto, *La autobiografía de Fidel Castro*, Destino, Barcelona, 2004.

FURET, François, *El pasado de una ilusión*, Fondo Cultura Económica, México, 1995.

—, y NOLTE, Ernst, *Fascismo y comunismo*, Alianza, Madrid, 1999.

GELLATELY, Robert, *La maldición de Stalin*, Pasado y Presente, Barcelona, 2013.

GIBSON, Ian, *Paracuellos: cómo fue*, Temas de Hoy, Madrid, 2005.

GIMÉNEZ CABALLERO, Ernesto, *Manuel Azaña. Profecías españolas*, Turner, Madrid, 1974.

GOGOL, Nikolái Vasílievich, *El revisor*, Alianza Editorial, Madrid, s.f.

—, *Almas muertas*, Planeta, Barcelona, 2008.

GONZÁLEZ, Felipe, y CEBRIÁN, Juan Luis, *El futuro no es lo que era*, Punto de Lectura, Barcelona, 2002.

GONZÁLEZ, Valentín, «El Campesino», *Comunista en España y Antiestalinista en la URSS*, Transcripción de Julián Gorkin, Júcar, Gijón, 1981.

—, *Yo escogí la esclavitud*, prólogo de Federico Jiménez Losantos, Ciudadela Libros, Madrid, 2008.

—, *La vie et la mort dans la URSS*.

GONZÁLEZ LALONDRY, Luis, *Bahía de Cochinos*, Publicaciones Vanguardia, 1995.

GORKI, Máximo, *Pensamientos intempestivos*, 1918.

—, *Lenin*, Aguilar, Madrid, 1988.

—, *La madre*, Cátedra, Madrid, 2014.

GORKIN, Julián, *El revolucionario profesional, testimonio de un hombre de acción*, Rústica, Barcelona, 1975.

GRAMSCI, Antonio, *La formación de los intelectuales*, Grijalbo, Barcelona, 1974.

—, *Cartas desde la cárcel*, Veintisiete Letras, Madrid, 2010.

GRANGE, Bertrand de la, y RICO, Maite, *Subcomandante Marcos. La genial impostura*, El País Aguilar, Madrid, 1998.

GUTIÉRREZ LATORRE, Francisco, *La república del crimen. Cataluña prisionera. 1936-1939*, Mare Nostrum, Valencia, 1989.

GUTIÉRREZ MENOYO, Eloy, *El radarista*, Editorial Playor, Madrid, 1994.

HARNECKER, Marta, *Los conceptos elementales del materialismo histórico*, Siglo XXI, Madrid, 1985.

HAYEK, Friedrich, *Camino de servidumbre*, Alianza, Madrid, 1978.

—, *La constitución de la libertad*, Unión Editorial, Madrid, 1998.

—, *Derecho, legislación y libertad*, Unión Editorial, Madrid, 2014.

HEGEL, Georg Wilhelm Friedrich, *Principios de la filosofía del derecho*, Edhasa, Barcelona, 1999.

HEREDIA, Marcelino, *El Campesino*, Rodegar, Barcelona, 1964.

HERZEN, Aleksandr Ivánovich, *¿Quién es culpable?*, Espasa Calpe, Madrid, 1966.

—, *El desarrollo de las ideas revolucionarias en Rusia*, Siglo XXI, México, 1979.

—, *Pasado y pensamientos*, Tecnos, Madrid, 1994.

HUERTA DE SOTO, Jesús, *La escuela austríaca*, Síntesis, Madrid, 2000.

HUIZINGA, Johan, *El otoño de la Edad Media*, Alianza Editorial, Madrid, 2005.

HUXLEY, Aldous, *Un mundo feliz*, Debolsillo, Barcelona, 2014.

ICOSOCV, *El presidio político en Cuba comunista*, ICOSOCV Ediciones, Caracas, 1982.

IORDACHE, Luiza, *En el Gulag. Españoles republicanos en los campos de concentración de Stalin*, RBA, Barcelona, 2014.

IVINSKAYA, Olga, *Prisionera del tiempo. Años con Boris Pasternak*, s.f., s.ed.

JELEN, Christian, *La ceguera voluntaria*, Planeta, Barcelona, 1985.

JIMÉNEZ LOSANTOS, Federico. *Antología de Discursos de Azaña*, Alianza Editorial, Madrid, 1982.

—, *La última salida de Manuel Azaña*, Planeta, Barcelona, 1994.

—, *La ciudad que fue. Barcelona años setenta*, Temas de Hoy, Madrid, 2007.

—, *Lo que queda de España*, Temas de Hoy, Madrid, 2008.

JOHNSON, Paul, *Intelectuales*, Javier Vergara Editor, Buenos Aires, 1990.

KALFON, Pierre, *Che. Ernesto Guevara, una leyenda de este siglo*, Plaza & Janés, Barcelona, 1997.

KAPUŚCIŃSKI, Ryszard, *Imperium*, Granta Books, Londres, 2007.

KEROUAC, Jack, *Ángeles de desolación*, Luis de Caralt, Barcelona, 1975.

—, *Los vagabundos del Dharma*, Anagrama, Barcelona, 2000.

KIRKPATRICK, Jeane J., *El pacto Kennedy-Kruschev y los sandinistas*, Fundación Nacional Cubano-Americana, 1985.

KOCH, Stephen, *El fin de la inocencia. Willi Münzenberg y la seducción de los intelectuales*, Tusquets, Barcelona, 1997.

KOESTLER, Arthur, *Autobiografía*, Debate, Barcelona, 2000.

KOLTSOV, Mijail, *Diario de la guerra española*, Akal, Madrid, 1978.

KOPILOW, David J., *Castro, Israel & the PLO*, The Cuban American National Foundation Inc., 1985.

KORNGOLD, Ralph, *Robespierre. El primer dictador moderno*, Buenos Aires, 1956, (*Robespierre: First Modern Dictator*, Macmillan, Londres, 1937.

KOROLENKO, Vladimir, *Cartas a Lunacharski*, Zádruga, París, 1922.

KRIEGEL, Annie. *Los comunistas franceses*, Villalar, Madrid, 1978.

—, *Los grandes procesos en los sistemas comunistas*, Alianza Editorial, Madrid, 1984.

—, *Las internacionales obreras*, Martínez Roca, Madrid, 1985.

—, y COURTOIS, Stéphane, *Eugen Fried. Le grand secret du PCF*, Seuil, París, 1997.

KRITCHEVSKI, Boris, *Hacia la catástrofe rusa*, Recopilación de artículos en *L'Humanité*, París, 1919.

KROPOTKIN, P(iotr), *La conquista del pan*, Júcar, Gijón, 1977.

—, *La literatura rusa*, La Linterna Sorda Ediciones, Madrid, 2014.

KUPRÍN, Aleksandr Ivánovich, *El desafío (escenas de la vida militar rusa)*, Editorial Saturnino Calleja, Madrid, 1919.

LABRY, Raoul, *Una legislación comunista*, Ed. Payot, 1920.

LACAN, Jacques, *Escritos I y II*, Biblioteca Nueva, Madrid, 2013.

LAFARGUE, Paul, *El derecho a la pereza*, Fundación Federico Engels, Madrid, 2013.

LAÍNZ, Jesús, *Adiós, España. Verdad y mentira de los nacionalismos*, Encuentro, Madrid, 2004.

LAMBERET, Renée, y MORENO HERRERO, Luis, *Movimientos obreros y socialistas (Cronología y bibliografía) España 1700-1939*, Júcar, Gijón, 1985.

LAZAR, Marc, *Le communisme, une passion française*, Perrin, París, 2002.

LAZITCH, Branko, *Los partidos comunistas de Europa*, Instituto de Estudios Políticos, Madrid, 1961.

—, *Lenin and the Comintern*, Hoover Institution Press, 1972.

—, *Biographical Dictionary of the Comintern*, Hoover Institution Press, 1986.

LENIN, Vladimir Ilich Ulianov, *Palabras proféticas*, Pravda, 2 de julio de 1918.

—, *El Testamento de Lenin*, también conocida como *Carta al Congreso*, https://www.marxists.org/espanol/lenin/obras/1920s/testamento.htm, 1922.

—, *Mejor pocos y mejores*, Pravda, 4 de marzo de 1923.

—, *Obras escogidas*, Progreso, Moscú, 1961.

—, *Un paso adelante, dos pasos atrás*, Akal, Madrid, 1975.

—, *La revolución proletaria y el renegado Kautski*, Akal, Madrid, 1976.

—, *El Estado y la revolución*, Alianza Editorial, Madrid, 2012.

—, *¿Qué hacer?*, Alianza Editorial, Madrid, 2016.

LÉONTOVITCH, Victor, *Histoire du liberalisme en Russie*, Fayard, París, 1986.

LEPAGE, Henri, *Por qué la propiedad*, Instituto de Estudios Económicos, Madrid, 1986.

LEYS, Simon, *Los trajes nuevos del Presidente Mao. Crónica de la revolución cultural*, Tusquets, Barcelona, 1976.

LORENZO, César M., *Los anarquistas españoles y el poder*, Ruedo Ibérico, París, 1972.

LUKACS, György, *Historia y conciencia de clase*, Magisterio Español, Madrid, 1987.

LUQUE ESCALONA, Roberto, *Yo, el mejor de todos*, Ediciones Universal, Madrid, 1994.

MAC LAUGHLIN, Jim, *Kropotkin y la tradición intelectual anarquista*, Ariel, Madrid, 2017.

MACHOVER, Jacobo, *El libro negro del castrismo*, Ediciones Universal, Madrid, 2009.

MALLIA, Martin, *Comprendre la révolution russe*, Seuil, París, 1980.

—, *Histoire des révolutions*, Tallandier, París, 2006.

MALRAUX, André, *Antimemorias*, Editorial Sur, Buenos Aires, 1968.

MARCO, José María, *Manuel Azaña. Una biografía*, Libros Libres, Madrid, 2007.

MARIANA, padre Juan de, *Obras*, (prólogo de Francisco Pi i Margall), Rivadeneyra, Madrid, 1872.

—, *La dignidad real y la educación del rey. (De rege et regis institutione)*, Centro de Estudios Constitucionales, Madrid, 1981.

MARTÍN RUBIO, Ángel David, *Paz, piedad, perdón… y verdad*, Fénix, Madrid, 1997.

MÁRTOV, Yuli, *Abajo la pena de muerte*, París, 1919.

MARX, Karl, *Contribución a la crítica de la economía política*, Alberto Corazón, Madrid, 1970.

—, *Elementos fundamentales para la crítica de la economía política (Borrador —Grundisse- 1857-1858)*, Siglo XXI, Madrid, 1972.

—, *Tesis sobre Feuerbach*, Grijalbo, Barcelona, 1974.

—, *El capital. Crítica de la economía política*, Akal, Madrid, 1977.

—, *Crítica del programa de Gotha*, Fundación Federico Engels, Madrid, 2003.

—, *Salario, precio y ganancia*, Fundación Federico Engels, Madrid, 2003.

—, *La ideología alemana*, Losada, Madrid, 2005.

—, *Manuscritos económico filosóficos*, Colihue, Buenos Aires, 2007.

—, y ENGELS, Friedrich, *El Manifiesto comunista*, Nórdica, Madrid, 2012.

MASETTI, Jorge, *El furor y el delirio*, Tusquets, Barcelona, 1999.

MATA, Santiago, *Holocausto católico. Los mártires de la guerra civil*, La Esfera de los Libros, Madrid, 2013.

MATOS, Huber, *Cómo llegó la noche*, Tusquets, Barcelona, 2004.

MAVOR, James, *The Russian Revolution*, George Allen & Unwin, 1928.

MAXIMOFF, Grigori Petróvich, *Bolchevismo: promesas y realidad*, Glasgow, 1935.

—, *La guillotina en funciones*, Chicago, 1940.

MAURÍN, Joaquín, *Revolución y contrarrevolución en España*, Ruedo Ibérico, París, 1966.

McMEEKIN, Sean, *Nueva historia de la revolución rusa*, Taurus, Madrid, 2017.

MEDRANO, Humberto, *Sin patria pero sin amo*, Service Offset Printers, 1963.

MEDRANO, Mignon, *Todo lo dieron por Cuba*, Fundación Nacional Cubano-Americana, 1995.

MENGER, Carl, *Principios de Economía Política*, Unión Editorial, Madrid, 1997.

MERCADER, Luis, y SÁNCHEZ, Germán, *Ramón Mercader, mi hermano. Cincuenta años después*, Biografías Espasa, Madrid, 1990.

MILOSEVICH, Mira, *Breve historia de la revolución rusa*, Galaxia Guttenberg, Barcelona, 2017.

MISES, Ludwig von, *La acción humana*, Unión Editorial, Madrid, 1980.

—, *El Socialismo*, Unión Editorial, Madrid, 2007.

—, *La teoría del dinero y del crédito*, Unión Editorial, Madrid, 2012.

MOA, Pío, *Los orígenes de la Guerra Civil española*, Encuentro, Madrid, 1999.

—, *Los personajes de la República vistos por ellos mismos*, Encuentro, Madrid, 2002.

—, *Los mitos de la Guerra Civil*, La Esfera de los libros, Madrid, 2003.

—, *El derrumbe de la II República y la guerra civil*, Encuentro, Madrid, 2010.

MONTANER, Carlos Alberto, *Viaje al corazón de Cuba*, Asociación Iberoamericana por la Libertad (AIL), 2009.

MONTANER, Carlos Alberto; MENDOZA Plinio Apuleyo, y VARGAS LLOSA, Álvaro, *Manual del perfecto idiota latinoamericano*, con prólogo de Mario Vargas Llosa, Plaza & Janés, Barcelona, 1996.

—, *El regreso del idiota*, Plaza & Janés, Barcelona, 2007.

MONTERO MORENO, Antonio, *Historia de la persecución religiosa en España (1936-1939)*, BAC, Madrid, 2004.

MONTSENY, Federica, *Anarcosindicalismo y revolución en España (1930-1937)*.

MORA, Constancia de la, *Doble esplendor*, prólogo de Jorge Semprún, Gadir, Madrid, 2008.

MORÁN, Gregorio, *Miseria y Grandeza del Partido Comunista de España*, Planeta, Barcelona, 1986.

MULLER, Herta, *Mi patria era una semilla de manzana*, Siruela, Madrid, 2016.


NABOKOV, Vladimir, *Ada o el Ardor*, Anagrama, Barcelona, 1992.

—, *Invitado a una decapitación*, RBA, Barcelona, 2011.

—, *Barra siniestra*, RBA, Barcelona, 2011.

—, *Desesperación*, Anagrama, Barcelona, 2016.

NAVARRA, Andreu, *El espejo blanco. Viajeros españoles en la URSS*, Fórcola, Madrid, 2016.

NETCHAEV, Sergéi, *Programa de Actividades Revolucionarias*, 1868.

NIN, Andreu, *El Marxismo y los movimientos nacionalistas*, https://www.marxists.org/espanol/nin/1934/marxismo_movimientos_nacionalistas.htm.

NOVGORODTSEV, Pavel, *Sobre el ideal social*.

NOVIKOVA, Olga, prólogo a *Pasado y pensamientos de Aleksandr Ivánovich Herzen*, Tecnos, Madrid, 1994.


OLAYA MORALES, Francisco, *El expolio de la República*, Belacqva, Barcelona, 2004.

ORWELL, Georges, *Homenaje a Cataluña*, Debate, Barcelona, 2017.

OTERO DALMAU, Antonio, *Fidel Castro: Los años de mentiras bajo el Imperialismo Soviético*, Editorial A.I.P., Miami, 1976.


PANNÉ, Jean Luis, *Boris Souvarine. Le premier desenchanté du communisme*, Ed. Robert Laffont, s.f.

PARDO, José Luis, *Estudios del malestar*, Anagrama, Barcelona, 2016.

PAVLOWSKY, *Souvenirs de Tourgueneff*.

PAYNE, Robert, y STEPHEN, Pierre, *Marx*, W. H. Allen, Simon & Schuster, 1968.

PAYNE, Stanley G., *Unión Soviética, comunismo y revolución en España (1931-1939)* Plaza y Janés, Barcelona, 2003.

—, *¿Por qué la república perdió la guerra?*, Espasa, Madrid, 2010.

PAZ, Abel, *Durruti en la revolución española*, La Esfera de los Libros, Madrid, 2004.

PEIRATS, José, *Los anarquistas en la crisis política española*, Libros de Anarres, Buenos Aires, 2006.

PEIRÓ, Joan, *Perill a la reraguarda*, Alta Fulla, Barcelona, 1987.

PIPES, Richard, *Struve: Liberal on the Left, 1870-1905*, vol. 1, Harvard University Press, 1979.

—, *Struve: Liberal on the Right, 1905-1944*, vol. 2, Harvard University Press, 1980.

—, *A Concise History of the Russian Revolution*, Vintage Books, A division of Random House, Nueva York, 1995.

—, *Communisme. A History of the Intelectual and Political Movement*. Phoenix Press, 2001.

—, *Historia del comunismo*, Mondadori, Barcelona, 2002.

—, *La Revolución rusa*, Debate, Barcelona, 2016.

PIVIDAL PADRÓN, Francisco, *Los tres días de Fidel en Caracas*, Universidad central de Venezuela, Caracas, 1989.

POLITZER, Georges, *Principios elementales de filosofía*, Akal, Madrid, 2004.

PUIG FERRATER, Joan, *Memòries polítiques*, Proa, Barcelona, s.f.


RADOSH, Ronald, HABECK, Mary R. y SEVOSYIANOV, Grigory (eds.), *España traicionada. Stalin y la Guerra civil*, Planeta, Barcelona, 2002.

RAMÍREZ, Pedro J., *El primer naufragio*, La Esfera de los Libros, Madrid, 2015.

RAPPAPORT, Helen, *Atrapados en la Revolución Rusa, 1917*, Palabra, Madrid, 2017.

RECARTE, Alberto, *Cuba: economía y poder (1959-1980)*, Alianza Editorial, Madrid, 1980.

REINALDO SÁNCHEZ, Juan, *La vida oculta de Fidel Castro*, Península, Barcelona, 2014.

REVEL, Jean François, *Cómo terminan las democracias*, Planeta, Barcelona, 1985.

—, *El conocimiento inútil*, Espasa, Madrid, 1993.

—, *La gran mascarada*, Taurus, Barcelona, 2001.

RIVAS CHERIF, Cipriano de, *Retrato de un desconocido. Vida de Manuel Azaña*, Grijalbo, Barcelona, 1979.

RIVERO, Raúl, *Ojo, pinta*, Ediciones Imprimatur, Madrid, 2000.

—, *Sin pan y sin palabras*, Península, Barcelona, 2003.

ROJAS, Mauricio, *Lenin y el totalitarismo*, Sepha, Málaga, 2012.

ROMERO, Roger, *Anécdotas increíbles. El trabajo esclavo en Cuba*.

ROMERO, Vicente, *Pol Pot. El último verdugo*, Planeta, Barcelona, 1998.

RONCAGLIOLO, Santiago, *La cuarta espada. La historia de Abimael Guzmán y Sendero Luminoso*, Debate, Barcelona, 2007.

ROS, Enrique, *La UMAP: el Gulag castrista*, Ediciones Universal, Madrid, 2004.

ROSÚA, Mercedes, *La generación del gran recuerdo*, Cupsa, Madrid, 1977.

ROSZAK, Theodore, *El nacimiento de una Contracultura*, Kairos, Barcelona, 1984.

ROUSSEAU, Denis, y CUMERLATO, Corinne, *La isla del doctor Castro*, Planeta, Barcelona, 2002.

ROUSSET, David, *L'univers concentrationnaire*, Minuit, París, 1965.

RUIZ, Julius, *El terror rojo*, Espasa, Madrid, 2012.

—, *Paracuellos, una verdad incómoda*, Espasa, Madrid, 2015.

RUIZ, Leovigildo, *Diario de una traición. Cuba 1960*, The Indian Printing, Miami, 1970.

RUSSELL, Bertrand, *Religión y ciencia*, Fondo de Cultura Económica, México, 1951.


SADOUL, Jacques, *Cartas desde la revolución bolchevique*, Turner, Madrid, 2016.

SÁNCHEZ, Nerín, *Mis 6.440 días de prisión en Cuba roja*, Saeta Ediciones, Miami, 1992.

SÁNCHEZ, Yoani, *Cuba Libre*, Debate, Barcelona, 2010.

SARTORI, Giovanni, *La democracia después del comunismo*, Alianza, Madrid, 1993.

SCHLAYER, Félix, *Matanzas en el Madrid republicano*, Áltera, Marid, 2005.

SCHLÖGEL, Karl, *Terror y utopía (Traum und Terror)*, Acantilado, Barcelona, 2014.

SCHUMPETER, Joseph Alois, *Capitalismo Socialismo y Democracia*, Folio, Madrid, 1984.

SEBAG-MONTEFIORE, Simon, *La corte del zar rojo*, Crítica, Barcelona, 2004.

SËMEN, Frank, *De profundis*, Moscú, 1918.

SERGE, Victor, *Medianoche en el siglo*, Alianza, Madrid, 2016.

SERVICE, Robert, *Lenin, una biografía*, prólogo de Manuel Vázquez Montalbán Siglo XXI editores, Madrid, 2004.

—, *Trotski*, Ediciones B, Barcelona, 2010.

ŠESTOV, Lev Isaakovič, *Qué es el bolchevismo ruso*, Skify, Berlín, 1920.

SHALAMOV, Varlam, *Relatos de Kolimá*, Minúscula, Barcelona, 2007.

SMITH, Adam, *La riqueza de las naciones*, Alianza Editorial, Madrid, 2011.

SNYDER, Timothy, *Tierras de sangre: Europa entre Hitler y Stalin*, Galaxia Gutenberg, Barcelona, 2011.

SOLJENITSIN, Alexsandr, *Archipiélago Gulag*, Plaza & Janés, Barcelona, 1974.

—, *Lenin en Zurich*, Barral Editores, Barcelona, 1976.

—, *Un día en la vida de Iván Denísovich*. Tusquets, Barcelona, 2008.

SPENGLER, Oswald, *La Decadencia de Occidente*, Espasa Libros, Barcelona, 2011.

STALIN, Iosif. *Los fundamentos del leninismo https://www.marxists.org/espanol/stalin/1920s/fundam/index.htm*.

STEPÁNOV (Stoyán Minév), *Las causas de la derrota de la República Española*, Miraguano, Madrid, 2003.

STEPUN, Fyodor Avgustovich, *The Russian Soul and Revolution*, C. Scribner's sons, 1935.

STRADA, Vittorio, *La rivoluzione svelata. Una lettura nuova dell'ottobre 1917 un'altra prospettiva*, Fondazione Liberal, Milán, 2007.

—, *Ética del terrore*, Liberal Edizioni, 2008.

—, *Umanesimo e terrorismo nel movimento rivoluzionario russo: il caso Nechaev*, Edizioni dell'Asino, Roma, 2012.

TAIBO, Paco Ignacio, *Ernesto Guevara, también conocido como el Che*, Ed. Planeta, Barcelona, 1997.

THOMAS, Hugh, *Cuba. La lucha por la libertad*, Debate, Barcelona, 2010.

TOCQUEVILLE, Alexis de, *El antiguo Régimen y la Revolución*, Alianza Editorial, Madrid, 2004.

TROTSKI, León, *Informe de la Delegación Siberiana sobre el segundo Congreso del Partido Obrero Social-Demócrata de Rusia* Ginebra, 1903.

—, *Mi vida*, Debate, Barcelona, 2006.

—, *Terrorismo y comunismo*, Akal, Madrid, 2009.

TURGUÉNIEV, Ivan S., *Suelo Virgen*, Cátedra, Madrid, 1992.

—, *Memorias de un cazador*. Cátedra, Madrid, 2007

—, *Padres e hijos*, Cátedra, Madrid, 2007.

VALDÉS, Zoé, *La ficción Fidel*, Planeta, Barcelona, 2008.

VALERA, Juan, *Cartas desde Rusia*, Miraguano, Madrid, 2005.

VARGAS LLOSA, Álvaro, *La contenta barbarie*. Planeta, Barcelona, 1993.

—, *El exilio indomable*, Espasa, Madrid, 1998.

—, *El reino del espanto*, Seix Barral, Barcelona, 1999.

VARGAS LLOSA, Mario, *Historia de Mayta*, Alfaguara, Madrid, 2006.

VIDAL, César, *Paracuellos-Katyn*, Libros Libres, Madrid, 2005.

VOLKOGONOV, Dmitri Antonovich, *Lenin: A New Biography*, Free Press, 1994.

—, *El verdadero Lenin*, Anaya & Mario Muchnik, Madrid, 1996.

—, *Trotsky: The Eternal Revolutionary*, Free Press, 1996.

—, *The Rise and Fall of the Soviet Empire: Political Leaders; From Lenin to Gorbachev*, HarperCollins Publishers, Nueva York, 1998.

WALTER, Gerard, *Lenin*, Grijalbo, Barcelona, 1974.

WATSON, George, *La litterature oublié du socialisme*, prólogo de JF Revel, NiL Éditions, París, 1999.

WERTH, Nicolas, *La terreur et son dessarroi. Staline et son système*, Perrin, París, 2007.

WILDE, Oscar, *De profundis*, Plutón Edicioes, Barcelona, 2015.

WINNOCK, Michael, *Le siécle des intelectuels*, Seuil, París, 1997.

WOLTON, Thierry, *Silencio, se mata* (con André Glucksman), Alianza, Madrid, 1987.

—, *L'Occident des dissidents* (con Christian Jelen), Stock, París, 1989.

—, *Le grand bluff chinois: comme Pékin nous vende « sa » revolution capitaliste*, Robert Laffont, París, 2007.

—, *Une histoire mondiale du communisme*, Grasset, París, 2015.

XIAOLONG, Qiu, *Muerte de una heroína roja*, Editorial Almuzara, Córdoba, 2006.

—, *Seda roja*, Tusquets, Barcelona, 2010.

—, *El caso Mao*, Tusquets, Barcelona, 2011.

—, *El enigma de China*, Tusquets, Barcelona, 2014.

YANKE, Germán, *Ser de derechas. Manifiesto para desmontar una leyenda negra*, prólogo de Federico Jiménez Losantos, Temas de Hoy, Barcelona, 2004.

YOFRE, Juan B., *Fue Cuba. La infiltración cubano-soviética que dio origen a la violencia subversiva en Latinoamérica*, Editorial Sudamericana, 2014.

YOUNG, Allen, *Los gays bajo la revolución cubana*, Playor, Madrid, 1984.

ZAKNEVSKI, Piotr, *Joven Rusia*, 1862.

ZAVALA, José María, *En busca de Andreu Nin*, Debolsillo, Barcelona, 2006.

ZHISUI, Dr. Li, *La vida privada del Presidente Mao*, Planeta, Barcelona, 1995.

ZHU DE, *Obras escogidas*, ed. en lenguas extranjeras, Beijing, 1986.

ZOLA, Emile, *El dinero*, Debate, Barcelona, 2001.

ZUGAZAGOITIA, Julián, *Guerra y vicisitudes de los españoles*, Crítica, Barcelona, 1977.

ZWEIG, Stephan, *El mundo de ayer: memorias de un europeo*, Acantilado, Barcelona, 2012.

# ÍNDICE ONOMÁSTICO

Allen, Woody, 259
Almagro Basch, Martín, 492
Almagro-Gorbea, Martín, 489, 490, 491
Almirante, Giorgio, 524
Alonso, Dámaso, 374
Alonso Mallol, José, 410
Althusser, Louis, 28, 29, 31
Álvarez, Melquíades, 417
Álvarez del Vayo, Julio, 37, 379, 383, 384, 386, 397, 416, 420, 421, 498, 676
Álvarez Lopera, José, 490
Álvarez Mendizábal, Juan, 373
Álvarez Tardío, Manuel, 377, 399, 485
Amadeo de Saboya, 368
Amalrik, Andréi, 40
Amedo, José, 711, 714
Amendola, Giorgio, 145
Ametlla, Claudi, 451
Anastasia Nikoláyevna Románova, 292, 296, 298, 302, 303
Andrade, Juan, 414, 501
Andrei, Stefan, 532, 533
Andropov, Yuri, 51, 68, 126, 264
Anes, Gonzalo, 644
Ángel, compañero de clase del autor, 27, 28, 33
Anguita, Julio, 44
Anna, hermana de Lenin, 258, 313, 331, 341, 344
Ánnienkov, Yuri, 346, 348
Antonia, familia, 495
Antónov-Ovséienko, Vladimir, 77, 268
Antónov-Ovséienko, Vladímir, 77, 268, 306, 311, 333
Apiano, 650
Aragon, Luis, 509
Arana, hermanos, 477

Arana, Sabino, 477
Aranda, Vicente, 647
Araquistain, Luis, 379, 384, 397, 416, 417, 420-422, 498
Arendt, Hanna, 552, 553
Arias Montano, Benito, 648, 650
Arias Navarro, Carlos, 30, 534, 535
Aristóteles, 46, 539, 630, 634, 637, 658, 663
Ariza, Julio, 586, 587
Armand, Inés, 233, 235, 299, 324, 331, 344, 609
Aron, Raymond, 576, 605
Arquímedes, 168
Arrabal, Fernando, 579
Arsinoe, 494
Ascaso, Francisco, 441, 463
Asensio, Florentino, 465
Aslan, Ana (doctora Aslan), 533
Aub, Max, 374
Audí, superior de los Jesuitas de Tortosa, 466
Augusto, 491, 495
Aulard, Alphonse, 89, 90, 96, 97, 98, 102, 109, 250
Auserón, Luis, 402
Aveling, Edward, 207
Averroes, 634
Avkséntiev, Nikolái, 90, 96, 98, 101
Axelrod, Pável, 169, 230, 233
Ayguadé, Jaume, 406
Ayguals de Izco, Wenceslao, 197
Azaña Díaz, Manuel, 52, 81, 190, 272, 373, 379, 380, 385, 387-389, 394, 397, 400-408, 410, 412, 416-422, 436, 437, 444, 450, 455, 462, 473-476, 480-484, 486-488, 493, 497, 498, 532
Azorín (José Martínez Ruiz), 81, 373
Azpilcueta, Martín de, 633, 668

25

738   MEMORIA DEL COMUNISMO

Bettelheim, Bruno, 266, 562
Bismarck, Otto von, 83, 95, 111, 120,
   122, 129, 158, 212, 222, 234, 243,
   245, 246, 270, 271, 285, 291, 379,
   380, 601, 612
Bizcarrondo, Marta, 399
Blanco, José, 715
Blanco, Miguel Ángel, 45, 478, 582
Blanqui, Louis Auguste, 96, 166, 176,
   178, 184, 197, 459
Blasco Ibáñez, Vicente, 373
Blok, Aleksandr, 337
Blum, Léon, 68, 87, 128, 129, 131,
   135, 498
Bochkareva, María, 469
Bódalo, Andrés, 46, 153, 597
Bohm-Bawerk, Eugen, 601, 632
Bolinaga, Josu, 582
Bolloten, Burnett, 377, 383, 384,
   392, 498, 574
Bonet, Juan Manuel, 402
Bonner, Elena, 582
Bono Martínez, José, 424, 715
Borbón y Battenberg, Juan de, 390
Borges, Jorge Luis, 24
Boris Leonidovich, *véase* Pasternak,
   Boris
Borja, Jordi, 30, 31, 34
Borkenau, Franz, 433
Borrego, Andrés, 368
Bosh, jefe local, 251
Botkin, Eugene, 296, 297
Boyer, Miguel, 214, 519, 520
Brandt, Willy, 522
Brasov, Miguel, *véase* Romanov,
   Miguel
Brecht, Bertolt, 24, 37, 147, 243
Brenan, Gerald, 366, 370, 375, 428
Breznev, Leonid, 68, 143, 264, 383
Bronch-Bruevich, Vladímir, 184, 292

Broto, José Manuel, 27, 32, 401
Buber-Neumann, Margarete, 43
Bujarin, Nikolái, 50, 69, 98, 127, 132,
   247, 272, 324, 330, 340, 341, 623
Bullejos, José, 501
Bullón de Mendoza, Alfonso, 489
Bumedian, Huari, 556
Bunin, Iván, 337, 348
Buonarotti, Miguel Ángel, 537
Buñuel, Luis, 45, 374
Burke, Edmund, 291
Bush, George W., 581

Cabanillas, Pío, 527
Cabrillo, 645
Cachin, Marcel, 87, 89, 91, 131-133
Caecilia, familia, 495
Calvo Sotelo, Joaquín, 390
Calvo Sotelo, José, 375, 377, 380,
   395, 396, 406, 414, 416, 423, 437,
   476, 492, 643, 697
Camacho, Hilario, 24
Camacho, Marcelino, 521
«Camarada Thomas», *véase* James,
   Reich
Cambó, Francisco, 436, 438, 446, 455
Campión, Arturo, 477
Camus, Albert, 194
Canalejas, José, 362, 363
Canetti, Elías, 99
Cánovas del Castillo, Antonio, 362,
   363, 368, 372, 636
Cañizares, Antonio, 406
Capdevila, Tomás, 465
Capriles, Henrique, 714, 715
Caraffa, Decio, 652
Carande, Ramón, 644
Carballo, Eduardo, 466
Cárcel Ortí, Vicente, 414, 470, 473
Cárdenas, Lázaro, 492

Mandelshtam, Osip, 65
Mansilla, Anastasio, 557
Manzana, José, 457, 458
Mañé, Teresa, 359
Mao Tse Tung, 29, 35, 51, 56, 59, 96,
    194, 201, 214, 230, 236, 335, 347,
    414, 421, 537, 560. 564, 577, 581,
    584, 586, 591
Marañón, Gregorio, 81
Marat, Jean Paul, 110, 589
Maravall, José Antonio, 644, 646
Marchais, Georges, 143, 523
Marco, José María, 402, 404, 408,
    412, 418
Marcos Pous, Alejandro, 490
Marcos, subcomandante, 502, 579,
    627
Margolin, Jean-Louis, 56, 432, 576
María, hermana de Lenin, *véase* Ilich
    Ulianov, María
María Antonieta, 292, 310
María Cristina de Habsburgo-
    Lorena, 372
María Spiridónova, 39, 126, 147, 148,
    231, 258, 292, 305, 310
Marián, esposa de José Miguel
    Alcrudo, 31
Mariana, Juan de, 601, 622, 633-635,
    639, 642, 643, 645-662, 666,
    668-670
Marín, Sorí, 561
Mariner, Trinidad, 466
Mark, Herman, 546-548
Markov, Andrei, 299
Marqués, Joan, 465
Martín Ferrand, Manuel, 522
Martin Niemoller, Friedrich Gustav
    Emil, 147
Martín Rubio, Ángel David, 393,
    399, 412-414

Martín, Victorino, 633
Martínez Anido, Severiano, 439
Martínez Bande, Diego, 393
Martínez Barrio, Diego, 388, 405,
    406, 407, 410, 437
Martínez Lorenzo, César, 452
Martínez Morejón, Pedro, 547
Martínez Reverte, Jorge, 410
Mártov, Yuli, 81, 82, 87, 127, 128,
    162, 164, 166, 169, 178, 230, 233,
    235, 313, 405
Marty, André, 424, 435, 494
Marx, Freddy, 207
Marx, Jenny (esposa de Karl Marx),
    199, 204, 207, 208
Marx, Jenny (hija de Karl Marx), 360
Marx, Karl, 24, 29, 48, 94, 96, 103,
    105, 112-114, 134, 140, 141,
    144-146, 150, 157, 166, 168, 169,
    172, 178, 179, 182, 185, 191-201,
    203-219, 223, 224, 230-233, 240,
    241, 243, 245-249, 265, 270, 283,
    306, 310, 324, 350, 351, 355, 358,
    360, 361, 363-365, 387, 388, 397,
    404, 419, 422, 432, 439, 450, 458,
    491, 530, 564, 569, 571, 590,
    602-604, 606, 611-613, 619, 621,
    624, 626, 628, 646, 666
Marx, Laura, 207, 344
Masotta, Oscar, 27
Mata, Santiago, 413
Mateu y Llopis, Felipe, 489-491
Mathiez, Albert, 109
Matos, Huber, 561, 562
Matthews, Herbert, 542, 552
Mattis, James, 581
Maura, Antonio, 362, 363, 394
Mauriac, François, 433
Maurín, Joaquín, 110, 111, 415, 443,
    453, 501